PLAYFAIR CRICKET ANNUAL 2026
79th edition
EDITED BY IAN MARSHALL
All statistics by the Editor unless otherwise stated

Foreword 2
Acknowledgements 3
Guide to Playfair 3

Test Cricket
Touring Teams Register 4
England v New Zealand – Series Records 5
England v Pakistan – Series Records 8
Statistical Highlights in 2025 11
Scorecards (April 2025 to January 2026) 16
ICC Elite List of Umpires (including Referees) 51
Current Career Averages 52
Test Match Records 63

County Cricket
County Register, 2025 Championship Averages and Records 80
Touring Teams Register 2025 205
Statistical Highlights in 2025 207
Rothesay County Championship 213
Metro Bank One-Day Cup 216
Vitality Blast 219
Cricketer of the Year Awards 222
First-Class Averages in 2025 223
First-Class Cricket Career Records 237
Limited-Overs Career Records 255
T20 Career Records 263
First-Class Cricket Records 270

Limited-Overs and Twenty20 Internationals
Current Career Records 279
Limited-Overs Internationals Records 292
ICC IT20 Cricket World Cup 304
England T20 Career Records 306
Twenty20 Internationals Records 308

Other Cricket
IPL 2025 315
The Men's Hundred 2025 317
Ireland International Register 319
England Women's International Register 323
Women's Test Records 326
Women's Limited-Overs Records 330
Women's International Twenty20 Records 333
Women's Hundred 2025 336

2026 Fixtures
Principal Women's Matches 337
National Counties 341
County 2nd XI 344
The Hundred 346
Principal Matches 347

FOREWORD

Zero. Three. Three. No, not the codename for the latest dramatic SAS operation, but the number of first-class games that the captains of Australia (Pat Cummins, New South Wales), India (Shubman Gill, Punjab) and South Africa (Temba Bavuma, Gauteng) have played in the last five years for their domestic team. By contrast, England's captain, Ben Stokes, has made seven appearances for Durham in the same period – more than the other three combined – yet some argue that he should have turned out more frequently for them. Even more remarkably, since Cummins made his first-class debut exactly 15 years ago today, he has made only 14 red-ball appearances outside of the Test arena, where he has won 72 caps.

These figures illustrate how the global game has changed and continues to change. The three formats we have are usually viewed as first-class cricket, 50-over matches and T20, but it's as true to say they are also international, franchise and domestic cricket. It is almost impossible to commit to all three. With the combination of a heavy international load and the growth of franchise cricket (now a multi-national business, as the rebranding of some of the Hundred teams this summer shows), the bedrock of domestic cricket is peripheral to many of the game's biggest stars.

Those who head to their county grounds the day after this Annual goes on sale may lament this change, but there is no chance that we will return to the ways of yesteryear; the money is concentrated elsewhere. However, we should not see that trend as meaning that the county game is any less important. While the grounds may not necessarily be packed to capacity, people still find many ways of following their team, via online channels and other services. The counties have worked hard to deliver this to help keep engaged those who have other commitments that make it difficult to go to as many games as they might want.

But support for the domestic game is strong. Writing this in Sussex, where the club is facing financial challenges, it is clear that what happens in Hove matters a great deal to a lot of people who are working hard to help improve the situation. People do that only when they are invested in something. So, what might be seen as a problem also highlights exactly why the 18 counties are an essential part of the fabric that makes up the modern cricketing world. If you want further evidence of why county cricket matters, head north to Manchester where England's most successful Test bowler, James Anderson, has taken on the captaincy of Lancashire in a bid to return his side to the top flight in the season during which he will turn 44.

Our cover star, Ben Duckett, is perhaps a perfect example of someone who has been an integral part of all three formats of the game, and the photo illustrates how the traditional and modern can combine. Before he established himself as England's opening batter in December 2022, he had developed his craft by playing more than a hundred County Championship games. Hard graft on the circuit can still earn you an international call-up, but there is also the opportunity for some – Rehan Ahmed, Gus Atkinson, Shoaib Bashir and Jacob Bethell among them – to be selected with 20 games or fewer under their belts. That blend should be seen as a good thing.

Unfortunately, as for many England players, it wasn't the greatest Ashes series in Australia for Duckett, but I am sure he will bounce back strongly this summer against New Zealand and Pakistan. There are many important contests to come in the interim, but if England are to be competitive Down Under and to win there again, I hope that the right lessons will be learned from the errors that were made in the Ashes, as it is long overdue for England to be competitive in Australia. In the meantime, let us enjoy what the season ahead has to offer.

Ian Marshall, Eastbourne, 3 March 2026

ACKNOWLEDGEMENTS AND THANKS

This book could not have been compiled without the assistance of many people giving so generously of their time and expertise, so I must thank the following for all they have done to help ensure this edition of *Playfair Cricket Annual* could be written:

At the counties, I would like to thank the following for their help over the last year: Derbyshire – Stephen Martin and Jane Hough; Durham – Sam Blacklock and William Dobson; Essex – Paul Parkinson; Glamorgan – Andrew Hignell; Gloucestershire – Elliot Lake and Adrian Bull; Hampshire – Mandy Mowatt and Fiona Newnham; Kent – Liam Knight and Lorne Hart; Lancashire – Diana Lloyd and Garry Morgan; Leicestershire – Ollie Edwards and Paul Rogers; Middlesex – Oliver Thorpe and Don Shelley; Northamptonshire – Terry Owen; Nottinghamshire – Matt Whiley and Roger Marshall; Somerset – Spencer Bishop and Polly Rhodes; Surrey – Steve Howes and Debbie Beesley; Sussex – Colin Bowley and Graham Irwin; Warwickshire – Robin French and Mel Smith; Worcestershire – Carrie Lloyd and Sue Drinkwater; Yorkshire – John Potter.

Thanks to Alan Fordham for the Principal Fixtures, Andy Smith for the Second XI Fixtures, to Richard Logan for the National County Fixtures, and Neil Bainton for the list of umpires. Yet again, Philip Bailey has provided the first-class, List A and T20 career records, and I am hugely grateful to him for his ongoing help and support. This year, his career records section is more up-to-date than ever before.

At Headline, many thanks go to Raiyah Butt in her continuing role as the house editor; Louise Rothwell has yet again ensured the swiftest printing schedules; Hannah Sawyer ran the *Playfair* website superbly last summer, do visit it this season for regular updates. Proofreader Helen Trotter has quickly become an essential part of the team, helping me to avoid many errors slipping through. At typesetters Letterpart, Chris Leggett and Caroline Leggett yet again ensured the process of changing my copy into the finished product was a very smooth one.

Thanks as always to my daughters, Kiri and Sophia, both of whom are now at university, in Osaka and Bath Spa respectively; and finally to my wife, Sugra, for her help, support and understanding – not least for taking our dog Luna on long walks when the deadline loomed! Thank you all.

GUIDE TO USING PLAYFAIR

The layout of *Playfair* remains the same for this edition. The Annual is divided into five sections, as follows: Test match cricket, county cricket, international limited-overs cricket (including IT20), other cricket (IPL, The Hundred, Ireland and women's international cricket), and fixtures for the coming season. Each section, where applicable, begins with a preview of forthcoming events, followed by events during the previous year, then come the player records, and finally the records sections.

Within the players' register, there has been some debate with the county scorers over those who are defined as 'Released/Retired', pointing out that some players are drafted in for a game or two, and may re-appear in the current season, despite not having a contract as the book goes to press. What I try to do is to ensure that everyone who appeared in last season's games is included somewhere – this way, at least, if they do play in 2026 their details are available to readers. This issue has become more problematic because of the overlap between The Hundred and the Metro Bank One-Day Cup. Players' Second XI Championship debuts and their England Under-19 Test appearances are given for those under the age of 25 at the end of the season. Players' appearances in The Hundred are listed in the county register, along with appearances in the IPL and Big Bash.

In the county limited-overs records in the Register, those records denoted by '50ov' cover any limited-overs game of 50 or more overs – in the early days, each team could have as many as 65 overs per innings. The '40ov' section refers to games of 40 or 45 overs per innings.

For both men's and women's IT20 records sections, I have taken the decision to limit the records listed to those games that feature at least one side that has appeared in an official LOI. While I welcome the ICC's efforts to broaden the game's profile, there have been some horrible mismatches.

TOURING TEAMS REGISTER 2026

Neither New Zealand nor Pakistan had selected their 2026 touring teams at the time of going to press. The following players, who had represented those teams in Test matches since 22 November 2024, were still available for selection:

NEW ZEALAND

Full Names	Birthdate	Birthplace	Team	Type	F-C Debut
BLUNDELL, Thomas Ackland	01.09.90	Wellington	Wellington	RHB/WK	2012-13
BRACEWELL, Michael Gordon	14.02.91	Wellington	Wellington	LHB/OB	2010-11
CONWAY, Devon Philip	08.07.91	Wairarapa	Wellington	LHB/RM	2008-09
DUFFY, Jacob Andrew	02.08.94	Johannesburg, SA	Wellington	LHB/RM	2008-09
FISHER, Matthew John	10.11.99	Southland	Otago	RHB/RFM	2011-12
FOULKES, Zakary Glen	05.06.02	Auckland	Northern D	RHB/RMF	2020-21
HAY, Mitchell James	20.08.00	Christchurch	Canterbury	RHB/RM	2021-22
HENRY, Matthew James	14.12.91	Christchurch	Canterbury	RHB/WK	2021-22
LATHAM, Thomas William Maxwell	02.04.92	Christchurch	Canterbury	RHB/RFM	2010-11
MITCHELL, Daryl Joseph	20.05.91	Christchurch	Canterbury	LHB/WK	2010-11
NICHOLLS, Henry Michael	15.11.91	Hamilton	Canterbury	RHB/RM	2011-12
O'ROURKE, William Peter	06.08.01	Christchurch	Canterbury	LHB/OB	2011-12
PATEL, Ajaz Yunus	21.10.88	Kingston/T, UK	Canterbury	RHB/RFM	2021-22
PHILLIPS, Glenn Dominic	06.12.96	Bombay, India	Central D	LHB/SLA	2012-13
RAE, Michael David	13.06.95	East London, SA	Otago	RHB/OB	2016-17
RAVINDRA, Rachin	18.11.99	Dunedin	Canterbury	RHB/RMF	2014-15
SANTNER, Mitchell Josef	05.02.92	Wellington	Wellington	LHB/SLA	2018-19
SMITH, Nathan Gregory	15.07.98	Hamilton	Northern D	LHB/SLA	2011-12
TICKNER, Blair Marshall	13.10.93	Dunedin	Wellington	RHB/RMF	2015-16
WILLIAMSON, Kane Stuart	08.08.90	Napier	Central D	RHB/RMF	2014-15
YOUNG, William Alexander	22.11.92	Tauranga	Northern D	RHB/OB	2007-08
		New Plymouth	Central D	RHB/OB	2011-12

PAKISTAN

Full Names	Birthdate	Birthplace	Team	Type	F-C Debut
AAMER JAMAL	05.07.96	Mianwali	SNGPL	RHB/RFM	2018-19
ABDULLAH SHAFIQ	20.11.99	Sialkot	Sialkot	RHB/OB	2019-20
ABRAR AHMED	11.11.98	Karachi	Karachi Whites	RHB/LBG	2020-21
AGHA SALMAN	23.11.93	Lahore	Lahore Whites	RHB/OB	2012-13
ASIF Khan AFRIDI	25.12.86	Peshawar	Oil & Gas Dev	LHB/SLA	2008-09
BABAR AZAM	15.10.94	Lahore	Central Punjab	RHB/OB	2010-11
HASSAN ALI	02.07.94	Punjab	Sialkot	RHB/RFM	2013-14
IMAM-UL-HAQ	12.12.95	Lahore	Oil & Gas Dev	LHB/LB	2012-13
KAMRAN GHULAM	10.10.95	Upper Dir	Abbottabad	RHB/SLA	2013-14
KASHIF ALI	06.06.94	Rawalpindi	Multan	RHB/RMF	2021-22
KHURRAM SHEHZAD	25.04.94	Punjab	Faisalabad	RHB/RMF	2017-18
MIR HAMZA	10.09.92	Karachi	Karachi Blues	LHB/LMF	2012-13
MOHAMMAD ABBAS	10.03.90	Sialkot	Lahore Whites	RHB/RMF	2008-09
MOHAMMAD ALI	01.11.92	Sialkot	Sialkot	RHB/RMF	2018-19
MOHAMMAD HURAIRA	25.04.02	Sialkot	Sialkot	RHB/SLA	2021-22
MOHAMMAD RIZWAN	01.06.92	Peshawar	Peshawar	RHB/WK	2008-09
NASEEM SHAH	15.02.03	Lower Dir	Lahore Whites	RHB/RF	2018-19
NAUMAN ALI	07.10.86	Sanghar	Lahore Whites	LHB/SLA	2006-07
SAIM AYUB	24.05.02	Karachi	Karachi Blues	LHB/OB	2022-23
SAJID KHAN	03.09.93	Peshawar	Peshawar	RHB/OB	2016-17
SAUD SHAKIL	05.09.95	Karachi	Karachi Blues	LHB/SLA	2015-16
SHAHEEN SHAH AFRIDI	06.04.00	Khyber Agency	Northerrn	LHB/LFM	2017-18
SHAN MASOOD	14.10.89	Kuwait	SNGPL	LHB/RM	2007-08
ZAFAR GOHAR	01.02.95	Lahore	Middlesex	LHB/SLA	2013-14

ENGLAND v NEW ZEALAND

SERIES RECORDS
1928 to 2024-25

HIGHEST INNINGS TOTALS

England	in England	567-8d	Nottingham	1994
	in New Zealand	593-6d	Auckland	1974-75
New Zealand	in England	553	Nottingham	2022
	in New Zealand	615-9d	Mt Maunganui	2019-20

LOWEST INNINGS TOTALS

England	in England	122	Birmingham	2021
	in New Zealand	58	Auckland	2017-18
New Zealand	in England	47	Lord's	1958
	in New Zealand	26	Auckland	1954-55
HIGHEST MATCH AGGREGATE		1675 for 35 wickets	Nottingham	2022
LOWEST MATCH AGGREGATE		390 for 30 wickets	Lord's	1958

HIGHEST INDIVIDUAL INNINGS

England	in England	310*	J.H.Edrich	Leeds	1965
	in New Zealand	336*	W.R.Hammond	Auckland	1932-33
New Zealand	in England	206	M.P.Donnelly	Lord's	1949
	in New Zealand	222	N.J.Astle	Christchurch	2001-02

HIGHEST AGGREGATE OF RUNS IN A SERIES

England	in England	469 (av 78.16)	L.Hutton		1949
	in New Zealand	563 (av 563.00)	W.R.Hammond		1932-33
New Zealand	in England	538 (av 107.60)	D.J.Mitchell		2022
	in New Zealand	395 (av 65.83)	K.S.Williamson		2024-25

RECORD WICKET PARTNERSHIPS – ENGLAND

1st	231	A.N.Cook (116)/N.R.D.Compton (117)	Dunedin	2012-13
2nd	369	J.H.Edrich (310*)/K.F.Barrington (163)	Leeds	1965
3rd	245	J.Hardstaff jr (114)/W.R.Hammond (140)	Lord's	1937
4th	302	J.E.Root (153*)/H.C.Brook (186)	Wellington	2022-23
5th	242	W.R.Hammond (227)/L.E.G.Ames (103)	Christchurch	1932-33
6th	281	G.P.Thorpe (200*)/A.Flintoff (137)	Christchurch	2001-02
7th	241	J.M.Bairstow (162)/J.Overton (97)	Leeds	2022
8th	246	L.E.G.Ames (137)/G.O.B.Allen (122)	Lord's	1931
9th	163*	M.C.Cowdrey (128*)/A.C.Smith (69*)	Wellington	1962-63
10th	59	A.P.E.Knott (49)/N.Gifford (25*)	Nottingham	1973

RECORD WICKET PARTNERSHIPS – NEW ZEALAND

1st	276	C.S.Dempster (136)/J.E.Mills (117)	Wellington	1929-30
2nd	241	J.G.Wright (116)/A.H.Jones (143)	Wellington	1991-92
3rd	213*	K.S.Williamson (104*)/L.R.P.L.Taylor (105*)	Hamilton	2019-20
4th	174	D.P.Conway (200)/H.M.Nicholls (61)	Lord's	2021
5th	235	D.J.Mitchell (190)/T.A.Blundell (106)	Nottingham	2022
6th	158	K.S.Williamson (132)/T.A.Blundell (90)	Wellington	2022-23
7th	251	B.J.Watling (205)/M.J.Santner (126)	Mt Maunganui	2019-20
8th	104	D.A.R.Moloney (64)/A.W.Roberts (66*)	Lord's	1937
9th	118	J.V.Coney (174*)/B.L.Cairns (64)	Wellington	1983-84
10th	118	N.J.Astle (222)/C.L.Cairns (23*)	Christchurch	2001-02

BEST INNINGS BOWLING ANALYSIS

England	in England	7- 32	D.L.Underwood	Lord's	1969
	in New Zealand	7- 47	P.C.R.Tufnell	Christchurch	1991-92
		7- 47	R.J.Sidebottom	Napier	2007-08
New Zealand	in England	7- 74	B.L.Cairns	Leeds	1983
	in New Zealand	7-143	B.L.Cairns	Wellington	1983-84

BEST MATCH BOWLING ANALYSIS

England	in England	12-101	D.L.Underwood	The Oval	1969
	in New Zealand	12- 97	D.L.Underwood	Christchurch	1970-71
New Zealand	in England	11-169	D.J.Nash	Lord's	1994
	in New Zealand	10-100	R.J.Hadlee	Wellington	1977-78

HIGHEST AGGREGATE OF WICKETS IN A SERIES

England	in England	34 (av 7.47)	G.A.R.Lock	1958
	in New Zealand	24 (av 17.08)	R.J.Sidebottom	2007-08
New Zealand	in England	21 (av 26.61)	R.J.Hadlee	1983
	in New Zealand	15 (av 19.53)	R.O.Collinge	1977-78
		15 (av 24.73)	R.J.Hadlee	1977-78
		15 (av 18.33)	T.A.Boult	2017-18
		15 (av 23.26)	M.J.Henry	2024-25

1100 RUNS

	Tests	I	NO	HS	Runs	Avge	100	50
J.E.Root (E)	21	40	4	226	1925	53.47	6	9
J.G.Wright (NZ)	23	43	2	130	1518	37.02	4	7
M.D.Crowe (NZ)	22	38	3	143	1421	40.60	5	3
K.S.Williamson (NZ)	19	35	2	156	1390	42.12	5	6
L.R.P.L.Taylor (NZ)	19	35	5	154*	1272	41.03	5	8
S.P.Fleming (NZ)	19	37	2	129	1229	35.11	2	7
G.A.Gooch (E)	15	24	2	210	1148	52.18	4	3
A.J.Stewart (E)	16	26	1	173	1145	45.80	4	5
B.E.Congdon (NZ)	22	41	1	176	1143	28.57	3	3
M.C.Cowdrey (E)	18	24	5	128*	1133	59.63	2	8

50 WICKETS

	Tests	Balls	Runs	Wkts	Avge	Best	5wI	10wM
R.J.Hadlee (NZ)	21	5853	2399	97	24.73	6-26	8	2
S.C.J.Broad (E)	23	5012	2652	94	28.21	7-44	4	–
J.M.Anderson (E)	20	4240	2189	84	26.05	7-43	3	–
T.G.Southee (NZ)	22	5214	2833	78	36.32	6-43	4	1
T.A.Boult (NZ)	14	3648	1767	70	25.24	6-32	5	–
I.T.Botham (E)	15	3284	1500	64	23.43	6-34	6	1
R.G.D.Willis (E)	14	3018	1132	60	18.86	5-32	3	–
N.Wagner (NZ)	14	3159	1788	57	31.36	5-44	2	–

RESULTS SUMMARY
ENGLAND v NEW ZEALAND – IN ENGLAND

	Tests	Series E NZ D	Lord's E NZ D	The Oval E NZ D	Manchester E NZ D	Leeds E NZ D	Birmingham E NZ D	Nottingham E NZ D
1931	3	1 - 2	- - 1	1 - -	- - 1	- - -	- - -	- - -
1937	3	1 - 2	- - 1	- - 1	1 - -	- - -	- - -	- - -
1949	4	- - 4	- - 1	- - 1	- - 1	- - 1	- - -	- - -
1958	5	4 - 1	1 - -	- - 1	1 - -	1 - -	1 - -	- - -
1965	3	3 - -	1 - -	- - -	1 - -	1 - -	- - -	- - -
1969	3	2 - 1	1 - -	- - -	- - 1	- - -	- - -	1 - -
1973	3	2 - 1	- - 1	- - -	1 - -	1 - -	- - -	- - -
1978	3	3 - -	1 - -	1 - -	- - -	- - -	- - -	1 - -
1983	4	3 1 -	1 - -	1 - -	- - -	- - -	- 1 -	1 - -
1986	3	- 1 2	- 1 -	- - -	- - -	- - 1	- - -	- - 1
1990	3	1 - 2	- - 1	- - -	- - -	- - 1	1 - -	- - -
1994	3	1 - 2	- - 1	- - -	- - 1	- - -	1 - -	- - -
1999	4	1 2 1	- 1 -	1 - -	- - -	- 1 -	- - -	- - 1
2004	3	3 - -	1 - -	- - -	- - -	1 - -	1 - -	- - -
2008	3	2 - 1	1 - -	- - -	- - 1	- - -	- - -	1 - -
2013	2	2 - -	1 - -	- - -	- - -	1 - -	- - -	- - -
2015	2	1 1 -	1 - -	- - -	- - -	- 1 -	- - -	- - -
2021	2	- 1 1	- - 1	- - -	- - -	- - -	- 1 -	- - -
2022	3	3 - -	1 - -	- - -	- - -	1 - -	- - -	1 - -
	59	33 6 20	9 1 9	4 1 4	3 - 4	6 2 1	4 1 -	7 1 2

ENGLAND v NEW ZEALAND – IN NEW ZEALAND

	Tests	Series E NZ D	Christchurch E NZ D	Wellington E NZ D	Auckland E NZ D	Dunedin E NZ D	Hamilton E NZ D	Napier E NZ D	Mt Maunganui E NZ D
1929-30	4	1 - 3	1 - -	- - 1	- - 2	- - -	- - -	- - -	- - -
1932-33	2	- - 2	1 - -	- - 1	- - 1	- - -	- - -	- - -	- - -
1946-47	1	- - 1	- - -	- - 1	- - -	- - -	- - -	- - -	- - -
1950-51	2	1 - 1	1 - -	1 - -	- - -	- - -	- - -	- - -	- - -
1954-55	2	2 - -	2 - -	- - -	1 - -	1 - -	- - -	- - -	- - -
1958-59	2	1 - 1	1 - -	- - -	- - 1	- - -	- - -	- - -	- - -
1962-63	3	3 - -	1 - -	1 - -	1 - -	- - -	- - -	- - -	- - -
1965-66	3	- - 3	- - 1	- - 1	- - 1	- - -	- - -	- - -	- - -
1970-71	2	1 - 1	1 - -	- - 1	- - -	- - -	- - -	- - -	- - -
1974-75	2	1 - 1	1 - -	- - 1	- - -	- - -	- - -	- - -	- - -
1977-78	3	1 1 1	- - 1	- 1 -	1 - -	- - -	- - -	- - -	- - -
1983-84	3	- 1 2	- - 1	- - 1	- 1 -	- - -	- - -	- - -	- - -
1987-88	3	- - 3	- - 1	- - 1	- - 1	- - -	- - -	- - -	- - -
1991-92	3	2 - 1	1 - -	- - 1	1 - -	- - -	- - -	- - -	- - -
1996-97	3	2 - 1	1 - -	- - 1	1 - -	- - -	- - -	- - -	- - -
2001-02	3	1 1 1	1 - -	- - 1	- 1 -	- - -	- - -	- - -	- - -
2007-08	3	2 1 -	- 1 -	1 - -	1 - -	- - -	- - -	- - -	- - -
2012-13	3	- - 3	- - -	- - 1	- - 1	- - 1	- - -	- - -	- - -
2017-18	2	- 1 1	- - -	- - 1	- 1 -	- - -	- - -	- - -	- - -
2019-20	2	- 1 1	- - -	- - -	- - -	- - -	- - -	- 1 -	- - 1
2022-23	2	1 1 -	- - -	- - -	- - -	- - -	1 - -	- - -	- 1 -
2024-25	3	2 1 -	- - -	1 - -	- - -	- - -	- 1 -	- - -	1 - -
	56	21 8 27	9 1 7	5 2 6	4 2 11	1 - 2	- 2 1	1 - 1	1 1 -
Totals	115	54 14 47							

ENGLAND v PAKISTAN

SERIES RECORDS
1954 to 2024-25

HIGHEST INNINGS TOTALS

England	in England	589-8d	Manchester	2016
	in Pakistan	823-7d	Multan	2024-25
	in UAE	598-9d	Abu Dhabi	2015-16
Pakistan	in England	708	The Oval	1987
	in Pakistan	636-8d	Lahore	2005-06
	in UAE	523-8d	Abu Dhabi	2015-16

LOWEST INNINGS TOTALS

England	in England	130	The Oval	1954
	in Pakistan	112	Rawalpindi	2024-25
	in UAE	72	Abu Dhabi	2011-12
Pakistan	in England	72	Birmingham	2010
	in Pakistan	158	Karachi	2000-01
	in UAE	99	Dubai	2011-12

HIGHEST MATCH AGGREGATE 1768 for 37 wickets — Rawalpindi 2022-23
LOWEST MATCH AGGREGATE 509 for 28 wickets — Nottingham 1967

HIGHEST INDIVIDUAL INNINGS

England	in England	278	D.C.S.Compton	Nottingham	1954
	in Pakistan	317	H.C.Brook	Multan	2024-25
	in UAE	263	A.N.Cook	Abu Dhabi	2015-16
Pakistan	in England	274	Zaheer Abbas	Birmingham	1971
	in Pakistan	223	Mohammad Yousuf	Lahore	2005-06
	in UAE	245	Shoaib Malik	Abu Dhabi	2015-16

HIGHEST AGGREGATE OF RUNS IN A SERIES

England	in England	512 (av 73.14)	J.E.Root	2016
	in Pakistan	468 (av 93.60)	H.C.Brook	2022-23
	in UAE	450 (av 90.00)	A.N.Cook	2015-16
Pakistan	in England	631 (av 90.14)	Mohammad Yousuf	2006
	in Pakistan	431 (av 107.75)	Inzamam-ul-Haq	2005-06
	in UAE	380 (av 63.33)	Mohammad Hafeez	2015-16

RECORD WICKET PARTNERSHIPS – ENGLAND

1st	233	B.M.Duckett (107)/Z.Crawley (122)	Rawalpindi	2022-23
2nd	248	M.C.Cowdrey (182)/E.R.Dexter (172)	The Oval	1962
3rd	267	M.P.Vaughan (120)/G.P.Thorpe (138)	Manchester	2001
4th	454	J.E.Root (262)/H.C.Brook (317)	Multan	2024-25
5th	359	Z.Crawley (267)/J.C.Buttler (152)	Southampton	2020
6th	166	G.P.Thorpe (118)/C.White (93)	Lahore	2000-01
7th	167	D.I.Gower (152)/V.J.Marks (83)	Faisalabad	1983-84
8th	332	I.J.L.Trott (184)/S.C.J.Broad (169)	Lord's	2010
9th	76	T.W.Graveney (153)/F.S.Trueman (29)	Lord's	1962
10th	79	R.W.Taylor (54)/R.G.D.Willis (28*)	Birmingham	1982

RECORD WICKET PARTNERSHIPS – PAKISTAN

1st	225	Abdullah Shafiq (114)/Imam-ul-Haq (121)	Rawalpindi	2022-23
2nd	291	Zaheer Abbas (274)/Mushtaq Mohammad (100)	Birmingham	1971
3rd	363	Younus Khan (173)/Mohammad Yousuf (192)	Leeds	2006
4th	322	Javed Miandad (153*)/Salim Malik (165)	Birmingham	1992
5th	248	Shoaib Malik (245)/Asad Shafiq (107)	Abu Dhabi	2015-16
6th	269	Mohammad Yousuf (223)/Kamran Akmal (154)	Lahore	2005-06

7th	112	Asif Mujtaba (51)/Moin Khan (105)	Leeds	1996
8th	130	Hanif Mohammad (187*)/Asif Iqbal (75)	Lord's	1967
9th	190	Asif Iqbal (146)/Intikhab Alam (51)	The Oval	1967
10th	62	Sarfraz Nawaz (53)/Asif Mahmood (4*)	Leeds	1974

BEST INNINGS BOWLING ANALYSIS

England	in England	8-34	I.T.Botham	Lord's	1978
	in Pakistan	7-66	P.H.Edmonds	Karachi	1977-78
	in UAE	6-62	M.S.Panesar	Abu Dhabi	2011-12
Pakistan	in England	7-40	Imran Khan	Leeds	1987
	in Pakistan	9-56	Abdul Qadir	Lahore	1987-88
	in UAE	7-55	Saeed Ajmal	Dubai	2011-12

BEST MATCH BOWLING ANALYSIS

England	in England	13- 71	D.L.Underwood	Lord's	1974
	in Pakistan	11- 83	N.G.B.Cook	Karachi	1983-84
	in UAE	7-149	M.S.Panesar	Dubai	2011-12
Pakistan	in England	12- 99	Fazal Mahmood	The Oval	1954
	in Pakistan	13-101	Abdul Qadir	Lahore	1987-88
	in UAE	10- 97	Saeed Ajmal	Dubai	2011-12

HIGHEST AGGREGATE OF WICKETS IN A SERIES

England	in England	26 (av 16.73)		C.R.Woakes	2016
	in Pakistan	17 (av 24.11)		A.F.Giles	2000-01
	in UAE	14 (av 21.57)		M.S.Panesar	2011-12
Pakistan	in England	22 (av 25.31)		Waqar Younis	1992
	in Pakistan	30 (av 14.56)		Abdul Qadir	1987-88
	in UAE	24 (av 14.70)		Saeed Ajmal	2011-12

1100 RUNS

	Tests	I	NO	HS	Runs	Avge	100	50
A.N.Cook (E)	20	36	1	263	1719	49.11	5	8
Inzamam-ul-Haq (P)	19	32	3	148	1584	54.62	5	10
Mushtaq Mohammad (P)	23	41	4	157	1554	42.00	3	11
Mohammad Yousuf (P)	14	24	–	223	1499	62.45	6	3
J.E.Root (E)	18	31	3	252	1487	53.10	2	7
Younus Khan (P)	17	31	–	218	1426	46.00	4	4
Salim Malik (P)	19	28	5	155	1396	60.69	4	9
Javed Miandad (P)	22	32	6	260	1329	51.11	2	9
D.I.Gower (E)	17	27	7	173*	1185	49.37	2	9
Azhar Ali (P)	19	36	3	157	1121	33.96	3	3

40 WICKETS

	Tests	Balls	Runs	Wkts	Avge	Best	5wI	10wM
J.M.Anderson (E)	20	4048	1577	82	19.23	6- 17	3	1
Abdul Qadir (P)	16	5593	2049	82	24.98	9- 56	8	4
S.C.J.Broad (E)	19	3708	1510	67	22.53	4- 36	–	–
Wasim Akram (P)	18	3982	1748	57	30.66	6- 67	2	–
Waqar Younis (P)	11	2425	1352	50	27.04	5- 52	3	–
Intikhab Alam (P)	20	4884	2145	49	43.77	5-116	1	–
Imran Khan (P)	12	2919	1158	47	24.63	7- 40	4	1
Yasir Shah (P)	9	2760	1465	45	32.55	6- 72	2	1
I.T.Botham (E)	14	2491	1271	40	31.77	8- 34	2	–

RESULTS SUMMARY
ENGLAND v PAKISTAN – IN ENGLAND

	Tests	Series			Lord's			Nottingham			Manchester			The Oval			Birmingham			Leeds			Southampton		
		E	P	D	E	P	D	E	P	D	E	P	D	E	P	D	E	P	D	E	P	D	E	P	D
1954	4	1	1	2	-	-	1	1	-	-	-	-	1	-	1	-									
1962	5	4	-	1	1	-	-	-	-	1				1	-	-	1	-	-	1	-	-			
1967	3	2	-	1	-	-	1	1	-	-				1	-	-									
1971	3	1	-	2	-	-	1										-	-	1	1	-	-			
1974	3	-	-	3	-	-	1							-	-	1				-	-	1			
1978	3	2	-	1	1	-	-										1	-	-	-	-	1			
1982	3	2	1	-	-	1	-										1	-	-	1	-	-			
1987	5	-	1	4	-	-	1				-	-	1	-	-	1	-	-	1	-	1	-			
1992	5	1	2	2	-	1	-				-	-	1	-	1	-	-	-	1	1	-	-			
1996	3	-	2	1	-	-	1							-	1	-				-	1	-			
2001	2	1	1	-	1	-	-				-	1	-												
2006	4	3	-	1	-	-	1				1	-	-	1	-	-				1	-	-			
2010	4	3	1	-	1	-	-	1	-	-				-	1	-	1	-	-						
2016	4	2	2	-	-	1	-				1	-	-	-	1	-	1	-	-						
2018	2	1	1	-	-	1	-													1	-	-			
2020	3	1	-	2							1	-	-										-	-	2
	56	24	12	20	4	5	6	3	-	-	1	3	1	3	5	2	5	-	3	3	6	1	-	-	2

ENGLAND v PAKISTAN – IN PAKISTAN

	Tests	Series			Lahore			Dacca			Karachi			Hyderabad			Faisalabad			Multan			Rawalpindi		
		E	P	D	E	P	D	E	P	D	E	P	D	E	P	D	E	P	D	E	P	D	E	P	D
1961-62	3	1	-	2	1	-	-	-	-	1	-	-	1												
1968-69	3	-	-	3	-	-	1	-	-	1	-	-	1												
1972-73	3	-	-	3	-	-	1				-	-	1	-	-	1									
1977-78	3	-	-	3	-	-	1				-	-	1	-	-	1									
1983-84	3	-	1	2	-	-	1				-	1	-				-	-	1						
1987-88	3	-	1	2	-	-	1				-	-	1				-	1	-						
2000-01	3	1	-	2	-	-	1				1	-	-				-	-	1						
2005-06	3	-	2	1	-	1	-										-	-	1	-	1	-			
2022-23	3	3	-	-							1	-	-							1	-	-	1	-	-
2024-25	3	1	2	-																1	1	-	-	1	-
	30	6	6	18	1	2	5	-	-	2	2	1	5	-	-	2	-	-	4	2	2	-	1	1	-

ENGLAND v PAKISTAN – IN UNITED ARAB EMIRATES

	Tests	Series			Dubai			Abu Dhabi (SZ)			Sharjah		
		E	P	D	E	P	D	E	P	D	E	P	D
2011-12	3	-	3	-	-	2	-	-	1	-			
2015-16	3	-	2	1	-	1	-	-	-	1	-	1	-
	6	-	5	1	-	3	-	-	1	1	-	1	-
Totals	92	30	23	39									

STATISTICAL HIGHLIGHTS IN 2025 TESTS

Including Tests from No 2564 (Australia v India, 5th Test), No 2573 (South Africa v Pakistan, 2nd Test) and No 2575 (Zimbabwe v Afghanistan, 2nd Test) to No 2611 (Australia v England, 4th Test) and No 2615 (New Zealand v West Indies, 3rd Test).
† = National record

TEAM HIGHLIGHTS
669	England v India	Manchester
654-6d	Australia v Sri Lanka (*1st Test*)	Galle
626-5d	South Africa v Zimbabwe (*2nd Test*)	Bulawayo
615	South Africa v Pakistan	Cape Town
601-3d	New Zealand v Zimbabwe (*2nd Test*)	Bulawayo

HIGHEST FOURTH INNINGS TOTALS
457-6†	West Indies (set 531) v New Zealand	Christchurch

The second highest fourth-innings total in all Tests.

373-5	England (set 371) v India	Leeds
367	England (set 374) v India	The Oval
352	England (set 435) v Australia	Adelaide

LOWEST INNINGS TOTALS
27†	West Indies v Australia	Kingston
93	India v South Africa	Kolkata

HIGHEST MATCH AGGREGATES
1692-36	England (407 & 271) v India (587 & 427-6d)	Birmingham
1673-35	England (464 & 373-5) v India (471 & 364)	Leeds

BATSMEN'S MATCH (Qualification: 1200 runs, average 60 per wicket)
60.50 (1452-24)	England (669) v India (358 & 425-4)	Manchester

LOWEST MATCH AGGREGATE
516-40	West Indies (143 & 27) v Australia (225 & 121)	Kingston

LARGE MARGINS OF VICTORY
Inns & 359 runs†	New Zealand (601-3d) beat Zimbabwe (125 & 117) (*2nd Test*)	Bulawayo

The third largest innings victory in Test history.

Inns & 242 runs	Australia (654-6d) beat Sri Lanka (165 & 247) (*1st Test*)	Galle
Inns & 236 runs	South Africa (626-5d) beat Zimbabwe (170 & 220) (*2nd Test*)	Bulawayo
408 runs	South Africa (489 & 260-5d) beat India (201 & 140)	Guwahati
336 runs	India (587 & 427-6d) beat England (407 & 271)	Birmingham
328 runs	South Africa (418-9d & 369) beat Zimbabwe (251 & 208) (*1st Test*)	Bulawayo
323 runs	New Zealand (575-8d & 306-2d) beat West Indies (420 & 138)	Mt Maunganui

NARROW MARGINS OF VICTORY
6 runs	India (224 & 396) beat England (247 & 367)	The Oval
22 runs	England (387 & 192) beat India (387 & 170)	Lord's
3 wkts	Zimbabwe (273 & 174-7) beat Bangladesh (191 & 255)	Sylhet

ALL ELEVEN SCORING DOUBLE FIGURES
Australia (511, lowest score 13) v England	Brisbane

Thirteen is the highest lowest score in all Tests; this was also the highest score in an Ashes Test not to include a century.

MOST EXTRAS IN AN INNINGS

	B	LB	NB	W		
44	7	19	18	–	Pakistan (478) v South Africa	Cape Town

BATTING HIGHLIGHTS
TREBLE HUNDREDS

P.W.A.Mulder   367*†   South Africa v Zimbabwe (*2nd Test*)   Bulawayo

DOUBLE HUNDREDS

S.Gill	269	India v England	Birmingham
J.P.Greaves	202*	West Indies v New Zealand	Christchurch
U.T.Khawaja	232	Australia v Sri Lanka (*1st Test*)	Galle
T.W.M.Latham	227	New Zealand v West Indies	Mt Maunganui
R.D.Rickelton	259	South Africa v Pakistan	Cape Town

HUNDRED IN EACH INNINGS OF A MATCH

S.Gill	269	161	India v England	Birmingham
Nazmul Hossain	148	125*	Bangladesh v Sri Lanka	Galle
R.R.Pant	134	118	India v England	Leeds

FASTEST HUNDREDS AGAINST GENUINE BOWLING

T.M.Head (123)	69 balls	Australia v England	Perth
J.L.Smith (184*)	80 balls	England v India	Birmingham

MOST SIXES IN AN INNINGS

8   S.Gill (161)   India v England   Birmingham

200 RUNS IN A DAY

P.W.A.Mulder (0-264*)   South Africa v Zimbabwe (*2nd Test*)   Bulawayo

MOST RUNS FROM BOUNDARIES IN AN INNINGS

Runs	6s	4s		
220	4	49	P.W.A.Mulder (367*) South Africa v Zimbabwe (*2nd Test*)	Bulawayo

HUNDRED ON DEBUT

J.P.Inglis	102	Australia v Sri Lanka (*1st Test*)	Galle
L.G.Pretorius	153	South Africa v Zimbabwe (*1st Test*)	Bulawayo

LONG INNINGS (Qualification: 600 mins and/or 400 balls)

Min	Balls			
607	343	R.D.Rickelton (259)	South Africa v Pakistan	Cape Town

LONGEST TIME WITHOUT SCORING

72 balls   K.A.J.Roach   West Indies v New Zealand   Christchurch

FIRST-WICKET PARTNERSHIP OF 100 IN EACH INNINGS

323/192   T.W.M.Latham/D.P.Conway   New Zealand v West Indies Mt Maunganui

OTHER NOTABLE PARTNERSHIPS

Qualifications: 1st-4th wkts: 225 runs; 5th-6th: 200; 7th: 175; 8th: 150; 9th: 125; 10th: 100.

First Wicket
323   T.W.M.Latham/D.P.Conway   New Zealand v West Indies Mt Maunganui
The highest Test partnership between two left handers.
231   Z.Crawley/B.M.Duckett   England v Zimbabwe   Nottingham

Third Wicket
279   T.W.M.Latham/R.Ravindra   New Zealand v West Indies Christchurch
266   U.T.Khawaja/S.P.D.Smith   Australia v Sri Lanka (*1st Test*) Galle

Fourth Wicket
264	Nazmul Hossain/Mushfiqur Rahim	Bangladesh v Sri Lanka	Galle
259	S.P.D.Smith/A.T.Carey	Australia v Sri Lanka (*2nd Test*)	Galle
256*	H.M.Nicholls/R.Ravindra	New Zealand v Zimbabwe (*2nd Test*)	Bulawayo
235	R.D.Rickelton/T.Bavuma	South Africa v Pakistan	Cape Town

Fifth Wicket
206	D.C.Jurel/R.A.Jadeja	India v West Indies	Ahmedabad
203*	M.S.Washington Sundar/R.A.Jadeja	India v England	Manchester

Sixth Wicket
303	H.C.Brook/J.L.Smith	England v India	Birmingham
203	S.Gill/R.A.Jadeja	India v England	Birmingham

Seventh Wicket
180*	G.P.Greaves/K.A.J.Roach	West Indies v New Zealand	Christchurch

A record seventh-wicket partnership in the fourth innings of a Test.

BOWLING HIGHLIGHTS
BEST FIGURES IN AN INNINGS

J.A.Warrican	7-32	West Indies v Pakistan (*1st Test*)	Multan

TEN WICKETS IN A MATCH

S.M.Boland	10- 76	Australia v India	Sydney
A.Deep	10-187	India v England	Birmingham
Mehedi Hasan	10-102	Bangladesh v Zimbabwe	Sylhet
S.Muthusamy	11-174	South Africa v Pakistan	Lahore
Nauman Ali	10-121	Pakistan v West Indies (*2nd Test*)	Multan
	10-191	Pakistan v South Africa	Lahore
Rashid Khan	11-160	Afghanistan v Zimbabwe (*2nd Test*)	Bulawayo
M.A.Starc	10-113	Australia v England	Perth
J.A.Warrican	10-101	West Indies v Pakistan (*1st Test*)	Multan

FIVE WICKETS IN AN INNINGS ON DEBUT

Asif Afridi	6- 79	Pakistan v South Africa	Rawalpindi
Z.G.Foulkes	5- 37	New Zealand v Zimbabwe (*2nd Test*)	Bulawayo
V.R.Maseko-sa	5-115	Zimbabwe v Bangladesh	Chittagong
Ziaur Rahman	7- 97	Afghanistan v Zimbabwe	Harare

HAT-TRICK

S.M.Boland	Australia v West Indies	Kingston

MOST OVERS IN AN INNINGS

N.G.R.P.Jayasuriya 60-8-193-3	Sri Lanka v Australia (*1st Test*)	Galle

MOST RUNS CONCEDED IN AN INNINGS

K.T.H.Ratnayake 49.2-3-198-3	Sri Lanka v Bangladesh	Galle

WICKET-KEEPING HIGHLIGHTS
SIX WICKET-KEEPING DISMISSALS IN AN INNINGS

Mohammad Rizwan 6ct	Pakistan v South Africa	Cape Town

EIGHT WICKET-KEEPING DISMISSALS IN A MATCH

K.Verreynne	5ct, 3st	South Africa v Zimbabwe (*1st Test*)	Bulawayo

NO BYES CONCEDED IN AN INNINGS OF 550

626-5d	T.E.Tsiga	Zimbabwe v South Africa (*2nd Test*) Bulawayo
615	Mohammad Rizwan	Pakistan v South Africa Cape Town
601-3d	T.E.Tsiga	Zimbabwe v New Zealand (*2nd Test*) Bulawayo

FIELDING HIGHLIGHTS
FOUR CATCHES IN AN INNINGS IN THE FIELD

A.K.Markram	5ct	South Africa v India (*1st inns*)	Guwahati
D.G.Bedingham	4ct	South Africa v Pakistan	Cape Town
H.C.Brook	4ct	England v India	Lord's
	4ct	England v Australia	Adelaide
M.Labuschagne	4ct	Australia v England	Adelaide
A.K.Markram	4ct	South Africa v India (*2nd inns*)	Guwahati
K.L.Rahul	4ct	India v Australia	Sydney

SIX CATCHES IN A MATCH IN THE FIELD

A.K.Markram	9ct	South Africa v India	Guwahati

A world record in Tests.

D.G.Bedingham	6ct	South Africa v Pakistan	Cape Town

ALL-ROUND HIGHLIGHTS
HUNDRED AND FIVE WICKETS IN AN INNINGS

Mehedi Hasan	104	5-32	Bangladesh v Zimbabwe	Chittagong
B.A.Stokes	141	5-72	England v India	Manchester

LEADING TEST AGGREGATES IN 2025

MOST RUNS IN 2025

	M	I	NO	HS	Runs	Avge	100	50
S.Gill (I)	9	16	2	269	**983**	70.21	5	1

S.R.Tendulkar (I) scored 1000+ runs in a year on six occasions; A.N.Cook (E), J.H.Kallis (SA), B.C.Lara (WI), R.T.Ponting (A), J.E.Root (E) and K.C.Sangakkara (SL) have all achieved the feat on five occasions.

RECORD CALENDAR YEAR RUNS AGGREGATE

	M	I	NO	HS	Runs	Avge	100	50
M.Yousuf (P) (2006)	11	19	1	202	**1788**	99.33	9	3

RECORD CALENDAR YEAR RUNS AVERAGE

	M	I	NO	HS	Runs	Avge	100	50
G.St A.Sobers (WI) (1958)	7	12	3	365*	1193	**132.55**	5	3

1000 RUNS IN DEBUT CALENDAR YEAR

	M	I	NO	HS	Runs	Avge	100	50
M.A.Taylor (A) (1989)	11	20	1	219	**1219**	64.15	4	5
A.C.Voges (A) (2015)	12	18	6	269*	**1028**	85.56	4	3
A.N.Cook (E) (2006)	13	24	2	127	**1013**	46.04	4	3

50 WICKETS IN 2025

	M	O	R	W	Avge	Best	5wI	10wM
M.A.Starc (A)	11	260	953	**55**	17.32	7-58	3	1

S.K.Warne (A) took 50+ wickets in a year on eight occasions; M.Muralitharan (SL) achieved the feat on six occasions; and G.D.McGrath (A) five times.

RECORD CALENDAR YEAR WICKETS AGGREGATE

	M	O	R	W	Avge	Best	5wI	10wM
M.Muralitharan (SL) (2006)	11	588.4	1521	**90**	16.90	8-70	9	5
S.K.Warne (A) (2005)	14	691.4	2043	**90**	22.70	6-46	6	2

50 WICKETS IN DEBUT CALENDAR YEAR

	M	O	R	W	Avge	Best	5wI	10wM
T.M.Alderman (A) (1981)	10	445.2	1222	**54**	22.62	6-135	4	–
A.A.P.Atkinson (E) (2024)	11	308.4	1152	**52**	22.15	7-45	3	1

40 WICKET-KEEPING DISMISSALS IN 2025

	M	Dis	Ct	St
A.T.Carey (A)	11	**49**	44	5

RECORD CALENDAR YEAR DISMISSALS AGGREGATE

	M	Dis	Ct	St
J.M.Bairstow (E) (2016)	17	**70**	66	4

20 CATCHES BY FIELDERS IN 2025

	M	Ct
H.C.Brook (E)	10	**25**
S.P.D.Smith (A)	9	**20**

RECORD CALENDAR YEAR FIELDER'S AGGREGATE

	M	Ct
G.C.Smith (SA) (2008)	15	**30**

TEST MATCH SCORES
BANGLADESH v ZIMBABWE (1st Test)

At Sylhet Stadium, on 20, 21, 22, 23 April 2025.
Toss: Bangladesh. Result: **ZIMBABWE** won by three wickets.
Debuts: None.

BANGLADESH

Mahmudul Hasan	c Mayavo b Nyauchi	14	(2)	c Ervine b Muzarabani	33
Shadman Islam	c Bennett b Nyauchi	12	(1)	c Williams b Muzarabani	4
Mominul Haque	c Madhevere b Masakadza	56		c Mayavo b Nyauchi	47
*Nazmul Hossain	c Madhevere b Muzarabani	40		c Nyauchi b Muzarabani	60
Mushfiqur Rahim	c Bennett b Masakadza	4		c Ervine b Muzarabani	4
†Jaker Ali	c Curran b Madhevere	28		c Welch b Muzarabani	58
Mehedi Hasan	c Mayavo b Muzarabani	1		c Bennett b Muzarabani	11
Taijul Islam	c Mayavo b Masakadza	3		c Mayavo b Ngarava	5
Hasan Mahmud	b Muzarabani	19		c Muzarabani b Masakadza	12
Khaled Ahmed	not out	4		c Ervine b Masakadza	0
Nahid Rana	b Madhevere	0		not out	0
Extras	(B 3, LB 4, NB 3)	10		(B 13, LB 2, W 10)	25
Total	**(61 overs; 284 mins)**	**191**		**(79.2 overs; 370 mins)**	**255**

ZIMBABWE

B.J.Bennett	c Jaker b Nahid	57		c Mushfiqur b Mehedi	54
B.J.Curran	c Mominul b Nahid	18		c Khaled b Mehedi	44
N.R.Welch	b Hasan	2		lbw b Taijul	10
S.C.Williams	c Mahmudul b Mehedi	59		c Nazmul b Mehedi	9
*C.R.Ervine	c Jaker b Nahid	8		c Jaker b Taijul	10
W.N.Madhevere	b Khaled	24		not out	19
†N.P.Mayavo	lbw b Mehedi	35		b Mehedi	1
W.P.Masakadza	c Nazmul b Mehedi	6		b Mehedi	12
R.Ngarava	not out	28		not out	4
B.Muzarabani	st Jaker b Mehedi	17			
V.M.Nyauchi	c Taijul b Mehedi	7			
Extras	(B 4, LB 5, NB 3)	12		(B 4, LB 7)	11
Total	**(80.2 overs; 394 mins)**	**273**		**(7 wkts; 50.1 overs; 200 mins)**	**174**

ZIMBABWE	O	M	R	W		O	M	R	W
Ngarava	14	2	37	0	(3)	19	0	74	1
Muzarabani	19	4	50	3		20.2	5	72	6
Nyauchi	15	2	74	2	(1)	18	4	42	1
Madhevere	3	2	2	2		8	1	32	0
Masakadza	10	4	21	3		14	4	20	2
BANGLADESH									
Hasan Mahmud	17	4	55	1	(2)	4	1	13	0
Nahid Rana	18	3	74	3	(1)	5	0	24	0
Khaled Ahmed	15	5	30	1	(4)	3	1	6	0
Mehedi Hasan	20.2	5	52	5	(3)	22.1	8	50	5
Taijul Islam	10	0	53	0		16	0	70	2

FALL OF WICKETS				
	B	Z	B	Z
Wkt	1st	1st	2nd	2nd
1st	31	69	13	95
2nd	32	88	73	112
3rd	98	88	138	127
4th	123	129	155	128
5th	136	177	194	144
6th	137	193	210	145
7th	146	218	213	161
8th	187	223	248	
9th	191	259	248	
10th	191	273	255	

Umpires: R.K.Illingworth (*England*) (75) and R.A.Kettleborough (*England*) (91).
Referee: D.C.Boon (*Australia*) (86).

Test No. 2581/19 (B151/Z122)

BANGLADESH v ZIMBABWE (2nd Test)

At Zohur Ahmed Chowdhury Stadium, Chittagong, on 28, 29, 30 April 2025.
Toss: Zimbabwe. Result: **BANGLADESH** won by an innings and 106 runs.
Debuts: Bangladesh – Tanzim Hasan Sakib; Zimbabwe – V.R.Masekesa.

ZIMBABWE

B.J.Bennett	c Jaker b Tanzim	21		c Shadman b Taijul	6
B.J.Curran	b Taijul	21		c Jaker b Mehedi	46
N.R.Welch	b Taijul	54		lbw b Taijul	0
S.C.Williams	c Tanzim b Nayeem	67		c Shadman b Nayeem	0
*C.R.Ervine	c Jaker b Nayeem	5		b Mehedi	25
W.N.Madhevere	c Jaker b Taijul	15		lbw b Mehedi	0
†T.E.Tsiga	not out	18		c Anamul b Mehedi	0
W.P.Masakadza	lbw b Taijul	6		c Taijul b Mehedi	10
R.Ngarava	b Taijul	0		c Hasan b Taijul	5
V.R.Masekesa	run out	8		run out	2
B.Muzarabani	c Jaker b Taijul	2		not out	7
Extras	(B 4, LB 2, NB 3, W 1)	10		(B 3)	3
Total	**(90.1 overs; 379 mins)**	**227**		**(46.2 overs; 182 mins)**	**111**

BANGLADESH

Shadman Islam	lbw b Bennett	120
Anamul Haque	lbw b Muzarabani	39
Mominul Haque	c Curran b Masakadza	33
*Nazmul Hossain	c Welch b Masekesa	23
Mushfiqur Rahim	run out	40
†Jaker Ali	c and b Masekesa	5
Mehedi Hasan	st Tsiga b Masekesa	104
Nayeem Hasan	c Williams b Masekesa	3
Taijul Islam	st Tsiga b Masekesa	20
Tanzim Hasan Sakib	c Welch b Madhevere	41
Hasan Mahmud	not out	0
Extras	(B 8, LB 7, NB 1)	16
Total	**(129.2 overs; 545 mins)**	**444**

BANGLADESH	O	M	R	W		O	M	R	W
Hasan Mahmud	10	3	24	0	(2)	2	2	0	0
Tanzim Hasan Sakib	10	0	49	1					
Mehedi Hasan	21	7	44	0		21	8	32	5
Taijul Islam	27.1	6	60	6	(1)	16.2	3	42	3
Nayeem Hasan	20	9	42	2	(4)	7	1	34	1
Mominul Haque	2	0	2	0					
ZIMBABWE									
Ngarava	14	2	57	0					
Muzarabani	26	5	83	1					
Masakadza	34	5	90	1					
Masekesa	31.2	0	115	5					
Madhevere	15	1	35	1					
Bennett	9	1	49	1					

FALL OF WICKETS

Wkt	Z 1st	B 1st	Z 2nd
1st	41	118	8
2nd	72	194	8
3rd	177	194	22
4th	178	259	69
5th	200	267	69
6th	206	274	73
7th	206	279	93
8th	216	342	98
9th	217	438	100
10th	227	444	111

Umpires: H.D.P.K.Dharmasena (*Sri Lanka*) (90) and R.K.Illingworth (*England*) (76).
Referee: D.C.Boon (*Australia*) (87).   Test No. 2582/20 (B152/Z123)
N.R.Welch retired hurt at 162-2 (Z1) and resumed at 216-8.

ENGLAND v ZIMBABWE (Only Test)

At Trent Bridge, Nottingham, on 22, 23, 24 May 2025.
Toss: Zimbabwe. Result: **ENGLAND** won by an innings and 45 runs.
Debut: England – S.J.Cook.

ENGLAND

Z.Crawley	lbw b Sikandar Raza	124
B.M.Duckett	c Curran b Madhevere	140
O.J.D.Pope	c Tsiga b Chivanga	171
J.E.Root	c Williams b Muzarabani	34
H.C.Brook	b Muzarabani	58
*B.A.Stokes	c Curran b Muzarabani	9
†J.L.Smith	not out	4
A.A.P.Atkinson		
J.C.Tongue		
S.J.Cook		
S.Bashir		
Extras	(B 6, LB 10, NB 3, W 6)	25
Total	**(6 wkts dec; 96.3 overs)**	**565**

ZIMBABWE

B.J.Bennett	c Pope b Tongue	139		lbw b Atkinson	1
B.J.Curran	c Brook b Cook	6		c Stokes b Bashir	37
*C.R.Ervine	c Brook b Bashir	42		c Pope b Tongue	2
S.C.Williams	b Bashir	25		lbw b Bashir	88
Sikandar Raza	c Smith b Stokes	7		c Brook b Bashir	60
W.N.Madhevere	b Stokes	0		c Brook b Stokes	31
†T.E.Tsiga	b Bashir	22		b Bashir	4
B.Muzarabani	b Atkinson	12		c Root b Bashir	0
L.T.Chivanga	lbw b Atkinson	2	(10)	lbw b Bashir	10
V.M.Nyauchi	not out	0	(9)	not out	13
R.Ngarava	absent hurt			absent hurt	
Extras	(LB 6, NB 4)	10		(B 2, LB 2, NB 3, W 2)	9
Total	**(63.2 overs)**	**265**		**(59 overs)**	**255**

ZIMBABWE	O	M	R	W		O	M	R	W
Ngarava	9	1	42	0					
Muzarabani	24.3	3	143	3					
Chivanga	16	0	117	1					
Nyauchi	18	0	103	0					
Sikandar Raza	24	1	93	1					
Madhevere	3	0	34	1					
Bennett	2	0	17	0					
ENGLAND									
Cook	17	1	72	1		14	3	47	0
Atkinson	13.2	2	58	2		6	2	17	1
Bashir	16.4	2	62	3	(4)	18	1	81	6
Tongue	13	1	56	1	(3)	12	0	65	1
Stokes	3.2	2	11	2		8	0	41	1
Root						1	1	0	0

FALL OF WICKETS

	E	Z	Z
Wkt	1st	1st	2nd
1st	231	31	3
2nd	368	96	7
3rd	479	156	129
4th	502	187	142
5th	548	199	207
6th	565	246	218
7th	–	251	222
8th	–	258	241
9th	–	265	255
10th	–	–	–

Umpires: H.D.P.K.Dharmasena (*Sri Lanka*) (91) and A.Paleker (*South Africa*) (5).
Referee: J.J.Crowe (*New Zealand*) (128).   Test No. 2583/7 (E1084/Z124)

AUSTRALIA v SOUTH AFRICA
(Only Test – ICC Final)

At Lord's, London, on 11, 12, 13, 14 June 2025.
Toss: South Africa. Result: **SOUTH AFRICA** won by five wickets.
Debuts: None.

AUSTRALIA

Batsman	Dismissal	Score		Dismissal	Score
U.T.Khawaja	c Bedingham b Rabada	0	(2)	c Verreynne b Rabada	6
M.Labuschagne	c Verreynne b Jansen	17	(1)	c Verreynne b Jansen	22
C.D.Green	c Markram b Rabada	4		c Mulder b Rabada	0
S.P.D.Smith	c Jansen b Markram	66		lbw b Ngidi	13
T.M.Head	c Verreynne b Jansen	11		b Mulder	9
B.J.Webster	c Bedingham b Rabada	72		lbw b Mulder	9
†A.T.Carey	b Maharaj	23		lbw b Rabada	43
*P.J.Cummins	b Rabada	1		b Ngidi	6
M.A.Starc	b Rabada	1		not out	58
N.M.Lyon	b Jansen	0		lbw b Rabada	2
J.R.Hazlewood	not out	0		c Maharaj b Markram	17
Extras	(LB 7, NB 10)	17		(B 6, LB 6, NB 10)	22
Total	**(56.4 overs)**	**212**		**(65 overs)**	**207**

SOUTH AFRICA

Batsman	Dismissal	Score	Dismissal	Score
A.K.Markram	b Starc	0	c Head b Hazlewood	136
R.D.Rickelton	c Khawaja b Starc	16	c Carey b Starc	6
P.W.A.Mulder	b Cummins	6	c Labuschagne b Starc	27
*T.Bavuma	c Labuschagne b Cummins	36	c Carey b Cummins	66
T.Stubbs	b Hazlewood	2	b Starc	8
D.G.Bedingham	c Carey b Cummins	45	not out	21
†K.Verreynne	lbw b Cummins	13	not out	4
M.Jansen	c and b Cummins	0		
K.A.Maharaj	run out	7		
K.Rabada	c Webster b Cummins	1		
L.T.Ngidi	not out	0		
Extras	(LB 10, NB 2)	12	(B 8, LB 4, NB 2)	14
Total	**(57.1 overs)**	**138**	**(5 wkts; 83.4 overs)**	**282**

SOUTH AFRICA	O	M	R	W		O	M	R	W
Rabada	15.4	5	51	5		18	1	59	4
Jansen	14	5	49	3		18	3	58	1
Ngidi	8	0	45	0	(4)	13	1	38	2
Mulder	11	3	36	0	(3)	8	1	18	2
Maharaj	6	0	19	1		6	1	17	0
Markram	2	0	5	1		2	1	5	1

AUSTRALIA	O	M	R	W	O	M	R	W
Starc	13	3	41	2	14.4	1	66	3
Hazlewood	15	5	27	1	19	2	58	1
Cummins	18.1	6	28	6	17	0	59	1
Lyon	8	3	12	0	26	4	66	0
Webster	3	0	20	0	5	0	13	0
Head					2	0	8	0

FALL OF WICKETS				
	A	SA	A	SA
Wkt	1st	1st	2nd	2nd
1st	12	0	28	9
2nd	16	19	28	70
3rd	46	25	44	217
4th	67	30	48	241
5th	146	94	64	276
6th	192	126	66	—
7th	199	126	73	—
8th	210	135	134	—
9th	211	138	148	—
10th	212	138	207	—

Umpires: C.B.Gaffaney (*New Zealand*) (62) and R.K.Illingworth (*England*) (77).
Referee: J.Srinath (*India*) (80). Test No. 2584/102 (A874/SA473)

SRI LANKA v BANGLADESH (1st Test)

At Galle International Stadium, on 17, 18, 19, 20, 21 June 2025.
Toss: Bangladesh. Result: **MATCH DRAWN**.
Debuts: Sri Lanka – L.U.Igalagamage, K.T.H.Ratnayake.

BANGLADESH

Batsman	1st innings		2nd innings	
Shadman Islam	c de Silva b Ratnayake	14	lbw b Rathnayake	76
Anamul Haque	c B.K.G.Mendis b Fernando	0	c B.K.G.Mendis b Jayasuriya	4
Mominul Haque	c de Silva b Ratnayake	29	c Igalagamage b Ratnayake	14
*Nazmul Hossain	c Mathews b Fernando	148	not out	125
Mushfiqur Rahim	lbw b Fernando	163	run out	49
†Liton Das	c B.K.G.Mendis b Ratnayake	90	b Ratnayake	3
Jaker Ali	b Rathnayake	8	st B.K.G.Mendis b Ratnayake	2
Nayeem Hasan	c B.K.G.Mendis b Rathnayake	11	not out	7
Taijul Islam	b Rathnayake	6		
Hasan Mahmud	not out	7		
Nahid Rana	c B.K.G.Mendis b Fernando	0		
Extras	(B 8, LB 5, NB 2, W 4)	19	(B 4, LB 1)	5
Total	**(153.4 overs)**	**495**	**(6 wkts dec; 87 overs)**	**285**

SRI LANKA

Batsman	1st innings		2nd innings	
P.N.Silva	b Hasan	187	c Nazmul b Nayeem	24
L.U.Igalagamage	c and b Taijul	29	st Liton b Taijul	9
L.D.Chandimal	c Shadman b Nayeem	54	b Taijul	6
A.D.Mathews	c Liton b Mominul	39	c Mominul b Taijul	8
P.H.K.D.Mendis	c Liton b Nayeem	87	not out	12
*D.M.de Silva	c Liton b Nayeem	19	not out	12
†B.K.G.Mendis	c Liton b Hasan	5		
R.M.M.P.Rathnayake	b Hasan	39		
K.T.H.Ratnayake	b Nayeem	0		
N.G.R.P.Jayasuriya	not out	11		
A.M.Fernando	b Nayeem	4		
Extras	(B 2, LB 7, NB 2)	11	(LB 1)	1
Total	**(131.2 overs)**	**485**	**(4 wkts; 32 overs)**	**72**

SRI LANKA

Bowler	O	M	R	W		O	M	R	W
Fernando	29.4	5	86	4		8	0	31	0
Rathnayake	23.4	6	39	3	(4)	12	4	26	1
Ratnayake	49.2	3	196	3		29	1	102	2
Jayasuriya	48	2	154	0	(2)	29	3	92	1
De Silva	3	0	7	0		8	0	27	0
P.H.K.D.Mendis						1	0	2	0

BANGLADESH

Bowler	O	M	R	W		O	M	R	W
Hasan Mahmud	21	4	74	3		3	0	19	0
Nahid Rana	19	0	97	0					
Taijul Islam	41	3	156	1	(2)	16	6	23	3
Nayeem Hasan	43.2	4	121	5	(3)	13	4	29	1
Mominul Haque	10	0	28	1					

FALL OF WICKETS

Wkt	B 1st	SL 1st	B 2nd	SL 2nd
1st	5	47	24	32
2nd	39	204	60	34
3rd	45	293	128	47
4th	309	331	237	48
5th	458	377	241	–
6th	458	386	249	–
7th	474	470	–	–
8th	483	470	–	–
9th	484	471	–	–
10th	495	485	–	–

Umpires: R.J.Tucker (*Australia*) (94) and A.G.Wharf (*England*) (8).
Referee: A.J.Pycroft (*Zimbabwe*) (102).

Test No. 2585/27 (SL326/B153)

SRI LANKA v BANGLADESH (2nd Test)

At Sinhalese Sports Club, Colombo, on 25, 26, 27, 28 June 2025.
Toss: Bangladesh. Result: **SRI LANKA** won by an innings and 78 runs.
Debut: Sri Lanka – G.S.Dinusha.   ‡ (P.Rathnayake)

BANGLADESH

Shadman Islam	c de Silva b Ratnayake	46		c Igalagamage b Jayasuriya	12
Anamul Haque	b A.M.Fernando	0		c sub‡ b A.M.Fernando	19
Mominul Haque	c sub‡ b de Silva	21		c P.H.K.D.Mendis b de Silva	15
*Nazmul Hossain	c B.K.G.Mendis b M.V.T.Fernando	8		lbw b de Silva	19
Mushfiqur Rahim	c M.V.T.Fernando b Dinusha	35		b Jayasuriya	26
†Liton Das	c B.K.G.Mendis b Dinusha	34		c B.K.G.Mendis b Jayasuriya	8
Mehedi Hasan	c P.H.K.D.Mendis b M.V.T.Fernando	31		lbw b Ratnayake	11
Nayeem Hasan	b A.M.Fernando	25		c and b Jayasuriya	5
Taijul Islam	c Chandimal b Dinusha	33		st B.K.G.Mendis b Jayasuriya	6
Ebadat Hossain	lbw b A.M.Fernando	8		lbw b Ratnayake	6
Nahid Rana	not out	0		not out	–
Extras	(B 2, LB 4)	6			
Total	**(79.3 overs)**	**247**		**(44.2 overs)**	**133**

SRI LANKA

P.N.Silva	c Anamul b Taijul	158
L.U.Igalagamage	lbw b Taijul	40
L.D.Chandimal	c Liton b Nayeem	93
N.G.R.P.Jayasuriya	c Mehedi b Nahid	10
*D.M.de Silva	lbw b Taijul	7
P.H.K.D.Mendis	b Nayeem	33
†B.K.G.Mendis	run out	84
G.S.Dinusha	b Nayeem	11
K.T.H.Ratnayake	c Anamul b Taijul	10
M.V.T.Fernando	not out	2
A.M.Fernando	c Shadman b Taijul	0
Extras	(B 4, LB 4, NB 1, W 1)	10
Total	**(116.5 overs)**	**458**

SRI LANKA	O	M	R	W		O	M	R	W
A.M.Fernando	18	2	51	3		8	1	22	1
M.V.T.Fernando	19	4	45	2		6	3	16	0
Ratnayake	17	1	72	1	(6)	5.2	0	19	2
Jayasuriya	11	0	36	0	(3)	18	2	56	5
De Silva	5	0	15	1	(4)	4	1	13	2
Dinusha	9.3	3	22	3		1	7	0	0
BANGLADESH									
Ebadat Hossain	14	0	55	0					
Taijul Islam	42.5	4	131	4					
Nahid Rana	20	1	94	1					
Mehedi Hasan	20	1	75	0					
Nayeem Hasan	18	4	87	3					
Mominul Haque	2	0	8	0					

FALL OF WICKETS

	B	SL	B
Wkt	1st	1st	2nd
1st	5	88	31
2nd	43	282	31
3rd	74	305	63
4th	76	313	70
5th	143	335	100
6th	160	384	115
7th	197	406	117
8th	214	429	124
9th	229	458	129
10th	247	458	133

Umpires: A.Paleker (*South Africa*) (6), R.M.P.J.Rambukwella (*Sri Lanka*) (1) and A.G.Wharf (*England*) (9).
Referee: A.J.Pycroft (*Zimbabwe*) (103).   **Test No. 2586/28 (SL327/B154)**
A.G.Wharf replaced R.M.P.J.Rambukwella from 54.1 overs to 71 overs (B1).

ENGLAND v INDIA (1st Test)

At Headingley, Leeds, on 20, 21, 22, 23, 24 June 2025.
Toss: England. Result: **ENGLAND** won by five wickets.
Debut: India – B.Sai Sudharsan.

‡ (K.Nithish Kumar Reddy)

INDIA

Y.B.Jaiswal	b Stokes	101		c Smith b Carse	4
K.L.Rahul	c Root b Carse	42		b Carse	137
B.Sai Sudharsan	c Smith b Stokes	0		c Crawley b Stokes	30
*S.Gill	c Tongue b Bashir	147		b Carse	8
†R.R.Pant	lbw b Tongue	134		c Crawley b Bashir	118
K.K.Nair	c Pope b Stokes	0		c and b Woakes	20
R.A.Jadeja	b Tongue	11		not out	25
S.N.Thakur	c Smith b Stokes	1		c Root b Tongue	4
J.J.Bumrah	c Brook b Tongue	0	(10)	b Tongue	0
M.Siraj	not out	3	(9)	c Smith b Tongue	0
P.M.Krishna	b Tongue	1		c Tongue b Bashir	0
Extras	(B 1, LB 14, NB 9, W 2, Pen 5)	31		(B 5, LB 4, NB 6, W 3)	18
Total	**(113 overs)**	**471**		**(96 overs)**	**364**

ENGLAND

Z.Crawley	c Nair b Bumrah	4		c Rahul b Krishna	65
B.M.Duckett	b Bumrah	62		c sub‡ b Thakur	149
O.J.D.Pope	c Pant b Krishna	106		b Krishna	8
J.E.Root	c Nair b Bumrah	28		not out	53
H.C.Brook	c Thakur b Krishna	99		c Pant b Thakur	0
*B.A.Stokes	c Pant b Siraj	20		c Gill b Jadeja	33
†J.L.Smith	c Sai Sudharsan b Krishna	40		not out	44
C.R.Woakes	b Bumrah	38			
B.A.Carse	b Siraj	22			
J.C.Tongue	b Bumrah	11			
S.Bashir	not out	0			
Extras	(B 8, LB 18, NB 7, W 1)	34		(B 12, LB 6, NB 3)	21
Total	**(100.4 overs)**	**465**		**(5 wkts; 82 overs)**	**373**

ENGLAND	O	M	R	W		O	M	R	W
Woakes	24	4	103	0		19	4	45	1
Carse	22	5	96	1		19	2	80	3
Tongue	20	0	86	4		18	2	72	3
Stokes	20	2	66	4	(5)	15	2	47	1
Bashir	27	6	100	1	(4)	22	1	90	2
Root						3	0	21	0

INDIA	O	M	R	W		O	M	R	W
Bumrah	24.4	5	83	5		19	3	57	0
Siraj	27	0	122	2		14	1	51	0
Krishna	20	0	128	3	(4)	15	0	92	2
Jadeja	23	4	68	0	(3)	24	1	104	1
Thakur	6	0	38	0		10	0	51	2

FALL OF WICKETS

Wkt	I 1st	E 1st	I 2nd	E 2nd
1st	91	4	16	188
2nd	92	126	82	206
3rd	221	206	92	253
4th	430	225	287	253
5th	447	276	333	302
6th	453	349	335	–
7th	454	398	349	–
8th	458	453	349	–
9th	469	460	349	–
10th	471	465	364	–

Umpires: C.B.Gaffaney (*New Zealand*) (63) and P.R.Reiffel (*Australia*) (74).
Referee: Sir R.B.Richardson (*West Indies*) (56). **Test No. 2587/137 (E1085/1590)**

ENGLAND v INDIA (2nd Test)

At Edgbaston, Birmingham, on 2, 3, 4, 5, 6 July 2025.
Toss: England. Result: **INDIA** won by 336 runs.
Debuts: None.

‡ (B.Sai Sudharsan)

INDIA

Y.B.Jaiswal	c Smith b Stokes	87		lbw b Tongue	28
K.L.Rahul	b Woakes	2		b Tongue	55
K.K.Nair	c Brook b Carse	31		c Smith b Carse	26
*S.Gill	c Pope b Tongue	269		c and b Bashir	161
†R.R.Pant	c Crawley b Bashir	25		c Duckett b Bashir	65
K.Nithish Kumar Reddy	b Woakes	1	(7)	c Crawley b Root	1
R.A.Jadeja	c Smith b Tongue	89	(6)	not out	69
M.S.Washington Sundar	b Root	42		not out	12
A.Deep	c Duckett b Bashir	6			
M.Siraj	st Smith b Bashir	8			
P.M.Krishna	not out	5			
Extras	(B 6, LB 6, NB 8, W 2)	22		(B 3, LB 4, NB 1, W 2)	10
Total	**(151 overs)**	**587**		**(6 wkts dec) (83 overs)**	**427**

ENGLAND

Z.Crawley	c Nair b Siraj	19	c sub‡ b Siraj	0
B.M.Duckett	c Gill b Deep	0	b Deep	25
O.J.D.Pope	c Rahul b Deep	0	b Deep	24
J.E.Root	c Pant b Siraj	22	b Deep	6
H.C.Brook	b Deep	158	lbw b Deep	23
*B.A.Stokes	c Pant b Siraj	0	lbw b Washington Sundar	33
†J.L.Smith	not out	184	c Washington Sundar b Deep	88
C.R.Woakes	c Nair b Deep	5	c Siraj b Krishna	7
B.A.Carse	lbw b Siraj	0	c Gill b Deep	38
J.C.Tongue	lbw b Siraj	0	c Siraj b Jadeja	0
S.Bashir	b Siraj	0	not out	12
Extras	(LB 5, NB 12, W 2)	19	(B 4, LB 4, NB 3, W 2)	13
Total	**(89.3 overs)**	**407**	**(68.1 overs)**	**271**

ENGLAND	O	M	R	W	O	M	R	W	FALL OF WICKETS				
										I	E	I	E
Woakes	25	6	81	2	14	3	51	0	Wkt	1st	1st	2nd	2nd
Carse	24	3	83	1	12	2	56	1	1st	15	13	51	11
Tongue	28	2	119	2	15	2	93	2	2nd	95	13	96	30
Stokes	19	0	74	1	7	1	26	0	3rd	161	25	126	50
Bashir	45	2	167	3	26	1	119	2	4th	208	84	236	80
Root	5	0	20	1	9	1	55	1	5th	211	84	411	83
Brook	5	0	31	0					6th	414	387	412	153
INDIA									7th	558	395	–	199
Deep	20	2	88	4	21.1	2	99	6	8th	574	396	–	246
Siraj	19.3	3	70	6	12	3	57	1	9th	574	407	–	246
Krishna	13	1	72	0	14	2	39	1	10th	587	407	–	271
Nithish Kumar Reddy	6	0	29	0									
Jadeja	17	2	70	0	(4)	15	4	40	1				
Washington Sundar	14	0	73	0	(5)	6	2	28	1				

Umpires: C.B.Gaffaney (*New Zealand*) (64) and Sharfuddoula (*Bangladesh*) (17).
Referee: Sir R.B.Richardson (*West Indies*) (57). Test No. 2588/138 (E1086/I591)

ENGLAND v INDIA (3rd Test)

At Lord's, London, on 10, 11, 12, 13, 14 July 2025.
Toss: England. Result: **ENGLAND** won by 22 runs.
Debuts: None.

ENGLAND

Z.Crawley	c Pant b Nithish Kumar Reddy	18	c Jaiswal b Nithish Kumar Reddy	22
B.M.Duckett	c Pant b Nithish Kumar Reddy	23	c Bumrah b Siraj	12
O.J.D.Pope	c sub (D.C.Jurel) b Jadeja	44	lbw b Siraj	4
J.E.Root	b Bumrah	104	b Washington Sundar	40
H.C.Brook	b Bumrah	11	b Deep	23
*B.A.Stokes	b Bumrah	44	b Washington Sundar	33
†J.L.Smith	c sub (D.C.Jurel) b Siraj	51	b Washington Sundar	8
C.R.Woakes	c sub (D.C.Jurel) b Bumrah	0	b Bumrah	10
B.A.Carse	b Siraj	56	b Bumrah	1
J.C.Archer	b Bumrah	4	not out	5
S.Bashir	not out	1	b Washington Sundar	2
Extras	(B 11, LB 13, NB 2, W 5)	31	(B 25, LB 6, NB 1)	32
Total	**(112.3 overs)**	**387**	**(62.1 overs)**	**192**

INDIA

Y.B.Jaiswal	c Brook b Archer	13	c Smith b Archer	0
K.L.Rahul	c Brook b Bashir	100	lbw b Stokes	39
K.K.Nair	c Root b Stokes	40	lbw b Carse	14
*S.Gill	c Smith b Woakes	16	lbw b Carse	6
†R.R.Pant	run out	74	(6) b Archer	9
R.A.Jadeja	c Smith b Woakes	72	(7) not out	61
K.Nithish Kumar Reddy	c Smith b Stokes	30	(9) c Smith b Woakes	13
M.S.Washington Sundar	c Brook b Archer	23	c and b Archer	0
A.Deep	c Brook b Carse	7	(5) b Stokes	1
J.J.Bumrah	c Smith b Woakes	0	c sub (S.J.Cook) b Stokes	5
M.Siraj	not out	0	b Bashir	4
Extras	(B 3, LB 3, NB 5, W 1)	12	(LB 9, NB 3, W 6)	18
Total	**(119.2 overs)**	**387**	**(74.5 overs)**	**170**

INDIA	O	M	R	W	O	M	R	W
Bumrah	27	5	74	5	16	3	38	2
Deep	23	3	92	0	(4) 8	2	30	1
Siraj	23.3	6	85	2	(2) 13	2	31	2
Nithish Kumar Reddy	17	0	62	0	(3) 5	1	20	1
Jadeja	12	1	29	1	8	1	20	0
Washington Sundar	10	1	21	0	12.1	2	22	4

ENGLAND	O	M	R	W	O	M	R	W
Woakes	27	5	84	3	12	5	21	1
Archer	23.2	6	52	2	16	1	55	3
Carse	24	5	88	1	(4) 16	2	30	2
Stokes	20	4	63	2	(3) 24	4	48	3
Bashir	14.5	2	59	1	(6) 5.5	1	6	1
Root	10.1	0	35	0	(5) 1	0	1	0

FALL OF WICKETS

Wkt	E 1st	I 1st	E 2nd	I 2nd
1st	43	13	22	5
2nd	44	74	42	41
3rd	153	107	50	53
4th	172	248	87	58
5th	260	254	154	71
6th	271	326	164	81
7th	271	376	181	82
8th	355	385	182	112
9th	370	387	185	147
10th	387	387	192	170

Umpires: P.R.Reiffel (*Australia*) (75) and Sharfuddoula (*Bangladesh*) (18).
Referee: Sir R.B.Richardson (*West Indies*) (58). **Test No. 2589/139 (E1087/I592)**

ENGLAND v INDIA (4th Test)

At Old Trafford, Manchester, on 23, 24, 25, 26, 27 July 2025.
Toss: England. Result: **MATCH DRAWN**.
Debut: India – A.Kamboj.

INDIA

Y.B.Jaiswal	c Brook b Dawson	58	c Root b Woakes	0
K.L.Rahul	c Crawley b Woakes	46	lbw b Stokes	90
B.Sai Sudarsan	c Carse b Stokes	61	c Brook b Woakes	0
*S.Gill	lbw b Stokes	12	c Smith b Archer	103
†R.R.Pant	b Archer	54		
R.A.Jadeja	c Brook b Archer	20	not out	107
S.N.Thakur	c Duckett b Stokes	41		
M.S.Washington Sundar	c Woakes b Stokes	27	(5) not out	101
A.Kamboj	c Smith b Stokes	0		
J.J.Bumrah	c Smith b Archer	4		
M.Siraj	not out	5		
Extras	(B 4, LB 8, NB 4, W 14)	30	(B 14, LB 2, NB 6, W 2)	24
Total	**(114.1 overs)**	**358**	**(4 wkts; 143 overs)**	**425**

ENGLAND

Z.Crawley	c Rahul b Jadeja	84
B.M.Duckett	c sub (D.C.Jurel) b Kamboj	94
O.J.D.Pope	c Rahul b Washington Sundar	71
J.E.Root	st sub (D.C.Jurel) b Jadeja	150
H.C.Brook	st sub (D.C.Jurel) b W.Sundar	3
*B.A.Stokes	c Sai Sudharsan b Jadeja	141
†J.L.Smith	c sub (D.C.Jurel) b Bumrah	9
L.A.Dawson	b Bumrah	26
C.R.Woakes	b Siraj	4
B.A.Carse	c Siraj b Jadeja	47
J.C.Archer	not out	0
Extras	(B 8, LB 15, NB 14, W 1)	38
Total	**(157.1 overs)**	**669**

ENGLAND	O	M	R	W		O	M	R	W
Woakes	23	5	66	1		23	4	67	2
Archer	26.1	3	73	3		23	3	78	1
Carse	21	1	71	0		17	3	44	0
Stokes	24	3	72	5	(6)	11	2	33	1
Dawson	15	1	45	1	(4)	47	11	95	0
Root	5	0	19	0	(5)	19	2	68	0
Brook						3	0	24	0
INDIA									
Bumrah	33	5	112	2					
Kamboj	18	1	89	1					
Siraj	30	4	140	1					
Thakur	11	0	55	0					
Jadeja	37.1	0	143	4					
Washington Sundar	28	4	107	2					

FALL OF WICKETS			
	I	E	I
Wkt	1st	1st	2nd
1st	94	166	0
2nd	120	197	0
3rd	140	341	188
4th	235	349	222
5th	266	499	–
6th	314	515	–
7th	337	528	–
8th	337	563	–
9th	349	658	–
10th	358	669	–

Umpires: Ahsan Raza (*Pakistan*) (22) and R.J.Tucker (*Australia*) (95).
Referee: J.J.Crowe (*New Zealand*) (129). **Test No. 2590/140 (E1088/1593)**
R.R.Pant retired hurt at 212-3 (I1) and resumed at 314-6.
B.A.Stokes retired hurt at 491-4 (E1) and resumed at 528-7.

ENGLAND v INDIA (5th Test)

At The Oval, London, on 31 July, 1, 2, 3, 4 August 2025.
Toss: England. Result: **INDIA** won by 6 runs.
Debuts: None.

INDIA

Y.B.Jaiswal	lbw b Atkinson	2		c Overton b Tongue	118
K.L.Rahul	b Woakes	14		c Root b Tongue	7
B.Sai Sudharsan	c Smith b Tongue	38		lbw b Atkinson	11
*S.Gill	run out	21	(5)	lbw b Atkinson	11
K.K.Nair	lbw b Tongue	57	(6)	c Smith b Atkinson	17
R.A.Jadeja	c Smith b Tongue	9	(7)	c Brook b Tongue	53
†D.C.Jurel	c Brook b Atkinson	19	(8)	lbw b Overton	34
M.S.Washington Sundar	c Overton b Atkinson	26	(9)	c Crawley b Tongue	53
A.Deep	not out	0	(4)	c Atkinson b Overton	66
M.Siraj	b Atkinson	0		lbw b Tongue	0
P.M.Krishna	c Smith b Atkinson	0		not out	0
Extras	(B 12, LB 6, NB 4, W 16)	38		(B 13, LB 5, NB 2, W 6)	26
Total	**(69.4 overs)**	**224**		**(88 overs)**	**396**

ENGLAND

Z.Crawley	c Jadeja b Krishna	64	b Siraj	14
B.M.Duckett	c Jurel b Deep	43	c Rahul b Krishna	54
*O.J.D.Pope	lbw b Siraj	22	lbw b Siraj	27
J.E.Root	lbw b Siraj	29	c Jurel b Krishna	105
H.C.Brook	b Siraj	53	c Siraj b Deep	111
J.G.Bethell	lbw b Siraj	6	b Krishna	5
†J.L.Smith	c Rahul b Krishna	8	c Jurel b Siraj	2
J.Overton	lbw b Krishna	0	lbw b Krishna	0
A.A.P.Atkinson	c Deep b Krishna	11	b Siraj	17
J.C.Tongue	not out	0	b Krishna	0
C.R.Woakes	absent hurt		not out	0
Extras	(B 6, LB 2, NB 3)	11	(B 2, LB 9, NB 1, W 11)	23
Total	**(51.2 overs)**	**247**	**(85.1 overs)**	**367**

ENGLAND	O	M	R	W		O	M	R	W
Woakes	14	1	46	1					
Atkinson	21.4	8	33	5	(1)	27	3	127	3
Tongue	16	4	57	3	(2)	30	4	125	5
Overton	16	0	66	0	(3)	22	2	98	2
Bethell	2	1	4	0	(4)	4	0	13	0
Root					(5)	5	1	15	0
INDIA									
Siraj	16.2	1	86	4	(3)	30.1	6	104	5
Deep	17	0	80	1	(1)	20	4	85	1
Krishna	16	1	62	4	(2)	27	3	126	3
Jadeja	2	0	11	0		4	0	22	0
Washington Sundar					(4)	4	0	19	0

FALL OF WICKETS

	I	E	I	E
Wkt	1st	1st	2nd	2nd
1st	10	92	46	50
2nd	38	129	70	82
3rd	83	142	177	106
4th	101	175	189	301
5th	123	195	229	332
6th	153	215	273	337
7th	218	215	323	347
8th	220	235	357	354
9th	224	247	357	357
10th	224	–	396	367

Umpires: Ahsan Raza (*Pakistan*) (23) and H.D.P.K.Dharmasena (*Sri Lanka*) (92).
Referee: J.J.Crowe (*New Zealand*) (130).   Test No. 2591/141 (**E1089/1594**)

WEST INDIES v AUSTRALIA (1st Test)

At Kensington Oval, Bridgetown, on 25, 26, 27 June 2025.
Toss: Australia. Result: **AUSTRALIA** won by 159 runs.
Debut: West Indies – B.A.King.

AUSTRALIA

S.J.Konstas	lbw b S.Joseph	3	b S.Joseph		5
U.T.Khawaja	c Hope b S.Joseph	47	lbw b A.S.Joseph		15
C.D.Green	c Greaves b S.Joseph	3	c Chase b Greaves		15
J.P.Inglis	c Hope b Seales	5	b Seales		12
T.M.Head	c Hope b Greaves	59	lbw b S.Joseph		61
B.J.Webster	b S.Joseph	11	c Hope b S.Joseph		63
†A.T.Carey	c Chase b Seales	8	c Greaves b Chase		65
*P.J.Cummins	c Brathwaite b Seales	28	c Brathwaite b A.S.Joseph		9
M.A.Starc	c Greaves b Seales	0	b S.Joseph		16
N.M.Lyon	not out	9	not out		13
J.R.Hazlewood	c Hope b Seales	4	b S.Joseph		12
Extras	(LB 2, NB 1)	3	(B 2, LB 13, NB 9)		24
Total	**(56.5 overs)**	**180**	**(81.5 overs)**		**310**

WEST INDIES

K.C.Brathwaite	c Webster b Starc	4	c Konstas b Starc		4
J.D.Campbell	c Carey b Starc	7	c Carey b Hazlewood		23
K.U.Carty	c Carey b Cummins	20	b Hazlewood		20
B.A.King	b Hazlewood	26	c Green b Hazlewood		0
J.A.Warrican	b Hazlewood	0	(9) c Carey b Hazlewood		3
*R.L.Chase	lbw b Cummins	44	(5) c Konstas b Hazlewood		2
†S.D.Hope	c Carey b Webster	48	(6) b Cummins		2
J.P.Greaves	c Carey b Webster	4	(7) not out		38
A.S.Joseph	not out	23	(8) run out		0
S.Joseph	b Starc	8	c Khawaja b Lyon		44
J.N.T.Seales	c Webster b Lyon	2	c Konstas b Lyon		0
Extras	(LB 2, NB 1, W 1)	4	(LB 5)		5
Total	**(63.2 overs)**	**190**	**(33.4 overs)**		**141**

WEST INDIES	O	M	R	W	O	M	R	W	FALL OF WICKETS			
										A	WI	A	WI
Seales	15.5	1	60	5	18	4	70	1	Wkt	1st	1st	2nd	2nd
S.Joseph	16	3	46	4	25.5	5	87	5	1st	8	10	27	4
A.S.Joseph	12	3	37	0	16	2	65	2	2nd	14	16	34	47
Chase	4	0	9	0	(6) 1	1	0	1	3rd	22	52	57	47
Greaves	9	2	26	1	(4) 13	1	55	1	4th	111	53	65	49
Warrican					(5) 8	2	18	0	5th	123	72	167	56
									6th	138	139	208	61
AUSTRALIA									7th	152	153	247	73
Starc	16	1	65	4	8	1	44	1	8th	143	162	264	86
Hazlewood	18	3	41	2	12	3	43	5	9th	170	171	291	141
Cummins	18	6	34	2	7	2	15	1	10th	180	190	310	141
Lyon	5.2	0	28	2	(5) 2.4	1	20	2					
Webster	6	0	20	2	(4) 4	2	14	0					

Umpires: R.A.Kettleborough (*England*) (92) and N.N.Menon (*India*) (31).
Referee: J.Srinath (*India*) (81). Test No. 2592/121 (WI585/A875)

WEST INDIES v AUSTRALIA (2nd Test)

At Queen's Park, St George's, on 3, 4, 5, 6 July 2025.
Toss: Australia. Result: **AUSTRALIA** won by 133 runs.
Debuts: None.

AUSTRALIA

Batsman	Dismissal	Runs	Dismissal	Runs
S.J.Konstas	c Hope b Phillip	25	b Seales	0
U.T.Khawaja	lbw b A.S.Joseph	16	lbw b Seales	2
C.D.Green	c Chase b Seales	26	b S.Joseph	52
S.P.D.Smith	c Phillip b A.S.Joseph	3	(5) lbw b Greaves	71
T.M.Head	c Hope b S.Joseph	29	(6) b S.Joseph	39
B.J.Webster	run out	60	(7) c Chase b Greaves	2
†A.T.Carey	c Brathwaite b Greaves	63	(8) lbw b S.Joseph	30
*P.J.Cummins	b A.S.Joseph	17	(9) c Hope b S.Joseph	4
M.A.Starc	c Hope b Seales	6	(10) not out	13
N.M.Lyon	c Hope b A.S.Joseph	11	(4) c Campbell b A.S.Joseph	8
J.R.Hazlewood	not out	10	b A.S.Joseph	4
Extras	(B 4, LB 13, NB 3)	20	(B 5, LB 8, NB 4, W 1)	18
Total	**(66.5 overs)**	**286**	**(71.3 overs)**	**243**

WEST INDIES

Batsman	Dismissal	Runs	Dismissal	Runs
K.C.Brathwaite	c and b Hazlewood	0	c Carey b Webster	7
J.D.Campbell	c Starc b Webster	40	lbw b Hazlewood	0
K.U.Carty	c and b Cummins	6	c Carey b Starc	10
B.A.King	c Carey b Lyon	75	b Cummins	14
*R.L.Chase	lbw b Hazlewood	16	lbw b Starc	34
†S.D.Hope	b Cummins	21	c and b Hazlewood	17
J.P.Greaves	c Carey b Lyon	1	lbw b Starc	2
A.S.Joseph	c Green b Lyon	27	c Green b Lyon	13
S.Joseph	b Starc	29	c Webster b Lyon	24
A.Phillip	c and b Head	10	not out	11
J.N.T.Seales	not out	7	c and b Lyon	8
Extras	(B 10, LB 11)	21	(LB 3)	3
Total	**(73.2 overs)**	**253**	**(34.3 overs)**	**143**

WEST INDIES

Bowler	O	M	R	W		O	M	R	W
Seales	14	3	45	2		16	6	29	2
S.Joseph	15	2	63	1		16	1	66	4
A.S.Joseph	15.5	3	61	4		16.3	2	52	2
Phillip	12	1	46	1		9	0	32	0
Greaves	6	0	35	1	(6)	5	0	22	2
Chase	4	1	19	0	(5)	9	0	29	0

AUSTRALIA

Bowler	O	M	R	W		O	M	R	W
Starc	13	1	48	1		8	2	24	3
Hazlewood	14	4	43	2		8	2	33	2
Cummins	16	2	46	2		8	1	26	1
Webster	10	4	17	1		5	1	15	1
Lyon	19	2	75	3		5.3	1	42	3
Head	1.2	0	3	1					

FALL OF WICKETS

Wkt	A 1st	WI 1st	A 2nd	WI 2nd
1st	47	7	0	0
2nd	47	40	4	15
3rd	50	64	28	29
4th	93	111	121	33
5th	110	169	179	71
6th	222	169	181	86
7th	247	154	212	99
8th	256	225	222	103
9th	267	237	234	131
10th	286	253	243	143

Umpires: A.T.Holdstock (*South Africa*) (17) and R.A.Kettleborough (*England*) (93).
Referee: J.Srinath (*India*) (82).   Test No. 2593/122 (WI586/A876)

WEST INDIES v AUSTRALIA (3rd Test)

At Sabina Park, Kingston, on 12, 13, 14 July 2025.
Toss: Australia. Result: **AUSTRALIA** won by 176 runs.
Debut: West Indies – K.A.Anderson.

AUSTRALIA

Batsman	1st innings		2nd innings	
U.T.Khawaja	c Hope b S.Joseph	23	b S.Joseph	14
S.J.Konstas	lbw b Greaves	17	c Chase b S.Joseph	0
C.D.Green	b Seales	46	b S.Joseph	42
S.P.D.Smith	c King b S.Joseph	48	b A.S.Joseph	5
T.M.Head	c sub (A.Phillip) b Greaves	20	c Anderson b Greaves	16
B.J.Webster	c Hope b S.Joseph	4	b A.S.Joseph	13
†A.T.Carey	b Hope b Greaves	21	c King b A.S.Joseph	4
*P.J.Cummins	c Anderson b Seales	24	c Anderson b A.S.Joseph	12
M.A.Starc	b Seales	0	not out	11
S.M.Boland	not out	5	b S.Joseph	1
J.R.Hazlewood	c A.S.Joseph b S.Joseph	4	b A.S.Joseph	4
Extras	(B 1, LB 7, NB 6, W 2)	16	(LB 9, W 1)	10
Total	**(70.3 overs)**	**225**	**(37 overs)**	**121**

WEST INDIES

Batsman	1st innings		2nd innings	
B.A.King	lbw b Hazlewood	14	b Starc	0
K.A.Anderson	b Starc	3	lbw b Starc	0
*R.L.Chase	c Khawaja b Cummins	18	c sub (J.P.Inglis) b Hazlewood	0
J.D.Campbell	lbw b Boland	36	c sub (J.P.Inglis) b Starc	0
M.Louis	b Hazlewood	7	lbw b Starc	4
†S.D.Hope	b Boland	23	lbw b Starc	2
J.P.Greaves	run out	18	c Webster b Boland	11
A.S.Joseph	c Smith b Webster	2	not out	0
S.Joseph	b Boland	8	lbw b Boland	0
J.A.Warrican	c Carey b Cummins	0	b Boland	0
J.N.T.Seales	not out	4	b Starc	0
Extras	(LB 6, NB 4)	10	(LB 6)	6
Total	**(52.1 overs)**	**143**	**(14.3 overs)**	**27**

WEST INDIES	O	M	R	W	O	M	R	W	FALL OF WICKETS				
Seales	16	4	59	3	8	2	32	0		A	WI	A	WI
S.Joseph	17.3	4	33	4	13	4	34	4	Wkt	1st	1st	2nd	2nd
A.S.Joseph	7	1	23	0	12	2	27	5	1st	28	11	0	0
Greaves	14	2	56	3	4	0	19	1	2nd	68	28	19	0
Warrican	12	4	33	0					3rd	129	58	28	0
Chase	4	0	13	0					4th	157	82	50	5
									5th	161	95	69	7
AUSTRALIA									6th	189	124	69	11
Starc	13	3	32	1	7.3	4	9	6	7th	198	127	99	26
Hazlewood	10	1	32	2	5	3	10	1	8th	199	135	105	26
Cummins	11	1	24	2					9th	216	137	116	26
Boland	13.1	4	34	3	(3) 2	1	2	3	10th	225	143	121	27
Webster	5	1	15	1									

Umpires: A.T.Holdstock (*South Africa*) (18) and N.N.Menon (*India*) (32).
Referee: J.Srinath (*India*) (83). Test No. 2594/123 (WI587/A877)

ZIMBABWE v SOUTH AFRICA (1st Test)

At Queens Sports Club, Bulawayo, on 28, 29, 30 June, 1 July 2025.
Toss: South Africa. Result: **SOUTH AFRICA** won by 328 runs.
Debuts: South Africa – D.T.Brevis, L.G.Pretorius, C.E.Yusuf.

SOUTH AFRICA

Batter	Dismissal	Runs		2nd Innings	Runs
T.de Zorzi	c Bennett b Chivanga	0	(2)	c Williams b Chivanga	31
M.P.Breetzke	c Bennett b Chivanga	13	(1)	c Madhevere b Chivanga	1
P.W.A.Mulder	run out	17		c Kaitano b Madhevere	147
D.G.Bedingham	c Ervine b Chivanga	0		c Williams b Masakadza	35
L.G.Pretorius	c Masakadza b Chivanga	153		b Masekesa	4
D.T.Brevis	c Chivanga b Muzarabani	51		b Masekesa	2
†K.Verreynne	c Ervine b Masakadza	10		c Ervine b Masakadza	36
C.Bosch	not out	100		b Masakadza	36
*K.A.Maharaj	c Bennett b Masekesa	21		b Masakadza	51
C.E.Yusuf	c Williams b Muzarabani	27		not out	8
K.T.Maphaka	not out	9		b Muzarabani	8
Extras	(LB 14, NB 3)	17		(LB 5, NB 2, W 2)	9
Total	**(9 wkts dec; 373 mins; 90 overs)**	**418**		**(341 mins; 82.5 overs)**	**369**

ZIMBABWE

Batter	Dismissal	Runs		2nd Innings	Runs
B.J.Bennett	retired hurt	19		absent hurt	
T.Kaitano	c de Zorzi b Yusuf	0	(1)	c Pretorius b Bosch	12
N.R.Welch	b Verreynne b Yusuf	4		c de Zorzi b Bosch	6
S.C.Williams	st Verreynne b Maharaj	137		c Verreynne b Bosch	26
*C.R.Ervine	st Verreynne b Maharaj	36		c de Zorzi b Bosch	49
W.N.Madhevere	lbw b Mulder	15		c Verreynne b Yusuf	0
P.S.Masvaure	c Verreynne b Mulder	7	(2)	c Mulder b Yusuf	12
†T.E.Tsiga	c Yusuf b Mulder	0	(7)	c Bosch b Yusuf	1
W.P.Masakadza	c Verreynne b Yusuf	3	(8)	c Mulder b Maharaj	57
V.R.Masekesa	not out	11	(9)	b Bosch	3
B.Muzurabani	b Muzurabani	0	(10)	not out	32
L.T.Chivanga	c Maphaka b Maharaj	10	(11)	st Verreynne b Brevis	1
Extras	(LB 6, NB 1, W 2)	9		(B 4, LB 5, NB 1, W 6)	16
Total	**(306 mins; 67.4 overs)**	**251**		**(259 mins; 66.2 overs)**	**208**

ZIMBABWE Bowling

	O	M	R	W		O	M	R	W
Muzarabani	20	7	59	2		11.5	0	38	1
Masakadza	30	2	109	1	(3)	22	0	98	4
Chivanga	16	2	83	4	(2)	16	0	76	0
Masekesa	13	1	97	1	(5)	23	1	117	2
Bennett	9	0	46	0					
Madhevere	2	0	10	0	(4)	10	1	35	1

SOUTH AFRICA Bowling

	O	M	R	W		O	M	R	W
Yusuf	14	2	42	3		9	3	22	3
Maphaka	12	1	52	0	(3)	10	3	28	0
Mulder	16	2	50	4	(2)	2	0	13	0
Bosch	9	1	31	0	(5)	12	2	43	5
Maharaj	16.4	7	70	3	(4)	24	7	71	1
Brevis						4.2	0	22	1

FALL OF WICKETS

Wkt	SA 1st	Z 1st	SA 2nd	Z 2nd
1st	3	5	1	32
2nd	21	23	64	32
3rd	23	119	136	64
4th	55	167	141	68
5th	150	185	155	72
6th	181	201	259	82
7th	289	217	259	165
8th	330	249	351	173
9th	389	250	352	181
10th	–	251	369	208

Umpires: R.K.Illingworth (*England*) (78) and J.Madanagopal (*India*) (1).
Referee: R.S.Madugalle (*Sri Lanka*) (224). **Test No. 2595/10 (Z125/SA474)**
B.J.Bennett retired hurt (concussion) at 28-2 (Z1) and was replaced by P.S.Masvaure.

ZIMBABWE v SOUTH AFRICA (2nd Test)

At Queens Sports Club, Bulawayo, on 6, 7, 8 July 2025.
Toss: Zimbabwe. Result: **SOUTH AFRICA** won by an innings and 236 runs.
Debuts: Zimbabwe – K.Matigimu; South Africa – L.Senokwane, P.Subrayen.   ‡ (C.Madande)

SOUTH AFRICA

T.de Zorzi	c Welch b Chivanga	10
L.Senokwane	lbw b Masakadza	3
*P.W.A.Mulder	not out	367
D.G.Bedingham	lbw b Chivanga	82
L.G.Pretorius	c Masakadza b Matigimu	78
D.T.Brevis	c sub‡ b Matigimu	30
†K.Verreynne	not out	42
S.Muthusamy		
C.Bosch		
P.Subrayen		
C.E.Yusuf		
Extras	(LB 12, NB 1, W 1)	14
Total	**(5 wkts dec; 509 mins; 114 overs)**	**626**

ZIMBABWE

T.Kaitano	c Verreynne b Yusuf	0	(2) c Brevis b Muthusamy	40
D.N.Myers	c Verreynne b Bosch	1	(1) b Bosch	11
N.R.Welch	c sub (M.Z.Hamza) b Yusuf	10	c Mulder b Muthusamy	55
W.N.Madhevere	b Mulder	25	(6) lbw b Yusuf	5
*C.R.Ervine	c Yusuf b Mulder	17	c Verreynne b Bosch	49
†T.E.Tsiga	c Brevis b Muthusamy	12	(7) c Senokwane b Yusuf	1
S.C.Williams	not out	83	(4) b Mulder	17
W.P.Masakadza	c Mulder b Subrayen	3	not out	11
K.Matigimu	b Subrayen	0	b Bosch	0
B.Muzarabani	c sub (K.T.Maphaka) b Subrayen	5	c Senokwane b Bosch	0
L.T.Chivanga	c sub (K.T.Maphaka) b Subrayen	4	c Mulder b Muthusamy	22
Extras	(LB 2, NB 2)	4	(B 4, LB 3, NB 1, W 1)	9
Total	**(184 mins; 43 overs)**	**170**	**(317 mins; 77.3 overs)**	**220**

ZIMBABWE	O	M	R	W	O	M	R	W
Muzarabani	26	4	133	0				
Chivanga	24	3	112	2				
Matigimu	21.3	1	124	2				
Masakadza	33	2	184	1				
Myers	2.3	0	14	0				
Madhevere	7	0	47	0				
SOUTH AFRICA								
Yusuf	7	1	20	2	17	3	38	2
Bosch	7	1	27	1	19	8	38	4
Mulder	6	2	20	2	8	1	24	1
Muthusamy	13	2	59	1	(5) 19.3	1	77	3
Subrayen	10	1	42	4	(4) 14	3	36	0

FALL OF WICKETS

	SA	Z	Z
Wkt	1st	1st	2nd
1st	11	0	31
2nd	24	4	64
3rd	208	15	103
4th	425	51	153
5th	513	56	166
6th	–	82	177
7th	–	109	182
8th	–	121	182
9th	–	135	184
10th	–	170	220

Umpires: R.K.Illingworth (*England*) (79) and J.Madanagopal (*India*) (2).
Referee: R.S.Madugalle (*Sri Lanka*) (225).   **Test No. 2596/11 (Z126/SA475)**

ZIMBABWE v NEW ZEALAND (1st Test)

At Queens Sports Club, Bulawayo, on 30, 31 July, 1 August 2025.
Toss: Zimbabwe. Result: **NEW ZEALAND** won by nine wickets.
Debuts: None.

ZIMBABWE

Batsman	Dismissal	Score		Dismissal	Score
B.J.Bennett	c Young b Henry	6		c Blundell b O'Rourke	18
B.J.Curran	c Young b Henry	13		c O'Rourke b Henry	11
N.R.Welch	c Bracewell b Henry	27		c Blundell b O'Rourke	4
S.C.Williams	b Smith	2	(5)	c Blundell b Santner	49
*C.R.Ervine	lbw b Smith	39	(6)	c Blundell b Henry	22
Sikandar Raza	c Blundell b Henry	2	(7)	c Ravindra b Henry	5
†T.E.Tsiga	lbw b Smith	30	(8)	c Conway b Santner	27
N.T.Nyamhuri	c Young b Henry	9	(9)	b Santner	1
V.R.Masekesa	run out	7	(4)	c Ravindra b O'Rourke	19
B.Muzarabani	c Santner b Henry	1		c sub (A.Y.Patel) b Santner	19
L.T.Chivanga	not out	0		not out	0
Extras	(B 4, LB 2, W 7)	13		(B 6, LB 1)	7
Total	**(60.3 overs)**	**149**		**(67.1 overs)**	**165**

NEW ZEALAND

Batsman	Dismissal	Score			
W.A.Young	c Welch b Muzarabani	41	(2)	not out	0
D.P.Conway	c Bennett b Chivanga	88	(1)	b Nyamhuri	4
H.M.Nicholls	c Bennett b Muzarabani	34		not out	4
R.Ravindra	c Ervine b Sikandar Raza	2			
D.J.Mitchell	b Nyamhuri	80			
†T.A.Blundell	c Williams b Chivanga	2			
M.G.Bracewell	c Tsiga b Muzarabani	9			
*M.J.Santner	c and b Masekesa	19			
N.G.Smith	retired hurt	22			
M.J.Henry	b Williams	5			
W.P.O'Rourke	not out	0			
Extras	(LB 4, W 1)	5			
Total	**(96.1 overs)**	**307**		**(1 wkt; 2.2 overs)**	**8**

NEW ZEALAND	O	M	R	W		O	M	R	W
Henry	15.3	3	39	6		21	5	51	3
O'Rourke	13	3	26	0		10	4	28	3
Smith	14	8	20	3					
Santner	16	4	46	0		17.1	6	27	4
Bracewell	2	0	12	0	(3)	15	2	42	0
Mitchell					(5)	4	1	10	0

ZIMBABWE	O	M	R	W		O	M	R	W
Muzarabani	26	5	73	3					
Chivanga	18	3	51	2					
Nyamhuri	16.1	2	64	1	(1)	1.2	0	8	1
Sikandar Raza	20	2	63	1					
Williams	7	1	23	1	(2)	1	1	0	0
Masekesa									

FALL OF WICKETS

Wkt	Z 1st	NZ 1st	Z 2nd	NZ 2nd
1st	10	92	25	4
2nd	24	158	29	
3rd	31	163	34	
4th	67	177	53	
5th	69	181	110	
6th	123	200	110	
7th	136	233	119	
8th	149	307	126	
9th	149	307	162	
10th	149	–	165	

Umpires: Asif Yaqoob (*Pakistan*) (2) and A.G.Wharf (*England*) (10).
Referee: R.S.Madugalle (*Sri Lanka*) (226). **Test No. 2597/18 (Z127/NZ479)**
N.G.Smith retired hurt at 294-7.

ZIMBABWE v NEW ZEALAND (2nd Test)

At Queens Sports Club, Bulawayo, on 7, 8, 9 August 2025.
Toss: Zimbabwe. Result: **NEW ZEALAND** won by an innings and 359 runs.
Debuts: New Zealand – J.A.Duffy, M.J.Fisher, Z.G.Foulkes.

ZIMBABWE

Batsman	Dismissal	Score	Dismissal	Score
B.J.Bennett	c Young b Henry	0	b Henry	0
B.R.M.Taylor	c Santner b Henry	44	c Young b Henry	7
N.R.Welch	lbw b Henry	11	not out	47
S.C.Williams	c Young b Foulkes	11	c and b Duffy	9
*C.R.Ervine	c Young b Foulkes	7	c Foulkes b Fisher	17
Sikandar Raza	c Ravindra b Foulkes	5	c Conway b Foulkes	4
†T.E.Tsiga	not out	33	c Blundell b Foulkes	5
T.W.Gwandu	lbw b Foulkes	0	(9) b Foulkes	0
V.R.Masekesa	b Henry	1	(8) b Foulkes	4
B.Muzarabani	b Henry	3	c Santner b Foulkes	8
L.T.Chivanga	c Santner b Fisher	4	c Conway b Duffy	0
Extras	(B 1, LB 2, NB 1, W 2)	6	(B 4, LB 10, NB 1, W 1)	16
Total	**(220 mins; 48.5 overs)**	**125**	**(140 mins; 28.1 overs)**	**117**

NEW ZEALAND

D.P.Conway	b Muzurabani	153
W.A.Young	b Gwandu	74
J.A.Duffy	c Bennett b Masekesa	36
H.M.Nicholls	not out	150
R.Ravindra	not out	165
D.J.Mitchell		
†T.A.Blundell		
*M.J.Santner		
Z.G.Foulkes		
M.J.Henry		
M.J.Fisher		
Extras	(LB 18, NB 5)	23
Total	**(3 wkts dec; 535 mins; 130 overs)**	**601**

NEW ZEALAND	O	M	R	W	O	M	R	W
Henry	15	3	40	5	7	3	16	2
Duffy	10	0	24	0	7.1	2	28	2
Foulkes	16	5	38	4	9	2	37	5
Fisher	6.5	1	16	1	5	0	22	1
Santner	1	0	4	0				

ZIMBABWE	O	M	R	W
Muzarabani	24	5	101	1
Chivanga	17	3	94	0
Gwandu	19	0	131	1
Williams	14	1	37	0
Masekesa	19	0	104	1
Sikandar Raza	26	3	73	0
Bennett	11	0	43	0

FALL OF WICKETS

Wkt	Z 1st	NZ 1st	Z 2nd
1st	1	162	0
2nd	30	235	11
3rd	43	345	24
4th	67	–	49
5th	83	–	54
6th	83	–	64
7th	83	–	78
8th	94	–	86
9th	100	–	98
10th	125	–	117

Umpires: Asif Yaqoob (*Pakistan*) (3) and A.G.Wharf (*England*) (11).
Referee: H.S.Madugalle (*Sri Lanka*) (227). Test No. 2598/19 (Z128/NZ480)

INDIA v WEST INDIES (1st Test)

At Narendra Modi Stadium, Ahmedabad, on 2, 3, 4 October 2025.
Toss: West Indies. Result: **INDIA** won by an innings and 140 runs.
Debut: West Indies – J.Layne, K.A.Pierre.

WEST INDIES

J.D.Campbell	c Jurel b Bumrah	8	c Sai Sudharsan b Jadeja		14
T.Chanderpaul	c Jurel b Siraj	0	c Nithish Kumar Reddy b Siraj		1
A.S.Athanaze	c Rahul b Siraj	12	c and b Washington Sundar		38
B.A.King	b Siraj	13	c Rahul b Jadeja		5
*R.L.Chase	c Jurel b Siraj	24	b Yadav		1
†S.D.Hope	b Yadav	26	c Jaiswal b Jadeja		1
J.P.Greaves	b Bumrah	32	lbw b Siraj		25
K.A.Pierre	lbw b Washington Sundar	11	not out		13
J.A.Warrican	c Jurel b Yadav	8	c Gill b Siraj		0
J.Layne	b Bumrah	1	c Siraj b Jadeja		14
J.N.T.Seales	not out	6	c and b Yadav		22
Extras	(B 9, LB 6, NB 1, W 5)	21	(B 4, NB 1)		5
Total	**(44.1 overs)**	**162**	**(45.1 overs)**		**146**

INDIA

Y.B.Jaiswal	c Hope b Seales	36
K.L.Rahul	c Greaves b Warrican	100
B.Sai Sudharsan	lbw b Chase	7
*S.Gill	c Greaves b Chase	50
†D.C.Jurel	c Hope b Pierre	125
R.A.Jadeja	not out	104
M.S.Washington Sundar	not out	9
K.Nithish Kumar Reddy		
K.Yadav		
J.J.Bumrah		
M.Siraj		
Extras	(B 12, LB 3, NB 1, W 1)	17
Total	**(5 wkts dec; 128 overs)**	**448**

INDIA	O	M	R	W	O	M	R	W	FALL OF WICKETS
Bumrah	14	3	42	3	6	1	16	0	
Siraj	14	3	40	4	11	2	31	3	
Nithish Kumar Reddy	4	1	16	0					
Jadeja	3	0	15	0	(3) 13	3	54	4	
Yadav	6.1	0	25	2	(4) 8.1	3	23	2	
Washington Sundar	3	0	9	1	(5) 7	1	18	1	

		WI	I	WI
Wkt	1st	1st	2nd	
1st	12	68	12	
2nd	20	90	24	
3rd	39	188	34	
4th	42	218	35	
5th	90	424	46	
6th	105	–	92	
7th	144	–	98	
8th	150	–	98	
9th	153	–	122	
10th	162	–	146	

WEST INDIES	O	M	R	W
Seales	19	0	53	1
Layne	15	0	38	0
Greaves	12	4	59	0
Warrican	29	5	102	1
Pierre	29	1	91	1
Chase	24	3	90	2

Umpires: R.K.Illingworth (*England*) (80) and A.G.Wharf (*England*) (12).
Referee: A.J.Pycroft (*Zimbabwe*) (104).   Test No. 2599/101 (I595/WI588)

INDIA v WEST INDIES (2nd Test)

At Feroz Shah Kotla, Delhi, on 10, 11, 12, 13, 14 October 2025.
Toss: India. Result: **INDIA** won by seven wickets.
Debuts: None.

INDIA

Y.B.Jaiswal	run out		175	c Phillip b Warrican	8
K.L.Rahu	st Imlach b Warrican		38	not out	58
B.Sai Sudharsan	lbw b Warrican		87	c Hope b Chase	39
*S.Gill	not out		129	c Greaves b Chase	13
K.Nithish Kumar Reddy	c Seales b Warrican		43		
†D.C.Jurel	b Chase		44	(5) not out	6
R.A.Jadeja					
M.S.Washington Sundar					
K.Yadav					
J.J.Bumrah					
M.Siraj					
Extras	(W 2)		2		
Total	(5 wkts dec; 134.2 overs)		**518**	(3 wkts; 35.2 overs)	**124**

WEST INDIES

J.D.Campbell	c Sai Sudharsan b Jadeja		10	lbw b Jadeja	115
T.Chanderpaul	c Rahul b Jadeja		34	c Gill b Siraj	10
A.S.Athanaze	c Jadeja b Yadav		41	b Washington Sundar	7
S.D.Hope	b Yadav		36	b Siraj	103
*R.L.Chase	c and b Jadeja		0	c sub (D.B.Padikkal) b Yadav	40
†T.A.Imlach	lbw b Yadav		21	lbw b Yadav	12
J.P.Greaves	lbw b Yadav		17	not out	50
K.A.Pierre	b Bumrah		23	c Nithish Kumar Reddy b Yadav	0
J.A.Warrican	b Siraj		1	b Bumrah	3
A.Phillip	not out		24	c Jurel b Bumrah	2
J.N.T.Seales	lbw b Yadav		13	c Washington Sundar b Bumrah	32
Extras	(B 5, LB 18, NB 5)		28	(B 7, LB 7, NB 2)	16
Total	(81.5 overs)		**248**	(118.5 overs)	**390**

WEST INDIES	O	M	R	W		O	M	R	W
Seales	22	2	88	0		3	0	14	0
Phillip	17	2	71	0					
Greaves	14	1	58	0					
Pierre	30	2	120	0	(3)	8	0	35	0
Warrican	34	6	98	3	(2)	15.2	4	39	1
Chase	17.2	0	83	1	(4)	9	2	36	2
INDIA									
Bumrah	14	4	40	1	(5)	17.5	5	44	3
Siraj	9	2	16	1	(1)	15	3	43	2
Jadeja	19.5	4	46	3	(2)	33	10	102	1
Yadav	26.5	4	82	5		29	4	104	3
Washington Sundar	13	2	41	0	(3)	23	3	80	1
Jaiswal						1	0	3	0

FALL OF WICKETS				
	I	WI	WI	I
Wkt	1st	1st	2nd	2nd
1st	58	21	7	9
2nd	251	87	35	88
3rd	325	106	212	108
4th	416	107	271	–
5th	518	156	293	–
6th	–	163	298	–
7th	–	174	298	–
8th	–	175	307	–
9th	–	221	311	–
10th	–	248	390	–

Umpires: R.K.Illingworth (*England*) (81) and P.R.Reiffel (*Australia*) (76).
Referee: A.J.Pycroft (*Zimbabwe*) (105). **Test No. 2600/102 (I596/WI589)**

PAKISTAN v SOUTH AFRICA (1st Test)

At Gaddafi Stadium, Lahore, on 12, 13, 14, 15 October 2025.
Toss: Pakistan. Result: **PAKISTAN** won by 93 runs.
Debuts: None.

PAKISTAN

Abdullah Shafiq	lbw b Rabada	2		c and b Muthusamy	41
Imam-ul-Haq	c de Zorzi b Muthusamy	93		st Verreynne b Harmer	0
*Shan Masood	lbw b Subrayen	76		lbw b Harmer	7
Babar Azam	lbw b Harmer	23		lbw b Rabada	42
Saud Shakil	c and b Muthusamy	0		c Stubbs b Muthusamy	38
†Mohammad Rizwan	c Verreynne b Muthusamy	75		b Harmer	14
Agha Salman	c Muthusamy b Subrayen	93		b Muthusamy	4
Nauman Ali	b Muthusamy	0	(9)	lbw b Muthusamy	11
Sajid Khan	c Markram b Muthusamy	0	(10)	c Brevis b Harmer	1
Shaheen Shah Afridi	b Muthusamy	7	(8)	c Mulder b Muthusamy	0
Hassan Ali	not out	0		not out	0
Extras	(LB 7, NB 2)	9		(LB 4, NB 5)	9
Total	**(110.4 overs)**	**378**		**(46.1 overs)**	**167**

SOUTH AFRICA

*A.K.Markram	c Rizwan b Nauman	20	(2)	b Nauman	3
R.D.Rickelton	c Azam b Salman	71	(1)	c Salman b Khan	45
P.W.A.Mulder	c Rizwan b Nauman	17		c Salman b Nauman	0
T.de Zorzi	c Afridi b Nauman	104		lbw b Afridi	16
T.Stubbs	c Rizwan b Nauman	8		c Salman b Nauman	2
D.T.Brevis	c Masood b Khan	0		b Nauman	54
†K.Verreynne	lbw b Nauman	2		lbw b Afridi	19
S.Muthusamy	c Salman b Khan	11		lbw b Khan	6
S.R.Harmer	not out	19		not out	14
P.Subrayen	c Salman b Nauman	4		b Afridi	8
K.Rabada	b Khan	0		b Afridi	0
Extras	(B 4, LB 5, NB 3, W 1)	13		(B 4, LB 8, NB 4)	16
Total	**(84 overs)**	**269**		**(60.5 overs)**	**183**

SOUTH AFRICA	O	M	R	W		O	M	R	W
Rabada	17	2	56	1		10	0	33	1
Mulder	2	0	13	0					
Subrayen	25.4	1	78	2	(4)	5	0	22	0
Harmer	33	5	101	1	(2)	14.1	3	51	4
Muthusamy	32	6	117	6	(3)	17	1	57	5
Markram	1	0	6	0					

PAKISTAN	O	M	R	W		O	M	R	W
Shaheen Shah Afridi	5	2	15	0	(5)	8.5	1	33	4
Nauman Ali	35	3	112	6		28	4	79	4
Sajid Khan	33	2	98	3		14	1	38	2
Hassan Ali	4	2	14	0	(1)	6	0	14	0
Agha Salman	7	2	21	1	(4)	4	1	7	0

FALL OF WICKETS

Wkt	P 1st	SA 1st	P 2nd	SA 2nd
1st	2	45	2	13
2nd	163	80	33	18
3rd	199	174	64	51
4th	199	192	119	55
5th	199	193	150	128
6th	362	200	150	134
7th	362	228	151	144
8th	362	256	166	173
9th	378	268	167	183
10th	378	269	167	183

Umpires: C.M.Brown (*New Zealand*) (10) and R.J.Tucker (*Australia*) (96).
Referee: R.S.Madugalle (*Sri Lanka*) (228). Test No. 2601/31 (P466/SA476)

PAKISTAN v SOUTH AFRICA (2nd Test)

At Rawalpindi Cricket Stadium, on 20, 21, 22, 23 October 2025.
Toss: Pakistan. Result: **SOUTH AFRICA** won by eight wickets.
Debut: Pakistan – Asif Afridi.

PAKISTAN

Abdullah Shafiq	c Verreynne b Harmer	57	(2) c Jansen b Rabada		6
Imam-ul-Haq	b Harmer	17	(1) lbw b Harmer		9
*Shan Masood	c Jansen b Maharaj	87	lbw b Harmer		0
Babar Azam	c de Zorzi b Maharaj	16	lbw b Harmer		50
Saud Shakil	c Markram b Maharaj	66	c Markram b Harmer		11
†Mohammad Rizwan	lbw b Rabada	19	c de Zorzi b Harmer		18
Agha Salman	lbw b Maharaj	45	b Maharaj		28
Nauman Ali	not out	6	c Verreynne b Harmer		0
Shaheen Shah Afridi	b Maharaj	0	run out		0
Sajid Khan	c Markram b Maharaj	5	st Verreynne b Maharaj		13
Asif Afridi	b Maharaj	4	not out		0
Extras	(B 6, LB 3, NB 2)	11	(NB 3)		3
Total	**(113.4 overs)**	**333**	**(49.3 overs)**		**138**

SOUTH AFRICA

*A.K.Markram	c Shakil b Khan	32	(2) lbw b Nauman		42
R.D.Rickelton	c Rizwan b S.S.Afridi	14	(1) not out		25
T.Stubbs	lbw b A.Afridi	76	c Salman b Nauman		4
T.de Zorzi	lbw b A.Afridi	55	not out		0
D.T.Brevis	c Salman b A.Afridi	0			
†K.Verreynne	c Rizwan b A.Afridi	10			
S.Muthusamy	not out	89			
S.R.Harmer	lbw b A.Afridi	2			
M.Jansen	lbw b Nauman	12			
K.A.Maharaj	st Rizwan b Nauman	30			
K.Rabada	c Shafiq b A.Afridi	71			
Extras	(B 5, LB 4, NB 4)	13	(LB 3, NB 3)		6
Total	**(119.3 overs)**	**404**	**(2 wkts; 12.3 overs)**		**73**

SOUTH AFRICA	O	M	R	W		O	M	R	W	FALL OF WICKETS			
											P	SA	P	SA
Rabada	18	2	60	1		11	3	38	1	Wkt	1st	1st	2nd	2nd
Jansen	20	6	58	0	(5)	3	1	5	0	1st	35	22	12	64
Maharaj	42.4	5	102	7		11.3	1	34	2	2nd	146	54	16	65
Harmer	25	3	75	2	(2)	20	5	50	4	3rd	167	76	16	—
Muthusamy	4	0	17	0	(4)	4	0	11	0	4th	212	171	60	—
Markram	4	0	12	0						5th	246	185	96	
PAKISTAN										6th	316	204	105	
Shaheen Shah Afridi	26	2	95	1						7th	321	210	105	
Nauman Ali	28	3	92	2		6	0	40	2	8th	323	235	105	
Asif Afridi	34.3	6	79	6	(1)	4	0	15	0	9th	329	306	129	
Sajid Khan	29	3	119	1	(3)	2.3	0	15	0	10th	333	404	138	
Agha Salman	2	0	10	0										

Umpires: C.M.Brown (*New Zealand*) (11) and Sharfuddoula (*Bangladesh*) (19).
Referee: R.S.Madugalle (*Sri Lanka*) (229). Test No. 2602/32 (P467/SA477)

ZIMBABWE v AFGHANISTAN (Only Test)

At Harare Sports Club, on 20, 21, 22 October 2025.
Toss: Zimbabwe. Result: **ZIMBABWE** won by an innings and 73 runs.
Debuts: Afghanistan – Khalil Gurbaz, Sharafuddin Ashraf, Ziaur Rahman.

AFGHANISTAN

Ibrahim Zadran	c Welch b Muzarabani	19	c Tsiga b Ngarava		42
Abdul Malik	run out	30	c Muzarabani b Ngarava		2
Rahmanullah Gurbaz	c Sikandar Raza b Chivanga	37	c Tsiga b Chivanga		9
*Hashmatullah Shahidi	c Welch b Evans	7	c Ervine b Ngarava		7
Bahir Shah	c Bennett b Muzarabani	12	c Curran b Muzarabani		32
†Afsar Zazai	c Tsiga b Evans	1	c Evans b Chivanga		18
Ismat Alam	c Tsiga b Muzarabani	8	c Tsiga b Ngarava		16
Sharafuddin Ashraf	c Chivanga b Evans	0	c Ervine b Ngarava		9
Yamin Ahmadzai	not out	10	not out		13
Khalil Gurbaz	c Tsiga b Evans	2	b Muzarabani		6
Ziaur Rahman	b Evans	0	b Muzarabani		0
Extras	(LB 1)	1	(B 2, LB 1, NB 1, W 1)		5
Total	**(174 mins; 32.3 overs)**	**127**	**(216 mins; 43 overs)**		**159**

ZIMBABWE

B.J.Bennett	b Rahman	6
B.J.Curran	lbw b Alam	121
N.R.Welch	b Rahman	49
B.R.M.Taylor	b Rahman	32
*C.R.Ervine	lbw b Alam	5
Sikandar Raza	c Ahmadzai b Ashraf	65
†T.E.Tsiga	lbw b Rahman	17
B.N.Evans	not out	35
R.Ngarava	b Rahman	0
B.Muzurabani	b Rahman	5
L.T.Chivanga	lbw b Rahman	5
Extras	(B 5, LB 11, NB 2, W 1)	19
Total	**(510 mins; 103 overs)**	**359**

ZIMBABWE	O	M	R	W		O	M	R	W
Ngarava	6	1	28	0	(2)	13	2	37	5
Muzarabani	11	1	47	3	(1)	12	1	48	3
Chivanga	6	0	29	1	(5)	11	1	40	2
Evans	9.3	2	22	5	(3)	6	0	28	0
Sikandar Raza					(4)	1	0	3	0

AFGHANISTAN	O	M	R	W
Yamin Ahmadzai	24	7	62	0
Ziaur Rahman	32	4	97	7
Sharafuddin Ashraf	17	4	65	1
Ismat Alam	15	2	51	2
Khalil Gurbaz	9	0	54	0
Hashmatullah Shahidi	6	0	14	0

FALL OF WICKETS

	Afg	Z	Afg
Wkt	1st	1st	2nd
1st	23	9	10
2nd	77	106	43
3rd	88	154	59
4th	100	165	60
5th	102	264	109
6th	114	302	127
7th	115	316	135
8th	115	316	142
9th	127	335	159
10th	127	359	159

Umpires: A.T.Holdstock (*South Africa*) (19) and N.N.Menon (*India*) (33).
Referee: Sir R.B.Richardson (*West Indies*) (59). **Test No. 2603/5 (Z129/Afg12)**

BANGLADESH v IRELAND (1st Test)

At Sylhet Stadium, on 11, 12, 13, 14 November 2025.
Toss: Ireland. Result: **BANGLADESH** won by an innings and 47 runs.
Debuts: Bangladesh – Hasan Murad; Ireland – C.M.Carmichael, J.E.Neill.

IRELAND

*A.Balbirnie	lbw b Mahmud	0	(8)	lbw b Murad	38
P.R.Stirling	c Shadman b Nahid	60	(1)	run out	43
C.M.Carmichael	c Nazmul b Mehedi	59	(2)	b Nahid	5
H.T.Tector	lbw b Mehedi	1	(3)	lbw b Taijul	18
C.Campher	c Nazmul b Murad	44	(4)	c Shadman b Murad	5
†L.J.Tucker	st Liton b Murad	41	(5)	lbw b Murad	9
A.R.McBrine	st Liton b Mehedi	5	(6)	c Murad b Nahid	52
J.E.Neill	lbw b Taijul	30	(9)	c Shadman b Murad	36
B.J.McCarthy	b Mahmud	31	(10)	c Liton b Taijul	25
M.J.Humphreys	lbw b Taijul	0	(7)	c Shadman b Taijul	16
C.A.Young	not out	6		not out	0
Extras	(LB 4, W 5)	9		(B 1, LB 6)	7
Total	**(378 mins; 92.2 overs)**	**286**		**(291 mins; 70.2 overs)**	**254**

BANGLADESH

Mahmudul Hasan	c Tucker b McCarthy	171
Shadman Islam	c Tucker b Humphreys	80
Mominul Haque	c Balbirnie b McCarthy	82
*Nazmul Hossain	lbw b McBrine	100
Mushfiqur Rahim	c Balbirnie b Humphreys	23
†Liton Das	c Tector b Humphreys	60
Mehedi Hasan	c and b Humphreys	17
Hasan Murad	c Campher b Humphreys	16
Hasan Mahmud	not out	13
Nahid Rana	not out	4
Taijul Islam		
Extras	(B 10, LB 4, NB 1, W 6)	21
Total	**(8 wkts dec; 573 mins; 141 overs)**	**587**

BANGLADESH	O	M	R	W		O	M	R	W
Hasan Mahmud	13.2	4	42	2		6	2	15	0
Nahid Rana	14	0	65	1		8	1	40	2
Taijul Islam	22	6	78	2		23.2	8	84	3
Hasan Murad	20	5	47	2	(5)	14	1	60	4
Mehedi Hasan	23	6	50	3	(4)	19	4	48	0

IRELAND	O	M	R	W
McCarthy	17	3	72	2
Young	12	0	54	0
McBrine	39	6	141	1
Neill	11	0	60	0
Humphreys	43	1	170	5
Campher	10	0	45	0
Tector	9	1	31	0

FALL OF WICKETS

	Ire	B	Ire
Wkt	1st	1st	2nd
1st	0	168	14
2nd	96	341	61
3rd	97	346	68
4th	150	425	82
5th	203	523	85
6th	218	545	116
7th	222	561	182
8th	270	582	198
9th	278	–	252
10th	286	–	254

Umpires: Ahsan Raza (*Pakistan*) (24) and S.J.Nogajski (*Australia*) (1).
Referee: A.J.Pycroft (*Zimbabwe*) (106). **Test No. 2604/2 (B155/Ire11)**

BANGLADESH v IRELAND (2nd Test)

At Shere Bangla National Stadium, Mirpur, on 19, 20, 21, 22, 23 November 2025.
Toss: Bangladesh. Result: **BANGLADESH** won by 217 runs.
Debuts: Ireland – S.T.Doheny, G.A.Hoey.

BANGLADESH

Mahmudul Hasan	c sub (B.J. McCarthy) b McBrine	34	lbw b Hoey	60
Shadman Islam	lbw b McBrine	35	lbw b McBrine	78
Mominul Haque	c Balbirnie b McBrine	63	c Campher b Hoey	87
*Nazmul Hossain	b McBrine	8	c Balbirnie b Neill	1
Mushfiqur Rahim	c Balbirnie b Humphreys	106	not out	53
†Liton Das	c Stirling b Humphreys	128		
Mehedi Hasan	c Carmichael b Hoey	47		
Taijul Islam	b Hoey	4		
Hasan Murad	c Hoey b McBrine	11		
Ebadat Hossain	not out	18		
Khaled Ahmed	lbw b McBrine	8		
Extras	(B 4, LB 8, NB 2)	14	(B 16, LB 1, W 1)	18
Total	**(555 mins; 141.1 overs)**	**476**	**(4 wkts dec; 269 mins; 69 overs)**	**297**

IRELAND

*A.Balbirnie	c Nazmul b Murad	21	lbw b Taijul	13
P.R.Stirling	lbw b Khaled	27	c Mahmudul b Taijul	9
C.M.Carmichael	lbw b Mehedi	17	lbw b Murad	19
H.T.Tector	lbw b Taijul	14	c Mushfiqur b Murad	50
C.Campher	b Murad	0	not out	71
†L.J.Tucker	not out	75	c Liton b Khaled	7
S.T.Doheny	b Taijul	46	lbw b Taijul	15
A.R.McBrine	b Taijul	0	lbw b Taijul	21
J.E.Neill	c Mominul b Ebadat	49	b Mehedi	30
G.A.Hoey	c Liton b Khaled	4	lbw b Murad	37
M.J.Humphreys	c Khaled b Taijul	4	b Murad	0
Extras	(B 2, LB 5, NB 1)	8	(B 17, LB 1, NB 1)	19
Total	**(358 mins; 88.3 overs)**	**265**	**(435 mins; 113.3 overs)**	**291**

IRELAND	O	M	R	W	O	M	R	W
Neill	11	1	47	0	9	1	48	1
Campher	10	0	32	0				
McBrine	33.1	3	109	6	26	2	82	1
Humphreys	50	5	151	2	(2) 15	0	54	0
Hoey	34	3	115	2	(4) 17	0	84	2
Tector	3	0	10	0	(5) 2	0	12	0

BANGLADESH	O	M	R	W	O	M	R	W
Ebadat Hossain	12	1	47	1	11	3	29	0
Khaled Ahmed	8	0	39	2	(3) 12	0	45	1
Taijul Islam	35.3	6	76	4	(2) 40	7	104	4
Hasan Murad	21	3	53	2	(5) 22.3	11	44	4
Mehedi Hasan	9	1	38	1	(4) 27	11	49	1
Mominul Haque	3	1	50	0	1	0	2	0

FALL OF WICKETS				
	B	Ire	B	Ire
Wkt	1st	1st	2nd	2nd
1st	52	41	119	23
2nd	83	63	173	26
3rd	95	79	174	77
4th	202	84	297	118
5th	310	94	–	127
6th	433	175	–	163
7th	433	175	–	189
8th	443	249	–	237
9th	468	256	–	291
10th	476	265	–	291

Umpires: R.K.Illingworth (*England*) (82) and S.J.Nogajski (*Australia*) (2).
Referee: A.J.Pycroft (*Zimbabwe*) (107). Test No. 2605/3 (B156/Ire12)

INDIA v SOUTH AFRICA (1st Test)

At Eden Gardens, Kolkata, on 14, 15, 16 November 2025.
Toss: South Africa. Result: **SOUTH AFRICA** won by 30 runs.
Debuts: None.

SOUTH AFRICA

A.K.Markram	c Pant b Bumrah	31	(2)	c Jurel b Jadeja	4
R.D.Rickelton	b Bumrah	23	(1)	lbw b Yadav	11
P.W.A.Mulder	lbw b Yadav	24		c Pant b Jadeja	11
*T.Bavuma	c Jurel b Yadav	3		not out	55
T.de Zorzi	lbw b Bumrah	24		c Jurel b Jadeja	2
T.Stubbs	not out	15		b Jadeja	5
†K.Verreynne	lbw b Siraj	16		b Patel	9
M.Jansen	b Siraj	0		c Rahul b Yadav	13
C.Bosch	lbw b Patel	3		b Bumrah	25
S.R.Harmer	b Bumrah	5		b Siraj	7
K.A.Maharaj	lbw b Bumrah	0		lbw b Siraj	0
Extras	(B 8, LB 4, NB 1, W 2)	15		(LB 11)	11
Total	**(245 mins; 55 overs)**	**159**		**(217 mins; 54 overs)**	**153**

INDIA

Y.B.Jaiswal	b Jansen	12		c Verreynne b Jansen	0
K.L.Rahul	c Markram b Maharaj	39		c Verreynne b Jansen	1
M.S.Washington Sundar	c Markram b Harmer	29		c Harmer b Markram	31
*S.Gill	retired hurt	4	(1)	absent hurt	–
†R.R.Pant	c Verreynne b Bosch	27		c and b Harmer	2
R.A.Jadeja	lbw b Harmer	27		lbw b Harmer	18
D.C.Jurel	c and b Harmer	14	(4)	c Bosch b Harmer	13
A.R.Patel	c Jansen b Harmer	16	(7)	c Bavuma b Maharaj	26
K.Yadav	c Verreynne b Jansen	1	(8)	lbw b Harmer	1
M.Siraj	b Jansen	1		c Markram b Maharaj	0
J.J.Bumrah	not out	0	(9)	not out	0
Extras	(B 9, LB 2, NB 5, W 2)	18		(LB 1)	1
Total	**(288 mins; 62.2 overs)**	**189**		**(147 mins; 35 overs)**	**93**

INDIA	O	M	R	W		O	M	R	W
Bumrah	14	5	27	5		10	2	24	1
Siraj	12	0	47	2	(5)	2	0	2	2
Patel	6	2	21	1	(2)	14	0	36	1
Yadav	14	1	36	2	(3)	8	1	30	2
Jadeja	8	2	13	0	(4)	20	3	50	4
Washington Sundar	1	0	3	0					

SOUTH AFRICA	O	M	R	W		O	M	R	W
Jansen	15	4	35	3		7	3	15	2
Mulder	5	1	15	0					
Maharaj	16	1	66	1		9	1	27	2
Bosch	11	4	32	1		2	0	14	0
Harmer	15.2	4	30	4	(2)	14	4	21	4
Markram					(5)	3	0	5	1

FALL OF WICKETS

Wkt	SA 1st	I 1st	SA 2nd	I 2nd
1st	57	18	18	0
2nd	62	75	25	1
3rd	71	109	38	33
4th	114	132	40	38
5th	120	153	60	64
6th	146	171	75	72
7th	147	172	91	77
8th	154	187	135	93
9th	159	189	153	93
10th	159	–	153	–

Umpires: C.B.Gaffaney (*New Zealand*) (65) and R.J.Tucker (*Australia*) (97).
Referee: Sir R.B.Richardson (*West Indies*) (60). Test No. 2606/45 (1597/SA478)
S.Gill retired hurt at 79-2.

INDIA v SOUTH AFRICA (2nd Test)

At Barsapara Cricket Stadium, Guwahati, on 22, 23, 24, 25, 26 November 2025.
Toss: South Africa. Result: **SOUTH AFRICA** won by 408 runs.
Debuts: None.

SOUTH AFRICA

A.K.Markram	b Bumrah	38	(2) b Jadeja		29
R.D.Rickelton	c Pant b Yadav	35	(1) c Siraj b Jadeja		35
T.Stubbs	c Rahul b Yadav	49	b Jadeja		94
*T.Bavuma	c Jaiswal b Jadeja	41	c N.K.Reddy b Washington Sundar		3
T.de Zorzi	c Pant b Siraj	28	lbw b Jadeja		49
P.W.A.Mulder	c Jaiswal b Yadav	13	not out		35
S.Muthusamy	c Jaiswal b Siraj	109			
†K.Verreynne	st Pant b Jadeja	45			
M.Jansen	b Yadav	93			
S.R.Harmer	b Bumrah	5			
K.A.Maharaj	not out	12			
Extras	(B 8, LB 8, NB 4, W 1)	21	(B 9, NB 5, W 1)		15
Total	**(655 mins) 151.1 overs)**	**489**	**(5 wkts dec; 308 mins; 78.3 overs)**		**260**

INDIA

Y.B.Jaiswal	c Jansen b Harmer	58	c Verreynne b Jansen		13
K.L.Rahul	c Markram b Maharaj	22	b Harmer		6
B.Sai Sudharsan	c Rickelton b Harmer	15	c Markram b Muthusamy		14
D.C.Jurel	c Maharaj b Jansen	0	(5) c Markram b Harmer		2
*R.R.Pant	c Verreynne b Jansen	7	(4) c Markram b Harmer		13
R.A.Jadeja	c Markram b Jansen	6	(7) st Verreynne b Maharaj		54
K.Nithish Kumar Reddy	c Markram b Jansen	10	(9) c Verreynne b Harmer		0
M.S.Washington Sundar	c Markram b Harmer	48	c Markram b Harmer		16
K.Yadav	c Markram b Jansen	19	(4) b Harmer		5
J.J.Bumrah	c Verreynne b Jansen	5	not out		1
M.Siraj	not out	0	c Jansen b Maharaj		0
Extras	(LB 8, NB 1)	9	(B 5, LB 9, NB 2)		16
Total	**(329 mins) (83.5 overs)**	**201**	**(256 mins) (63.5 overs)**		**140**

INDIA	O	M	R	W		O	M	R	W
Bumrah	32	10	75	2		6	0	22	0
Siraj	30	5	106	2		5	1	19	0
Nithish Kumar Reddy	6	0	25	0	(7)	4	0	24	0
Washington Sundar	26	5	58	0	(5)	22	4	67	1
Yadav	29.1	4	115	4	(4)	12	0	48	0
Jadeja	28	2	94	2	(3)	28.3	3	62	4
Jaiswal					(6)	1	0	9	0
SOUTH AFRICA									
Jansen	19.5	5	48	6		15	7	23	1
Mulder	10	5	14	0		4	1	6	0
Maharaj	15	1	39	1	(4)	12.5	1	37	2
Harmer	27	6	64	3	(3)	23	6	37	6
Markram	10	1	26	0		2	0	2	0
Muthusamy	2	0	2	0		7	1	21	0

FALL OF WICKETS

Wkt	SA 1st	I 1st	SA 2nd	I 2nd
1st	82	65	59	17
2nd	82	95	74	21
3rd	166	96	77	40
4th	187	102	178	42
5th	201	105	260	58
6th	246	119	–	95
7th	334	122	–	130
8th	431	194	–	138
9th	462	194	–	140
10th	489	201	–	140

Umpires: R.A.Kettleborough (*England*) (94) and R.J.Tucker (*Australia*) (98).
Referee: Sir R.B.Richardson (*West Indies*) (61). **Test No. 2607/46 (I598/SA479)**

AUSTRALIA v ENGLAND (1st Test)

At Optus Stadium, Perth, on 21, 22 November 2025.
Toss: England. Result: **AUSTRALIA** won by eight wickets.
Debuts: Australia – B.J.Doggett, J.B.Weatherald.

ENGLAND

Batsman	Dismissal 1	Score	Dismissal 2	Score
Z.Crawley	c Khawaja b Starc	0	c and b Starc	0
B.M.Duckett	lbw b Starc	21	c Smith b Boland	28
O.J.D.Pope	lbw b Green	46	c Carey b Boland	33
J.E.Root	c Labuschagne b Starc	8	b Starc	8
H.C.Brook	c Carey b Doggett	52	c Khawaja b Boland	0
*B.A.Stokes	b Starc	0	c Smith b Starc	2
†J.L.Smith	c Green b Starc	33	c Carey b Doggett	15
A.A.P.Atkinson	c Smith b Starc	1	c Doggett b Boland	37
B.A.Carse	c Labuschagne b Doggett	6	c Doggett b Doggett	20
J.C.Archer	not out	0	c Smith b Doggett	5
M.A.Wood	c Carey b Starc	0	not out	4
Extras	(LB 5, NB 2)	7	(B 1, LB 11)	12
Total	**(178 mins; 32.5 overs)**	**172**	**(194 mins; 34.4 overs)**	**164**

AUSTRALIA

Batsman	Dismissal 1	Score	Dismissal 2	Score
J.B.Weatherald	lbw b Archer	0	(2) c Duckett b Carse	23
M.Labuschagne	b Archer	9	(3) not out	51
*S.P.D.Smith	c Brook b Carse	17	(4) not out	2
U.T.Khawaja	c Smith b Carse	2	(1) c Pope b Carse	123
T.M.Head	c Carse b Stokes	21		
C.D.Green	c Smith b Stokes	24		
†A.T.Carey	c Carse b Stokes	26		
M.A.Starc	c Carse b Stokes	12		
N.M.Lyon	c Duckett b Carse	4		
S.M.Boland	c Brook b Stokes	0		
B.J.Doggett	not out	7		
Extras	(LB 8, NB 2)	10	(B 1, LB 1, W 4)	6
Total	**(221 mins; 45.2 overs)**	**132**	**(2 wkts; 143 mins; 28.2 overs)**	**205**

AUSTRALIA	O	M	R	W	O	M	R	W
Starc	12.5	4	58	7	12	1	55	3
Boland	10	0	62	0	11.4	2	33	4
Doggett	7	1	27	2	9	0	51	3
Lyon	2	0	10	0				
Green	1	0	10	1	(4) 2	0	13	0
ENGLAND								
Archer	9	4	11	2	8	0	45	0
Atkinson	12	5	24	0	9	1	61	0
Wood	8	1	21	0	(4) 6	0	23	0
Carse	10.2	1	45	3	(3) 5.2	0	44	2
Stokes	6	1	23	5	2	0	18	0
Root					1	0	12	0

FALL OF WICKETS

Wkt	E 1st	A 1st	E 2nd	A 2nd
1st	–	–	–	75
2nd	33	28	65	192
3rd	39	30	76	–
4th	94	31	76	–
5th	115	76	76	–
6th	160	83	88	–
7th	161	118	104	–
8th	168	121	154	–
9th	172	121	160	–
10th	172	132	164	–

Umpires: A.T.Holdstock (*South Africa*) (20) and N.N.Menon (*India*) (34).
Referee: R.S.Madugalle (*Sri Lanka*) (230). Test No. 2608/362 (A878/E1090)

AUSTRALIA v ENGLAND (2nd Test)

At Woolloongabba, Brisbane, on 4, 5, 6, 7 December 2025 (day/night).
Toss: England. Result: **AUSTRALIA** won by eight wickets.
Debuts: None.

ENGLAND

Batsman	Dismissal	Score	Dismissal	Score
Z.Crawley	c Carey b Neser	76	c and b Neser	44
B.M.Duckett	c Labuschagne b Starc	0	b Boland	15
O.J.D.Pope	b Starc	2	c and b Neser	26
J.E.Root	not out	138	c Carey b Starc	15
H.C.Brook	c Smith b Starc	31	c Carey b Boland	15
*B.A.Stokes	run out	19	c Carey b Neser	50
†J.L.Smith	b Boland	0	c Carey b Starc	4
W.G.Jacks	c Smith b Starc	19	c Smith b Neser	41
A.A.P.Atkinson	c Carey b Starc	4	c Smith b Doggett	3
B.A.Carse	c Carey b Neser	0	c Smith b Neser	7
J.C.Archer	c Labuschagne b Doggett	38	not out	5
Extras	(B 4, LB 1, NB 1, W 3)	9	(B 8, LB 5, NB 1, W 2)	16
Total	**(392 mins; 76.2 overs)**	**334**	**(379 mins; 75.2 overs)**	**241**

AUSTRALIA

Batsman	Dismissal	Score	Dismissal	Score
T.M.Head	c Atkinson b Carse	33	b Atkinson	22
J.B.Weatherald	lbw b Archer	72	not out	17
M.Labuschagne	c Smith b Stokes	65	c Smith b Atkinson	3
*S.P.D.Smith	c Jacks b Carse	61	not out	23
C.D.Green	b Carse	45		
†A.T.Carey	c Smith b Atkinson	63		
J.P.Inglis	b Stokes	23		
M.G.Neser	c Smith b Stokes	16		
M.A.Starc	c Stokes b Carse	77		
S.M.Boland	not out	21		
B.J.Doggett	c Brook b Jacks	13		
Extras	(B 4, LB 7, NB 5, W 6)	22	(B 4)	4
Total	**(557 mins; 117.3 overs)**	**511**	**(2 wkts; 51 mins; 10 overs)**	**69**

AUSTRALIA	O	M	R	W		O	M	R	W
Starc	20	0	75	6		18	2	64	2
Neser	14	3	43	1		16.2	2	42	5
Boland	19	1	87	1	(4)	17	4	47	2
Doggett	15.2	1	81	1	(3)	17	2	56	1
Green	1	1	43	0		5	1	15	0
Head						1	0	1	0
Labuschagne						1	0	3	0
ENGLAND									
Archer	25	3	87	1		5	0	28	0
Atkinson	28	6	114	1		5	0	37	2
Carse	29	3	152	4					
Stokes	24	0	113	3					
Jacks	11.3	2	34	1					

FALL OF WICKETS

Wkt	E 1st	A 1st	E 2nd	A 2nd
1st	5	77	48	37
2nd	5	146	90	41
3rd	122	196	97	–
4th	176	291	121	–
5th	210	292	123	–
6th	211	329	128	–
7th	251	383	224	–
8th	264	416	227	–
9th	264	491	231	–
10th	334	511	241	–

Umpires: A.T.Holdstock (*South Africa*) (21) and Sharfuddoula (*Bangladesh*) (20).
Referee: R.S.Madugalle (*Sri Lanka*) (231). **Test No. 2609/363 (A879/E1091)**

AUSTRALIA v ENGLAND (3rd Test)

At Adelaide Oval, on 17, 18, 19, 20, 21 December 2025.
Toss: Australia. Result: **AUSTRALIA** won by 82 runs.
Debuts: None.

AUSTRALIA

Batter	Dismissal 1	Score	Dismissal 2	Score
T.M.Head	c Crawley b Carse	10	c Crawley b Tongue	170
J.B.Weatherald	c Smith b Archer	18	lbw b Carse	1
M.Labuschagne	c Carse b Archer	19	c Brook b Tongue	13
U.T.Khawaja	c Tongue b Jacks	82	c Smith b Jacks	40
C.D.Green	c Carse b Archer	0	c Brook b Tongue	7
†A.T.Carey	c Smith b Jacks	106	c Brook b Stokes	72
J.P.Inglis	b Tongue	32	c Smith b Tongue	10
*P.J.Cummins	c Pope b Carse	13	c Brook b Carse	6
M.A.Starc	b Archer	54	not out	7
N.M.Lyon	lbw b Archer	9	lbw b Carse	0
S.M.Boland	not out	14	c and b Archer	1
Extras	(LB 7, NB 7)	14	(B 4, LB 10, NB 5, W 3)	22
Total	**(421 mins; 91.2 overs)**	**371**	**(386 mins; 84.4 overs)**	**349**

ENGLAND

Batter	Dismissal 1	Score	Dismissal 2	Score
Z.Crawley	c Carey b Cummins	9	st Carey b Lyon	85
B.M.Duckett	b Lyon	29	c Labuschagne b Cummins	4
O.J.D.Pope	c Inglis b Lyon	3	c Labuschagne b Cummins	17
J.E.Root	c Carey b Cummins	19	c Carey b Cummins	39
H.C.Brook	c Carey b Green	45	b Lyon	39
*B.A.Stokes	b Starc	83	b Lyon	5
†J.L.Smith	c Carey b Cummins	22	c Cummins b Starc	60
W.G.Jacks	c Carey b Boland	6	c Labuschagne b Starc	47
B.A.Carse	b Boland	0	not out	39
J.C.Archer	c Labuschagne b Boland	51	c Weatherald b Starc	3
J.C.Tongue	not out	7	c Labuschagne b Boland	1
Extras	(B 3, LB 5, NB 4)	12	(B 4, LB 14, NB 3, W 1)	22
Total	**(418 mins; 87.2 overs)**	**286**	**(456 mins; 102.5 overs)**	**352**

ENGLAND	O	M	R	W		O	M	R	W
Archer	20.2	5	53	5		12.4	2	20	1
Carse	16	0	89	2		20	1	80	3
Tongue	16	1	64	1		18	0	70	4
Stokes	19	3	53	0	(6)	7	0	26	1
Jacks	20	3	105	2	(4)	19	0	107	1
Root					(5)	8	0	32	0

AUSTRALIA	O	M	R	W	O	M	R	W
Starc	16	1	61	4	17	3	62	3
Cummins	17	3	69	3	17	4	48	3
Boland	15.2	6	45	3	17.5	5	35	1
Lyon	28	5	70	2	25	6	77	3
Green	11	3	33	1	10	0	44	0
Head					15	3	61	0
Labuschagne					1	0	7	0

FALL OF WICKETS

Wkt	A 1st	E 1st	A 2nd	E 2nd
1st	33	37	8	4
2nd	33	41	53	31
3rd	94	42	139	109
4th	94	71	149	177
5th	185	127	311	189
6th	244	159	329	194
7th	271	168	335	285
8th	321	168	344	337
9th	348	274	344	349
10th	371	286	349	352

Umpires: Ahsan Raza (*Pakistan*) (25) and N.N.Menon (*India*) (35).
Referee: J.J.Crowe (*New Zealand*) (131). Test No. 2610/364 (A880/E1092)

AUSTRALIA v ENGLAND (4th Test)

At Melbourne Cricket Ground, on 26, 27 December 2025.
Toss: England. Result: **ENGLAND** won by four wickets.
Debuts: None.

AUSTRALIA

T.M.Head	b Atkinson	12	(2) b Carse		46
J.B.Weatherald	c Smith b Tongue	10	(3) b Stokes		5
M.Labuschagne	c Root b Tongue	6	(4) c Root b Tongue		8
*S.P.D.Smith	b Tongue	9	(5) not out		24
U.T.Khawaja	c Smith b Atkinson	29	(6) c sub (O.J.D.Pope) b Tongue		0
†A.T.Carey	c Crawley b Stokes	20	(7) c Brook b Carse		4
C.D.Green	run out	17	(8) c Brook b Stokes		19
M.G.Neser	b Tongue	35	(9) c and b Carse		0
M.A.Starc	c Stokes b Carse	1	(10) c Root b Carse		0
J.A.Richardson	not out		(11) c Crawley b Stokes		7
S.M.Boland	c Brook b Tongue	0	(1) c Smith b Atkinson		6
Extras	(B 4, LB 8, NB 1)	13	(B 4, LB 6, NB 3)		13
Total	**(218 mins; 45.2 overs)**	**152**	**(172 mins; 34.3 overs)**		**132**

ENGLAND

Z.Crawley	c Smith b Starc	5	lbw b Boland	37
B.M.Duckett	c Neser b Starc	2	b Starc	34
J.G.Bethell	c Carey b Neser	1	(4) c Khawaja b Boland	40
J.E.Root	c Carey b Neser	0	(5) lbw b Richardson	15
H.C.Brook	lbw b Boland	41	(6) not out	18
*B.A.Stokes	c Smith b Neser	16	(7) c Carey b Starc	2
†J.L.Smith	b Boland	2	(8) not out	3
W.G.Jacks	c Carey b Boland	5		
A.A.P.Atkinson	b Green	28		
B.A.Carse	c Boland b Neser	4	(3) c Green b Richardson	6
J.C.Tongue	not out	1		
Extras	(LB 4, NB 1)	5	(B 8, LB 10, NB 5)	23
Total	**(150 mins; 29.5 overs)**	**110**	**(6 wkts; 170 mins; 32.2 overs)**	**178**

ENGLAND	O	M	R	W		O	M	R	W
Atkinson	14	4	28	2		5	1	20	1
Carse	12	3	42	1		11	3	34	4
Tongue	11.2	2	45	5		11	2	44	2
Stokes	8	1	25	1		7.3	1	24	3
AUSTRALIA									
Starc	6	0	23	2		10	0	55	2
Neser	10	1	45	4		8	1	54	0
Boland	9	1	30	3	(4)	9	0	29	2
Richardson	4	1	8	0	(3)	5.2	1	22	2
Green	0.5	0	0	1					

FALL OF WICKETS

	A	E	A	E
Wkt	1st	1st	2nd	2nd
1st	27	7	22	51
2nd	31	8	40	65
3rd	34	8	61	112
4th	51	16	82	137
5th	89	66	83	158
6th	91	68	88	165
7th	143	77	119	–
8th	152	83	120	–
9th	152	91	121	–
10th	152	110	132	–

Umpires: C.B.Gaffaney (*New Zealand*) (66) and H.D.P.K.Dharmasena (*Sri Lanka*) (93).
Referee: J.J.Crowe (*New Zealand*) (132). Test No. 2611/365 (A881/E1093)

AUSTRALIA v ENGLAND (5th Test)

At Sydney Cricket Ground, on 4, 5, 6, 7, 8 January 2026.
Toss: England. Result: **AUSTRALIA** won by five wickets.
Debuts: None.

ENGLAND

Z.Crawley	lbw b Neser	16	lbw b Starc	1
B.M.Duckett	c Carey b Starc	27	b Neser	42
J.G.Bethell	c Carey b Boland	10	c Carey b Starc	154
J.E.Root	c and b Neser	160	lbw b Boland	6
H.C.Brook	c Smith b Boland	84	lbw b Webster	42
*B.A.Stokes	c Carey b Starc	0	(8) c Smith b Webster	1
†J.L.Smith	c Boland b Labuschagne	46	run out	26
W.G.Jacks	c Green b Neser	27	(6) c Green b Webster	0
B.A.Carse	c Carey b Green	1	c Smith b Boland	16
M.J.Potts	not out	1	not out	18
J.C.Tongue	b Neser	0	c Labuschagne b Starc	6
Extras	(B 1, LB 6, NB 3, W 2)	12	(B 9, LB 11, NB 2, W 3, Pen 5)	30
Total	**(460 mins; 97.3 overs)**	**384**	**(410 mins; 88.2 overs)**	**342**

AUSTRALIA

T.M.Head	lbw b Bethell	163	c Carse b Tongue	29
J.B.Weatherald	lbw b Stokes	21	c Potts b Tongue	34
M.Labuschagne	c Bethell b Stokes	48	run out	37
M.G.Neser	c Smith b Carse	24		
*S.P.D.Smith	c Smith b Tongue	138	(4) b Jacks	12
U.T.Khawaja	lbw b Carse	17	(5) b Tongue	6
†A.T.Carey	c Bethell b Tongue	16	(6) not out	16
C.D.Green	c Duckett b Carse	37	(7) not out	22
B.J.Webster	not out	71		
M.A.Starc	b Tongue	5		
S.M.Boland	c Brook b Jacks	0		
Extras	(B 4, LB 14, NB 5, W 4)	27	(B 3, LB 1, W 1)	5
Total	**(626 mins; 133.5 overs)**	**567**	**(5 wkts; 148 mins; 31.2 overs)**	**161**

AUSTRALIA	O	M	R	W		O	M	R	W	FALL OF WICKETS
Starc	23	2	93	2		18.2	2	72	3	E A E A
Neser	18.3	2	60	4	(3)	16	0	55	1	Wkt 1st 1st 2nd 2nd
Boland	26	2	85	2	(2)	25	6	46	2	1st 35 57 4 62
Green	18	0	85	1		6	0	40	0	2nd 51 162 85 71
Webster	5	0	20	0		16	1	64	3	3rd 57 234 117 92
Head	4	0	20	0		4	0	25	0	4th 226 288 219 119
Labuschagne	3	0	14	1		3	0	15	0	5th 229 339 219 121
ENGLAND										6th 323 366 264
Carse	27	2	130	3		8	0	51	0	7th 375 437 267
Potts	25	1	141	0						8th 382 544 293
Tongue	30	0	97	3	(2)	11	0	42	3	9th 384 564 328
Stokes	27.4	6	95	2						10th 384 567 342
Jacks	8.5	0	54	1	(4)	6.2	1	42	1	
Bethell	15.2	1	52	1	(3)	3	0	16	0	
Root						3	0	6	0	

Umpires: Ahsan Raza (*Pakistan*) (26) and C.B.Gaffaney (*New Zealand*) (67).
Referee: J.J.Crowe (*New Zealand*) (133). Test No. 2612/366 (A882/E1094)

NEW ZEALAND v WEST INDIES (1st Test)

At Hagley Oval, Christchurch, on 2, 3, 4, 5, 6 December 2025.
Toss: West Indies. Result: **MATCH DRAWN**.
Debut: West Indies – O.Shields.

NEW ZEALAND

*T.W.M.Latham	c Imlach b Greaves	24		c Imlach b Roach	145
D.P.Conway	c Greaves b Roach	0		c sub (K.A.R.Hodge) b Shields	37
K.S.Williamson	c Athanaze b Greaves	52		c Imlach b Roach	9
R.Ravindra	b Seales	3		b Shields	176
W.A.Young	c Greaves b Layne	14		c Hope b Seales	23
†T.A.Blundell	b Shields	29			
M.G.Bracewell	c Chanderpaul b Shields	47	(6)	c Imlach b Roach	24
N.G.Smith	c Campbell b Chase	23			
Z.G.Foulkes	c Imlach b Seales	4	(7)	not out	11
M.J.Henry	c Seales b Roach	8	(8)	c Imlach b Roach	8
J.A.Duffy	not out	4	(9)	c and b Roach	10
Extras	(B 4, LB 7, NB 6, W 6)	23		(B 4, LB 8, W 11)	23
Total	**(329 mins; 70.3 overs)**	**231**		**(8 wkts dec; 474 mins; 109 overs)**	**466**

WEST INDIES

J.D.Campbell	c Young b Foulkes	1	c Bracewell b Duffy	15
T.Chanderpaul	c Conway b Foulkes	52	c Latham b Duffy	6
A.S.Athanaze	b Henry	4	c Foulkes b Bracewell	5
S.D.Hope	c Latham b Duffy	56	c Latham b Duffy	140
*R.L.Chase	c Latham b Henry	0	c Latham b Henry	4
J.P.Greaves	c Latham b Henry	0	not out	202
†T.A.Imlach	c Latham b Duffy	14	lbw b Foulkes	4
K.A.J.Roach	not out	10	not out	58
J.Layne	c and b Duffy	0		
J.N.T.Seales	b Duffy	2		
O.Shields	b Duffy	0		
Extras	(B 10, LB 6, NB 7, W 5)	28	(B 13, LB 6, NB 3, W 1)	23
Total	**(339 mins; 75.4 overs)**	**167**	**(6 wkts; 669 mins; 163.3 overs)**	**457**

WEST INDIES	O	M	R	W		O	M	R	W
Roach	17	6	47	2		20	6	78	5
Seales	15.3	3	44	2		22	4	72	1
Layne	11	1	47	1	(5)	13	0	50	0
Shields	9	2	34	2	(3)	17	3	74	2
Greaves	10	3	35	2	(6)	16	1	80	0
Chase	8	2	13	1	(4)	19	0	70	0

NEW ZEALAND	O	M	R	W		O	M	R	W
Henry	22	7	43	3		11	4	29	1
Foulkes	18	7	32	2		33	6	80	1
Smith	15	6	39	0					
Duffy	17.4	7	34	5	(3)	43	10	122	3
Bracewell	2	1	3	0	(4)	55	11	138	1
Ravindra					(5)	21.3	3	69	0

FALL OF WICKETS

Wkt	NZ 1st	WI 1st	NZ 2nd	WI 2nd
1st	1	1	84	24
2nd	94	10	100	25
3rd	95	100	379	55
4th	103	106	410	72
5th	120	106	420	268
6th	148	140	448	277
7th	200	157	456	–
8th	215	157	466	–
9th	227	167	–	–
10th	231	167	–	–

Umpires: P.R.Reiffel (*Australia*) (77) and A.G.Wharf (*England*) (13).
Referee: J.Srinath (*India*) (84).   Test No. 2613/50 (NZ481/WI590)

NEW ZEALAND v WEST INDIES (2nd Test)

At Basin Reserve, Wellington, on 10, 11, 12 December 2025.
Toss: New Zealand. Result: **NEW ZEALAND** won by nine wickets.
Debuts: New Zealand – M.J.Hay, M.D.Rae.

WEST INDIES

Batsman	Dismissal (1st)	Score	Dismissal (2nd)	Score
J.D.Campbell	c Mitchell b Rae	44	b Rae	14
B.A.King	lbw b Tickner	33	run out	22
K.A.R.Hodge	lbw b Tickner	0	(4) c sub (W.A.Young) b Foulkes	35
S.D.Hope	c Williamson b Tickner	47	(5) c and b Rae	2
*R.L.Chase	b Tickner	29	(6) c Hay b Duffy	2
J.P.Greaves	c Hay b Rae	13	(7) lbw b Duffy	25
†T.A.Imlach	b Phillips	16	(3) c Latham b Duffy	5
K.A.J.Roach	lbw b Rae	5	(9) not out	0
A.Phillip	run out	5	(3) lbw b Duffy	0
J.N.T.Seales	not out	0	c Hay b Rae	0
O.Shields	c Williamson b Duffy	0	c Rae b Duffy	9
Extras	(B 2, LB 12, NB 3, W 1)	18	(LB 2, NB 1, W 3)	6
Total	**(332 mins; 75 overs)**	**205**	**(211 mins; 46.2 overs)**	**128**

NEW ZEALAND

Batsman	Dismissal (1st)	Score	Dismissal (2nd)	Score
*T.W.M.Latham	b Roach	11	c Hodge b Phillip	9
D.P.Conway	c Imlach b Greaves	60	not out	28
K.S.Williamson	b Phillip	37	not out	16
R.Ravindra	c Imlach b Roach	5		
D.J.Mitchell	c Imlach b Phillip	25		
†M.J.Hay	c Roach b Shields	61		
G.D.Phillips	c Phillip b Chase	18		
Z.G.Foulkes	not out	23		
J.A.Duffy	c Roach b Phillip	11		
M.D.Rae	b Seales	13		
B.M.Tickner	absent hurt			
Extras	(B 4, LB 2, W 8)	14	(NB 2, W 2)	4
Total	**(362 mins; 74.4 overs)**	**278**	**(1 wkt; 49 mins; 10 overs)**	**57**

NEW ZEALAND	O	M	R	W	O	M	R	W
Duffy	19	5	33	1	17.2	4	38	5
Foulkes	15	3	41	0	12	2	39	1
Rae	18	4	66	3	12	3	45	3
Tickner	16	3	32	4				
Phillips	7	1	19	1				
Mitchell					(4) 5	1	4	0

WEST INDIES	O	M	R	W	O	M	R	W
Roach	16	6	43	2	3	0	25	0
Seales	17.4	3	72	4	0	0	14	0
Shields	14	1	50	1	2	0	18	0
Phillip	13	0	70	3	2	0	17	1
Greaves	12	4	28	1				
Chase	2	0	9	1				

FALL OF WICKETS

Wkt	WI 1st	NZ 1st	WI 2nd	NZ 2nd
1st	56	36	24	26
2nd	56	103	25	–
3rd	93	117	50	–
4th	153	117	58	–
5th	176	190	70	–
6th	182	213	88	–
7th	184	233	113	–
8th	199	257	114	–
9th	204	278	119	–
10th	205	–	128	–

Umpires: A.Paleker (*South Africa*) (7) and P.R.Reiffel (*Australia*) (78).
Referee: J.Srinath (*India*) (85).
Test No. 2614/51 (NZ482/WI591)

NEW ZEALAND v WEST INDIES (3rd Test)

At Bay Oval, Mount Maunganui, on 18, 19, 20, 21, 22 December 2025.
Toss: New Zealand. Result: **NEW ZEALAND** won by 323 runs.
Debuts: None.

NEW ZEALAND

Batsman	Dismissal	Runs	Dismissal (2nd)	Runs
*T.W.M.Latham	c Chase b Roach	137	c Seales b Hodge	101
D.P.Conway	lbw b Greaves	227	c Seales b Hodge	100
J.A.Duffy	c Imlach b Seales	17		
K.S.Williamson	c Imlach b Greaves	31	(3) not out	40
R.Ravindra	not out	72	(4) not out	46
D.J.Mitchell	c Imlach b Chase	11		
†T.A.Blundell	c Imlach b Seales	4		
G.D.Phillips	c Chase b Phillip	29		
Z.G.Foulkes	b Phillip	1		
A.Y.Patel	not out	30		
M.D.Rae				
Extras	(B 2, LB 2, NB 2, W 10)	16	(B 1, LB 8, NB 5, W 5)	19
Total	**(8 wkts dec; 653 mins; 155 overs)**	**575**	**(2 wkts dec; 228 mins; 54 overs)**	**306**

WEST INDIES

Batsman	Dismissal	Runs	Dismissal (2nd)	Runs
J.D.Campbell	c Latham b Duffy	45	c Phillips b Patel	16
B.A.King	b Duffy	63	c Phillips b Duffy	67
K.A.R.Hodge	not out	123	c Ravindra b Patel	0
†T.A.Imlach	c Blundell b Rae	27	(8) not out	15
A.S.Athanaze	b Patel	45	c Blundell b Duffy	2
J.P.Greaves	lbw b Mitchell	43	c Mitchell b Duffy	0
*R.L.Chase	lbw b Rae	2	c Latham b Duffy	5
A.Phillip	c Blundell b Duffy	17	(10) lbw b Ravindra	10
S.D.Hope	c Foulkes b Duffy	4	lbw b Patel	3
J.N.T.Seales	b Patel	15	(11) b Duffy	0
K.A.J.Roach	c Blundell b Rae	4	(9) b Phillips	4
Extras	(B 1, LB 12, NB 2, W 21)	36	(B 12, LB 1, W 3)	16
Total	**(501 mins; 128.2 overs)**	**420**	**(310 mins; 80.3 overs)**	**138**

WEST INDIES

Bowler	O	M	R	W		O	M	R	W
Roach	19	3	63	1					
Seales	33	4	100	2	(1)	9	0	36	0
Phillip	29	4	154	2	(2)	9	0	57	0
Greaves	29	4	83	2	(3)	6	0	18	0
Chase	44	1	159	1	(4)	13	0	106	0
Hodge	1	0	12	0	(5)	17	1	80	2

NEW ZEALAND

Bowler	O	M	R	W		O	M	R	W
Duffy	35	8	86	4		22.3	10	42	5
Foulkes	20	4	82	0		5	0	20	0
Rae	21.2	1	89	2	(4)	14	6	26	0
Patel	41	5	113	3	(3)	32	21	23	3
Phillips	8	0	28	0		5	2	14	1
Mitchell	3	1	9	1					
Ravindra					(6)	2	2	0	1

FALL OF WICKETS

Wkt	NZ 1st	WI 1st	NZ 2nd	WI 2nd
1st	323	111	192	87
2nd	350	140	234	87
3rd	419	206	–	88
4th	432	267	–	91
5th	455	348	–	98
6th	461	351	–	104
7th	522	386	–	107
8th	536	390	–	112
9th	–	419	–	138
10th	–	420	–	138

Umpires: A.Paleker (*South Africa*) (8) and A.G.Wharf (*England*) (14).
Referee: J.Srinath (*India*) (86).   Test No. 2615/52 (NZ483/WI592)

INTERNATIONAL UMPIRES AND REFEREES 2026

ELITE PANEL OF UMPIRES 2026

The Elite Panel of ICC Umpires and Referees was introduced in April 2002 to raise standards and guarantee impartial adjudication. Two umpires from this panel stand in Test matches while one officiates with a home umpire from the Supplementary International Panel in limited-overs internationals.

Full Names	Birthdate	Birthplace	Tests	Debut	LOI	Debut
AHSAN RAZA	29.05.74	Lahore, Pakistan	26	2020-21	62	2009-10
DHARMASENA, H.D.P.Kumar	24.04.71	Colombo, Sri Lanka	93	2010-11	138	2008-09
GAFFANEY, Christopher Blair	30.11.75	Dunedin, New Zealand	67	2014	92	2010
HOLDSTOCK, Adrian Thomas	27.04.70	Cape Town, South Africa	21	2020-21	65	2012-13
ILLINGWORTH, Richard Keith	23.08.63	Bradford, England	82	2012-13	106	2010
KETTLEBOROUGH, Richard Allan	15.03.73	Sheffield, England	94	2010-11	113	2009
MENON, Nitin Narendra	02.11.83	Indore, India	35	2019-20	62	2016-17
PALEKER, A.Jahudien	01.01.78	Cape Town, South Africa	8	2021-22	30	2018-19
REIFFEL, Paul Ronald	19.04.66	Box Hill, Australia	78	2012	98	2008-09
SHARFUDDOULA, Ibne Shahid Saikat	16.10.76	Dhaka, Bangladesh	20	2020-21	72	2009-10
TUCKER, Rodney James	28.08.64	Sydney, Australia	98	2009-10	110	2008-09
WHARF, Alexander George	04.06.75	Bradford, England	14	2021	36	2018

ELITE PANEL OF REFEREES 2026

Full Names	Birthdate	Birthplace	Tests	Debut	LOI	Debut
CROWE, Jeffrey John	14.09.58	Auckland, New Zealand	133	2004-05	347	2003-04
MADUGALLE, Ranjan Senerath	22.04.59	Kandy, Sri Lanka	231	1993-94	418	1993-94
PYCROFT, Andrew Jon	06.06.56	Harare, Zimbabwe	107	2009	248	2009
RICHARDSON, Sir Richard Benjamin	12.01.62	Five Islands, Antigua	61	2016	111	2016
SRINATH, Javagal	31.08.69	Mysore, India	86	2006	280	2006-07

INTERNATIONAL UMPIRES PANEL 2026

Nominated by their respective cricket boards, members from this panel officiate in home LOIs and supplement the Elite panel for Test matches. The number of Test matches/LOI in which they have stood is shown in brackets.

Afghanistan	Ahmed Shah Pakteen (2/40)	Ahmed Shah Durrani (-/12)	Izatullah Safi (-/9)
Australia	D.M.Koch (-/6)	S.A.J.Craig (-/-)	S.J.Nogajski (2/25)
			P.J.Gillespie (-/-)
Bangladesh	Tanvir Ahmed (-/9)	Morshed Ali Khan (-/-)	Masudur Rahman (-/27)
			Gazi Sohel (-/13)
England	G.D.Lloyd (-/-)	R.J.Warren (-/7)	M.Burns (-/9)
	M.J.Saggers (-/16)		
India	J.Madanagopal (2/18)	R.Pandit (-/6)	V.K.Sharma (4/7)
			K.N.Ananthapadmanabhan (-/10)
Ireland	G.Morrison (-/-)	R.E.Black (-/37)	J.Kennecy (-/1)
			A.Seaver (-/2)
New Zealand	W.R.Knights (4/27)	C.M.Brown (11/41)	S.B.Haig (-/17)
			C.A.Black (-/2)
Pakistan	Faisal Afridi (-/4)	Alim Dar (145/231)	Asif Yaqoob (3/24)
			Rashid Riaz (-/21)
South Africa	L.B.Gcuma (-/1)	S.D.Harris (-/-)	A.Jacobs (-/-)
			B.Jele (-/29)
Sri Lanka	R.M.P.J.Rambukwella (1/7)	R.S.A.Palliyaguruge (9/100)	R.R.Wimalasiri (1/46)
			R.A.Kotahachchi (-/2)
West Indies	G.O.Brathwaite (8/59)	L.S.Reifer (-/34)	D.K.Butler (-/1)
			Z.Bassarath (-/1)
Zimbabwe	L.Rusere (8/43)	I.Chabi (1/20)	P.Sizara (-/1)
			F.Mutizwa (-/7)

Test Match and LOI statistics to 20 February 2026

TEST MATCH CAREER RECORDS

These records, complete to 2 April 2026, contain all players registered for county cricket in 2026 at the time of going to press, plus those who have played Test cricket since 22 November 2024 (Test No. 2560 and 2565).

ENGLAND – BATTING AND FIELDING

	M	I	NO	HS	Runs	Avge	100	50	Ct/St
R.Ahmed	5	10	–	28	103	10.30	–	–	3
M.M.Ali	68	118	8	155*	3094	28.12	5	15	40
J.M.Anderson	188	265	114	81	1353	8.96	–	1	107
J.C.Archer	18	29	4	51	268	10.72	–	1	4
A.A.P.Atkinson	16	23	1	118	452	20.59	1	–	7
J.M.Bairstow	100	178	12	167*	6042	36.39	12	26	242/14
J.T.Ball	4	8	–	31	67	8.37	–	–	1
S.Bashir	19	28	15	13	92	7.07	–	–	5
D.M.Bess	14	19	5	57	319	22.78	–	1	3
J.G.Bethell	6	12	1	154	476	43.27	1	3	6
S.W.Billings	3	3	–	36	66	22.00	–	–	8
R.S.Bopara	13	19	1	143	575	31.94	3	–	6
S.G.Borthwick	1	2	–	4	5	2.50	–	–	2
J.R.Bracey	2	3	–	8	8	2.66	–	–	6
H.C.Brook	35	60	2	317	3178	54.79	10	15	53
R.J.Burns	32	59	–	133	1789	30.32	3	11	24
J.C.Buttler	57	100	9	152	2907	31.94	2	18	153/1
B.A.Carse	14	23	3	56	357	17.85	–	1	14
S.J.Cook	1	–	–	–	–	–	–	–	–
M.S.Crane	1	2	–	4	6	3.00	–	–	–
Z.Crawley	64	117	2	267	3586	31.18	5	21	70
S.M.Curran	24	38	5	78	815	24.69	–	3	5
T.K.Curran	2	3	1	39	66	33.00	–	–	1
L.A.Dawson	4	7	2	66*	110	22.00	–	1	2
J.L.Denly	15	28	–	94	827	29.53	–	6	7
B.M.Duckett	43	80	3	182	3074	39.92	6	16	33
M.D.Fisher	1	1	–	0*	0	–	–	–	1
B.T.Foakes	25	46	7	113*	1139	29.20	2	4	69/10
H.Hameed	10	19	1	82	439	24.38	–	4	7
T.W.Hartley	5	10	–	36	185	18.50	–	–	2
J.O.Hull	1	2	1	7*	9	9.00	–	–	–
W.G.Jacks	6	11	–	47	234	21.27	–	–	1
K.K.Jennings	17	32	1	146*	781	25.19	2	1	17
C.J.Jordan	8	11	1	35	180	18.00	–	–	14
D.W.Lawrence	14	27	–	91	671	26.84	–	4	6
M.J.Leach	39	59	22	92	498	13.45	–	1	18
A.Z.Lees	10	19	–	67	453	23.84	–	2	6
L.S.Livingstone	1	2	1	9	16	16.00	–	–	–
A.Lyth	7	13	–	107	265	20.38	1	–	8
S.Mahmood	2	2	1	49	52	52.00	–	–	1
D.J.Malan	22	39	–	140	1074	27.53	1	9	13
C.Overton	8	14	2	41*	182	15.16	–	–	7
J.Overton	2	3	–	97	106	35.33	–	1	2
M.W.Parkinson	1	1	–	8	8	8.00	–	–	–
O.J.D.Pope	64	113	5	205	3732	34.55	9	16	79/1
M.J.Potts	11	15	5	21	105	10.50	–	–	9
A.U.Rashid	19	33	5	61	540	19.28	–	2	4
O.E.Robinson	20	33	5	58	410	14.64	–	1	8
S.D.Robson	7	11	–	127	336	30.54	1	1	5
T.S.Roland-Jones	4	6	2	25	82	20.50	–	–	–
J.E.Root	163	298	25	262	13943	51.07	41	66	216
J.J.Roy	5	10	–	72	187	18.70	–	1	1
D.P.Sibley	22	39	3	133*	1042	28.94	2	5	12

TESTS   **ENGLAND – BATTING AND FIELDING (continued)**

	M	I	NO	HS	Runs	Avge	100	50	Ct/St
J.L.Smith	20	35	4	184*	1286	41.48	2	7	67/2
B.A.Stokes	120	216	9	258	7216	34.85	14	37	115
O.P.Stone	5	10	1	20	102	11.33	–	–	2
J.C.Tongue	9	12	3	19	48	5.33	–	–	4
J.M.Vince	13	22	–	83	548	24.90	–	3	8
T.Westley	5	9	1	59	193	24.12	–	1	1
C.R.Woakes	62	99	18	137*	2034	25.11	1	7	31
M.A.Wood	38	64	12	52	811	15.59	–	1	8

ENGLAND – BOWLING

	O	M	R	W	Avge	Best	5wI	10wM
R.Ahmed	173	19	687	22	31.22	5- 48	1	–
M.M.Ali	2101.4	293	7612	204	37.31	6- 53	5	1
J.M.Anderson	6672.5	1730	18627	704	26.45	7- 42	32	3
J.C.Archer	603.2	122	1806	60	30.10	6- 45	4	–
A.A.P.Atkinson	449.4	84	1671	69	24.21	7- 45	4	1
J.T.Ball	102	23	343	3	114.33	1- 47	–	–
S.Bashir	699.5	53	2652	68	39.00	8- 81	4	–
D.M.Bess	417	82	1223	36	33.97	5- 30	2	–
J.G.Bethell	39.4	2	162	4	40.50	3- 72	–	–
R.S.Bopara	72.2	10	290	1	290.00	1- 39	–	–
S.G.Borthwick	13	0	82	4	20.50	3- 33	–	–
H.C.Brook	24	2	105	1	105.00	1- 25	–	–
B.A.Carse	449.5	58	1751	58	30.18	6- 42	1	1
S.J.Cook	31	3	119	1	119.00	1- 72	–	–
M.S.Crane	48	3	193	1	193.00	1-193	–	–
S.M.Curran	515.1	96	1669	47	35.51	4- 58	–	–
T.K.Curran	66	14	200	2	100.00	1- 65	–	–
L.A.Dawson	149.4	24	438	8	54.75	2- 34	–	–
J.L.Denly	65	0	219	2	109.50	2- 42	–	–
M.D.Fisher	27	6	71	1	71.00	1- 67	–	–
T.W.Hartley	250.4	30	795	22	36.13	7- 62	1	–
J.O.Hull	17	0	91	3	30.33	3- 53	–	–
W.G.Jacks	120.1	11	554	12	46.16	6-161	1	–
K.K.Jennings	12.1	1	55	0			–	–
C.J.Jordan	255	74	752	21	35.80	4- 18	–	–
D.W.Lawrence	43	11	133	3	44.33	1- 0	–	–
M.J.Leach	1567	308	4838	142	34.07	5- 66	5	1
A.Lyth	1	1	0	0			–	–
S.Mahmood	61	17	137	6	22.83	2- 21	–	–
D.J.Malan	37	4	131	2	65.50	2- 33	–	–
C.Overton	245.2	43	760	21	36.19	3- 14	–	–
J.Overton	75	6	310	4	77.50	2- 98	–	–
M.W.Parkinson	15.3	0	47	1	47.00	1- 47	–	–
M.J.Potts	365.1	79	1201	36	33.36	4- 13	–	–
A.U.Rashid	636	50	2390	60	39.83	5- 49	2	–
O.E.Robinson	632.4	159	1742	76	22.92	5- 49	3	–
T.S.Roland-Jones	89.2	23	334	17	19.64	5- 57	1	–
J.E.Root	1045.2	165	3515	73	48.15	5- 8	1	–
D.P.Sibley	1	0	7	0			–	–
B.A.Stokes	2294.3	391	7655	245	31.24	6- 22	6	–
O.P.Stone	101.4	17	400	17	23.52	3- 29	–	–
J.C.Tongue	325.2	33	1292	49	26.36	5- 45	3	–
J.M.Vince	4	1	13	0			–	–
T.Westley	4	0	12	0			–	–
C.R.Woakes	1869.5	417	5686	192	29.61	6- 17	5	1
M.A.Wood	1101.4	197	3665	119	30.79	6- 37	–	–

AUSTRALIA – BATTING AND FIELDING

	M	I	NO	HS	Runs	Avge	100	50	Ct/St
C.T.Bancroft	10	18	1	82*	446	26.23	–	3	16
S.M.Boland	19	24	9	21*	125	8.33	–	–	9
A.T.Carey	48	73	8	156	2333	35.89	3	13	186/19
H.W.R.Cartwright	2	2	–	37	55	27.50	–	–	–
C.P.L.Connolly	1	1	–	4	4	4.00	–	–	–
P.J.Cummins	72	107	13	64*	1567	16.67	–	3	36
B.J.Doggett	2	2	1	13	20	20.00	–	–	1
C.D.Green	37	59	6	174*	1736	32.75	2	7	38
P.S.P.Handscomb	20	35	6	110	1079	37.20	2	5	30
M.S.Harris	14	26	2	79	607	25.29	–	3	8
J.R.Hazlewood	76	96	47	39	565	11.53	–	–	30
T.M.Head	65	111	6	175	4592	43.73	12	20	34
J.P.Inglis	5	7	–	102	184	26.28	1	–	2
U.T.Khawaja	88	159	14	232	6229	42.95	16	28	68
S.J.Konstas	5	10	–	60	163	16.30	–	1	5
M.Labuschagne	63	114	9	215	4694	44.70	11	25	51
N.M.Lyon	141	180	49	47	1651	12.60	–	–	64
N.A.McSweeney	3	6	1	39	72	14.40	–	–	3
M.R.Marsh	46	80	7	181	2083	28.53	3	9	27
T.R.Murphy	7	10	1	41	122	13.55	–	–	3
M.G.Neser	5	7	–	35	131	18.71	–	–	4
J.A.Richardson	4	5	1	9	25	6.25	–	–	–
P.M.Siddle	67	94	15	51	1164	14.73	–	2	19
S.P.D.Smith	123	220	28	239	10673	56.05	37	44	215
M.A.Starc	105	154	33	99	2478	20.47	–	13	46
J.B.Weatherald	5	10	1	72	201	22.33	–	1	1
B.J.Webster	8	13	2	72	452	41.09	–	5	12

AUSTRALIA – BOWLING

	O	M	R	W	Avge	Best	5wI	10wM
S.M.Boland	531.5	122	1524	82	18.58	6- 7	2	1
H.W.R.Cartwright	9	1	31	0	–	–	–	–
C.P.L.Connolly	5	1	21	0	–	–	–	–
P.J.Cummins	2398.3	521	6946	315	22.05	6- 23	14	2
B.J.Doggett	48.2	4	215	7	30.71	5- 78	1	–
C.D.Green	426.5	68	1519	39	38.94	5- 27	1	–
J.R.Hazlewood	2570.3	657	7144	295	24.21	6- 67	13	–
T.M.Head	169.5	14	633	16	39.56	4- 10	–	–
U.T.Khawaja	3	0	8	0	–	–	–	–
M.Labuschagne	219.2	20	834	14	59.57	3- 45	–	–
N.M.Lyon	5805.2	1100	17099	567	30.15	8- 50	24	5
M.R.Marsh	580.3	92	2061	51	40.41	5- 46	1	–
T.R.Murphy	192.5	34	619	22	28.13	7-124	1	–
M.G.Neser	129.4	20	416	22	18.90	5- 42	1	–
J.A.Richardson	98.3	30	273	13	21.00	5- 42	1	–
P.M.Siddle	2317.5	615	6777	221	30.66	6- 54	8	–
S.P.D.Smith	245	28	1008	19	53.05	3- 18	–	–
M.A.Starc	3335.3	621	11481	433	26.51	7- 58	18	3
B.J.Webster	81.1	14	270	11	24.54	3- 84	–	–

SOUTH AFRICA – BATTING AND FIELDING

	M	I	NO	HS	Runs	Avge	100	50	Ct/St
K.J.Abbott	11	14	–	17	95	6.78	–	–	4
T.Bavuma	66	114	14	172	3810	38.10	4	26	32
D.G.Bedingham	15	26	3	110	828	36.00	1	4	17
C.Bosch	4	6	2	100*	245	61.25	1	1	3
M.P.Breetzke	2	3	–	13	14	4.66	–	–	–
D.T.Brevis	4	6	–	54	138	23.00	–	2	3

TESTS SOUTH AFRICA – BATTING AND FIELDING (continued)

	M	I	NO	HS	Runs	Avge	100	50	Ct/St
G.W.Coetzee	4	6	1	20	67	13.40	–	–	1
M.de Lange	2	2	–	9	9	4.50	–	–	1
T.de Zorzi	17	31	1	177	919	30.63	2	3	13
D.Elgar	86	152	11	199	5347	37.92	14	23	92
S.R.Harmer	14	20	4	47	273	17.06	–	–	7
M.Jansen	21	32	5	93	624	23.11	–	4	23
G.F.Linde	3	6	–	37	135	22.50	–	–	–
K.A.Maharaj	62	95	8	84	1334	15.33	–	6	23
K.T.Maphaka	2	3	1	9*	17	8.50	–	–	2
A.K.Markram	50	92	2	152	3192	35.46	8	13	70
P.W.A.Mulder	24	40	5	367*	1253	35.80	3	1	31
S.Muthusamy	8	11	4	109	388	55.42	1	2	7
L.T.Ngidi	20	31	11	19	97	4.85	–	–	7
D.Paterson	7	11	3	39*	101	12.62	–	–	2
L.G.Pretorius	2	3	–	153	235	78.33	1	1	1
K.Rabada	73	110	20	71	1102	12.24	–	1	34
R.D.Rickelton	15	27	3	259	897	37.37	2	1	7
L.Senokwane	1	1	–	3	3	3.00	–	–	2
T.Stubbs	14	26	–	122	759	31.62	2	3	15
P.Subrayen	2	2	–	8	12	6.00	–	–	–
K.Verreynne	31	48	6	136*	1266	30.14	4	3	93/13
C.E.Yusuf	2	2	1	27	35	35.00	–	–	2

SOUTH AFRICA – BOWLING

	O	M	R	W	Avge	Best	5wI	10wM
K.J.Abbott	346.5	95	886	39	22.71	7- 29	3	–
T.Bavuma	16	1	61	1	61.00	1- 29	–	–
C.Bosch	86.4	21	302	16	18.87	5- 43	1	–
D.T.Brevis	4.2	0	22	1	22.00	1- 22	–	–
G.W.Coetzee	77	7	330	14	23.57	3- 37	–	–
M.de Lange	74.4	10	277	9	30.77	7- 81	1	–
D.Elgar	172.4	12	673	15	44.86	4- 22	–	–
S.R.Harmer	522.2	104	1504	69	21.79	6- 37	2	–
M.Jansen	568	112	1880	89	21.12	7- 13	4	1
G.F.Linde	78.5	17	252	9	28.00	5- 64	1	–
K.A.Maharaj	2051.2	377	6370	213	29.22	9-129	12	1
K.T.Maphaka	43.2	5	170	3	56.66	2- 43	–	–
A.K.Markram	104.3	11	315	6	52.50	2- 27	–	–
P.W.A.Mulder	337	82	988	38	26.00	4- 32	–	–
S.Muthusamy	160	19	606	23	26.34	6-117	2	1
L.T.Ngidi	429.4	100	1356	58	23.37	6- 39	3	–
D.Paterson	219.5	43	656	25	26.24	5- 61	2	–
K.Rabada	2239.2	440	7493	340	22.03	7-112	17	4
P.Subrayen	54.4	5	178	6	29.66	4- 78	–	–
C.E.Yusuf	47	9	122	10	12.20	3- 22	–	–

WEST INDIES – BATTING AND FIELDING

	M	I	NO	HS	Runs	Avge	100	50	Ct/St
K.A.Anderson	1	2	–	3	3	1.50	–	–	3
A.S.Athanaze	17	33	–	92	781	23.66	–	4	14
K.C.Brathwaite	100	193	10	212	5950	32.51	12	31	49
J.D.Campbell	28	56	6	115	1276	25.52	1	3	14
K.U.Carty	7	14	–	42	235	16.78	–	–	1
T.Chanderpaul	13	25	2	207*	670	29.13	1	2	7
R.L.Chase	57	106	4	137*	2486	24.37	5	11	30
J.M.Da Silva	33	59	9	100*	1238	24.76	1	5	121/6
J.P.Greaves	14	28	4	202*	712	29.66	2	1	14
K.A.R.Hodge	13	26	1	123*	714	28.56	2	3	14

TESTS WEST INDIES – BATTING AND FIELDING (continued)

	M	I	NO	HS	Runs	Avge	100	50	Ct/St
S.D.Hope	46	88	3	147	2260	26.58	4	6	70/1
T.A.Imlach	6	12	1	35	169	15.36	–	–	18/2
A.A.Jangoo	1	2	–	30	30	15.00	–	–	1
A.S.Joseph	40	65	2	86	770	12.22	–	2	17
S.Joseph	11	22	3	44	299	15.73	–	–	1
B.A.King	6	12	–	75	332	27.66	–	3	2
J.Layne	2	3	–	14	15	5.00	–	–	–
M.Louis	10	20	–	97	369	18.45	–	2	3
G.Motie	11	17	5	55	266	22.08	–	1	5
A.Phillip	6	11	3	43	132	16.50	–	–	3
K.A.Pierre	2	4	1	23	47	15.66	–	–	–
K.A.J.Roach	88	142	31	58*	1363	12.27	–	1	27
J.N.T.Seales	26	45	18	32	235	7.70	–	–	10
O.Shields	2	3	–	9	9	3.00	–	–	–
K.Sinclair	4	8	1	50	118	16.85	–	1	4
J.A.Warrican	23	41	14	41	349	12.92	–	–	8

WEST INDIES – BOWLING

	O	M	R	W	Avge	Best	5wI	10wM
A.S.Athanaze	26	2	79	1	79.00	1-53	–	–
K.C.Brathwaite	468.1	35	1558	29	53.72	6-29	1	–
J.D.Campbell	10.1	0	30	0				
R.L.Chase	1286.3	139	4546	94	48.36	8-60	4	–
J.P.Greaves	222	32	779	20	38.95	3-56	–	–
K.A.J.Hodge	44	1	197	4	49.25	2-44	–	–
A.S.Joseph	1123.4	173	4150	124	33.46	5-27	21	–
S.Joseph	290	38	1105	51	21.66	7-68	4	–
J.Layne	39	1	165	1	165.00	1-47	–	–
G.Motie	290	45	946	35	27.02	7-37	2	1
A.Phillip	137	11	659	10	65.90	3-70	–	–
K.A.Pierre	67	3	246	1	246.00	1-91	–	–
K.A.J.Roach	2567.4	561	7968	294	27.10	6-48	12	1
J.N.T.Seales	721.3	135	2458	95	25.87	6-61	3	–
O.Shields	42	6	176	5	35.20	2-34	–	–
K.Sinclair	92	6	384	9	42.66	3-61	–	–
J.A.Warrican	757.4	115	2302	78	29.51	7-32	2	1

NEW ZEALAND – BATTING AND FIELDING

	M	I	NO	HS	Runs	Avge	100	50	Ct/St
T.A.Blundell	44	72	7	138	2173	33.43	5	11	113/16
M.G.Bracewell	10	17	1	74*	339	21.18	–	1	14
D.P.Conway	32	60	2	227	2533	43.67	7	13	15
J.A.Duffy	4	5	1	36	78	19.50	–	–	2
M.J.Fisher	1								
Z.G.Foulkes	4	4	2	23*	39	19.50	–	–	3
M.J.Hay	1	1	–	61	61	61.00	–	1	3
M.J.Henry	33	45	6	72	670	17.17	–	4	13
T.W.M.Latham	91	164	6	264*	6261	39.62	16	31	111
D.J.Mitchell	35	55	5	190	2175	43.50	5	15	50
H.M.Nicholls	58	90	9	200*	3161	39.02	10	12	36
W.P.O'Rourke	11	19	13	5*	18	3.00	–	–	6
A.Y.Patel	22	32	13	35	219	11.52	–	–	10
G.D.Phillips	17	29	5	87	775	32.29	–	5	18
M.D.Rae	2	1	–	13	13	13.00	–	–	2
R.Ravindra	20	37	5	240	1526	47.68	4	5	11
M.J.Santner	32	44	2	126	1085	25.83	1	4	26
N.G.Smith	4	6	–	42	125	25.00	–	–	–
T.G.Southee	107	156	11	77*	2245	15.48	–	7	86

TESTS   NEW ZEALAND – BATTING AND FIELDING (continued)

	M	I	NO	HS	Runs	Avge	100	50	Ct/St
B.M.Tickner	4	3	2	8	13	13.00	–	–	1
K.S.Williamson	108	192	19	251	9461	54.68	33	38	92
W.A.Young	23	41	3	89	1215	31.97	–	11	26

NEW ZEALAND – BOWLING

	O	M	R	W	Avge	Best	5wI	10wM
T.A.Blundell	3	0	13	0	–	–	–	–
M.G.Bracewell	332.3	52	1198	25	47.92	4- 75	–	–
J.A.Duffy	171.4	46	407	25	16.28	5- 34	3	–
M.J.Fisher	11.5	1	38	2	19.00	1- 16	–	–
Z.G.Foulkes	128	29	369	13	28.38	5- 37	1	–
M.J.Henry	1216.3	255	3799	140	27.13	7- 23	6	–
D.J.Mitchell	129.1	30	394	4	99.50	1- 7	–	–
W.P.O'Rourke	260.2	59	947	39	24.28	5- 34	2	–
A.Y.Patel	836.4	160	2623	91	28.82	10-119	7	2
G.D.Phillips	287	26	1024	33	31.03	5- 45	1	–
M.D.Rae	65.2	14	226	8	28.25	3- 45	–	–
R.Ravindra	171	34	515	11	46.81	3- 33	–	–
M.J.Santner	925.1	188	2603	78	33.37	7- 53	2	1
N.G.Smith	86.2	15	398	10	39.80	4- 86	–	–
T.G.Southee	3915	889	11832	391	30.26	7- 64	15	1
B.M.Tickner	121.5	13	467	16	29.18	4- 32	–	–
K.S.Williamson	358.3	48	1207	30	40.23	4- 44	–	–

INDIA – BATTING AND FIELDING

	M	I	NO	HS	Runs	Avge	100	50	Ct/St
R.Ashwin	106	151	15	124	3503	25.75	6	14	36
J.J.Bumrah	52	78	25	34*	348	6.56	–	–	17
A.Deep	10	15	1	66	163	11.64	–	1	2
S.Gill	40	73	7	269	2843	43.07	10	8	30
R.A.Jadeja	89	133	26	175*	4095	38.27	6	28	49
Y.B.Jaiswal	28	53	2	214*	2511	49.23	7	13	25
D.C.Jure	9	15	2	125	459	35.30	1	1	17/2
A.Kamboj	1	1	–	0	0	0.00	–	–	–
V.Kohli	123	210	13	254*	9230	46.85	30	31	121
P.M.Krishna	6	10	5	5*	10	2.00	–	–	–
K.K.Nair	10	15	1	303*	579	41.35	1	1	10
K.Nithish Kumar Reddy	10	16	1	114	396	26.40	–	1	5
D.B.Padikkal	2	3	–	65	90	30.00	–	1	2
R.R.Pant	49	86	5	159*	3476	42.91	8	18	160/16
A.R.Patel	15	24	4	84	688	34.40	–	4	9
K.L.Rahul	67	118	5	199	4053	35.86	11	20	85
H.Rana	2	3	–	7	7	2.33	–	–	1
B.Sai Sudcharsan	6	11	–	87	302	27.45	–	2	4
R.G.Sharma	67	116	10	212	4301	40.57	12	18	68
M.Siraj	45	61	26	16*	154	4.40	–	–	22
S.N.Thakur	13	21	1	67	377	18.85	–	4	6
J.D.Unadkat	4	5	2	14*	36	12.00	–	–	3
M.S.Washington Sundar	17	29	8	101*	885	42.14	1	5	6
K.Yadav	17	21	2	40	225	11.84	–	–	5

INDIA – BOWLING

	O	M	R	W	Avge	Best	5wI	10wM
R.Ashwin	4541	907	12891	537	24.00	7-59	37	8
J.J.Bumrah	1671.5	396	4631	234	19.79	6-27	16	–
A.Deep	256	40	1002	28	35.78	6-99	1	1
S.Gill	1.1	0	1	0	–	–	–	–

TESTS   **INDIA – BOWLING (continued)**

	O	M	R	W	Avge	Best	5wI	10wM
R.A.Jadeja	3373.3	770	8741	348	25.11	7-42	15	3
Y.B.Jaiswal	3	–	18	0	–	–	–	–
A.Kamboj	18	1	89	1	89.00	1-89	–	–
V.Kohli	29.1	2	84	0	–	–	–	–
P.M.Krishna	160	14	756	22	34.36	4-62	–	–
K.K.Nair	2	0	11	0	–	–	–	–
K.Nithish Kumar Reddy	86	5	366	8	45.75	2-32	–	–
A.R.Patel	443.2	98	1121	57	19.66	6-38	5	1
H.Rana	45	6	203	4	50.75	3-48	–	–
R.G.Sharma	63.5	9	224	2	112.00	1-26	–	–
M.Siraj	1167.5	206	4124	139	29.66	6-15	5	–
S.N.Thakur	268.3	36	1024	33	31.03	7-61	1	–
J.D.Unadkat	79	17	231	3	77.00	2-50	–	–
M.S.Washington Sundar	364.4	41	1187	36	32.97	7-59	1	–
K.Yadav	482.1	63	1704	76	22.42	5-40	5	–

PAKISTAN – BATTING AND FIELDING

	M	I	NO	HS	Runs	Avge	100	50	Ct/St
Aamer Jamal	8	15	2	82	352	27.07	–	2	5
Abdullah Shafiq	24	46	3	201	1610	37.44	5	6	19
Abrar Ahmed	10	15	7	17	68	8.50	–	–	3
Agha Salman	23	44	6	132*	1487	39.13	3	10	32
Asif Afridi	1	2	1	4	4	4.00	–	–	–
Babar Azam	61	112	9	196	4366	42.38	9	30	48
Hassan Ali	25	40	8	30	382	11.93	–	–	6
Imam-ul-Haq	26	50	4	157	1687	36.67	3	10	21
Kamran Ghulam	6	11	–	118	312	28.36	1	1	2
Kashif Ali	1	2	–	1	1	0.50	–	–	–
Khurram Shehzad	6	11	2	18	83	9.22	–	–	3
Mir Hamza	7	14	6	16	51	6.37	–	–	2
Mohammad Abbas	27	40	19	29	120	5.71	–	–	8
Mohammad Ali	4	7	2	2	2	0.40	–	–	2
Mohammad Huraira	2	4	–	29	46	11.50	–	–	2
Mohammad Rizwan	41	69	9	171*	2399	39.98	3	12	108/10
Naseem Shah	20	27	8	33	144	7.57	–	–	5
Nauman Ali	21	30	5	97	385	15.40	–	1	2
Saim Ayub	8	14	–	77	364	26.00	–	3	4
Sajid Khan	14	20	2	48*	225	12.50	–	–	7
Saud Shakil	21	40	3	208*	1773	47.91	4	10	11
Shaheen Shah Afridi	33	45	10	29*	256	7.31	–	–	12
Shan Masood	44	84	1	156	2550	30.72	6	13	29
Zafar Gohar	1	2	–	37	71	35.50	–	–	–

PAKISTAN – BOWLING

	O	M	R	W	Avge	Best	5wI	10wM
Aamer Jamal	148.5	7	690	21	32.85	6- 69	–	–
Abrar Ahmed	438.3	59	1580	46	34.34	7-114	2	1
Agha Salman	309.1	30	1161	20	58.05	3- 75	–	–
Asif Afridi	38.3	6	94	6	15.66	6- 79	1	–
Babar Azam	15	2	42	2	21.00	1- 1	–	–
Hassan Ali	725.5	166	2213	80	27.66	5- 27	6	1
Imam-ul-Haq	2	0	9	0	–	–	–	–
Kamran Ghulam	3	0	16	0	–	–	–	–
Kashif Ali	10	2	39	2	19.50	1- 16	–	–
Khurram Shehzad	151	20	600	20	30.00	6- 90	1	–
Mir Hamza	197.1	38	632	14	45.14	4- 32	–	–
Mohammad Abbas	925.4	272	2318	100	23.18	6- 54	5	1
Mohammad Ali	104	11	406	6	67.66	2- 64	–	–

TESTS

PAKISTAN – BOWLING (continued)

	O	M	R	W	Avge	Best	5wI	10wM
Naseem Shah	568.3	85	2108	60	35.13	5- 31	1	–
Nauman Ali	779.4	127	2378	97	24.51	8- 46	9	3
Saim Ayub	24.4	0	138	4	34.50	2-101	–	–
Sajid Khan	549	77	1880	65	28.92	8- 42	4	2
Saud Shakil	6.1	0	54	0	–	–	–	–
Shaheen Shah Afridi	1066.5	211	3378	121	27.91	6- 51	4	1
Shan Masood	24	6	92	2	46.00	1- 6	–	–
Zafar Gohar	32	0	159	0	–	–	–	–

SRI LANKA – BATTING AND FIELDING

	M	I	NO	HS	Runs	Avge	100	50	Ct/St
L.D.Chandimal	90	161	15	206*	6361	43.56	16	34	95/10
D.M.de Silva	65	115	9	173	4133	38.99	12	19	87
G.S.Dinusha	1	1	–	11	11	11.00	–	–	–
A.M.Fernando	24	34	16	11	58	3.22	–	–	6
B.O.P.Fernando	22	39	4	102	1104	31.54	1	7	14
M.V.T.Fernando	28	40	17	38	161	7.00	–	–	8
L.U.Igalagamage	2	3	–	40	78	26.00	–	–	2
N.G.R.P.Jayasuriya	22	34	2	28*	255	7.96	–	–	4
F.D.M.Karunaratne	100	191	7	244	7222	39.25	16	39	62
C.B.R.L.S.Kumara	34	50	21	13*	135	4.65	–	–	11
A.D.Mathews	119	212	27	200*	8214	44.40	16	45	78
B.K.G.Mendis	73	135	6	245	4757	36.87	10	22	114/4
P.H.K.D.Mendis	14	24	3	182*	1316	62.66	5	5	14
K.N.Peiris	3	4	1	5	9	3.00	–	–	–
R.M.M.P.Rathnayake	5	6	–	72	190	31.66	–	1	3
K.T.H.Ratnayake	2	2	–	10	10	5.00	–	–	–
P.N.Silva	18	31	2	187	1305	45.00	4	7	12
J.D.F.Vancersay	2	4	–	53	71	17.75	–	1	1
R.T.M.Wanigamuni	16	24	1	45*	408	17.73	–	–	6

SRI LANKA – BOWLING

	O	M	R	W	Avge	Best	5wI	10wM
D.M.de Silva	691.3	84	2301	43	53.51	3- 25	–	–
G.S.Dinusha	12.3	4	29	3	9.66	3- 22	–	–
A.M.Fernando	620.1	82	2187	80	27.33	6- 51	2	1
B.O.P.Fernando	3	0	19	0	–	–	–	–
M.V.T.Fernando	737	102	2595	81	32.03	5-101	1	–
N.G.R.P.Jayasuriya	1193.5	184	3828	122	31.37	7- 52	12	2
F.D.M.Karunaratne	52	5	202	2	101.00	1- 12	–	–
C.B.R.L.S.Kumara	968.2	136	3749	104	36.04	6-122	6	1
A.D.Mathews	663	161	1798	33	54.48	4- 44	–	–
B.K.G.Mendis	22	1	118	1	118.00	1- 10	–	–
P.H.K.D.Mendis	21	0	112	3	37.33	3- 32	–	–
K.N.Peiris	131.3	12	520	12	43.33	6-170	1	–
R.M.M.P.Rathnayake	114.5	16	393	14	28.07	4- 65	–	–
K.T.H.Ratnayake	100.4	5	389	9	43.22	3-102	–	–
J.D.F.Vancersay	48	0	250	5	50.00	3-132	–	–
R.T.M.Wanigamuni	695.3	84	2212	71	31.15	6- 70	5	1

L.U.Igalagamage is also known as L.Udala; P.N.Silva is also known as P.Nissanka;
R.T.M.Wanigamuni is also known as W.R.T.Mendis.

ZIMBABWE – BATTING AND FIELDING

	M	I	NO	HS	Runs	Avge	100	50	Ct/St
B.J.Bennett	11	19	2	139	509	29.94	2	2	18
J.M.R.Campbell	2	2	–	9	9	–	–	–	–
L.T.Chivanga	8	15	4	33	37	18.50	–	–	1
B.J.Curran	8	15	–	22	76	6.90	–	–	2
C.R.Ervine	31	61	–	121	495	33.00	1	1	8
B.N.Evans	37	61	3	160	1931	33.29	4	7	27
J.Gumbie	2	3	1	35*	42	21.00	–	–	1
T.W.Gwandu	3	6	–	49	129	21.50	–	–	6
T.Kaitano	3	5	1	18*	23	5.75	–	–	1
W.N.Madhevere	6	12	–	87	258	21.50	–	1	6
W.P.Masakadza	8	15	1	84	244	17.42	–	1	5
V.R.Masekesa	7	14	2	57	159	13.25	–	1	5
P.S.Masvaure	4	8	1	11*	38	5.42	–	–	2
P.S.Masvaure	10	19	1	74	451	25.05	–	4	2
K.Matigimu	1	2	–	0	0	0.00	–	–	–
B.A.Mavuta	5	8	–	56	82	10.25	–	1	4
N.P.Mayavo	2	4	–	35	62	15.50	–	–	9
P.J.Moor †	8	16	1	83	533	35.53	–	5	9/1
B.Muzarabani	18	32	9	47	288	12.52	–	–	2
D.N.Myers	5	10	–	57	174	17.40	–	1	4
R.Ngarava	11	18	4	28*	136	9.71	–	–	1
N.T.Nyamhuri	4	7	–	26	55	7.85	–	–	1
V.M.Nyauchi	11	16	6	13*	77	7.70	–	–	4
Sikandar Raza	22	42	–	127	1434	34.14	1	11	7
B.R.M.Taylor	36	71	4	171	2403	35.86	6	12	30
T.E.Tsiga	9	17	3	33*	206	14.71	–	–	13/2
N.R.Welch	8	15	1	90	368	26.28	–	3	8
S.C.Williams	24	47	4	154	1946	45.25	6	–	22

ZIMBABWE – BOWLING

	O	M	R	W	Avge	Best	5wI	10wM
B.J.Bennett	88	4	335	6	55.83	5- 95	1	–
J.M.R.Campbell	14	1	47	1	47.00	1- 47	–	–
L.T.Chivanga	148	14	700	17	41.17	4- 83	–	–
B.N.Evans	51.3	7	165	7	23.57	5- 22	1	–
T.W.Gwandu	69	2	354	5	70.80	2- 28	–	–
W.N.Madhevere	79	7	285	7	40.71	2- 2	–	–
W.P.Masakadza	230.1	37	790	19	41.57	4- 98	–	–
V.R.Masekesa	95.2	3	462	10	46.20	5-115	1	–
P.S.Masvaure	14	0	61	0	–	–	–	–
K.Matigimu	21.3	1	124	2	62.00	2-124	–	–
B.A.Mavuta	167	11	632	12	52.66	5-140	1	–
B.Muzarabani	526.5	99	1756	67	26.20	7- 58	3	–
D.N.Myers	5.3	1	27	0	–	–	–	–
R.Ngarava	274	40	964	25	38.56	5- 37	1	–
N.T.Nyamhuri	81	8	319	6	53.16	3- 42	–	–
V.M.Nyauchi	281.2	47	960	23	41.73	5- 56	1	–
Sikandar Raza	555.5	68	1782	40	44.55	7-113	2	–
B.R.M.Taylor	7	0	38	0	–	–	–	–
S.C.Williams	414.4	44	1309	26	50.34	3- 20	–	–

† See below for P.J.Moor's Ireland Test career.

BANGLADESH – BATTING AND FIELDING

	M	I	NO	HS	Runs	Avge	100	50	Ct/St
Anamul Haque	8	15	–	39	162	10.80	–	–	5
Ebadat Hossain	22	35	17	21*	82	4.55	–	–	1
Hasan Mahmud	13	21	9	38*	158	13.16	–	–	6
Hasan Murad	2	2	–	16	27	13.50	–	–	1
Jaker Ali	6	11	–	91	337	30.63	–	4	9/1

TESTS   BANGLADESH – BATTING AND FIELDING (continued)

	M	I	NO	HS	Runs	Avge	100	50	Ct/St
Khaled Ahmed	17	29	9	22	55	2.75	–	–	5
Liton Das	52	90	2	141	3117	35.42	5	19	112/17
Mahmudul Hasan	20	37	–	171	1040	28.10	2	5	10
Mehedi Hasan	56	100	10	104	2174	24.15	2	9	41
Mominul Haque	75	139	10	181	4859	37.66	13	25	43
Mushfiqur Rahim	100	184	16	219*	6510	38.75	13	28	113/15
Nahid Rana	10	16	9	11	17	2.42	–	–	1
Nayeem Hasan	14	22	5	26	235	13.82	–	–	7
Nazmul Hossain	39	73	2	163	2298	32.36	8	5	33
Shadman Islam	26	49	2	120	1400	29.78	2	8	25
Shahadat Hossain	6	12	–	31	190	15.83	–	–	8
Shoriful Islam	12	19	4	26	144	9.60	–	–	7
Taijul Islam	57	95	11	47	845	10.05	–	–	26
Tanzim Hasan	1	1	–	41	41	41.00	–	–	1
Taskin Ahmed	17	29	5	75	261	10.87	–	1	2
Zakir Hasan	13	26	1	100	593	23.72	1	4	11

BANGLADESH – BOWLING

	O	M	R	W	Avge	Best	5wI	10wM
Ebadat Hossain	589.5	108	2111	43	49.09	6- 46	1	–
Hasan Mahmud	309.2	55	1091	36	30.30	5- 43	2	–
Hasan Murad	77.5	20	204	12	17.00	4- 44	–	–
Khaled Ahmed	432	66	1538	32	48.06	5-106	1	–
Liton Das	2	0	13	0	–	–	–	–
Mahmudul Hasan	2.1	0	14	0	–	–	–	–
Mehedi Hasan	2194	350	6820	210	32.47	7- 58	13	3
Mominul Haque	162.1	12	607	11	55.18	3- 4	–	–
Nahid Rana	244	17	1125	27	41.66	5- 61	1	–
Nayeem Hasan	442.4	73	1371	48	28.56	6-105	4	–
Nazmul Hossain	19.4	1	86	0	–	–	–	–
Shoriful Islam	291	61	905	26	34.80	3- 28	–	–
Taijul Islam	2551.4	447	7765	250	31.06	8- 39	17	2
Tanzim Hasan	10	0	49	1	49.00	1- 49	–	–
Taskin Ahmed	529.2	86	1924	49	39.26	6- 64	–	–

IRELAND – BATTING AND FIELDING

	M	I	NO	HS	Runs	Avge	100	50	Ct/St
M.R.Adair	7	13	2	88	313	28.45	–	2	4
A.Balbirnie	12	24	1	95	548	23.82	–	5	15
C.Campher	9	18	1	111	462	27.17	1	1	3
C.M.Carmichael	2	4	–	59	100	25.00	–	1	1
S.T.Doheny	1	2	–	46	61	30.50	–	–	–
G.A.Hogy	1	2	–	37	41	20.50	–	–	1
M.J.Humphreys	5	9	3	27*	67	11.16	–	–	5
A.R.McBrine	11	21	3	90*	581	32.27	–	5	2
B.J.McCarthy	4	6	–	31	73	12.16	–	–	1
P.J.Moor †	7	14	–	79	201	14.35	–	1	13
J.E.Neill	2	4	–	49	145	36.25	–	–	–
P.R.Stirling	10	20	–	103	521	26.05	1	2	8
H.T.Tector	9	18	–	85	474	26.33	–	5	5
L.J.Tucker	9	18	2	108	703	43.93	1	4	22/2
C.A.Young	4	6	3	6*	17	5.66	–	–	1

IRELAND – BOWLING

	O	M	R	W	Avge	Best	5wI	10wM
M.R.Adair	198.4	32	715	25	28.60	5- 39	1	–
A.Balbirnie	1	0	8	0	–	–	–	–
C.Campher	100	7	465	6	77.50	2- 13	–	–
G.A.Hoey	51	3	199	4	49.75	2- 84	–	–
M.J.Humphreys	166.1	14	557	15	37.13	6- 57	2	–
A.R.McBrine	404.4	54	1376	33	41.69	6-109	2	–
B.J.McCarthy	107.3	18	320	16	20.00	4- 75	–	–
J.E.Neill	31	2	155	1	155.00	1- 48	–	–
P.R.Stirling	2	0	11	0	–	–	–	–
H.T.Tector	29	1	138	0	–	–	–	–
C.A.Young	74.4	11	242	8	30.25	3- 24	–	–

† See above for P.J.Moor's Zimbabwe Test career.

AFGHANISTAN – BATTING AND FIELDING

	M	I	NO	HS	Runs	Avge	100	50	Ct/St
Abdul Malik	5	9	–	30	95	10.55	–	–	7
Afsar Zazai	9	15	1	113	367	26.21	1	–	19/1
Allah Ghazanfar	1	1	–	6	6	6.00	–	–	–
Azmatullah Omarzai	1	1	–	0	0	0.00	–	–	–
Bahir Shah	2	3	–	32	51	17.00	–	–	–
Fareed Ahmad	1	2	1	17	19	19.00	–	–	–
Hashmatullah Shahidi	11	21	5	246	771	48.18	2	2	4
Ibrahim Zadran	8	16	–	114	602	37.62	1	4	11
Ismat Alam	2	4	–	101	125	31.25	1	–	–
Khalil Gurbaz	1	2	–	6	8	4.00	–	–	–
Naveed Zadran	3	5	1	25	41	10.25	–	–	1
Rahmanullah Gurbaz	2	4	–	46	97	24.25	–	–	2
Rahmat Shah	11	21	–	234	970	46.19	3	5	8
Rashid Khan	6	9	–	51	154	17.11	–	–	1
Riaz Hussan	1	2	–	12	23	11.50	–	–	1
Sediqullah Atal	1	1	–	3	3	3.00	–	–	1
Shahidullah	3	4	1	29*	63	21.00	–	–	–
Sharafuddin Ashraf	1	2	–	9	9	4.50	–	–	–
Yamin Ahmadzai	8	15	2	19	77	5.92	–	–	1
Zahir Khan	6	11	6	4*	8	1.60	–	–	–
Ziaur Rahman	1	2	–	0	0	0.00	–	–	–
Zia-ur-Rehman	4	7	1	13	42	7.00	–	–	1

AFGHANISTAN – BOWLING

	O	M	R	W	Avge	Best	5wI	10wM
Abdul Malik	9	1	45	0	–	–	–	–
Allah Ghazanfar	36.2	3	161	4	40.25	3-127	–	–
Azmatullah Omarzai	22	1	74	1	74.00	1- 66	–	–
Fareed Ahmad	26	9	71	2	35.50	2- 27	–	–
Hashmatullah Shahidi	20	0	73	0	–	–	–	–
Ibrahim Zadran	2	0	13	1	13.00	1- 13	–	–
Ismat Alam	18	2	58	2	29.00	2- 51	–	–
Khalil Gurbaz	9	0	54	0	–	–	–	–
Naveed Zadran	82.2	11	330	11	30.00	4- 83	–	–
Rahmat Shah	14	1	53	1	53.00	1- 31	–	–
Rashid Khan	310.4	53	920	45	20.44	7- 66	5	3
Shahidullah	5	1	6	0	–	–	–	–
Sharafuddin Ashraf	17	4	65	1	65.00	1- 65	–	–
Yamin Ahmadzai	165.3	32	512	16	32.00	5- 41	–	–
Zahir Khan	150	3	699	15	46.60	3- 41	–	–
Ziaur Rahman	32	4	97	7	13.85	7- 97	1	–
Zia-ur-Rehman	132	13	404	11	36.72	5- 64	1	–

INTERNATIONAL TEST MATCH RESULTS

Complete to 2 April 2025.

	Opponents	Tests	E	A	SA	WI	NZ	I	P	SL	Z	B	Ire	Afg	Tied	Drawn
England	Australia	366	113	156	–	–	–	–	–	–	–	–	–	–	–	97
	South Africa	156	66	–	35	–	–	–	–	–	–	–	–	–	–	55
	West Indies	166	54	–	–	59	–	–	–	–	–	–	–	–	–	53
	New Zealand	115	54	–	–	–	14	–	–	–	–	–	–	–	–	47
	India	141	53	–	–	–	–	37	–	–	–	–	–	–	–	51
	Pakistan	92	30	–	–	–	–	–	23	–	–	–	–	–	–	39
	Sri Lanka	39	19	–	–	–	–	–	–	9	–	–	–	–	–	11
	Zimbabwe	7	4	–	–	–	–	–	–	–	0	–	–	–	–	3
	Bangladesh	10	9	–	–	–	–	–	–	–	–	1	–	–	–	0
	Ireland	2	2	–	–	–	–	–	–	–	–	–	0	–	–	0
Australia	South Africa	102	–	54	27	–	–	–	–	–	–	–	–	–	–	21
	West Indies	123	–	64	–	33	–	–	–	–	–	–	–	–	1	25
	New Zealand	62	–	36	–	–	8	–	–	–	–	–	–	–	–	18
	India	112	–	48	–	–	–	32	–	–	–	–	–	–	1	30
	Pakistan	72	–	37	–	–	–	–	15	–	–	–	–	–	–	20
	Sri Lanka	35	–	22	–	–	–	–	–	5	–	–	–	–	–	8
	Zimbabwe	3	–	3	–	–	–	–	–	–	0	–	–	–	–	0
	Bangladesh	6	–	5	–	–	–	–	–	–	–	1	–	–	–	0
S Africa	West Indies	34	–	–	23	3	–	–	–	–	–	–	–	–	–	8
	New Zealand	49	–	–	26	–	7	–	–	–	–	–	–	–	–	16
	India	46	–	–	20	–	–	16	–	–	–	–	–	–	–	10
	Pakistan	32	–	–	18	–	–	–	7	–	–	–	–	–	–	7
	Sri Lanka	33	–	–	18	–	–	–	–	9	–	–	–	–	–	6
	Zimbabwe	11	–	–	10	–	–	–	–	–	0	–	–	–	–	1
	Bangladesh	16	–	–	14	–	–	–	–	–	–	0	–	–	–	2
W Indies	New Zealand	52	–	–	–	13	19	–	–	–	–	–	–	–	–	20
	India	102	–	–	–	30	–	25	–	–	–	–	–	–	–	47
	Pakistan	56	–	–	–	19	–	–	22	–	–	–	–	–	–	15
	Sri Lanka	24	–	–	–	4	–	–	–	11	–	–	–	–	–	9
	Zimbabwe	12	–	–	–	8	–	–	–	–	0	–	–	–	–	4
	Bangladesh	22	–	–	–	15	–	–	–	–	–	5	–	–	–	2
	Afghanistan	1	–	–	–	1	–	–	–	–	–	–	–	0	–	0
N Zealand	India	65	–	–	–	–	16	22	–	–	–	–	–	–	–	27
	Pakistan	62	–	–	–	–	14	–	25	–	–	–	–	–	–	23
	Sri Lanka	40	–	–	–	–	18	–	–	11	–	–	–	–	–	11
	Zimbabwe	19	–	–	–	–	13	–	–	–	0	–	–	–	–	6
	Bangladesh	19	–	–	–	–	14	–	–	–	–	2	–	–	–	3
India	Pakistan	59	–	–	–	–	–	9	12	–	–	–	–	–	–	38
	Sri Lanka	46	–	–	–	–	–	22	–	7	–	–	–	–	–	17
	Zimbabwe	11	–	–	–	–	–	7	–	–	2	–	–	–	–	2
	Bangladesh	15	–	–	–	–	–	13	–	–	–	0	–	–	–	2
	Afghanistan	1	–	–	–	–	–	1	–	–	–	–	–	0	–	0
Pakistan	Sri Lanka	59	–	–	–	–	–	–	23	17	–	–	–	–	–	19
	Zimbabwe	19	–	–	–	–	–	–	12	–	3	–	–	–	–	4
	Bangladesh	15	–	–	–	–	–	–	12	–	–	2	–	–	–	1
	Ireland	1	–	–	–	–	–	–	1	–	–	–	0	–	–	0
Sri Lanka	Zimbabwe	20	–	–	–	–	–	–	–	14	0	–	–	–	–	6
	Bangladesh	28	–	–	–	–	–	–	–	21	–	1	–	–	–	6
	Ireland	2	–	–	–	–	–	–	–	2	–	–	0	–	–	0
	Afghanistan	1	–	–	–	–	–	–	–	1	–	–	–	0	–	0
Zimbabwe	Bangladesh	20	–	–	–	–	–	–	–	–	8	9	–	–	–	3
	Ireland	2	–	–	–	–	–	–	–	–	0	–	2	–	–	0
	Afghanistan	5	–	–	–	–	–	–	–	–	2	–	–	2	–	1
Bangladesh	Afghanistan	2	–	–	–	–	–	–	–	–	–	1	–	1	–	0
	Ireland	3	–	–	–	–	–	–	–	–	–	3	0	–	–	0
Ireland	Afghanistan	2	–	–	–	–	–	–	–	–	–	–	1	1	–	0
		2615	404	425	191	185	123	185	152	107	15	25	3	4	2	794

	Tests	Won	Lost	Drawn	Tied	Toss Won
England	1094	404	334	356	–	538
Australia	882†	426†	235	219	2	442†
South Africa	479	191	162	126	–	229
West Indies	592	185	223	183	1	307
New Zealand	483	123	189	171	–	238
India	598	185	188	224	1	295
Pakistan	467	152	149	166	–	219
Sri Lanka	327	107	127	93	–	180
Zimbabwe	129	15	84	30	–	73
Bangladesh	156	25	112	19	–	83
Ireland	12	–	9	3	–	7
Afghanistan	12	4	7	1	–	6

† total includes Australia's victory against the ICC World XI.

INTERNATIONAL TEST CRICKET RECORDS

(To 2 April 2026)

TEAM RECORDS – HIGHEST INNINGS TOTALS

952-6d	Sri Lanka v India	Colombo (RPS)	1997-98
903-7d	England v Australia	The Oval	1938
849	England v West Indies	Kingston	1929-30
823-7d	England v Pakistan	Multan	2024-25
790-3d	West Indies v Pakistan	Kingston	1957-58
765-6d	Pakistan v Sri Lanka	Karachi	2008-09
760-7d	Sri Lanka v India	Ahmedabad	2009-10
759-7d	India v England	Chennai	2016-17
758-8d	Australia v West Indies	Kingston	1954-55
756-5d	Sri Lanka v South Africa	Colombo (SSC)	2006
751-5d	West Indies v England	St John's	2003-04
749-9d	West Indies v England	Bridgetown	2008-09
747	West Indies v South Africa	St John's	2004-05
735-6d	Australia v Zimbabwe	Perth	2003-04
730-6d	Sri Lanka v Bangladesh	Mirpur	2013-14
729-6d	Australia v England	Lord's	1930
726-9d	India v Sri Lanka	Mumbai (BS)	2009-10
715-6d	New Zealand v Bangladesh	Hamilton	2018-19
713-3d	Sri Lanka v Zimbabwe	Bulawayo	2003-04
713-9d	Sri Lanka v Bangladesh	Chittagong	2017-18
710-7d	England v India	Birmingham	2011
708	Pakistan v England	The Oval	1987
707	India v Sri Lanka	Colombo (SSC)	2010
705-7d	India v Australia	Sydney	2003-04
704-3d	Sri Lanka v Ireland	Galle	2023
701	Australia v England	The Oval	1934
699-5	Pakistan v India	Lahore	1989-90
699	Afghanistan v Zimbabwe	Bulawayo	2024-25
695	Australia v England	The Oval	1930
692-8d	West Indies v England	The Oval	1995
690	New Zealand v Pakistan	Sharjah	2014-15
687-8d	West Indies v England	The Oval	1976
687-6d	India v Bangladesh	Hyderabad	2016-17
682-6d	South Africa v England	Lord's	2003
681-8d	West Indies v England	Port of Spain	1953-54
680-8d	New Zealand v India	Wellington	2013-14
679-7d	Pakistan v India	Lahore	2005-06
676-7	India v Sri Lanka	Kanpur	1986-87
675-5d	India v Pakistan	Multan	2003-04
674	Australia v India	Adelaide	1947-48

674-6	Pakistan v India	Faisalabad	1984-85
674-6d	Australia v England	Cardiff	2009
671-4	New Zealand v Sri Lanka	Wellington	1990-91
669	England v India	Manchester	2025
668	Australia v West Indies	Bridgetown	1954-55
664	India v England	The Oval	2007
662-9d	Australia v England	Perth	2017-18
660-5d	West Indies v New Zealand	Wellington	1994-95
659-8d	Australia v England	Sydney	1946-47
659-4d	Australia v India	Sydney	2011-12
659-6d	New Zealand v Pakistan	Christchurch	2020-21
658-8d	England v Australia	Nottingham	1938
658-9d	South Africa v West Indies	Durban	2003-04
657-8d	Pakistan v West Indies	Bridgetown	1957-58
657-7d	India v Australia	Calcutta	2000-01
657	England v Pakistan	Rawalpindi	2022-23
656-8d	Australia v England	Manchester	1964
654-5	England v South Africa	Durban	1938-39
654-6d	Australia v Sri Lanka	Galle	2024-25
653-4d	England v India	Lord's	1990
653-4d	Australia v England	Leeds	1993
652-8d	West Indies v England	Lord's	1973
652	Pakistan v India	Faisalabad	1982-83
652-7d	England v India	Madras	1984-85
652-7d	Australia v South Africa	Johannesburg	2001-02
651	South Africa v Australia	Cape Town	2008-09
650-6d	Australia v West Indies	Bridgetown	1964-65

The highest for Zimbabwe is 586 (v Afg, Bulawayo, 2024-25), for Bangladesh 638 (v SL, Galle, 2012-13) and for Ireland 492 (v SL, Galle, 2023).

LOWEST INNINGS TOTALS
† One batsman absent

26	New Zealand v England	Auckland	1954-55
27	West Indies v Australia	Kingston	2025
30	South Africa v England	Port Elizabeth	1895-96
30	South Africa v England	Birmingham	1924
35	South Africa v England	Cape Town	1898-99
36	Australia v England	Birmingham	1902
36	South Africa v Australia	Melbourne	1931-32
36	India v Australia	Adelaide	2020-21
38	Ireland v England	Lord's	2019
42	Australia v England	Sydney	1887-88
42	New Zealand v Australia	Wellington	1945-46
42†	India v England	Lord's	1974
42	Sri Lanka v South Africa	Durban	2024-25
43	South Africa v England	Cape Town	1888-89
43	Bangladesh v West Indies	North Sound	2018
44	Australia v England	The Oval	1896
45	England v Australia	Sydney	1886-87
45	South Africa v Australia	Melbourne	1931-32
45	New Zealand v South Africa	Cape Town	2012-13
46	England v West Indies	Port of Spain	1993-94
46	India v New Zealand	Bengaluru	2024-25
47	South Africa v England	Cape Town	1888-89
47	New Zealand v England	Lord's	1958
47	West Indies v England	Kingston	2003-04
47	Australia v South Africa	Cape Town	2011-12
49	Pakistan v South Africa	Johannesburg	2012-13

The lowest for Zimbabwe is 51 (v NZ, Napier, 2011-12) and for Afghanistan 103 (v I, Bengaluru, 2018).

BATTING RECORDS – 5000 RUNS IN TESTS

Runs			M	I	NO	HS	Avge	100	50
15921	S.R.Tendulkar	I	200	329	33	248*	53.78	51	68
13943	J.E.Root	E	163	298	25	262	51.07	41	66
13378	R.T.Ponting	A	168	287	29	257	51.85	41	62
13289	J.H.Kallis	SA/ICC	166	280	40	224	55.37	45	58
13288	R.S.Dravid	I/ICC	164	286	32	270	52.31	36	63
12472	A.N.Cook	E	161	291	16	294	45.35	33	57
12400	K.C.Sangakkara	SL	134	233	17	319	57.40	38	52
11953	B.C.Lara	WI/ICC	131	232	6	400*	52.88	34	48
11867	S.Chanderpaul	WI	164	280	49	203*	51.37	30	66
11814	D.P.M.D.Jayawardena	SL	149	252	15	374	49.84	34	50
11174	A.R.Border	A	156	265	44	205	50.56	27	63
10927	S.R.Waugh	A	168	260	46	200	51.06	32	50
10763	S.P.D.Smith	A	123	220	28	239	56.05	37	44
10122	S.M.Gavaskar	I	125	214	16	236*	51.12	34	45
10099	Younus Khan	P	118	213	19	313	52.05	34	33
9461	K.S.Williamson	NZ	108	192	19	251	54.68	33	38
9282	H.M.Amla	SA	124	215	16	311*	46.64	28	41
9265	G.C.Smith	SA/ICC	117	205	13	277	48.25	27	38
9230	V.Kohli	I	123	210	13	254*	46.85	30	31
8900	G.A.Gooch	E	118	215	6	333	42.58	20	46
8832	Javed Miandad	P	124	189	21	280*	52.57	23	43
8830	Inzamam-ul-Haq	P/ICC	120	200	22	329	49.60	25	46
8786	D.A.Warner	A	112	205	8	335*	44.59	26	37
8781	V.V.S.Laxman	I	134	225	34	281	45.97	17	56
8765	A.B.de Villiers	SA	114	191	18	278*	50.66	22	46
8643	M.J.Clarke	A	115	198	22	329*	49.10	28	27
8625	M.L.Hayden	A	103	184	14	380	50.73	30	29
8586	V.Sehwag	I/ICC	104	180	6	319	49.34	23	32
8540	I.V.A.Richards	WI	121	182	12	291	50.23	24	45
8463	A.J.Stewart	E	133	235	21	190	39.54	15	45
8231	D.I.Gower	E	117	204	18	215	44.25	18	39
8214	A.D.Mathews	SL	119	212	27	200*	44.40	16	45
8181	K.P.Pietersen	E	104	181	8	227	47.28	23	35
8114	G.Boycott	E	108	193	23	246*	47.72	22	42
8032	G.St A.Sobers	WI	93	160	21	365*	57.78	26	30
8029	M.E.Waugh	A	128	209	17	153*	41.81	20	47
7728	M.A.Atherton	E	115	212	7	185*	37.70	16	46
7727	I.R.Bell	E	118	205	24	235	42.69	22	46
7696	J.L.Langer	A	105	182	12	250	45.27	23	30
7683	L.R.P.L.Taylor	NZ	112	196	24	290	44.66	19	35
7624	M.C.Cowdrey	E	114	188	15	182	44.06	22	38
7558	C.G.Greenidge	WI	108	185	16	226	44.72	19	34
7530	Mohammad Yousuf	P	90	156	12	223	52.29	24	33
7525	M.A.Taylor	A	104	186	13	334*	43.49	19	40
7515	C.H.Lloyd	WI	110	175	14	242*	46.67	19	39
7487	D.L.Haynes	WI	116	202	25	184	42.29	18	39
7422	D.C.Boon	A	107	190	20	200	43.65	21	32
7289	G.Kirsten	SA	101	176	15	275	45.27	21	34
7249	W.R.Hammond	E	85	140	16	336*	58.45	22	24
7222	F.D.M.Karunaratne	SL	100	191	7	244	39.25	16	39
7216	B.A.Stokes	E	120	216	9	258	34.85	14	37
7214	C.H.Gayle	WI	103	182	11	333	42.18	15	37
7212	S.C.Ganguly	I	113	188	17	239	42.17	16	35
7195	C.A.Pujara	I	103	176	11	206*	44.36	19	35
7172	S.P.Fleming	NZ	111	189	10	274*	40.06	9	46
7142	Azhar Ali	P	97	180	11	302*	42.26	19	35
7110	G.S.Chappell	A	87	151	19	247*	53.86	24	31
7037	A.J.Strauss	E	100	178	6	177	40.91	21	27

Runs			M	I	NO	HS	Avge	100	50
6996	D.G.Bradman	A	52	80	10	334	99.94	29	13
6973	S.T.Jayasuriya	SL	110	188	14	340	40.07	14	31
6971	L.Hutton	E	79	138	15	364	56.67	19	33
6868	D.B.Vengsarkar	I	116	185	22	166	42.13	17	35
6806	K.F.Barrington	E	82	131	15	256	58.67	20	35
6744	G.P.Thorpe	E	100	179	28	200*	44.66	16	39
6510	Mushfiqur Rahim	B	100	184	16	219*	38.75	13	28
6453	B.B.McCullum	NZ	101	176	9	302	38.64	12	31
6361	L.D.Chandimal	SL	90	161	15	206*	43.56	16	34
6361	P.A.de Silva	SL	93	159	11	267	42.97	20	22
6261	T.W.M.Latham	NZ	91	164	6	264*	39.62	16	31
6235	M.E.K.Hussey	A	79	137	16	195	51.52	19	29
6229	U.T.Khawaja	A	88	159	14	232	42.95	16	28
6227	R.B.Kanhai	WI	79	137	6	256	47.53	15	28
6215	M.Azharuddin	I	99	147	9	199	45.03	22	21
6167	H.H.Gibbs	SA	90	154	7	228	41.95	14	26
6149	R.N.Harvey	A	79	137	10	205	48.41	21	24
6080	G.R.Viswanath	I	91	155	10	222	41.93	14	35
6042	J.M.Bairstow	E	100	178	12	167*	36.39	12	26
5950	K.C.Brathwaite	WI	100	193	10	212	32.51	12	31
5949	R.B.Richardson	WI	86	146	12	194	44.39	16	27
5842	R.R.Sarwan	WI	87	154	8	291	40.01	15	31
5825	M.E.Trescothick	E	76	143	10	219	43.79	14	29
5807	D.C.S.Compton	E	78	131	15	278	50.06	17	28
5768	Salim Malik	P	103	154	22	237	43.69	15	29
5764	N.Hussain	E	96	171	16	207	37.19	14	33
5762	C.L.Hooper	WI	102	173	15	233	36.46	13	27
5719	M.P.Vaughan	E	82	147	9	197	41.44	18	18
5570	A.C.Gilchrist	A	96	137	20	204*	47.60	17	26
5515	M.V.Boucher	SA/ICC	147	206	24	125	30.30	5	35
5502	M.S.Atapattu	SL	90	156	15	249	39.02	16	17
5492	T.M.Dilshan	SL	87	145	11	193	40.98	16	23
5462	T.T.Samaraweera	SL	81	132	20	231	48.76	14	30
5444	M.D.Crowe	NZ	77	131	11	299	45.36	17	18
5410	J.B.Hobbs	E	61	102	7	211	56.94	15	28
5357	K.D.Walters	A	74	125	14	250	48.26	15	33
5347	D.Elgar	SA	86	152	11	199	37.92	14	23
5345	I.M.Chappell	A	75	136	10	196	42.42	14	26
5334	J.G.Wright	NZ	82	148	7	185	37.82	12	23
5312	M.J.Slater	A	74	131	7	219	42.84	14	21
5248	Kapil Dev	I	131	184	15	163	31.05	8	27
5234	W.M.Lawry	A	67	123	12	210	47.15	13	27
5222	Misbah-ul-Haq	P	75	132	20	161*	46.62	10	39
5200	I.T.Botham	E	102	161	6	208	33.54	14	22
5138	I.H.Edrich	E	77	127	9	310*	43.54	12	24
5134	Tamim Iqbal	B	70	134	2	206	38.89	10	31
5105	A.Ranatunga	SL	93	155	12	135*	35.69	4	38
5077	A.M.Rahane	I	85	144	12	188	38.46	12	26
5062	Zaheer Abbas	P	78	124	11	274	44.79	12	20

The most for Zimbabwe is 4794 by A.Flower (112 innings); for Ireland by L.J.Tucker 703 (18 innings) and for Afghanistan 970 by Rahmat Shah (21 innings).

750 RUNS IN A SERIES

Runs			Series	M	I	NO	HS	Avge	100	50
974	D.C.Bradman	A v E	1930	5	7	–	334	139.14	4	–
905	W.R.Hammond	E v A	1928-29	5	9	1	251	113.12	4	–
839	M.A.Taylor	A v E	1989	6	11	1	219	83.90	2	5
834	R.N.Harvey	A v SA	1952-53	5	9	–	205	92.66	4	3
829	I.V.A.Richards	WI v E	1976	4	7	–	291	118.42	3	2

Runs			Series	M	I	NO	HS	Avge	100	50
827	C.L.Walcott	WI v A	1954-55	5	10	–	155	82.70	5	2
824	G.St A.Sobers	WI v P	1957-58	5	8	2	365*	137.33	3	3
810	D.G.Bradman	A v E	1936-37	5	9	–	270	90.00	3	1
806	D.G.Bradman	A v SA	1931-32	5	5	1	299*	201.50	4	–
798	B.C.Lara	WI v E	1993-94	5	8	–	375	99.75	2	2
779	E.de C.Weekes	WI v I	1948-49	5	7	–	194	111.28	4	2
774	S.M.Gavaskar	I v WI	1970-71	4	8	3	220	154.80	4	3
774	S.P.D.Smith	A v E	2019	4	7	–	211	110.57	3	3
769	S.P.D.Smith	A v I	2014-15	4	8	2	192	128.16	4	2
766	A.N.Cook	E v A	2010-11	5	7	1	235*	127.66	3	2
765	B.C.Lara	WI v E	1995	6	10	1	179	85.00	3	3
761	Mudassar Nazar	P v I	1982-83	6	8	2	231	126.83	4	1
758	D.G.Bradman	A v E	1934	5	8	–	304	94.75	2	1
754	S.Gill	I v E	2025	5	10	–	269	65.56	4	–
753	D.C.S.Compton	E v SA	1947	5	8	–	208	94.12	4	2
752	G.A.Gooch	E v I	1990	3	6	–	333	125.33	3	2

HIGHEST INDIVIDUAL INNINGS

400*	B.C.Lara	WI v E	St John's	2003-04
380	M.L.Hayden	A v Z	Perth	2003-04
375	B.C.Lara	WI v E	St John's	1993-94
374	D.P.M.D.Jayawardena	SL v SA	Colombo (SSC)	2006
367*	P.W.A.Mulder	SA v Z	Bulawayo	2025
365*	G.St A.Sobers	WI v P	Kingston	1957-58
364	L.Hutton	E v A	The Oval	1938
340	S.T.Jayasuriya	SL v I	Colombo (RPS)	1997-98
337	Hanif Mohammed	P v WI	Bridgetown	1957-58
336*	W.R.Hammond	E v NZ	Auckland	1932-33
335*	D.A.Warner	A v P	Adelaide	2019-20
334*	M.A.Taylor	A v P	Peshawar	1998-99
334	D.G.Bradman	A v E	Leeds	1930
333	G.A.Gooch	E v I	Lord's	1990
333	C.H.Gayle	WI v SL	Galle	2010-11
329*	M.J.Clarke	A v I	Sydney	2011-12
329	Inzamam-ul-Haq	P v NZ	Lahore	2001-02
325	A.Sandham	E v WI	Kingston	1929-30
319	V.Sehwag	I v SA	Chennai	2007-08
319	K.C.Sangakkara	SL v B	Chittagong	2013-14
317	C.H.Gayle	WI v SA	St John's	2004-05
317	H.C.Brook	E v P	Multan	2024-25
313	Younus Khan	P v SL	Karachi	2008-09
311*	H.M.Amla	SA v E	The Oval	2012
311	R.B.Simpson	A v E	Manchester	1964
310*	J.H.Edrich	E v NZ	Leeds	1965
309	V.Sehwag	I v P	Multan	2003-04
307	R.M.Cowper	A v E	Melbourne	1965-66
304	D.G.Bradman	A v E	Leeds	1934
303*	K.K.Nair	I v E	Chennai	2016-17
302*	Azhar Ali	P v WI	Dubai (DSC)	2016-17
302	L.G.Rowe	WI v E	Bridgetown	1973-74
302	B.B.McCullum	NZ v I	Wellington	2013-14
299*	D.G.Bradman	A v SA	Adelaide	1931-32
299	M.D.Crowe	NZ v SL	Wellington	1990-91
294	A.N.Cook	E v I	Birmingham	2011
293	V.Sehwag	I v SL	Mumbai (BS)	2009-10
291	I.V.A.Richards	WI v E	The Oval	1976
291	R.R.Sarwan	WI v E	Bridgetown	2008-09
290	L.R.P.L.Taylor	NZ v A	Perth	2015-16
287	R.E.Foster	E v A	Sydney	1903-04
287	K.C.Sangakkara	SL v SA	Colombo (SSC)	2006

285*	P.B.H.May	E v WI	Birmingham	1957
281	V.V.S.Laxman	I v A	Calcutta	2000-01
280*	Javed Miandad	P v I	Hyderabad	1982-83
278*	A.B.de Villiers	SA v P	Abu Dhabi	2010-11
278	D.C.S.Compton	E v P	Nottingham	1954
277	B.C.Lara	WI v A	Sydney	1992-93
277	G.C.Smith	SA v E	Birmingham	2003
275*	D.J.Cullinan	SA v NZ	Auckland	1998-99
275	G.Kirsten	SA v E	Durban	1999-00
275	D.P.M.D.Jayawardena	SL v I	Ahmedabad	2009-10
274*	S.P.Fleming	NZ v SL	Colombo (PSS)	2003
274	R.G.Pollock	SA v A	Durban	1969-70
274	Zaheer Abbas	P v E	Birmingham	1971
271	Javed Miandad	P v NZ	Auckland	1988-89
270*	G.A.Headley	WI v E	Kingston	1934-35
270	D.G.Bradman	A v E	Melbourne	1936-37
270	R.S.Dravid	I v P	Rawalpindi	2003-04
270	K.C.Sangakkara	SL v Z	Bulawayo	2004
269*	A.C.Voges	A v WI	Hobart	2015-16
269	S.Gill	I v E	Birmingham	2025
268	G.N.Yallop	A v P	Melbourne	1983-84
267*	B.A.Young	NZ v SL	Dunedin	1996-97
267	P.A.de Silva	SL v NZ	Wellington	1990-91
267	Younus Khan	P v I	Bangalore	2004-05
267	Z.Crawley	E v P	Southampton	2020
266	W.H.Ponsford	A v E	The Oval	1934
266	D.L.Houghton	Z v SL	Bulawayo	1994-95
264*	T.W.M.Latham	NZ v SL	Wellington	2018-19
263	A.N.Cook	E v P	Abu Dhabi	2015-16
262*	D.L.Amiss	E v WI	Kingston	1973-74
262	S.P.Fleming	NZ v SA	Cape Town	2005-06
262	J.E.Root	E v P	Multan	2024-25
261*	R.R.Sarwan	WI v B	Kingston	2004
261	F.M.M.Worrell	WI v E	Nottingham	1950
260	C.C.Hunte	WI v P	Kingston	1957-58
260	Javed Miandad	P v E	The Oval	1987
260	M.N.Samuels	WI v B	Khulna	2012-13
259*	M.J.Clarke	A v SA	Brisbane	2012-13
259	G.M.Turner	NZ v WI	Georgetown	1971-72
259	G.C.Smith	SA v E	Lord's	2003
259	R.D.Rickelton	SA v P	Cape Town	2024-25
258	T.W.Graveney	E v WI	Nottingham	1957
258	S.M.Nurse	WI v NZ	Christchurch	1968-69
258	B.A.Stokes	E v SA	Cape Town	2015-16
257*	Wasim Akram	P v Z	Sheikhupura	1996-97
257	R.T.Ponting	A v I	Melbourne	2003-04
256	R.B.Kanhai	WI v I	Calcutta	1958-59
256	K.F.Barrington	E v A	Manchester	1964
255*	D.J.McGlew	SA v NZ	Wellington	1952-53
254*	V.Kohli	I v SA	Pune	2019-20
254	D.G.Bradman	A v E	Lord's	1930
254	V.Sehwag	I v P	Lahore	2005-06
254	J.E.Root	E v P	Manchester	2016
253*	H.M.Amla	SA v I	Nagpur	2009-10
253	S.T.Jayasuriya	SL v P	Faisalabad	2004-05
253	D.A.Warner	A v NZ	Perth	2015-16
252	T.W.M.Latham	NZ v B	Christchurch	2021-22
251	W.R.Hammond	E v A	Sydney	1928-29
251	K.S.Williamson	NZ v WI	Hamilton	2020-21
250	K.D.Walters	A v NZ	Christchurch	1976-77
250	S.F.A.F.Bacchus	WI v I	Kanpur	1978-79

250 J.L.Langer A v E Melbourne 2002-03

The highest for Bangladesh is 219* by Mushfiqur Rahim (v Z, Mirpur, 2018-19), for Ireland 118 by K.J.O'Brien (v P, Dublin, 2018) and for Afghanistan 246 by Hashmatullah Shahidi (v Z, Bulawayo, 2024-25).

20 HUNDREDS

							Opponents						
			200	Inn	E	A	SA	WI	NZ	I	P	SL	Z	B
51	S.R.Tendulkar	I	6	329	7	11	7	3	4	–	2	9	3	5
45	J.H.Kallis	SA	2	280	8	5	–	8	6	7	6	1	3	1
41	R.T.Ponting	A	6	287	8	–	8	7	2	8	5	1	1	1
41	J.E.Root	E	6	298	–	6	2	6	6	13	2	6	–	–
38	K.C.Sangakkara	SL	11	233	3	1	3	3	4	5	10	–	2	7
37	S.P.D.Smith	A	4	220	13	–	2	3	2	11	2	4	–	–
36	R.S.Dravid	I	5	286	7	2	2	5	6	–	5	6	3	3
34	Younus Khan	P	6	213	4	4	4	3	2	5	–	8	1	3
34	S.M.Gavaskar	I	4	214	4	–	–	13	2	–	5	2	–	–
34	B.C.Lara	WI	9	232	7	9	4	–	1	2	4	4	5	1
34	D.P.M.D.Jayawardena	SL	4	252	8	2	6	1	3	6	2	–	1	5
33	K.S.Williamson	NZ	6	192	5	2	6	3	–	2	5	5	1	3
33	A.N.Cook	E	5	291	–	5	2	6	3	7	5	3	–	2
32	S.R.Waugh	A	1	260	10	–	2	7	2	2	3	3	1	2
30	M.L.Hayden †	A	2	184	5	–	6	5	2	6	1	3	2	–
30	V.Kohli	I	7	210	5	9	3	3	3	–	1	–	–	2
30	S.Chanderpaul	WI	2	280	5	5	5	–	2	7	1	–	1	4
29	D.G.Bradman	A	12	80	19	–	4	2	–	4	–	–	1	Zimbabwe
28	M.J.Clarke	A	4	198	7	–	5	1	4	7	1	3	–	–
28	H.M.Amla	SA	4	215	6	5	–	3	2	5	4	1	2	–
27	G.C.Smith	SA	5	205	7	3	–	7	2	–	4	5	2	–
27	A.R.Border	A	2	265	8	–	–	3	5	4	3	1	–	1
26	G.St A.Sobers	WI	2	160	10	4	–	–	1	8	3	–	–	–
26	D.A.Warner	A	3	205	3	–	5	1	5	4	6	2	–	–
25	Inzamam-ul-Haq	P	2	200	5	1	–	4	3	3	–	5	2	2
24	G.S.Chappell	A	4	151	9	–	–	5	3	1	6	–	–	–
24	Mohammad Yousuf	P	4	156	6	1	–	7	1	4	–	1	2	2
24	I.V.A.Richards	WI	3	182	8	5	–	–	1	8	2	–	–	–
23	V.Sehwag	I	3	180	2	3	5	2	2	–	2	3	2	2
23	K.P.Pietersen	E	3	181	–	4	3	3	2	6	2	3	–	–
23	J.L.Langer	A	3	182	5	–	2	3	4	3	2	2	–	2
23	Javed Miandad	P	2	189	2	6	–	2	7	5	–	1	–	–
22	W.R.Hammond	E	7	140	–	9	6	1	4	2	–	–	–	–
22	M.Azharuddin	I	–	147	6	2	4	–	2	–	2	3	3	–
22	M.C.Cowdrey	E	–	188	–	5	3	6	2	3	3	–	–	–
22	A.B.de Villiers	SA	2	191	2	6	–	6	–	3	3	1	–	1
22	G.Boycott	E	1	193	–	7	1	5	2	4	3	–	–	–
22	I.R.Bell	E	1	205	–	4	2	2	1	4	5	2	–	2
21	R.N.Harvey	A	2	137	6	–	8	3	–	4	–	–	–	–
21	G.Kirsten	SA	3	176	5	2	–	3	2	6	2	1	1	2
21	A.J.Strauss	E	–	178	–	4	3	4	3	6	3	2	–	–
21	D.C.Boon	A	1	190	7	–	–	3	3	6	1	1	–	–
20	K.F.Barrington	E	1	131	–	5	2	3	3	3	4	–	–	–
20	P.A.de Silva	SL	2	159	2	1	–	–	2	5	8	–	1	1
20	M.E.Waugh	A	–	209	4	–	4	1	1	3	3	1	2	1
20	G.A.Gooch	E	2	215	–	4	5	4	5	1	1	–	–	–

† Includes century scored for Australia v ICC in 2005-06.

The most for Zimbabwe 12 by A.Flower (112), and for Bangladesh 13 by Mominul Haque (139). The most double hundreds by batsmen not included above are 6 by M.S.Atapattu (16 hundreds for Sri Lanka), 4 by L.Hutton (19 for England), 4 by C.G.Greenidge (19 for West Indies), 4 by Zaheer Abbas (12 for Pakistan), and 4 by B.B.McCullum (12 for New Zealand).

HIGHEST PARTNERSHIP FOR EACH WICKET

Wkt	Runs	Players	Teams	Venue	Year
1st	415	N.D.McKenzie/G.C.Smith	SA v B	Chittagong	2007-08
2nd	576	S.T.Jayasuriya/R.S.Mahanama	SL v I	Colombo (RPS)	1997-98
3rd	624	K.C.Sangakkara/D.P.M.D.Jayawardena	SL v SA	Colombo (SSC)	2006
4th	454	J.E.Root/H.C.Brook	E v P	Multan	2024-25
5th	405	S.G.Barnes/D.G.Bradman	A v E	Sydney	1946-47
6th	399	B.A.Stokes/J.M.Bairstow	E v SA	Cape Town	2015-16
7th	347	D.St E.Atkinson/C.C.Depeiza	WI v A	Bridgetown	1954-55
8th	332	I.J.L.Trott/S.C.J.Broad	E v P	Lord's	2010
9th	195	M.V.Boucher/P.L.Symcox	SA v P	Johannesburg	1997-98
10th	198	J.E.Root/J.M.Anderson	E v I	Nottingham	2014

BOWLING RECORDS
200 WICKETS IN TESTS

Wkts			M	Balls	Runs	Avge	5wI	10wM
800	M.Muralitharan	SL/ICC	133	44039	18180	22.72	67	22
708	S.K.Warne	A	145	40705	17995	25.41	37	10
704	J.M.Anderson	E	188	40037	18627	26.45	32	3
619	A.Kumble	I	132	40850	18355	29.65	35	8
604	S.C.J.Broad	E	167	33698	16719	27.68	20	3
567	N.M Lyon	A	141	34832	17099	30.15	24	5
563	G.D.McGrath	A	124	29248	12186	21.64	29	3
537	R.Ashwin	I	106	27246	12891	24.00	37	8
519	C.A.Walsh	WI	132	30019	12688	24.44	22	3
439	D.W.Steyn	SA	93	18608	10077	22.95	26	5
434	Kapil Dev	I	131	27740	12867	29.64	23	2
433	M.A.Starc	A	105	20013	11481	26.51	18	3
433	H.M.R.K.B.Herath	SL	93	25993	12157	28.07	34	9
431	R.J Hadlee	NZ	86	21918	9612	22.30	36	9
421	S.M.Pollock	SA	108	24453	9733	23.11	16	1
417	Harbhajan Singh	I	103	28580	13537	32.46	25	5
414	Wasim Akram	P	104	22627	9779	23.62	25	5
405	C.E.L.Ambrose	WI	98	22104	8500	20.98	22	3
391	T.G.Southee	NZ	107	23490	11832	30.26	15	1
390	M.Ntini	SA	101	20834	11242	28.82	18	4
383	I.T.Botham	E	102	21815	10878	28.40	27	4
376	M.D.Marshall	WI	81	17584	7876	20.94	22	4
373	Waqar Younis	P	87	16224	8788	23.56	22	5
362	Imran Khan	P	88	19458	8258	22.81	23	6
362	D.L.Vettori	NZ/ICC	113	28814	12441	34.36	20	3
355	D.K.Lillee	A	70	18467	8493	23.92	23	7
355	W.P.U.J.C.Vaas	SL	111	23438	10501	29.58	12	2
348	R.A.Jadeja	I	89	20241	8741	25.11	15	3
340	K.Rabada	SA	73	13436	7493	22.03	17	4
330	A.A.Donald	SA	72	15519	7344	22.25	20	3
325	R.G.D.Willis	E	90	17357	8190	25.20	16	1
317	T.A.Boult	NZ	78	17417	7749	27.49	10	1
315	P.J.Cummins	A	72	14391	6946	22.05	14	2
313	M.G.Johnson	A	73	16001	8891	28.40	12	3
311	I.Sharma	I	105	19160	10078	32.40	11	1
311	Z.Khan	I	92	18785	10247	32.94	11	1
310	B.Lee	A	76	16531	9554	30.81	10	—
309	M.Morkel	SA	86	16498	8550	27.66	8	—
309	L.R.Gibbs	WI	79	27115	8989	29.09	18	2
307	F.S.Trueman	E	67	15178	6625	21.57	17	3
297	D.L.Underwood	E	86	21862	7674	25.83	17	6
295	J.R.Hazlewood	A	76	15423	7144	24.21	13	—
294	K.A.J.Roach	WI	88	15406	7968	27.10	12	1
292	J.H.Kallis	SA/ICC	166	20232	9535	32.65	5	—

Wkts			M	Balls	Runs	Avge	5wI	10wM
291	C.J.McDermott	A	71	16586	8332	28.63	14	2
266	B.S.Bedi	I	67	21364	7637	28.71	14	1
261	Danish Kaneria	P	61	17697	9082	34.79	15	2
260	N.Wagner	NZ	64	13725	7169	27.57	9	–
259	J.Garner	WI	58	13169	5433	20.97	7	–
259	J.N.Gillespie	A	71	14234	6770	26.13	8	–
255	G.P.Swann	E	60	15349	7642	29.96	17	3
252	J.B.Statham	E	70	16056	6261	24.84	9	1
250	Taijul Islam	B	57	15310	7765	31.06	17	2
249	M.A.Holding	WI	60	12680	5898	23.68	13	2
248	R.Benaud	A	63	19108	6704	27.03	16	1
248	M.J.Hoggard	E	67	13909	7564	30.50	7	1
246	G.D.McKenzie	A	60	17681	7328	29.78	16	3
246	Shakib Al Hasan	B	71	15675	7804	31.72	19	2
245	B.A.Stokes	E	120	13767	7655	31.24	6	–
244	Yasir Shah	P	48	14255	7657	31.38	16	3
242	B.S.Chandrasekhar	I	58	15963	7199	29.74	16	2
236	A.V.Bedser	E	51	15918	5876	24.89	15	5
236	J.Srinath	I	67	15104	7196	30.49	10	1
236	Abdul Qadir	P	67	17126	7742	32.80	15	5
235	G.St A.Sobers	WI	93	21599	7999	34.03	6	–
234	J.J.Bumrah	I	52	10031	4631	19.79	16	–
234	A.R.Caddick	E	62	13558	6999	29.91	13	1
233	C.S.Martin	NZ	71	14026	7878	33.81	10	1
229	Mohammed Shami	I	64	11515	6346	27.71	6	–
229	D.Gough	E	58	11821	6503	28.39	9	–
228	R.R.Lindwall	A	61	13650	5251	23.03	12	–
226	S.J.Harmison	E/ICC	63	13375	7192	31.82	8	1
226	A.Flintoff	E/ICC	79	14951	7410	32.78	3	–
224	V.D.Philander	SA	64	11391	5000	22.32	13	2
221	P.M.Siddle	A	67	13907	6777	30.66	8	–
218	K.A.Maharaj	SA	62	12308	6370	29.22	12	1
218	C.L.Cairns	NZ	62	11698	6410	29.40	13	1
216	C.V.Grimmett	A	37	14513	5231	24.21	21	7
216	H.H.Streak	Z	65	13559	6079	28.14	7	–
212	M.G.Hughes	A	53	12285	6017	28.38	7	1
210	Mehedi Hasan	B	56	13164	6820	32.47	13	3
208	S.C.G.MacGill	A	44	11237	6038	29.02	12	2
208	Saqlain Mushtaq	P	49	14070	6206	29.83	13	3
204	M.M.Ali	E	68	12610	7612	37.31	5	1
202	A.M.E.Roberts	WI	47	11336	5174	25.61	11	2
202	J.A.Snow	E	49	12021	5387	26.66	8	1
200	J.R.Thomson	A	51	10535	5601	28.00	8	–

The most wickets for Ireland is 33 by A.R.McBrine (17 innings) and for Afghanistan 45 by Rashid Khan (11).

35 OR MORE WICKETS IN A SERIES

Wkts			Series	M	Balls	Runs	Avge	5wI	10wM
49	S.F.Barnes	E v SA	1913-14	4	1356	536	10.93	7	3
46	J.C.Laker	E v A	1956	5	1703	442	9.60	4	2
44	C.V.Grimmett	A v SA	1935-36	5	2077	642	14.59	5	3
42	T.M.Alderman	A v E	1981	6	1950	893	21.26	4	–
41	R.M.Hogg	A v E	1978-79	6	1740	527	12.85	5	2
41	T.M.Alderman	A v E	1989	6	1616	712	17.36	6	1
40	Imran Khan	P v I	1982-83	6	1339	558	13.95	4	2
40	S.K.Warne	A v E	2005	5	1517	797	19.92	3	2
39	A.V.Bedser	E v A	1953	5	1591	682	17.48	5	1
39	D.K.Lillee	A v E	1981	6	1870	870	22.30	2	1
38	M.W.Tate	E v A	1924-25	5	2528	881	23.18	5	1

Wkts			Series	M	Balls	Runs	Avge	5wI	10wM
37	W.J.Whitty	A v SA	1910-11	5	1395	632	17.08	2	–
37	H.J.Tayfield	SA v E	1956-57	5	2280	636	17.18	4	1
37	M.G.Johnson	A v E	2013-14	5	1132	517	13.97	3	–
36	A.E.E.Vogler	SA v E	1909-10	5	1349	783	21.75	4	1
36	A.A.Mailey	A v E	1920-21	5	1465	946	26.27	4	2
36	G.D.McGrath	A v E	1997	6	1499	701	19.47	2	–
35	G.A.Lohmann	E v SA	1895-96	3	520	203	5.80	4	2
35	B.S.Chandrasekhar	I v E	1972-73	5	1747	662	18.91	4	–
35	M.D.Marshall	WI v E	1988	5	1219	443	12.65	3	–

The most for New Zealand is 33 by R.J.Hadlee (3 Tests v A, 1985-86), for Sri Lanka 30 by M.Muralitharan (3 Tests v Z, 2001-02), for Zimbabwe 22 by H.H.Streak (3 Tests v P, 1994-95), and for Bangladesh 19 by Mehedi Hasan (2 Tests v E, 2016-17).

15 OR MORE WICKETS IN A TEST († On debut)

19- 90	J.C.Laker	E v A	Manchester	1956
17-159	S.F.Barnes	E v SA	Johannesburg	1913-14
16-136†	N.D.Hirwani	I v WI	Madras	1987-88
16-137†	R.A.L.Massie	A v E	Lord's	1972
16-220	M.Muralitharan	SL v E	The Oval	1998
15- 28	J.Briggs	E v SA	Cape Town	1888-89
15- 45	G.A.Lohmann	E v SA	Port Elizabeth	1895-96
15- 99	C.Blythe	E v SA	Leeds	1907
15-104	H.Verity	E v A	Lord's	1934
15-123	R.J.Hadlee	NZ v A	Brisbane	1985-86
15-124	W.Rhodes	E v A	Melbourne	1903-04
15-217	Harbhajan Singh	I v A	Madras	2000-01

The best analysis for South Africa is 13-132 by M.Ntini (v WI, Port of Spain, 2004-05), for West Indies 14-149 by M.A.Holding (v E, The Oval, 1976), for Pakistan 14-116 by Imran Khan (v SL, Lahore, 1981-82), for Zimbabwe 11-257 by A.G.Huckle (v NZ, Bulawayo, 1997-98), for Bangladesh 12-117 by Mehedi Hasan (v WI, Mirpur, 2018-19), for Ireland 8-95 by M.R.Adair (v Afg, Abu Dhabi, 2023-24) and for Afghanistan 11-104 by Rashid Khan (v B, Chittagong, 2019).

NINE OR MORE WICKETS IN AN INNINGS

10- 53	J.C.Laker	E v A	Manchester	1956
10- 74	A.Kumble	I v P	Delhi	1998-99
10-119	A.Y.Patel	NZ v I	Mumbai	2021-22
9- 28	G.A.Lohmann	E v SA	Johannesburg	1895-96
9- 37	J.C.Laker	E v A	Manchester	1956
9- 51	M.Muralitharan	SL v Z	Kandy	2001-02
9- 52	R.J.Hadlee	NZ v A	Brisbane	1985-86
9- 56	Abdul Qadir	P v E	Lahore	1987-88
9- 57	D.E.Malcolm	E v SA	The Oval	1994
9- 65	M.Muralitharan	SL v E	The Oval	1998
9- 69	J.M.Patel	I v A	Kanpur	1959-60
9- 83	Kapil Dev	I v WI	Ahmedabad	1983-84
9- 86	Sarfraz Nawaz	P v A	Melbourne	1978-79
9- 95	J.M.Noreiga	WI v I	Port of Spain	1970-71
9-102	S.P.Gupte	I v WI	Kanpur	1958-59
9-103	S.F.Barnes	E v SA	Johannesburg	1913-14
9-113	H.J.Tayfield	SA v E	Johannesburg	1956-57
9-121	A.A.Mailey	A v E	Melbourne	1920-21
9-127	H.M.R.K.B.Herath	SL v P	Colombo (SSC)	2014
9-129	K.A.Maharaj	SA v SL	Colombo (SSC)	2018

The best analysis for Zimbabwe is 8-109 by P.A.Strang (v NZ, Bulawayo, 2000-01), for Bangladesh 8-39 by Taijul Islam (v Z, Mirpur, 2014-15), for Ireland 6-57 by M.R.Humphreys (v Z, Bulawayo, 2024-25) and for Afghanistan 7-66 by Rashid Khan (v Z, Bulawayo, 2024-25).

HAT-TRICKS

F.R.Spofforth	Australia v England	Melbourne	1878-79
W.Bates	England v Australia	Melbourne	1882-83
J.Briggs[7]	England v Australia	Sydney	1891-92
G.A.Lohmann	England v South Africa	Port Elizabeth	1895-96
J.T.Hearne	England v Australia	Leeds	1899
H.Trumble	Australia v England	Melbourne	1901-02
H.Trumble	Australia v England	Melbourne	1903-04
T.J.Matthews (2)[2]	Australia v South Africa	Manchester	1912
M.J.C.Allom[1]	England v New Zealand	Christchurch	1929-30
T.W.J.Goddard	England v South Africa	Johannesburg	1938-39
P.J.Loader	England v West Indies	Leeds	1957
L.F.Kline	Australia v South Africa	Cape Town	1957-58
W.W.Hall	West Indies v Pakistan	Lahore	1958-59
G.M.Griffin[7]	South Africa v England	Lord's	1960
L.R.Gibbs	West Indies v Australia	Adelaide	1960-61
P.J.Petherick[1/7]	New Zealand v Pakistan	Lahore	1976-77
C.A.Walsh[3]	West Indies v Australia	Brisbane	1988-89
M.G.Hughes[3/7]	Australia v West Indies	Perth	1988-89
D.W.Fleming[1]	Australia v Pakistan	Rawalpindi	1994-95
S.K.Warne	Australia v England	Melbourne	1994-95
D.G.Cork	England v West Indies	Manchester	1995
D.Gough[7]	England v Australia	Sydney	1998-99
Wasim Akram[4]	Pakistan v Sri Lanka	Lahore	1998-99
Wasim Akram[4]	Pakistan v Sri Lanka	Dhaka	1998-99
D.N.T.Zoysa[5]	Sri Lanka v Zimbabwe	Harare	1999-00
Abdul Razzaq	Pakistan v Sri Lanka	Galle	2000-01
G.D.McGrath	Australia v West Indies	Perth	2000-01
Harbhajan Singh	India v Australia	Calcutta	2000-01
Mohammad Sami[7]	Pakistan v Sri Lanka	Lahore	2001-02
J.J.C.Lawson[7]	West Indies v Australia	Bridgetown	2002-03
Alok Kapali[7]	Bangladesh v Pakistan	Peshawar	2003
A.M.Blignaut	Zimbabwe v Bangladesh	Harare	2003-04
M.J.Hoggard	England v West Indies	Bridgetown	2003-04
J.E.C.Franklin	New Zealand v Bangladesh	Dhaka	2004-05
I.K.Pathan[6/7]	India v Pakistan	Karachi	2005-06
R.J.Sidebottom[7]	England v New Zealand	Hamilton	2007-08
P.M.Siddle	Australia v England	Brisbane	2010-11
S.C.J.Broad	England v India	Nottingham	2011
Sohag Gazi	Bangladesh v New Zealand	Chittagong	2013-14
S.C.J.Broad[7]	England v Sri Lanka	Leeds	2014
H.M.R.K.B.Herath	Sri Lanka v Australia	Galle	2016
M.M.Ali	England v South Africa	The Oval	2017
J.J.Bumrah	India v West Indies	Kingston	2019
Naseem Shah	Pakistan v Bangladesh	Rawalpindi	2019-20
K.A.Maharaj	South Africa v West Indies	Gros Islet	2021
A.A.P.Atkinson	England v New Zealand	Wellington	2024-25
Nauman Ali[7]	Pakistan v West Indies	Multan	2024-25
S.M.Boland	Australia v West Indies	Kingston	2025

[1] On debut. [2] Hat-trick in each innings. [3] Involving both innings. [4] In successive Tests. [5] His first 3 balls (second over of the match). [6] The fourth, fifth and sixth balls of the match. [7] On losing side.

WICKET-KEEPING RECORDS
175 DISMISSALS IN TESTS†

Total			Tests	Ct	St
555	M.V.Boucher	South Africa/ICC	147	532	23
416	A.C.Gilchrist	Australia	96	379	37
395	I.A.Healy	Australia	119	366	29

Total			Tests	Ct	St
355	R.W.Marsh	Australia	96	343	12
294	M.S.Dhoni	India	90	256	38
270	B.J.Haddin	Australia	66	262	8
270†	P.J.L.Dujon	West Indies	79	265	5
269	A.P.E.Knott	England	95	250	19
265	B.J.Watling	New Zealand	67	257	8
256	M.J.Prior	England	79	243	13
241†	A.J.Stewart	England	82	227	14
232	Q.de Kock	South Africa	52	221	11
228	Wasim Bari	Pakistan	81	201	27
223†	J.M.Bairstow	England	55	209	14
219	R.D.Jacobs	West Indies	65	207	12
219	T.G.Evans	England	91	173	46
217	D.Ramdin	West Indies	74	205	12
206	Kamran Akmal	Pakistan	53	184	22
205	A.T.Carey	Australia	48	186	19
201†	A.C.Parore	New Zealand	67	194	7
198	S.M.H.Kirmani	India	88	160	38
189	D.L.Murray	West Indies	62	181	8
187	A.T.W.Grout	Australia	51	163	24
182	Sarfraz Ahmed	Pakistan	54	160	22
179†	B.B.McCullum	New Zealand	52	168	11
176	R.R.Pant	India	49	160	16
176	I.D.S.Smith	New Zealand	63	168	8

The most for Sri Lanka is 160 by D.P.D.N.Dickwella (133ct, 27st) in 53 Tests, for Zimbabwe 151† by A.Flower (142ct, 9st) in 55 Tests, and for Bangladesh 119 (102ct, 17st) by Liton Das in 52 Tests.

† *Excluding catches taken in the field*

25 OR MORE DISMISSALS IN A SERIES

29		B.J.Haddin	Australia v England	2013
28		R.W.Marsh	Australia v England	1982-83
28	(inc 1st)	A.T.Carey	Australia v England	2025-26
27	(inc 2st)	R.C.Russell	England v South Africa	1995-96
27	(inc 2st)	I.A.Healy	Australia v England (6 Tests)	1997
26	(inc 3st)	J.H.B.Waite	South Africa v New Zealand	1961-62
26		R.W.Marsh	Australia v West Indies (6 Tests)	1975-76
26	(inc 5st)	I.A.Healy	Australia v England (6 Tests)	1993
26	(inc 1st)	M.V.Boucher	South Africa v England	1998
26	(inc 2st)	A.C.Gilchrist	Australia v England	2001
26	(inc 2st)	A.C.Gilchrist	Australia v England	2006-07
26	(inc 1st)	T.D.Paine	Australia v England	2017-18
26	(inc 5st)	A.T.Carey	Australia v England	2023
25	(inc 2st)	I.A.Healy	Australia v England	1994-95
25	(inc 2st)	A.C.Gilchrist	Australia v England	2002-03
25		A.C.Gilchrist	Australia v India	2007-08
25		R.R.Pant	India v Australia	2024-25

TEN OR MORE DISMISSALS IN A TEST

11	R.C.Russell	England v South Africa	Johannesburg	1995-96
11	A.B.de Villiers	South Africa v Pakistan	Johannesburg	2012-13
11	R.R.Pant	India v Australia	Adelaide	2018-19
10	R.W.Taylor	England v India	Bombay	1979-80
10	A.C.Gilchrist	Australia v New Zealand	Hamilton	1999-00
10	W.P.Saha	India v South Africa	Cape Town	2017-18
10	Sarfraz Ahmed	Pakistan v South Africa	Johannesburg	2018-19
10	A.T.Carey	Australia v New Zealand	Christchurch	2023-24

SEVEN DISMISSALS IN AN INNINGS

7	Wasim Bari	Pakistan v New Zealand	Auckland	1978-79
7	R.W.Taylor	England v India	Bombay	1979-80
7	I.D.S.Smith	New Zealand v Sri Lanka	Hamilton	1990-91
7	R.D.Jacobs	West Indies v Australia	Melbourne	2000-01
7	J.Da Silva	West Indies v South Africa	Centurion	2022-23

FIVE STUMPINGS IN AN INNINGS

5	K.S.More	India v West Indies	Madras	1987-88

FIELDING RECORDS
100 CATCHES IN TESTS

Total			Tests	Total			Tests
216	J.E.Root	England	163	121†	A.B.de Villiers	South Africa	114
215	S.P.D.Smith	Australia	123	121	A.J.Strauss	England	100
210	R.S.Dravid	India/ICC	164	121	V.Kohli	India	123
205	D.P.M.D.Jayawardena	Sri Lanka	149	120	I.T.Botham	England	102
200	J.H.Kallis	South Africa/ICC	166	120	M.C.Cowdrey	England	114
196	R.T.Ponting	Australia	168	115	C.L.Hooper	West Indies	102
181	M.E.Waugh	Australia	128	115	B.A.Stokes	England	120
175	A.N.Cook	England	161	115	S.R.Tendulkar	India	200
171	S.P.Fleming	New Zealand	111	112	S.R.Waugh	Australia	168
169	G.C.Smith	South Africa/ICC	117	110	R.B.Simpson	Australia	62
164	B.C.Lara	West Indies/ICC	131	110	W.R.Hammond	England	85
163	L.R.P.L.Taylor	New Zealand	112	109	G.St A.Sobers	West Indies	93
157	M.A.Taylor	Australia	104	108	H.M.Amla	South Africa	124
156	A.R.Border	Australia	156	108	S.M.Gavaskar	India	125
139	Younus Khan	Pakistan	118	107	J.M.Anderson	England	188
135	V.V.S.Laxman	India	134	105	I.M.Chappell	Australia	75
134	M.J.Clarke	Australia	115	105	M.Azharuddin	India	99
128	M.L.Hayden	Australia	103	105	G.P.Thorpe	England	100
125	S.K.Warne	Australia	145	103	G.A.Gooch	England	118
122	G.S.Chappell	Australia	87	102	A.M.Rahane	India	85
122	I.V.A.Richards	West Indies	121	100	I.R.Bell	England	118

The most for Zimbabwe is 60 by A.D.R.Campbell (60) and for Bangladesh 43 by Mominul Haque (75).

† *Excluding catches taken when wicket-keeping.*

15 CATCHES IN A SERIES

15	J.M.Gregory		Australia v England	1920-21

SEVEN OR MORE CATCHES IN A TEST

9	A.K.Markram	South Africa v India	Guwahati	2025-26
8	A.M.Rahane	India v Sri Lanka	Galle	2015
7	G.S.Chappell	Australia v England	Perth	1974-75
7	Yajurvindra Singh	India v England	Bangalore	1976-77
7	H.P.Tillekeratne	Sri Lanka v New Zealand	Colombo (SSC)	1992-93
7	S.P.Fleming	New Zealand v Zimbabwe	Harare	1997-98
7	M.L.Hayden	Australia v Sri Lanka	Galle	2003-04
7	K.L.Rahul	India v England	Nottingham	2018

FIVE CATCHES IN AN INNINGS

5	V.Y.Richardson	Australia v South Africa	Durban	1935-36
5	Yajurvindra Singh	India v England	Bangalore	1976-77
5	M.Azharuddin	India v Pakistan	Karachi	1989-90
5	K.Srikkanth	India v Australia	Perth	1991-92
5	S.P.Fleming	New Zealand v Zimbabwe	Harare	1997-98
5	G.C.Smith	South Africa v Australia	Perth	2012-13
5	D.J.G.Sammy	West Indies v India	Mumbai	2013-14
5	D.M.Bravo	West Indies v Bangladesh	Kingstown	2014
5	A.M.Rahane	India v Sri Lanka	Galle	2015
5	J.Blackwood	West Indies v Sri Lanka	Colombo (PSS)	2015-16
5	S.P.D.Smith	Australia v South Africa	Cape Town	2017-18
5	B.A.Stokes	England v South Africa	Cape Town	2019-20
5	H.D.R.L.Thirimanne	Sri Lanka v England	Galle	2020-21
5	S.P.D.Smith	Australia v England	Leeds	2023
5	D.M.de Silva	Sri Lanka v New Zealand	Galle	2024-25
5	A.K.Markram	South Africa v India	Guwahati	2025-26

APPEARANCE RECORDS
100 TEST MATCH APPEARANCES

			Opponents									
			E	A	SA	WI	NZ	I	P	SL	Z	B
200	S.R.Tendulkar	India	32	39	25	21	24	–	18	25	9	7
188	J.M.Anderson	England	–	39	29	23	20	39	20	14	2	2
168†	R.T.Ponting	Australia	35	–	26	24	17	29	15	14	3	4
168	S.R.Waugh	Australia	46	–	16	32	23	18	20	8	3	2
167*	S.C.J.Broad	England	–	40	25	19	23	24	19	12	–	3
166†	J.H.Kallis	South Africa/ICC	31	28	–	24	18	18	19	15	6	6
164	S.Chanderpaul	West Indies	35	20	24	–	21	25	14	7	8	10
164†	R.S.Dravid	India/ICC	21	32	21	23	15	–	15	20	9	7
163*	J.E.Root	England	–	39	15	17	21	35	18	13	1	2
161	A.N.Cook	England	–	35	19	20	15	30	20	16	–	6
156	A.R.Border	Australia	47	–	6	31	23	20	22	7	–	–
149	D.P.M.D.Jayawardena	Sri Lanka	23	16	18	11	13	18	29	–	8	13
147†	M.V.Boucher	South Africa/ICC	25	20	–	24	17	14	15	17	6	8
145†	S.K.Warne	Australia	36	–	24	19	20	14	15	13	1	2
141	N.M.Lyon	Australia	32	–	19	14	12	32	15	15	–	2
134	V.V.S.Laxman	India	17	29	19	22	10	–	15	13	6	3
134	K.C.Sangakkara	Sri Lanka	22	11	17	12	12	17	23	–	5	15
133†	M.Muralitharan	Sri Lanka/ICC	16	12	15	12	14	22	16	–	14	11
133	A.J.Stewart	England	–	33	23	24	16	9	13	9	–	–
132	A.Kumble	India	19	20	21	17	11	–	15	18	7	4
132	C.A.Walsh	West Indies	36	38	10	–	10	15	18	3	2	–
131	Kapil Dev	India	27	20	4	25	10	–	29	14	2	–
131†	B.C.Lara	West Indies/ICC	30	30	18	–	11	17	12	8	2	2
128	M.E.Waugh	Australia	29	–	18	28	14	14	15	9	1	–
125	S.M.Gavaskar	India	38	20	–	27	9	–	24	7	–	–
124	H.M.Amla	South Africa	21	21	–	9	14	21	14	14	2	8
124	Javed Miandad	Pakistan	22	24	–	17	18	28	–	12	3	–
124†	G.D.McGrath	Australia	30	–	17	23	14	11	17	8	1	2
123	V.Kohli	India	28	30	16	16	14	–	–	11	–	8
123	S.P.D.Smith	Australia	41	–	13	11	10	24	15	7	–	2
121	I.V.A.Richards	West Indies	36	34	–	–	7	28	16	–	–	–
120†	Inzamam-ul-Haq	Pakistan/ICC	19	13	13	15	12	10	–	20	11	6
120§	B.A.Stokes	England	–	29	15	18	14	25	11	4	1	2
119	I.A.Healy	Australia	33	–	12	28	11	9	14	11	1	–

			Opponents								
			E	A	SA	WI	NZ	I	P	SL	Z	B
119*‡	A.D.Mathews	Sri Lanka	14	13	12	8	15	17	23	–	3	11
118	I.R.Bell	England	–	33	11	12	13	20	13	10	–	6
118	G.A.Gooch	England	–	42	3	26	15	19	10	3	–	
118	Younus Khan	Pakistan	17	11	14	15	11	9	–	29	5	7
117	D.I.Gower	England	–	42	–	19	13	24	17	2		
117†	G.C.Smith	South Africa/ICC	21	20	–	14	13	15	16	7	2	8
116	D.L.Haynes	West Indies	36	33	1	–	10	19	16	1	–	
116	D.B.Vengsarkar	India	26	24	–	25	11	–	22	8	–	
115	M.A.Atherton	England	–	33	18	27	11	7	11	4	4	
115†	M.J.Clarke	Australia	35	–	14	12	11	22	10	8	–	2
114	M.C.Cowdrey	England	–	43	14	21	18	8	10	–		
114	A.B.de Villiers	South Africa	20	24	–	13	10	20	12	7	4	4
113	S.C.Ganguly	India	12	24	17	12	8	–	12	14	9	5
113†	D.L.Vettori	New Zealand/ICC	17	18	14	10	–	15	9	11	9	9
112	L.R.P.L.Taylor	New Zealand	19	12	8	14	–	17	15	12	4	11
112	D.A.Warner	Australia	33	–	15	10	9	21	13	8	–	2
111	S.P.Fleming	New Zealand	19	14	15	11	–	13	9	13	11	6
111	W.P.J.U.C.Vaas	Sri Lanka	15	12	11	9	10	14	18	–	15	7
110	S.T.Jayasuriya	Sri Lanka	14	13	15	10	13	10	17	–	13	5
110	C.H.Lloyd	West Indies	34	29	–	–	8	28	11	–		
108	G.Boycott	England	–	38	7	29	15	13	6	–		
108	C.G.Greenidge	West Indies	29	32	–	–	10	23	14	–		
108	S.M.Pollock	South Africa	23	13	–	16	11	12	12	13	5	3
108	K.S.Williamson	New Zealand	19	11	8	12	–	13	14	14	4	8
107	D.C.Boon	Australia	31	–	6	22	17	11	11	9	–	
107	T.G.Southee	New Zealand	22	15	8	10	–	13	13	14	3	9
106‡	R.Ashwin	India	24	23	14	13	12	–	–	11	–	8
105†	J.L.Langer	Australia	21	–	11	18	14	14	13	8	3	2
105‡	I.Sharma	India	23	25	15	12	9	–	1	12	–	7
105	M.A.Starc	Australia	27	–	10	10	10	23	11	8	–	3
104	K.P.Pietersen	England	–	27	10	14	8	16	14	11	–	4
104†	V.Sehwag	India/ICC	17	23	15	10	12	–	9	11	3	4
104	M.A.Taylor	Australia	33	–	11	20	11	9	12	8	–	
104	Wasim Akram	Pakistan	18	13	4	17	9	12	–	19	10	2
103	C.H.Gayle	West Indies	20	8	16	–	12	14	8	10	8	7
103	Harbhajan Singh	India	14	18	11	11	13	–	9	16	7	4
103†	M.L.Hayden	Australia	20	–	19	15	11	18	6	7	2	4
103‡	C.A.Pujara	India	27	25	17	9	12	–	–	7	–	5
103	Salim Malik	Pakistan	19	15	1	7	18	22	–	15	6	
102	I.T.Botham	England	–	36	–	20	15	14	14	3	–	
102	C.L.Hooper	West Indies	24	25	10	–	2	19	14	6	2	
101	G.Kirsten	South Africa	22	18	–	13	13	10	11	9	3	2
101	B.B.McCullum	New Zealand	16	16	13	13	–	10	8	12	4	9
101	M.Ntini	South Africa	18	15	–	15	11	10	9	8	12	3
100*	J.M.Bairstow	England	–	26	12	12	8	23	9	6	–	2
100‡	K.C.Brathwaite	West Indies	18	14	9	–	7	13	11	9	–	8
100‡*	F.D.M.Karunaratne	Sri Lanka	11	12	11	9	13	11	14	–	5	14
100¶#	Mushfiqur Rahim	Bangladesh	7	2	12	14	11	10	8	19	12	–
100	A.J.Strauss	England	–	20	16	18	9	12	13	8	4	
100	G.P.Thorpe	England	–	16	14	27	15	8	8	8	4	

† Includes one appearance in the Australia v ICC 'Test' in 2005-06; § includes one appearance v Ireland; * includes two appearances v Ireland; ¶ includes three appearances v Ireland; ‡ includes one appearance v Afghanistan; # includes two appearances v Afghanistan. The most for Zimbabwe is 67 by G.W.Flower.

100 CONSECUTIVE TEST APPEARANCES

159	A.N.Cook	England	May 2006 to September 2018
153	A.R.Border	Australia	March 1979 to March 1994
107	M.E.Waugh	Australia	June 1993 to October 2002
106	S.M.Gavaskar	India	January 1975 to February 1987
101	B.B.McCullum	New Zealand	March 2004 to February 2016
100	N.M.Lyon	Australia	August 2013 to June 2023

50 TESTS AS CAPTAIN

			Won	Lost	Drawn	Tied
109	G.C.Smith	South Africa	53	29	27	–
93	A.E.Border	Australia	32	22	38	1
80	S.P.Fleming	New Zealand	28	27	25	–
77	R.T.Ponting	Australia	48	16	13	–
74	C.H.Lloyd	West Indies	36	12	26	–
68	V.Kohli	India	40	17	11	–
64	J.E.Root	England	27	26	11	–
60	M.S.Dhoni	India	27	18	15	–
59	A.N.Cook	England	24	22	13	–
57	S.R.Waugh	Australia	41	9	7	–
56	Misbah-ul-Haq	Pakistan	26	19	11	–
56	A.Ranatunga	Sri Lanka	12	19	25	–
54	M.A.Atherton	England	13	21	20	–
53	W.J.Cronje	South Africa	27	11	15	–
51	M.P.Vaughan	England	26	11	14	–
50	I.V.A.Richards	West Indies	27	8	15	–
50	M.A.Taylor	Australia	26	13	11	–
50	A.J.Strauss	England	24	11	15	–

The most for Zimbabwe is 21 by A.D.R.Campbell and H.H.Streak, and for Bangladesh 34 by Mushfiqur Rahim.

70 TEST UMPIRING APPEARANCES

145	Aleem Dar	(Pakistan)	21.10.2003 to 07.04.2023
128	S.A.Bucknor	(West Indies)	28.04.1989 to 22.03.2009
108	R.E.Koertzen	(South Africa)	26.12.1992 to 24.07.2010
98	R.J.Tucker	(Australia)	15.02.2010 to 26.11.2025
95	D.J.Harper	(Australia)	28.11.1998 to 23.06.2011
94	R.A.Kettleborough	(England)	15.11.2010 to 26.11.2025
93	H.D.P.K.Dharmasena	(Sri Lanka)	04.11.2010 to 27.12.2025
92	D.R.Shepherd	(England)	01.08.1985 to 07.06.2005
84	B.F.Bowden	(New Zealand)	11.03.2000 to 03.05.2015
82	M.Erasmus	(South Africa)	17.01.2010 to 11.03.2024
82	R.K.Illingworth	(England)	13.11.2012 to 23.11.2025
78	D.B.Hair	(Australia)	25.01.1992 to 08.06.2008
78	P.R.Reiffel	(Australia)	25.07.2012 to 12.12.2025
74	I.J.Gould	(England)	19.11.2008 to 23.02.2019
74	S.J.A.Taufel	(Australia)	26.12.2000 to 20.08.2012
73	S.Venkataraghavan	(India)	29.01.1993 to 20.01.2004

THE FIRST-CLASS COUNTIES REGISTER, RECORDS AND 2025 AVERAGES

All statistics are to 6 March 2026.

ABBREVIATIONS – General

*	not out/unbroken partnership	IT20	International Twenty20
b	born	l-o	limited-overs
BB	Best innings bowling analysis	LOI	Limited-Overs Internationals
Cap	Awarded 1st XI County Cap	Tests	International Test Matches
f-c	first-class	F-c Tours	Overseas tours involving first-class appearances
HS	Highest Score		

Awards

PCA 2025	Professional Cricketers' Association Player of 2025
Wisden 2024	One of *Wisden Cricketers' Almanack's* Five Cricketers of 2024
YC 2025	Cricket Writers' Club Young Cricketer of 2025

ECB Competitions

CB40	Clydesdale Bank 40 (2010-12)
CC	County Championship
MBC	Metro Bank One-Day Cup (2023 to date)
P40	NatWest PRO 40 League (2006-09)
RLC	Royal London One-Day Cup (2014-2022)
T20	Twenty20 Competition
Y40	Yorkshire Bank 40 (2013)

Education

Ac	Academy
BS	Boys' School
C	College
CS	Comprehensive School
GS	Grammar School
HS	High School
S	School
SFC	Sixth Form College
SS	Secondary School
U	University

Playing Categories

LBG	Bowls right-arm leg-breaks and googlies
LF	Bowls left-arm fast
LFM	Bowls left-arm fast-medium
LHB	Bats left-handed
LM	Bowls left-arm medium pace
LMF	Bowls left-arm medium fast
OB	Bowls right-arm off-breaks
RF	Bowls right-arm fast
RFM	Bowls right-arm fast-medium
RHB	Bats right-handed
RM	Bowls right-arm medium pace
RMF	Bowls right-arm medium-fast
SLA	Bowls left-arm leg-breaks
SLC	Bowls left-arm 'Chinamen'
WK	Wicket-keeper

Teams (see also p 223)

AS	Adelaide Strikers
BH	Brisbane Heat
CC&C	Combined Campuses & Colleges
CD	Central Districts
CSK	Chennai Super Kings
DC	Deccan Chargers
DCa	Delhi Capitals
DD	Delhi Daredevils
EL	England Lions
EP	Eastern Province
FS	Free State
GL	Gujarat Lions
GT	Gujarat Titans
HEC	Higher Education Commission
HH	Hobart Hurricanes
KKR	Kolkata Knight Riders
KRL	Khan Research Laboratories
KXIP	Kings XI Punjab
KZN	KwaZulu-Natal Inland
LSG	Lucknow Super Giants
ME	Mashonaland Eagles
MI	Mumbai Indians
MR	Melbourne Renegades
MS	Melbourne Stars
MT	Matabeleland Tuskers
MWR	Mid West Rhinos
NBP	National Bank of Pakistan
ND	Northern Districts
NSW	New South Wales
NW	North West
PDSC	Prime Doleshwar Sporting Club
PK	Punjab Kings
PS	Perth Scorchers
PW	Pune Warriors
Q	Queensland
RCB	Royal Challengers Bangalore
RPS	Rising Pune Supergiant
RR	Rajasthan Royals
SA	South Australia
SH	Sunrisers (Hyderabad)
SNGPL	Sui Northern Gas Pipelines Limited
SR	Southern Rocks
SS	Sydney Sixers
SSGC	Sui Southern Gas Corporation
ST	Sydney Thunder
Tas	Tasmania
T&T	Trinidad & Tobago
Vic	Victoria
WA	Western Australia
WAPDA	Water and Power Development Authority
WP	Western Province

DERBYSHIRE

Formation of Present Club: 4 November 1870
Inaugural First-Class Match: 1871
Colours: Chocolate, Amber and Pale Blue
Badge: Rose and Crown
County Champions: (1) 1936
NatWest Trophy Winners: (1) 1981
Benson and Hedges Cup Winners: (1) 1993
Sunday League Winners: (1) 1990
Twenty20 Cup Winners: (0) best – Semi-Finalist 2019

Chief Executive: Ryan Duckett, Derbyshire County Cricket Club, The Central Co-op County Ground, Nottingham Road, Derby, DE21 6DA ● Tel: 01332 338101 ● Email: info@derbyshireccc.com ● Web: www.derbyshireccc.com ● X: @DerbyshireCCC (76,080 followers)

Head of Cricket: Mickey Arthur. **Assistant Coaches**: Ben Smith (batting) and Chris Wright (bowling). **Captains**: W.L.Madsen (f-c) and A.H.T.Donald (T20). **Overseas Players**: Allah Ghazanfar, C.P.Jewell, Muhammad Abbas and Sufiyan Muqeem. **2026 Testimonial**: None. **Head Groundsman**: Neil Godrich. **Scorer**: Jane Hough. **Blast Team Name**: Derbyshire Falcons. ‡ New registration. NQ Not qualified for England.

AITCHISON, Benjamin William (Merchant Taylors' S; Ormskirk Range HS), b Southport, Lancs 6 Jul 1999. RHB, RFM. Squad No 14. Debut (Derbyshire) 2020. Cheshire 2018-19. HS 50 v Notts (Derby) 2021. BB 6-28 v Durham (Derby) 2021. LO HS 19 v Surrey (Derby) 2021 (RLC). LO BB 4-34 v Notts (Derby) 2025 (MBC). T20 HS 8. T20 BB 5-29.

NQ**ALLAH Mohammad GHAZANFAR**, b Paktia, Afghanistan 30 Mar 2006. RHB, OB. Derbyshire debut 2025 (T20 only). **Tests** (Afg): 1 (2024-25); HS 6 and BB 3-127 v Z (Bulawayo) 2024-25. **LOI** (Afg): 14 (2023-24 to 2025-26); HS 31* v SA (Sharjah) 2024-25; BB 6-26 v B (Sharjah) 2024-25, 2nd best figures for Afg. **IT20** (Afg): 5 (2025 to 2025-26); HS 7 v P (Sharjah) 2025; BB 1-9 v Qatar (Doha) 2025-26. F-c Tour (Afg): Z 2024-25. HS 6 and BB 3-127 (*see Tests*) – only f-c appearance. LO HS 31* (*see LOI*). LO BB 6-26 (*see LOI*). T20 HS 28. T20 BB 4-12.

ANDERSSON, Martin Kristoffer (Reading Blue Coat S), b Reading, Berks 6 Sep 1996. 6'1". RHB, RM. Squad No 9. Debut (Leeds/Bradford MCCU) 2017. Derbyshire debut 2018 (on loan). Middlesex 2018-23. Berkshire 2015-16. HS 107 v Middx (Derby) 2025. BB 4-25 v Glamorgan (Derby) 2018. LO HS 100 M v Notts (Radlett) 2023 (MBC). LO BB 3-55 M v Lancs (Lord's) 2023 (MBC). T20 HS 70*. T20 BB 3-32.

‡**BASHIR, Shoaib** (Fulbrook S; Woking C), b Chertsey, Surrey 13 Oct 2003. 6'4". RHB, OB. Squad No 13. Somerset 2023-24. Worcestershire 2024 (on loan). Glamorgan 2025 (on loan). **ECB One-Year Central Contract 2025-26. Tests**: 19 (2023-24 to 2025); HS 13 v I (Dharamsala) 2023-24; BB 6-81 v Z (Nottingham) 2025. F-c Tours: A 2024-25 (EL), 2025-26 (EL); NZ 2024-25; I 2023-24; P 2024-25. HS 44* and CC BB 3-67 Sm v Hants (Taunton) 2023. BB 6-81 (*see Tests*). LO HS 7 Sm v Warwks (Taunton) 2023 (MBC). LO BB 1-46 Sm v Northants (Northampton) 2023 (MBC). T20 HS 0*. T20 BB 3-26.

BASRA, Amrit Singh (Northampton S for Boys), b Northampton 26 May 2002. RHB, RFM. Squad No 62. Debut (Derbyshire) 2025. Northamptonshire 2nd XI 2021. Kent 2nd XI 2022. Worcestershire 2nd XI 2022. Derbyshire 2nd XI debut 2023. Gloucestershire 2nd XI 2024. Bedfordshire 2021-24. HS 16* v Kent (Canterbury) 2025. LO HS 72 v Notts (Derby) 2025 (MBC). LO BB 1-32 v Essex (Derby) 2025 (MBC).

BROWN, Patrick Rhys (Bourne GS, Lincs), b Peterborough, Cambs 23 Aug 1998. 6'2". RHB, RMF. Squad No 36. Worcestershire 2017-18. Derbyshire debut 2023. Birmingham Phoenix 2021. Oval Invincibles 2022. Northern Superchargers 2024. Lincolnshire 2016. **IT20**: 4 (2019-20); HS 4* v NZ (Wellington) 2019-20; BB 1-29 v NZ (Napier) 2019-20. HS 15* v Glamorgan (Derby) 2024. BB 2-15 Wo v Leics (Worcester) 2017. De BB 2-50 v Glamorgan (Derby) 2024. LO HS 7 v Surrey (Derby) 2025 (MBC). LO BB 5-37 v Lancs (Derby) 2024 (MBC). T20 HS 10*. T20 BB 4-21.

CAME, Harry Robert Charles (Bradfield C), b Basingstoke, Hants 27 Aug 1998. Son of P.R.C.Came (Hampshire 2nd XI 1986-87); grandson of K.C.Came (Free Foresters 1957); great-grandson of R.W.V.Robins (Middlesex, Cambridge U & England 1925-58). 5'9". RHB, OB. Squad No 4. Hampshire 2019-20. Derbyshire debut 2021. HS 141* v Glamorgan (Derby) 2023, sharing De record 1st wkt partnership of 360* with L.M.Reece. BB –. LO HS 138 v Essex (Derby) 2025 (MBC). T20 HS 56.

CHAPPELL, Zachariah John ('Zak') (Stamford S), b Grantham, Lincs 21 Aug 1996. 6'4". RHB, RFM. Squad No 32. Leicestershire 2015-18. Nottinghamshire 2019-21. Gloucestershire 2022 (on loan); cap 2022. Derbyshire debut 2023; cap 2024. Oval Invincibles 2023. HS 96 Le v Derbys (Derby) 2015. De HS 78 v Yorks (Leeds) 2024. BB 6-44 Le v Northants (Northampton) 2018. De BB 6-47 v Glamorgan (Derby) 2024. LO HS 94* and LO BB 4-39 v Northants (Northampton) 2024 (MBC). T20 HS 34*. T20 BB 5-23.

DAL, Anuj Kailash (Durban HS; Nottingham HS), b Newcastle-upon-Tyne, Northumb 8 Jul 1996. 5'9". RHB, RM. Squad No 65. Debut (Derbyshire) 2018; cap 2022. HS 146* v Sussex (Hove) 2022. BB 6-69 v Glos (Bristol) 2023. LO HS 115 v Somerset (Taunton) 2024 (MBC). LO BB 1-16 v Worcs (Worcester) 2022 (RLC). T20 HS 35.

DONALD, Aneurin Henry Thomas (Pontarddulais CS), b Swansea, Glamorgan 20 Dec 1996. 6'2". RHB, WK, occ OB. Squad No 12. Glamorgan 2014-18. Hampshire 2019-22. Derbyshire debut 2024; captain 2026 (T20 only). Birmingham Phoenix 2024 to date. Wales MC 2012. 1000 runs (1): 1088 (2016). HS 234 Gm v Derbys (Colwyn Bay) 2016, in 123 balls, inc 15 sixes, going from 0-127* between lunch and tea, and 127-234 after tea. De HS 97 v Yorks (Leeds) 2024. LO HS 115 H v Worcs (Southampton) 2023 (MBC). T20 HS 85.

GUEST, Brooke David (Kent Street Senior HS, Perth, WA; Murdoch U, Perth), b Whitworth Park, Manchester, Lancs 14 May 1997. 5'11". RHB, WK. Squad No 29. Lancashire 2018-19. Derbyshire debut 2020; cap 2022. HS 197 v Durham (Derby) 2023. LO HS 88 v Essex (Chelmsford) 2022 (RLC). T20 HS 54.

HAWKINS, Joseph William Andrew (Abbotswood S), b Stoke-on-Trent, Staffs 7 Mar 2007. Younger brother of C.J.G.Hawkins (Staffordshire 2023 to date). RHB, OB. Squad No 7. Debut (Derbyshire) 2025. Derbyshire 2nd XI debut 2024. Staffordshire 2024. HS 34* and BB 2-171 v Northants (Northampton) 2025. LO HS 9 v Glos (Cheltenham) 2025 (MBC). LO BB 2-59 v Hants (Southampton) 2025 (MBC).

HAYDON, Rory Owen Lewis (Westwood C; Birmingham U), b Stoke-on-Trent, Staffs 26 Jan 2003. RHB, RFM. Squad No 95. Debut (Derbyshire) 2025. Warwickshire 2nd XI 2022-23. Derbyshire 2nd XI debut 2024. Staffordshire 2023-24. HS 7* and BB 2-54 v Middx (Lord's) 2025. LO HS 26 v Essex (Derby) 2025 (MBC). LO BB 3-59 v Worcs (Repton S) 2025 (MBC).

NQ**JEWELL, Caleb** Paul, b Hobart, Australia 21 Apr 1997. LHB, occ WK. Squad No 23. Tasmania 2015-16 to date. Derbyshire debut 2025. Big Bash: HH 2018-19 to 2024-25; MR 2025-26. 1000 runs (1): 1005 (2025). HS 232 v Kent (Derby) 2025. LO HS 137 Tas v Q (Hobart) 2023-24. T20 HS 76.

NoMADSEN, Wayne Lee (Kearsney C, Durban; U of South Africa), b Durban, South Africa 2 Jan 1984. Nephew of M.B.Madsen (Natal 1967-68 to 1978-79), T.R.Madsen (Natal 1976-77 to 1989-90) and H.R.Fotheringham (Natal, Transvaal 1971-72 to 1989-90), cousin of G.S.Fotheringham (KwaZulu-Natal 2008-09 to 2009-10). 5'11". RHB, OB. Squad No 77. KwaZulu-Natal 2003-04 to 2007-08. Dolphins 2006-07 to 2007-08. Derbyshire debut 2009, scoring 170 v Glos (Cheltenham); cap 2011; captain 2012-15 and 2025; testimonial 2017. Manchester Originals 2022-24. London Spirit 2025. Qualified for England by residence in February 2015. **IT20** (Italy): 8 (2023 to 2025-26); HS 61* v Ire (Dubai) 2024-26. 1000 runs (8); most – 1292 (2016). HS 231* v Northants (Northampton) 2012. BB 3-45 KZN v EP (Pt Elizabeth) 2007-08. De BB 2-8 v Sussex (Hove) 2021. LO HS 138 v Hants (Derby) 2014 (RLC). LO BB 3-27 v Durham (Derby) 2013 (Y40). T20 HS 109*. T20 BB 2-20.

NoMONTGOMERY, Matthew (Clifton C; Loughborough U), b Johannesburg, South Africa 10 May 2000. RHB, OB. Squad No 21. KwaZulu-Natal 2018-19. Nottinghamshire 2022-25. Derbyshire debut 2025 (l-o only). **IT20** (Germany): 1 (2023); HS 13 v Italy (Edinburgh) 2023; BB –. HS 178 Nt v Durham (Nottingham) 2022. BB 1-0 Nt v Kent (Canterbury) 2023. LO HS 114 v Surrey (Derby) 2025 (MBC). LO BB 2-38 Nt v Warwks (Rugby) 2024 (MBC). T20 HS 51. T20 BB 4-30.

MOORE, Harry John (Repton S), b Derby 26 Apr 2007. RHB, RFM. Squad No 16. Debut (Derbyshire) 2024. Derbyshire 2nd XI debut 2023. England U19 2024-25. No 1st XI appearances in 2025 due to injury. HS 32 and BB 3-55 v Middx (Derby) 2024. LO HS 40 v Kent (Derby) 2024 (MBC). LO BB 3-45 v Durham (Chester-le-St) 2024 (MBC).

MORLEY, Jack Peter (Siddal Moor Sports C), b Rochdale, Lancs 25 Jun 2001. 5'10". LHB, SLA. Squad No 18. Lancashire 2020-24. Derbyshire debut 2024. HS 41 v Lancs (Manchester) 2025. BB 6-55 v Glos (Bristol) 2025. LO HS 10* La v Northants (Northampton) 2024 (MBC). LO BB 3-40 La v Hants (Manchester) 2023 (MBC). T20 BB –.

‡NoMUHAMMAD ABBAS, b Sialkot, Pakistan 10 Mar 1990. 5'11". RHB, RFM. Squad No 38. Sialkot 2008-09 to 2012-13. Pakistan TV 2013-14 to 2014-15. KRL 2015-16 to 2016-17. SNGPL 2017-18 to 2018-19. Leicestershire 2018-19; cap 2018. Southern Punjab 2019-20 to 2022-23. Hampshire 2021-24; cap 2022. State Bank of Pakistan 2023-24 to date. Nottinghamshire 2025; cap 2025. Lahore Whites 2025-26. **Tests** (P): 27 (2017 to 2024-25); HS 29 v A (Adelaide) 2019-20; BB 6-54 v SA (Centurion) 2024-25. **LOI** (P): 3 (2018-19); HS – ; BB 1-44 v A (Sharjah) 2018-19. F-c Tours (P: E 2018, 2020; A 2019-20; SA 2018-19, 2024-25; WI 2017, 2021; NZ 2020-21; Ire 2018. HS 40 and BB 8-46 (14-93 match) KRL v Karachi Whites (Karachi) 2016-17. CC HS 32* Le v Sussex (Hove) 2018. 50 wkts (3+2); most – 71 (2016-17). CC BB 6-11 H v Middx (Southampton) 2021, inc hat-trick. LO HS 15* KRL v Habib Bank (Karachi) 2016-17. LO BB 4-31 KRL v SNGPL (Karachi) 2016-17. T20 HS 15*. T20 BB 3-22.

NAEEM, Muhammed Yousaf Bin (Repton S), b Derby 25 July 2006. Son of Naeem Akhtar (Rawalpindi & KRL 1990-91 to 2002-03). RHB, RM. Squad No 25. Awaiting f-c debut. Derbyshire 2nd XI debut 2022. LO HS 24 v Notts (Derby) 2025 (MBC).

POTTS, Nicholas James (De Ferrers Ac), b Burton-on-Trent, Staffs 17 Jul 2002. RHB, RFM. Squad No 26. Debut (Derbyshire) 2022. Derbyshire 2nd XI debut 2018. HS 13 v Leics (Derby) 2022. BB 4-50 v Notts (Nottingham) 2022. LO HS 8* v Surrey (Derby) 2025 (MBC). LO BB 3-72 v Glos (Cheltenham) 2025 (MBC). T20 BB –.

REECE, Luis Michael (St Michael's HS, Chorley; Leeds Met U), b Taunton, Somerset 4 Aug 1990. 6'1". LHB, LM. Squad No 10. Leeds/Bradford MCCU 2012-13. Lancashire 2013-15. Derbyshire debut 2017; cap 2019. MCC 2014. Unicorns 2011-12. London Spirit 2021. 1000 runs (1): 1048 (2023). HS 211 v Kent (Canterbury) 2025, sharing De record 3rd wkt partnership of 358 with W.L.Madsen. Scored 201* & 131 v Glamorgan (Derby) 2023, sharing De record 1st wkt partnership of 360* with H.R.C.Came; also scored 139 & 119* v Glamorgan (Cardiff) to become the first batter ever to score four hundreds against the same opposition in a season. 50 wkts (2); most – 55 (2019). BB 7-20 v Glos (Derby) 2018. LO HS 136 v Worcs (Worcester) 2022 (RLC). LO BB 4-35 Unicorns v Glos (Exmouth) 2011 (CB40). T20 HS 97*. T20 BB 3-33.

‡NOSUFIYAN MUQEEM, b Pallandri, Pakistan 15 Nov 1999. LHB, SLA. Peshawar 2025-26. KRL 2025-26. **LOI** (P): 4 (2024-25 to 2025); HS 13* v NZ (Hamilton) 2024-25; BB 4-52 v SA (Johannesburg) 2024-25. **IT20** (P): 19 (2023-24 to 2025); HS 10 v I (Dubai) 2025; BB 5-3 v Z (Bulawayo) 2024-25. HS 37 and BB 3-16 Peshawar v Bahawalpur (Rawalpindi) 2025-26. LO HS 17* Dolphins v Markhors (Faisalabad) 2024-25. LO BB 4-14 KRL v WAPDA (Karachi) 2025-26. T20 HS 10. T20 BB 5-3.

WAGSTAFF, Mitchell David (John Port S), b Derby 2 Sep 2003. LHB, LB. Squad No 22. Debut (Derbyshire) 2023. Derbyshire 2nd XI debut 2019. HS 78 v Glamorgan (Cardiff) 2023. BB 2-24 v Leics (Leicester) 2024. LO HS 36 v Surrey (Derby) 2021 (RLC). LO BB 1-37 v Somerset (Taunton) 2024 (MBC). T20 HS 1*. T20 BB 1-31.

WHITELEY, Ross Andrew (Repton S), b Sheffield, Yorks 13 Sep 1988. 6'2". LHB, LM. Squad No 44. Debut (Derbyshire) 2008. Worcestershire 2013-21; cap 2013. Hampshire 2022. Southern Brave 2021-22. Oval Invincibles 2023. Welsh Fire 2024. Trent Rockets 2025. HS 130* v Kent (Derby) 2011. BB 2-6 v Hants (Derby) 2012. LO HS 131 Wo v Leics (Leicester) 2019 (RLC). LO BB 4-58 Wo v West Indies A (Worcester) 2018. T20 HS 91*. T20 BB 3-23.

RELEASED/RETIRED

(Having made a County 1st XI appearance in 2025.)

LLOYD, David Liam (Darland HS; Shrewsbury S), b St Asaph, Denbighs 15 May 1992. 5'9". RHB, RM. Glamorgan 2012-23; cap 2019; captain 2022-23. Derbyshire 2024-25; cap 2024; captain 2024. Welsh Fire 2021. Wales MC 2010-11. HS 313* Gm v Derbys (Cardiff) 2022. De HS 93 v Middx (Derby) 2025. BB 4-11 Gm v Kent (Cardiff) 2021. De BB 3-43 v Leics (Leicester) 2024. LO HS 92 Gm v Middx (Cardiff) 2018 (RLC). LO BB 5-53 Gm v Kent (Swansea) 2017 (RLC). T20 HS 97*. T20 BB 2-13.

PATEL, Samit Rohit (Worksop C), b Leicester 30 Nov 1984. Elder brother of A.Patel (Derbyshire and Notts 2007-11). 5'8". RHB, SLA. Nottinghamshire 2002-22; cap 2008; testimonial 2017. Glamorgan 2019 (on loan). Derbyshire 2024-25 (l-o only); captain 2024-25. Big Bash: MR 2019-20. Trent Rockets 2021-23. Northern Superchargers 2025. MCC 2014, 2016. PCA 2017. **Tests**: 6 (2011-12 to 2015-16); HS 42 v P (Sharjah) 2015-16; BB 2-27 v SL (Galle) 2011-12. **LOI**: 36 (2008 to 2012-13); HS 70* v I (Mohali) 2011-12; BB 5-41 v SA (Oval) 2008. **IT20**: 18 (2011 to 2012-13); HS 67 v SL (Pallekele) 2012-13; BB 2-6 v Afg (Colombo, RPS) 2012-13. F-c Tours: NZ 2008-09 (Eng A); I 2012-13; SL 2011-12; UAE 2015-16 (v P). 1000 runs (2); most – 1125 (2014). HS 257* Nt. v Glos (Bristol) 2017. BB 7-68 (11-111 match) Nt v Hants (Southampton) 2011. LO HS 136* Nt v Northants (Northampton) 2019 (RLC). LO BB 6-13 Nt v Ireland (Dublin) 2009 (FPT). T20 HS 90*. T20 BB 4-5.

THOMSON, Alexander Thomas (Kings S, Macclesfield; Denstone C; Cardiff Met U), b Macclesfield, Cheshire 30 Oct 1993. 6'2". RHB, OB. Cardiff MCCU 2014-16. Warwickshire 2017-20. Derbyshire 2021-25. Staffordshire 2013-16. F-c Tour (MCC): Nepal 2019-20. HS 60 v Glamorgan (Cardiff) 2024. BB 7-65 (12-201 match) v Glamorgan (Cardiff) 2024. LO HS 68* Wa v Derbys (Derby) 2019 (RLC). LO BB 3-25 v Lancs (Manchester) 2022 (RLC). T20 HS 28. T20 BB 4-35.

NOTICKNER, Blair Marshall, b Napier, New Zealand 13 Oct 1993. RHB, RMF. Central Districts 2014-15 to date. Derbyshire 2024-25. **Tests** (NZ): 4 (2022-23 to 2025-26); HS 8 v E (Mt Maunganui) 2022-23; BB 4-32 v WI (Wellington) 2025-26. **LOI** (NZ): 16 (2021-22 to 2025-26); HS 18* v E (Wellington) 2025-26; BB 4-34 v E (Hamilton) 2025-26. **IT20** (NZ): 18 (2018-19 to 2023); HS 5* v E (Napier) 2019-20; BB 4-27 v Neth (Hague) 2022. F-c Tour (NZ A): UAE (v P A) 2018-19. HS 47 v Sussex (Derby) 2024. BB 5-23 CD v Canterbury (Napier) 2017-18. De BB 3-44 v Glamorgan (Cardiff) 2025. LO HS 24* CD v ND (Lincoln) 2019-20. LO BB 4-34 (*see LOI*). T20 HS 22. T20 BB 5-19.

DERBYSHIRE 2025

RESULTS SUMMARY

	Place	Won	Lost	Tied	Drew	NR
Rothesay County Championship (Div 2)	3rd	3	2		9	
Metro Bank One-Day Cup (Group A)	8th	1	5			1
Vitality Blast (North Group)	9th	4	10			

ROTHESAY COUNTY CHAMPIONSHIP AVERAGES
BATTING AND FIELDING

Cap		M	I	NO	HS	Runs	Avge	100	50	Ct/St
2019	L.M.Reece	11	16	6	211	643	64.30	1	4	–
2011	W.L.Madsen	14	22	2	198	1158	57.90	4	5	18
	M.K.Andersson	13	17	2	107	745	49.66	3	3	15
	C.P.Jewell	12	22	1	232	1005	47.85	1	8	16
	A.F.T.Donald	4	5	1	55	156	39.00	–	1	5
	H.R.C.Came	14	23	1	103	843	38.31	1	7	2
2022	B.D.Guest	14	22	4	91	651	36.16	–	5	43
2022	A.K.Dal	11	13	3	52*	281	28.10	–	1	–
2024	D.L.Lloyd	9	16	–	93	377	23.56	–	2	2
2024	Z.J.Chappell	14	17	1	61	367	22.93	–	2	8
	B.W.Aitchison	7	8	1	45	151	21.57	–	–	8
	B.M.Tickner	8	11	5	28	125	20.83	–	–	4
	A.T.Thomson	4	7	–	60	143	20.42	–	2	3
	J.P.Morley	11	12	4	41	125	15.62	–	–	8

Also played: A.S.Basra (2 matches) 16*; P.R.Brown (2) 1* (2 ct); J.W.A.Hawkins (1) 34*, 0; R.O.L.Haydon (2) 7* (1 ct); M.D.Wagstaff (1) 2, 25.

BOWLING

	O	M	R	W	Avge	Best	5wI	10wM
L.M.Reece	294.5	53	950	50	19.00	6-52	4	2
A.K.Dal	198	39	580	19	30.52	4-43	–	–
B.W.Aitchison	195.1	31	636	19	33.47	3-35	–	–
B.M.Tickner	241	39	867	24	36.12	3-44	–	–
Z.J.Chappell	361	61	1266	34	37.23	4-55	–	–
A.T.Thomson	214.5	29	687	17	40.41	4-81	–	–
J.P.Morley	367	43	1274	27	47.18	6-55	2	–
Also bowled								
M.K.Andersson	136.5	11	489	9	54.33	2-32	–	–
D.L.Lloyd	116.4	11	442	7	63.14	2-18	–	–

P.R.Brown 37.4-4-168-3; H.R.C.Came 14-2-59-0; J.W.A.Hawkins 38.5-1-171-2; R.O.L.Haydon 24-5-95-2; W.L.Madsen 5-0-34-1; M.D.Wagstaff 13-0-92-1.

Derbyshire played no first-class fixtures outside the County Championship in 2025. The First-Class Averages (pp 223–236) give the records of Derbyshire players in all first-class county matches.

DERBYSHIRE RECORDS

FIRST-CLASS CRICKET

Highest Total	For 801-8d		v	Somerset	Taunton 2007
	V 677-7d		by	Yorkshire	Leeds 2013
Lowest Total	For 16		v	Notts	Nottingham 1879
	V 23		by	Hampshire	Burton upon T 1958
Highest Innings	For 274	G.A.Davidson	v	Lancashire	Manchester 1896
	V 343*	P.A.Perrin	for	Essex	Chesterfield 1904

Highest Partnership for each Wicket

1st	360*	H.R.C.Came/L.M.Reece	v	Glamorgan	Derby 2023
2nd	417	K.J.Barnett/T.A.Tweats	v	Yorkshire	Derby 1997
3rd	358	L.M.Reece/W.L.Madsen	v	Kent	Canterbury 2025
4th	328	P.Vaulkhard/D.Smith	v	Notts	Nottingham 1946
5th	302*†	J.E.Morris/D.G.Cork	v	Glos	Cheltenham 1993
6th	258*	J.L.du Plooy/A.K.Dal	v	Worcs	Worcester 2023
7th	258	M.P.Dowman/D.G.Cork	v	Durham	Derby 2000
8th	198	K.M.Krikken/D.G.Cork	v	Lancashire	Manchester 1996
9th	283	A.Warren/J.Chapman	v	Warwicks	Blackwell 1910
10th	132	A.Hill/M.Jean-Jacques	v	Yorkshire	Sheffield 1986

† *346 runs were added for this wicket in two separate partnerships*

Best Bowling	For 10- 40	W.Bestwick	v	Glamorgan	Cardiff 1921
(Innings)	V 10- 45	R.L.Johnson	for	Middlesex	Derby 1994
Best Bowling	For 17-103	W.Mycroft	v	Hampshire	Southampton 1876
(Match)	V 16-101	G.Giffen	for	Australians	Derby 1886

Most Runs – Season	2165	D.B.Carr	(av 48.11)	1959
Most Runs – Career	23854	K.J.Barnett	(av 41.12)	1979-98
Most 100s – Season	8	P.N.Kirsten		1982
Most 100s – Career	53	K.J.Barnett		1979-98
Most Wkts – Season	168	T.B.Mitchell	(av 19.55)	1935
Most Wkts – Career	1670	H.L.Jackson	(av 17.11)	1947-63
Most Career W-K Dismissals	1304	R.W.Taylor	(1157 ct; 147 st)	1961-84
Most Career Catches in the Field	563	D.C.Morgan		1950-69

LIMITED-OVERS CRICKET

Highest Total	50ov	366-4		v	Comb Univs	Oxford 1991
	40ov	321-5		v	Essex	Leek 2013
	T20	231-4		v	Leics	Derby 2023
Lowest Total	50ov	73		v	Lancashire	Derby 1993
	40ov	60		v	Kent	Canterbury 2008
	T20	72		v	Leics	Derby 2013
Highest Innings	50ov	173*	M.J.Di Venuto	v	Derbys CB	Derby 2000
	40ov	141*	C.J.Adams	v	Kent	Chesterfield 1992
	T20	111	W.J.Durston	v	Notts	Nottingham 2010
Best Bowling	50ov	8-21	M.A.Holding	v	Sussex	Hove 1988
	40ov	6- 7	M.Hendrick	v	Notts	Nottingham 1972
	T20	5-27	T.Lungley	v	Leics	Leicester 2009

DURHAM

Formation of Present Club: 23 May 1882
Inaugural First-Class Match: 1992
Colours: Navy Blue, Yellow and Maroon
Badge: Coat of Arms of the County of Durham
County Champions: (3) 2008, 2009, 2013
Friends Provident Trophy Winners: (1) 2007
Royal London One-Day Cup Winners: (1) 2014
Twenty20 Cup Winners: (0); best – Finalist 2016

Chief Executive: Tim Bostock, Banks Homes Riverside, Chester-le-Street, Co Durham DH3 3QR ● **Tel**: 0191 387 1717 ● **Email**: reception@durhamcricket.co.uk ● **Web**: www.durhamcricket.co.uk ● **Twitter**: @DurhamCricket (90,966 followers)

Director of Cricket: Marcus North. **Head Coach**: Ryan Campbell. **Lead Bowling Coach**: Graham Onions. **Lead Batting Coach**: Dale Benkenstein. **Assistant Coach**: Alan Walker. **Captain**: A.Z.Lees. **Overseas Players**: D.G.Bedingham and K.A.J.Roach. **2026 Testimonial**: S.G.Borthwick. **Head Groundsman**: Vic Demain. **Scorer**: William Dobson.
‡ New registration. ᴺᑫ Not qualified for England.

Durham revised their capping system in 2020 and now award players with their County Caps when they make their first-class debut.

ᴺᑫ**ACKERMANN, Colin** Neil (Grey HS, Port Elizabeth; U of SA), b George, South Africa 4 Apr 1991. 5'1". RHB, OB. Squad No 48. Eastern Province 2010-11 to 2015-16. Warriors 2013-14 to 2018-19. Leicestershire 2017-23; cap 2019; captain 2020-22. Durham debut 2023-24. Manchester Originals 2021-22. Southern Brave 2023. **LOI** (Neth): 21 (2021-22 to 2024-25); HS 81 v Afg (Doha) 2021-22; BB 4-22 v Oman (Al Amerat) 2024-25. **IT20** (Neth): 29 (2019-20 to 2025-26); HS 62 v B (Hobart) 2022-23; BB 3-15 v Oman (Al Amerat) 2024-25. 1000 runs (0+1): 1200 (2013-14). HS 277* Le v Sussex (Hove) 2022, sharing Le and CC record 5th wkt partnership of 477* with P.W.A.Mulder. Du HS 186 v Lancs (Chester-le-St) 2024, sharing Du record partnership for any wkt of 425 with D.G.Bedingham. BB 5-69 Le v Sussex (Hove) 2019. Du BB 2-49 v Yorks (Chester-le-St) 2025. LO HS 152* Le v Worcs (Leicester) 2019 (RLC). LO BB 4-22 (*see LOI*). T20 HS 90*. T20 BB 7-18 v Warwks (Leicester) 2019 – 3rd best T20 figures in world.

ALDRIDGE, Kasey Luke (Millfield S), b Bristol, Glos 24 Dec 2000. 6'5". RHB, RM. Squad No 55. Somerset 2021-25. Durham debut 2025 (T20 only). Devon 2019. HS 180 Sm v Hants (Taunton) 2025. BB 6-110 Sm v Kent (Canterbury) 2022. LO HS 24 Sm v Durham (Chester-le-St) 2024 (MBC). LO BB 6-33 Sm v Lancs (Taunton) 2024 (MBC). T20 HS 44*. T20 BB 5-29.

BAILEY, Archie George (Malvern C), b Northampton 28 Jun 2005. 6'2". RHB, RMF. Squad No 6 Gloucestershire 2024-25; cap 2024. Durham debut 2025 (l-o only). Gloucestershire 2nd XI 2022-25. HS 19* Gs v Glamorgan (Cardiff) 2025. BB 4-30 Gs v Middx (Lord's) 2024. LO HS 1 v Northants (Chester-le-St) 2025 (MBC). LO BB 2-83 v Middx (Chester-le-St) 2025 (MBC).

ᴺᑫ**BEDINGHAM, David** Guy, b George, Cape Province, South Africa 22 Apr 1994. 5'9". RHB, OB, occ WK. Squad No 5. Western Province 2012-13 to date. Boland 2015-16 to 2018-19. Cape Cobras 2018-19 to 2019-20. Durham debut/cap 2020. Birmingham Phoenix 2021. **Tests** (SA): 15 (2023-24 to 2025); HS 110 v NZ (Hamilton) 2023-24. F-c Tours (SA): E 2025 (v A), WI 2024; NZ 2023-24; B 2024-25; Z 2025. 1000 runs (3); most – 1331 (2024). HS 279 v Lancs (Chester-le-St) 2024, Du record, sharing Du record partnership for any wkt of 425 with C.N.Ackermann. BB –. LO HS 188* SA A v Sri Lanka A (Potchefstroom) 2024. LO BB –. T20 HS 78.

BORTHWICK, Scott George (Farringdon Community Sports C, Sunderland), b Sunderland 19 Apr 1990. 5'9". LHB, LBG. Squad No 16. Debut (Durham) 2009; cap 2009; captain 2021-24; testimonial 2026. Chilaw Marians 2014-15. Wellington 2015-16 to 2016-17. Surrey 2017-20; cap 2018. **Tests**: 1 (2013-14); HS 4 and BB 3-33 v A (Sydney) 2013-14. **LOI**: 2 (2011 to 2011-12); HS 15 v Ire (Dublin) 2011; BB –. **IT20**: 1 (2011); HS 14 and BB 1-15 v WI (Oval) 2011. F-c Tours: A 2013-14; SL 2013-14 (EL). 1000 runs (5); most – 1390 (2015). HS 216 v Middx (Chester-le-St) 2014. BB 6-70 v Surrey (Oval) 2013. LO HS 104 v Derbys (Chester-le-St) 2024 (MBC). LO BB 5-38 v Leics (Leicester) 2015 (RLC). T20 HS 62. T20 BB 4-18.

BOWMAN, Robert Stanley William (Newcastle S), b Kingston-upon-Thames, Surrey 14 Jul 2007. 5'9". RHB, WK. Awaiting f-c debut. Durham 2nd XI debut 2024. LO HS 27 v Northants (Chester-le-St) 2025 (MBC).

CARSE, Brydon Alexander (Pearson HS, Pt Elizabeth), b Port Elizabeth, South Africa 31 Jul 1995. Son of J.A.Carse (Rhodesia, W Province, E Province, Northants, Border, Griqualand W 1977-78 to 1992-93). 6'1½". RHB, RF. Squad No 99. Debut (Durham) 2016; cap 2016. Northern Superchargers 2021-23. **ECB Two-Year Central Contract from 2025-26**. **Tests**: 14 (2024-25 to 2025-26); HS 56 v I (Lord's) 2025; BB 6-42 (10-106 match) v NZ (Christchurch) 2024-25. **LOI**: 30 (2021 to 2025-26); HS 36 v NZ (Wellington) 2025-26; BB 5-61 v P (Birmingham) 2021. **IT20**: 14 (2023 to 2025-26); HS 31 v I (Chennai) 2024-25; BB 3-23 v NZ (Chester-le-St) 2023. F-c Tours: A 2019-20 (EL), 2025-26; NZ 2024-25; I 2023-24 (EL); P 2024-25. HS 108* v Derbys (Chester-le-St) 2023. BB 6-26 v Middx (Lord's) 2019. LO HS 36 (*see LOI*). LO BB 5-61 (*see LOI*). T20 HS 58. T20 BB 3-23.

CLARK, Graham (St Benedict's Catholic HS, Whitehaven), b Whitehaven, Cumbria 16 Mar 1993. Younger brother of J.Clark (*see SURREY*). 6'1". RHB, LB. Squad No 7. Debut (Durham) 2015; cap 2015. Northern Superchargers 2024. HS 160 v Hants (Southampton) 2025. BB 1-10 v Sussex (Arundel) 2018. LO HS 141* v Kent (Beckenham) 2021 (RLC). LO BB 3-18 v Leics (Leicester) 2018 (RLC). T20 HS 102*. T20 BB –.

CONNERS, Samuel (George Spencer Ac), b Nottingham 13 Feb 1999. 6'0". RHB, RM. Squad No 59. Derbyshire 2019-24; cap 2022. Durham debut/cap 2025. HS 39 De v Kent (Derby) 2021. Du HS 24 v Essex (Chelmsford) 2025. 50 wkts (1): 50 (2022). BB 5-51 De v Durham (Leicester) 2022. Du BB 3-105 v Worcs (Chester-le-St) 2025. LO HS 36* De v Somerset (Derby) 2023 (MBC). LO BB 5-28 De v Yorks (Chesterfield) 2022 (RLC). T20 HS 2*. T20 BB 3-25.

DRISSELL, George Samuel (Bedminster Down SS; Filton C), b Bristol, Glos 20 Jan 1999. 6'1½". RHB, OB. Squad No 8. Gloucestershire 2017-19; cap 2017. Durham debut/cap 2022. HS 82 v Zimbabwe A (Harare) 2024-25. CC HS 69 v Hants (Southampton) 2025. BB 5-59 v Somerset (Taunton) 2025. LO HS 46 v Yorks (Scarborough) 2025 (MBC). LO BB 4-38 v Kent (Canterbury) 2024 (MBC). T20 HS 0. T20 BB 1-20.

GAY, Emilio Nico (Bedford S), b Bedford 14 Apr 2000. 6'2". LHB, RM. Squad No 24. Northamptonshire 2019-24. Durham debut/cap 2024. Italy 2024-25 (l-o only). **IT20** (It): 3 (2025); HS 50 v Scot (Hague) 2025. 1000 runs (2); most – 1076 (2025). Nh HS 261 Nh v Middx (Northampton) 2024. Du HS 161 v Worcs (Chester-le-St) 2025. BB 1-8 Nh v Kent (Northampton) 2021. LO HS 131 Nh v Lancs (Blackpool) 2022 (RLC). LO BB 1-25 Nh v Hants (Southampton) 2024 (MBC). T20 HS 53. T20 BB –.

HOGG, Daniel Maxwell (Durham Cathedral S), b Manchester 19 Dec 2004. 6'7". RHB, RMF. Squad No 22. Debut (Durham) 2024; cap 2024. Durham 2nd XI debut 2023. HS 18* v Somerset (Chester-le-St) 2025. BB 7-66 v Northants (Chester-le-St) 2024 – on debut. LO HS 2* and LO BB 1-13 v Hants (Gosforth) 2024 (MBC).

LEES, Alexander Zak (Holy Trinity SS, Halifax), b Halifax, Yorks 14 Apr 1993. 6'3". LHB, LB. Squad No 19. Yorkshire 2010-18; cap 2014; captain 2016 (l-o). Durham debut/cap 2018; captain 2026. MCC 2017. YC 2014. **Tests**: 10 (2021-22 to 2022); HS 67 v NZ (Nottingham) 2022. F-c Tours: WI 2021-22; I 2023-24 (EL); SL 2022-23 (EL). 1000 runs (3); most – 1347 (2023). HS 275* Y v Derbys (Chesterfield) 2013. Du HS 195 v Glos (Chester-le-St) 2023. BB 2-51 Y v Middx (Lord's) 2016. Du BB 1-12 v Yorks (Chester-le-St) 2020. LO HS 148 v Warwks (Chester-le-St) 2025 (MBC). T20 HS 101*.

McKINNEY, Ben Stewart (Seaham HS), b Sunderland 2 Oct 2004. 6'7". LHB, OB. Squad No 9. Debut (Durham) 2023; cap 2023. Durham 2nd XI debut 2021. England U19 2022 to 2022-23. F-c Tours (EL): A 2024-25, 2025-26. HS 153 v Warwks (Chester-le-St) 2024. LO HS 115 v Kent (Canterbury) 2024 (MBC). T20 HS 40.

MINTO, James (St Michael's S, Billingham), b Stockton-on-Tees 26 Nov 2007. 5'11". LHB, LFM. Squad No 77. Debut (Durham) 2024; cap 2024. Durham 2nd XI debut 2024. England U19 2024-25 to 2025. Made Durham 1st XI debut aged 16y 245d, taking the wicket of E.A.Brookes with his 4th delivery in senior cricket. HS 67 v Notts (Chester-le-St) 2025. BB 5-21 v Zimbabwe A (Harare) 2024-25. CC BB 2-78 v Surrey (Oval) 2024. LO HS 10* v Somerset (Taunton) 2025 (MBC). LO BB 2-40 v Worcs (Worcester) 2024 (MBC).

MUSTARD, Haydon Samuel (Holforth Woodrey S; Newcastle BS), b Newcastle upon Tyne 12 Jul 2006. Son of P.Mustard (Durham, Mountaineers, Auckland, Lancashire & Gloucestershire 2002-17). 6'0". RHB, WK, occ RM. Squad No 52. Debut (Durham) 2023-24; cap 2023-24. Durham 2nd XI debut 2022. HS 10 v Zimbabwe A (Harare) 2023-24. LO HS 38 v Somerset (Taunton) 2025 (MBC). T20 HS 46*.

PARKINSON, Callum Francis (Bolton S), b Bolton, Lancs 24 Oct 1996. Twin brother of M.W.Parkinson (*see KENT*). 5'8". RHB, SLA. Squad No 17. Derbyshire 2016. Leicestershire 2017-23; cap 2020. Durham debut/cap 2023-24. Worcestershire 2025 (on loan). Northern Superchargers 2021-24. Trent Rockets 2025. Staffordshire 2015-16. HS 75 Le v Kent (Canterbury) 2017. Du HS 18 v Hants (Southampton) 2024 and 18 v Somerset (Taunton) 2024. BB 8-148 (10-185 match) Le v Worcs (Worcester) 2017. Du BB 5-131 v Essex (Chester-le-St) 2024. LO HS 52* Le v Notts (Leicester) 2018 (RLC). LO BB 2-42 v Derbys (Chester-le-St) 2024 (MBC). T20 HS 27*. T20 BB 4-20.

POTTS, Matthew ('Matty') James (St Robert of Newminster Catholic S), b Sunderland 29 Oct 1998. 6'0". RHB, RFM. Squad No 35. Debut (Durham) 2017; cap 2017. Northern Superchargers 2021 to date **ECB One-Year Central Contract from 2025-26.** Tests: 11 (2022 to 2025-26); HS 21 v SL (Lord's) 2024; BB 4-13 v NZ (Lord's) 2022, taking the wicket of K.S.Williamson with his fifth delivery in Test cricket. **LOI**: 11 (2022 to 2025); HS 15* v WI (Bridgetown) 2023-24; BB 4-38 v A (Lord's) 2024 **IT20**: 1 (2025); HS – ; BB 2-48 v WI (Chester-le-St) 2025. F-c Tours: A 2025-26; NZ 2024-25; I 2023-24 (EL); P 2024-25. HS 149* v Warwks (Birmingham) 2024. 50 wkts (2); most – 78 (2022). BB 9-68 (12-126 match) v Lancs (Chester-le-St) 2024. LO HS 30 v Yorks (Chester-le-St) 2018 (RLC). LO BB 4-38 (*see LOI*). T20 HS 40*. T20 BB 5-17.

RAINE, Benjamin Alexander (St Aidan's RC SS, Sunderland) b Sunderland, 14 Sep 1991. 6'0". LHB, RMF. Squad No 44. Debut (Durham) 2011; cap 2011. Leicestershire 2013-18; cap 2018. HS 103* v Worcs (Chester-le-St) 2022, sharing Du record 8th wkt partnership of 213* with P.Coughlin. 50 wkts (3); most – 61 (2015). BB 6-27 v Sussex (Hove) 2019. LO HS 83 Le v Worcs (Worcester) 2018 (RLC). LO BB 4-30 v Derbys (Chester-le-St) 2024 (MBC). T20 HS 113. T20 BB 5-21.

RHODES, William Michael Henry (Cottingham HS, Cottingham SFC, Hull), b Nottingham 2 Mar 1995. 6'2". LHB, RMF. Squad No 15. Yorkshire 2014-15 to 2016. Essex 2016 (on loan). Warwickshire 2018-24; cap 2020; captain 2022-23. Durham debut/cap 2024-25. MCC 2019. F-c Tour (MCC): Nepal 2019-20. 1000 runs (1): 1020 (2024). HS 207 Wa v Worcs (Worcester) 2020. Du HS 151* v Worcs (Chester-le-St) 2025. BB 5-17 Wa v Essex (Chelmsford) 2019. Du BB 3-131 v Surrey (Oval) 2025. LO HS 113 Wa v Notts (Birmingham) 2022 (RLC). LO BB 5-30 v Sussex (Gosforth) 2025 (MBC). T20 HS 79. T20 BB 4-34.

‡NO**ROACH, Kemar** Andre Jamal, b St Lucy, Barbados 30 Jun 1988. 6'1". RHB, RFM. Barbados 2007-08 to date. Worcestershire 2011. Surrey 2021-25; cap 2023. IPL: DC 2009-10. Big Bash: BH 2012-13 to 2013-14. **Tests** (WI): 88 (2009 to 2025-26); HS 58* v NZ (Christchurch) 2025-26; BB 6-48 v B (St George's) 2009. **LOI** (WI): 95 (2008 to 2021-22); HS 34 v I (Port of Spain) 2013; BB 6-27 v Netherlands 2010-11. **IT20** (WI): 11 (2008 to 2012-13); HS 3* and BB 2-25 v SA (North Sound) 2010. F-c Tours (WI): E 2012, 2017, 2020; A 2009-10, 2015-16, 2022-23, 2023-24; SA 2014-15, 2022-23; NZ 2008-09, 2017-18, 2020-21, 2025-26; I 2011-12, 2019-20 (v Afg); P 2024-25; SL 2010-11, 2015-16, 2021-22; Z 2017-18, 2023-24; B 2011-12, 2018-19, 2020-21. HS 58* (*see Tests*). CC HS 29 Sy v Essex (Oval) 2022. BB 8-40 (10-80 match) Sy v Hants (Oval) 2021. LO HS 34 (*see LOI*). LO BB 6-27 (*see LOI*). T20 HS 12. T20 BB 3-18.

ROBINSON, Luke Stephen (Park View Ac), b Sunderland 12 Oct 2003. 5'11". LHB, RM. Squad No 12. Awaiting f-c debut. Durham 2nd XI 2022. LO HS 0. LO BB 1-42 v Derbys (Chester-le-St) 2023 (MBC). T20 HS –. T20 BB 2-0.

ROBINSON, Oliver Graham (Hurtsmere S, Greenwich), b Sidcup, Kent 1 Dec 1998. 5'8". RHB, WK, occ RM. Squad No 21. Kent 2018-22; cap 2022. Durham debut/cap 2023. Northern Superchargers 2024. HS 198 v Essex (Chelmsford) 2024. LO HS 206* K v Worcs (Worcester) 2022 (RLC) – K record. T20 HS 70.

NQ**SHAFIQULLAH GHAFARI**, b Afghanistan 8 Oct 2001. RHB, LBG. Squad No 18. Kabul Region 2018-19. Band-e-Amir Region 2021-22. Amo Region 2022-23. Durham debut/cap 2025. HS 69 Kabul v Mis Ainak (Kabul) 2018-19. Du HS 1* and Du BB 4-119 v Yorks (Leeds) 2025. BB 7-44 Amo v Mis Ainak (Ghazi Amanullah Khan) 2022-23. LO HS 26 Band-e-Amir v Amo (Kandahar) 2020-21. LO BB 2-43 Band-e-Amir v Speen Ghar (Kandahar) 2021-22. T20 HS 58. T20 BB 2-33.

SOWTER, Nathan Adam (Hill Sport HS, NSW), b Penrith, NSW, Australia 12 Oct 1992. 5'10". RHB, LB. Squad No 72. Middlesex 2017-21. Durham debut 2022 (T20 only). Oval Invincibles 2021 to date. HS 57* M v Glamorgan (Cardiff) 2019. BB 3-42 M v Lancs (Manchester) 2017. LO HS 31 M v Surrey (Oval) 2019 (RLC). LO BB 6-62 M v Essex (Chelmsford) 2019 (RLC). T20 HS 37*. T20 BB 5-15.

STOKES, Benjamin Andrew (Cockermouth S), b Christchurch, Canterbury, New Zealand 4 Jun 1991. 6'1". LHB, RFM. Squad No 38. Durham (Durham) 2010; cap 2010. IPL: RPS 2017; RR 2018-21; CSK 2023. Big Bash: MR 2014-15. Northern Superchargers 2021-24. YC 2013. *Wisden* 2015. PCA 2019. BBC Sports Personality of the Year 2019. OBE 2020. **ECB Two-Year Central Contract from 2025-26. Tests**: 120 (2013-14 to 2025-26, 42 as captain); HS 258 v SA (Cape Town) 2015-16, setting E record fastest double century in 163 balls; BB 6-22 v WI (Lord's) 2017. **LOI**: 114 (2011 to 2023-24, 3 as captain); HS 182 v NZ (Oval) 2023 – E record; BB 5-61 v A (Southampton) 2013. **IT20**: 43 (2011 to 2022-23); HS 52* v P (Melbourne) 2022-23, in World Cup final; BB 3-26 v NZ (Delhi) 2015-16. F-c Tours (C=Captain): A 2013-14, 2021-22, 2025-26C; SA 2015-16, 2019-20; WI 2010-11 (EL), 2014-15, 2018-19, 2024-25C; NZ 2017-18, 2019-20, 2022-23C, 2024-25C; I 2016-17, 2020-21, 2023-24C; P 2022-23C, 2024-25C; SL 2018-19; B 2016-17; UAE 2015-16 (v P). HS 258 (*see Tests*). Du HS 185 v Lancs (Chester-le-St) 2011, sharing Du record 4th wkt partnership of 331 with D.M.Benkenstein. BB 7-67 (10-121 match) v Sussex (Chester-le-St) 2014. LO HS 182 (*see LOI*). LO BB 5-61 (*see LOI*). T20 HS 107*. T20 BB 4-16.

WOOD, Mark Andrew (Ashington HS; Newcastle C), b Ashington 11 Jan 1990. 5'11". RHB, RF. Squad No 33. Debut (Durham) 2011; cap 2017. IPL: CSK 2023; LSG 2023. Northumberland 2008-10. **ECB One-Year Central Contract from 2025-26. Tests**: 38 (2015 to 2024-25); HS 52 v NZ (Christchurch) 2017-18; BB 6-37 v A (Hobart) 2016-17. **LOI**: 70 (2015 to 2024-25); HS 43* v SA (Mumbai) 2023-24; BB 4-33 v A (Birmingham) 2017. **IT20**: 38 (2015 to 2024-25); HS 10* v I (Rajkot) 2024-25; BB 3-9 v WI (Basseterre) 2018-19. F-c Tours: A 2021-22, 2025-26; SA 2014-15 (EL), 2019-20; WI 2018-19, 2021-22; NZ 2017-18; I 2023-24; P 2022-23; SL 2013-14 (EL), 2020-21; UAE 2015-16 (v P), 2018-19 (EL v P A). HS 72* v Kent (Chester-le-St) 2017. BB 6-37 (*see Tests*). Du BB 6-46 v Derbys (Derby) 2018. LO HS 43* (*see LOI*). LO BB 4-33 (*see LOI*). T20 HS 27*. T20 BB 5-14.

RELEASED/RETIRED
(Having made a County 1st XI appearance in 2025)

COUGHLIN, P. – *see LANCASHIRE*.

NQ**De LEEDE, Bas**tiaan Franciscus Wilhelmus (St Maartens C), b Nootdorp, Netherlands 15 Nov 1999. Son of T.B.M.de Leede (Netherlands 1995 to 2006-07). 5'9". RHB, RMF. Netherlands 2017-18. Durham 2023-25; cap 2023. **LOI** (Neth): 54 (2018 to 2025); HS 123 and BB 5-52 v Scot (Bulawayo) 2023 – only the 4th to score a hundred and take five wkts in an LOI. **IT20** (Neth): 49 (2018 to 2025-26); HS 91* v USA (Bulawayo) 2022; BB 3-17 v Scot (Hague) 2025. HS 103 v Sussex (Chester-le-St) 2023. BB 4-76 v Glamorgan (Chester-le-St) 2023. LO HS 123 (*see LOI*). LO BB 5-52 (*see LOI*). T20 HS 91*. T20 BB 3-17.

NQ**DOGGETT, Brendan** James, b Rockhampton, Australia 3 May 1994. RHB, RM. Queensland 2017-18 to 2020-21. S Australia 2021-22 to date. Durham 2025; cap 2025. Big Bash: BH 2017-18 to 2018-19; ST 2019-20 to 2022-23; AS 2023-24 to 2024-25; MR 2025-26. **Tests** (A): 2 (2025-26); HS 13 v E (Brisbane) 2025-26; BB 3-51 v E (Perth) 2025-26. F-c Tour (Aus A): I 2018-19. HS 49 SA v NSW (Wollongong) 2022-23. Du HS 17 v Hants (Southampton) 2025. BB 6-15 Aus A v India A (Mackay) 2024-25. Du BB 4-69 v Yorks (Chester-le-St) 2025. LO HS 11 SA v NSW (Sydney, CC) 2025-26. LO BB 4-75 SA v Q (Adelaide, KR) 2021-22. T20 HS 47*. T20 BB 5-35.

NQ**FOULKES, Zakary** Glen, b Christchurch, New Zealand 5 Jun 2002. RHB, RM. Canterbury 2021-22 to date. Warwickshire 2024 (T20 only). Durham 2025 (T20 only). **Tests** (NZ): 4 (2025 to 2025-26); HS 23* v WI (Wellington) 2025-26; BB 5-37 v Z (Bulawayo) 2025 – on debut. **LOI** (NZ): 9 (2024-25 to 2025-26); HS 22* v WI (Christchurch) 2025-26; BB 4-41 v E (Mt Maunganui) 2024-25. **IT20** (NZ): 19 (2024 to 2025-26) HS 27* and BB 3-20 v SL (Dambulla) 2024-25. HS 75* Cant v ND (Hamilton) 2024-25. BB 5-37 (see Tests). LO HS 74 NZ A v South Africa A (Benoni) 2025. LO BB 4-41 (see LOI). T20 HS 32. T20 BB 4-23.

KILLEEN, M.J. – see ESSEX.

NQ**NEESHAM, James** Douglas Sheahan, b Auckland, New Zealand 17 Sep 1990. LHB, RMF. Auckland 2009-10 to 2010-11. Otago 2011-12 to 2017-18. Wellington 2018-19 to 2021-22. Essex 2021. Northamptonshire 2022. Durham 2025; cap 2025. Derbyshire 2016 (l-o only). Kent 2017 (T20 only). Leicestershire 2024 (T20 only). IPL: DD 2014; KXIP 2020-21; MI 2021; RR 2022. Big Bash: HH 2022-23. Welsh Fire 2021. Oval Invincibles 2023. **Tests** (NZ): 12 (2013-14 to 2016-17); HS 137* v I (Wellington) 2013-14; BB 3-42 v SL (Wellington) 2014-15. **LOI** (NZ): 76 (2012-13 to 2023-24); HS 97* v P (Birmingham) 2019; BB 5-27 v B (Wellington) 2020-21. **IT20** (NZ): 99 (2012-13 to 2025-26); HS 48* v WI (Auckland) 2020-21; BB 5-22 v P (Wellington) 2024-25. F-c Tours (NZ): A 2015-16; WI 2014; I 2013-14 (NZ A), 2016-17; UAE (v P) 2014-15. HS 147 Otago v OD (Nelson) 2013-14. CC HS 91 and CC BB 1-43 Nh v Kent (Canterbury) 2017. Du HS 1 and Du BB 1-80 v Surrey (Oval) 2025. BB 5-65 Otago v ND (Whangarei) 2013-14. LO HS 128 Auckland v CD (Dunedin) 2024-25. LO BB 5-27 (see LOI). T20 HS 97*. T20 BB 5-22.

NQ**WAGNER, Neil**, b Pretoria, South Africa 13 Mar 1986. LHB, LMF. Northerns 2005-06 to 2007-08. Titans 2006-07 to 2007-08. Otago 2008-09 to 2017-18. Northamptonshire 2014. Lancashire 2016. Essex 2017-18. Northern Districts 2018-19 to date. Somerset 2023. Durham 2024-25; cap 2024. **Tests** (NZ): 64 (2012 to 2023-24); HS 66* v WI (Wellington) 2020-21; BB 7-39 v WI (Wellington) 2017-18. F-c Tours (NZ): E 2013, 2015, 2021, 2022; A 2019-20; SA 2012-13, 2016; WI 2012, 2014; I 2016-17; P 2022-23; Z 2007 (SA Acad), 2016; B 2013-14; UAE 2018-19 (v P). HS 72 Sm v Warwks (Birmingham) 2023. Du HS 33 v Somerset (Taunton) 2025. 50 wkts (0+2); most – 51 (2010-11, 2012-13). BB 7-39 (see Tests). CC BB 6-48 Ex v Somerset (Taunton) 2017. Du BB 4-68 v Northants (Chester-le-St) 2024. LO HS 45* ND v Wellington (Whangarei) 2022-23. LO BB 5-31 ND v Auckland (Hamilton) 2022-23. T20 HS 36. T20 BB 4-33.

NQ**YUSUF, Codi** Ethan, b Knysna, South Africa 4 Oct 1998. RHB, RFM. Central Gauteng 2019-20 to 2020-21. Gauteng 2021-22 to date. Durham 2025; cap 2025. **Tests** (SA): 2 (2025); HS 27 and BB 3-22 v Z (Bulawayo) 2025. HS 34 C Gauteng v FS (Johannesburg) 2019-20. Du HS 44* v Hants (Southampton) 2025. BB 6-49 Gauteng v KZN Coastal (Durban) 2023-24. Du BB 4-26 v Worcs (Worcester) 2025. LO HS 28* C Gauteng v Easterns (Johannesburg, WM) 2019-20. LO BB 4-26 Gauteng v KZN Coastal (Johannesburg) 2021-22. T20 HS 25. T20 BB 3-15.

S.J.C.McAndon left the staff without making a County 1st XI appearance in 2025.

DURHAM 2025

RESULTS SUMMARY

	Place	Won	Lost	Drew	NR
Rothesay County Championship (Div 1)	9th	2	6	6	
Metro Bank One-Day Cup (Group B)	6th	3	5		
Vitality Blast (North Group)	QF	8	6		1

ROTHESAY COUNTY CHAMPIONSHIP AVERAGES
BATTING AND FIELDING

Cap†		M	I	NO	HS	Runs	Avge	100	50	Ct/St
2024	E.N.Gay	13	23	2	161	954	45.42	4	1	7
2015	G.Clark	13	20	2	160	768	42.66	2	1	2
2018	A.Z.Lees	14	25	2	171	950	41.30	3	3	7
2024	C.N.Ackermann	12	20	1	124	607	31.94	2	3	13
2023	B.S.McKinney	10	18	–	153	565	31.38	2	–	9
2020	D.G.Bedingham	6	11	–	93	333	30.27	–	3	2
2025	W.M.H.Rhodes	9	13	1	151*	360	30.00	1	1	2
2023	O.G.Robinson	14	22	1	141	594	28.28	1	3	34/1
2025	C.E.Yusuf	5	6	2	44*	112	28.00	–	–	–
2024	D.M.Hogg	4	6	4	18*	54	27.00	–	–	1
2017	M.J.Potts	11	16	5	70	295	26.81	–	1	4
2022	G.S.Drissell	7	9	1	69	214	26.75	–	1	4
2011	B.A.Raine	13	20	2	101	468	26.00	1	1	–
2024	C.F.Parkinson	4	6	3	15	15	5.00	–	–	–

Also played: J.T.Ball (1 match – cap 2025) 13* (1 ct); J.M.Blatherwick (1 – cap 2025) 3 (2 ct); B.A.Carse (1 – cap 2016) 0, 6* (1 ct); S.Conners (3 – cap 2025) 7, 24 (1 ct); P.Coughlin (2 – cap 2012) 11, 7*, 0; B.F.W.de Leede (2 – cap 2023) 31*, 0, 5 (1 ct); B.J.Doggett (3 – cap 2025) 0, 0, 17; M.J.Killeen (1 – cap 2025) 0, 4; J.Minto (2 – cap 2024) 67, 34, 17; J.D.S.Neesham (1 – cap 2025) 1 (1 ct); Shafiqullah Ghafari (2 – cap 2025) 1*, 0*; N.Wagner (1 – cap 2024) 24, 33 (1ct).

BOWLING

	O	M	R	W	Avge	Best	5wI	10wM
C.E.Yusuf	104.4	9	440	19	23.15	4- 26	–	–
B.A.Raine	428.5	106	1230	44	27.95	5- 72	2	–
C.F.Parkinson	128	14	448	12	37.33	4- 39	–	–
M.J.Potts	370.2	64	1224	29	42.20	4- 84	–	–
G.S.Drissell	235.4	34	884	17	52.00	5- 59	1	–

Also bowled:

J.T.Ball	24.2	1	74	7	10.57	5- 47	1	
M.J.Killeen	30.1	4	103	6	17.16	5- 36	1	
B.A.Carse	32.3	3	152	5	30.40	3- 64		
B.J.Doggett	89.1	17	301	9	33.44	4- 69		
S.Connors	90	11	330	7	47.14	3-105		
C.N.Ackermann	94.5	14	335	7	47.85	2- 49		
Shafiqullah Ghafari	76	6	330	5	66.00	4-119		
D.M.Hogg	84.3	5	368	5	73.60	3- 60		
W.M.H.Rhodes	145.2	19	531	7	75.85	3-131		

J.M.Blatherwick 12-1-37-0; P.Coughlin 45.1-8-190-2; B.F.W.de Leede 42-2-174-4; J.Minto 40-1-172-3; J.D.S.Neesham 14-1-80-1; N.Wagner 7-0-47-2.

Durham played no first-class fixtures outside the County Championship in 2025. The First-Class Averages (pp 223–236) give the records of Durham players in all first-class county matches, with the exception of J.T.Ball, D.G.Bedingham, B.A.Carse, E.N.Gay, B.S.McKinney and C.F.Parkinson, whose first-class figures for Durham are as above.

† Durham revised their capping policy in 2020 and now award players with their County Caps when they make their first-class debut.

DURHAM RECORDS
FIRST-CLASS CRICKET

Highest Total	For 664		v	Notts	Chester-le-St[2] 2025
	V 820-9d		by	Surrey	The Oval 2025
Lowest Total	For 61		v	Leics	Leicester 2018
	V 18		by	Durham MCCU	Chester-le-St[2] 2012
Highest Innings	For 279	D.G.Bedingham	v	Lancashire	Chester-le-St[2] 2024
	V 501*	B.C.Lara	for	Warwicks	Birmingham 1994

Highest Partnership for each Wicket

1st	334=	S.Hutton/M.A.Roseberry	v	Oxford U	Oxford 1996
2nd	279	A.Z.Lees/E.N.Gay	v	Yorkshire	Chester-le-St[2] 2025
3rd	305	A.Z.Lees/D.G.Bedingham	v	Derbyshire	Derby 2023
4th	331	B.A.Stokes/D.M.Benkenstein	v	Lancashire	Chester-le-St[2] 2011
5th	425	D.G.Bedingham/C.N.Ackermann	v	Lancashire	Chester-le-St[2] 2024
6th	282	C.T.Bancroft/E.J.H.Eckersley	v	Sussex	Hove 2019
7th	315	D.M.Benkenstein/O.D.Gibson	v	Yorkshire	Leeds 2006
8th	213=	B.A.Raine/P.Coughlin	v	Worcs	Chester-le-St[2] 2022
9th	150	P.Mustard/P.Coughlin	v	Northants	Chester-le-St[2] 2014
10th	103	M.M.Betts/D.M.Cox	v	Sussex	Hove 1996

Best Bowling	For	10- 47	O.D.Gibson	v	Hampshire	Chester-le-St[2] 2007
(Innings)	V	9- 34	J.A.R.Harris	for	Middlesex	Lord's 2015
Best Bowling	For	15- 95	C.Rushworth	v	Northants	Chester-le-St[2] 2014
(Match)	V	13-103	J.A.R.Harris	for	Middlesex	Lord's 2015

Most Runs – Season	1654	M.J.Di Venuto	(av 78.76)	2009
Most Runs – Career	12030	P.D.Collingwood	(av 33.98)	1996-2018
Most 100s – Season	7	K.K.Jennings		2016
Most 100s – Career	25	P.D.Collingwood		1996-2018
Most Wkts – Season	88	C.Rushworth	(av 20.09)	2015
Most Wkts – Career	598	C.Rushworth	(av 22.51)	2010-22
Most Career W-K Dismissals	638	P.Mustard	(619 ct; 19 st)	2002-16
Most Career Catches in the Field	246	P.D.Collingwood		1996-2018

LIMITED-OVERS CRICKET

Highest Total	50ov	427-9		v	Sussex	Hove 2023
	40ov	325-9		v	Surrey	The Oval 2011
	T20	231-5		v	Notts	Chester-le-St[1] 2025
Lowest Total	50ov	82		v	Worcs	Chester-le-St[1] 1968
	40ov	72		v	Warwicks	Birmingham 2002
	T20	75		v	Lancashire	Manchester 2024
Highest Innings	50ov	164	B.A.Stokes	v	Notts	Chester-le-St[2] 2014
	40ov	150*	B.A.Stokes	v	Warwicks	Birmingham 2011
	T20	108*	P.D.Collingwood	v	Worcs	Worcester 2017
Best Bowling	50ov	7-32	S.P.Davis	v	Lancashire	Chester-le-St[1] 1983
	40ov	6-31	N.Killeen	v	Derbyshire	Derby 2000
	T20	5- 6	P.D.Collingwood	v	Northants	Chester-le-St[2] 2011

[1] Chester-le-Street CC (Ropery Lane) [2] Banks Homes Riverside

ESSEX

Formation of Present Club: 14 January 1876
Inaugural First-Class Match: 1894
Colours: Blue, Gold and Red
Badge: Three Seaxes above Scroll bearing 'Essex'
County Champions: (8) 1979, 1983, 1984, 1986, 1991, 1992, 2017, 2019
NatWest/Friends Prov Trophy Winners: (3) 1985, 1997, 2008
Benson and Hedges Cup Winners: (2) 1979, 1998
Pro 40/National League (Div 1) Winners: (2) 2005, 2006
Sunday League Winners: (3) 1981, 1984, 1985
Twenty20 Cup Winners: (1) 2019
Bob Willis Trophy Winners: (1) 2020

Chief Executive: Dan Feist, Ambassador Cruise Line Ground, New Writtle Street, Chelmsford CM2 0PG ● **Tel**: 01245 252420 ● **Email**: questions@essexcricket.org.uk ● Web: www.essexcricket.org.uk ● **X**: @EssexCricket (112,821 followers)

Director of Cricket: Chris Silverwood. **Batting Coach**: Tom Huggins. **Bowling Coach**: Dougie Hondo. **Captains**: T.Westley (f-c and 50 ov) and S.R.Harmer (T20). **Vice-Captain**: S.J.Cook. **Overseas Players**: D.Elgar, S.R.Harmer and P.W.A.Mulder. **2026 Testimonial**: None. **Head Groundsman**: Stuart Kerrison. **Scorer**: Paul Parkinson. ‡ New registration. NQ Not qualified for England.

‡**AKHTER, Zaman** (Perse S; Oxford U), b Cambridge 12 Mar 1999. 6'2". RHB, RMF. Squad No 5. Oxford MCCU 2019. Gloucestershire 2023-25; cap 2023. Cambridgeshire 2018-19. Hertfordshire 2021. HS 70 Gs v Yorks (Scarborough) 2024. BB 5-32 EL v Sri Lankans (Worcester) 2024. CC BB Gs 5-85 v Glamorgan (Bristol) 2025. LO HS 27* Gs v Worcs (Worcester) 2023 (MBC). LO BB 4-47 v Derbys (Cheltenham) 2025 (MBC). T20 HS 12. T20 BB 2-36.

ALLISON, Charles William James (Royal Hospital S, Ipswich), b Colchester 2 Mar 2005. Younger brother of B.M.J.Allison (*see WORCESTERSHIRE*). 5'7". RHB, RM. Squad No 56. Debut (Essex) 2025. Essex 2nd XI debut 2022. England U19 2023. HS 140 v Surrey (Oval) 2025. LO HS 131 v Glamorgan (Chelmsford) 2025 (MBC). T20 HS 69*.

BENKENSTEIN, Luc Martin (Hilton C; Seaford C), b Durban, South Africa 2 Nov 2004. Son of D.M.Benkenstein (Natal, KZN, Dolphins and Durham 1993-94 to 2013); grandson of M.M.Benkenstein (Rhodesia and Natal B 1970-71 to 1980-81); nephew of B.N.Benkenstein (Natal B and Griqualand W 1994-95 to 1996-97) and B.R.Benkenstein (Natal B 1993-94). 5'8". RHB, LBG. Squad No 99. Debut (Essex) 2024. Sussex 2nd XI 2021. Hampshire 2nd XI 2021. Essex 2nd XI debut 2021. HS 4 v Notts (Chelmsford) 2024 and 4 v Surrey (Chelmsford) 2024. LO HS 83 v Surrey (Chelmsford) 2025 (MBC). LO BB 6-42 v Glamorgan (Chelmsford) 2022 (RLC) – Ex 50 ov record. T20 HS 62. T20 BB 2-23.

BENNETT, Charlie Edward (Ipswich S), b Welwyn Garden City, Herts 1 May 2006. RHB, RMF. Squad No 85. Debut (Essex) 2025. Essex 2nd XI debut 2024. HS 22 and BB 3-73 v Somerset (Chelmsford) 2025. LO HS 11 v Glos (Chelmsford) 2025 (MBC). LO BB 5-36 v Surrey (Chelmsford) 2025 (MBC). T20 HS 0*. T20 BB –.

COOK, Samuel James (Great Baddow HS & SFC; Loughborough U), b Chelmsford 4 Aug 1997. 6'1". RHB, RMF. Squad No 16. Loughborough MCCU 2016-17. Essex debut 2017; cap 2020 MCC 2019. Trent Rockets 2021 to date. **Tests**: 1 (2025); BB 1-72 v Z (Nottingham) 2025. F-c Tours (EL): A 2024-25; SL 2022-23. HS 49 v Lancs (Chelmsford) 2024. 50 wkts (2); most – 58 (2021). BB 7-23 (12-65 match) v Kent (Canterbury) 2019. Hat-trick: v Notts (Nottingham) 2024. LO HS 6 v Middx (Chelmsford) 2019 (RLC) and 6 EL v South Africans (Worcester) 2022. LO BB 3-37 v Surrey (Oval) 2019 (RLC). T20 HS 18. T20 BB 4-15.

COX, Jordan Matthew (Felsted S), b Margate, Kent 21 Oct 2000. 5'8". RHB, WK. Squad No 77. Kent 2019-23. Essex debut 2024; cap 2025. Big Bash: HH 2021-22; MR 2023-24. Oval Invincibles 2022 to date. YC 2022. PCA 2025. **LOI**: 3 (2024-25); HS 17 v WI (North Sound) 2024-25. **IT20**: 6 (2024 to 2025-26); HS 55 v Ire (Dublin) 2025. HS 238* K v Sussex (Canterbury) 2020, sharing K record 2nd wkt partnership of 423 with J.A.Leaning. Ex HS 207 v Kent (Canterbury) 2024. LO HS 46 EL v Sri Lanka A (Colombo, RPS) 2022-23. T20 HS 139*.

CRITCHLEY, Matthew James John (St Michael's HS, Chorley), b Preston, Lancs 13 Aug 1996. 6'2". RHB, LB. Squad No 20. Derbyshire 2015-21; cap 2019. Essex debut 2022; cap 2023. Big Bash: MR 2022-23. Welsh Fire 2021-22. London Spirit 2023-24. 1000 runs (1): 1000 (2021). HS 151* v Kent (Chelmsford) 2024. BB 6-73 De v Leics (Leicester) 2020. Ex BB 5-88 v Kent (Canterbury) 2024. LO HS 103 v Leics (Leicester) 2025 (MBC). LO BB 4-48 v Northants (Derby) 2015 (RLC). T20 HS 80*. T20 BB 5-28.

DAS, Robin James (Brentwood S), b Leytonstone 27 Feb 2002. 5'8". RHB. Squad No 47. Debut (Essex) 2023, scoring 132 v Ireland (Chelmsford). Essex 2nd XI debut 2018. HS 132 (*see debut*). CC HS 46 v Worcs (Chelmsford) 2024. LO HS 100* v Notts (Nottingham) 2024 (MBC). T20 HS 72.

^{NQ}**ELGAR, Dean**, b Welkom, OFS, South Africa 11 Jun 1987. 5'8". LHB, SLA. Squad No 64. Free State 2005-06 to 2010-11. Eagles 2006-07 to 2009-10. Knights 2010-11 to 2013-14. Somerset 2013-17; cap 2017. Titans 2014-15 to 2020-21. Surrey 2015-19. Northerns 2021-22 to 2023-24. Essex debut 2024; cap 2025. **Tests** (SA): 86 (2012-13 to 2023-24, 18 as captain); 1000 runs (1): 1128 (2017); HS 199 v B (Potchefstroom) 2017-18; BB 4-22 v I (Mohali) 2015-16. **LOI** (SA): 8 (2012 to 2018-19); HS 42 v E (Oval) 2012; BB 1-11 v E (Southampton) 2012. F-c Tours (SA(C=Captain): E 2017, 2022C; A 2012-13, 2016 (SA A), 2016-17, 2022-23C; WI 2021C; NZ 2016-17, 2021-22C; I 2015-16, 2019-20; P 2020-21; SL 2010 (SA A), 2014, 2018; Z 2014; E 2010 (SA A), 2015; UAE (v P) 2013-14; Ire 2012 (SA A). 1000 runs (1+2); most – 1425 (2017-18). HS 268 SA A v Australia A (Pretoria) 2013. CC HS 182 v Surrey (Chelmsford) 2024. BB 4-22 (*see Tests*). CC BB 1-4 Sm v Essex (Taunton) 2017. LO HS 137 Titans v Lions (Potchefstroom) 2018-19. LO BB 4-37 Titans v Dolphins (Durban) 2018-19. T20 HS 88*. T20 BB 4-23.

FERNANDES, Simon Maurice Louis (Oundle S; Durham U), b Colchester 22 Mar 2000. RHB, WK, occ OB. Squad No 51. Awaiting f-c debut. Essex 2nd XI 2021-24. LO HS 46* v Notts (Notts SC) 2025 (MBC).

^{NQ}**HARMER, Simon** Ross, b Pretoria, South Africa 10 Feb 1989. 6'2". RHB, OB. Squad No 11. Eastern Province 2009-10 to 2011-12. Warriors 2010-11 to 2018-19. Essex debut 2017; cap 2018; captain 2020 to date (T20 only). Northerns 2021-22 to date. *Wisden* 2019. **Tests** (SA): 14 (2014-15 to 2025-26); HS 47 v A (Sydney) 2022-23; BB 6-27 v I (Guwahati) 2025-26. F-c Tours (SA): E 2022; A 2014 (SA A), 2022; I 2015-16, 2025-26; P 2025-26; B 2015; Ire 2012 (SA A). HS 102* v Surrey (Oval) 2018. 50 wkts (6+2); most – 86 (2019). BB 9-80 (15-202 match) v Derbys (Chesterfield) 2021. LO HS 68 v Hants (Southampton) 2023 (MBC) and 68 v Surrey (Chelmsford) 2025 (MBC). LO BB 5-47 v Glamorgan (Chelmsford) 2015 (MBC). T20 HS 55. T20 BB 4-18.

^(NQ)**JONES, Mackenzie** William (New Hall S; Loughborough U), b Welwyn Garden City, Herts 6 Mar 2005. 6'5". RHB, RFM. Squad No 59. Debut (Essex) 2025. Essex 2nd XI debut 2023. Derbyshire 2nd XI 2024. Suffolk 2024. **LOI** (Scot): 2 (2025); HS – ; BB 3-55 v Nepal (Dundee) 2025. **IT20** (Scot): 1 (2025); HS 9 and BB 1-25 v Neth (Glasgow) 2025. HS 0*. BB 1-57 v Hants (Chelmsford) 2025. LO HS –. LO BB 3-55 (*see LOI*). T20 HS 9. T20 BB 2-46.

‡**KILLEEN, Mitchell** Jack (St Bede's, Lanchester), b Durham 28 Sep 2004. Son of N.Killeen (Durham 1995 to 2008). 5'9". RHB, RM. Squad No 7. Durham 2025 to 2025; cap 2025. Durham 2nd XI debut 2021. HS 4 and BB 5-36 Du v Somerset (Chester-le-St) 2025. LO HS 32 Du v Leics (Leicester) 2022 (RLC). LO BB 3-15 Du v Kent (Beckenham) 2025 (MBC).

^(NQ)**MULDER, Peter** Willem Adriaan ('**Wiaan**'), b Johannesburg, South Africa 19 Feb 1998. 6'0". RHB, RMF. Squad No 74. Lions 2016-17 to 2020-21. Gauteng 2017-18 to date. Kent 2019. Leicestershire 2022-24; cap 2023. IPL: SH 2025. **Tests** (SA): 24 (2018-19 to 2025-26); HS 367* v Z (Bulawayo) 2025 – SA record; BB 4-32 v WI (Providence) 2024. **LOI** (SA): 30 (2017-18 to 2025); HS 64 v NZ (Lahore) 2024-25; BB 3-25 v E (Karachi) 2024-25. **IT20** (SA): 11 (2021 to 2024-25); HS 36 v Ire (Belfast) 2021 and 36 v WI (Kingston) 2024; BB 2-10 v Ire (Belfast) 2021 – separate matches. F-c Tours (SA): E 2017 (SA A), 2022, 2025 (v A); WI 2021, 2024; NZ 2021-22; I 2025-26; P 2020-21, 2025-26; Z 2025; B 2024-25. HS 367* (*see Tests*). CC HS 235* Le v Sussex (Hove) 2022, sharing Le and CC record 5th wkt partnership of 477* with C.N.Ackermann. BB 7-6 (12.45 match) Gauteng v KZN Inland (Johannesburg) 2025-26. CC BB 5-63 Le v Sussex (Leicester) 2023. LO HS 116* and LO BB 4-47 Le v Middx (Radlett) 2022 (RLC). T20 HS 83*. T20 BB 4-14.

PEPPER, Michael-Kyle Steven (The Perse S), b Harlow 25 Jun 1998. Younger brother of C.A.Pepper (Cambridgeshire 2013-16). 6'2". RHB, WK. Squad No 19. Debut (Essex) 2018; cap 2025. Northern Supercharges 2022 to date. London Spirit 2023-24. Cambridgeshire 2014-19. HS 140 v Hants (Chelmsford) 2025. LO HS 63 v Yorks (Chelmsford) 2023 (MBC). T20 HS 120*.

PORTER, James Alexander (Oak Park HS, Newbury Park; Epping Forest C), b Leytonstone 25 May 1993. 5'11½". RHB, RFM. Squad No 44. Debut (Essex) 2014, taking a wkt with his 5th ball; cap 2015. *Wisden* 2017. F-c Tours (EL): WI 2017-18; I 2018-19; UAE 2018-19 (v P A). HS 34 v Glamorgan (Cardiff) 2015. 50 wkts (7); most – 85 (2017). BB 7-41 (11-98 match) v Worcs (Chelmsford) 2018. LO HS 12 and LO BB 4-29 v Notts (Notts SC) 2025 (MBC). LO BB 4-29 v Glamorgan (Chelmsford) 2018 (RLC). T20 HS 1*. T20 BB 4-20.

^(NQ)**SNATER, Shane** (St John's C, Harare), b Harare, Zimbabwe 24 Mar 1996. 5'9". RHB, RM. Squad No 29. Netherlands 2016 to 2017-18. Southern Rocks 2020-21. Essex debut 2021; cap 2022. **LOI** (Neth): 4 (2018 to 2022); HS 17* v E (Amstelveen) 2022; BB 1-41 v Nepal (Amstelveen) 2018. **IT20** (Neth): 13 (2018 to 2019-20); HS 10 and BB 3-42 v Scotland (Dublin) 2019. HS 83* v Kent (Canterbury) 2024. BB 7-98 v Notts (Nottingham) 2021. LO HS 64 v Hants (Southampton) 2022 (RLC). LO BB 5-29 v Kent (Chelmsford) 2022 (RLC). T20 HS 20*. T20 BB 3-8.

THAIN, Noah Robin Mostyn (The Leys S), b Hitchinbrooke, Herts 13 Jan 2005. 5'9". RHB, RM. Squad No 8. Debut (Essex) 2023. Essex 2nd XI debut 2022. England U19 2023. HS 54 v Worcs (Chelmsford) 2025. BB 3-96 v Yorks (Chelmsford) 2025. LO HS 83 v Notts (Nottingham) 2024 (MBC). LO BB 1-24 v Glos (Bristol) 2024 (MBC). T20 HS 38. T20 BB 1-9.

WALTER, Paul Ian (Billericay S), b Basildon 28 May 1994. 6'7". LHB, LMF. Squad No 22. Debut (Essex) 2016; cap 2023. Big Bash: BH 2023-24 to 2024-25. Manchester Originals 2022-24. Welsh Fire 2025. HS 158 v Somerset (Chelmsford) 2025. BB 3-29 v Lancs (Blackpool) 2023. LO HS 50 v Glamorgan (Cardiff) 2021 (RLC). LO BB 4-37 v Middx (Chelmsford) 2017 (RLC). T20 HS 78. T20 BB 3-20.

WESTLEY, Thomas (Linton Village C; Hills Road SFC), b Cambridge 13 March 1989. 6'2". RHB, OB. Squad No 21. Debut (Essex) 2007; cap 2013; captain 2020 to date. MCC 2007, 2009, 2016, 2019. Durham MCCU 2009-11. Bloomfield 2014-15. Cambridgeshire 2005. **Tests**: 5 (2017); HS 59 v SA (Oval) 2017. F-c Tours: SL 2016-17 (EL); Nepal 2019-20 (MCC). 1000 runs (2); most – 1435 (2016). HS 254 v Worcs (Chelmsford) 2016. BB 4-55 DU v Durham (Durham) 2010. CC BB 4-75 v Surrey (Colchester) 2015. LO HS 141 v Glamorgan (Chelmsford) 2025 (MBC). LO BB 4-60 v Northants (Northampton) 2014 (RLC). T20 HS 109*. T20 BB 2-27.

RELEASED/RETIRED

(Having made a County 1st XI appearance in 2025)

ᴺᴼ**AHMED, Khaleel** Khursheed, b Tonk, India 5 Dec 1997. RHB, LMF. Rajasthan 2017-18 to date. Essex 2025. IPL: SH 2018-21; DCa 2022-24; CSK 2025. **LOI** (I): 11 (2018 to 2019); HS 5 v NZ (Hamilton) 2018-19; BB 3-13 v WI (Mumbai, BS) 2018-19. **IT20** (I): 18 (2018-19 to 2024); HS 1* v NZ (Wellington) 2018-19; BB 2-27 v NZ (Auckland) 2018-19. F-c Tours (IA) E 2025; A 2024-25. HS 18* Rajasthan v Jharkhand (Jaipur) 2017-18. Ex HS 11 and Ex BB 2-46 v Sussex (Hove) 2025. BB 5-37 Rajasthan v Vidarbha (Jaipur) 2024-25. LO HS 15 IA v West Indies A (Coolidge) 2019. LO BB 4-35 Rajasthan v Mumbai (Chennai) 2017-18. T20 HS 3*. T20 BB 5-18.

ᴺᴼ**BRACEWELL, Douglas** Andrew John, b Tauranga, New Zealand 28 Sep 1990. Son of B.P.Bracewell (Central Districts, Otago, Northern Districts & NZ 1977-78 to 1989-90); nephew of J.G.Bracewell (Otago, Auckland & NZ 1978-79 to 1989-90), D.W.Bracewell (Canterbury and Central Districts 1974-75 to 1979-80) and M.A.Bracewell (Otago 1977-78); cousin of M.G.Bracewell (Otago, Wellington & NZ 2010-11 to date). RHB, RMF. Central Districts 2008-09 to 2023-24. Northamptonshire 2018-19. Essex 2023-25. IPL: DD 2012. **Tests** (NZ): 28 (2011-12 to 2022-23); HS 47 v SL (Dunedin) 2015-16; BB 6-40 v A (Hobart) 2011-12. **LOI** (NZ): 21 (2011-12 to 2021-22); HS 57 v I (Mt Maunganui) 2018-19; BB 4-55 v WI (Whangarei) 2017-18. **IT20** (NZ): 20 (2011-12 to 2021); HS 44 v SL (Auckland) 2018-19; BB 3-25 v Z (Harare) 2011-12. F-c Tours (NZ): E 2013, 2015; A 2011-12, 2015-16; SA 2012-13, 2016; WI 2012; I 2012, 2013-14 (NZA); SL 2012-13, 2013-14 (NZA); Z 2011-12; B 2013-14. HS 105 CD v Otago (Queenstown) 2014-15. CC HS 81 Nh v Warwks (Birmingham) 2018. Ex HS 61* v Lancs (Blackpool) 2023. BB 7-35 CD v Canterbury (Rangiora) 2012-13. CC BB 4-51 v Warwks (Birmingham) 2023. LO HS 94 CD v Canterbury (Christchurch) 2023-24. LO BB 4-43 CD v Canterbury (Rangiora) 2010-11. T20 HS 93*. T20 BB 3-19.

BROWNE, Nicholas Lawrence Joseph (Trinity Catholic HS, Woodford Green), b Leytonstone 24 Mar 1991. 6'3½". LHB, LB. Essex 2013-24; cap 2015; testimonial 2025. MCC 2016. 1000 runs (3); most – 1262 (2016). HS 255 v Derbys (Chelmsford) 2016. BB –. LO HS 99 v Glamorgan (Chelmsford) 2016 (RLC). T20 HS 38.

CAMPHER, C. – see IRELAND.

ᴺᴼ**MOHAMMAD AMIR**, b Gujar Khan, Punjab, Pakistan 13 Apr 1992. LHB, LF. Federal Areas 2008-09. National Bank 2008-09 to 2009-10. SSGC 2015-16 to 2018-19. Essex 2017-19. Gloucestershire 2022; cap 2022. Derbyshire 2024 (T20 only). London Spirit 2021. Oval Invincibles 2024. Northern Superchargers 2025. **Tests** (P): 36 (2009 to 2018-19); HS 48 v A (Brisbane) 2016-17; BB 6-44 v WI (Kingston) 2017. **LOI** (P): 61 (2009 to 2019-20); HS 73* v NZ (Abu Dhabi) 2009-10; BB 5-30 v A (Taunton) 2019. **IT20** (P): 62 (2009 to 2024); HS 21* v A (Birmingham) 2010; BB 4-13 v SL (Lahore) 2017-18. F-c Tours (P): E 2010, 2016, 2018; A 2009-10, 2016-17; SA 2018-19; WI 2017; NZ 2009-10, 2016-17; SL 2009; Ire 2018. HS 66 SSGC v Lahore Blues (Lahore) 2015-16. CC HS 28 Ex v Kent (Canterbury) 2019. 50 wkts (0+1): 56 (2008-09). BB 7-61 (10-97 match) NBP v Lahore Shalimar (Lahore) 2008-09. CC BB 5-18 (10-72 match) Ex v Yorks (Scarborough) 2017. LO HS 73* (see *LOI*). LO BB 5-30 (see *LOI*). T20 HS 30. T20 BB 6-17.

NORAJITHA, Chandrasekara Arachchilage Kasun (St Servatius C), b Matara, Sri Lanka 1 Jun 1993. RHB, RMF. Badureliya 2014-15 to 2015-16. Saracens 2016-17 to 2020. Bloomfield 2017-18. Sinhalese 2022-23 to 2024-25. Essex 2025. **Tests** (SL): 18 (2018 to 2023-24); HS 22 v NZ (Christchurch) 2022-23; BB 5-56 v B (Sylhet) 2023-24. **LOI** (SL): 34 (2018 to 2023-24); HS 33 v SA (Delhi) 2023-24; BB 4-50 v Neth (Lucknow) 2023-24. **IT20** (SL): 18 (2015-16 to 2022-23); HS 9* v I (Rajkot) 2022-23; BB 3-29 v I (Pune) 2015-16. F-c Tours (SL): E 2016 (SLA); A 2018-19; SA 2018-19, 2020-21; WI 2017-18 (SLA), 2018; NZ 2015-16 (SLA), 2018-19, 2022-23; P 2019-20; Z 2019-20; B 2022, 2023-24. HS 52 Badureliya v Saracens (Panagoda) 2015-16. Ex HS 21 v Yorks (Chelmsford) 2025. BB 8-31 Saracens v Ragama (Maggona) 2019-20. Ex BB 5-87 v Surrey (Oval) 2025. LO HS 33 (see *LOI*). LO BB 5-37 Badureliya v Galle (Maggona) 2015-16. T20 HS 19. T20 BB 5-22.

RICHARDS, Jamal Adrian (Norlington S; Waltham Forest C), b Edmonton, Middx 3 Mar 2004. 5'10". RHB, RFM. Essex 2023. Kent 2025 (on loan). Essex 2nd XI debut 2021. HS 43 K v Middx (Lord's) 2025. Ex HS 17 and BB 5-96 v Ireland (Chelmsford) 2023. LO HS 46 v Derbys (Chelmsford) 2022 (RLC). LO BB 5-31 v Notts (Nottingham) 2024 (MBC).

ROSSINGTON, Adam Matthew (Mill Hill S), b Edgware, Middx 5 May 1993. 5'11". RHB, WK, occ RM. Middlesex 2010-14. Northamptonshire 2014-21; cap 2019; captain 2020-21. Essex 2022-24; cap 2023. London Spirit 2021-24. HS 138* Nh v Sussex (Arundel) 2016. Ex HS 104 v Hants (Chelmsford) 2023. LO HS 97 Nh v Notts (Nottingham) 2016 (RLC). T20 HS 95.

ESSEX 2025

RESULTS SUMMARY

	Place	Won	Lost	Drew	NR
Rothesay County Championship (Div 1)	6th	3	3	8	
Metro Bank One-Day Cup (Group A)	4th	5	3		
Vitality Blast (South Group)	9th	3	10		1

ROTHESAY COUNTY CHAMPIONSHIP AVERAGES
BATTING AND FIELDING

Cap		M	I	NO	HS	Runs	Avge	100	50	Ct/St
2025	J.M.Cox	8	12	1	132	650	59.09	3	2	13
2023	P.I.Walter	12	20	2	158	914	50.77	3	3	13
2023	M.J.J.Critchley	14	22	2	145*	859	42.95	3	3	11
2025	M.S.Pepper	14	21	2	140	816	42.94	3	3	36/3
2025	D.Elgar	11	18	–	150	725	40.27	2	2	10
2013	T.Westley	14	24	3	148	841	40.04	3	2	3
	C.W.J.Allison	12	20	1	140	735	38.68	3	1	5
	N.R.M.Thain	13	19	3	54	394	24.62	–	3	4
2018	S.R.Harmer	13	18	3	53	300	20.00	–	1	10
2022	S.Snater	13	13	2	48	180	16.36	–	–	2
	R.Das	2	4	–	44	52	13.00	–	–	2
	C.A.K.Rajitha	5	10	4	21	53	8.83	–	–	1
2020	S.J.Cook	6	5	–	26	42	8.40	–	–	3
2015	J.A.Porter	12	13	7	19	49	8.16	–	–	6

Also batted: K.K.Ahmed (2 matches) 4, 1, 11 (1 ct); C.E.Bennett (2) 22; D.A.J.Bracewell (3) 22*, 0 (2 ct); M.W.Jones (1) 0*.

BOWLING

	O	M	R	W	Avge	Best	5wI	10wM
J.A.Porter	370	96	1008	49	20.57	6- 52	2	–
S.R.Harmer	495.5	123	1149	40	28.72	4- 37	–	–
M.J.J.Critchley	234.1	22	853	28	30.46	5-171	1	–
C.A.K.Rajitha	142	26	556	16	34.75	5- 87	1	–
S.J.Cook	188.1	40	564	16	35.25	4- 44	–	–
S.Snater	312.4	76	969	27	35.88	4- 78	–	–
N.R.M.Thain	175.1	10	827	16	51.68	3- 96	–	–
Also bowled:								
C.E.Bennett	26.2	3	109	5	21.80	3- 73	–	–
D.A.J.Bracewell	55	7	211	6	35.16	3- 70	–	–

K.K.Ahmed 55-7-258-4; M.W.Jones 13-1-57-1; P.I.Walter 8-0-46-0; T.Westley 25.4-4-57-1.

Essex played no first-class fixtures outside the County Championship in 2025. The First-Class Averages (pp 223–236) give the records of Essex players in all first-class county matches, with the exception of K.K.Ahmed, S.J.Cook and J.M.Cox, whose first-class figures for Essex are as above.

ESSEX RECORDS

FIRST-CLASS CRICKET

Highest Total	For 761-6d		v Leics	Chelmsford	1990
	V 803-4d		by Kent	Brentwood	1934
Lowest Total	For 20		v Lancashire	Chelmsford	2013
	V 14		by Surrey	Chelmsford	1983
Highest Innings	For 343*	P.A.Perrin	v Derbyshire	Chesterfield	1904
	V 332	W.H.Ashdown	for Kent	Brentwood	1934

Highest Partnership for each Wicket

1st	373	N.L.J.Browne/A.N.Cook	v Middlesex	Chelmsford	2017
2nd	403	G.A.Gooch/P.J.Prichard	v Leics	Chelmsford	1990
3rd	347*	M.E.Waugh/N.Hussain	v Lancashire	Ilford	1992
4th	314	Salim Malik/N.Hussain	v Surrey	The Oval	1991
5th	339	J.C.Mickleburgh/J.S.Foster	v Durham	Chester-le-St[2]	2010
6th	253	A.J.A.Wheater/J.S.Foster	v Northants	Chelmsford	2011
7th	261	J.W.H.T.Douglas/J.R.Freeman	v Lancashire	Leyton	1914
8th	263	D.R.Wilcox/R.M.Taylor	v Warwicks	Southend	1946
9th	251	J.W.H.T.Douglas/S.N.Hare	v Derbyshire	Leyton	1921
10th	218	F.H.Vigar/T.P.B.Smith	v Derbyshire	Chesterfield	1947

Best Bowling	For 10- 32	H.Pickett	v Leics	Leyton	1895
(Innings)	V 10- 40	E.G.Dennett	for Glos	Bristol	1906
Best Bowling	For 17-119	W.Mead	v Hampshire	Southampton[1]	1895
(Match)	V 17- 56	C.W.L.Parker	for Glos	Gloucester	1925

Most Runs – Season		2559 G.A.Gooch	(av 67.34)	1984
Most Runs – Career		30701 G.A.Gooch	(av 51.77)	1973-97
Most 100s – Season		9 J.O'Connor		1929, 1934
		9 D.J.Insole		1955
Most 100s – Career		94 G.A.Gooch		1973-97
Most Wkts – Season		172 T.P.B Smith	(av 27.13)	1947
Most Wkts – Career		1610 T.P.B.Smith	(av 26.68)	1929-51
Most Career W-K Dismissals		1231 B.Taylor	(1040 ct; 191 st)	1949-73
Most Career Catches in the Field		519 K.W.R.Fletcher		1962-88

LIMITED-OVERS CRICKET

Highest Total	50ov	417-6	v Surrey	Chelmsford	2025
	40ov	368-7	v Scotland	Chelmsford	2013
	T20	254-5	v Glamorgan	Chelmsford	2022
Lowest Total	50ov	57	v Lancashire	Lord's	1996
	40ov	69	v Derbyshire	Chesterfield	1974
	T20	74	v Middlesex	Chelmsford	2013
Highest Innings	50ov	201* R.S.Bopara	v Leics	Leicester	2008
	40ov	180 R.N.ten Doeschate	v Scotland	Chelmsford	2013
	T20	152* G.R.Napier	v Sussex	Chelmsford	2008
Best Bowling	50ov	6-42 L.M.Benkenstein	v Glamorgan	Chelmsford	2022
	40ov	8-26 K.D.Boyce	v Lancashire	Manchester	1971
	T20	6-16 T.G.Southee	v Glamorgan	Chelmsford	2011

GLAMORGAN

Formation of Present Club: 6 July 1888
Inaugural First-Class Match: 1921
Colours: Blue and Gold
Badge: Gold Daffodil
County Champions: (3) 1948, 1969, 1997
Pro 40/National League (Div 1) Winners: (2) 2002, 2004
Sunday League Winners: (1) 1993
Royal London One-Day Cup Winners: (1) 2021
Metro Bank One-Day Cup Winners – (1) 2024
Twenty20 Cup Winners: (2) best – Semi-Finalist 2004, 2017

Chief Executive: Dan Cherry, Sophia Gardens, Cardiff, CF11 9XR • **Tel**: 02920 409380 • email: info@glamorgancricket.co.uk • Web: www.glamorgancricket.com • X: @GlamCricket (80,297 followers)

Director of Cricket: Mark Wallace. **1st XI Coach**: Richard Dawson. **Coaches**: Adrian Shaw and Steve Watkin. **Assistant Coaches**: David Harrison and Ian Harvey. **Captain**: K.S.Carlsor. **Overseas Players**: C.A.Ingram, N.J.McAndrew and T. van der Gugten. **2026 Testimonial**: None. **Head Groundsman**: Robin Saxton. **Scorer**: Andrew K.Hignell. ‡ New registration. ⁿᵒ Not qualified for England.

BYROM, Edward James (St John's C, Harare; King's C, Taunton), b Harare, Zimbabwe 17 Jun 1997. 5'11". LHB, OB. Squad No 97. Irish passport. Somerset 2017-21. Rising Stars 2017-18. Glamorgan debut 2021. Mid West Rhinos 2022-23. Southern Rocks 2023-24. HS 176 v Sussex (Cardiff) 2022, sharing Gm record 2nd wkt partnership of 328 with C.A.Ingram. BB 2-64 v Surrey (Oval) 2021. LO HS 123* v Notts (Neath) 2024 (MBC). T20 HS 78*.

CARLSON, Kiran Shah (Whitchurch HS; Cardiff U), b Cardiff 16 May 1998. 5'8". RHB, OB. Squad No 5. Debut (Glamorgan) 2016; cap 2021; captain 2026; 1-o captain 2022 to date. Cardiff MCCU 2019. Mid West Rhinos 2022-23. Wales MC 2014. 1000 runs (2); most – 1068 (2023). HS 192 v Sussex (Hove) 2023. BB 5-28 v Northants (Northampton) 2016 – on debut, aged 18y 119d (also scored hundred in same match). LO HS 135 v Hants (Neath) 2025 (MBC). LO BB 4-41 v Northants (Northampton) 2022 (RLC). T20 HS 135 v Somerset (Cardiff) 2024 – Gm record. T20 BB 2-13.

COOKE, Christopher Barry (Bishops S, Cape Town; U of Cape Town), b Johannesburg, South Africa 30 May 1986. 5'11". RHB, WK, occ RM. Squad No 46. W Province 2009-10. Glamorgan debut 2013; cap 2016; captain 2019-21; testimonial 2024. Birmingham Phoenix 2021. HS 205* v Surrey (Oval) 2021. BB –. LO HS 161 v Glos (Bristol) 2019 (RLC). T20 HS 113*.

CRANE, Mason Sidney (Lancing C), b Shoreham-by-Sea, Sussex 18 Feb 1997. 5'10". RHB, LB. Squad No 3. Hampshire 2015-23; cap 2021. NSW 2016-17. Sussex 2022 (on loan). Glamorgan debut 2013; cap 2016; captain 2019-21; testimonial 2024. Welsh Fire 2024. **Test**: 1 (2017-18); HS 4 and BB 1-193 v A (Sydney) 2017-18. **IT20**: 2 (2017); HS –; BB 1-38 v SA (Cardiff) 2017. F-c Tours: A 2017-18; WI 2017-18 (EL). HS 61 v Northants (Northampton) 2024. BB 6-19 v Lancs (Manchester) 2025. LO HS 31 H v Notts (Mansfield) 2023 (MBC). LO BB 4-30 H v Middx (Southampton) 2015 (RLC). T20 HS 25 H. T20 BB 4-20.

‡DICKSON, Sean Robert, b Johannesburg, South Africa 2 Sep 1991. 5'10". RHB, RM. Northerns 2013-14 to 2014-15. Kent 2015-19. Durham 2020-22; cap 2020. Somerset 2023-25. London Spirit 2025. UK passport holder; England qualified. HS 318 K v Northants (Beckenham) 2017, 2nd highest score in K history. BB 1-15 Northerns v GW (Centurion) 2014-15. CC BB –. LO HS 103* Du v Lancs (Gosforth) 2021 (RLC). T20 HS 78. T20 BB 1-9.

DOUTHWAITE, Daniel Alexander (Reed's S, Cobham; Cardiff Met U), b Kingston-upon-Thames, Surrey 8 Feb 1997. RHB, RMF. Squad No 88. Cardiff MCCU 2019. Glamorgan debut 2019. Warwickshire 2018 (l-o only). Manchester Originals 2021. HS 100* CfU v Sussex (Hove) 2019. Gm HS 96 v Durham (Chester-le-St) 2021. BB 4-48 v Derbys (Derby) 2019. LO HS 61 v Leics (Leicester) 2024 (MBC). LO BB 4-25 v Glos (Cardiff) 2024 (MBC). T20 HS 56. T20 BB 4-22.

FRANCO, Romano Carmelo Molica (Elfed HS; Kings S, Chester), b Liverpool, Lancs 16 Mar 2007. LHB, SLA. Squad No 77. Awaiting f-c debut. Glamorgan 2nd XI debut 2024. Wales NC 2024. LO HS 1* (twice). LO BB 3-59 v Leics (Cardiff) 2025 (MBC).

GORVIN, Andrew William (Portsmouth HS; Cardiff Met U), b Winchester, Hants 10 May 1997. RHB, RM. Squad No 11. Debut (Glamorgan) 2022. Wales NC 2019-21. HS 50* v Leics (Cardiff) 2025. BB 5-40 v Sussex (Cardiff) 2024. LO HS 12* v Somerset (Taunton) 2021 (RLC) and 12* v Sussex (Neath) 2024 (MBC). LO BB 5-56 v Notts (Neath) 2024 (MBC). T20 HS 14*. T20 BB 4-17.

HARRIS, James Alexander Russell (Pontardulais CS; Gorseinon C), b Morriston, Swansea 16 May 1990. 6'0". RHB, RMF. Squad No 9. Debut (Glamorgan) 2007, aged 16y 351d – youngest Gm player to take a f-c wicket; cap 2010. Middlesex 2013-21; cap 2015. Kent 2017 (on loan). MCC 2016. Wales MC 2005-08. F-c Tours (EL): WI 2010-11; SL 2013-14. HS 87* v Notts (Swansea) 2007. 50 wkts (3); most – 73 (2015). BB 9-34 (13-103 match) M v Durham (Lord's) 2015 – record innings and match analysis v Durham. Gm BB 7-66 (12-118 match) v Glos (Bristol) 2007. LO HS 117 M v Lancs (Lord's) 2019 (RLC). LO BB 4-38 M v Glamorgan (Lord's) 2015 (RLC). T20 HS 18. T20 BB 4-23.

HOPE-BELL, Jack Isaac (Clifton C), b Abergavenny 13 Jul 2007. RHB, OB. Squad No 23. Awaiting 1st XI debut. Glamorgan 2nd XI debut 2023. Wales NC 2025.

HORTON, Alex Jack (St Edward's, Oxford), b Newport, Monmouths 7 Jan 2004. RHB, WK. Squad No 37. Awaiting f-c debut. Glamorgan 2nd XI debut 2019. Wales NC 2022. England U19 2022. LO HS 44* v Northants (Cardiff) 2023 (MBC). T20 HS 20.

HURLE, Henry Ellis (Monmouth S), b Cardiff 11 Nov 2004. RHB, WK. Squad No 6. Awaiting f-c debut. Glamorgan 2nd XI debut 2021. LO HS 56 v Worcs (Worcester) 2025 (MBC).

NO**INGRAM, Colin** Alexander, b Port Elizabeth, South Africa 3 Jul 1985. LHB, LB. Squad No 41. Free State 2004-05 to 2005-06. Eastern Province 2005-06 to 2008-09. Warriors 2006-07 to 2016-17. Somerset 2014. Glamorgan debut 2015; cap 2017; captain 2018-19 (T20 only). IPL: DD 2011; DCa 2019. Big Bash: AS 2017-18 to 2018-19; HH 2020-21. Oval Invincibles 2021. **LOI** (SA): 31 (2010-11 to 2013-14); HS 124 v Z (Bloemfontein) 2010-11 – on debut; BB –. **IT20** (SA): 9 (2010-11 to 2011-12); HS 78 v I (Johannesburg) 2011-12. 1000 runs (2); most – 1351 (2024). HS 257* v Leics (Cardiff) 2024. BB 3-90 v Essex (Chelmsford) 2015. LO HS 155 v Kent (Cardiff) 2022 (RLC). LO BB 4-39 v Middx (Radlett) 2017 (RLC). T20 HS 127*. T20 BB 4-32.

KELLAWAY, Benjamin Ian (Chepstow CS; Clifton C; Cardiff U), b Newport 5 Jan 2004. RHB, OB, occ WK. Squad No 8. Debut (Glamorgan) 2023. Welsh Fire 2025. Glamorgan 2nd XI debut 2021. Wales MC 2019. F-c Tour (EL): A 2025-26. HS 181* v Kent (Canterbury) 2025. BB 6-111 v Glos (Cardiff) 2025. LO HS 82 v Worcs (Worcester) 2023 (MBC). LO BB 3-33 v Yorks (Cardiff) 2024 (MBC). T20 HS 53. T20 BB 2-10.

LEONARD, Edward Owen ('**Ned**') (Millfield S), b Hammersmith, Middx 15 Aug 2002. RHB, RMF. Squad No 22. Somerset 2021-24. Glamorgan debut 2024 (on loan). Somerset 2nd XI 2018-24. HS 47 v Middx (Lord's) 2025. BB 3-66 v Derbys (Cardiff) 2025. LO HS 32 Sm v Northants (Northampton) 2023 (MBC). LO BB 3-40 Sm v Derbys (Derby) 2023 (MBC). T20 HS 7*. T20 BB 5-25.

‡NQ**McANDREW, Nathan** John, b Woollongong, NSW, Australia 14 Jul 1993. 6'3". RHB, RFM. Auckland 2015-16. S Australia 2021-22 to date. Warwickshire 2022. Sussex 2023-25; cap 2025. Big Bash: ST 2015-16 to date. F-c Tour (Aus A): SL 2022. HS 92 Aus A v Sri Lanka A (Hambantota) 2022. CC HS 65 Sx v Worcs (Hove) 2023. BB 7-11 SA v WA (Perth) 2024-25. CC BB 5-63 Sx v Glos (Bristol) 2023. LO HS 55 SA v Q (Brisbane, AB) 2022-23. LO BB 5-23 SA v Vic (Adelaide) 2025-26. T20 HS 32*. T20 BB 6-21 Sx v Glamorgan (Cardiff) 2025 – Sx record.

McILROY, Jamie Peter (Builth Wells HS), b Hereford 19 Jun 1994. RHB, LFM. Squad No 35. Debut (Glamorgan) 2021. HS 30* v Yorks (Cardiff) 2023. BB 5-34 v Worcs (Worcester) 2023. LO HS 13 v Worcs (Worcester) 2023 (MBC). LO BB 3-33 v Essex (Chelmsford) 2024 (MBC). T20 HS 7*. T20 BB 4-36.

MORRIS, Benjamin James (King Henry VIII S; Cardiff U), b Abergavenny 4 Nov 2003. RHB, RM. Squad No 18. Debut (Glamorgan) 2024. Glamorgan 2nd XI debut 2021. Wales NC 2021-22. HS 7* and BB 1-52 v Yorks (Cardiff) 2024. LO HS 10 v Essex (Chelmsford) 2025 (MBC). LO BB 3-52 v Essex (Chelmsford) 2024 (MBC).

NICHOLLS, Callum Rhys (Ysgol Gyfyn Rhydyfelin), b Llantrisant 30 Jul 2004. RHB, RM. Squad No 17. Awaiting 1st XI debut. Glamorgan 2nd XI debut 2021. Warwickshire 2nd XI 2023. Wales NC 2021-25.

NORTON, Tom Owain (King Henry S), b Abergavenry, Monmouths 8 Aug 2007. RHB, RM. Squad No 12. Awaiting f-c debut. Glamorgan 2nd XI debut 2022. Wales NC 2025. LO HS –. LO BB 3-41 v Leics (Cardiff) 2025 (MBC).

ROOT, William ('Billy') Thomas (Worksop C; Leeds Beckett U), b Sheffield, Yorks 5 Aug 1992. Younger brother of J.E.Root (*see YORKSHIRE*). LHB, OB. Squad No 7. Leeds/ Bradford MCCU 2015-16. Nottinghamshire 2015-18. Glamorgan debut 2019; cap 2021. Suffolk 2024. HS 229 v Northants (Northampton) 2019. BB 3-29 Nt v Sussex (Hove) 2017. Gm BB 2-63 v Northants (Cardiff) 2019. LO HS 113* v Surrey (Cardiff) 2019 (RLC) and 113* v Worcs (Worcester) 2022 (RLC). LO BB 2-36 v Middx (Lord's) 2019 (RLC). T20 HS 41*. T20 BB –.

SMALE, William Timothy Edward (Rougemont S; King's C, Taunton; Cardiff Met U), b Newport, Monmouths 28 Feb 2001. Elder brother of S.A.E.Smale (Western Storm & England U19 women). RHB, WK. Squad No 28. NW Warriors 2019. Glamorgan debut 2024. Wales MC 2023. F-c Tour (MCC): Z 2025-26. HS 41 v Glos (Cardiff) 2024. LO HS 105* v Surrey (Oval) 2025 (MBC). T20 HS 65.

TRIBE, Asa Mark (De La Salle C, Jersey; Cardiff U), b Jersey 29 Mar 2004. RHB, OB. Squad No 55. Debut (Glamorgan) 2024. Glamorgan 2nd XI debut 2023. **LOI** (Jersey): 5 (2022-23); HS 115* v PNG (Windhoek) 2022-23; BB –. **IT20** (Jersey): 26 (2021-22 to 2025); HS 73* v USA (Bulawayo) 2024. F-c Tour (EL): A 2025-26. HS 206 v Northants (Northampton) 2025. LO HS 175 Jersey v PNG (St Martin) 2025. LO BB 2-51 Jersey v Denmark (Nairobi) 2024-25. T20 HS 73*. T20 BB –.

NQ**van der GUGTEN, Timm**, b Hornsby, Sydney, Australia 25 Feb 1991. 6'1½". RHB, RFM. Squad No 64. New South Wales 2011-12. Glamorgan debut 2016; cap 2018. Big Bash: HH 2014-15. Trent Rockets 2021. Birmingham Phoenix 2022. **LOI** (Neth): 15 (2011-12 to 2024-25); HS 49 v Ire (Utrecht) 2021; BB 5-24 v Canada (King City, NW) 2013. **IT20** (Neth): 50 (2011-12 to 2025-26); HS 40* v PNG (Dubai, ICCA) 2019-20; BB 3-9 v Singapore (Dubai, ICCA) 2019-20. HS 85* v Yorks (Leeds) 2021. 50 wkts (1): 56 (2016). BB 7-42 v Kent (Cardiff) 2018. LO HS 49 (*see LOI*). LO BB 5-24 (*see LOI*). T20 HS 48. T20 BB 5-21.

ZAIN UL HASSAN (Pedmore Tech C, Stourbridge), b Islamabad, Pakistan 28 Oct 2000. LHB, RM. Squad No 27. Debut (Glamorgan) 2023. Herefordshire 2021. HS 69 v Derbys (Derby) 2023. BB 2-18 v Worcs (Worcester) 2023 and 2-18 v Middx (Cardiff) 2025. LO HS 33 v Surrey (Oval) 2025 (MBC). LO BB 4-25 v Sussex (Hove) 2023 (MBC). T20 HS 11. T20 BB –.

RELEASED/RETIRED

(Having made a County 1st XI appearance in 2025)

BEVAN, Thomas Rhys (Millfield S; Cardiff Met U), b Cardiff 9 Sep 1999. RHB, OB. Glamorgan 2022-25. Wales NC 2017-22. HS 48 v Derbys (Cardiff) 2022. BB –. LO HS 134 v Hants (Neath) 2022 (RLC). T20 HS 34. T20 BB 1-15.

^{NQ}**FERNANDO, Asitha** Madusanka (St Sebastian's C, Katuneriya), b Katuneriya, Sri Lanka 31 July 1997. RHB, RMF. Debut Sri Lanka A 2016. Chilaw Marians 2016-17 to 2020. Nondescripts 2018-19. Colombo 2022-23 to date. Nottinghamshire 2023; cap 2023. Glamorgan 2025. **Tests** (SL): 24 (2020-21 to 2025); HS 37* v E (Oval) 2024; BB 6-51 v B (Mirpur) 2022. **LOI** (SL): 30 (2017 to 2025-26); HS 3* and BB 4-35 v B (Colombo, RPS) 2025. **IT20** (SL): 7 (2022 to 2024-25); HS 10* v B (Dubai, DSC) 2022; BB 1-11 v I (Pallekele) 2024. F-c Tours (SL): E 2016 (SLA), 2024; SA 2020-21, 2024-25; WI 2021-22 (SLA); NZ 2022-23; B 2022, 2023-24. HS 30 SLA v England Lions (Pallekele) 2016-17. CC HS 14* Nt v Kent (Canterbury) 2023. Gm HS 6 v Glos (Bristol) 2025. BB 7-139 Chilaw v Badureliya (Katunayake) 2019-20. CC BB 4-71 v Leics (Cardiff) 2025. LO HS 11 Colombo v Tamil Union (Colombo CC) 2022. LO BB 5-32 Nondescripts v Galle (Colombo) 2018-19. T20 HS 10*. T20 BB 6-8.

^{NQ}**IMAD WASIM**, b Swansea, Glamorgan 18 Dec 1988. LHB, SLA. Islamabad 2006-07 to 2017-18. Federal Areas 2008-09 to 2011-12. Islamabad Leopards 2014-15. Northern Areas 2019-20. Nottinghamshire 2019-23 (T20 only). Glamorgan 2025 (T20 only). Big Bash: MR 2020-21; MS 2023-24. Trent Rockets 2023-24. Northern Superchargers 2025. **LOI** (P): 55 (2015 to 2020-21, 2 as captain); HS 63* v E (Lord's) 2016; BB 5-14 v Ire (Dublin) 2016. **IT20** (P): 75 (2015 to 2024); HS 64* v Afg (Sharjah) 2022-23; BB 5-14 v WI (Dubai, DSC) 2016-17. F-c Tour (PA): SL 2015. HS 207 Leopards v Multan Tigers (Multan) 2014-15. BB 8-81 (12-104 match) Islamabad v Multan (Karachi) 2013-14. LO HS 117* P v Kent (Beckenham) 2019. LO BB 5-14 (*see LOI*). T20 HS 92*. T20 BB 5-14.

^{NQ}**KERR, Hayden** Lewis, b Bowral, NSW, Australia 10 Jul 1996. RHB, LFM. New South Wales 2021-22 to 2023-24. Derbyshire 2022. Queensland 2025-26. Glamorgan 2025 (T20 only). Big Bash: SS 2019-20 to date. HS 88 NSW v Tas (Sydney) 2021-22. CC HS 16 and CC BB 3-63 De v Sussex (Hove) 2022. BB 3-29 Q v Vic (Melbourne) 2025-26. LO HS 43 NSW v Vic (Sydney) 2021-22. LO BB 3-57 NSW v Vic (Melbourne, SK) 2023-24. T20 HS 98*. T20 BB 4-32.

^{NQ}**KUHNEMANN, Matthew** Paul, b Brisbane, Australia 20 Sep 1996. LHB, SLA. Queensland 2020-21 to 2023-24. Durham 2023; cap 2023. Tasmania 2024-25 to date. Glamorgan 2025. Big Bash: BH 2018-19 to date. **Tests** (A): 5 (2022-23 to 2024-25); HS 6 v I (Delhi) 2022-23, 6 v I (Ahmedabad) 2022-23 and 6 v SL (Galle) 2024-25; BB 5-16 v I (Indore) 2022-23. **LOI** (A): 5 (2022 to 2025-26); HS 15 v SL (Colombo, RPS) 2022; BB 2-26 v SL (Colombo, RPS) 2022 and 2-26 v I (Perth) 2025-26. **IT20** (A): 8 (2025 to 2025-26); HS 5 and BB 1-27 v P (Lahore) 2025-26. F-c Tours (A): I 2022-23; SL 2022 (as A), 2024-25. HS 27* Tas v WA (Perth) 2024-25. CC HS 6* and BB 6-53 v Middx (Cardiff) 2025. LO HS 56* Tas v NSW (Sydney, CC) 2025-26. LO BB 4-37 Q v SA (Brisbane, AB) 2020-21. T20 HS 31*. T20 BB 3-17.

^{NQ}**LABUSCHAGNE, Marnus**, b Klerksdorp, South Africa 22 Jun 1994. RHB, LB. Queensland 2014-15 to date. Glamorgan 2019-25; cap 2019. Big Bash: BH 2016-17 to date. *Wisden* 2019. **Tests** (A): 63 (2018-19 to 2025-26); 1000 runs (1): 1104 (2019); HS 215 v NZ (Sydney) 2019-20; BB 3-45 v P (Abu Dhabi) 2018. **LOI** (A): 66 (2019-20 to 2025); HS 124 v SA (Bloemfontein) 2023; BB 3-39 v E (Nottingham) 2024. **IT20** (A): 1 (2022-23); HS 2 v P (Lahore) 2022-23. F-c Tours (A): E 2019, 2023, 2025 (v SA); NZ 2023-24; I 2018-19 (Aus A), 2022-23; P 2021-22; SL 2022, 2024-25; UAE 2018-19 (v P). 1000 runs (1+2); most – 1530 (2019). HS 215 (*see Tests*). Gm HS 182 v Sussex (Hove) 2019. BB 4-81 v Durham (Cardiff) 2023. LO HS 135 Q v SA (Brisbane) 2019-20. LO BB 3-39 (*see LOI*). T20 HS 93*. T20 BB 5-11 v Somerset (Cardiff) 2024 – Gm record.

NORTHEAST, S.A. – *see KENT*.

GLAMORGAN 2025

RESULTS SUMMARY

	Place	Won	Lost	Drew	NR
Rothesay County Championship (Div 2)	2nd	5	3	6	
Metro Bank One-Day Cup (Group A)	9th	1	6		1
Vitality Blast (South Group)	5th	7	7		

ROTHESAY COUNTY CHAMPIONSHIP AVERAGES
BATTING AND FIELDING

Cap		M	I	NO	HS	Runs	Avge	100	50	Ct/St
2017	C.A.Ingram	12	21	2	133*	1076	56.63	3	7	13
	B.J.Kellaway	11	19	4	181*	813	54.20	2	4	4
2021	K.S.Carlson	14	23	1	113	1020	46.36	3	5	19
	A.M.Tribe	11	19	3	206	731	45.68	2	3	12
2016	C.E.Cooke	14	21	4	84	737	43.35	–	6	36/3
2022	S.A.Northeast	13	22	1	139	883	42.04	3	3	11
	E.J.Byrom	3	6	–	48	175	29.16	–	–	2
	A.W.Gorvin	7	9	1	50*	222	27.75	–	1	5
	M.S.Crane	5	9	3	42	136	22.66	–	–	2
2018	T.van der Gutten	13	17	–	62	383	22.52	–	3	1
	Zain Ul Hassan	14	25	1	65	525	21.87	–	2	5
	E.O.Leonard	7	9	2	47	139	19.85	–	–	5
2010	J.A.R.Harris	10	13	3	31	128	12.80	–	–	3
	S.Bashir	3	5	1	22*	46	11.50	–	–	–
2021	W.T.Root	3	5	–	30	56	11.20	–	–	4
	A.M.Fernando	10	12	6	6	20	3.33	–	–	1

Also played: T.R.Bevan (1 match) 3 (2 ct); M.P.Kuhnemann (1) 6*; M.Labuschagne (2 – cap 2019) 0, 4, 23 (1 ct).

BOWLING

	O	M	R	W	Avge	Best	5wI	10wM
A.W.Gorvin	142	35	443	20	22.15	5- 85	1	–
M.S.Crane	131.3	11	615	23	26.73	6- 19	2	–
T.van der Gugten	332.2	83	924	34	27.17	5- 85	1	–
B.I.Kellaway	248	44	803	25	32.12	6-111	2	–
A.M.Fernando	233.4	35	825	24	34.37	4- 71	–	–
Zain Ul Hassan	203.1	43	606	15	40.40	2- 18	–	–
E.O.Leonard	140.4	15	608	14	43.42	3- 66	–	–
J.A.R.Harris	251	40	967	22	43.95	3- 35	–	–

Also bowled:
M.P.Kuhnemann	30.3	9	75	7	10.71	6- 53	1	–
K.S.Carlson	40	4	169	5	33.80	3- 24	–	–

S.Bashir 71.5-7-304-2; S.A.Northeast 1.4-0-21-0; A.M.Tribe 9-1-34-0.

Glamorgan played no first-class fixtures outside the County Championship in 2025. The First-Class Averages (pp 223–236) give the records of Glamorgan players in all first-class county matches, with the exception of S.Bashir and M.Labuschagne, whose first-class figures for Glamorgan are as above.

GLAMORGAN RECORDS

FIRST-CLASS CRICKET

Highest Total	For 795-5d		v	Leics	Leicester	2022
	V 750		by	Northants	Cardiff	2019
Lowest Total	For 22		v	Lancashire	Liverpool	1924
	V 33		by	Leics	Ebbw Vale	1965
Highest Innings	For 410*	S.A.Northeast	v	Leics	Leicester	2022
	V 322*	M.B.Loye	for	Northants	Northampton	1998

Highest Partnership for each Wicket

1st	374	M.T.G.Elliott/S.P.James	v	Sussex	Colwyn Bay	2000
2nd	328	E.J.Byrom/C.A.Ingram	v	Sussex	Cardiff	2022
3rd	313	D.E.Davies/W.E.Jones	v	Essex	Brentwood	1948
4th	425*	A.Dale/I.V.A.Richards	v	Middlesex	Cardiff	1993
5th	315	K.S.Carlson/C.A.Ingram	v	Sussex	Cardiff	2024
6th	461*	S.A.Northeast/C.B.Cooke	v	Leics	Leicester	2022
7th	211	P.A.Cottey/O.D.Gibson	v	Leics	Swansea	1996
8th	211	C.B.Cooke/M.G.Neser	v	Leics	Leicester	2023
9th	203*	J.J.Hills/J.C.Clay	v	Worcs	Swansea	1929
10th	143	T.Davies/S.A.B.Daniels	v	Glos	Swansea	1982

Best Bowling	For	10- 51	J.Mercer	v	Worcs	Worcester	1936
(Innings)	V	10- 18	G.Geary	for	Leics	Pontypridd	1929
Best Bowling	For	17-212	J.C.Clay	v	Worcs	Swansea	1937
(Match)	V	16- 96	G.Geary	for	Leics	Pontypridd	1929

Most Runs – Season	2276	H.Morris	(av 55.51)	1990
Most Runs – Career	34056	A.Jones	(av 33.03)	1957-83
Most 100s – Season	10	H.Morris		1990
Most 100s – Career	54	M.P.Maynard		1985-2005
Most Wkts – Season	176	J.C.Clay	(av 17.34)	1937
Most Wkts – Career	2174	D.J.Shepherd	(av 20.95)	1950-72
Most Career W-K Dismissals	933	E.W.Jones	(840 ct; 93 st)	1961-83
Most Career Catches in the Field	656	P.M.Walker		1956-72

LIMITED-OVERS CRICKET

Highest Total	50ov	429		v	Surrey	The Oval	2002
	40ov	328-4		v	Lancashire	Colwyn Bay	2011
	T20	243-4		v	Somerset	Cardiff	2024
Lowest Total	50ov	68		v	Lancashire	Manchester	1973
	40ov	42		v	Derbyshire	Swansea	1979
	T20	44		v	Surrey	The Oval	2019
Highest Innings	50ov	177*	S.A.Northeast	v	Worcs	Worcester	2022
	40ov	155*	J.H.Kallis	v	Surrey	Pontypridd	1999
	T20	135	K.S.Carlson	v	Somerset	Cardiff	2024
Best Bowling	50ov	6-20	S.D.Thomas	v	Comb Univs	Cardiff	1995
	40ov	7-16	S.D.Thomas	v	Surrey	Swansea	1998
	T20	5-11	M.Labuschagne	v	Somerset	Cardiff	2024

GLOUCESTERSHIRE

Formation of Present Club: 1871
Inaugural First-Class Match: 1870
Colours: Blue, Gold, Brown, Silver, Green and Red
Badge: Coat of Arms of the City and County of Bristol
County Champions (since 1890): (0); best – 2nd 1930, 1931, 1947, 1959, 1969, 1986
Gillette/NatWest/C&G Trophy Winners: (5) 1973, 1999, 2000, 2003, 2004
Benson and Hedges Cup Winners: (3) 1977, 1999, 2000
Pro 40/National League (Div 1) Winners: (1) 2000
Royal London One-Day Cup Winners: (1) 2015
Twenty20 Cup Winners: (1) 2024

Chief Executive: Neil Priscott, Seat Unique Stadium, Nevil Road, Bristol BS7 9EJ • Tel: 0117 910 8000 • Email: reception@glosccc.co.uk • Web: www.gloscricket.co.uk • X: @Gloscricket (78,907 followers)

Director of Cricket: Jon Lewis. **Head Coach**: Mark Alleyne. **Lead Bowling Coach**: Mark Thorburn. **Captain**: C.T.Bancroft (f-c) and J.M.R.Taylor (l-o). **Vice-Captain**: J.R.Bracey. **Overseas Players**: C.T.Bancroft, G.T.Bell, L.A.H.Scott and D.J.M.Short. **2026 Testimonial**: None. **Head Groundsman**: Ben Simpkins. **Scorer**: Adrian Bull. ‡ New registration. NO Not qualified for England.

Gloucestershire revised their capping policy in 2004 and now award players with their County Caps when they make their first-class debut.

AHMED, Daaryoush 'Daz' Jalaal (Cardiff U), b Bristol 17 Sep 2000. RHB, RM. Squad No 77. Debut (Gloucestershire) 2025; cap 2025. HS 0*. BB –. LO HS 29 v Surrey (Guildford) 2025 (MBC). LO BB 2-21 v Worcs (Worcester) 2025 (MBC).

NO**BANCROFT, Cameron** Timothy (Aquinas C, Perth), b Attadale, Perth, Australia 19 Nov 1992. 6'0". RHB, WK, occ RM. Squad No 1. W Australia 2013-14 to date. Gloucestershire debut/cap 2016; captain 2025. Durham 2019-21; cap 2019; captain 2019-20. Somerset 2023. Big Bash: PS 2014-15 to 2022-23; ST 2023-24 to date. **Tests** (A): 10 (2017-18 to 2019); HS 82* v E (Brisbane) 2017-18. **IT20** (A): 1 (2015-16); HS 0* v I (Sydney) 2015-16. F-c Tours (A): E 2019; SA 2017-18; I 2015 (Aus A). HS 228* WA v SA (Perth) 2017-18. CC HS 206* v Kent (Bristol) 2017-18. BB 1-10 WA v Q (Brisbane) 2019-20. LO HS 176 WA v SA (Sydney, HO) 2015-16. T20 HS 95*.

‡NO**BELL, Gabriel** Teague, b Trevallyn, Tasmania, Australia 3 Jul 1995. RHB, RM. Squad No 5. Tasmania 2016-17 to date. HS 27 Tas v SA (Adelaide) 2025-26. BB 6-39 (10-79 match) Tas v Q (Brisbane) 2023-24. LO HS 17 Tas v Vic (Melbourne, SK) 2024-25. LO BB 3-29 Tas v NSW (Launceston) 2024-25.

BOORMAN, Thomas William (Malvern C), b Cheltenham 12 Apr 2005. 6'1". RHB, OB. Squad No 71. Awaiting f-c debut. Gloucestershire 2nd XI debut 2021. LO HS 33* v Leics (Bristol) 2025 (MBC). T20 HS 6.

BRACEY, James Robert (Filton CS), b Bristol 3 May 1997. Younger brother of S.N.Bracey (Cardiff MCCU 2014-15). 6'1". LHB, WK, occ RM. Squad No 25. Debut (Gloucestershire) 2016; cap 2019. Loughborough MCCU 2017-18. **Tests**: 2 (2021); HS 8 v NZ (Birmingham) 2021. F-c Tour (EL): A 2019-20. 1000 runs (2); most – 1089 (2024). HS 207* v Leics (Bristol) 2024, sharing Gs record 5th wkt partnership of 277 with G.L.van Buuren. First in all f-c cricket to score a double century (204*) & take 10 dismissals in a match, v Glamorgan (Cheltenham) 2024. BB – . LO HS 224* v Somerset (Bristol) 2023 (MBC) – Gs record. LO BB 1-23 v Essex (Chelmsford) 2019 (RLC). T20 HS 70.

CHARLESWORTH, Ben Geoffrey (St Edward's S), b Oxford 19 Nov 2000. Elder brother of L.A.Charlesworth (*see below*); son of G.M.Charlesworth (Griqualand W and Cambridge U 1989-90 to 1993). 6'2½". LHB, RM/OB. Squad No 64. Debut (Gloucestershire) 2018; cap 2018. Oxfordshire 2016. HS 210 v Leics (Bristol) 2024. BB 3-5 v Kent (Bristol) 2025. LO HS 104 v Hants (Bristol) 2025 (MBC). LO BB 1-23 v Leics (Bristol) 2025 (MBC). T20 HS 56. T20 BB 2-5.

CHARLESWORTH, Luke Alexander (St Edward's S; Exeter U), b Oxford 4 Apr 2003. Younger brother of B.G.Charlesworth (*see above*); son of G.M.Charlesworth (Griqualand W and Cambridge U 1989-90 to 1993). 6'0". RHB, RM. Squad No 19. Debut (Gloucestershire) 2023; cap 2023. HS 4 and BB 3-54 v Leics (Leicester) 2023. T20 HS 1. T20 BB 1-32. No 1st XI appearances in 2025.

De LANGE, Marchant, b Tzaneen, South Africa 13 Oct 1990. 6'4". RHB, RF. Squad No 90. Qualified as a domestic player in 2023. Easterns 2010-11 to 2015-16. Titans 2010-11 to 2015-16. Knights 2016-17 to 2017-18. Free State 2016-17. Glamorgan 2017-20; cap 2019. Somerset 2021-22. Gloucestershire debut/cap 2023. IPL: KKR 2012; MI 2014-15. Trent Rockets 2021. **Tests** (SA): 2 (2011-12); HS 9 and BB 7-81 v SL (Durban) 2011-12 – on debut. **LOI** (SA): 4 (2011-12 to 2015-16); HS – ; BB 4-46 v NZ (Auckland) 2011-12. **IT20** (SA): 6 (2011-12 to 2015-16); HS – ; BB 2-26 v WI (Durban) 2014-15. F-c Tours (SA): A 2014 (SA A); NZ 2011-12. HS 113 Gm v Northants (Northampton) 2020. Gs HS 51 v Kent (Canterbury) 2025. BB 7-23 Knights v Titans (Centurion) 2016-17. Gs BB 6-49 v Middx (Bristol) 2024. LO HS 58* Gm v Surrey (Cardiff) 2019 (RLC). LO BB 5-49 Gm v Hants (Southampton) 2017 (RLC). T20 HS 28*. T20 BB 5-20.

DHARIWAL, Kamran Singh (King Edward VI S, Southampton), b Winchester, Hants 8 Mar 2005. RHB. Squad No 73. Awaiting 1st XI debut. Hampshire 2nd XI 2023-24. Gloucestershire 2nd XI debut 2025.

HAMMOND, Miles Arthur Halhead (St Edward's S, Oxford), b Cheltenham 11 Jan 1996. 5'11". LHB, OB. Squad No 88. Debut (Gloucestershire) 2013; cap 2013. Birmingham Phoenix 2021-22. Oval Invincibles 2025. F-c Tour (MCC): Nepal 2019-20. HS 169 v Hants (Cheltenham) 2022. BB 2-37 v Leics (Leicester) 2021. LO HS 157 v Notts (Nottingham) 2024 (MBC). LO BB 2-18 v Northants (Northampton) 2015 (RLC). T20 HS 80. T20 BB –.

JOHNSON, Alfie Ben (St Lawrence S), b Bath, Somerset 19 Jan 2007. LHB, OB. Squad No 54. Awaiting 1st XI debut. Gloucestershire 2nd XI debut 2023.

‡**MALAN, Dawid** Johannes (Paarl HS), b Roehampton, Surrey 3 Sep 1987. Son of D.J.Malan (WP B and Transvaal B 1978-79 to 1981-82), elder brother of C.C.Malan (Loughborough MCCU 2009-10). 6'0". LHB, LB. Boland 2005-06. Middlesex 2008-19, scoring 132* v Northants (Uxbridge) on debut; cap 2010; T20 captain 2016-19; captain 2018-19. Yorkshire 2020-25; cap 2020. MCC 2010-11, 2013. IPL: PK 2021. Big Bash: HH 2020-21. Trent Rockets 2021-23. Oval Invincibles 2024. Northern Superchargers 2025. **Tests**: 22 (2017 to 2021-22); HS 140 v A (Perth) 2017-18; BB 2-33 v A (Adelaide) 2021-22. **LOI**: 30 (2019 to 2023-24); HS 140 v B (Dharamsala) 2023-24; BB 1-5 v Neth (Amstelveen) 2022. **IT20**: 62 (2017 to 2023); HS 103* v NZ (Napier) 2019-20; BB 1-27 v NZ (Hamilton) 2017-18. F-c Tours: A 2017-18, 2021-22; NZ 2017-18. 1000 runs (3); most – 1137 runs (2014). HS 219 Y v Derbys (Leeds) 2020. BB 5-61 M v Lancs (Liverpool) 2012. LO HS 185* EL v Sri Lanka A (Northampton) 2016. LO BB 4-25 PDSC v Partex (Savar) 2014-15. T20 HS 117. T20 BB 2-10.

MIDDLETON, Edward William Osborne (King's, Taunton; Oxford Brookes U), b Exeter, Devon 28 Dec 2000. 6'4". RHB, LB. Squad No 55. Debut (Gloucestershire) 2023; cap 2023. Devon 2018-22. HS 39* v Derbys (Bristol) 2023. BB 3-92 v Leics (Leicester) 2024.

MILES, Craig Neil (Bradon Forest S, Swindon; Filton C, Bristol), b Swindon, Wilts 20 July 1994. Brother of A.J.Miles (Cardiff MCCU 2012). 6'4". RHB, RMF. Squad No 34. Debut (Gloucestershire) 2011; cap 2011. Warwickshire 2019-24. Durham 2023 (on loan). Glamorgan 2024 (on loan). Northern Superchargers 2022. HS 62* v Worcs (Cheltenham) 2014. 50 wkts (3); most – 58 (2018). BB 6-63 v Northants (Northampton) 2015. Hat-trick: v Essex (Cheltenham) 2016. LO HS 31* Wa v Surrey (Oval) 2021 (RLC). LO BB 4-29 v Yorks (Scarborough) 2015 (RLC). T20 HS 11*. T20 BB 4-29.

PAYNE, David Alan (Lytchett Minster S), b Poole, Dorset, 15 Feb 1991. 5'2". RHB, LMF. Squad No 14. Debut (Gloucestershire) 2011; cap 2011. Big Bash: PS 2022-23 to date; AS 2023-24. Welsh Fire 2021 to date. Dorset 2009. **LOI**: 1 (2022); HS – ; BB 1-38 v Neth (Amstelveen) 2022. HS 67* v Glamorgan (Cardiff) 20-6. BB 6-26 v Leics (Bristol) 2011. LO HS 40 EL v South Africans (Worcester) 2022. LO BB 7-29 v Essex (Chelmsford) 2010 (CB40), inc 4 wkts in 4 balls and 6 wkts in 9 balls – Gs record. T20 HS 28. T20 BB 5-24.

PHILLIPS, Joseph Peter (Penair S, Truro; Clifton C), b Truro, Cornwall 9 Nov 2003. 6'2". RHB, OB. Squad No 24. Debut (Gloucestershire) 2023; cap 2023. Gloucestershire 2nd XI debut 2022. Cornwall 2021-22. HS 136 v Middx (Cheltenham) 2025. LO HS 14 v Leics (Bristol) 2025 (MBC).

PRICE, Oliver James (Magdalen Coll S), b Oxford 12 Jun 2001. Younger brother of T.J.Price (see SUSSEX). 6'3". RHB, OB. Squad No 67. Debut (Gloucestershire) 2021; cap 2021. Oxfordshire 2018-19. F-c Tour (EL): I 2023-24. HS 253* v Lancs (Manchester) 2025. BB 3-40 v Leics (Bristol) 2023. LO HS 116* v Derbys (Cheltenham) 2023 (MBC). LO BB 2-12 v Lancs (Bristol) 2023 (MBC). T20 HS 51. T20 BB 3-21.

RAO, Aman Akram (Millfield S), b Sydney, Australia 22 Jun 2004. RHB, RMF. Squad No 22. Awaiting f-c debut. Somerset 2nd XI 2023. Derbyshire 2nd XI 2024. Glamorgan 2nd XI 2024. Warwickshire 2nd XI 2024. HS 1. T20 BB 1-32.

‡NOSCOTT, Liam Alexander Hamilton, b N Sydney, Australia 12 Dec 2000. RHB, RMF. Squad No 6. S Australia 2019-20 to date. Big Bash: AS 2020-21 to date. F-c Tour (A A): I 2025-26. HS 147 SA v Tas (Adelaide) 2025-26. BB 5-33 SA v Q (Brisbane) 2025-26. LO HS 73 Aus A v India A (Kanpur) 2025-26. LO BB 3-16 SA v WA (Perth) 2024-25. T20 HS 91*. T20 BB 2-12.

NOSHORT, D'Arcy John Matthew, b Katherine, N Territory, Australia 9 Aug 1990. 5'11". LHB, SLC. Squad No 62. W Australia 2016-17 to date. Durham 2019 (T20 only). Hampshire 2021 (T20 only). Gloucestershire debut 2025 (T20 only). IPL: RR 2018. Big Bash: HH 2016-17 to 2022-23; AS 2023-24 to 2024-25. Trent Rockets 2021. **LOI** (A): 8 (2018 to 2019-20), HS 69 v SA (Bloemfontein) 2019-20; BB – . **IT20** (A): 23 (2017-18 to 2020-21); HS 76 v NZ (Auckland) 2017-18 and 76 v P (Harare) 2018; BB 1-13 v P (Abu Dhabi) 2018-19. HS 87 WA v Vic (Melbourne, SK) 2022-23. BB 3-78 WA v Vic (Melbourne) 2017-18. LO HS 257 (inc world record 23 sixes) WA v Q (Sydney, HO) 2018-19 – 4th highest l-o score on record. LO BB 3-53 WA v Vic (Perth) 2017-18. T20 HS 122*. T20 BB 5-21.

SYED, Ahmed Mujtaba (Clifton C), b Enfield, Middx 26 Sep 2004. 5'9'. RHB, LM. Squad No 20. Awaiting 1st XI debut. Gloucestershire 2nd XI debut 2021.

TAYLOR, Jack Martin Robert (Chipping Norton S), b Banbury, Oxfordshire 12 Nov 1991. Elder brother of M.D.Taylor (see below). 5'11". RHB, OB. Squad No 10. Debut (Gloucestershire) 2010; cap 2010; captain 2023 to date (l-o only). Oxfordshire 2009-11. HS 156 v Northants (Cheltenham) 2015. BB 4-16 v Glamorgan (Bristol) 2016. LO HS 139* v Warwks (Bristol) 2024 (MBC). LO BB 5-61 v Essex (Chelmsford) 2025 (MBC). T20 HS 80*. T20 BB 4-16.

TAYLOR, Matthew David (Chipping Norton S), b Banbury, Oxfordshire 8 Jul 1994. Younger brother of J.M.R.Taylor (see above). 6'0". RHB, LMF. Squad No 36. Debut (Gloucestershire) 2013; cap 2013. Oxfordshire 2011-12. HS 57* v Derbys (Derby) 2023. BB 5-15 v Cardiff MCCU (Bristol) 2018. CC BB 5-24 v Sussex (Hove) 2023. LO HS 51* v Lancs (Bristol) 2021 (RLC). LO BB 4-44 v Surrey (Oval) 2024 (MBC). T20 HS 27. T20 BB 4-22.

van BUUREN, Graeme Lourens, b Pretoria, South Africa 22 Aug 1990. 5'6". RHB, SLA. Squad No 12. Northerns 2009-10 to 2015-16. Titans 2012-13 to 2014-15. Gloucestershire debut/cap 2016; captain 2022-24. Birmingham Phoenix 2022. England resident since May 2019; now has UK passport. HS 235 Northerns v EP (Centurion) 2014-15. Gs HS 187 v Derbys (Bristol) 2024, sharing Gs record 5th wkt partnership of 277 with J.R.Bracey. BB 4-12 Northerns v SW Districts (Oudtshoorn) 2012-13. Gs BB 4-18 v Durham MCCU (Bristol) 2017. CC BB 3-15 v Glamorgan (Bristol) 2016. LO HS 119* Northerns v EP (Pt Elizabeth, Grey HS) 2013-14. LO BB 5-35 Northerns v SW Districts (Pretoria) 2011-12. T20 HS 64. T20 BB 5-8.

‡**WILLIAMS, Wil**liam Salter Austen (Christchurch Boys' HS), b Christchurch, New Zealand 6 Oct 1992. 6'2". RHB, RMF. Squad No 8. UK passport. Canterbury 2012-13 to 2021-22. Lancashire 2022-25. HS 61 La v Surrey (Oval) 2023. BB 5-26 Cant v ND (Rangiora) 2020-21. CC BB 5-41 La v Northants (Northampton) 2022. LO HS 19* Cant v Auckland (Auckland) 2017-18. LO BB 4-20 La v Derbys (Manchester) 2022 (RLC). T20 HS 29*. T20 BB 5-12.

RELEASED/RETIRED

(Having made a County 1st XI appearance in 2025)

AKHTER, Z. – *see ESSEX.*

BAILEY, A.G. – *see DURHAM.*

DALE, A.S. – *see LANCASHIRE.*

DENT, Christopher David James (Backwell CS; Alton C), b Bristol 20 Jan 1991. 5'9". LHB, SLA, occ WK. Gloucestershire 2010-25; cap 2010; testimonial 2024. 1000 runs (4); most – 1336 (2016). HS 268 v Glamorgan (Bristol) 2015. BB 2-21 v Sussex (Hove) 2016. LO HS 151* v Glamorgan (Cardiff) 2013 (Y40). LO BB 4-43 v Leics (Bristol) 2012 (CB40). T20 HS 87. T20 BB 1-4.

GOODMAN, D.C. – *see SUSSEX.*

NQ**GREEN, Cameron** Donald, b Subiaco, W Australia 3 Jun 1999. RHB, RFM. W Australia 2016-17 to date. Gloucestershire 2025; cap 2025. IPL: MI 2023; RCB 2024. Big Bash: PS 2018-19 to 2019-20. **Tests** (A): 37 (2020-21 to 2025-26); HS 174* v NZ (Wellington) 2023-24; BB 5-27 v SA (Melbourne) 2022-23. **LOI** (A): 31 (2020-21 to 2025); HS 118* v SA (Mackay) 2025; BB 5-33 v Z (Townsville) 2022. **IT20** (A): 28 (2022 to 2025); HS 62* and BB 3-35 v Scot (Edinburgh) 2024. F-c Tours (A): E 2023, 2025 (v SA); WI 2025; NZ 2023-24; I 2022-23; P 2021-22; SL 2022. 1000 runs (0+1): 1283 (2020-21). HS 251 WA v Q (Brisbane) 2020-21. Gs HS 128 v Kent (Bristol) 2025. BB 6-30 WA v Tas (Perth) 2018-19. LO HS 144 WA v SA (Perth) 2020-21. LO BB 5-33 (*see LOI*). T20 HS 100*. T20 BB 3-35.

NQ**MURPHY, Todd** Raymond, b Echuca, Victoria, Australia 15 Nov 2000. LHB, OB. Victoria 2020-21 to date. Gloucestershire 2025; cap 2025. Big Bash: SS 2021-22 to date. **Tests** (A): 7 (2022-23 to 2024-25); HS 41 v I (Ahmedabad) 2022-23; BB 7-124 v I (Nagpur) 2022-23. F-c Tours (A): E 2023; I 2022-23; SL 2022 (Aus A), 2024-25. HS 41 (*see Tests*). Gs HS 33 v Lancs (Cheltenham) 2025. BB 7-124 (*see Tests*). Gs BB 3-106 v Middx (Cheltenham) 2025. LO HS 20 Vic v WA (Perth) 2023-24. LO BB 4-27 WA v Vic (Melbourne) 2024-25. T20 HS 14*. T20 BB 3-35.

PRICE, T.J. – *see SUSSEX.*

SHAW, J. – *see SOMERSET.*

SMITH, Thomas Michael John (Seaford Head Community C; Sussex Downs C), b Eastbourne, Sussex 29 Aug 1987. 5'9". RHB, SLA. Sussex 2007-09. Surrey 2009 (l-o only). Middlesex 2010-13. Gloucestershire 2013-21; cap 2013. HS 84 v Leics (Cheltenham) 2019. BB 4-35 v Kent (Canterbury) 2014. LO HS 65 Sy v Leics (Leicester) 2009 (P40). LO BB 4-26 v Sussex (Cheltenham) 2016 (RLC). T20 HS 36*. T20 BB 5-16 v Warwks (Birmingham) 2020 – Gs record.

GLOUCESTERSHIRE 2025

RESULTS SUMMARY

	Place	Won	Lost	Drew
Rothesay County Championship (Div 2)	6th	2	4	8
Metro Bank One-Day Cup (Group A)	QF	6	3	
Vitality Blast (South Group)	7th	5	9	

ROTHESAY COUNTY CHAMPIONSHIP AVERAGES
BATTING AND FIELDING

Cap†		M	I	NO	HS	Runs	Avge	100	50	Ct/St
2025	C.D.Green	5	9	2	128	467	66.71	3	1	4
2016	J.R.Bracey	14	24	4	151*	1010	50.50	3	5	43/5
2016	C.T.Bancroft	10	17	–	176	796	46.82	2	5	20
2023	J.P.Phillips	7	13	1	136	533	44.41	1	3	2
2018	B.G.Charlesworth	14	25	2	160	914	39.73	2	5	6
2013	M.A.H.Hammond	14	25	1	97	927	38.62	–	8	11
2021	O.J.Price	14	25	1	253*	890	37.08	2	3	18
2016	J.Shaw	7	8	4	45	145	36.25	–	–	1
2016	G.L.van Buuren	14	24	3	175	738	35.14	2	2	5
2010	J.M.R.Taylor	3	4	–	63	135	33.75	–	1	2
2025	T.R.Murphy	4	6	3	33	98	32.66	–	–	2
2023	Z.Akhter	12	18	3	64	385	25.66	–	2	3
2020	T.J.Price	6	9	1	76	176	22.00	–	1	2
2023	M.de Lange	4	7	1	51	129	21.50	–	–	1
2013	M.D.Taylor	8	10	1	36	166	18.44	–	–	1
2022	A.S.Dale	11	14	4	17*	75	7.50	–	–	–

Also played: D.J.Ahmed (1 match – cap 2025) 0*, 0* (1 ct); A.G.Bailey (3 – cap 2024) 0*, 19* (1 ct); C.D.J.Dent (2 – cap 2010) 2, 10, 27; D.C.Goodman (1 – cap 2021) 1, 0 (1 ct).

BOWLING

	O	M	R	W	Avge	Best	5wI	10wM
B.G.Charlesworth	108.4	8	431	16	26.93	3- 5		
A.S.Dale	341.4	49	1200	40	30.00	7-110	2	
T.J.Price	187.2	24	660	19	34.73	4- 33		
G.L.van Buuren	330.5	47	1025	25	41.00	4- 64		
Z.Akhter	258.1	21	1015	24	42.29	5- 85	1	
M.D.Taylor	218.5	29	798	18	44.33	5- 70	1	
O.J.Price	166.2	17	541	12	45.08	2- 50		
J.Shaw	181.3	27	655	13	50.38	2- 48		
T.R.Murphy	172.1	21	619	11	56.27	3-106		

Also bowled:

D.C.Goodman	31	6	87	9	9.66	5- 54	1	
A.G.Bailey	58	6	232	9	25.77	3- 55		
M.de Lange	56.2	6	229	5	45.80	3- 31		

D.J.Ahmed 6.4-0-23-0; M.A.H.Hammond 30-3-140-0; J.M.R.Taylor 4-0-31-0.

Gloucestershire played no first-class fixtures outside the County Championship in 2025. The First-Class Averages (pp 223–236) give the records of Gloucestershire players in all first-class county matches, with the exception of Z.Akhter, A.S.Dale and C.D.Green, whose first-class figures for Gloucestershire are as above.

† Gloucestershire revised their capping policy in 2004 and now award players with their County Caps when they make their first-class debut.

GLOUCESTERSHIRE RECORDS

FIRST-CLASS CRICKET

Highest Total	For	706-6d		v	Leics	Leicester	2024
	V	774-7d		by	Australians	Bristol	1948
Lowest Total	For	17		v	Australians	Cheltenham	1896
	V	12		by	Northants	Gloucester	1907
Highest Innings	For	341	C.M.Spearman	v	Middlesex	Gloucester	2004
	V	319	C.J.L.Rogers	for	Northants	Northampton	2006

Highest Partnership for each Wicket

1st	395	D.M.Young/R.B.Nicholls	v	Oxford U	Oxford	1962
2nd	256	C.T.M.Pugh/T.W.Graveney	v	Derbyshire	Chesterfield	1960
3rd	392	G.H.Roderick/A.P.R.Gidman	v	Leics	Bristol	2014
4th	321	W.R.Hammond/W.L.Neale	v	Leics	Gloucester	1937
5th	277	J.R.Bracey/G.L.van Buuren	v	Derbyshire	Bristol	2024
6th	320	G.L.Jessop/J.H.Board	v	Sussex	Hove	1903
7th	248	W.G.Grace/E.L.Thomas	v	Sussex	Hove	1896
8th	239	W.R.Hammond/A.E.Wilson	v	Lancashire	Bristol	1938
9th	193	W.G.Grace/S.A.P.Kitcat	v	Sussex	Bristol	1896
10th	137	C.N.Miles/L.C.Norwell	v	Worcs	Cheltenham	2014

Best Bowling	For	10-40	E.G.Dennett		v	Essex	Bristol	1906
(Innings)	V	10-66	A.A.Mailey		for	Australians	Cheltenham	1921
		10-66	K.Smales		for	Notts	Stroud	1956
Best Bowling	For	17-56	C.W.L.Parker		v	Essex	Gloucester	1925
(Match)	V	15-87	A.J.Conway		for	Worcs	Moreton-in-M	1914

Most Runs – Season		2860	W.R.Hammond	(av 69.75)	1933
Most Runs – Career		33664	W.R.Hammond	(av 57.05)	1920-51
Most 100s – Season		13	W.R.Hammond		1938
Most 100s – Career		113	W.R.Hammond		1920-51
Most Wkts – Season		222	T.W.J.Goddard	(av 16.80)	1937
		222	T.W.J.Goddard	(av 16.37)	1947
Most Wkts – Career		3170	C.W.L.Parker	(av 19.43)	1903-35
Most Career W-K Dismissals		1054	R.C.Russell	(950 ct; 104 st)	1981-2004
Most Career Catches in the Field		719	C.A.Milton		1948-74

LIMITED-OVERS CRICKET

Highest Total	50ov	454-3			v	Somerset	Bristol	2023
	40ov	344-6			v	Northants	Cheltenham	2001
	T20	254-3			v	Middlesex	Uxbridge	2011
Lowest Total	50ov	82			v	Notts	Bristol	1987
	40ov	49			v	Middlesex	Bristol	1978
	T20	68			v	Hampshire	Bristol	2010
Highest Innings	50ov	224*	J.R.Bracey		v	Somerset	Bristol	2023
	40ov	153	C.M.Spearman		v	Warwicks	Gloucester	2003
	T20	126*	M.Klinger		v	Essex	Bristol	2015
Best Bowling	50ov	6-13	M.J.Proctor		v	Hampshire	Southampton[1]	1977
	40ov	7-29	D.A.Payne		v	Essex	Chelmsford	2010
	T20	5-16	T.M.J.Smith		v	Warwicks	Birmingham	2020

HAMPSHIRE

Formation of Present Club: 12 August 1863
Inaugural First-Class Match: 1864
Colours: Blue, Gold and White
Badge: Tudor Rose and Crown
County Champions: (2) 1961, 1973
NatWest/C&G/FP Trophy Winners: (3) 1991, 2005, 2009
Benson and Hedges Cup Winners: (2) 1988, 1992
Sunday League Winners: (3) 1975, 1978, 1986
Clydesdale Bank Winners: (1) 2012
Royal London One-Day Cup: (1) 2018
Twenty20 Cup Winners: (3) 2010, 2012, 2022

CEO: David Mann, The Utilita Bowl, Botley Road, West End, Southampton SO30 3XH ● **Tel**: 023 8047 2002 ● **Email**: enquiries@utilitabowl.com ● **Web**: www.utilitabowl.com ● **X**: @hantscricket (101,622 followers)

Director of Cricket: Giles White. **Head Coach**: Russell Domingo. **Lead Batting Coach**: Jimmy Adams. **Lead Bowling Coach**: Shane Burger. **Captains**: B.C.Brown (f-c), N.R.T.Gubbins (50 ov) and J.M.Vince (T20). **Overseas Players**: K.J.Abbott, H.W.R.Cartwright, J.N.T.Seales and T.Stubbs. **2026 Testimonial**: None. **Head Groundsman**: Simon Lee. **Scorer**: Fiona Newnham. **Blast Team Name**: Hampshire Hawks. ‡ New registration. NQ Not qualified for England.

NQ**ABBOTT, Kyle** John (Kearnsey C, KZN), b Empangeni, South Africa 18 Jun 1987. 6'3½". RHB, RFM. Squad No 87. KwaZulu-Natal 2008-09 to 2009-10. Dolphins 2008-09 to 2014-15. Hampshire debut 2014; cap 2017. Worcestershire 2016. Boland 2021-22. Middlesex 2015 (T20 only). IPL: KXIP 2016. **Tests** (SA): 11 (2012-13 to 2016-17); HS 17 v A (Adelaide) 2016-17; BB 7-29 v P (Centurion) 2012-13. **LOI** (SA): 28 (2012-13 to 2016-17); HS 23 v Z (Bulawayo) 2014; BB 4-21 v Ire (Canberra) 2014-15. **IT20** (SA): 21 (2012-13 to 2015-16); HS 9* v NZ (Centurion) 2015; BB 3-20 v B (Mirpur) 2015. F-c Tours (SA): A 2016-17; I 2015-16. HS 97* v Lancs (Manchester) 2017. 50 wkts (6+1): 72 (2019). BB 9-40 (17-86 match) v Somerset (Southampton) 2019 – 4th best match figures in CC history. Hat-tricks (2): v Worcs (Worcester) 2018 and v Glos (Cheltenham) 2022. LO HS 56 v Surrey (Oval) 2017 (RLC). LO BB 5-43 v Worcs (Southampton) 2021 (RLC). T20 HS 30. T20 BB 5-14.

ALBERT, Toby Edward (Park House S), b Basingstoke 12 Nov 2001. 6'1". RHB, WK. Squad No 15. Debut (Hampshire) 2022. Kent 2023 (on loan). Southern Brave 2025. Hampshire 2nd XI debut 2021. HS 124 v Essex (Southampton) 2024. LO HS 96* v Somerset Southampton) 2024 (MBC). T20 HS 98*.

BAKER, Sonny (Torquay Boys' GS; King's C, Taunton), b Torbay, Devon 13 Mar 2003. Nephew of A.K.Hele (Devon 1998-2001). RHB, RFM. Squad No 95. Debut (England Lions) 2024-25. Hampshire debut 2025. Somerset 2021-24 (l-o only). Southern Brave 2022. Manchester Originals 2025. Somerset 2nd XI 2019-24. **ECB One-Year Central Contract from 2025-26**. **LOI**: 1 (2025); HS 0; BB –. **IT20**: 1 (2025); BB –. HS 27 v Notts (Nottingham) 2025. BB 5-72 v Worcs (Worcester) 2025. LO HS 7* Sm v Surrey (Oval) 2021 (RLC). LO BB 6-46 Sm v Durham (Taunton) 2022 (RLC). T20 HS 1. T20 BB 4-20.

BROWN, Ben Christopher (Ardingly C), b Crawley, Sussex 23 Nov 1988. 5'8". RHB, WK. Squad No 10. Sussex 2007-21; cap 2014; captain 2017-20. Hampshire debut 2022; cap 2023; captain 2025. 1000 runs (2); most – 1031 (2015, 2018). HS 165* v Surrey (Southampton) 2024. BB 1-48 Sx v Essex (Colchester) 2016. LO HS 139* v Northants (Southampton) 2024 (MBC). T20 HS 68.

^{NQ}**CARTWRIGHT, Hilton** William Raymond, b Harare, Zimbabwe 14 Feb 1992. RHB, RM. Squad No 35. W Australia 2012-13 to date. Middlesex 2018. Derbyshire 2022. Hampshire debut 2025 (T20 only). Big Bash: PS 2012-13 to 2018-19; MS 2019-20 to date. Oval Invincibles 2022. Southern Brave 2025. **Tests** (A): 2 (2016-17 to 2017); HS 37 v P (Sydney) 2016-17; BB –. **LOI** (A): 2 (2017-18); HS 1 (twice). F-c Tours (A): NZ 2015-16 (Cricket Aus); B 2017. HS 171* WA v NSW (Perth) 2024-25. CC HS 80 M v Leics (Leicester) 2018. BB 4-23 WA v Tas (Perth) 2021-22. CC BB 4-33 M v Glos (Lord's) 2018. LO HS 99 Cricket Aus v Q (Sydney, DO) 2015-16. LO BB 3-26 Aus Nat Perf XI v Aus A (Townsville) 2016. T20 HS 79. T20 BB 2-34.

^{NQ}**CURRIE, Scott** William (St Edward's RC & C of E S), b Poole, Dorset 2 May 2001. Younger brother of B.J.Currie (see *SUSSEX*). 6'5". RHB, RMF. Squad No 44. Hampshire debut 2020. Leicestershire 2023-24 (on loan). Manchester Originals 2024 to date. Dorset 2017-19. **LOI** (Scot): 3 (2023-24); HS 5 (twice) v Canada (Dubai, DSC) 2023-24; BB 2-16 v UAE (Dubai, DSC) 2023-24. HS 120 Le v Northants (Northampton) 2024. H HS 38 v Kent (Canterbury) 2020. BB 5-64 Le v Glamorgan (Leicester) 2024. H BB 4-109 v Surrey (Oval) 2021. LO HS 61* v Yorks (Scarborough) 2025 (MBC). LO BB 5-34 v Worcs (Nottingham) 2025 (MBC) – in final. T20 HS 26*. T20 BB 4-24.

DAWSON, Liam Andrew (John Bentley S, Calne), b Swindon, Wilts 1 Mar 1990. 5'8". RHB, SLA. Squad No 8. Debut (Hampshire) 2007; cap 2013. Mountaineers 2011-12. Essex 2015 (on loan). Big Bash: MS 2023-24. Southern Brave 2025. London Spirit 2022 to date. Wiltshire 2006-07. PCA 2024. *Wisden* 2024. **ECB One-Year Central Contract from 2025-26**. **Tests**: 4 (2016-17 to 2025); HS 66* v I (Chennai) 2016-17; BB 2-34 v SA (Lord's) 2017. **LOI**: 9 (2016 to 2025-26); HS 20 v A (Sydney) 2022-23; BB 2-48 v SL (Colombo, RPS) 2025-26. **IT20**: 32 (2016 to 2025-26); HS 34 v P (Karachi) 2022-23; BB 4-20 v WI (Chester-le-Street) 2015. F-c Tour: I 2016-17. 1000 runs (1): 1060 (2013). HS 171* v Kent (Canterbury) 2022, sharing H record 5th wkt partnership of 273 with B.C.Brown. 50 wkts (1): 54 (2024). BB 7-51 Mountaineers v ME (Mutare) 2011-12 (also scored 110* in same match). H BB 7-68 (10-139 match) v Essex (Chelmsford) 2022. LO HS 142 v Hants (Scarborough) 2025 (MBC). LO BB 7-15 v Warwks (Birmingham) 2023 (MBC) – H record. T20 HS 82. T20 BB 5-17.

FULLER, James Kerr (Otago U, NZ), b Cape Town, South Africa 24 Jan 1990. UK passport. 6'3". RHB, RFM. Squad No 26. Otago 2009-10 to 2012-13. Gloucestershire 2011-15; cap 2011. Middlesex 2016-18. Hampshire debut 2019; cap 2022. Southern Brave 2022-23. Birmingham Phoenix 2024. HS 93 M v Somerset (Taunton) 2016. H HS 78* v Kent (Southampton) 2022. BB 6-24 (10-79 match) Otago v Wellington (Dunedin) 2012-13. CC BB 6-37 v Northants (Northampton) 2023. Hat-tricks (2): Gs v Worcs (Cheltenham) 2013; v Surrey (Arundel) 2020. LO HS 55* v Somerset (Lord's) 2019 (RLC). LO BB 6-35 M v Netherlands (Amstelveen) 2012 (CB40). T20 HS 57. T20 BB 6-28 M v Hants (Southampton) 2018 – M record.

GUBBINS, Nicholas Richard Trail (Radley C; Leeds U), b Richmond, Surrey 31 Dec 1993. 6'0½". LHB, LB. Squad No 31. Leeds/Bradford MCCU 2013-15. Middlesex 2014-21; cap 2016. Hampshire debut 2021; cap 2022; captain 2024 to date (l-o only). Matabeleland Tuskers 2021-22. Southern Rocks 2022-23. F-c Tours (EL): WI 2017-18; SL 2016-17; UAE 2016-17 (v Afg), 2018-19 (v PA). 1000 runs (1): 1409 (2016). HS 201* M v Lancs (Lord's) 2016 and 201* v Worcs (Southampton) 2024. BB 4-41 MT v ME (Harare) 2021-22. H BB 1-1 v Worcs (Worcester) 2025. LO HS 144* v Notts (Southampton) 2025 (MBC). LO BB 4-38 v Sussex (Southampton) 2021 (RLC). T20 HS 57*. T20 BB 3-27.

JACK, Edward Vaughan ('**Eddie**')(Canford S), b Barnet, Middx 9 Sep 2005. 6'3". LHB, RFM. Squad No 91. Debut (England Lions) 2025. Hampshire 2nd XI debut 2023. England U19 2022 to 2024-25. **England Development Contract 2025-26.** HS 29 and BB 3-63 v Worcs (Worcester) 2025. LO HS 18 and LO BB 4-29 v Northants (Southampton) 2024 (MBC). T20 HS 14. T20 BB 2-43.

KELLY, Dominic Christopher (Millfield S), b Winchester 1 Oct 2005. 6'0". LHB, RM. Squad No 16. Debut (Hampshire) 2022, aged 16y 224d. Hampshire 2nd XI debut 2022. England U19 2022 to 2022-23. HS 12* and CC BB 1-94 v Worcs (Southampton) 2025. BB 2-55 v SL Dev (Southampton) 2022. LO HS 45 v Worcs (Worcester) 2024 (MBC). LO BB 5-19 v Derbys (Southampton) 2024 (MBC).

‡ᴺᴼ**LEHMANN**, Jake Scott (Charles Campbell SS), b Melbourne, Australia 8 Jul 1992. Son of D.S Lehmann (S Australia, Victoria, Yorkshire and Australia 1987-88 to 2007-08), nephew of C.White (Yorkshire, Victoria and England 1990-2007). UK passport. LHB, SLA. Squad No 33. S Australia 2014-15 to date. Yorkshire 2016. Lancashire 2019. Big Bash: AS 2015-16 to 2018-19; BH 2021-22. HS 205 SA v Tas (Hobart) 2015-16. CC HS 116 Y v Somerset (Leeds) 2016. BB 2-17 SA v NSW (Sydney) 2018-19. LO HS 87 SA v NSW (Perth) 2018-19. T20 HS 65. T20 BB 1-5.

LUMSDEN, Emmanuel T. ('**Manny**') (Radley C), b Basingstoke 3 Nov 2008. RHB, RFM. Squad No 43. Awaiting f-c debut. Hampshire 2nd XI debut 2025. LO HS –. LO BB 3-64 v Glamorgan (Neath) 2025 (MBC).

MAYES, Ben Angus (King Edward, S, Southampton), b Southampton 21 Nov 2007. RHB, RM. Squad No 21. Awaiting f-c debut. Hampshire 2nd XI debut 2024. England U19 2024-25 to 2025. HS 74 v Glamorgan (Neath) 2025 (MBC). T20 HS 9.

MIDDLETON, Fletcha Scott (Wyvern C), b Winchester 31 Jan 2002. Son of T.C.Middleton (Hampshire 1984-95). 5'8½". RHB, OB. Squad No 19. Debut (Hampshire) 2022. Hampshire 2nd XI debut 2018. HS 116 v Warwks (Southampton) 2024. LO HS 100 v Middx (Southampton) 2023 (MBC). T20 HS 18.

NEAL, Andrew John (St Clement Dane S; Haileybury S; Leeds Met U), b Hillingdon, Middx 1 Oct 1999. RHB, LM. Squad No 17. Leeds/Bradford MCCU 2019. Hampshire debut 2025 (l-o only). Hertfordshire 2017-24. HS 15 and BB 3-77 LBU v Yorks (Leeds, W'wood) 2019. LO HS 14 v Notts (Southampton) 2025 (MBC). LO BB 3-33 v Surrey (Oval) 2025 (MBC).

ORGAN, Felix Spencer (Canford S), b Sydney, Australia 2 Jun 1999. 5'9". RHB, OB. Squad No 3. Debut (Hampshire) 2017. Dorset 2019. HS 122* v Notts (Southampton) 2025. BB 6-67 v Lancs (Southport) 2023. LO HS 79 v Durham (Chester-le-St) 2021 (RLC). LO BB 3-39 v Kent (Beckenham) 2022 (RLC). T20 HS 9. T20 BB 2-21.

ORR, Alistair Graham Hamilton (Bede's S, Upper Dicker), b Eastbourne, E Sussex 6 Apr 2001. 6'1". LHB, RM. Squad No 27. Sussex 2021-23 1000 runs (1): 1047 (2022). HS 198 Sx v Glamorgan (Hove) 2022. H HS 126 v Durham (Southampton) 2024. LO HS 206 Sx v Somerset (Taunton) 2024 (RLC) – Sx record. T20 HS 41.

PREST, Thomas James (Canford S), b Wimborne, Dorset 24 Mar 2003. 5'11". RHB, OB. Squad No 24. Debut (Hampshire) 2021. Hampshire 2nd XI debut 2019. Dorset 2019. HS 156 v Essex (Southampton) 2024. BB 2-32 v Surrey (Southampton) 2023. LO HS 181 v Kent (Beckenham) 2022 (RLC). LO BB 3-41 v Northants (Southampton) 2024 (MBC). T20 HS 64. T20 BB 1-8.

‡NQSEALES, Jayden Nigel Tristan, b Trinidad & Tobago 10 Sep 2001. Cousin of J.N.N.Seales (CC&C 2019-20 – l-o only). 6'1". LHB, RFM. Debut West Indies A 2020-21. Trinidad & Tobago 2021-22 to date. Sussex 2024-25; cap 2024. **Tests** (WI): 26 (2021 to 2025-26); HS 32 v I (Delhi) 2025-26; BB 6-61 v SA (Providence) 2024. **LOI** (WI): 29 (2022 to 2025-26); HS 29* v E (Birmingham) 2025; BB 6-18 v P (Tarouba) 2025. **IT20** (WI): 9 (2024-25 to 2025-26); HS 4* v B (Kingstown) 2024-25; BB 3-32 v B (Chittagong) 2025-26. F-c Tours (WI): E 2024; A 2022-23; SA 2024 (WIA); NZ 2020-21 (WIA), 2025-26; I 2025-26; P 2024-25. HS 33 T&T v Leeward Is (Diego Martin) 2022. CC HS 21* Sx v Somerset (Hove) 2025. BB 6-61 (*see Tests*). CC BB 5-29 Sx v Derbys (Derby) 2024. LO HS 29* (*see LOI*). LO BB 6-18 (*see LOI*). T20 HS 16*. T20 BB 4-13.

NQSTUBBS, Tristan (Knysna Primary S), b Johannesburg, South Africa 14 Aug 2000. RHB, WK, occ OB. E Province 2019-20 to 2023-24. IPL: MI 2022-23; DCa 2024 to date. Manchester Originals 2022. **Tests** (SA): 14 (2023-24 to 2025-26); HS 122 v SL (Durban) 2024-25. **LOI** (SA): 15 (2022-23 to 2025); HS 112* v Ire (Abu Dhabi) 2024-25; BB –. **IT20** (SA): 52 (2022 to 2025-26); HS 76 v WI (Tarouba) 2024; BB –. F-c Tours (SA): E 2025 (v A); WI 2024; I 2025-26; P 2024-25. B 2024-25. HS 302* EP v KZN Inland (Pietermaritzburg) 2023-24. BB 1-13 EP v WP (Gqeberha) 2021-22. LO HS 159 EP v Northerns (Gqeberha) 2023-24. LO BB 2-29 EP v KZN (Durban) 2022-23. T20 HS 80*. T20 BB 2-6.

TURNER, John Andrew (Hilton C, Johannesburg; Exeter U), b Johannesburg, South Africa 10 Apr 2001. Grandson of F.G.Turner (rugby union for South Africa 1933-38). 6'1". RHB, RF. Squad No 6. Debut (Hampshire) 2022. Lancashire 2025 (on loan). Trent Rockets 2023-24. **LOI**: 2 (2024-25); HS 2* v WI (North Sound) 2024-25; BB 2-42 v WI (North Sound) 2024-25 – separate matches. **IT20**: 2 (2024-25) HS – ; BB 1-42 v WI (Gros Islet) 2024-25. HS 7 and CC BB 3-23 v Essex (Southampton) 2025. HS 7 v Warwks (Birmingham) 2025. BB 5-31 v SL Dev (Southampton) 2022. LO HS 12 v Glamorgan (Neath) 2022 (RLC). LO BB 5-25 v Lancs (Southampton) 2022 (RLC). T20 HS 4. T20 BB 4-23.

VINCE, James Michael (Warminster S), b Cuckfield, Sussex 14 Mar 1991. 6'2". RHB, RM. Squad No 14. Debut (Hampshire) 2009; cap 2013; captain 2016-24; captain 2025 (T20 only). Wiltshire 2007-08. Big Bash: ST 2016-17 to 2017-18; SS 2018-19 to 2024-25. Southern Brave 2021 to date. **Tests**: 13 (2016 to 2017-18); HS 83 v A (Brisbane) 2017-18; BB –. **LOI**: 25 (2015 to 2022-23); HS 102 v P (Birmingham) 2021; BB –. **IT20**: 17 (2015-16 to 2021-22); HS 59 v NZ (Christchurch) 2019-20. F-c Tours: A 2017-18; SA 2014-15 (EL); NZ 2017-18; SL 2013-14 (EL). 1000 runs (3); most – 1525 (2014). HS 240 v Essex (Southampton) 2014. BB 5-41 v Loughborough MCCU (Southampton) 2013. CC BB 2-2 v Lancs (Southport) 2013. LO HS 190 v Glos (Southampton) 2019 (RLC) – H record. LO BB 1-18 EL v Australia A (Sydney) 2012-13 and (*see LOI*). T20 HS 129* v Somerset (Taunton) 2022 – H record. T20 BB 1-5.

WEATHERLEY, Joe James (King Edward VI S, Southampton), b Winchester 19 Jan 1997. 6'1". RHB, OB. Squad No 5. Debut (Hampshire) 2016; cap 2021. Kent 2017 (on loan). Southern Brave 2023. HS 168 v Somerset (Southampton) 2022. BB 1-2 v Notts (Southampton) 2018. LO HS 116* v Essex (Southampton) 2025 (MBC). LO BB 4-25 v T&T (Cave Hill) 2017-18. T20 HS 71. T20 BB –.

NQWHEAL, Bradley Thomas James (Clifton C), b Durban, South Africa 28 Aug 1996. 5'9". RHB, RMF. Squad No 58. Debut (Hampshire) 2015; cap 2021. Gloucestershire 2022 (on loan); cap 2022. Warwickshire 2022 (on loan). Glamorgan 2024 (on loan). London Spirit 2021-22. **LOI** (Scot): 18 (2015-16 to 2024-25); HS 24 v Canada (Dubai, DSC) 2023-24; BB 3-34 v WI (Harare) 2017-18. **IT20** (Scot): 26 (2015-16 to 2025-26); HS 8* v A (Edinburgh) 2024; BB 3-20 v Hong Kong (Mong Kok) 2015-16. HS 61 v Kent (Canterbury) 2021. BB 6-51 v Notts (Nottingham) 2016. LO HS 24 (*see LOI*). LO BB 5-47 v Lancs (Manchester) 2023 (MBC). T20 HS 16. T20 BB 5-38.

WOOD, Christopher Philip (Alton C), b Basingstoke 27 June 1990. 6'2". RHB, LM. Squad No 25. Debut (Hampshire) 2010; cap 2018; testimonial 2024. T20 only since 2019. London Spirit 2021-23. Birmingham Phoenix 2024 to date. HS 105* v Leics (Leicester) 2012. BB 5-39 v Kent (Canterbury) 2014. LO HS 41 v Essex (Southampton) 2013 (Y40). LO BB 5-22 v Glamorgan (Cardiff) 2012 (CB40). T20 HS 31. T20 BB 5-32.

RELEASED/RETIRED

(Having made a County 1st XI appearance in 2025)

BARKER, K.H.D. – see *WARWICKSHIRE*.

^{NQ}**BREVIS, Dewald** Tobias (Afrikaanse Hoer Seunskool), b Sandton, South Africa 29 Apr 2003. RHB, LB. Northerns 2022-23 to date. Hampshire 2025 (T20 only). IPL: MI 2022-24; CSK 2025. Tests (SA): 4 (2025 to 2025-26); HS 54 v P (Lahore) 2025-26; BB 1-22 v Z (Bulawayo) 2025. **LOI** (SA): 9 (2025 to 2025-26); HS 54 v I (Raipur) 2025-26; BB – . **IT20** (SA): 30 (2023 to 2025-26); HS 125* v A (Darwin) 2025 – SA record. F-c Tours (SA): P 2025-26; Z 2025. HS 159 Northerns v KZN Coastal (Durban) 2024. BB 4-65 Northerns v KZN Inland (Pietermaritzburg) 2023-24. LO HS 116 Northerns v WP (Centurion) 2023-24. LO BB 4-46 SA A v Sri Lanka A (Potchefstroom) 2024. T20 HS 162. T20 BB 2-19.

^{NQ}**FORTUIN, Bjorn** Carl (Paarl BHS), b Paarl, South Africa 21 Oct 1994. RHB, SLA. Squad No 45. North West 2013-14 to 2018-19. Lions 2015-16 to 2020-21. Gauteng 2021-22 to date. Hampshire 2025. **LOI** (SA): 16 (2019-20 to 2025-26); HS 28 v Ire (Abu Dhabi) 2024-25; BB 2-22 v Afg (Sharjah) 2024-25). **IT20** (SA): 27 (2019-20 to 2025-26); HS 32 v E (Manchester) 2025; BB 3-16 v Ire (Belfast) 2021. HS 194 NW v WP (Potchefstroom) 2015-16. H HS 15 and H BB 4-30 v Sussex (Hove) 2025. BB 7-70 Lions v Knights (Bloemfontein) 2018-19. LO HS 62* Gauteng v Northerns (Centurion) 2021-22. LO BB 5-34 Gauteng v Northerns (Johannesburg) 2021-22. T20 HS 35*. T20 BB 4-8.

^{NQ}**HAMPTON, Brett** Raymond, b Tauranga, New Zealand 30 Apr 1991. RHB, RMF. N Districts 2015-16 to date. Canterbury 2017-18. Hampshire 2025. HS 121 ND v Otago (Hamilton) 2024-25. H HS 26 v Surrey (Oval) 2025. BB 7-41 ND v Otago (Dunedin) 2023-24. H BB 2-61 v Yorks (Southampton) 2025. LO HS 126* ND v Auckland (Auckland, KHC) 2023-24. LO BB 4-30 ND v Auckland (Auckland) 2015-16. T20 HS 55. T20 BB 3-1.

HOWELL, B.A.C. – see *NOTTINGHAMSHIRE*.

^{NQ}**LYNN, Christopher** Austin, b Herston, Brisbane, Australia 10 Apr 1990. 5'11". RHB, SLA. Queensland 2009-10 to 2016-17. Northamptonshire 2022-23 (T20 only). Hampshire 2025 (T20 only). IPL: DC 2012; KKR 2014-19; MI 2021. Big Bash: BH 2011-12 to 2021-22; AS 2022-23 to date. Northern Superchargers 2021. **LOI** (A): 4 (2016-17 to 2018-19); HS 44 v SA (Adelaide) 2018-19. **IT20** (A): 18 (2013-14 to 2018-19); HS 44 v NZ (Sydney) 2017-18. HS 250 Q v Vic (Brisbane) 2014-15. BB – . LO HS 135 Q v NSW (Sydney, DC) 2018-19. LO BB 1-3 Q v WA (Sydney, BO) 2013-14. T20 HS 113* v Worcs (Northampton) 2022 - Nh record. T20 BB 2-15.

^{NQ}**McMULLEN, Brandon** (Hilton C; Stirling U), b Durban, South Africa 18 Oct 1999. RHB, RM. Awaiting f-c debut. Hampshire 2025 (l-o only). **LOI** (Scot): 37 (2022-23 to 2025); HS 151 v USA (Dallas) 2024-25; BB 5-34 v Ire (Bulawayo) 2023. **IT20** (Scot): 27 (2023 to 2025-26); HS 96 v Italy (Edinburgh) 2023; BB 2-33 v Neth (Hague) 2025. LO HS 151 (*see LOI*). LO BB 5-34 (*see LOI*). T20 HS 96. T20 BB 2-33.

^{NQ}**PRETORIUS, Lhuan-Dre** Gilbert, b Potchefstroom, South Africa 27 Mar 2006. LHB, WK. Northerns 2024-25 to date, scoring 120 v EP (Gqeberha). Hampshire 2025 (T20 only). IPL: RR 2025. Tests (SA): 2 (2025); HS 153 v Z (Bulawayo) 2025 – on debut. **LOI** (SA): 3 (2025-26); HS 57 v P (Faisalabad) 2025-26. **IT20** (SA): 13 (2025 to 2025-26); HS 51 v NZ (Harare) 2025. F-c Tour (SA): Z 2025. HS 153 (*see Tests*). LO HS 123 SA A v India A (Rajkot) 2025-26. T20 HS 98*.

STONEMAN, Mark Daniel (Whickham CS), b Newcastle upon Tyne, Northumb 26 Jun 1987. 5'10". LHB, OB. Durham 2007-16; captain (l-o only) 2015-16. Surrey 2017-21; cap 2018. Middlesex 2022-24; cap 2022. Hampshire 2025. Yorkshire 2021 (T20 only). **Tests**: 11 (2017 to 2018); HS 60 v NZ (Christchurch) 2017-18. F-c Tour: A 2017-18; NZ 2017-18. 1000 runs (6); most – 1481 (2017). HS 197 Sy v Essex (Guildford) 2017. H HS 57 v Durham (Southampton) 2025. BB 1-34 M v Sussex (Hove) 2022. LO HS 144* Sy v Notts (Lord's) 2017 (RLC). LO BB 1-8 Du v Derbys (Derby) 2016 (RLC). T20 HS 89*.

NO**TILAK VARMA**, Namboori Thakur, b Hyderabad, India 8 Nov 2002. LHB, OB. Hyderabad 2018-19 to date. Hampshire 2025. IPL: MI 2022 to date. **LOI** (I): 5 (2023-24 to 2025-26); HS 52 v SA (Paarl) 2023-24; BB –. **IT20** (I): 48 (2023 to 2025-26); HS 120* v SA (Johannesburg) 2024-25; BB 1-1 v B (Dubai) 2025-26. F-c Tours (IA): SA 2023-24; B 2022-23. HS 121 India A v NZ A (Bengaluru) 2022. H HS 112 v Notts (Southampton) 2025. BB 3-13 Hyderabad v Bengal (Cuttack) 2021-22. LO HS 156* Hyderabad v Tripura (Surat) 2020-21. LO BB 4-23 Hyderabad v Haryana (Mullanpur) 2021-22. T20 HS 151. T20 BB 2-26.

NQ**WASHINGTON SUNDAR**, Mani Sundar, b Chennai, India 5 Oct 1999. LHB, OB. Tamil Nadu 2016-17 to date. Lancashire 2022. Hampshire 2025. IPL: RPS 2017; RCB 2018-21; SH 2022-24; GT 2025. **Tests** (I): 17 (2020-21 to 2025-26); HS 101* v E (Manchester) 2025; BB 7-59 (11-115 match) v NZ (Pune) 2024-25. **LOI** (I): 29 (2017-18 to 2025-26); HS 51 v NZ (Christchurch) 2022-23; BB 3-30 v WI (Ahmedabad) 2021-22 and 3-30 v SL (Colombo, RPS) 2024. **IT20** (I): 60 (2017-18 to 2025-26); HS 50 v NZ (Ranchi) 2022-23; BB 3-3 v A (Carrara) 2025-26. F-c Tours (I): E 2021, 2025; A 2020-21, 2024-25. HS 159 TN v Tripura (Chennai) 2017-18. CC HS 56 and H BB 3-5 v Surrey (Southampton) 2025. BB 7-59 (*see Tests*). CC BB 5-76 La v Northants (Northampton) 2022. LO HS 70 TN v Saurashtra (Jaipur) 2021-22. LO BB 5-48 TN v Puducherry (Thumba) 2021-22. T20 HS 54*. T20 BB 3-3.

J.R.Eckland left the staff without making a County 1st XI appearance in 2025.

HAMPSHIRE 2025

RESULTS SUMMARY

	Place	Won	Lost	Drew	Tied
Rothesay County Championship (Div 1)	8th	2	3	9	
Metro Bank One-Day Cup (Group A)	Finalist	8	3		
Vitality Blast (South Group)	Finalist	9	7		1

ROTHESAY COUNTY CHAMPIONSHIP AVERAGES
BATTING AND FIELDING

Cap		M	I	NO	HS	Runs	Avge	100	50	Ct/St
	N.T.Tilak Varma	4	6	1	112	358	59.66	2	1	2
	F.S.Organ	5	7	2	122*	258	51.60	1	1	2
2023	B.C.Brown	14	23	5	162	758	42.11	2	2	42
2013	L.A.Dawson	10	16	2	139	555	39.64	1	2	4
	M.S.Washington Sundar	2	4	–	56	136	34.00	–	1	1
	F.S.Middleton	14	24	–	79	665	27.70	–	4	4
	T.J.Prest	12	19	1	57	485	26.94	–	2	14
2022	N.R.T.Gubbins	14	24	–	117	623	25.95	1	3	4
2021	K.H.D.Barker	2	4	2	19	50	25.00	–	–	–
	A.G.H.Orr	5	9	–	48	223	24.77	–	–	3
2022	J.K.Fuller	11	18	3	52*	368	24.53	–	1	5
	M.D.Stoneman	7	12	–	57	259	21.58	–	1	2
	T.E.Albert	10	18	1	78*	341	20.05	–	1	11
2017	K.J.Abbott	14	21	5	67	296	18.50	–	1	5
	E.V.Jack	5	6	2	29	49	12.25	–	–	–
2021	B.T.J.Wheal	8	13	3	24	114	11.40	–	–	4
	S.Baker	6	8	2	27	29	4.83	–	–	5
	J.A.Turner	4	7	–	7	11	2.75	–	–	–

Also batted: S.W.Currie (2 matches) 6, 1, 2 (3 ct); B.C.Fortuin (1) 15, 2; B.R.Hampton (3) 14, 26, 0 (1 ct); D.C.Kelly (1) 12*; J.J.Weatherley (2 – cap 2021) 52, 62, 25.

BOWLING

	O	M	R	W	Avge	Best	5wI	10wM
K.J.Abbott	447.3	134	1159	56	20.69	5- 26	4	–
J.K.Fuller	243.3	24	991	35	28.31	5- 56	1	–
B.T.J.Wheal	242.3	39	816	24	34.00	4- 46	–	–
S.Baker	156.5	11	686	19	36.10	5- 72	2	–
L.A.Dawson	357.2	66	902	22	41.00	5-158	1	–

Also bowled:

B.C.Fortuin	19.4	6	39	5	7.80	4- 30	–	–
K.H.D.Barker	41	9	91	5	18.20	2- 34	–	–
J.A.Turner	40.4	5	139	7	19.85	3- 54	–	–
B.R.Hampton	54.5	9	232	5	46.40	2- 61	–	–
E.V.Jack	98	5	470	8	58.75	3- 63	–	–

B.C.Brown 4-0-21-0; S.W.Currie 23-1-132-0; N.R.T.Gubbins 26.2-2-103-2; D.C.Kelly 20-2-94-1; F.S.Organ 130.2-8-430-3; T.J.Prest 49-1-290-1; N.T.Tilak Varma 15-2-58-0; M.S.Washington Sundar 45.1-5-154-4.

Hampshire played no first-class fixtures outside the County Championship in 2025. The First-Class Averages (pp 223–236) give the records of Hampshire players in all first-class county matches, with the exception of L.A.Dawson, E.V.Jack, J.A.Turner and M.S.Washington Sundar, whose first-class figures for Hampshire are as above.

HAMPSHIRE RECORDS
FIRST-CLASS CRICKET

Highest Total	For 714-5d		v	Notts	Southampton[2]	2005
	V 742		by	Surrey	The Oval	1909
Lowest Total	For 15		v	Warwicks	Birmingham	1922
	V 23		by	Yorkshire	Middlesbrough	1965
Highest Innings	For 316	R.H.Moore	v	Warwicks	Bournemouth	1937
	V 303*	G.A.Hick	for	Worcs	Southampton[1]	1997

Highest Partnership for each Wicket

1st	347	V.P.Terry/C.L.Smith	v	Warwicks	Birmingham	1987
2nd	373	J.H.K.Adams/M.A.Carberry	v	Somerset	Taunton	2011
3rd	523	M.A.Carberry/N.D.McKenzie	v	Yorkshire	Southampton[2]	2011
4th	367	J.H.K.Adams/S.M.Ervine	v	Warwicks	Southampton[2]	2017
5th	273	L.A.Dawson/B.C.Brown	v	Kent	Canterbury	2022
6th	411	R.M.Poore/E.G.Wynyard	v	Somerset	Taunton	1899
7th	325	G.Brown/C.H.Abercrombie	v	Essex	Leyton	1913
8th	257	N.Pothas/A.J.Bichel	v	Glos	Cheltenham	2005
9th	230	D.A.Livingstone/A.T.Castell	v	Surrey	Southampton[1]	1962
10th	192	H.A.W.Bowell/W.H.Livsey	v	Worcs	Bournemouth	1921

Best Bowling	For	9- 25	R.M.H.Cottam	v	Lancashire	Manchester	1965
(Innings)	V	10- 46	W.Hickton	for	Lancashire	Manchester	1870
Best Bowling	For	17- 86	K.J.Abbott	v	Somerset	Southampton[2]	2019
(Match)	V	17-103	W.Mycroft	for	Derbyshire	Southampton	1876

Most Runs – Season	2854	C.P.Mead	(av 79.27)	1928
Most Runs – Career	48892	C.P.Mead	(av 48.84)	1905-36
Most 100s – Season	12	C.P.Mead		1928
Most 100s – Career	138	C.P.Mead		1905-36
Most Wkts – Season	190	A.S.Kennedy	(av 15.61)	1922
Most Wkts – Career	2669	D.Shackleton	(av 18.23)	1948-69
Most Career W-K Dismissals	700	R.J.Parks	(630 ct; 70 st)	1980-92
Most Career Catches in the Field	629	C.P.Mead		1905-36

LIMITED-OVERS CRICKET

Highest Total	50ov	396-5		v	Kent	Beckenham	2022
	40ov	353-8		v	Middlesex	Lord's	2005
	T20	249-8		v	Derbyshire	Derby	2017
Lowest Total	50ov	50		v	Yorkshire	Leeds	1991
	40ov	43		v	Essex	Basingstoke	1972
	T20	74		v	Somerset	Taunton	2023
Highest Innings	50ov	190	J.M.Vince	v	Glos	Southampton[2]	2019
	40ov	172	C.G.Greenidge	v	Surrey	Southampton[1]	1987
	T20	129*	J.M.Vince	v	Somerset	Taunton	2022
Best Bowling	50ov	7-15	L.A.Dawson	v	Warwicks	Birmingham	2023
	40ov	6-20	T.E.Jesty	v	Glamorgan	Cardiff	1975
	T20	6-19	Shaheen Shah Afridi	v	Middlesex	Southampton[2]	2020

[1] County Ground (Northlands Road) [2] Utilita Bowl

KENT

Formation of Present Club: 1 March 1859
Substantial Reorganisation: 6 December 1870
Inaugural First-Class Match: 1864
Colours: Maroon and White
Badge: White Horse on a Red Ground
County Champions: (6) 1906, 1909, 1910, 1913, 1970, 1978
Joint Champions: (1) 1977
Gillette Cup Winners: (2) 1967, 1974
Benson and Hedges Cup Winners: (3) 1973, 1976, 1978
Pro 40/National League (Div 1) Winners: (1) 2001
Sunday League Winners: (4) 1972, 1973, 1976, 1995
Royal London One-Day Cup Winners: (1) 2022
Twenty20 Cup Winners: (2) 2007, 2021

Cricket Chief Executive: Michael Wilshaw, St Lawrence Ground, Old Dover Road, Canterbury, CT1 3NZ • Tel: 01227 456886 • Email: feedback@kentcricket.co.uk • Web: www.kentcricket.co.uk • X: @kentcricket (104,358 followers)

Director of Cricket: Simon Cook. **Head Coach**: Adam Hollioake. **Batting Coach**: Jaahid Ali. **Bowling Coach**: Sam Faulkner. **Bowling Consultant**: Darren Stevens. **Captains**: D.J.Bell-Drummond and S.W.Billings (T20). **Overseas Players**: K.J.Dudgeon, S.Muthusamy, T.S.Rogers and G.A.Stuurman. **2026 Testimonial**: D.J.Bell-Drummond. **Head Groundsman**: Adrian Llong. **Scorer**: Lorne Hart. **Blast Team Name**: Kent Spitfires. ‡ New registration. NQ Not qualified for England.

BELL-DRUMMOND, Daniel James (Millfield S), b Lewisham, London 4 Aug 1993. 5'10". RHB, RMF. Squad No 23. Debut (Kent) 2011; cap 2015; captain 2024 to date; testimonial 2026. MCC 2014, 2018. Birmingham Phoenix 2021. London Spirit 2022-24. Wisden Schools Cricketer of the Year 2011. 1000 runs (1): 1058 (2014). HS 300* v Northants (Northampton) 2023. BB 3-37 v Essex (Canterbury) 2022. LO HS 171* EL v Sri Lanka A (Canterbury) 2016. LO BB 2-22 v Surrey (Oval) 2019 (RLC). T20 HS 112*. T20 BB 2-19.

BENJAMIN, Christopher Gavin (St Andrew's C, Johannesburg; Durham U), b Johannesburg, South Africa 29 Apr 1999. 5'11". RHB, RMF, WK. Squad No 12. Durham MCCU 2019. Warwickshire 2021-24, scoring 127 v Lancs (Manchester) on debut; also scored fifties on l-o and T20 debuts. Durham 2022 (on loan); cap 2022. Kent debut 2025. Birmingham Phoenix 2022-23. HS 127 (*see above*). K HS 94* v Glamorgan (Canterbury) 2025. LO HS 75 Wa v Surrey (Rugby) 2024 (MBC). T20 HS 68*.

BILLINGS, Samuel William (Haileybury S; Loughborough U), b Pembury 15 Jun 1991. 5'11". RHB, WK. Squad No 7. Loughborough MCCU 2011, scoring 131 v Northants (Loughborough) on f-c debut. Kent debut 2011; cap 2015; captain 2018-23; T20 captain 2024 to date. MCC 2015. IPL: DD 2016-17; CSK 2018-19; KKR 2022. Big Bash: SS 2016-17 to 2017-18; ST 2020-21 to date; BH 2022-23 to 2023-24. Oval Invincibles 2021 to date. **Tests**: 3 (2021-22 to 2022); HS 36 v I (Birmingham) 2022. **LOI**: 28 (2015 to 2022-23); HS 118 v A (Manchester) 2020. **IT20**: 37, inc 1 for ICC World XI (2015 to 2021-22); HS 87 v WI (Basseterre) 2018-19 – world record IT20 score by a No 6 batsman. F-c Tours (EL): A 2021-22 (E); I 2018-19; UAE 2018-19 (v P). HS 171 v Glos (Bristol) 2016. LO HS 175 EL v Pakistan A (Canterbury) 2016. T20 HS 106.

^{NQ}**COHEN, Michael** Alexander Robert (Reddam House C), b Cape Town, South Africa 4 Aug 1998. LHB, LFM. Squad No 45. Western Province 2017-18 to 2018-19. Cape Cobras 2017-18. Derbyshire 2020-21. Kent debut 2025. HS 30* De v Notts (Nottingham) 2020. K HS 4 (twice). BB 5-40 WP v SW Districts (Rondebosch) 2017-18. CC BB 5-43 De v Warwks (Derby) 2021. K BB 1-102 v Leics (Leicester) 2025. LO HS 16 WP v Northerns (Rondebosch) 2017-18. LO BB 4-65 v Sussex (Arundel) 2025 (MBC). T20 HS 7*. T20 BB 2-17.

COMPTON, Benjamin Garnet (Clifton C, Durban), b Durban, S Africa 29 Mar 1994. Son of P.M.D.Compton (Natal 1979-80); grandson of D.S.C.Compton (Middlesex and England 1936-58); cousin of N.R.D.Compton (Middlesex, Somerset, ME, Worcs and England 2004-17). 6'1". LHB, OB. Squad No 2. Nottinghamshire 2019-21. Mountaineers 2021-22 to 2022-23. Kent debut 2022; cap 2025. KwaZulu Natal Inland 2023-24 to date. Norfolk 2021. 1000 runs (2): most – 1386 (2025). HS 221 v Leics (Canterbury) 2025. LO HS 110 Mountaineers v Eagles (Harare) 2021-22.

CRAWLEY, Zak (Tonbridge S), b Bromley 3 Feb 1998. 6'6". RHB, RM. Squad No 16. Debut (Kent) 2017; cap 2019. Big Bash: HH 2022-23; PS 2023-24. London Spirit 2021-23. Northern Superchargers 2025. YC 2020. *Wisden* 2020. **ECB One-Year Central Contract from 2025-26. Tests:** 64 (2019-20 to 2025-26); HS 267 v P (Southampton) 2020. **LOI:** 9 (2021 to 2025-26); HS 58* v P (Cardiff) 2021. F-c Tours: A 2021-22, 2025-26; SA 2019-20; WI 2021-22; NZ 2019-20, 2022-23, 2024-25; I 2020-21, 2023-24; P 2022-23, 2024-25; SL 2019-20, 2020-21. 1000 runs (1): 1113 (2023). HS 267 (*see* **Tests**). K HS 238 v Somerset (Taunton) 2024. LO HS 120 v Middx (Canterbury) 2019 (RLC). T20 HS 108*.

CURTISS, Oliver Matthew Bagot (Kent C, Canterbury), b Ashford 22 Sep 2006. RHB, RFM. Squad No 24. Debut (Kent) 2025. Kent 2nd XI debut 2022. HS 14 and BB 1-43 v Derbys (Canterbury) 2025. LO HS 1 v Somerset (Canterbury) 2025 (MBC). LO BB –.

DAWKINS, Benjamin Joshua (Sevenoaks S), b Johannesburg, South Africa 19 Oct 2006. RHB, WK. Squad No 15. Debut (Kent) 2025. Kent 2nd XI debut 2023. England U19 2024-25 to 2025. HS 61 v Derbys (Canterbury) 2025. LO HS 111* v Northants (Northampton) 2025 (MBC).

DENLY, Jaydn Kennick (Canterbury Ac), b Margate 5 Jan 2006. Nephew of J.L.Denly (*see* **KENT**). LHB, SLA. Squad No 42. Debut (Kent) 2024. Kent 2nd XI debut 2022. England U19 2023 to 2025. HS 74 v Lancs (Canterbury) 2025. BB 2-25 v Lancs (Blackpool) 2025. LO HS 91 v Lancs (Beckenham) 2025 (MBC). LO BB 3-15 v Durham (Canterbury) 2024 (MBC).

DENLY, Joseph Liam (Chaucer Tech C), b Canterbury 16 Mar 1986. 6'0". RHB, LB. Squad No 6. Kent debut 2004; cap 2008; testimonial 2019. Middlesex 2012-14; cap 2012. MCC 2013. IPL: KKR 2019. Big Bash: SS 2017-18 to 2018-19; BH 2020-21. London Spirit 2021. PCA 2018. **Tests:** 15 (2018-19 to 2020); HS 94 v A (Oval) 2019. **LOI:** 16 (2009 to 2019-20); HS 87 v SA (Cape Town) 2019-20; BB 2-42 v SA (Cape Town) 2019-20. BB 1-24 v Ire (Dublin) 2019. **IT20:** 13 (2009 to 2020); HS 30 v WI (Gros Islet) 2019. BB 4-19 v SL (Colombo, RPS) 2018. F-c Tours: SA 2019-20; WI 2018-19; NZ 2008-09 (Eng A), 2019-20; I 2007-08 (Eng A); SL 2019-20. 1000 runs (4); most – 1266 (2017). HS 227 v Worcs (Worcester) 2017. BB 4-36 v Derbys (Derby) 2018. LO HS 150* v Glamorgan (Canterbury) 2018 (RLC). LO BB 4-35 v Jamaica (North Sound) 2017. T20 HS 127 v Essex (Chelmsford) 2017 – K record. T20 BB 4-19.

^{NQ}**DUDGEON, Keith** Jack, b Johannesburg, South Africa 7 Nov 1995. RHB, RFM. Squad No 75. Gauteng 2014-15 to 2016-17. Lions 2016-17. Dolphins 2017-18 to 2019-20. KZN Coastal 2019-20 to 2020-21. KZN Inland 2021-22 to 2023-24. Free State 2021-22. Boland 2024-25 to date. Kent debut 2025. HS 88 KZN Coastal v Easterns (Benoni) 2019-20. K HS 26 and BB 7-36 v Northants (Northampton) 2025. 50 wkts (0+1): 52 (2018-19). LO HS 71 KZN Coastal v Border (Stellenbosch) 2020-21. LO BB 7-35 KZN Coastal v KZN Inland (Chatsworth) 2019-20. T20 HS 36*. T20 BB 4-5.

EVISON, Joseph David Michael (Stamford S), b Peterborough, Cambs 14 Nov 2001. Son of G.M.Evison (Lincolnshire 1993-97); younger brother of S.H.G.Evison (Lincolnshire 2017-18). 6'2". RHB, RM. Squad No 33. Nottinghamshire 2019-22. Leicestershire 2022 (on loan). Kent debut 2022. Nottinghamshire 2nd XI 2017-22. HS 109* Nt v Sussex (Hove) 2022. K HS 99 v Warwks (Birmingham) 2023. BB 5-21 Nt v Durham (Chester-le-St) 2021. K BB 4-62 v Northants (Canterbury) 2023. LO HS 136 v Yorks (Scarborough) 2023 (MBC). LO BB 3-36 v Northants (Northampton) 2025 (MBC). T20 HS 48*. T20 BB 3-25.

FINCH, Harry Zachariah (St Richard's Catholic C, Bexhill; Eastbourne C), b Hastings, E.Sussex 10 Feb 1995. 5'8". RHB, WK, occ RM. Squad No 72. Sussex 2013-20. Kent debut 2021. HS 135* and BB 1-9 Sx v Leeds/Bradford MCCU (Hove) 2016. CC HS 115 v Sussex (Canterbury) 2021. CC BB 1-30 Sx v Northants (Arundel) 2016. LO HS 108 Sx v Hants (Hove) 2018 (RLC). LO BB –. T20 HS 64.

FLINTOFF, Corey Leigh (Manchester GS; Manchester Met U), b Wythenshawe, Cheshire 8 Mar 2005. Son of A.Flintoff (Lancashire and England 1995-2009); elder brother of R.Flintoff (see *LANCASHIRE*). RHB, RFM. Squad No 22. Debut (Kent) 2025. Lancashire 2nd XI 2024. HS 11 v Derbys (Canterbury) 2025. BB – . LO HS 29* v Middx (Radlett) 2025 (MBC). LO BB 1-44 v Yorks (Canterbury) 2025 (MBC).

NO**KLAASSEN, Frederick** Jack (Sacred Heart C, Auckland), b Haywards Heath, Sussex 13 Nov 1992. 6'4". RHB, LMF. Squad No 18. Has UK passport. Debut (Kent) 2019. Manchester Originals 2021-22. **LOI** (Neth): 20 (2018 to 2025); HS 13 v Nepal (Amstelveen) 2018; BB 3-23 v Ire (Utrecht) 2021. **IT20** (Neth): 41 (2018 to 2025-26); HS 13 v Z (Rotterdam) 2019; BB 5-19 v Uganda (Bulawayo) 2022. HS 14* v Loughborough MCCU (Canterbury) 2019. CC HS 13 v Yorks (Canterbury) 2025. BB 4-44 v Middx (Canterbury) 2020. LO HS 17* v Somerset (Canterbury) 2025 (MBC). LO BB 3-23 (*see LOI*). T20 HS 21*. T20 BB 5-19.

MILNES, Matthew Edward (West Bridgford CS; Durham U), b Nottingham 29 Jul 1994. 6'1". RHB, RMF. Squad No 8. Durham MCCU 2014. Nottinghamshire 2018. Kent debut 2019; cap 2021. Yorkshire 2023-25. Welsh Fire 2022. Oval Invincibles 2022. HS 78 v Yorks (Canterbury) 2021. 50 wkts (1): 58 (2019). BB 6-53 v Leics (Leicester) 2021. LO HS 26 v Hants (Canterbury) 2019 (RLC). LO BB 7-38 Y v Sussex (Hove) 2025 (MBC). T20 HS 16*. T20 BB 5-22.

‡NO**MUTHUSAMY, Senuran**, b Durban, South Africa 22 Feb 1994. LHB, SLA. Squad No 67. KwaZulu Natal 2012-13 to 2017-18; Dolphins 2015-16 to 2020-21; KZN Coastal 2019-20; North West 2021-22 to 2023-24; Eastern Province 2024-25 to date. **Tests** (SA): 8 (2019-20 to 2025-26); HS 109 v I (Guwahati) 2025-26; BB 6-117 (11-174 match) v P (Lahore) 2025-26. **LOI** (SA): 5 (2024-25 to 2025); HS 9* v A (Mackay) 2025; BB 2-30 v A (Mackay) 2025 – separate matches. **IT20** (SA): 5 (2025); HS 9 v A (Cairns) 2025; BB 2-24 v NZ (Harare) 2025. F-c Tours (SA): I 2018 (SA A), 2019-20, 2025-26; P 2025-26; SL 2023 (SA A); Z 2021 (SA A), 2025; B 2024-25. HS 181 Dolphins v Knights (Kimberley) 2016-17. 50 wkts (0+1): 54 (2017-18). BB 7-36 (10-128 match) Dolphins v Cobras (Oudtshoorn) 2019-20. LO HS 100 NW v WP (Potchefstroom) 2021-22. LO BB 4-36 SA A v Zimbabwe A (Harare) 2021. T20 HS 62*. T20 BB 4-12.

NO**MUYEYE, Tawanda** Sean (Eastbourne C), b Harare, Zimbabwe 5 March 2001. 6'0". RHB, OB. Squad No 14. Debut (Kent) 2021. Big Bash: MR 2024-25. Oval Invincibles 2023 to date. Wisden Schools Cricketer of the Year 2020. HS 211 v Worcs (Worcester) 2024. BB 2-70 v Hants (Canterbury) 2022. LO HS 40 v Hants (Beckenham) 2022 (RLC). LO BB 1-17 v Northants (Canterbury) 2022 (RLC). T20 HS 100.

NORTHEAST, Sam Alexander (Harrow S), b Ashford 16 Oct 1989. 5'11". RHB, LB. Squad No 17. Debut (Kent) 2007; cap 2012; captain 2016-17. Hampshire 2018-21; cap 2019. Yorkshire 2021 (on loan). Nottinghamshire 2021 (on loan). Glamorgan 2022-25; cap 2022; captain 2024-25. MCC 2013, 2018. 1000 runs (6); most – 1402 (2016). HS 410* Gm v Leics (Leicester) 2022 – county record score and the 3rd highest in CC history, sharing Gm record 6th wkt partnership of 461* with C.B.Cooke. K HS 191 v Derbys (Canterbury) 2016. BB 1-60 v Glos (Cheltenham) 2013. LO HS 177* Gm v Worcs (Worcester) 2022 (RLC). T20 HS 114.

PARKINSON, Matthew William (Bolton S), b Bolton, Lancs 24 Oct 1996. Twin brother of C.F.Parkinson (*see DURHAM*). 6'0". RHB, LB. Squad No 28. Lancashire 2016-23; cap 2019. Eagles 2022-23. Durham 2023 (on loan). Kent debut 2024. Manchester Originals 2021-22. Staffordshire 2014. **Tests**: 1 (2022); HS 8 and BB 1-47 v NZ (Lord's) 2022. **LOI**: 5 (2019-20 to 2021); HS 7* v P (Lord's) 2021; BB 2-28 v P (Cardiff) 2021. **IT20**: 6 (2019-20 to 2022); HS 5 v P (Nottingham) 2021; BB 4-47 v NZ (Napier) 2019-20. HS 48 v Essex (Canterbury) 2024. BB 7-126 La v Kent (Canterbury) 2021. K BB 7-137 v Leics (Canterbury) 2025. LO HS 19 v Lancs (Blackpool) 2024 (MBC). LO BB 5-51 La v Worcs (Manchester) 2019 (RLC). T20 HS 18. T20 BB 5-23.

QUINN, Matthew Richard, b Auckland, New Zealand 28 Feb 1993. 6'4". RHB, RMF. Squad No 64. UK passport. Auckland 2012-13 to 2015-16. Essex 2016-20. Kent debut 2021. HS 50 Auckland v Canterbury (Auckland) 2013-14. CC HS 42 v Lancs (Canterbury) 2025. BB 7-76 (11-163 match) Ex v Glos (Cheltenham) 2016. K BB 6-23 v Hants (Southampton) 2022. LO HS 36 Auckland v CD (Auckland) 2013-14. LO BB 4-71 Ex v Sussex (Hove) 2016 (RLC). T20 HS 8*. T20 BB 4-20.

[NQ]**ROGERS, T**homas Stewart, b Bruce, ACT, Australia 3 Mar 1994. LHB, RMF. Squad No 10. Tasmania 2017-18 to date. Kent debut 2024 (T20 only). Big Bash: HH 2017-18 to 2021-22; MR 2022-23 to 2024-25. HS 80 Tas v Vic (Hobart) 2017-18. BB 4-9 Tas v WA (Hobart) 2017-18. LO HS 38 Tas v WA (Perth) 2017-18. LO BB 5-32 Tas v SA (Brisbane, AB) 2022-23. T20 HS 49*. T20 BB 5-16.

SINGH, Ekansh (Judd S, Tonbridge), b Sidcup 16 Jul 2006. LHB, RM. Squad No 5. Debut (Kent) 2025. Kent 2nd XI debut 2022. HS 71 v Derbys (Canterbury) 2025. BB 1-59 v Leics (Leicester) 2025. LO HS 71 and LO BB 3-42 v Yorks (Canterbury) 2025 (MBC).

SINGH, Jaskaran (Wilmington Ac), b Denmark Hill, London 19 Sep 2002. 6'5". RHB, RFM. Squad No 19. Debut (Kent) 2021, dismissing A.G.H.Orr with his fifth ball in f-c cricket. Kent 2nd XI debut 2021. HS 18 v Hants (Canterbury) 2024. BB 4-35 v Northants (Northampton) 2025. LO HS 19* and LO BB 3-74 v Lancs (Blackpool) 2023 (MBC). T20 HS 1. T20 BB 3-27.

STEWART, Grant (All Saints C, Maitland; U of Newcastle), b Kalgoorlie, W Australia 19 Feb 1994. 6'2". RHB, RMF. Squad No 9. England qualified due to Italian mother. Debut (Kent) 2017. Sussex 2022 (on loan). **IT20** (Italy): 24 (2021-22 to 2025-26); HS 76 v Germany (Almeria) 2022-23; BB 3-21 v Ire (Dubai) 2025-26. HS 182 v Glos (Bristol) 2025, sharing K record 7th wkt partnership of 264 with C.G.Benjamin. BB 6-22 v Middx (Canterbury) 2018. LO HS 78 v Worcs (Worcester) 2024 (MBC). LO BB 4-42 v Leics (Leicester) 2022 (RLC). T20 HS 76. T20 BB 4-48.

‡[NQ]**STUURMAN, G**lenton Anric (Morester Senior SS), b Oudtshoorn, South Africa 10 Aug 1992. RHB, RMF. Squad No 51. SW Districts 2013-14 to 2017-18. Eastern Province 2018-19 to 2022-23. Warriors 2018-19 to 2020-21. Boland 2023-24 to date. **Tests** (SA): 2 (2021-22); HS 11 and BB 1-124 v NZ (Christchurch) 2021-22. **IT20** (SA): 1 (2020-21); BB –. F-c Tours (SA): NZ 2021-22; Z 2021. HS 86 SW Districts v Border (Oudtshoorn) 2015-16. 50 wkts (0+1): 56 (2018-19). BB 7-12 (10-51 match) SW Districts v Namibia (Oudtshoorn) 2016-17. LO HS 52 SW Districts v Border (East London) 2016-17. LO BB 6-18 Boland v NW (Paarl) 2024-25. T20 HS 20. T20 BB 5-33.

RELEASED/RETIRED

(Having made a County 1st XI appearance in 2025.)

^{NQ}**AGAR, W**esley Austin, b Malvern, Victoria, Australia 5 Feb 1997. Younger brother of A.C.Agar (W Australia & Australia 2012-13 to date). RHB, RFM. S Australia 2019-20 to date. Kent 2023-25. Big Bash: AS 2016-17 to 2023-24; ST 2024-25 to date. **LOI** (A): 2 (2021); HS 41 v WI (Bridgetown) 2021; BB –. F-c Tour (Aus A): NZ 2022-23. HS 57 SA v NSW (Wollongong) 2022-23. K HS 51 v Surrey (Canterbury) 2023. BB 6-42 SA v WA (Adelaide) 2023-24. K BB 5-63 v Northants (Northampton) 2023. LO HS 41 (*see LOI*). LO BB 5-40 SA v WA (Adelaide, KR) 2019-20. T20 HS 15. T20 BB 4-6.

GARRETT, George Anthony (Shrewsbury S), Harpenden, Herts 4 Mar 2000. 6'3". LHB, RM. Warwickshire 2019-22. Kent 2024-25. HS 48 v Surrey (Canterbury) 2024. BB 3-57 v Middx (Lord's) 2025. LO HS 18 Wa v Leics (Leicester) 2022 (RLC). LO BB 3-50 Wa v Leics (Birmingham) 2021 (RLC). T20 BB 1-19.

GILCHRIST, N.N. – *see WARWICKSHIRE*.

^{NQ}**KASHIF ALI**, b Rawalpindi, Pakistan 6 Jun 1994. RHB, RMF. Northern 2021-22 to 2022-23. Rawalpindi 2023-24 to 2024-25. Khan Research Laboratories 2023-24. SNGPL 2024-25. Kent 2025. Multan 2025-26. State Bank 2025-26. **Tests** (P): 1 (2024-25); HS 1 and BB 1-16 v WI (Multan) 2024-25. F-c Tour (PA): A 2024. HS 66 State Bank v WAPDA (Karachi) 2025-26. K HS 34* v Glos (Canterbury) 2025. BB 6-86 Rawalpindi v Lahore Blues (Rawalpindi) 2023-24. K BB 4-92 v Glamorgan (Canterbury) 2025. LO HS 22* Rawalpindi v Pakistan TV (Rawalpindi) 2018-19. LO BB 4-36 KRL v State Bank (Rawalpindi) 2024. T20 HS 9*. T20 BB 3-27.

LEANING, J.A. – *see SUSSEX*.

MOHAMMED Syed **RIZVI** (Kingsbury HS; Park High SFC; Oxford Brookes U), b Karachi, Pakistan 13 Jan 1998. RHB, LBG. Oxford MCCU 2019. Kent 2025. MCC 2025-26. Hertfordshire 2022. HS 5 and BB 3-97 MCC v Zimbabwe A (Harare) 2025-26. K HS 0. BB –. LO HS 36 v Sussex (Arundel) 2025 (MBC). LO BB 1-49 v Northants (Northampton) 2025 (MBC).

M.K.O'Riordan left the staff without making a County 1st XI appearance in 2025.

KENT 2025

RESULTS SUMMARY

	Place	Won	Lost	Drew	NR
Rothesay County Championship (Div 2)	8th	2	6	6	
Metro Bank One-Day Cup (Group B)	7th	2	6		
Vitality Blast (South Group)	QF	7	7		1

ROTHESAY COUNTY CHAMPIONSHIP AVERAGES
BATTING AND FIELDING

Cap		M	I	NO	HS	Runs	Avge	100	50	Ct/St
2025	B.G.Compton	13	25	2	221	1386	60.26	5	3	4
	G.Stewart	11	17	4	182	675	51.92	2	3	4
	C.G.Benjamin	5	10	1	94*	371	41.22	–	3	4
	T.S.Muyeye	11	20	2	125*	664	36.88	1	4	10
	B.J.Dawkins	4	6	1	61	172	34.40	–	2	3
2015	D.J.Bell-Drummond	10	20	–	223	670	33.50	2	1	8
	J.D.M.Evison	11	18	2	77*	511	31.93	–	3	6
2019	Z.Crawley	4	8	1	68	219	31.28	–	3	2
	E.Singh	6	9	–	71	256	28.44	–	2	1
	J.K.Denly	8	13	–	74	345	26.53	–	2	3
	H.Z.Finch	13	23	2	118	539	25.66	1	4	19/3
2008	J.L.Denly	4	5	2	32	71	23.66	–	–	–
	Kashif Ali	6	9	4	34*	113	22.60	–	–	2
	W.A.Agar	4	7	3	41	82	20.50	–	–	3
	G.A.Garrett	4	5	1	35	68	17.00	–	–	3
	N.N.Gilchrist	6	8	6	16*	31	15.50	–	–	4
2021	J.A.Leaning	8	15	–	40	230	15.33	–	–	13
	J.Singh	3	4	1	16	37	12.33	–	–	1
	M.R.Quinn	3	5	–	42	56	11.20	–	–	–
	M.W.Parkinson	9	17	–	17	81	4.76	–	–	3
	M.A.R.Cohen	4	4	–	4	10	3.33	–	–	–

Also batted: J.T.Ball (2 matches) 6, 1, 0*; O.M.B.Curtiss (2) 14, 4 (1 ct); K.J.Dudgeon (1) 26, 14; C.L.Flintoff (2) 0, 11 (1 ct); Mohammed Rizvi (1) 0, 0; J.A.Richards (1) 0, 43 (1 ct).

BOWLING

	O	M	R	W	Avge	Best	5wI	10wM
N.N.Gilchrist	181.4	34	691	23	30.04	7-100	1	–
J.D.M.Evison	220	34	713	20	35.65	3- 43	–	–
G.Stewart	208.1	33	649	15	43.26	3- 18	–	–
M.W.Parkinson	366	45	1541	35	44.02	7-137	1	–
Kashif Ali	180	23	644	11	58.54	4- 92	–	–

Also bowled:

	O	M	R	W	Avge	Best	5wI	10wM
K.J.Dudgeon	23.4	2	69	8	8.62	7- 36	1	–
M.R.Quinn	60	14	182	8	22.75	4- 43	–	–
J.Singh	75.3	9	317	9	35.22	4- 35	–	–
W.A.Agar	87	14	365	7	52.14	4- 58	–	–
J.K.Denly	70	6	324	6	54.00	2- 25	–	–
G.A.Garrett	87	12	408	7	58.28	3- 57	–	–
J.A.Leaning	144.5	9	605	9	67.22	3-106	–	–

J.T.Ball 59.3-4-273-4; M.A.R.Cohen 58-4-286-2; O.M.B.Curtiss 11-0-82-1; J.L.Denly 2.3-0-8-0; C.L.Flintoff 30-1-174-0; Mohammed Rizvi 8-0-32-0; T.S.Muyeye 25-1-106-0; J.A.Richards 9-2-51-0; E.Singh 38-0-198-1.

Kent played no first-class fixtures outside the County Championship in 2025. The First-Class Averages (pp 223–236) give the records of Kent players in all first-class county matches, with the exception of J.T.Ball, Z.Crawley and N.N.Gilchrist, whose first-class figures for Kent are as above.

KENT RECORDS

FIRST-CLASS CRICKET

Highest Total	For	803-4d		v	Essex	Brentwood	1934
	V	722-6d		by	Northants	Canterbury	2025
Lowest Total	For	18		v	Sussex	Gravesend	1867
	V	16		by	Warwicks	Tonbridge	1913
Highest Innings	For	332	W.H.Ashdown	v	Essex	Brentwood	1934
	V	344	W.G.Grace	for	MCC	Canterbury	1876

Highest Partnership for each Wicket

1st	300	N.R.Taylor/M.R.Benson	v	Derbyshire	Canterbury	1991
2nd	423*	J.M.Cox/J.A.Leaning	v	Sussex	Canterbury	2020
3rd	323	R.W.T.Key/M.van Jaarsveld	v	Surrey	Tunbridge Wells	2005
4th	368	P.A.de Silva/G.R.Cowdrey	v	Derbyshire	Maidstone	1995
5th	277	F.E.Woolley/L.E.G.Ames	v	N Zealanders	Canterbury	1931
6th	346	S.W.Billings/D.I.Stevens	v	Yorkshire	Leeds	2019
7th	264	C.G.Benjamin/G.Stewart	v	Glos	Bristol	2025
8th	222	S.A.Northeast/J.C.Tredwell	v	Essex	Chelmsford	2016
9th	171	M.A.Ealham/P.A.Strang	v	Notts	Nottingham	1997
10th	235	F.E.Woolley/A.Fielder	v	Worcs	Stourbridge	1909

Best Bowling	For	10- 30	C.Blythe	v	Northants	Northampton	1907
(Innings)	V	10- 48	C.H.G.Bland	for	Sussex	Tonbridge	1899
Best Bowling	For	17- 48	C.Blythe	v	Northants	Northampton	1907
(Match)	V	17-106	T.W.J.Goddard	for	Glos	Bristol	1939

Most Runs – Season		2894	F.E.Woolley	(av 59.06)	1928
Most Runs – Career		47868	F.E.Woolley	(av 41.77)	1906-38
Most 100s – Season		10	F.E.Woolley		1928, 1934
Most 100s – Career		122	F.E.Woolley		1906-38
Most Wkts – Season		262	A.P.Freeman	(av 14.74)	1933
Most Wkts – Career		3340	A.P.Freeman	(av 17.64)	1914-36
Most Career W-K Dismissals		1253	F.H.Huish	(901 ct; 352 st)	1895-1914
Most Career Catches in the Field		773	F.E.Woolley		1906-38

LIMITED-OVERS CRICKET

Highest Total	50ov	384-6		v	Berkshire	Finchampstead	1994
		384-8		v	Surrey	Beckenham	2018
	40ov	337-7		v	Sussex	Canterbury	2013
	T20	236-3		v	Essex	Canterbury	2021
Lowest Total	50ov	60		v	Somerset	Taunton	1979
	40ov	83		v	Middlesex	Lord's	1984
	T20	72		v	Hampshire	Southampton[2]	2011
Highest Innings	50ov	206*	O.G.Robinson	v	Worcs	Worcester	2022
	40ov	146	A.Symonds	v	Lancashire	Tunbridge Wells	2004
	T20	127	J.L.Denly	v	Essex	Chelmsford	2017
Best Bowling	50ov	8-31	D.L.Underwood	v	Scotland	Edinburgh	1987
	40ov	6- 9	R.A.Woolmer	v	Derbyshire	Chesterfield	1979
	T20	5-11	A.F.Milne	v	Somerset	Taunton	2017

LANCASHIRE

Formation of Present Club: 12 January 1864
Inaugural First-Class Match: 1865
Colours: Red, Green and Blue
Badge: Red Rose
County Champions (since 1890): (8) 1897, 1904, 1926, 1927, 1928, 1930, 1934, 2011
Joint Champions: (1) 1950
Gillette/NatWest Trophy Winners: (7) 1970, 1971, 1972, 1975, 1990, 1996, 1998
Benson and Hedges Cup Winners: (4) 1984, 1990, 1995, 1996
Pro 40/National League (Div 1) Winners: (1) 1999.
Sunday League Winners: (4) 1969, 1970, 1989, 1998
Twenty20 Cup Winners: (1) 2015

Chief Executive: Daniel Gidney, Emirates Old Trafford, Talbot Road, Manchester M16 0PX ● Tel: 0161 282 4000 ● Email: enquiries@lancashirecricket.co.uk ● Web: www.lancashirecricket.co.uk ● X: @lancscricket (148,027 followers)

Head Coach: Steven Croft. **Director of Cricket Performance**: Mark Chilton. **Lead Batting Coach**: William Porterfield. **Lead Bowling Coach**: Kabir Ali. **Captain**: J.M.Anderson. **Vice-Captain**: J.J.Bohannon. **Overseas Players**: C.J.Green, M.S.Harris, B.R.McDermott and M.J.Perry. **2026 Testimonial**: None. **Head Groundsman**: Matthew Merchant. **Scorer**: Garry Morgan. **Blast Team Name**: Lancashire Lightning. ‡ New registration. NQ Not qualified for England.

ANDERSON, James Michael (St Theodore RC HS and SFC, Burnley), b Burnley 30 Jul 1982. 6'2". LHB, RFM. Squad No 9. Debut (Lancashire) 2002; cap 2003; benefit 2012; captain 2026. Auckland 2007-08. YC 2003. *Wisden* 2008. OBE 2015. **Tests**: 188 (2003 to 2024); HS 81 v I (Nottingham) 2014, sharing a world Test record 10th wkt partnership of 198 with J.E.Root; 50 wkts (3); most – 57 (2010); BB 7-42 v WI (Lord's) 2017. **LOI**: 194 (2002-03 to 2014-15); HS 28 v NZ (Southampton) 2013; BB 5-23 v SA (Pt Elizabeth) 2009-10. Hat-trick v P (Oval) 2003. **IT20**: 19 (2006-07 to 2009-10); HS 1* v A (Sydney) 2006-07; BB 3-23 v Netherlands (Lord's) 2009. F-c Tours: A 2006-07, 2010-11, 2013-14, 2017-18, 2021-22; SA 2004-05, 2009-10, 2015-16, 2019-20; WI 2003-04, 2005-06 (Eng A) (*part*), 2008-09, 2014-15, 2018-19; NZ 2007-08, 2012-13, 2017-18, 2022-23; I 2005-06 (*part*), 2008-09, 2012-13, 2016-17, 2020-21, 2023-24; P 2022-23; SL 2003-04, 2007-08, 2011-12, 2018-19, 2020-21; UAE 2011-12 (v P), 2015-16 (v P). HS 81 (*see Tests*). La HS 42 v Surrey (Manchester) 2015. 50 wkts (4); most – 60 (2005, 2017). BB 7-19 v Kent (Manchester) 2021. Hat-trick v Essex (Manchester) 2003. LO HS 28 (*see LOI*). LO BB 5-23 (*see LOI*). T20 HS 16. T20 BB 3-17.

ASPINWALL, Thomas Henry (Sedbergh S), b Lancaster 13 Mar 2004. 5'10". RHB, RM. Squad No 13. Debut (Lancashire) 2024. Manchester Originals 2024 to date. Lancashire 2nd XI debut 2021. England U19 2022 to 2022-23. HS 26* v Durham (Chester-le-St) 2024. BB 5-41 v Durham (Blackpool) 2024. LO HS 47 v Glos (Bristol) 2023 (MBC). LO BB 4-52 v Middx (Lord's) 2023 (MBC). T20 HS 18*. T20 BB 4-18.

BAILEY, Thomas Ernest (Our Lady's Catholic HS, Preston), b Preston 21 Apr 1991. 6'4". RHB, RMF. Squad No 8. Debut (Lancashire) 2012; cap 2018. F-c Tour (EL): I 2018-19. HS 78 v Kent (Canterbury) 2023. 50 wkts (4); most – 65 (2018). BB 7-37 v Hants (Liverpool) 2021. LO HS 60 v Leics (Manchester) 2023 (MBC). LO BB 3-22 v Glamorgan (Neath) 2022 (RLC). T20 HS 10. T20 BB 5-17.

BALDERSON, George Philip (Cheadle Hulme HS), b Manchester 11 Oct 2000. 5'11". LHB, RM. Squad No 10. Debut (Lancashire) 2020; cap 2025. HS 116* v Warwks (Birmingham) 2023. BB 5-14 (inc hat-trick) v Essex (Chelmsford) 2022. LO HS 106* v Kent (Canterbury) 2022 (RLC). LO BB 3-25 v Hants (Southampton) 2021 (RLC). T20 HS 37*. T20 BB 2-15.

BARNARD, Charlie Mark (Hyde HS; Ashton SFC), b Ashton-under-Lyne 5 Nov 2004. RHB, SLA. Squad No 5. Awaiting f-c debut. Lancashire 2nd XI debut 2022. England U19 2023 to 2024. Cheshire 2022. LO HS 9 v Derbys (Derby) 2024 (MBC). LO BB 4-56 v Sussex (Hove) 2025 (MBC).

BELL, George Joseph (Manchester GS), b Manchester 25 Sep 2002. 5'8". RHB, WK, occ OB. Squad No 17. Debut (Lancashire) 2022. Lancashire 2nd XI debut 2021. HS 99 v Hants (Southampton) 2024. BB 1-28 v Hants (Southport) 2023. LO HS 104 v Durham (Liverpool) 2025 (MBC). LO BB 1-20 v Glos (Bristol) 2023 (MBC). T20 HS 31.

BLATHERWICK, Jack Morgan (Holgate Ac, Hucknall; Central C, Nottingham), b Nottingham 4 June 1998. 6'2". RHB, RMF. Squad No 4. Nottinghamshire 2019. Lancashire debut 2021. Durham 2025 (on loan). Northamptonshire 2019 (l-o only). HS 36 v Derbys (Chesterfield) 2025. BB 4-28 v Somerset (Taunton) 2021. LO HS 48* v Middx (Manchester) 2025 (MBC). LO BB 4-48 v Warwks (Liverpool) 2025 (MBC). T20 HS 34*. T20 BB 3-14.

BOHANNON, Joshua James (Harper Green HS), b Bolton 9 Apr 1997. 5'8". RHB, RM. Squad No 20. Debut (Lancashire) 2018; cap 2021. F-c Tours (EL): I 2023-24; SL 2022-23. 1000 runs (1): 1257 (2023). HS 231 v Glos (Manchester) 2022. BB 3-46 v Hants (Southampton) 2018. LO HS 147 v Durham (Sedbergh) 2024 (MBC). LO BB 1-33 v Notts (Nottingham) 2019 (RLC). T20 HS 39.

BUTTLER, Joseph Charles (King's C, Taunton), b Taunton, Somerset 8 Sep 1990. 6'0". RHB, WK. Squad No 63. Somerset 2009-13; cap 2013. Lancashire debut 2014; cap 2018. IPL: MI 2015-17; RR 2018-24; GT 2025. Big Bash: MR 2013-14; ST 2017-18 to 2018-19. Manchester Originals 2021 to date. *Wisden* 2016. MBE 2020. Wisden Schools Cricketer of the Year 2010. **ECB Two-Year Central Contract from 2025-26. Tests**: 57 (2014 to 2021-22); HS 152 v P (Southampton) 2020. **LOI**: 199 (2011-12 to 2025-26, 45 as captain); HS 162* (m 70 balls) v Neth (Amstelveen) 2022. **IT20**: 155 (2011 to 2025-26, 51 as captain); HS 101* v SL (Sharjah) 2021-22. F-c Tours: A 2021-22; SA 2019-20; WI 2015, 2018-19; NZ 2019-20; I 2016-17, 2020-21; SL 2018-19 2019-20, 2020-21; UAE 2015-16 (v P). HS 152 (*see Tests*). CC HS 144 Sm v Hants (Southampton) 2010. La HS 100* v Durham (Chester-le-St) 2014. BB –. LO HS 162* (*see LOI*). T20 HS 124.

‡**COUGHLIN, Paul** (St Robert of Newminster Catholic CS, Washington), b Sunderland, Co Durham 23 Oct 1992. Elder brother of J.Coughlin (Durham 2016-19); nephew of T.Harland (Durham 1974-78). 6'3". RHB, RM. Squad No 33. Durham 2012-25; cap 2012. Nottinghamshire 2019. Northumberland 2011. F-c Tour (EL): WI 2017-18. HS 100* Du v Worcs (Chester-le-St) 2022. BB 5-49 (10-133 match) Du v Northants (Chester-le-St) 2017. LO HS 77 Du v Glos (Chester-le-St) 2022 (RLC). LO BB 3-32 Du v Worcs (Worcester) 2024 (MBC). T20 HS 53. T20 BB 5-42.

‡**DALE, Ajeet** Singh (Wellington C), b Slough, Berks 3 Jul 2000. 6'1". RHB, RFM. Squad No 39. Hampshire 2020. Gloucestershire 2022-25; cap 2024. Welsh Fire 2025. HS 52 Gs v Leics (Bristol) 2023. BB 7-110 Gs v Kent (Bristol) 2025. LO HS 63 Gs v Essex (Bristol) 2024 (MBC). LO BB 4-15 Gs v Sussex (Bristol) 2024 (MBC). T20 HS 4*. T20 BB 3-17.

FLINTOFF, Rocky (Manchester GS), b Manchester 7 Apr 2008. Son of A.Flintoff (Lancashire and England 1995-2009); younger brother of C.L.Flintoff (*see KENT*). RHB, RFM. Squad No 11. Debut (Lancashire) 2024. Lancashire 2nd XI debut 2024. England U19 2024 to 2025. Made Lancashire 1st XI debut aged 16y 112d. No 1st XI appearances in 2025. F-c Tour (EL): UAE A 2024-25. HS 37 v Surrey (Oval) 2024. LO HS 88 v Middx (Manchester) 2024 (MBC).

FONSEKA, Dineth **Keshana** (Bolton S), b Colombo, Sri Lanka 1 Dec 2005. 5'6". RHB, OB. Squad No 26. Awaiting f-c debut. Lancashire 2nd XI debut 2022. England U19 2024 to 2024-25. LO HS 43 v Warwks (Liverpool) 2025 (MBC).

ᴺᴼ**GREEN**, Chris**topher** James (Knox GS, Wahroonga), b Durban, South Africa 1 Oct 1993. 6'3". RHB, OB. Squad No 93. New South Wales 2022-23 to date, taking 5-41 on debut v WA (Sydney); white-ball debut 2014-15. Lancashire debut/cap 2024. Warwickshire 2019 (T20 only). Middlesex 2021-22 (T20 only). IPL: KKR 2020-21. Big Bash: ST 2014-15 to date. Trent Rockets 2024. Welsh Fire 2025. **IT20** (A): 1 (2023-24); HS 2* v I (Raipur) 2023-24; BB –. HS 160 v Glos (Cheltenham) 2025, sharing La record 9th wkt partnership of 212 with T.W.Hartley. BB 6-82 v Glamorgan (Manchester) 2025. LO HS 100 v Hants (Southampton) 2024 (MBC). LO BB 5-53 NSW v Q (Sydney, DO) 2018-19. T20 HS 50. T20 BB 5-32.

HANDS, Luke (Hutton GS), b 14 Nov 2008. RHB, RMF. Awaiting f-c debut. Lancashire 2nd XI debut 2025. LO HS 13* v Sussex (Hove) 2025 (MBC). LO BB 1-32 v Somerset (Taunton) 2025 (MBC).

ᴺᴼ**HARRIS**, Marcus Sinclair, b Perth, W Australia 21 July 1992. 5'8". LHB, OB. Squad No 12. W Australia 2010-11 to 2015-16. Victoria 2016-17 to date. Leicestershire 2021-24. Gloucestershire 2022-23; cap 2022. Lancashire debut 2025. Big Bash: PS 2014-15 to 2023-24; MR 2016-17 to 2024-25. **Tests** (A): 14 (2018-19 to 2021-22); HS 79 v I (Sydney) 2018-19. 1000 runs (1+1); most – 1515 (2018-19). HS 250* Vic v NSW (Melbourne) 2018-19. CC HS 214 Le v Derbys (Derby) 2024. La HS 167 v Glos (Manchester) 2025. BB –. LO HS 142* Vic v Tas (Launceston) 2022-23. T20 HS 85.

HARTLEY, Tom William (Merchant Taylors S), b Ormskirk 3 May 1999. 6'3". LHB, SLA. Squad No 2. Debut (Lancashire) 2020; cap 2024. Manchester Originals 2021 to date. **Tests**: 5 (2023-24); HS 36 v I (Visakhapatnam) 2023-24; BB 7-62 v I (Hyderabad) 2023-24 – on debut. **LOI**: 2 (2023); HS 12* v Ire (Nottingham) 2023; BB –. F-c Tour: I 2023-24. HS 130 v Glos (Cheltenham) 2025, sharing La record 9th wkt partnership of 212 with C.J.Green, and La BB 6-116 (11-215 match) v Glos (Cheltenham) 2025. BB 7-62 (see *Tests*). LO HS 23 v Sri Lanka A (Colombo, RPS) 2022-23. LO BB 1-46 v Sri Lanka A (Colombo, RPS) 2022-23 – separate matches. T20 HS 39. T20 BB 4-16.

HURST, Matthew ('**Matty**') Frederick (Byrchall HS, Wigan; Winstanley C), b Billinge, Cheshire 10 Dec 2003. RHB, WK. Squad No 21. Debut (Lancashire) 2023. Big Bash: PS 2024-25. Manchester Originals 2024 to date. Lancashire 2nd XI debut 2021. England U19 2022 to 2022-23. F-c Tour (EL): A 2024-25. HS 106 v Glos (Cheltenham) 2025. LO HS 66 v Middx (Lord's) 2023. T20 HS 78.

JENNINGS, Keaton Kent (King Edward VII S, Johannesburg), b Johannesburg, South Africa 19 Jun 1992. Son of R.V.Jennings (Transvaal 1973-74 to 1992-93), brother of D.Jennings (Gauteng and Easterns 1999 to 2003-04), nephew of K.E.Jennings (Northern Transvaal 1981-82 to 1982-83). 6'4". LHB, RM. Squad No 1. Gauteng 2011-12. Durham 2012-17; captain 2017 (l-o only). Lancashire debut/cap 2018; captain 2023-25. Big Bash: PS 2024-25. London Spirit 2024 to date. **Tests**: 17 (2016-17 to 2018-19); HS 146* v SL (Galle) 2018-19; scored 112 v I (Mumbai) on debut; BB –. F-c Tours (C=Captain): A 2019-20 (EL);C; WI 2017-18 (EL);C, 2018-19; I 2016-17, 2023-24 (EL); SL 2016-17 (EL), 2018-19. 1000 runs (4); most – 1602 (2016), inc seven hundreds (Du record). HS 318 v Somerset (Southport) 2022. BB 3-37 Du v Sussex (Chester-le-St) 2017. La BB 1-8 v Durham (Sedbergh) 2019. LO HS 139 Du v Warwks (Birmingham) 2017 (RLC). BB 2-19 v Worcs (Worcester) 2018 (RLC). T20 HS 108 v Durham (Chester-le-St) 2020 – La record. T20 BB 4-37.

ᴺᴼ**JONES**, Michael Alexander (Ormskirk S; Myerscough C), b Ormskirk 5 Jan 1998. 6'2". RHB, OB. Squad No 44. Durham 2018-24; cap 2018. Lancashire debut 2025. Northern Superchargers 2024. **LOI** (Scot): 16 (2017-18 to 2024-25); HS 87 v Ire (Dubai, ICCA) 2017-18. **IT20** (Scot): 15 (2022 to 2025-26); HS 86 v Ire (Hobart) 2022-23. HS 206 Du v Middx (Chester-le-St) 2020. La HS 63 v Derbys (Chesterfield) 2025. LO HS 119 Du v Middx (Chester-le-St) 2022 (RLC). T20 HS 86.

LIVINGSTONE, Liam Stephen (Chetwynde S, Barrow-in-Furness), b Barrow-in-Furness, Cumberland 4 Aug 1993. 6'1". RHB, LB. Squad No 23. Debut (Lancashire) 2016; cap 2017; captain 2018. IPL: RR 2019 to 2021; PK 2022 to 2024; RCB 2025. Big Bash: PS 2019-20 to 2020-21. Birmingham Phoenix 2021 to date. **Tests**: 1 (2022-23); HS 9 v P (Rawalpindi) 2022-23. **LOI**: 39 (2020-21 to 2024-25); HS 124* v WI (North Sound) 2024-25; BB 3-16 v NZ (Oval) 2023; took wkt of K.L.Rahul with 2nd delivery in international cricket. **IT20**: 60 (2017 to 2024-25); HS 103 v P (Nottingham) 2021; BB 3-17 v Ire (Melbourne) 2022-23. F-c Tours (EL): WI 2017-18; P 2022-23 (E); SL 2016-17. HS 224 v Warwks (Manchester) 2017. BB 6-52 v Surrey (Manchester) 2017. LO HS 129 EL v South Africa A (Northampton) 2017. LO BB 3-16 (see *LOI*). T20 HS 103. T20 BB 4-17.

‡^{NQ}**McDERMOTT, Benjamin** Reginald, b Caboolture, Queensland, Australia 12 Dec 1994. Son of C.J.McDermott (Queensland and Australia 1983-84 to 1995-96); younger brother of A.C.McDermott (Queensland 2009-10 to 2014-15). 6'0". RHB, WK, occ RM. Squad No 28. Queensland 2014-15 to 2024-25. Tasmania 2015-16 to date. Derbyshire 2021. Hampshire 2022-24 (T20 only). Big Bash: BH 2013-14; MR 2015-16; HH 2016-17 to date. London Spirit 2022. **LOI** (A): 5 (2021 to 2021-22); HS 104 v P (Lahore) 2021-22. **IT20** (A): 25 (2018-19 to 2023-24); HS 54 v I (Bengaluru) 2023-24. HS 146* Q v Tas (Brisbane) 2023-24. CC HS 25 De v Worcs (Worcester) 2021. BB –. LO HS 143 Q v Tas (Hobart) 2023-24. T20 HS 127.

MAHMOOD, Saqib (Matthew Moss HS, Rochdale), b Birmingham, Warwks 25 Feb 1997. 6'3". RHB, RFM. Squad No 25. Debut (Lancashire) 2016; cap 2021. Big Bash: ST 2021-22. Oval Invincibles 2021 to date. **ECB One-Year Central Contract from 2025-26**. **Tests**: 2 (2021-22); HS 49 v WI (St George's) 2021-22; BB 2-21 v WI (Bridgetown) 2021-22. **LOI**: 17 (2019-20 to 2025); HS 12 v Ire (Southampton) 2020; BB 4-42 v P (Cardiff) 2024. **IT20**: 19 (2019-20 to 2024-25); HS 12 v A (Southampton) 2024; BB 4-34 v WI (Bridgetown) 2024-25. F-c Tours (EL : A 2021-22; WI 2017-18; 2022-23 (E). HS 49 (*see Tests*). La HS 46 v Durham (Blackpool) 2024. BB 5-47 v Yorks (Manchester) 2021. LO HS 45 v Warwks (Birmingham) 2019 (RLC). LO BB 6-37 v Northants (Manchester) 2019 (RLC). T20 HS 12. T20 BB 4-14.

MOORES, Joseph Henry Alan (King's S, Macclesfield), b Macclesfield, Cheshire 15 Sep 2008. Son of S.Moores (Cheshire 1995); nephew of P.Moores (Worcestershire, Sussex; Orange Free State 1983-98); cousin of T.J.Moores (see *NOTTINGHAMSHIRE*). LHB, WK. Squad No 24. Awaiting Lancashire f-c debut. FC Counties Select 2025 (l-o only). Lancashire 2nd XI debut 2024. LO HS 35 v Middx (Manchester) 2025 (MBC).

‡^{NQ}**PERRY, Mitchell** Jordan, b Bacchus Marsh, Victoria, Australia 27 Apr 2000. LHB, RFM. Squad No 15. Victoria 2020-21 to date. Big Bash: MR 2020-21; SS 2024-25 to date. F-c Tour (A A): NZ 2022-23. HS 75 Vic v Q (Melbourne) 2022-23. BB 5-33 Vic v Q (Melbourne) 2024-25. LO HS 17 and LO BB 4-101 Vic v Tas (Brisbane, AB) 2025-26. T20 HS 3*. T20 BB 1-22.

SALT, Philip Dean (Reed's S, Cobham), b Bodelwyddan, Denbighs 28 Aug 1996. 5'10". RHB, OB. Squad No 7. Sussex 2013-20. Lancashire debut 2022; cap 2025. IPL: DCa 2023; KKR 2024; RCB 2025. Big Bash: AS 2019-20 to 2020-21. Manchester Originals 2021 to date. **ECB One-Year Central Contract from 2025-26**. **LOI**: 33 (2021 to 2024-25); HS 122 v Neth (Amstelveen) 2022. **IT20**: 60 (2021-22 to 2024-25); HS 141* v SA (Manchester) 2025 – E record. HS 148 Sx v Derbys (Hove) 2018. La HS 105 v Northants (Manchester) 2023. BB 1-32 Sx v Warwks (Hove) 2018. LO HS 137* Sx v Kent (Beckenham) 2019 (RLC). T20 HS 141*.

SHETTY, Arav Ritesh (Manchester GS), b Manchester 26 Jun 2004. RHB, OB. Squad No 18. Debut Lancashire 2025. Lancashire 2nd XI debut 2023. Yorkshire 2nd XI 2023. Northamptonshire 2nd XI 2023-24. HS –. BB 1-21 v Middx (Manchester) 2025. LO HS 40 v Warwks (Liverpool) 2025 (MBC). LO BB 3-34 v Somerset (Taunton) 2025 (MBC). T20 HS 6.

SINGH, Harry Paul Narayan (Clitheroe RGS), b Blackburn 16 Jun 2004. Son of R.P.Singh (Uttar Pradesh & India 1982-83 to 1995-96). RHB, OB. Squad No 16. Debut (Lancashire) 2024. Lancashire 2nd XI debut 2022. England U19 2022 to 2022-23. HS 31 v Somerset (Manchester) 2024. BB –. LO HS 74 v Sussex (Hove) 2025 (MBC). LO BB 4-27 v Middx (Manchester) 2025 (MBC).

STANLEY, Mitchell Terry (Idsall S, Shifnal; Shrewsbury SFC), b Telford, Shrops 17 Mar 2001. 6'2". RHB, RFM. Squad No 38. Debut (Lancashire) 2025. Worcestershire 2022-23 (T20 only). Manchester Originals 2022. Shropshire 2021. **England Development Contract 2025-26.** HS 2 v Kent (Blackpool) 2025. BB 6-100 (11-180 match) v Kent (Canterbury) 2025. LO HS 5* FCC v Pak Shaheens (Beckenham) 2025. LO BB 1-25 FCC v Pak Shaheens (Beckenham 2025 – separate matches. T20 HS 7. T20 BB 2-24.

SUTTON, Oliver William ('**Ollie**'), b Sefton 25 Jan 2000. LHB, LMF. Squad No 22. Debut (Lancashire) 2025. Dismissed E.Singh with his first delivery in senior cricket. HS 2* and BB 2-57 v Middx (Lord's) 2025. LO HS 17* v Sussex (Hove) 2025 (MBC). LO BB 1-1 v Kent (Blackpool) 2024 (MBC).

WELLS, Luke William Peter (St Bede's S, Upper Dicker), b Eastbourne, E Sussex 29 Dec 1990. Son of A.P.Wells (Border, Kent, Sussex and England 1981-2000); elder brother of D.A.C.Wells (Oxford MCCU 2017); nephew of C.M.Wells (Border, Derbyshire, Sussex and WP 1979-96). 6'4". LHB, LB. Squad No 3. Sussex 2010-19; cap 2016. Colombo CC 2011-12. Lancashire debut 2021; cap 2022. Welsh Fire 2023 to date. 1000 runs (3); most – 1292 (2017). HS 258 Sx v Durham (Hove) 2017. La HS 175* v Warwks (Birmingham) 2022. BB 5-25 v Northants (Northampton) 2023. LO HS 88 v Yorks (York) 2022 (RLC). BB 3-19 Sx v Netherlands (Amstelveen) 2011 (CB40). T20 HS 87. T20 BB 2-19.

WOOD, Luke (Portland CS, Worksop), b Sheffield, Yorks 2 Aug 1995. 5'9". LHB, LFM. Squad No 14. Nottinghamshire 2014-19. Worcestershire 2018 (on loan). Northamptonshire 2019 (on loan). Lancashire debut 2020. IPL: MI 2024. Big Bash: MS 2022-23; AS 2025-26. Trent Rockets 2021-24. London Spirit 2025. **ECB One-Year Central Contract from 2025-26. LOI**: 3 (2022-23 to 2025-26); HS 10 v A (Adelaide) 2022-23; BB 1-54 v NZ (Mt Maunganui) 2025-26. **IT20**: 16 (2022-23 to 2025-26); HS 3 v NZ (Birmingham) 2023; BB 3-24 v P (Karachi) 2022-23. HS 119 v Kent (Canterbury) 2021, sharing La record 8th wkt partnership of 187 with D.J.Lamb. BB 5-40 Nt v Cambridge MCCU (Cambridge) 2016. CC BB 5-67 Nt v Yorks (Scarborough) 2019. La BB 3-31 v Northants (Manchester) 2021. LO HS 52 Nt v Leics (Leicester) 2016 (RLC). LO BB 2-36 Nt v Worcs (Worcester) 2019 (RLC). T20 HS 33*. T20 BB 5-50.

RELEASED/RETIRED

(Having made a County 1st XI appearance in 2025)

^NO^**PHILLIP, Anderson**, b Trinidad 22 Aug 1996. RHB, RFM. Trinidad & Tobago 2016-17 to date. Lancashire 2024-25. **Tests** (WI): 6 (2022 to 2025-26); HS 43 v A (Adelaide) 2022-23; BB 3-70 v NZ (Wellington) 2025-26. **LOI** (WI): 5 (2020-21 to 2022); HS 21* v B (Providence) 2022; BB 2-50 v P (Multan) 2022. F-c Tours (WI): A 2022-23; NZ 2025-26; B 2023 (WIA). HS 63* T&T v Jamaica (Tarouba) 2022-23. La HS 41 v Durham (Chester-le-St) 2024. BB 6-19 (10-72 match) T&T v Windward Is (Tarouba) 2019-20. La BB 5-65 v Worcs (Worcester) 2024. LO HS 21* (*see LOI*). LO BB 4-44 T&T v Guyana (Port of Spain) 2019-20. T20 HS 6*. T20 BB 3-38.

TURNER, A.J. – *see LEICESTERSHIRE*.

WILLIAMS, W.S.A. – *see GLOUCESTERSHIRE*.

J.A.Boyden left the staff without making a County 1st XI appearance in 2025.

LANCASHIRE 2025

RESULTS SUMMARY

	Place	Won	Lost	Drew
Rothesay County Championship (Div 2)	5th	3	3	8
Metro Bank One-Day Cup (Group B)	8th	2	6	
Vitality Blast (North Group)	SF	10	6	

ROTHESAY COUNTY CHAMPIONSHIP AVERAGES
BATTING AND FIELDING

Cap		M	I	NO	HS	Runs	Avge	100	50	Ct/St
2024	C.J.Green	4	5	–	160	312	62.40	2	–	3
	M.S.Harris	10	19	2	167	1027	60.41	3	5	7
2022	L.W.P.Wells	14	25	–	152	1074	42.96	3	4	9
2018	K.K.Jennings	14	26	1	112	1054	42.16	2	5	23
	M.F.Hurst	14	24	4	106	748	37.40	1	5	44/1
2021	J.J.Bohannon	14	26	2	155	874	36.41	2	2	9
	M.A.Jones	8	12	–	63	351	29.25	–	2	5
2025	G.P.Balderson	14	22	4	82	476	26.44	–	4	–
2024	T.W.Hartley	10	16	1	130	396	26.40	1	1	4
	G.J.Bell	6	11	1	57	221	22.10	–	1	5
2003	J.M.Anderson	6	6	5	12	22	22.00	–	–	5
2018	T.E.Bailey	12	18	5	29	213	16.38	–	–	5
	W.S.A.Williams	4	7	3	26	43	10.75	–	–	1
	A.Phillip	5	9	–	10	34	3.77	–	–	1
	J.A.Turner	3	4	2	5*	5	2.50	–	–	–

Also played: T.H.Aspinwall (3 matches) 0, 2, 4* (1 ct); J.M.Blatherwick (3) 36, 1, 1 (2 ct); S.Mahmood (2 – cap 2021) 13*, 4, 0* (1 ct); P.D.Salt (2 – cap 2025) 12, 8, 1 (4 ct, 3 st); A.R.Shetty (1) did not bat; M.T.Stanley (2) 2, 0* (3 ct); O.W.Sutton (1) 2*; A.J.Turner (2) 154, 8, 121*.

BOWLING

	O	M	R	W	Avge	Best	5wI	10wM
T.H.Aspinwall	67	13	251	11	22.81	4- 32	–	–
C.J.Green	214	35	593	23	25.78	6- 82	1	–
J.M.Anderson	148.2	38	441	17	25.94	3- 53	–	–
M.T.Stanley	68.3	7	331	12	27.58	6-100	2	–
T.E.Bailey	361.1	59	1183	38	31.13	5- 51	2	–
G.P.Balderson	412	85	1250	40	31.25	4- 54	–	–
T.W.Hartley	349.1	63	1066	30	35.53	6-116	2	–
L.W.P.Wells	116.4	11	498	12	41.50	2- 7	–	–
A.Phillip	116.2	15	454	10	45.40	3- 51	–	–

Also bowled:

| W.S.A.Williams | 97 | 18 | 328 | 9 | 36.44 | 3- 70 | – | – |
| J.M.Blatherwick | 72 | 5 | 333 | 5 | 66.50 | 2- 54 | – | – |

J.J.Bohannon 35-6-106-4; S.Mahmood 48-4-196-2; A.R.Shetty 10-4-21-1; O.W.Sutton 21-1-110-3; A.J.Turner 3-0-12-0; J.A.Turner 60-12-217-4.

Lancashire played no first-class fixtures outside the County Championship in 2025. The First-Class Averages (pp 223–236) give the records of Lancashire players in all first-class county matches, with the exception of J.M.Blatherwick and J.A.Turner, whose first-class figures for Lancashire are as above.

LANCASHIRE RECORDS

FIRST-CLASS CRICKET

Highest Total	For	863		v	Surrey	The Oval	1990
	V	707-9d		by	Surrey	The Oval	1990
Lowest Total	For	25		v	Derbyshire	Manchester	1871
	V	20		by	Essex	Chelmsford	2013
Highest Innings	For	424	A.C.MacLaren	v	Somerset	Taunton	1895
	V	315*	T.W.Hayward	for	Surrey	The Oval	1898

Highest Partnership for each Wicket

1st	368	A.C.MacLaren/R.H.Spooner	v	Glos	Liverpool	1903
2nd	371	F.B.Watson/G.E.Tyldesley	v	Surrey	Manchester	1928
3rd	501	A.N.Petersen/A.G.Prince	v	Glamorgan	Colwyn Bay	2015
4th	358	S.P.Titchard/G.D.Lloyd	v	Essex	Chelmsford	1996
5th	360	S.G.Law/C.L.Hooper	v	Warwicks	Birmingham	2003
6th	278	J.Iddon/H.R.W.Butterworth	v	Sussex	Manchester	1932
7th	248	G.D.Lloyd/I.D.Austin	v	Yorkshire	Leeds	1997
8th	187	L.Wood/D.J.Lamb	v	Kent	Canterbury	2021
9th	212	C.J.Green/T.W.Hartley	v	Glos	Cheltenham	2025
10th	173	J.Briggs/R.Pilling	v	Surrey	Liverpool	1885

Best Bowling	For	10-46	W.Hickton	v	Hampshire	Manchester	1870
(Innings)	V	10-40	G.O.B.Allen	for	Middlesex	Lord's	1929
Best Bowling	For	17-91	H.Dean	v	Yorkshire	Liverpool	1913
(Match)	V	16-65	G.Giffen	for	Australians	Manchester	1886

Most Runs – Season	2633	J.T.Tyldesley	(av 56.02)	1901
Most Runs – Career	34222	G.E.Tyldesley	(av 45.20)	1909-36
Most 100s – Season	11	C.Hallows		1928
Most 100s – Career	90	G.E.Tyldesley		1909-36
Most Wkts – Season	198	E.A.McDonald	(av 18.55)	1925
Most Wkts – Career	1816	J.B.Statham	(av 15.12)	1950-68
Most Career W-K Dismissals	925	G.Duckworth	(635 ct; 290 st)	1923-38
Most Career Catches in the Field	556	K.J.Grieves		1949-64

LIMITED-OVERS CRICKET

Highest Total	50ov	406-9		v	Notts	Nottingham	2019
	40ov	324-4		v	Worcs	Worcester	2012
	T20	243-7		v	Derbyshire	Derby	2025
Lowest Total	50ov	59		v	Worcs	Worcester	1963
	40ov	68		v	Yorkshire	Leeds	2000
		68		v	Surrey	The Oval	2002
	T20	83		v	Durham	Manchester	2020
Highest Innings	50ov	166	D.J.Vilas	v	Notts	Nottingham	2019
	40ov	143	A.Flintoff	v	Essex	Chelmsford	1999
	T20	108	K.K.Jennings	v	Durham	Chester-le-St[2]	2020
Best Bowling	50ov	6-10	C.E.H.Croft	v	Scotland	Manchester	1982
	40ov	6-25	G.Chapple	v	Yorkshire	Leeds	1998
	T20	5-13	S.D.Parry	v	Worcs	Manchester	2016

LEICESTERSHIRE

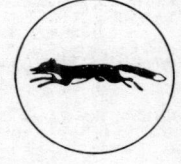

Formation of Present Club: 25 March 1879
Inaugural First-Class Match: 1894
Colours: Dark Green and Scarlet
Badge: Gold Running Fox on Green Ground
County Champions: (3) 1975, 1996, 1998
Benson and Hedges Cup Winners: (3) 1972, 1975, 1985
Sunday League Champions: (2) 1974, 1977
Metro Bank One-Day Cup: (1) 2023
Twenty20 Cup Winners: (3) 2004, 2006, 2011

Chief Executive: Emma White, Uptonsteel Grace Road, Grace Road, Leicester LE2 8EB ● **Tel**: 0116 283 2128 ● **Email**: enquiries@leicestershireccc.co.uk ● **Web**: www.leicestershireccc.co.uk ● **X**: @leicsccc (73,944 followers)

Director of Cricket: Claude Henderson. **Head Coach**: Alfonso Thomas. **Assistant/Batting Coach**: James Taylor. **Fielding Coach**: Dave Whitmore. **Captains**: P.S.P.Handscomb (f-c) and B.G.F.Green (T20). **Overseas Players**: P.S.P.Handscomb, A.Y.Patel and A.J.Turner. **2026 Testimonial**: L.J.Hill. **Scorer**: Paul Rogers. **Blast Team Name**: Leicestershire Foxes.
‡ New registration. NQ Not qualified for England.

AHMED, Rehan (Bluecoat Aspley SFC), b Nottingham 13 Aug 2004. Elder brother of F.Ahmed (see *NOTTINGHAMSHIRE*). 5'8". RHB, LB. Squad No 16. Debut (Leicestershire) 2022; cap 2023. Big Bash: HH 2025-26. Southern Brave 2022-24. Trent Rockets 2025. Leicestershire 2nd XI debut 2021. YC 2025. **ECB One-Year Central Contract from 2025-26**. **Tests**: 5 (2022-23 to 2024-25); HS 28 v I (Hyderabad) 2023-24; BB 5-48 v P (Karachi) 2022-23 – on debut; youngest Test debutant for England at 18y 126d. **LOI**: 9 (2022-23 to 2025-26); HS 27 v SL (Colombo, RPS) 2025-26; BB 4-54 v Ire (Nottingham) 2023; youngest LOI debutant for England at 18y 205d. **IT20**: 13 (2022-23 to 2025-26); HS 19* v NZ (Colombo, RPS) 2025-26; BB 3-39 v WI (Bridgetown) 2023-24; youngest IT20 debutant for England at 18y 211d. F-c Tours: I 2023-24, P 2022-23, 2024-25. HS 136 v Lancs (Leicester) 2025. BB 7-93 (13-144 match) v Derbys (Derby) 2025. Scored 122 and took 5-114 v Derbys (Derby) 2022, becoming the youngest player ever to score a century & take five wkts in an innings in f-c career at 18y 57d. LO HS 40* v Northants (Northampton) 2021 (RLC). LO BB 4-54 (*see LOI*). T20 HS 52*. T20 BB 4-22.

BUDINGER, Solomon George (Southport S, Queensland), b Colchester, Essex 21 Aug 1999. 6'0". LHB, OB, occ WK. Squad No 11. Debut (Leicestershire) 2022. Nottinghamshire 2021-22 (l-o only). Birmingham Phoenix 2022. HS 118 v Glamorgan (Leicester) 2025. BB 1-13 v Northants (Northampton) 2024. LO HS 120 v Essex (Chelmsford) 2024 (MBC). T20 HS 56. T20 BB 2-21.

COX, Oliver Benjamin (Bromsgrove S), b Wordsley, Stourbridge, Worcs 2 Feb 1992. 5'10". RHB, WK. Squad No 7. Worcestershire 2009-23; testimonial 2023. MCC 2017, 2019. Trent Rockets 2025. HS 124 Wo v Glos (Cheltenham) 2017. Le HS 93 v Kent (Leicester) 2025. LO HS 122* Wo v Kent (Worcester) 2018 (RLC). T20 HS 70*.

NQ**DAVEY, Joshua Henry** (Culford S), b Aberdeen, Scotland 3 Aug 1990. 5'11". RHB, RMF. Squad No 38. Middlesex 2010-12. Scotland 2011-12 to 2016. Somerset 2015-25; cap 2021. Leicestershire debut 2023 (on loan). Suffolk 2014. **LOI** (Scot): 33 (2010 to 2025); HS 64 v Afg (Sharjah) 2012-13; BB 6-28 v Afg (Abu Dhabi) 2014-15 – Scot record. **IT20** (Scot): 31 (2012 to 2022-23); HS 24 v Z (Nagpur) 2015-16; BB 4-18 v PNG (Al Amerat) 2021-22. HS 75* Sm v Leics (Taunton) 2021. Le HS 2 and Le BB 3-26 v Worcs (Worcester) 2023. BB 5-21 Sm v Yorks (Taunton) 2019. LO HS 91 Scot v Warwks (Birmingham) 2011 (CB40). LO BB 6-28 (*see LOI*). T20 HS 24. T20 BB 4-18.

ESKINAZI, Stephen Sean (Christ Church GS, Claremont; U of WA), b Johannesburg, South Africa 28 Mar 1994. 6'2". RHB, WK. Squad No 28. Middlesex 2015-25; cap 2018; captain 2020 and 2023-25 (l-o only). Big Bash: PS 2022-23 to 2023-24. Welsh Fire 2023 to date. UK passport. HS 179 M v Warwks (Birmingham) 2017. Le HS 155 v Northants (Northampton) 2025. LO HS 182 M v Surrey (Radlett) 2022 (RLC) – M record. T20 HS 102*.

GREEN, Alex Matthew (Stamford S), b Peterborough, Cambs 24 Feb 2007. 6'6". RHB, RFM. Squad No 43. Debut (Leicestershire) 2024. England U19 2024. HS 0. BB –. LO HS 21 v Glamorgan (Cardiff) 2025 (MBC). LO BB 5-25 v Surrey (Guildford) 2025 (MBC).

GREEN, Benjamin George Frederick (Exeter S), b Exeter, Devon 28 Sep 1997. 6'2". RHB, RFM. Squad No 6. Somerset 2018-25. Leicestershire debut 2024. Welsh Fire 2023. Devon 2014-18. HS 77 v Middx (Leicester) 2024. BB 5-63 v Glos (Bristol) 2025. LO HS 157 (in 84 balls) Sm v Durham (Taunton) 2022 (RLC). LO BB 4-52 v Worcs (Worcester) 2025 (MBC). T20 HS 47. T20 BB 5-29.

NQ**HANDSCOMB, Peter** Stephen Patrick (Mt Waverley SC; Deakin U, Melbourne), b Melbourne, Australia 26 Apr 1991. 6'0". RHB, WK. Squad No 54. British passport (English parents). Victoria 2011-12 to date. Gloucestershire 2015; cap 2015. Yorkshire 2017. Durham 2019. Middlesex 2021-22; captain 2021-22. Leicestershire debut 2023; cap 2024; captain 2025 to date. IPL: RPS 2016. Big Bash: MS 2012-13 to 2024-25; HH 2020-21 to 2021-22; MR 2022-23. **Tests** (A): 20 (2016-17 to 2022-23); HS 110 v P (Sydney) 2016-17. **LOI** (A): 22 (2016-17 to 2019); HS 117 v I (Mohali) 2018-19. **IT20** (A): 2 (2018-19); HS 20* v I (Bengaluru) 2018-19. F-c Tours (A): SA 2017-18; I 2015 (Aus A), 2016-17, 2022-23; B 2017. HS 281* Vic v WA (Melbourne, SK) 2022-23. CC HS 142* v Lancs (Manchester) 2015. LO HS 140 Y v Derbys (Leeds) 2017 (RLC). T20 HS 103*.

HILL, Lewis John (Hastings HS, Hinckley; John Cleveland C), b Leicester 5 Oct 1990. 5'7½". RHB, WK, occ RM. Squad No 23. Debut (Leicestershire) 2015; cap 2021; captain 2023-25; testimonial 2026. Unicorns 2012-13. HS 162* v Derbys (Leicester) 2023. LO HS 118 v Worcs (Leicester) 2019 (RLC). T20 HS 59.

NQ**HOLLAND, Ian** Gabriel (Ringwood Secondary C, Melbourne), b Stevens Point, Wisconsin, USA 3 Oct 1990. 6'0". RHB, RMF. Squad No 22. England qualified in 2020. Victoria 2015-16. Hampshire 2017-24; cap 2021. Leicestershire debut 2024; cap 2025. **LOI** (USA): 15 (2019-20 to 2022-23); HS 75 v Nepal (Kirtipur) 2019-20; BB 3-11 v UAE (Dubai, ICCA) 2019-20. **IT20** (USA): 6 (2021-22); HS 39* v Bahamas (Coolidge) 2021-22; BB 2-3 v Panama (Coolidge) 2021-22. HS 146* H v Middx (Southampton) 2021. Le HS 104 v Glos (Bristol) 2024. BB 6-60 H v Surrey (Arundel) 2020. Le BB 5-35 v Middx (Lord's) 2025. LO HS 75 (see LOI). LO BB 5-35 H v Surrey (Guildford) 2023 (MBC). T20 HS 65. T20 BB 4-19.

HULL, Joshua Owen (Stamford S), b Huntingdon 20 Aug 2004. 6'7". LHB, LFM. Squad No 20. Debut (Leicestershire) 2023. Manchester Originals 2024. Leicestershire 2nd XI debut 2022. **England Development Contract 2025-26**. **Tests**: 1 (2024); HS 7* and BB 3-53 v SL (Oval) 2024. HS 35* v Kent (Canterbury) 2025. BB 3-13 v Northants (Leicester) 2025. LO HS 3* and LO BB 4-43 v Notts (Leicester) 2023 (MBC). T20 HS 12*. T20 BB 3-28.

MIKE, Benjamin Wentworth Munro (Loughborough GS), b Nottingham 24 Aug 1998. Son of G.W.Mike (Nottinghamshire 1989-96). 6'1". RHB, RM. Squad No 8. Debut (Leicestershire) 2018, taking 5-37 v Sussex (Hove). Warwickshire 2019 (on loan). Yorkshire 2022-23. HS 99* v Middx (Lord's) 2022. BB 5-22 v Middx (Leicester) 2024. LO HS 72* v Worcs (Leicester) 2025 (MBC). LO BB 4-40 Y v Surrey (York) 2023 (MBC). T20 HS 37. T20 BB 4-22.

‡NO**PATEL, Ajaz** Yunus, b Bombay, India 21 Oct 1988. LHB, SLA. Squad No 21. Central Districts 2012-13 to date. Yorkshire 2019. Glamorgan 2022. Durham 2023; cap 2023. **Tests** (NZ): 22 (2018-19 to 2025-26); HS 35 v P (Karachi) 2022-23; BB 10-119 (14-225 match) v I (Mumbai) 2021-22 – third best analysis in all Test cricket. **IT20** (NZ): 7 (2018-19 to 2021); HS 4 v B (Mirpur) 2021; BB 4-16 v B (Mirpur) 2021 – separate matches. F-c Tours (NZ): E 2022; I 2021-22, 2024-25; P 2022-23; SL 2019, 2024-25; B 2023-24; UAE (v P) 2018-19. HS 52 CD v Canterbury (Nelson) 2024-25. CC HS 51* Gm v Sussex (Hove) 2022. BB 10-119 (*see Tests*). CC BB 5-68 Gm v Derbys (Cardiff) 2022. LO HS 45 CD v ND (Hamilton) 2020-21. LO BB 3-31 CD v Auckland (New Plymouth) 2022-23 and 3-31 CD v Auckland (Napier) 2023-24. T20 HS 13. T20 BB 4-16.

PATEL, Rishi Ketan (Brentwood S), b Chigwell, Essex 26 Jul 1998. 6'2". RHB, LB. Squad No 26. Cambridge MCCU 2019. Essex 2019. Leicestershire debut 2020; cap 2023. Birmingham Phoenix 2024. Hertfordshire 2019. 1000 runs (1): 1075 (2023). HS 179 v Glamorgan (Cardiff) 2023. BB 1-4 v Middx (Leicester) 2025. LO HS 161 v Lancs (Manchester) 2023 (MBC). LO BB 5-65 v Worcs (Leicester) 2025 (MBC). T20 HS 104. T20 BB 1-7.

SCRIVEN, Thomas Antony Rhys (Magdalen Coll S), b Oxford 18 Nov 1998. 6'0½". RHB, RMF. Squad No 88. Hampshire 2020. Leicestershire debut 2022. Berkshire 2022. HS 99 v Kent (Canterbury) 2025. BB 5-46 v Lancs (Manchester) 2025. LO HS 55 v Surrey (Kibworth) 2024 (MBC). LO BB 5-66 v Surrey (Oval) 2023 (MBC). T20 HS 23. T20 BB 4-21.

TATTERSALL, Jonathan Andrew (King James S, Knaresborough), b Harrogate, Yorks 15 Dec 1994. 5'8". RHB, WK, occ LB. Squad No 12. Yorkshire 2018-25; cap 2022. Gloucestershire 2021 (on loan). Surrey 2021 (on loan). Leicestershire debut 2025. HS 180* Y v Surrey (Scarborough) 2022. Le HS 47 v Northants (Northampton) 2025. LO HS 89 v Hants (Southampton) 2018 (RLC). T20 HS 53*.

TREVASKIS, Liam (Q Elizabeth GS, Penrith), b Carlisle, Cumberland 18 Apr 1999. 5'8". LHB, SLA. Squad No 80. Durham 2017-23; cap 2017. Leicestershire debut 2024. HS 88 Du v Sussex (Hove) 2022. Le HS 82 v Sussex (Leicester) 2025. BB 6-85 v Northants (Northampton) 2025. LO HS 76* Du v Derbys (Chester-le-St) 2023 (MBC). LO BB 5-52 v Notts (Kibworth) 2025 (MBC). T20 HS 31*. T20 BB 4-16.

‡NO**TURNER, Ashton** James, b Subiaco, Perth, W Australia 25 Jan 1993. RHB, OB. Squad No 70. W Australia 2013-14 to date. Durham 2024. Lancashire 2025. IPL: RR 2019; LSG 2024. Big Bash: PS 2013-14 to date. Manchester Originals 2022-23. London Spirit 2025. **LOI** (A): 9 (2018-19 to 2021); HS 84* v I (Mohali) 2018-19; BB 1-23 v WI (Bridgetown) 2021. **IT20** (A): 19 (2016-17 to 2023); HS 24 v WI (Gros Islet) 2021; BB 2-12 v SL (Melbourne) 2016-17. HS 154 v Kent (Blackpool) 2025. BB 6-111 WA v NSW (Perth) 2016-17. CC BB –. LO HS 100 WA v Tas (Perth) 2021-22. LO BB 2-14 Aus A v New Zealand A (Brisbane, AB) 2023. T20 HS 99*. T20 BB 3-20.

WOOD, Samuel Berridge (Charnwood HS; Wyggeston & Q Elizabeth I C), b Leicester 11 Sep 2004. 6'4". LHB, RM. Squad No 19. Debut (Leicestershire) 2024. Leicestershire 2nd XI debut 2021. HS 57* and BB 1-32 v Northants (Northampton) 2024. LO HS 22 and LO BB 1-34 v Surrey (Kibworth) 2024 (MBC). T20 HS 4. T20 BB 1-21.

RELEASED/RETIRED

(Having made a County 1st XI appearance in 2025)

KIMBER, L.P.J. – *see NORTHAMPTONSHIRE*.

SALISBURY, Matthew Edward Thomas (Shenfield HS; Anglia Ruskin U), b Chelmsford, Essex 18 Apr 1993. 6'0½". RHB, RMF. Cambridge MCCU 2012-13. Essex 2014-15. Hampshire 2017. Durham 2018-22; cap 2018. Leicestershire 2023-24. Suffolk 2016. HS 45 Du v Middx (Lord's) 2022. Le HS 7 v Middx (Leicester) 2024. BB 6-37 Du v Middx (Chester-le-St) 2018. Le BB 5-73 v Sussex (Hove) 2023. LO HS 5* Ex v Leics (Chelmsford) 2014 (RLC). LO BB 4-55 Ex v Lancs (Chelmsford) 2014 (RLC). T20 HS 1*. T20 BB 2-19.

VAN BEEK, L.V. – *see YORKSHIRE*.

WALKER, Roman Isaac (Ysgol Bryn Alyn), b Wrexham, Denbighs 6 Aug 2000. 6'4". RHB, RFM. Leicestershire 2022-25. Glamorgan 2019-21 (l-o only). Wales MC 2018. HS 64 v Glamorgan (Leicester) 2022. BB 3-78 v Middx (Leicester) 2025. LO HS 44 v Essex (Leicester) 2025 (MBC). LO BB 6-43 v Kent (Beckenham) 2023 (MBC). T20 HS 19*. T20 BB 3-15.

WRIGHT, Christopher Julian Clement (Eggars S, Alton; Anglia Ruskin U), b Chipping Norton, Oxon 14 Jul 1985. 6'3". RHB, RFM. Cambridge UCCE 2004-05. Middlesex 2004-07. Tamil Union 2005-06. Essex 2008-11. Warwickshire 2011-18; cap 2013. Leicestershire 2019-25; cap 2021. F-c Tour (MCC): Nepal 2019-20. HS 87 v Derbys (Derby) 2021. 50 wkts (2); most – 67 (2012). BB 7-53 v Glos (Bristol) 2021. LO HS 42 Ex v Glos (Cheltenham) 2011 (CB40). LO BB 6-35 v Notts (Leicester) 2022 (RLC). T20 HS 6*. T20 BB 4-24.

H.J.Swindells left the staff without making a County 1st XI appearance in 2025.

LEICESTERSHIRE 2025

RESULTS SUMMARY

	Place	Won	Lost	Drew	Tied	NR
Rothesay County Championship (Div 2)	1st	7	1	6		
Metro Bank One-Day Cup (Group A)	7th	2	5		1	
Vitality Blast (North Group)	7th	6	7			1

ROTHESAY COUNTY CHAMPIONSHIP AVERAGES
BATTING AND FIELDING

Cap		M	I	NO	HS	Runs	Avge	100	50	Ct/St
	S.S.Eskinazi	3	4	–	155	227	56.75	1	–	2
2023	R.Ahmed	10	16	1	136	760	50.66	5	1	3
	T.A.R.Scriven	8	9	4	99	236	47.20	–	1	2
2021	L.J.Hill	14	21	1	151	917	45.85	2	6	5
2024	P.S.P.Handscomb	11	17	2	142*	601	40.06	2	3	28/1
2023	R.K.Patel	12	19	2	114	658	38.70	2	4	11
	O.E.Cox	11	16	1	93	550	36.66	–	4	27
	S.G.Budinger	14	23	1	118	728	33.09	1	3	11
2021	C.J.C.Wright	6	6	1	74	151	30.20	–	1	1
	L.V.van Beek	13	17	4	82*	387	29.76	–	2	4
2025	I.G.Holland	12	18	1	90	492	28.94	–	4	4
	B.W.M.Mike	4	4	1	41	83	27.66	–	–	–
	J.O.Hull	9	9	6	35*	75	25.00	–	–	3
	R.I.Walker	2	4	2	40*	49	24.50	–	–	1
	B.G.F.Green	11	16	2	58*	328	23.42	–	1	4
	L.Trevaskis	4	6	–	37	85	14.16	–	–	–
	L.P.J.Kimber	5	7	1	18*	60	10.00	–	–	3

Also batted: Shan Masood (2 matches) 111, 90; J.A.Tattersall (1) 47, 28*; S.B.Wood (2) 33, 27 (2 ct).

BOWLING

	O	M	R	W	Avge	Best	5wI	10wM
R.Ahmed	164.1	27	437	23	19.00	7-93	2	1
I.G.Holland	330.3	82	777	38	20.44	5-35	1	–
B.G.F.Green	290	75	648	31	20.90	5-63	1	–
L.Trevaskis	142.2	28	394	14	28.14	6-85	1	–
T.A.R.Scriven	196.1	34	624	22	28.36	5-46	1	–
J.O.Hull	145.4	13	583	19	30.68	3-13	–	–
L.V.van Beek	353.1	41	1212	34	35.64	4-47	–	–
C.J.C.Wright	139.1	26	430	12	35.83	3-19	–	–
B.W.M.Mike	82.5	5	377	10	37.70	3-54	–	–

Also bowled:
S.G.Budinger 13-4-19-0; L.J.Hill 1-0-1-0; L.P.J.Kimber 73.1-12-202-3; R.K.Patel 50-6-182-2; J.A.Tattersall 1-0-8-0; R.I.Walker 36.5-5-113-3; S.B.Wood 44-3-172-1.

Leicestershire played no first-class fixtures outside the County Championship in 2025. The First-Class Averages (pp 223–236) give the records of Leicestershire players in all first-class county matches, with the exception of R.Ahmed, S.S.Eskinazi, B.G.F.Green, J.O.Hull and J.A.Tattersall, whose first-class figures for Leicestershire are as above.

LEICESTERSHIRE RECORDS

FIRST-CLASS CRICKET

Highest Total	For 756-4d		v	Sussex	Hove	2022
	V 795-5d		by	Glamorgan	Leicester	2022
Lowest Total	For 25		v	Kent	Leicester	1912
	V 24		by	Glamorgan	Leicester	1971
	24		by	Oxford U	Oxford	1985
Highest Innings	For 309*	H.D.Ackerman	v	Glamorgan	Cardiff	2006
	V 410*	S.A.Northeast	for	Glamorgan	Leicester	2022

Highest Partnership for each Wicket

Wkt	Runs	Partnership	vs	Opponent	Venue	Year
1st	390	B.Dudleston/J.F.Steele	v	Derbyshire	Leicester	1979
2nd	320	M.H.Azad/N.J.Dexter	v	Glos	Leicester	2019
3rd	436*	D.L.Maddy/B.J.Hodge	v	L'boro UCCE	Leicester	2003
4th	360*	J.W.A.Taylor/A.B.McDonald	v	Middlesex	Leicester	2010
5th	477*	C.N.Ackermann/P.W.A.Mulder	v	Sussex	Hove	2022
6th	284	P.V.Simmons/P.A.Nixon	v	Durham	Chester-le-St²	1996
7th	219*	J.D.R.Benson/P.Whitticase	v	Hampshire	Bournemouth	1991
8th	239	L.P.J.Kimber/O.B.Cox	v	Sussex	Hove	2024
9th	160	R.T.Crawford/W.W.Odell	v	Worcs	Leicester	1902
10th	228	R.Illingworth/K.Higgs	v	Northants	Leicester	1977

Best Bowling (Innings)	For 10- 18	G.Geary	v	Glamorgan	Pontypridd	1929
	V 10- 32	H.Pickett	for	Essex	Leyton	1895
Best Bowling (Match)	For 16- 96	G.Geary	v	Glamorgan	Pontypridd	1929
	V 16-102	C.Blythe	for	Kent	Leicester	1909

Most Runs – Season	2446	L.G.Berry	(av 52.04)	1937
Most Runs – Career	30143	L.G.Berry	(av 30.32)	1924-51
Most 100s – Season	7	L.G.Berry		1937
	7	W.Watson		1959
	7	B.F.Davison		1982
Most 100s – Career	45	L.G.Berry		1924-51
Most Wkts – Season	170	J.E.Walsh	(av 18.96)	1948
Most Wkts – Career	2131	W.E.Astill	(av 23.18)	1906-39
Most Career W-K Dismissals	905	R.W.Tolchard	(794 ct; 111 st)	1965-83
Most Career Catches in the Field	426	M.R.Hallam		1950-70

LIMITED-OVERS CRICKET

Highest Total	50ov	411-6		v	Lancashire	Manchester	2023
	40ov	344-4		v	Durham	Chester-le-St²	1996
	T20	229-5		v	Warwicks	Birmingham	2018
Lowest Total	50ov	56		v	Northants	Leicester	1964
		56		v	Minor Cos	Wellington	1982
	40ov	36		v	Sussex	Leicester	1973
	T20	89		v	Derbyshire	Leicester	2022
Highest Innings	50ov	201	V.J.Wells	v	Berkshire	Leicester	1996
	40ov	154*	B.J.Hodge	v	Sussex	Horsham	2004
	T20	118*	J.P.Inglis	v	Worcs	Leicester	2021
Best Bowling	50ov	6-16	C.M.Willoughby	v	Somerset	Leicester	2005
	40ov	6-17	K.Higgs	v	Glamorgan	Leicester	1973
	T20	7-18	C.N.Ackermann	v	Warwicks	Leicester	2019

MIDDLESEX

Formation of Present Club: 2 February 1864
Inaugural First-Class Match: 1864
Colours: Blue
Badge: Three Seaxes
County Champions (since 1890): (11) 1903, 1920, 1921, 1947, 1976, 1980, 1982, 1985, 1990, 1993, 2016
Joint Champions: (2) 1949, 1977
Gillette/NatWest Trophy Winners: (4) 1977, 1980, 1984, 1988
Benson and Hedges Cup Winners: (2) 1983, 1986
Sunday League Winners: (1) 1992
Twenty20 Cup Winners: (1) 2008

Chief Executive: Andrew Cornish, Lord's Cricket Ground, London NW8 8QN • Tel: 020 7289 1300 • Email: enquiries@middlesexccc.com • Web: www.middlesexccc.com • X: @Middlesex_CCC (95,822 followers)

Director of Cricket: Alan Coleman. **1st Team Coach**: Peter Fulton. **Club Coach**: Rory Coutts. **Bowling Coaches**: Tim Murtagh and Ian Salisbury. **Captain**: J.L du Plooy (f-c). **Overseas Players**: None. **2026 Testimonial**: None. **Head Groundsman**: Karl McDermott. **Scorer**: Don Shelley. ‡ New registration. NQ Not qualified for England.

BROOKES, Henry James Hamilton (Tudor Grange Ac, Solihull), b Solihull, Warwks 21 Aug 1999. Elder brother of E.A.Brookes (see *WORCESTERSHIRE*). 6'3". RHB, RFM. Squad No 8. Warwickshire 2017-23. Derbyshire 2023 (on loan). Middlesex debut 2024. Rhinos 2024-25. Birmingham Phoenix 2022. HS 84 Wa v Kent (Birmingham) 2019. M HS 52* v Sussex (Lord's) 2024. BB 6-20 De v Leics (Derby) 2023. M BB 3-29 v Derbys (Lord's) 2024. LO HS 29* v Hants (Northwood) 2024 (MBC). LO BB 4-43 v Lancs (Manchester) 2024 (MBC). T20 HS 31*. T20 BB 5-25.

CORNWELL, Noah Bo (Queen's S, Bushey), b Barnet, Herts 10 Sep 2004. 6'1". LHB, LFM. Squad No 10. Debut (Middlesex) 2024. Middlesex 2nd XI debut 2021. HS 2* v Derbys (Derby) 2024. BB 4-58 v Glos (Lord's) 2025. LO HS 28* v Yorks (Radlett) 2025 (MBC). LO BB 3-50 v Sussex (Lord's) 2025 (MBC). T20 HS 15*. T20 BB 3-34.

CRACKNELL, Joseph Benjamin (London Oratory S), b Enfield 16 Mar 2000. 5'9". RHB, WK. Squad No 48. Debut (Middlesex) 2021. London Spirit 2021. Berkshire 2018. HS 112 v Northants (Northampton) 2025. LO HS 98 v Lancs (Manchester) 2024 (MBC). T20 HS 77.

CULLEN, Blake Carlton (Hampton S), b Hounslow 19 Feb 2002. 6'1". RHB, RMF. Squad No 19. Debut (Middlesex) 2020. London Spirit 2021. Middlesex 2nd XI debut 2017, aged 15y 142d. HS 42 v Derbys (Derby) 2025. BB 4-60 v Kent (Canterbury) 2025. LO HS 8 v Worcs (Worcester) 2024 (MBC). LO BB 2-32 v Yorks (Radlett) 2023 (MBC). T20 HS 20*. T20 BB 4-32.

DAVIES, Jack Leo Benjamin (Wellington C), b Reading, Berks 30 Mar 2000. Son of A.G.Davies (Cambridge U 1982-89). 5'10". LHB, WK. Squad No 17. Debut (Middlesex) 2020. Berkshire 2017-19. HS 91 v Glos (Lord's) 2024. LO HS 70 v Essex (Chelmsford) 2021 (RLC). T20 HS 53.

De CAIRES, Joshua Michael (St Albans S; Leeds U), b Paddington 25 Apr 2002. Son of M.A.Atherton (Lancashire, Cambridge U & England 1987-2001); great-grandson of F.I.de Caires (British Guiana & West Indies 1928/29-1938). 6'0". RHB, OB. Squad No 25. Debut (Middlesex) 2021. Middlesex 2nd XI debut 2017. HS 87 v Northants (Northampton) 2025. BB 8-106 (10-190 match) v Essex (Chelmsford) 2023. LO HS 71 v Somerset (Radlett) 2025 (MBC). LO BB 3-52 v Essex (Chelmsford) 2023 (MBC). T20 HS 31*. T20 BB 2-34.

141

Du PLOOY, Jacobus Leus, b Pretoria, South Africa 12 Jan 1995. 5'10". LHB, SLA. Squad No 76. Qualified for England in 2024. Free State 2014-15 to 2017-18. Knights 2015-16. Northerns 2018-19. Titans 2018-19. Derbyshire 2019-23; cap 2022; captain 2023. SW Districts 2021-22. Middlesex debut 2024; captain 2026. Welsh Fire 2021-22. Southern Brave 2023 to date. 1000 runs (2); most – 1236 (2023). HS 263* v Glos (Lord's) 2025. BB 3-76 Northerns v WP (Pretoria, TU) 2018-19. CC BB 2-24 De v Glamorgan (Swansea) 2019. M BB 1-9 v Glamorgan (Lord's) 2024. LO HS 155 Northerns v WP (Pretoria, TU) 2018-19. LO BB 3-19 Northerns v KZN (Pretoria, TU) 2018-19. T20 HS 92. T20 BB 4-15.

FALCONER, Caleb Matthew (Millfield S), b Port Elizabeth, South Africa 14 Sep 2006. 6'0". RHB, RFM. Squad No 23. Awaiting 1st XI debut. Middlesex 2nd XI debut 2024.

FELDMAN, James Joseph (Westminster S), b London 13 June 2007. 6'2". RHB, RMF. Squad No 13. Awaiting f-c debut. Middlesex 2nd XI debut 2025. LO HS 0. LO BB 2-36 v Sussex (Lord's) 2025 (MBC). T20 HS 1*. T20 BB 2-40.

FERNANDES, Nathan Shane (St Gregory's Catholic Science C), b Margao, Goa, India 26 Apr 2004. 5'9". LHB, SLA. Squad No 18. Debut (Middlesex) 2024, scoring 103 v Northants (Northampton). Middlesex 2nd XI debut 2021. HS 103 (see above). BB 3-53 v Derbys (Derby) 2025. LO HS 92 v Lancs (Manchester) 2025 (MBC). LO BB 2-31 v Kent (Beckenham) 2024. T20 HS 8. T20 BB 1-6.

GEDDES, Benedict Brodie Albert (St John's S, Leatherhead), b Epsom, Surrey 31 Jul 2001. 6'1". RHB, OB. Squad No 14. Surrey 2021-24. Kent 2023 (on loan). Middlesex debut 2025. HS 137 v Leics (Leicester) 2025. BB 1-5 v Northants (Northwood) 2025. LO HS 141* v Kent (Radlett) 2025 (MBC). LO BB 1-30 Sy v Warwks (Rugby) 2024 (MBC). T20 HS 69.

HELM, Thomas George (Misbourne S, Gt Missenden), b Stoke Mandeville Hospital, Bucks 7 May 1994. 6'4". RHB, RMF. Squad No 7. Debut (Middlesex) 2013; cap 2019. Glamorgan 2014 (on loan). Birmingham Phoenix 2021-24. Buckinghamshire 2011. F-c Tour (EL): SL 2016-17. HS 64 v Glamorgan (Lord's) 2024. BB 6-110 v Surrey (Lord's) 2023. LO HS 30 v Surrey (Lord's) 2018 (RLC). LO BB 5-33 EL v Sri Lanka A (Colombo, CCC) 2016-17. T20 HS 28*. T20 BB 5-11.

HIGGINS, Ryan Francis (Bradfield C), b Harare, Zimbabwe 6 Jan 1995. 5'10". RHB, RM/OB. Squad No 29. Debut (Middlesex) 2017; cap 2023. Gloucestershire 2018-22; cap 2018. Southern Rocks 2024-25. Welsh Fire 2021-23. London Spirit 2024 to date. 1000 runs (1): 1133 (2024). HS 221 v Glamorgan (Lord's) 2024. 50 wkts (2); most – 51 (2021). BB 7-42 (11-96 match) Gs v Warwks (Bristol) 2020. M BB 5-59 v Glamorgan (Cardiff) 2025. Hat-trick v Northants (Northampton) 2025. LO HS 89 SR v Eagles (Harare) 2024-25. LO BB 4-33 v Kent (Beckenham) 2023 (MBC). T20 HS 77*. T20 BB 5-13.

HOLDEN, Max David Edward (Sawston Village C; Hills Road SFC, Cambridge), b Cambridge 18 Dec 1997. 5'11". LHB, OB. Squad No 4. Northamptonshire 2017 (on loan). Middlesex debut 2017; cap 2023. Manchester Originals 2023-24. Trent Rockets 2025. F-c Tour (EL): I 2018-19. 1000 runs (1): 1006 (2025). HS 211* v Northants (Northampton) 2024. BB 2-59 Nh v Kent (Beckenham) 2017. M BB 1-15 v Leics (Leicester) 2018. LO HS 166 v Kent (Canterbury) 2019 (RLC). LO BB 1-29 v Australians (Lord's) 2018. T20 HS 121*. T20 BB –.

HOLLMAN, Luke Barnaby Kurt (Acland Burghley S), b Islington 16 Sep 2000. 6'2". LHB, LB. Squad No 56. Debut (Middlesex) 2021. Berkshire 2019. England U19 2018 to 2018-19. HS 103 v Kent (Lord's) 2025. BB 5-65 (10-155 match) v Sussex (Hove) 2021. LO HS 77* v Kent (Radlett) 2025 (MBC). LO BB 4-27 v Warwks (Rugby) 2025 (MBC). T20 HS 51. T20 BB 5-16.

KAUSHAL, Ishaan (Dovay Martyrs S; Brunel U), b Hillingdon 9 Feb 2002. 6'1". RHB, RM. Squad No 22. Awaiting f-c debut. Middlesex 2nd XI debut 2021. No 1st XI appearances in 2025. LO HS 5* v Kent (Beckenham) 2023 (MBC). LO BB 1-26 v Kent (Beckenham) 2024 (MBC).

MORGAN, Sebastian Herbert Bach (Winchester C), b Malaga, Spain 30 Aug 2007. 6'1". RHB, RFM. Squad No 16. Debut (Middlesex) 2025. Middlesex 2nd XI debut 2023. HS 97 v Glos (Lord's) 2025. BB 2-82 v Lancs (Manchester) 2025. LO HS 61 v Lancs (Manchester) 2025 (MBC). LO BB 3-62 v Kent (Radlett) 2025 (MBC). T20 HS –. T20 BB 2-34.

ROBSON, Sam David (Marcellin C, Randwick), b Paddington, Sydney, Australia 1 Jul 1989. Elder brother of A.J.Robson (Leicestershire, Sussex and Durham 2013-19). 6'0". RHB, LB. Squad No 12. Qualified for England in April 2013. Debut (Middlesex) 2009; cap 2013; testimonial 2025. **Tests**: 7 (2014); HS 127 v SL (Leeds) 2014. F-c Tours (EL): SA 2014-15; SL 2013-14. 1000 runs (2); most – 1180 (2013). HS 253 v Sussex (Hove) 2021, sharing M record 1st wkt partnership of 376 with M.D.Stoneman. BB 4-46 v Notts (Nottingham) 2023. LO HS 169* v Durham (Chester-le-St) 2025 (MBC). LO BB 2-12 v Hants (Southampton) 2023 (MBC). T20 HS 60.

ROLAND-JONES, Tobias Skelton ('**Toby**') (Hampton S; Leeds U), b Ashford 29 Jan 1988. 6'4". RHB, RFM. Squad No 21. Debut (Middlesex) 2010; cap 2012; captain 2023-25; testimonial 2024. MCC 2011. *Wisden* 2016. Leeds/Bradford UCCE 2009 (not f-c). **Tests**: 4 (2017); HS 25 and BB 5-57 v SA (Oval) 2017. **LOI**: 1 (2017); HS 37* and BB 1-34 v SA (Lord's) 2017. F-c Tours (EL): WI 2017-18; SL 2016-17; UAE 2016-17 (v Afg). HS 103* v Yorks (Lord's) 2015. 50 wkts (4); most – 67 (2022). BB 7-52 (10-79 match) v Glos (Northwood) 2019. Hat-tricks (2): v Derbys (Lord's) 2013, and v Yorks (Lord's) 2016 – at end of match to secure the Championship. LO HS 65 v Glos (Lord's) 2017 (RLC). LO BB 4-10 v Hants (Southampton) 2017 (RLC). T20 HS 40. T20 BB 5-21.

SAWANT, Aaryan Santosh (Merchant Taylor's S, Northwood), b Harrow-on-the-Hill 15 Nov 2005. 5'9". RHB, LB. Squad No 9. Awaiting 1st XI debut. Middlesex 2nd XI debut 2021. England U19 2024-25 to 2025.

SHARMA, Naavya (Hampton S), b Isleworth 10 Sep 2005. 6'1". RHB, RFM. Squad No 2. Debut (Middlesex) 2025. Middlesex 2nd XI debut 2023. England U19 2024. HS 18 and BB 4-43 v Leics (Leicester) 2025. T20 HS 2*. T20 BB 1-30.

ZAFAR GOHAR, b Lahore, Pakistan 1 Feb 1995. 5'11". LHB, SLA. Squad No 77. ZT Bank 2013-14. State Bank 2014-15. SSGC 2015-16 to 2016-17. Lahore Blues 2018-19. Central Punjab 2019-20 to 2022-23. Gloucestershire 2021-24; cap 2021. Middlesex debut 2025. **Tests** (P): 1 (2020-21); HS 37 v NZ (Christchurch) 2020-21; BB –. **LOI** (P): 1 (2015-16); HS 15 and BB 2-54 v E (Sharjah) 2015-16. F-c Tours (P): NZ 2020-21; SL 2015 (PA). HS 100* C Punjab v Baluchistan (Quetta) 2019-20. CC HS 86 Gs v Middx (Lord's) 2024. M HS 57 v Kent (Canterbury) 2025. BB 7-79 (11-133 match) C Punjab v Northern (Faisalabad) 2019-20. CC BB 6-43 Gs v Glamorgan (Cardiff) 2021. M BB 5-53 v Glos (Lord's) 2025. LO HS 62 Gs v Warwks (Cheltenham) 2022 (RLC). LO BB 6-21 Ghani Glass v KR (Karachi) 2025-26. T20 HS 37*. T20 BB 4-14.

RELEASED/RETIRED

(Having made a County 1st XI appearance in 2025)

ESKINAZI, S.S. – *see LEICESTERSHIRE*.

LITTLE, J.B. – *see IRELAND*.

NQ**PATERSON, Dane**, b Cape Town, South Africa 4 Apr 1989. RHB, RFM. Western Province 2009-10 to date. Dolphins 2010-11 to 2012-13. KwaZulu-Natal 2011-12 to 2012-13. Cape Cobras 2013-14 to 2019-20. Nottinghamshire 2021-24; cap 2021. Eastern Province 2021-22. Middlesex 2025. **Tests** (SA): 7 (2019-20 to 2024-25); HS 39* v E (Gqeberha) 2019-20; BB 5-61 v P (Centurion) 2024-25. **LOI** (SA): 4 (2017-18 to 2018-19); HS – ; BB 3-44 v B (East London) 2017-18. **IT20** (SA): 8 (2016-17 to 2018-19); HS 4* v E (Taunton) 2017; BB 4-32 v E (Cardiff) 2017. F-c Tours (SA): E 2017 (SA A); NZ 2023-24; B 2024-25. HS 59 KZN v FS (Bloemfontein) 2012-13. CC HS 22 Nt v Warwks (Nottingham) 2021. M HS 15* v Glamorgan (Lord's) 2025. 50 wkts (3+2); most – 67 (2013-14). BB 8-52 (10-117 match) Nt v Worcs (Nottingham) 2022. M BB 2-29 v Kent (Lord's) 2025. LO HS 29 Cape Cobras v Dolphins (Cape Town) 2017-18. LO BB 5-19 SA A v India A (Bangalore) 2018. T20 HS 24*. T20 BB 4-24.

NQ**WILLIAMSON, Kane** Stuart (Tauranga Boys' C), b Tauranga, New Zealand 8 Aug 1990. Cousin of D.Cleaver (C Districts 2010-11 to date). 5'8". RHB, OB. N Districts 2007-08 to date. Gloucestershire 2011-12; cap 2011. Yorkshire 2013-18. Middlesex 2025. IPL: SH 2015-22; GT 2023-24, London Spirit 2025. **Tests** (NZ): 108 (2010-11 to 2025-26, 40 as captain); 1000 runs (2); most – 1172 (2015); HS 251 v WI (Hamilton) 2020-21; scored 131 v I (Ahmedabad) 2010-11 on debut; BB 4-44 v E (Auckland) 2012-13. **LOI** (NZ): 175 (2010 to 2025-26, 91 as captain); 1000 runs (1): 1376 (2015); HS 148 v WI (Manchester) 2019; BB 4-22 v SA (Paarl) 2012-13. **IT20** (NZ): 93 (2011-12 to 2024, 75 as captain); HS 95 v I (Hamilton) 2019-20; BB 2-16 v B (Mt Maunganui) 2016-17. F-c Tours (NZ)(C=Captain): E 2013, 2015, 2021C, 2022C; A 2011-12, 2015-16, 2019-20C; SA 2012-13, 2016C; WI 2012, 2014; I 2010-11, 2012, 2016-17C, 2021-22C; P 2022-23; SL 2012-13, 2019C, 2024; Z 2011-12, 2016C; B 2013-14, 2023-24; UAE 2014-15 (v P), 2018-19C (v P). HS 284* ND v Wellington (Lincoln) 2011-12. CC HS 189 Y v Sussex (Scarborough) 2014. M HS 153 v Glos (Cheltenham) 2025. BB 5-75 ND v Canterbury (Christchurch) 2008-09. CC BB 3-58 Gs v Northants (Northampton) 2012. LO HS 148 (*see LOI*). LO BB 5-51 ND v Auckland (Auckland) 2009-10. T20 HS 101*. T20 BB 3-33.

MIDDLESEX 2025

RESULTS SUMMARY

	Place	Won	Lost	Drew	Tied	NR
Rothesay County Championship (Div 2)	4th	5	4	5		
Metro Bank One-Day Cup (Group B)	QF	6	3			
Vitality Blast (South Group)	8th	3	9		1	1

ROTHESAY COUNTY CHAMPIONSHIP AVERAGES
BATTING AND FIELDING

Cap		M	I	NO	HS	Runs	Avge	100	50	Ct/St
	J.L.du Plooy	13	21	3	263*	1009	56.04	3	5	10
	J.B.Cracknell	7	8	1	112	349	49.85	1	2	24/1
2023	M.D.E.Holden	11	19	–	184	898	47.26	3	3	0
	J.M.De Caires	6	8	–	87	346	43.25	–	4	5
	L.B.E.Hollman	8	13	1	103	459	38.25	1	3	1
2018	S.S.Eskinazi	4	8	1	61	264	37.71	–	2	5
	B.B.A.Geddes	14	22	1	137	776	36.95	1	6	12
2019	T.G.Helm	4	4	2	30*	72	36.00	–	–	3
	B.C.Cullen	3	6	2	42	120	30.00	–	–	2
	J.L.B.Davies	7	13	1	59	355	29.58	–	2	20
2013	S.D.Robson	11	17	–	133	497	29.23	1	3	7
2012	T.S.Roland-Jones	12	18	6	57	279	23.25	–	1	2
2023	R.F.Higgins	14	22	1	56	482	22.95	–	2	12
	Zafar Gohar	13	20	2	57	396	22.00	–	2	3
	N.Sharma	3	5	2	18	40	13.33	–	–	–
	N.S.Fernandes	4	7	–	58	83	11.85	–	1	1
	D.Paterson	5	7	4	15*	22	7.33	–	–	1
	H.J.H.Brookes	5	7	4	10	30	5.00	–	–	1

Also batted: N.B.Cornwell (4 matches) 0, 0 (2 ct); S.H.B.Morgan (3) 2, 10, 97 (1 ct); O.P.Stone (2) 6*; K.S.Williamson (2) 114, 153 (1 ct).

BOWLING

	O	M	R	W	Avge	Best	5wI	10wM
N.B.Cornwell	87.4	11	367	15	24.46	4-58	–	–
T.S.Roland-Jones	379.3	83	1114	45	24.75	6-77	2	–
R.F.Higgins	391.4	91	1081	42	25.73	5-59	1	–
Zafar Gohar	394.5	67	1221	38	32.13	5-53	2	–
D.Paterson	157	34	481	11	43.72	2-29	–	–
H.J.H.Brookes	117.2	12	508	11	46.18	2-35	–	–

Also bowled:

N.Sharma	56.4	7	239	8	29.87	4-43		
B.C.Cullen	80.5	14	326	8	40.75	4-60		
T.G.Helm	109	19	361	8	45.12	3-30		
L.B.K.Hollman	65.3	5	276	5	55.20	2-61		

J.M.De Caires 55-9-194-2; J.L.du Plooy 5-1-25-0; N.S.Fernandes 16.1-1-80-3; B.B.A.Geddes 2-0-5-1; S.H.B.Morgan 43-3-219-3; S.D.Robson 39.2-2-143-4; O.P.Stone 29-5-103-1.

Middlesex played no first-class fixtures outside the County Championship in 2025. The First-Class Averages (pp 223–236) give the records of Middlesex players in all first-class county matches, except for S.S.Eskinazi and M.D.E.Holden, whose first-class figures for Middlesex are as above.

MIDDLESEX RECORDS
FIRST-CLASS CRICKET

Highest Total	For	676-5d		v	Sussex	Hove	2021
	V	850-7d		by	Somerset	Taunton	2007
Lowest Total	For	20		v	MCC	Lord's	1864
	V	31		by	Glos	Bristol	1924
		31		by	Glamorgan	Cardiff	1997
Highest Innings	For	331*	J.D.B.Robertson	v	Worcs	Worcester	1949
	V	341	C.M.Spearman	for	Glos	Gloucester	2004

Highest Partnership for each Wicket

1st	376	S.D.Robson/M.D.Stoneman	v	Sussex	Hove	2021
2nd	380	F.A.Tarrant/J.W.Hearne	v	Lancashire	Lord's	1914
3rd	424*	W.J.Edrich/D.C.S.Compton	v	Somerset	Lord's	1948
4th	325	J.W.Hearne/E.H.Hendren	v	Hampshire	Lord's	1919
5th	338	R.S.Lucas/T.C.O'Brien	v	Sussex	Hove	1895
6th	270	J.D.Carr/P.N.Weekes	v	Glos	Lord's	1994
7th	271*	E.H.Hendren/F.T.Mann	v	Notts	Nottingham	1925
8th	182*	M.H.C.Doll/H.R.Murrell	v	Notts	Lord's	1913
9th	172	G.K.Berg/T.J.Murtagh	v	Leics	Leicester	2011
10th	230	R.W.Nicholls/W.Roche	v	Kent	Lord's	1899

Best Bowling	For	10- 40	G.O.B.Allen	v	Lancashire	Lord's	1929
(Innings)	V	9- 38	R.C.R-Glasgow†	for	Somerset	Lord's	1924
Best Bowling	For	16-114	G.Burton	v	Yorkshire	Sheffield	1888
(Match)		16-114	J.T.Hearne	v	Lancashire	Manchester	1898
	V	16-100	J.E.B.B.P.Q.C.Dwyer	for	Sussex	Hove	1906

Most Runs – Season		2669	E.H.Hendren	(av 83.41)	1923
Most Runs – Career		40302	E.H.Hendren	(av 48.81)	1907-37
Most 100s – Season		13	D.C.S.Compton		1947
Most 100s – Career		119	E.H.Hendren		1907-37
Most Wkts – Season		158	F.J.Titmus	(av 14.63)	1955
Most Wkts – Career		2361	F.J.Titmus	(av 21.27)	1949-82
Most Career W-K Dismissals		1223	J.T.Murray	(1024 ct; 199 st)	1952-75
Most Career Catches in the Field		561	E.H.Hendren		1907-37

LIMITED-OVERS CRICKET

Highest Total	50ov	390-5		v	Durham	Chester-le-St[2]	2025
	40ov	350-6		v	Lancashire	Lord's	2012
	T20	254-3		v	Surrey	The Oval	2023
Lowest Total	50ov	41		v	Essex	Westcliff	1972
	40ov	23		v	Yorkshire	Leeds	1974
	T20	78		v	Somerset	Lord's	2024
Highest Innings	50ov	182	S.S.Eskinazi	v	Surrey	Radlett	2022
	40ov	147*	M.R.Ramprakash	v	Worcs	Lord's	1990
	T20	129	D.T.Christian	v	Kent	Canterbury	2014
Best Bowling	50ov	7-12	W.W.Daniel	v	Minor Cos E	Ipswich	1978
	40ov	6- 6	R.W.Hooker	v	Surrey	Lord's	1969
	T20	6-28	J.K.Fuller	v	Hampshire	Southampton[2]	2018

† R.C.Robertson-Glasgow

NORTHAMPTONSHIRE

Formation of Present Club: 31 July 1878
Inaugural First-Class Match: 1905
Colours: Maroon
Badge: Tudor Rose
County Champions: (0); best – 2nd 1912, 1957, 1965, 1976
Gillette/NatWest/C&G/FP Trophy Winners: (2) 1976, 1992
Benson and Hedges Cup Winners: (1) 1980
Twenty20 Cup Winners: (2) 2013, 2016

Chief Executive: Ray Payne, County Ground, Abington Avenue, Northampton, NN1 4PR • **Tel**: 01604 514455 • **Email**: info@nccc.co.uk • **Web**: www.nccc.co.uk • **X**: @NorthantsCCC (69,252 followers)

Head Coach Darren Lehmann. **Senior Assistant Coach**: Glen Chapple. **Batting Coach**: Greg Smith. **Spin/2nd XI Coach**: Graeme White. **Captains**: L.A.Procter (f-c) and D.J.Willey (T20). **Vice-captains**: N.McSweeney (f-c) and J.Broad (T20). **Overseas Players**: Y.S.Chahal, H.N.A.Conway, C.A.Lynn and N.A.McSweeney. **2026 Testimonial**: None. **Head Groundsman**: Craig Harvey. **Scorer**: Terry Owen. **Blast Team Name**: Northamptonshire Steelbacks. ‡ New registration. NQ Not qualified for England.

BARTLETT George Anthony (Millfield S), b Frimley, Surrey 14 Mar 1998. 6'0". RHB, OB. Squad No 14. Somerset 2017-23. Northamptonshire debut 2024. HS 137 Sm v Surrey (Guildford) 2019. Nh HS 126* v Leics (Leicester) 2024. BB – . LO HS 108 Sm v Leics (Taunton) 2021 (RLC). LO BB 1-4 v Middx (Northampton) 2025 (MBC). T20 HS 82*.

BOPARA Ravinder Singh (Brampton Manor S; Barking Abbey Sports C), b Newham, London 4 May 1985. 5'8". RHB, RM. Squad No 25. Essex 2002-19; cap 2005; benefit 2015; captain (l-o only) 2016. Auckland 2009-10. Dolphins 2010-11. Sussex 2020-23 (T20 only); cap 2023. Northamptonshire debut 2024 (l-o only). MCC 2006, 2008. IPL: KXIP 2009 to 2009-10; SH 2015. Big Bash: SS 2013-14. London Spirit 2021-24. YC 2008. **Tests**: 13 (2007-08 to 2012); HS 143 v WI (Lord's) 2009; BB 1-39 v SL (Galle) 2007-08. **LOI**: 120 (2006-07 to 2014-15); HS 101* v Ire (Dublin) 2013; BB 4-38 v B (Birmingham) 2010. **IT20**: 38 (2008 to 2014); HS 65* v A (Hobart) 2013-14; BB 4-10 v WI (Oval) 2011. F-c Tours: WI 2008-09, 2010-11 (EL); SL 2007-08, 2011-12. 1000 runs (1): 1256 (2008). HS 229 Ex v Northants (Chelmsford) 2007. BB 5-49 Ex v Derbys (Chelmsford) 2016. LO HS 201* Ex v Leics (Leicester) 2008 (FPT) – Ex record. LO BB 5-63 Dolphins v Warriors (Pietermaritzburg) 2010-11. T20 HS 108. T20 BB 6-16.

NQ**BROAD**, Justin (Rondesbosch Boys' HS), b Cape Town, South Africa 30 Jun 2000. 6'1". RHB, RM. Squad No 75. Holds German passport. Debut (Northamptonshire) 2023. MCC YC 2019. **IT20** (Germ): 9 (2021-22 to 2022-23); HS 62 v UAE (Al Amerat) 2021; BB 1-9 v Italy (Almeria) 2022-23. HS 171 v Derbys (Northampton) 2025. EB 7-33 v Glos (Bristol) 2024. LO HS 63 v Lancs (Northampton) 2024 (MBC). LO BB 3-16 v Kent (Canterbury) 2024 (MBC). T20 HS 67. T20 BB 2-11.

BUCHAKE, Arush Umesh (Uppingham S), b Pune, India 24 Jul 2006. 5'8". RHB, WK. Squad No 73. Debut (Northamptonshire) 2025. Northamptonshire 2nd XI debut 2021. HS 35 v Leics (Northampton) 2025.

NQ**CHAHAL**, Yuzvendra Singh, b Jind, Haryana, India 23 Jul 1990. 5'10". RHB, LBG. Squad No 6. Haryana 2009-10 to date. Kent 2023. Northamptonshire debut 2024. IPL: MI 2011-12 to 2013; RCB 2014-21; RR 2022-24; PK 2025. **LOI** (1): 72 (2016 to 2022-23); HS 18* v NZ (Hamilton) 2018-19; BB 6-42 v A (Melbourne) 2018-19. **IT20** (I): 80 (2016 to 2023); HS 3* v A (Guwahati) 2017-18; BB 6-25 v E (Bangalore) 2016-17. HS 48 Haryana v U Pradesh (Lucknow) 2024-25. CC HS 20 v Middx (Northwood) 2025. BB 6-44 Haryana v Hyderabad (Jamshedpur) 2016-17. CC BB 6-118 v Derbys (Northampton) 2025. LO HS 24* India A v South Africa A (Pretoria) 2017. LO BB 6-24 Haryana v Jammu & K (Delhi) 2011-12. T20 HS 10. T20 BB 6-25.

NOCONWAY, Harry Nicholas Alexander, b Wahroongha, NSW, Australia 17 Sep 1992. 6'4". RHB, RFM. Squad No 13. New South Wales 2015-16 to 2021-22. S Australia 2022-23 to 2024-25. Northamptonshire debut 2025. Big Bash: AS 2019-20 to 2022-23. HS 31 NSW v SA (Sydney, BO) 2019-20. Nh HS 10* v Glamorgan (Cardiff) 2025. BB 6-39 NSW v Vic (Sydney, BO) 2020-21. Nh BB 5-68 v Leics (Leicester) 2025. LO HS 43* SA v Vic (Melbourne, SK) 2023-24. LO BB 3-27 SA v NSW (Adelaide) 2024-25. T20 HS 6. T20 BB 3-36.

NOGUTHRIE, Liam Christopher James (Kent Street Senior HS; Curtin U), b Subiaco, W Australia 3 Apr 1997. 5'10". LHB, LFM. Squad No 36. Holds UK passport. W Australia 2017-18 to 2020-21. Queensland 2022-23 to 2024-25. Northamptonshire debut 2025. Big Bash: BH 2021-22. HS 43 v Lancs (Northampton) 2025. BB 7-94 v Middx (Northampton) 2025. LO HS 21 Q v Vic (Mackay) 2023-24. LO BB 4-15 Q v SA (Brisbane, AB) 2024-25. T20 HS 11*. T20 BB 2-32.

HARRISON, Calvin Grant (King's C, Taunton; Oxford Brookes U), b Durban, S Africa 29 Apr 1998. 6'4". RHB, LBG. Squad No 30. Oxford MCCU 2019. Nottinghamshire 2023-25. Northamptonshire debut 2025. Hampshire 2020 (T20 only). Manchester Originals 2021-23. Trent Rockets 2024 to date. HS 122 v Kent (Canterbury) 2025. BB 7-119 (11-153 match) v Lancs (Manchester) 2025. LO HS 41 v Middx (Radlett) 2023 (MBC). LO BB 3-37 EL v Pak Shaheens (Abu Dhabi) 2025-26. T20 HS 23. T20 BB 5-11.

KEOGH, Robert Ian (Queensbury S; Dunstable C), b Luton, Beds 21 Oct 1991. 5'11". RHB, OB. Squad No 21. Debut (Northamptonshire) 2012; cap 2019; testimonial 2024. Bedfordshire 2009-10. HS 221 v Hants (Southampton) 2013. BB 9-52 (13-125 match) v Glamorgan (Northampton) 2016. LO HS 134 v Durham (Northampton) 2016 (RLC). LO BB 4-49 v Somerset (Northampton) 2023 (MBC). T20 HS 59*. T20 BB 3-30.

‡KIMBER, Louis Philip James (William Farr C of E S; Loughborough U), b Lincoln 24 Feb 1997. Elder brother of J.F.Kimber (Lincolnshire 2016-18) and N.J.H.Kimber (Surrey 2021-22 – l-o only). 6'3". RHB, OB, occ WK. Squad No 17. Loughborough MCCU 2019. Leicestershire 2021-25. Birmingham Phoenix 2024 to date. Lincolnshire 2015-19. HS 243 Le v Sussex (Hove) 2024, off 127 balls inc UK record 21 sixes; CC record fastest double century (100 balls) and UK record most runs (191) before lunch; hit 43 runs off over from O.E.Robinson; shared Le record 8th wkt partnership of 239 runs with O.B.Cox. BB 1-8 Le v Middx (Leicester) 2022. LO HS 102 Le v Somerset (Leicester) 2022 (RLC). LO BB 4-61 Le v Glos (Bristol) 2022 (RLC). T20 HS 59*. T20 BB 2-14.

LEECH, Dominic James (Nunthorpe Ac; Q Ethelburga's S, York), b Middlesbrough, N Yorks 10 Jan 2001. 6'2½". RHB, RMF. Squad No 33. Yorkshire 2020-24. Northamptonshire debut 2023 (on loan). HS 32 and BB 3-78 Y v Glos (Leeds) 2023. Nh HS 23 v Middx (Northwood) 2025. Nh BB 2-27 v Kent (Northampton) 2025. LO HS 36 v Kent (Northampton) 2025 (MBC). LO BB 3-48 v Surrey (Oval) 2024 (MBC). T20 HS 1*. T20 BB 3-13.

LOUW, Tiaan Cornelius (Bishop's S, Cape Town), b High Wycombe, Bucks 16 Apr 2006. 6'2". LHB, LFM. Squad No 46. Awaiting 1st XI debut. Gloucestershire 2nd XI 2023. Northamptonshire 2nd XI debut 2024.

NOLYNN, Christopher Austin, b Herston, Brisbane, Australia 10 Apr 1990. 5'11". RHB, SLA. Squad No 50. Queensland 2009-10 to 2016-17. Northamptonshire debut 2022 (T20 only). Hampshire 2025 (T20 only). IPL: DC 2012; KKR 2014-19; MI 2021. Big Bash: BH 2011-12 to 2021-22; AS 2022-23 to date. Northern Superchargers 2021. **LOI** (A): 4 (2016-17 to 2018-19); HS 44 v SA (Adelaide) 2018-19. **IT20** (A): 18 (2013-14 to 2018-19); HS 44 v NZ (Sydney) 2017-18. HS 250 Q v Vic (Brisbane) 2014-15. BB –. LO HS 135 Q v NSW (Sydney, DO) 2018-19. LO BB 1-3 Q v WA (Sydney, BO) 2013-14. T20 HS 113* v Worcs (Northampton) 2022 – Nh record. T20 BB 2-15.

McMANUS, Lewis David (Clayesmore S, Bournemouth; Exeter U), b Poole, Dorset 9 Oct 1994. 5'10". RHB, WK. Squad No 15. Hampshire 2015-21; cap 2021. Northamptonshire debut 2022; cap 2025. Dorset 2011-19. HS 168* v Glamorgan (Cardiff) 2024. LO HS 107 v Derbys (Northampton) 2022 (RLC). T20 HS 60*.

‡NOMcSWEENEY, Nathan Andrew, b Brisbane, Australia 8 Mar 1999. 5'10". RHB, OB. Squad No 38. Queensland 2018-19 to 2019-20. South Australia 2021-22 to date. Big Bash: MR 2019-20; BH 2021-22 to date. **Tests** (A): 3 (2024-25); HS 39 v I (Adelaide) 2024-25. F-c Tours (A A): NZ 2022-23; I 2025-26. HS 226* Aus A v EL (Brisbane, AB) 2025-26. BB 4-89 SA v NSW (Brisbane, KR) 2021-22. LO HS 137 SA v Q (Brisbane, AB) 2024-25. LO BB 3-12 SA v Q (Adelaide, KR) 2025-26. T20 HS 84. T20 BB 3-3.

MILLER, Augustus ('Gus') Horatio (Bedford S), b Oxford 8 Jan 2002. 6 1". RHB, RFM. Squad No 24. Debut (Northamptonshire) 2024. Northamptonshire 2nd XI debut 2021. Bedfordshire 2018-21. HS 42 v Derbys (Northampton) 2024. BB –. LO HS 73 v Middx (Radlett) 2024 (MBC). LO BB 1-19 v Lancs (Northampton) 2024 (MBC). T20 HS 8*.

PROCTER, Luke Anthony (Counthill S, Oldham), b Oldham, Lancs 24 June 1988. 5'11". LHB, RM. Squad No 2. Lancashire 2010-17. Northamptonshire debut 2017; cap 2020; captain 2023 to date. Cumberland 2007. HS 150 v Derbys (Derby) 2025. BB 7-71 La v Surrey (Liverpool) 2012. Nh BB 5-33 v Durham (Chester-le-St) 2017. LO HS 97 La v West Indies A (Manchester) 2010. LO BB 4-34 v Durham (Chester-le-St) 2023 (MBC). T20 HS 30. T20 BB 3-22.

RAMESH, Nirvan (Westminster S), b Chelsea, London 26 Mar 2008. RHB, OB. Squad No 62. Debut (Northamptonshire) 2025. Northamptonshire 2nd XI debut 2025. HS 3* v Glos (Bristol) 2025. BB 3-42 v Glamorgan (Northampton) 2025. LO HS 3* and LO BB 1-13 v Kent (Northampton) 2025 (MBC).

SALES, James John Grimwood (Wellingborough S), b Northampton 11 Feb 2003. Son of D.J.G.Sales (Northamptonshire and Wellington 1996-2014). 6'0". RHB, RM. Squad No 5. Debut (Northamptonshire) 2021. Northamptonshire 2nd XI debut 2021. England U19 2022. HS 135 v Leics (Northampton) 2024. BB 4-24 v Notts (Northampton) 2023. LO HS 117 v Durham (Chester-le-St) 2025 (MBC). LO BB 2-31 v Durham (Chester-le-St) 2023 (MBC). T20 HS 12. T20 BB 1-16.

SANDERSON, Ben William (Ecclesfield CS; Sheffield C), b Sheffield, Yorks 3 Jan 1989. 6'0". RHB, RMF. Squad No 26. Yorkshire 2008-10. Northamptonshire debut 2015; cap 2018. Trent Rockets 2025. Shropshire 2013-15. HS 65 v Lancs (Northampton) 2025. 50 wkts (3); most – 61 (2019). BB 8-73 v Glos (Northampton) 2016. Hat-trick v Warwks (Birmingham) 2023. LO HS 31 v Derbys (Derby) 2019 (RLC). LO BB 3-17 v Glamorgan (Northampton) 2022 (RLC). T20 HS 27. T20 BB 6-8 v Worcs (Worcester) 2025 – Nh record.

SCRIMSHAW, George Louis Sheridan (John Taylor HS, Burton), b Burton-on-Trent, Staffs 10 Feb 1998. 6'7". RHB, RMF. Squad No 98. Derbyshire 2021-23. Northamptonshire debut 2024. Worcestershire 2017 (T20 only). Welsh Fire 2022. **LOI**: 1 (2023); HS – ; BB 3-66 v Ire (Nottingham) 2023. HS 19* and BB 5-49 De v Sussex (Hove) 2023. Nh HS 17 v Derbys (Northampton) 2025. Nh BB 3-104 v Leics (Northampton) 2025. LO HS 13* De v Surrey (Derby) 2021 (RLC). LO BB 3-66 (*see LOI*). T20 HS 6*. T20 BB 4-19.

SHARMA, Aadi (Stowe S), b Milton Keynes, Bucks 23 Feb 2006. 5'8". RHB, LBG. Squad No 10. Debut (Northamptonshire) 2025. Northamptonshire 2nd XI debut 2022. Buckinghamshire 2022 to date. HS 33 v Middx (Northwood) 2025. BB –. LO HS 82 v Kent (Northampton) 2025 (MBC).

VAN DER MERWE, Stuart Padraig (Reed's S), b South Africa 24 Feb 2005. 6'1". RHB, RFM. Squad No 19. Debut (Northamptonshire) 2025, scoring 116 v Leics (Northampton). Surrey 2nd XI 2023-25. Kent 2nd XI 2024. Northamptonshire 2nd XI debut 2025. HS 116 (*see above*). BB –. LO HS 59 v Sussex (Northampton) 2025 (MBC). LO BB 1-23 v Kent (Northampton) 2025 (MBC).

[NO]**VASCONCELOS, Ricardo** Surrador (St Stithians C), b Johannesburg, South Africa 27 Oct 1997. 5'5". LHB, WK, occ OB. Squad No 27. Portuguese passport. Boland 2016-17 to 2017-18. Northamptonshire debut 2018; cap 2021. HS 185* v Glamorgan (Northampton) 2021. BB –. LO HS 112 v Yorks (Northampton) 2019 (RLC). T20 HS 78*.

WEATHERALL, Raphael Alexander (Dr Challoner's GS), b Kendal, Cumbria 24 Oct 2004. 6'4". RHB, RM. Squad No 84. Debut (Northamptonshire) 2024. Northamptonshire 2nd XI debut 2022. England U19 2023. HS 13 v Glamorgan (Cardiff) 2024. BB 3-32 v Kent (Northampton) 2025. LO HS 12* v Hants (Southampton) 2024 (MBC). LO BB 4-50 v Derbys (Northampton) 2024 (MBC). T20 HS 21*. T20 BB 4-50.

WILLEY, David Jonathan (Northampton S), b Northampton 28 Feb 1990. Son of P.Willey (Northants, Leics and England 1966-91). 6'1". LHB, LMF. Squad No 23. Debut (Northamptonshire) 2009; cap 2013; l-o captain 2023 to date. Yorkshire 2016-21; cap 2016; captain 2020 (T20 only). Bedfordshire 2008. IPL: CSK 2018; RCB 2022-23. Big Bash: PS 2015-16 to 2018-19; ST 2025-26. Northern Superchargers 2021-22. Welsh Fire 2023-24. Trent Rockets 2025. **LOI**: 73 (2015 to 2023-24); HS 51 v Ire (Southampton) 2020; BB 5-30 v Ire (Southampton) 2020 – separate matches. **IT20**: 43 (2015 to 2022-23); HS 33* v I (Birmingham) 2022; BB 4-7 v WI (Basseterre) 2018-19. HS 104* v Glos (Northampton) 2015. BB 5-29 (10-75 match) v Glos (Northampton) 2011. LO HS 167 v Warwks (Birmingham) 2013 (Y40). LO BB 5-30 (*see LOI*). T20 HS 118. T20 BB 4-7.

ZAIB, Saif Ali (RGS High Wycombe), b High Wycombe, Bucks 22 May 1998. 5'7½". LHB, SLA. Squad No 18. Debut (Northamptonshire) 2015; cap 2025. Southern Rocks 2024-25. Northern Superchargers 2023. Welsh Fire 2025. Buckinghamshire 2016. 1000 runs (1): 1425 (2025). HS 196* v Kent (Canterbury) 2025, sharing Nh record 7th wkt partnership of 298* with J.Broad. BB 6-115 v Loughborough MCCU (Northampton) 2017. CC BB 5-148 v Leics (Northampton) 2016. LO HS 136 v Essex (Northampton) 2022 (RLC). LO BB 4-23 v Glamorgan (Northampton) 2022 (RLC). T20 HS 92. T20 BB 3-12.

RELEASED/RETIRED

(Having made a County 1st XI appearance in 2025, even if not formally contracted. Some may return in 2026.)

NQ**BREETZKE, Matthew** Paul (Grey HS), b Port Elizabeth, South Africa 3 Nov 1998. RHB, RM, occ WK. E Province 2016-17 to date. Warriors 2017-18 to 2020-21. Northamptonshire 2024. IPL: LSG 2025. **Tests** (SA): 2 (2024-25 to 2025); HS 13 v Z (Bulawayo) 2025. **LOI** (SA): 12 (2024-25 to 2025-26); HS 150 v NZ (Lahore) 2024-25 – record LOI score on debut. **IT20** (SA): 13 (2023 to 2025-26); HS 51 v Ire (Abu Dhabi) 2024-25. F-c Tours (SA): SL 2023 (SA A); Z 2025. HS 188 EP v KZN Inland (Pietermaritzburg) 2023-24. Nh HS 12 v Sussex (Northampton) 2024 – only match. BB 1-13 EP v Gauteng (Johannesburg) 2022-23. LO HS 150 (*see LOI*). LO BB 1-20 EP v Northerns (Gqeberha) 2021-22. T20 HS 94.

NQ**POPE, Lloyd** Aylmer James, b Adelaide, Australia 1 Dec 1999. RHB, LBG. South Australia 2018-19 to date. Northamptonshire 2025. Big Bash: SS 2018-19 to 2021-22; AS 2023-24 to date. HS 36 SA v Tas (Adelaide) 2025-26. Nh HS 11* and Nh BB 1-49 v Middx (Northampton) 2025. BB 7-87 SA v Q (Adelaide) 2018-19. LO HS 12* SA v WA (Adelaide, KR) 2025-26. LO BB 4-78 SA v Q (Adelaide, KR) 2021-22. T20 HS 5. T20 BB 4-22.

NQ**ROBINSON, Tim**othy Blake, b Wellington, New Zealand 28 Apr 2002. RHB, RM. Wellington 2021-22 to date. Northamptonshire 2025. **LOI** (NZ): 3 (2024-25); HS 35 v SL (Dambulla) 2024-25. **IT20** (NZ): 24 (2024 to 2025-26); HS 106* v A (Mt Maunganui) 2025-26. HS 108 Wellington v CD (Wellington) 2025-26. Nh HS 55 v Kent (Canterbury) 2025. BB 2-11 Wellington v ND (Wellington) 2023-24. LO HS 113 Wellington v ND (Hamilton) 2025-26. LO BB 1-39 Wellington v Canterbury (Wellington) 2025-26. T20 HS 139.

VARMA, Aryaman Munish (Eton C), b Marylebone, Middx 4 Aug 2006. RHB, LBG. Awaiting f-c debut. Hampshire 2nd XI 2025. Northamptonshire 2nd XI debut 2025. LO HS 30 v Kent (Northampton) 2025 (MBC). LO BB – . T20 HS 5*. T20 BB 1-17.

WHITEHOUSE, Benjamin Thomas (Branston Community Ac; Loughborough U), b Lincoln 28 Apr 2002. LHB, LFM. Debut (Northamptonshire) 2025. Northamptonshire 2nd XI debut 2025. HS 6* v Glamorgan (Northampton) 2025. BB 2-39 v Glos (Bristol) 2025. LO HS 1* v Sussex (Northampton) 2025 (MBC). LO BB 1-29 v Middx (Northampton) 2025 (MBC).

F.J.Heldreich and K.K.Patel left the staff without making a County 1st XI appearance in 2025.

NORTHAMPTONSHIRE 2025

RESULTS SUMMARY

	Place	Won	Lost	Drew	NR
Rothesay County Championship (Div 2)	7th	2	6	6	
Metro Bank One-Day Cup (Group B)	9th	1	6		1
Vitality Blast (North Group)	SF	9	7		

ROTHESAY COUNTY CHAMPIONSHIP AVERAGES
BATTING AND FIELDING

Cap		M	I	NO	HS	Runs	Avge	100	50	Ct/St
2025	S.A.Zaib	14	23	1	196*	1425	64.77	6	7	9
	J.Broad	11	17	2	171	646	43.06	2	1	22
2020	L.A.Procter	12	19	–	150	787	41.42	2	6	1
	C.G.Harrison	10	15	1	122	456	32.57	1	2	17
2019	R.I.Keogh	11	18	2	125*	473	29.56	1	3	3
2025	L.D.McManus	14	23	2	95	610	29.04	–	4	50/2
	J.J.G.Sales	14	23	–	108	640	27.82	3	3	3
	G.A.Bartlett	10	17	2	66	397	26.46	–	3	3
2021	R.S.Vasconcelos	12	19	–	100	468	24.63	1	2	19
	A.Sharma	4	7	–	33	128	18.28	–	–	–
2018	B.W.Sanderson	5	10	–	65	156	15.60	–	1	1
	L.C.J.Guthrie	10	11	1	43	132	13.20	–	–	2
	D.J.Leech	4	4	–	23	40	10.00	–	–	–
	B.T.Whitehouse	3	5	1	6*	18	4.50	–	–	1
	H.N.A.Conway	4	7	7	10*	32	–	–	–	1
	N.Ramesh	3	5	5	3*	5	–	–	–	–

Also batted: A.U.Buchake (1 match) 35, 1; Y.S.Chahal (3) 0, 20 (2 ct); A.H.Miller (1) 9, 14 (1 ct); L.A.J.Pope (1) 11* (1 ct); T.B.Robinson (2) 43, 55 (1 ct); G.L.S.Scrimshaw (2) 17, 1, 2; S.P.van der Merwe (1) 5, 116; R.A.Weatherall (2) 3*, 0, 0*.

BOWLING

	O	M	R	W	Avge	Best	5wI	10wM
H.N.A.Conway	139.2	26	415	20	20.75	5- 68	1	–
S.A.Zaib	127.5	24	332	13	25.53	3- 70	–	–
B.W.Sanderson	150.2	35	486	19	25.57	6- 72	1	–
C.G.Harrison	366.3	62	1066	36	29.61	7-119	1	1
J.Broad	253.1	34	958	27	35.48	4- 60	–	–
L.C.J.Guthrie	285.2	40	1198	30	39.93	7- 94	–	–
L.A.Procter	255.5	69	721	18	40.05	3- 61	–	–
Y.S.Chahal	172.2	26	552	12	46.00	6-118	1	–
Also bowled:								
R.A.Weatherall	56	10	185	8	23.12	3- 32	–	–
R.I.Keogh	92	12	303	9	33.66	2- 20	–	–
N.Ramesh	55.4	6	180	5	36.00	3- 42	–	–
G.L.S.Scrimshaw	47.5	2	232	5	46.40	3-104	–	–
D.J.Leech	106.3	7	506	8	63.25	2- 27	–	–

G.A.Bartlett 13-0-40-1; A.H.Miller 2-0-13-0; L.A.J.Pope 24-3-101-2; T.B.Robinson 1-0-8-0; J.J.G.Sales 17-4-47-2; A.Sharma 3-1-4-0; S.P.van der Merwe 8-1-28-0; B.T.Whitehouse 58-4-311-4.

Northamptonshire played no first-class fixtures outside the County Championship in 2025. The First-Class Averages (pp 223–236) give the records of Northamptonshire players in all first-class county matches, with the exception of C.G.Harrison, whose first-class figures for Northamptonshire are as above.

NORTHAMPTONSHIRE RECORDS

FIRST-CLASS CRICKET

Highest Total	For	781-7d		v	Notts	Northampton 1995
	V	726-7d		by	Yorkshire	Leeds 2024
Lowest Total	For	12		v	Glos	Gloucester 1907
	V	33		by	Lancashire	Northampton 1977
Highest Innings	For	331*	M.E.K.Hussey	v	Somerset	Taunton 2003
	V	333	K.S.Duleepsinhji	for	Sussex	Hove 1930

Highest Partnership for each Wicket

1st	375	R.A.White/M.J.Powell		v	Glos	Northampton 2002
2nd	344	G.Cook/R.J.Boyd-Moss		v	Lancashire	Northampton 1986
3rd	393	A.Fordham/A.J.Lamb		v	Yorkshire	Leeds 1990
4th	370	R.T.Virgin/P.Willey		v	Somerset	Northampton 1976
5th	401	M.B.Loye/D.Ripley		v	Glamorgan	Northampton 1998
6th	376	R.Subba Row/A.Lightfoot		v	Surrey	The Oval 1958
7th	298*	S.A.Zaib/J.Broad		v	Kent	Canterbury 2025
8th	179	A.J.Hall/J.D.Middlebrook		v	Surrey	The Oval 2011
9th	156	R.Subba Row/S.Starkie		v	Lancashire	Northampton 1955
10th	148	B.W.Bellamy/J.V.Murdin		v	Glamorgan	Northampton 1925

Best Bowling	For	10-127	V.W.C.Jupp	v	Kent	Tunbridge W. 1932
(Innings)	V	10- 30	C.Blythe	for	Kent	Northampton 1907
Best Bowling	For	15- 31	G.E.Tribe	v	Yorkshire	Northampton 1958
(Match)	V	17- 48	C.Blythe	for	Kent	Northampton 1907

Most Runs – Season	2198	D.Brookes	(av 51.11)	1952
Most Runs – Career	28980	D.Brookes	(av 36.13)	1934-59
Most 100s – Season	8	R.A.Haywood		1921
Most 100s – Career	67	D.Brookes		1934-59
Most Wkts – Season	175	G.E.Tribe	(av 18.70)	1955
Most Wkts – Career	1102	E.W.Clark	(av 21.26)	1922-47
Most Career W-K Dismissals	810	K.V.Andrew	(653 ct; 157 st)	1953-66
Most Career Catches in the Field	469	D.S.Steele		1963-84

LIMITED-OVERS CRICKET

Highest Total	50ov	425		v	Notts	Nottingham 2016
	40ov	324-6		v	Warwicks	Birmingham 2013
	T20	240-6		v	Warwicks	Birmingham 2025
Lowest Total	50ov	62		v	Leics	Leicester 1974
	40ov	41		v	Middlesex	Northampton 1972
	T20	47		v	Durham	Chester-le-St² 2011
Highest Innings	50ov	244	P.P.Shaw	v	Somerset	Northampton 2023
	40ov	172*	W.Larkins	v	Warwicks	Luton 1983
	T20	113*	C.A.Lynn	v	Worcs	Northampton 2022
Best Bowling	50ov	7-10	C.Pietersen	v	Denmark	Brondby 2005
	40ov	7-39	A.Hodgson	v	Somerset	Northampton 1976
	T20	6- 8	B.W.Sanderson	v	Worcs	Worcester 2025

NOTTINGHAMSHIRE

Formation of Present Club: March/April 1841
Substantial Reorganisation: 11 December 1866
Inaugural First-Class Match: 1864
Colours: Green and Gold
County Champions (since 1890): (7) 1907, 1929, 1981, 1987, 2005, 2010, 2025
NatWest Trophy Winners: (1) 1987
Benson and Hedges Cup Winners: (1) 1989
Sunday League Winners: (1) 1991
Yorkshire Bank 40 Winners: (1) 2013
Royal London Cup Winners: (1) 2017
Twenty20 Cup Winners: (2) 2017, 2020

Chief Executive: Richard Kenyon, Trent Bridge, West Bridgford, Nottingham NG2 6AG ● Tel: 0115 982 3000 ● Email: questions@trentbridge.co.uk ● Web: www.trentbridge.co.uk ● X: @TrentBridge (100,023 followers)

Director of Cricket: Mick Newell. **Head Coach:** Peter Moores. **Assistant Head Coach:** Paul Franks. **Assistant Coaches:** Ant Botha, Steven Mullaney and Kevin Shine. **Captains:** H.Hameed (f-c), J.M.Clarke (T20). **Overseas Players:** G.F.Linde, Mohammad Ali, F.P.O'Neil, P.M.Siddle, K.Verreynne. **2026 Testimonial:** None. **Head Groundsmen:** Andrew Selway-Duncan and Guy Toulson. **Scorer:** Roger Marshall. **Blast Team Name:** Notts Outlaws. ‡ New registration. NQ Not qualified for England.

AHMED, Farhan (Bluecoat Ac), b Nottingham 22 Feb 2008. Younger brother of R.Ahmed (*see LEICESTERSHIRE*). RHB, OB. Squad No 7. England Lions 2024. Nottinghamshire debut 2024. Manchester Originals 2025. Nottinghamshire 2nd XI debut 2022, aged 14y 196d. Eng and U19 2023 to 2024-25. HS 31 v Essex (Nottingham) 2025. BB 7-140 (10-217 match) v Surrey (Nottingham) 2024, on CC debut and the youngest, at 16y 192d, to take ten wkts in a f-c match in England, beating the record set by W.G.Grace in 1865. LO HS –. LO BB 1-69 v Leics (Leicester) 2024 (MBC). T20 HS 4*. T20 BB 5-25.

CLARKE, Joe Michael (Llanfyllin HS), b Shrewsbury, Shrops 26 May 1996. 5'11". RHB, WK, occ RM. Squad No 33. Worcestershire 2015-18. Nottinghamshire debut 2019; cap 2021; captain (T20 only) 2024. MCC 2017. Big Bash: PS 2020-21; MS 2021-22 to date; MR 2023-24. Manchester Originals 2021. Welsh Fire 2022-24. Birmingham Phoenix 2025. Shropshire 2013. F-c Tours (EL): WI 2017-18; UAE 2016-17 (v Afg). 1000 runs (2); most – 1325 (2016). HS 229* v Warwks (Nottingham) 2020. BB –. LO HS 139 v Lancs (Nottingham) 2019 (RLC). T20 HS 136 v Northants (Northampton) 2021. Nt record.

DUCKETT, Ben Matthew (Stowe S), b Farnborough, Kent 17 Oct 1994. 5'7". LHB, WK, occ OB. Squad No 17. Northamptonshire 2013-18; cap 2016. Nottinghamshire debut 2018; cap 2019. MCC 2017. Big Bash: HH 2018-19; BH 2021-22; MS 2024-25. Welsh Fire 2021-22. Birmingham Phoenix 2023 to date. PCA 2016. YC 2016. *Wisden* 2016. **ECB Two-Year Central Contract from 2025-26.** Tests: 43 (2016-17 to 2025-26); 1000 runs (1) 1149 (2024); HS 182 v Ire (Lord's) 2023. **LOI:** 34 (2016-17 to 2025-26); HS 165 v A (Lahore) 2024-25. **IT20:** 21 (2019 to 2025-26); HS 84 v WI (Southampton) 2025. F-c Tours: A 2025-26; NZ 2022-23, 2024-25; I 2016-17, 2023-24; P 2022-23, 2024-25; B 2016-17. 1000 runs (3); most – 1338 (2016). HS 282* Nh v Sussex (Northampton) 2016. Nt HS 241 v Derbys (Derby) 2022, sharing in Nt record 2nd wkt partnership of 402 with H.Hameed. BB 1-15 v Middx (Nottingham) 2022. LO HS 220* EL v Sri Lanka A (Canterbury) 2016. T20 HS 96.

GILES, Thomas Oliver (Outwood Ac, Brumby; Worksop C), b Scunthorpe, Lincs 17 May 2006. RHB, RFM. Squad No 48. Awaiting f-c debut. Nottinghamshire 2nd XI debut 2023. LO 5* and LO BB 2-60 v Surrey (Nottingham) 2025 (MBC).

HAMEED, Haseeb (Bolton S), b Bolton, Lancs 17 Jan 1997. 6'2". RHB, LB. Squad No 99. Lancashire 2015-19; cap 2016. Nottinghamshire debut/cap 2020; captain 2024 to date. **Tests**: 10 (2016-17 to 2021-22); HS 82 v I (Rajkot) 2016-17 – on debut. F-c Tours: A 2021-22; WI 2017-18 (EL); I 2016-17; SL 2016-17 (EL), 2022-23 (EL). 1000 runs (4); most – 1258 (2025). HS 247* v Lancs (Nottingham) 2024. BB 1-0 v Kent (Nottingham) 2023. LO HS 114 v Middx (Grantham) 2022 (RLC). T20 HS 23.

HATTON-LOWE, Byron Jon (Trent C), b Nottingham 13 Dec 2006. RHB, RFM. Squad No 87. Awaiting f-c debut. Nottinghamshire 2nd XI debut 2022. LO HS 2 and LO BB 3-63 v Surrey (Nottingham) 2025 (MBC).

HAYES, James Phillip Henry (King's C, Taunton; Richard Huish C), b Haywards Heath, Sussex 27 Jun 2001. RHB, RFM. Squad No 13. Sussex 2025 (on loan). HS 33* and BB 1-40 Sx v Worcs (Hove) 2025. LO HS 11 v Surrey (Nottingham) 2025 (MBC). LO BB 4-63 v Worcs (Notts SC) 2025 (MBC).

HAYNES, Jack Alexander (Malvern C), b Worcester 30 Jan 2001. Son of G.R.Haynes (Worcestershire 1991-99); younger brother of J.L.Haynes (Worcestershire 2nd XI 2015-16). 6'1". RHB, OB. Squad No 30. Worcestershire 2019-23. Nottinghamshire debut 2024; cap 2025. Oval Invincibles 2022. HS 157 v Somerset (Taunton) 2025. LO HS 153 Wo v Essex (Chelmsford) 2021 (RLC). T20 HS 89*.

HOLLAND, Travis Patrick (West Bridgford S), b Nottingham 21 Jan 2006. RHB. Squad No 88. Awaiting 1st XI debut. Nottinghamshire 2nd XI debut 2024.

‡**HOWELL, Benny** Alexander Cameron (The Oratory S), b Bordeaux, France 5 Oct 1988. Son of J.B.Howell (Warwickshire 2nd XI 1978). 5'11". RHB, RM. Squad No 10. Hampshire 2011. Gloucestershire 2012-19; cap 2012. Big Bash: MR 2020-21. Birmingham Phoenix 2021 to date. Berkshire 2007. HS 163 Gs v Glamorgan (Cardiff) 2017. BB 5-57 Gs v Leics (Leicester) 2013. LO HS 122 H v Surrey (Croydon) 2011 (CB40). LO BB 3-37 Gs v Yorks (Leeds) 2015 (RLC). T20 HS 62*. T20 BB 5-18.

HUTTON, Brett Alan (Worksop C), b Doncaster, Yorks 6 Feb 1993. 6'2". RHB, RM. Squad No 16. Debut (Nottinghamshire) 2011. Northamptonshire 2018-20. Surrey 2022 (on loan). HS 84 v Kent (Canterbury) 2023. 50 wkts (1): 62 (2023). BB 8-57 Nh v Glos (Northampton) 2018. Nt BB 6-45 v Somerset (Nottingham) 2021. LO HS 46 v Derbys (Derby) 2021 (RLC). LO BB 7-26 v Leics (Leicester) 2022 (RLC) – Nt record. T20 HS 18*. T20 BB 2-28.

JAMES, Lyndon Wallace (Oakham S), b Worksop 27 Dec 1998. RHB, RMF. Squad No 8. Debut (Nottinghamshire) 2018; cap 2024. HS 203* v Hants (Southampton) 2025. BB 6-74 v Surrey (Oval) 2023. LO HS 82 v Leics (Leicester) 2023 (MBC). LO BB 5-48 v Warwks (Birmingham) 2021 (RLC). T20 HS 51. T20 BB 3-31.

‡[NO]**LINDE, George** Fredrik (Bellville HS; U of South Africa), b Cape Town, South Africa 4 Dec 1991. 6'2". LHB, SLA. W Province 2011-12 to date. Cape Cobras 2014-15 to 2020-21. Kent 2022. **Tests** (SA): 3 (2019-20 to 2020-21); HS 37 v I (Ranchi) 2019-20; BB 5-64 v P (Rawalpindi) 2020-21. **LOI** (SA): 4 (2021 to 2025-26); HS 18 and BB 2-32 v SL (Colombo, RPS) 2021. **IT20** (SA): 32 (2020-21 to 2025-26); HS 48 and BB 4-21 v P (Durban) 2024-25. F-c Tours (SA): I 2019-20; P 2020-21. HS 152 WP v EP (Cape Town) 2024-25. UK HS 107 K v SL Dev (Canterbury) 2022. CC HS 31 K v Northants (Northampton) 2022. BB 7-29 Cobras v Knights (Cape Town) 2020-21. CC BB 3-43 K v Northants (Canterbury) 2022. LO HS 93* WP v Northerns (Rondebosch) 2015-16. LO BB 6-47 Cobras v Warriors (Oudtshoorn) 2017-18. T20 HS 66*. T20 BB 4-19.

LORD, Robert (St Ambrose Barlow S; Myerscough C), b Salford, Lancs 4 May 2001. RHB, RM. Squad No 4. Debut (Nottinghamshire) 2024. HS 31 v Warwks (Nottingham) 2024. BB 3-42 v Kent (Canterbury) 2024. LO HS 83 v Worcs (Notts SC) 2025 (MBC). LO BB 5-45 v Surrey (Guildford) 2024 (MBC). T20 HS 1. T20 BB 1-46.

McCANN, Freddie William (Toothill CS; Trent C), b Nottingham 19 Apr 2005. LHB, OB. Squad No 44. Debut (Nottinghamshire) 2024. Nottinghamshire 2nd XI debut 2022. F-c Tour (EL): A 2024-25. HS 154 v Surrey (Nottingham) 2024. BB 3-53 v Yorks (Nottingham) 2025. LO HS 48 v Glamorgan (Neath) 2024 (MBC). LO BB 1-48 v Glos (Nottingham) 2024 (MBC). T20 HS 48.

McKERR, Conor (St John's C, Johannesburg), b Johannesburg, South Africa 19 Jan 1998. 6'6". RHB, RFM. Squad No 3. UK passport, qualified for England in March 2020. Derbyshire 2017-23 (on loan), taking wkt of J.D.Libby with 4th ball in f-c cricket. Surrey 2017-24. Kent 2022-23 (on loan). Yorkshire 2024 (on loan). HS 37 Sy v Warwks (Oval) 2022. BB 5-54 (10-141 match) De v Northants (Northampton) 2017. LO HS 71 Sy v Notts (Guildford) 2024 (MBC). LO BB 4-32 Sy v Glos (Oval) 2024 (MBC). T20 HS 10. T20 BB 2-19.

MARTINDALE, Benjamin John Richardson (Nottingham HS), b Nottingham 12 Dec 2002. Son of D.J.R.Martindale (Nottinghamshire 1985-91). LHB, RMF. Squad No 12. Awaiting f-c debut. Nottinghamshire 2nd XI debut 2021. LO HS 55 v Essex (Chelmsford) 2023 (MBC). LO BB 1-25 v Surrey (Nottingham) 2025 (MBC). T20 HS 44.

‡NQ**MOHAMMAD ALI**, b Sialkot, Pakistan 1 Nov 1992. RHB, RMF. ZT Bank 2018-19. Central Punjab 2019-20 to 2022-23. Faisalabad 2023-24. SNGPL 2023-24 to date. Sialkot 2024-25 to date. **Tests** (P): 4 (2022-23 to 2024); HS 2 v B (Rawalpindi) 2024; BB 2-64 v E (Rawalpindi) 2022-23. **LOI** (P): 1 (2024-25); HS 0* and BB 1-53 v NZ (Napier) 2024-25. **IT20** (P): 5 (2024-25); HS 1* v NZ (Christchurch) 2024-25; BB 1-34 v NZ (Dunedin) 2024-25. F-c Tour (P): Z 2023. HS 24* Faisalabad v Karachi Whites (Lahore) 2023-24. 50 wkts (0+1): 51 (2025-26). BB 6-52 C Punjab v Khyber Pakh (Multan) 2021-22. LO HS 17* Faisalabad v Multan (Rawalpindi) 2023-24. LO BB 5-45 SNGPL v Eshaal Assoc (Faisalabad) 2024-25. T20 HS 11. T20 BB 5-24.

MOORE, Francis Henry (Millfield S; Cardiff U), b Chichester, W Sussex 25 Dec 2006. RHB, RFM. Squad No 77. Awaiting 1st XI debut. Warwickshire 2nd XI 2024. Nottinghamshire 2nd XI debut 2025.

MOORES, Thomas James (Loughborough GS), b Brighton, Sussex 4 Sep 1996. Son of P.Moores (Worcestershire, Sussex & OFS 1983-98); nephew of S.Moores (Cheshire 1995). LHB, WK, occ RM. Squad No 23. Lancashire 2016 (on loan). Nottinghamshire debut 2016; cap 2021. Trent Rockets 2021 to date. HS 106 v Yorks (Nottingham) 2020. LO HS 148 v Essex (Notts SC) 2025 (MBC). T20 HS 80*.

‡NQ**MUNSEY, Henry George** (Loretto S), b Oxford 22 Feb 1993. LHB, RMF. Northamptonshire 2015. Scotland 2017 to 2017-18. Leicestershire 2019 (l-o only). Hampshire 2020 (T20 only). Kent 2021 (l-o only). **LOI** (Scot): 70 (2016-17 to 2025); HS 191 v Neth (Dundee) 2025 – Scot record. **IT20** (Scot): 85 (2015 to 2025-26); HS 132 v Austria (Edinburgh) 2023 – Scot record. HS 100* Scot v Namibia (Alloway) 2017. LO HS 191 (see LOI). T20 HS 132.

NQ**O'NEILL, Fergus** Patrick, b Tauranga, S Auckland New Zealand 27 Mar 2001. 6'4". RHB, RFM. Squad No 11. Victoria 2022-23 to date. Nottinghamshire debut 2025. Big Bash: MR 2023-24 to date. F-c Tour (A A): I 2025-26. HS 70* Vic v NSW (Melbourne) 2023-24. Nt HS 50 and BB 5-19 v Warwks (Birmingham) 2025. LO HS 25* Vic v WA (Melbourne) 2024-25. LO BB 4-22 Vic v Q (Melbourne) 2022-23. T20 HS 16*. T20 BB 3-16.

PATTERSON-WHITE, Liam Anthony (Worksop C), b Sunderland, Tyne & Wear 8 Nov 1998. LHB, SLA. Squad No 22. Debut (Nottinghamshire) 2019, taking 5-73 v Somerset (Taunton); cap 2025. Northamptonshire 2024 (on loan). Birmingham Phoenix 2025. F-c Tour (EL: SL 2022-23. HS 135 v Hants (Nottingham) 2025. BB 5-41 v Hants (Southampton) 2021. LO HS 62* v Sussex (Nottingham) 2022 (RLC). LO BB 5-19 v Northants (Grantham) 2021 (RLC). T20 HS 44*. T20 BB 3-20.

PENNINGTON, Dillon Young (Wrekin C), b Shrewsbury, Shrops 26 Feb 1999. 6'2". RHB, RFM. Squad No 18. Worcestershire 2018-23. Nottinghamshire debut 2024; cap 2025. Birmingham Phoenix 2021. Northern Superchargers 2024. Trent Rockets 2025. Shropshire 2017. F-c Tour (EL): A 2024-25. HS 61 v Yorks (Nottingham) 2025. BB 5-32 Wo v Derbys (Worcester) 2021. Nt BB 5-96 v Somerset (Nottingham) 2024. LO HS 35 Wo v Derbys (Worcester) 2022 (RLC). LO BB 5-67 Wo v West Indies A (Worcester) 2018. T20 HS 10*. T20 BB 4-9.

POCKLINGTON, Joseph Alexander (Eastbourne C; Leeds U), b Eastbourne, E Sussex 14 Nov 2000. LHB, SLA. Squad No 15. Awaiting f-c debut. Lincolnshire 2023-24. LO HS 54 v Worcs (Notts SC) 2025 (MBC). LO BB 3-28 v Hants (Southampton) 2025 (MBC).

SEECHARAN, Samuel Jack (Tonbridge S), b Kettering, Northants 16 Aug 2006. RHB, RFM. Squad No 96. Awaiting f-c debut. Nottinghamshire 2nd XI debut 2024. LO HS 19 v Leics (Kibworth) 2025 (MBC). T20 HS 1.

^NO^**SIDDLE, Peter** Matthew, b Traralgon, Victoria, Australia 25 Nov 1984. 6'1½". RHB, RFM. Victoria 2005-06 to 2024-25. Nottinghamshire 2014; cap 2014. Lancashire 2015. Essex 2018-21; cap 2021. Tasmania 2020-21 to 2022-23. Somerset 2022-23; cap 2022. Durham 2024; cap 2024. Big Bash: MR 2013-14 to 2023-24; AS 2017-18 to 2022-23; MS 2024-25 to date. **Tests** (A): 67 (2008-09 to 2019); HS 51 v I (Delhi) 2012-13; BB 6-54 v E (Brisbane) 2010-11. **LOI** (A): 20 (2008-09 to 2018-19); HS 10* v I (Melbourne) 2018-19; BB 3-55 v E (Centurion) 2009-10. **IT20** (A): 2 (2008-09 to 2010-11); HS 1* and BB 2-24 v NZ (Sydney) 2008-09. F-c Tours (A): E 2009, 2013, 2015, 2019; SA 2008-09, 2011-12, 2013-14; WI 2011-12; NZ 2015-16; I 2008-09 (Aus A), 2012-13; SL 2011; Z 2011 (Aus A); UAE 2014-15 (v P), 2018-19 (v P). HS 103* Aus A v Scotland (Edinburgh) 2013. CC HS 89 La v Northants (Northampton) 2015. Nt HS 48* v Yorks (Leeds) 2014. 50 wkts (0+1): 54 (2011-12). BB 8-54 Vic v SA (Adelaide) 2014-15. CC BB 6-38 Ex v Warwks (Chelmsford) 2021. Nt BB 4-61 v Northants (Nottingham) 2014. LO HS 62 Vic v Q (Sydney, NS) 2017-18. LO BB 5-49 Vic v NSW (Melbourne, SK) 2024-25. T20 HS 12*. T20 BB 5-16.

SLATER, Benjamin Thomas (Netherthorpe S; Leeds Met U), b Chesterfield, Derbys 26 Aug 1991. 5'10". LHB, OB. Squad No 26. Debut (Leeds/Bradford MCCU) 2012. Southern Rocks 2012-13. Derbyshire 2013-18. Nottinghamshire debut 2018; cap 2021. Leicestershire 2020 (on loan). 1000 runs (1): 1000 (2025). HS 225* v Durham (Chester-le-St) 2022. BB 1-1 v Middx (Nottingham) 2022. LO HS 164 v Surrey (Guildford) 2023 (MBC). T20 HS 57.

STONE, Oliver Peter (Thorpe St Andrew HS), b Norwich, Norfolk 9 Oct 1993. 6'1". RHB, RF. Squad No 9. Northamptonshire 2012-16. Warwickshire 2017-21; cap 2020. Nottinghamshire debut/cap 2023. Middlesex 2025 (on loan). Big Bash: MS 2023-24. London Spirit 2024 to date. Norfolk 2011. **Tests**: 5 (2019 to 2024); HS 20 v NZ (Birmingham) 2021; BB 3-29 v Ire (Lord's) 2019. **LOI**: 10 (2018-19 to 2024); HS 9* v SL (Dambulla) 2018-19 and 9* v A (Bristol) 2024; BB 4-85 v A (Melbourne) 2022-23. **IT20**: 1 (2022-23); HS 0; BB –. F-c Tour: I 2020-21. HS 90 v Lancs (Nottingham) 2024. BB 8-80 Wa v Sussex (Birmingham) 2018. Nt BB 4-62 v Hants (Nottingham) 2024. LO HS 24* Nh v Derbys (Derby) 2015 (RLC). LO BB 4-71 Wa v Worcs (Birmingham) 2018 (RLC). T20 HS 22*. T20 BB 4-14.

TONGUE, Joshua Charles (King's S, Worcester; Worcester SFC), b Redditch, Worcs 15 Nov 1997. 6'5". RHB, RFM. Squad No 24. Worcestershire 2016-23. Nottinghamshire debut/cap 2025. Manchester Originals 2023 to date. **ECB Two-Year Central Contract from 2025-26**. **Tests**: 9 (2023 to 2025-26); HS 19 v A (Lord's) 2023; BB 5-45 v A (Melbourne) 2025-26. F-c Tours: A 2024-25 (EL), 2025-26. HS 55 v Durham (Nottingham) 2025. 50 wkts (1): 54 (2025). BB 6-97 Wo v Glamorgan (Worcester) 2017. Nt BB 5-44 v Sussex (Nottingham) 2025. LO HS 34 Wo v Warwks (Worcester) 2019 (RLC). LO BB 2-35 Wo v Lancs (Manchester) 2019 (RLC). T20 HS 2*. T20 BB 3-21.

NOVERREYNNE, Kyle (Wynberg BHS), b Pretoria, South Africa 12 May 1997. RHB, WK, occ OB. Squad No 97. W Province 2014-15 to date. Cape Cobras 2017-18 to 2020-21. Nottinghamshire debut/cap 2024. Tests (SA): 31 (2021 to 2025-26); HS 136* v NZ (Christchurch) 2021-22. LOI (SA): 19 (2019-20 to 2024-25); HS 95 v Neth (Centurion) 2021-22. F-c Tours (SA): E 2022, 2025 (v A); A 2022-23; WI 2021, 2024; NZ 2021-22; I 2025-26; P 2025-26; SL 2023 (SAA); Z 2025; B 2024-25. HS 216* Cobras v Warriors (Cape Town) 2020-21. Nt HS 148* v Warwks (Nottingham) 2024. LO HS 114* Cobras v Knights (Bloemfontein) 2018-19. T20 HS 116*.

RELEASED/RETIRED

(Having made a County 1st XI appearance in 2025)

HARRISON, C.G. – *see NORTHAMPTONSHIRE*.

NOHENRIQUES, Moises Constantino, b Funchal, Madeira, Portugal 1 Feb 1987. 6'1½". RHB, RFM. New South Wales 2006-07 to date. Glamorgan 2012. Surrey 2015-17 (T20 only). Nottinghamshire 2025 (T20 only); cap 2025. IPL: KKR 2009; DD 2009-10; RCB 2013; SH 2014-17; PK 2021. Big Bash: SS 2011-12 to date. Tests (A): 4 (2012-13 to 2016); HS 81* and BB 1-48 v I (Chennai) 2012-13. LOI (A): 16 (2009-10 to 2021); HS 22 v I (Canberra) 2020-21; BB 3-32 v SL (Hobart) 2012-13. IT20 (A): 24 (2009-10 to 2021); HS 62* v I (Guwahati) 2017-18; BB 3-22 v I (Canberra) 2020-21. F-c Tours (A): SA/Z 2013 (Aus A); I 2012-13; SL 2016; Scot/Ire 2013 (Aus A). HS 265 NSW v Q (Sydney) 2016-17. BB 5-17 NSW v Q (Brisbane) 2006-07. LO HS 164* NSW v Cricket Aus (Sydney) 2016-17. LO BB 4-17 NSW v Tas (Sydney) 2013-14. T20 HS 77. T20 BB 3-11.

KING, Samuel Isaac Michael (Nottingham HS; Nottingham U), b Nottingham 12 Jan 2003. RHB, RM. Awaiting f-c debut. Nottinghamshire 2nd XI 2021-25. Norfolk 2022-25. LO HS 67 v Surrey (Nottingham) 2025 (MBC). T20 HS 44.

NOKISHAN, Ishan Pranavkumarpandey, b Patna, India 18 Jul 1998. LHB, WK, occ LM. Jharkand 2014-15 to date. Nottinghamshire 2025. IPL: GL 2016-17; MI 2018-24; SH 2025. Tests (I): 2 (2023); HS 52* v WI (Port of Spain) 2023. LOI (I): 27 (2021 to 2023-24); HS 210 v E (Chattogram) 2022-23. IT20 (I): 44 (2020-21 to 2025-26); HS 103 v NZ (Thiruvananthapuram) 2025-26. F-c Tours (IA): A 2024-25; SA 2017, 2021-22; WI 2023 (I). HS 273 Jharkand v Delhi (Thumba) 2016-17. Nt HS 87 v Yorks (Nottingham) 2025. BB –. LO HS 210 (*see LOI*). T20 HS 113*.

MONTGOMERY, M. – *see DERBYSHIRE*.

MUHAMMAD ABBAS – *see DERBYSHIRE*.

SAMS, D.R. – *see SOMERSET*.

NOSCHADENDORF, Dane Joshua, b Harare, Zimbabwe 31 Jul 2002. RHB, WK. Nottinghamshire 2021-24. Mountaineers 2023-24. Zimbabwe U19 2019-20. HS 29 v Warwks (Nottingham) 2024. LO HS 51 v Surrey (Nottingham) 2025 (MBC).

NOTTINGHAMSHIRE 2025

RESULTS SUMMARY

	Place	Won	Lost	Drew	Tied
Rothesay County Championship (Div 1)	1st	7	1	6	
Metro Bank One-Day Cup (Group A)	5th	3	4		1
Vitality Blast (North Group)	5th	7	7		

ROTHESAY COUNTY CHAMPIONSHIP AVERAGES
BATTING AND FIELDING

Cap		M	I	NO	HS	Runs	Avge	100	50	Ct/St
2020	H.Hameed	14	25	6	208	1258	66.21	4	5	5
2024	L.W.James	13	19	2	203*	789	46.41	2	2	9
2021	B.T.Slater	14	25	2	124	1000	43.47	1	9	1
2025	J.A.Haynes	14	20	–	157	825	41.25	4	1	7
	F.W.McCann	13	22	2	138	747	37.35	1	4	21
2025	L.A.Patterson-White	11	16	–	135	540	33.75	1	3	8
2024	K.Verreynne	10	16	1	128*	500	33.33	1	1	38/1
2021	J.M.Clarke	14	21	1	119	664	33.20	1	3	15
2025	J.C.Tongue	6	7	2	55	144	28.80	–	1	3
2025	D.Y.Pennington	8	11	4	61	173	24.71	–	1	1
2021	B.A.Hutton	11	16	3	71	297	22.84	–	1	1
	F.P.O'Neill	4	5	–	50	93	18.60	–	1	3
2025	Muhammad Abbas	9	10	8	6*	21	10.50	–	–	4
	F.Ahmed	8	10	1	31	86	9.55	–	–	6

Also batted: B.M.Duckett (1 match – cap 2019) 9, 59* (3 ct); C.G.Harrison (1) 31 (3 ct); I.P.Kishan (2) 87, 77 (4 ct, 1 st); R.Lord (1) 4, 15 (1 ct); M.Montgomery (1) 75 (1 ct).

BOWLING

	O	M	R	W	Avge	Best	5wI	10wM
F.P.O'Neill	140.2	30	376	21	17.90	5- 19	2	–
Muhammad Abbas	282	72	687	32	21.46	6- 45	2	–
J.C.Tongue	188	19	683	31	22.03	5- 44	3	–
B.A.Hutton	326	61	1007	38	26.50	5- 38	1	–
D.Y.Pennington	255.2	48	865	28	30.89	5-106	1	–
L.W.James	260.5	36	926	26	35.61	5- 22	2	–
L.A.Patterson-White	358.2	69	938	26	36.07	5-179	1	–
F.Ahmed	217.4	37	600	13	46.15	4- 54	–	–

Also bowled:
F.W.McCann 59.5 10 174 6 29.00 3- 53 – –
H.Hameed 3-0-8-0; C.G.Harrison 44-4-134-4; J.A.Haynes 1-0-1-0; I.P.Kishan 1-0-1-0; R.Lord 25.2-1-102-1; B.T.Slater 3-1-4-0.

Nottinghamshire played no first-class fixtures outside the County Championship in 2025. The First-Class Averages (pp 223–236) give the records of Nottinghamshire players in all first-class county matches, with the exception of F.Ahmed, B.M.Duckett, C.G.Harrison, J.C.Tongue and K.Verreynne, whose first-class figures for Nottinghamshire are as above.

NOTTINGHAMSHIRE RECORDS

FIRST-CLASS CRICKET

Highest Total	For	791		v Essex	Chelmsford	2007
	V	781-7d		by Northants	Northampton	1995
Lowest Total	For	13		v Yorkshire	Nottingham	1901
	V	16		by Derbyshire	Nottingham	1879
		16		by Surrey	The Oval	1880
Highest Innings	For	312*	W.W.Keeton	v Middlesex	The Oval	1939
	V	345	C.G.Macartney	for Australians	Nottingham	1921

Highest Partnership for each Wicket

1st	406*	D.J.Bicknell/G.E.Welton		v Warwicks	Birmingham	2000
2nd	402	H.Hameed/B.M.Duckett		v Derbyshire	Derby	2022
3rd	392*	W.A.Young/J.M.Clarke		v Somerset	Taunton	2024
4th	361	A.O.Jones/J.R.Gunn		v Essex	Leyton	1905
5th	359	D.J.Hussey/C.M.W.Read		v Essex	Nottingham	2007
6th	372*	K.P.Pietersen/J.E.Morris		v Derbyshire	Derby	2001
7th	301	C.C.Lewis/B.N.French		v Durham	Chester-le-St^2	1993
8th	220	G.F.H.Heane/R.Winrow		v Somerset	Nottingham	1935
9th	170	J.C.Adams/K.P.Evans		v Somerset	Taunton	1994
10th	152	E.B.Alletson/W.Riley		v Sussex	Hove	1911
	152	U.Afzaal/A.J.Harris		v Worcs	Nottingham	2000

Best Bowling	For	10-66	K.Smales	v Glos	Stroud	1956
(Innings)	V	10-10	H.Verity	for Yorkshire	Leeds	1932
Best Bowling	For	17-89	F.C.L.Matthews	v Northants	Nottingham	1923
(Match)	V	17-89	W.G.Grace	for Glos	Cheltenham	1877

Most Runs – Season	2620	W.W.Whysall	(av 53.46)	1929
Most Runs – Career	31592	G.Gunn	(av 35.69)	1902-32
Most 100s – Season	9	W.W.Whysall		1928
	9	M.J.Harris		1971
	9	B.C.Broad		1990
Most 100s – Career	65	J.Hardstaff jr		1930-55
Most Wkts – Season	181	B.Dooland	(av 14.96)	1954
Most Wkts – Career	1653	T.G.Wass	(av 20.34)	1896-1920
Most Career W-K Dismissals	983	C.M.W.Read	(939 ct; 44 st)	1998-2017
Most Career Catches in the Field	466	A.O.Jones		1892-1914

LIMITED-OVERS CRICKET

Highest Total	50ov	445-8		v Northants	Nottingham	2016
	40ov	296-7		v Somerset	Taunton	2002
	T20	247-6		v Derbyshire	Nottingham	2022
Lowest Total	50ov	73		v Glamorgan	Cardiff	2021
	40ov	57		v Glos	Nottingham	2009
	T20	57		v Warwicks	Nottingham	2024
Highest Innings	50ov	187*	A.D.Hales	v Surrey	Lord's	2017
	40ov	150*	A.D.Hales	v Worcs	Nottingham	2009
	T20	136	J.M.Clarke	v Northants	Northampton	2021
Best Bowling	50ov	7-26	B.A.Hutton	v Leics	Leicester	2022
	40ov	6-12	R.J.Hadlee	v Lancashire	Nottingham	1980
	T20	5-22	G.G.White	v Lancashire	Nottingham	2013

SOMERSET

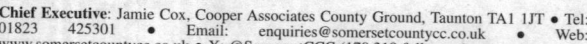

Formation of Present Club: 18 August 1875
Inaugural First-Class Match: 1882
Colours: Black, White and Maroon
Badge: Somerset Dragon
County Champions: (0); best – 2nd (Div 1) 2001, 2010, 2012, 2016, 2018, 2019
Gillette/NatWest/C&G Trophy Winners: (3) 1979, 1983, 2001
Benson and Hedges Cup Winners: (2) 1981, 1982
Sunday League Winners: (1) 1979
Royal London One-Day Cup Winners: (1) 2019
Twenty20 Cup Winners: (3) 2005, 2023, 2025

Chief Executive: Jamie Cox, Cooper Associates County Ground, Taunton TA1 1JT ● **Tel**: 01823 425301 ● **Email**: enquiries@somersetcountycc.co.uk ● **Web**: www.somersetcountycc.co.uk ● **X**: @SomersetCCC (170,318 followers)

Director of Cricket: Andy Hurry. **Head Coach**: Jason Kerr. **Batting Consultant**: Mark Stoneman. **Bowling Coach**: Steve Kirby. **Fielding/Asst Coach**: Paul Tweddle. **Captain**: L.Gregory. **Vice-captain**: C.Overton. **Overseas Players**: R.P.Meredith, M.Pretorius and D.R.Sams. **2026 Testimonial**: L.Gregory. **Groundsperson**: Nick Pepper. **Scorer**: Kevin Mitchell. ‡ New registration. NQ Not qualified for England.

ABELL, Thomas Benjamin (Taunton S; Exeter U), b Taunton 5 Mar 1994. 5'10". RHB, RM. Squad No 28. Debut (Somerset) 2014; captain 2017-23; cap 2018. MCC 2019. Big Bash: BH 2021-22. Birmingham Phoenix 2021. Welsh Fire 2023 to date. Wisden Schools Cricketer of the Year 2012. F-c Tours (EL): A 2019-20; SL 2022-23. 1000 runs (1): 1022 (2025). HS 156 v Notts (Nottingham) 2025, sharing Sm record 4th wkt partnership of 313 with J.E.K.Rew. BB 4-39 v Warwks (Birmingham) 2019. Hat-trick v Notts (Nottingham) 2018. LO HS 106 v Sussex (Taunton) 2016 (RLC). LO BB 2-19 v Hants (Lord's) 2019 (RLC). T20 HS 101*. T20 BB 1-11.

BALL, Jacob Timothy ('**Jake**') (Meden CS), b Mansfield, Notts 14 Mar 1991. Nephew of B.N.French (Notts and England 1976-95). 6'0". RHB, RFM. Squad No 14. Nottinghamshire 2011-23; cap 2016. Somerset debut 2024. Durham 2025 (on loan). Kent 2025 (on loan). MCC 2016. Big Bash: SS 2020-21. Welsh Fire 2021-24. **Tests**: 4 (2016 to 2017-18); HS 31 and BB 1-47 v I (Mumbai) 2016-17. **LOI**: 18 (2016-17 to 2018); HS 28 v B (Mirpur) 2016-17; BB 5-51 v B (Mirpur) 2016-17 – separate matches. **IT20**: 2 (2018); HS – ; BB 1-39 v I (Bristol) 2018. F-c Tours: A 2017-18 I 2016-17. HS 49* Nt v Warwks (Nottingham) 2015. Sm HS 29 v Worcs (Kidderminster) 2024. 50 wkts (1): 54 (2016). BB 6-49 Nt v Sussex (Nottingham) 2015. Sm BB 5-62 v Durham (Chester-le-St) 2024. Hat-trick: Nt v Middx (Nottingham) 2016. LO HS 28 (see *LOI*). BB 5-51 (see *LOI*). T20 HS 18*. T20 BB 4-11.

BANTON, Thomas (Bromsgrove S; King's C, Taunton), b Chiltern, Bucks 11 Nov 1998. Son of C.Banton (Nottinghamshire 1995); elder brother of J.Banton (Worcestershire 2021-22 – l-o only). 6'2". RHB, WK, occ OB. Squad No 18. Debut (Somerset) 2018; cap 2025. Big Bash: BH 2019-20. Welsh Fire 2021-22. Northern Superchargers 2023. Trent Rockets 2024 to date. **LOI**: 7 (2019-20 to 2024-25); HS 58 v Ire (Southampton) 2020. **IT20**: 35 (2019-20 to 2025-26); HS 73 v WI (Bridgetown) 2021-22. HS 371 v Worcs (Taunton) 2025 – Sm record, sharing Sm record 5th wkt partnership of 371 with J.E.K.Rew. LO HS 112 v Worcs (Worcester) 2019 (RLC). T20 HS 107*.

GOLDSWORTHY, Lewis Peter (Cambourne Science & Int Ac), b Truro, Cornwall 8 Jan 2001. RHB, SLA. Squad No 44. Debut (Somerset) 2021. Leicestershire 2024 (on loan). Cornwall 2017-19. HS 130 v Lancs (Southport) 2022. BB 2-73 v Kent (Canterbury) 2024. LO HS 115* v Leics (Taunton) 2024 (MBC). LO BB 4-44 v Kent (Taunton) 2024 (MBC). T20 HS 67. T20 BB 4-13.

GREGORY, Lewis (Hele's S, Plympton), b Plymouth, Devon 24 May 1992. 6'0". RHB, RMF. Squad No 24. Debut (Somerset) 2011; cap 2015; T20 captain 2018-21; captain 2024 to date; testimonial 2026. MCC 2017. Devon 2008. Big Bash: BH 2020-21. Trent Rockets 2021-24. Manchester Originals 2025. **LOI**: 3 (2021); HS 77 v P (Birmingham) 2021; BB 3-44 v P (Lord's) 2021. **IT20**: 9 (2019-20 to 2021); HS 15 and BB 1-10 v NZ (Wellington) 2019-20. HS 137 v Middx (Lord's) 2017. 50 wkts (1): 59 (2019). BB 7-84 (11-148 match) v Notts (Nottingham) 2023. LO HS 105* v Durham (Taunton) 2014 (RLC). LO BB 4-23 v Essex (Chelmsford) 2016 (RLC). T20 HS 76*. T20 BB 5-24.

HEYWOOD, Joseph Patrick (Bechen Cliff HS), b Bath 27 Oct 2006. RHB, RFM. Squad No 11. Awaiting f-c debut. Somerset 2nd XI debut 2023. LO HS 0* v Hants (Southampton) 2024 – only 1st XI appearance.

HILL, Finley James (King's C, Taunton), b Exeter, Devon 21 Jun 2006. RHB, RM. Squad No 10. Awaiting f-c debut. Somerset 2nd XI debut 2022. Devon 2023. LO HS 57 v Lancs (Taunton) 2025 (MBC).

KOHLER-CADMORE, Tom (Malvern C), b Chatham, Kent 19 Aug 1994. 6'2". RHB, OB. Squad No 32. Worcestershire 2014-17. Yorkshire 2017-22; cap 2019. Somerset debut 2023. IPL: RR 2024. Big Bash: ST 2023-24. Northern Superchargers 2021. Trent Rockets 2022-23. Welsh Fire 2024 to date. 1000 runs (1): 1004 (2019). HS 176 Y v Leeds/Brad MCCU (Leeds) 2019. CC HS 169 Wo v Glos (Worcester) 2016. Sm HS 147* v Notts (Taunton) 2025. LO HS 164 Y v Durham (Chester-le-St) 2018 (RLC). T20 HS 127 Wo v Durham (Worcester) 2016 – Wo record.

LAMMONEY, Thomas Alexander (Exeter S), b Exeter, Devon 2 Jun 2000. LHB, LM. Squad No 5. Debut (Somerset) 2020; cap 2025. Big Bash: HH 2021-22. Manchester Originals 2021-23. Oval Invincibles 2024. Devon 2016-18. HS 133 v Warwks (Birmingham) 2025. BB 3-26 v Hants (Southampton) 2025. LO HS 102 v Kent (Canterbury) 2025 (MBC). LO BB 5-29 v Sussex (Hove) 2025 (MBC). T20 HS 90. T20 BB 2-32.

LANGRIDGE, James Thomas (Queen's C; Malvern C), b Plymouth, Devon 3 Nov 2005. LHB, LFM. Squad No 26. Awaiting f-c debut. Somerset 2nd XI debut 2022. LO HS 11* v Warwks (Taunton) 2025 (MBC). LO BB 2-32 v Sussex (Hove) 2025 (MBC).

LEACH, Matthew Jack (Bishop Fox's Community S, Taunton; Richard Huish C; UWIC), b Taunton 22 Jun 1991. 6'0". LHB, SLA. Squad No 17. Cardiff MCCU 2012. Somerset debut 2012; cap 2017. MCC 2017. Dorset 2011. **Tests**: 39 (2017-18 to 2024-25); HS 92 v Ire (Lord's) 2019; BB 5-66 (10-166 match) v NZ (Leeds) 2022. F-c Tours: A 2021-22; WI 2017-18 (EL), 2021-22; NZ 2017-18, 2019-20, 2022-23; I 2020-21, 2023-24; P 2022-23, 2024-25; SL 2016-17 (EL), 2018-19, 2019-20, 2020-21; UAE 2016-17 (v Afg)(EL). HS 92 (*see Tests*). Sm HS 66 v Lancs (Manchester) 2018. 50 wkts (3); most – 68 (2016). BB 8-85 (10-112 match) v Essex (Taunton) 2018. LO HS 18 v Surrey (Oval) 2014 (RLC). LO BB 6-26 v Durham (Chester-le-St) 2024 (MBC). T20 HS 8*. T20 BB 3-28.

[NO]**MEREDITH, Riley** Patrick, b Bellerive, Tasmania, Australia 21 Jun 1996. LHB, RFM. Squad No 12. Tasmania 2017-18 to date. Somerset debut 2024 (l-o only). IPL: PK 2021; MI 2022-23. Big Bash: HH 2017-18 to 2024. Welsh Fire 2025. **LOI** (A): 1 (2021); HS 0* v WI (Bridgetown) 2021; BB –. **IT20** (A): 6 (2020-21 to 2024); HS –; BB 3-48 v WI (Gros Islet) 2021. HS 44 Tas v Q (Hobart) 2022-23. BB 5-96 Tas v Q (Brisbane, AB) 2022-23. LO HS 16 Tas v NSW (Hobart) 2022-23. LO BB 5-26 Tas v Q (Brisbane, AB) 2022-23. T20 HS 10. T20 BB 4-9.

OGBORNE, Alfie Richard James (Ansford Ac; Richard Huish C), b Yeovil 15 Jul 2003. RHB, LFM. Squad No 3. Debut (Somerset) 2023. Kent 2024 (on loan). Somerset 2nd XI debut 2021. HS 12 K v Warwks (Birmingham) 2024. Sm HS 6 v Hants (Southampton) 2025. BB 2-56 v Hants (Taunton) 2023. LO HS 30* v Warwks (Taunton) 2025 (MBC). LO BB 5-41 v Durham (Taunton) 2025 (MBC).

OVERTON, Craig (West Buckland S), b Barnstaple, Devon 10 Apr 1994. Twin brother of Jamie Overton (*see SURREY*). 6'5". RHB, RMF. Squad No 7. Debut (Somerset) 2012; cap 2016. MCC 2017. Southern Brave 2021 to date. Devon 2010-11. **Tests**: 8 (2017-18 to 2021-22); HS 41* v A (Adelaide) 2017-18; BB 3-14 v I (Leeds) 2021. **LOI**: 7 (2018 to 2022); HS 32 v I (Manchester) 2022; BB 2-23 v P (Cardiff) 2021. F-c Tours: A 2017-18, 2019-20 (EL); WI 2021-22; NZ 2017-18. HS 138 v Hants (Taunton) 2016. BB 7-57 (13-87 match) v Essex (Taunton) 2022. LO HS 66* and LO BB 5-18 v Kent (Taunton) 2019 (RLC). T20 HS 42. T20 BB 4-25.

^{NO}**PRETORIUS, Migael** (Waterkloof HS), b Vereeniging, South Africa 24 Mar 1995. RHB, RF. Squad No 27. Northerns 2016-17 to 2017-18. Titans 2017-18. Lions 2018-19 to 2019-20. North West 2018-19 to date. Knights 2020-21. Free State 2021-22 to 2022-23. Durham 2023; cap 2023. Somerset debut 2024. HS 109* NW v EP (Potchefstroom) 2023-24. CC HS 95* v Notts (Nottingham) 2024. BB 6-38 Northerns v N Cape (Pretoria) 2016-17. CC BB 5-64 v Hants (Southampton) 2025. LO HS 33 FS v WP (Bloemfontein) 2022-23. LO BB 4-21 FS v KZN Coastal (Bloemfontein) 2021-22. T20 HS 38*. T20 BB 4-14.

REW, James Edward Kenneth (King's C, Taunton), b Lambeth, London 11 Jan 2004. Elder brother of T.H.S.Rew (*see below*). LHB, WK, occ SLA. Squad No 55. County Select XI 2021. Somerset debut 2022; cap 2025. Somerset 2nd XI debut 2019. YC 2023. F-c Tours (EL): A 2025-26; I 2023-24. 1000 runs (2); most – 1086 (2023). HS 221 v Hants (Taunton) 2023. LO HS 114 v Middx (Taunton) 2022 (RLC). T20 HS 62*.

REW, Thomas Henry Sidney (King's C), b Lambeth, London 29 Nov 2007. Younger brother of J.E.K.Rew (*see above*). RHB, WK. Squad No 45. Debut (England Lions) 2025-26. Somerset 2nd XI debut 2023. England U19 2024-25. HS 47 EL v Australia A (Brisbane) 2025-26. LO HS 84* v Durham (Taunton) 2025 (MBC). T20 HS 17*.

ROBERTS, Kian James Thomas (Taunton S), b Truro, Cornwall 25 Sep 2006. RHB, RFM. Squad No 9. Awaiting f-c debut. Somerset 2nd XI debut 2023. LO HS 29 and LO 1-28 v Sussex (Hove) 2025 (MBC).

‡^{NO}**SAMS, Daniel** Richard, b Milperra, NSW, Australia 27 Oct 1992. 6'1". RHB, LFM. Squad No 95. Canterbury 2017-18. New South Wales 2018-19. Essex 2022-24 (T20 only). Nottinghamshire 2025 (T20 only). IPL: DCa 2020-21; RCB 2021; MI 2022. Big Bash: SS 2017-18; ST 2018-19 to date. Trent Rockets 2022-23. **IT20** (A): 10 (2020-21 to 2022-23); HS 41 v NZ (Dunedin) 2020-21; BB 2-33 v I (Hyderabad) 2022-23. HS 88 Cant v ND (Rangiora) 2017-18. BB 4-55 Cant v Auckland (Auckland) 2017-18. LO HS 62 NSW v WA (Perth) 2018-19. LO BB 5-46 NSW v Vic (Melbourne) 2019-20. T20 HS 98*. T20 BB 5-30.

‡**SHAW, Josh**ua (Crofton HS, Wakefield; Skills Exchange C), b Wakefield, Yorks 3 Jan 1996. Son of C.Shaw (Yorkshire 1984-88). 6'1". RHB, RMF. Squad No 5. Gloucestershire 2016-25; cap 2016. Yorkshire 2016-19. HS 45 Gs v Leics (Bristol) 2025. BB 5-79 Gs v Sussex (Bristol) 2016. LO HS 8* Gs v Durham (Chester-le-St) 2022 (RLC). LO BB 4-36 Gs v Lancs (Bristol) 2021 (RLC). T20 HS 14. T20 BB 3-27.

SMEED, William Conrad Francis (King's C, Taunton), b Cambridge 26 Oct 2001. RHB, OB. Squad No 23. Awaiting f-c debut. Somerset debut 2020 (T20 only). Birmingham Phoenix 2021 to date. Somerset 2nd XI debut 2017. LO HS 84 FCC v Pak Shaheens (Beckenham) 2025. T20 HS 101*.

THEEDOM, James Matthew (Q Elizabeth's S), b Exeter, Devon 5 Mar 2007. LHB, RM. Squad No 93. Awaiting f-c debut. Somerset 2nd XI debut 2022. LO HS –. LO BB 1-32 v Yorks (York) 2025 (MBC).

THOMAS, Joshua Frederick (King's C, Taunton), b Musgrove, Taunton 11 Jan 2005. Younger brother of G.W.Thomas (*see SUSSEX*). LHB, SLA. Squad No 8. Debut (Somerset) 2025. Somerset 2nd XI debut 2021. HS 86 v Essex (Chelmsford) 2025. LO HS 54* v Derbys (Taunton) 2024 (MBC). LO BB 3-40 v Durham (Gosforth) 2023 (MBC). T20 HS 6*. T20 BB 2-32.

VAUGHAN, Archie Matthew (Millfield S), b Sheffield, Yorks 9 Dec 2005. Son of M.P.Vaughan (Yorkshire and England 1993-2009) RHB, OB. Squad No 66. Debut (Somerset) 2024, taking the wkt of B.S.McKinney with his 6th ball in f-c cricket. Somerset 2nd XI debut 2022. England U19 2024 to 2024-25. HS 80 v Sussex (Taunton) 2025. BB 6-96 v Hants (Taunton) 2025. LO HS 109* v Northants (Taunton) 2025 (MBC). LO BB 2-41 v Lancs (Taunton) 2025 (MBC).

RELEASED/RETIRED

(Having made a County 1st XI appearance in 2025)

ALDRIDGE, K.L. – *see DURHAM*.

BASHIR, S. – *see DERBYSHIRE*.

DAVEY, J.H. – *see LEICESTERSHIRE*.

DICKSON, S.R. – *see GLAMORGAN*.

GREEN, B.G.F. – *see LEICESTERSHIRE*.

[NO]**HENRY, Matthew** James (St Bede's C), b Christchurch, New Zealand 14 Dec 1991. RHB, RFM. Canterbury 2010-11 to date. Worcestershire 2016. Kent 2018-22; cap 2018. Somerset 2023-25; cap 2023. Derbyshire 2017 (T20 only). IPL: KXIP 2017; LSG 2024. Welsh Fire 2023 to date. **Tests** (NZ): 33 (2015 to 2025-26); HS 72 v SL (Christchurch) 2022-23; BB 7-23 v SA (Christchurch) 2021-22. **LOI** (NZ): 95 (2013-14 to 2025-26); HS 48* v P (Wellington) 2015-16; BB 5-30 v P (Abu Dhabi) 2014-15. **IT20** (NZ): 42 (2014-15 to 2025-26); HS 12 v Afg (Providence) 2024; BB 3-26 v Z (Harare) 2025. F-c Tours (NZ): E 2014 (NZA), 2015, 2021, 2022; A 2015-16, 2019-20; I 2016-17, 2017-18 (NZA), 2024-25; P 2022-23; SL 2013-14 (NZA); Z 2025. HS 81 K v Derbys (Derby) 2018. Sm HS 50* v Lancs (Manchester) 2023. 50 wkts (1): 75 (2018). BB 7-23 (*see Tests*). CC BB 7-42 (11-114 match) K v Northants (Canterbury) 2018. Sm BB 6-59 v Notts (Taunton) 2023. LO HS 48* (*see LOI*). LO BB 6-45 Canterbury v Auckland (Auckland) 2012-13. T20 HS 44. T20 BB 5-18.

[NO]**UMEED, Andrew** Robert Isaac (High School of Glasgow), b Glasgow 19 Apr 1996. 6'1". RHB, LB. Scotland 2015. Warwickshire 2016-17, scoring 101 v Durham (Birmingham) on debut. Somerset 2022-25. **LOI** (Scot): 5 (2023-24 to 2024-25); HS 98* v USA (Dallas) 2024-25. HS 113 Wa v Lancs (Birmingham) 2017. Sm HS 73* v Kent (Taunton) 2024. BB 1-3 v Warwks (Birmingham) 2024. LO HS 172* v Derbys (Derby) 2023 (MBC). LO BB 3-31 v Glamorgan (Taunton) 2023 (MBC).

SOMERSET 2025

RESULTS SUMMARY

	Place	Won	Lost	Drew
Rothesay County Championship (Div 1)	3rd	4	3	7
Metro Bank One-Day Cup (Group B)	SF	7	3	
Vitality Blast (South Group)	**Winners**	14	3	

ROTHESAY COUNTY CHAMPIONSHIP AVERAGES
BATTING AND FIELDING

Cap		M	I	NO	HS	Runs	Avge	100	50	Ct/St
	L.P.Goldsworthy	3	4	–	100	206	51.50	1	1	1
2018	T.B.Abell	13	23	3	156	1022	51.10	3	5	12
	T.Kohler-Cadmore	6	10	1	147*	436	48.44	2	1	3
2025	J.E.K.Rew	14	24	1	166	1053	45.78	3	5	37/1
2025	T.Banton	10	17	2	371	669	44.60	1	1	3
2015	L.Gregory	11	16	4	89*	470	39.16	–	4	12
2016	C.Overton	11	13	4	60	312	34.66	–	3	19
2025	T.A.Lammonby	14	25	1	133	810	33.75	2	3	6
	K.L.Aldridge	8	11	1	180	280	28.00	1	–	8
	M.J.Henry	4	5	2	41*	79	26.33	–	–	–
	M.Pretorius	8	12	2	59	226	22.60	–	2	–
	A.M.Vaughan	14	23	4	80	389	20.47	–	1	7
2021	J.H.Davey	10	15	–	64	294	19.60	–	1	3
	S.R.Dickson	5	8	2	77*	111	18.50	–	1	1
	J.T.Ball	3	3	1	24	39	13.00	–	–	–
2017	M.J.Leach	14	14	4	30	114	11.40	–	–	7

Also batted: B.G.F.Green (2 matches) 33*, 8; A.R.J.Ogborne (1) 6; J.F.Thomas (2) 86, 39 (3 ct); A.R.I.Umeed (2) 20, 0, 14 (2 ct).

BOWLING

	O	M	R	W	Avge	Best	5wI	10wM
M.J.Leach	491	126	1185	52	22.78	7-69	3	–
M.Pretorius	211.2	34	703	29	24.24	5-64	1	–
C.Overton	294.2	64	838	33	25.39	6-23	2	–
M.J.Henry	123	21	439	14	31.35	4-60	–	–
J.H.Davey	177.2	26	630	19	33.15	3-34	–	–
L.Gregory	174.3	25	649	17	38.17	4-90	–	–
K.L.Aldridge	132.1	20	528	13	40.61	5-36	1	–
A.M.Vaughan	286.2	59	833	20	41.65	6-96	1	–

Also bowled:
J.T.Ball	51.1	7	189	5	37.80	3-76	–	–

T.Banton 4-1-8-0; L.P.Goldsworthy 10-2-25-0; B.G.F.Green 6-0-37-2; T.A.Lammonby 40-7-141-3; A.R.J.Ogborne 19-1-92-2.

Somerset played no first-class fixtures outside the County Championship in 2025. The First-Class Averages (pp 223–236) give the records of Somerset players in all first-class county matches, with the exception of J.T.Ball, B.G.F.Green and J.E.K.Rew, whose first-class figures for Somerset are as above.

SOMERSET RECORDS

FIRST-CLASS CRICKET

Highest Total	For 850-7d		v	Middlesex	Taunton	2007
	V 811		by	Surrey	The Oval	1899
Lowest Total	For 25		v	Glos	Bristol	1947
	V 22		by	Glos	Bristol	1920
Highest Innings	For 371	T.Banton	v	Worcs	Taunton	2025
	V 424	A.C.MacLaren	for	Lancashire	Taunton	1895

Highest Partnership for each Wicket

1st	346	L.C.H.Palairet/H.T.Hewett	v	Yorkshire	Taunton	1892
2nd	450	N.R.D.Compton/J.C.Hildreth	v	Cardiff MCCU	Taunton Vale	2012
3rd	319	P.M.Roebuck/M.D.Crowe	v	Leics	Taunton	1984
4th	313	J.E.K.Rew/T.B.Abell	v	Notts	Nottingham	2025
5th	371	T.Banton/J.E.K.Rew	v	Worcs	Taunton	2025
6th	265	W.E.Alley/K.E.Palmer	v	Northants	Northampton	1961
7th	279	R.J.Harden/G.D.Rose	v	Sussex	Taunton	1997
8th	236	P.D.Trego/R.C.Davies	v	Lancashire	Manchester	2016
9th	183	C.H.M.Greetham/H.W.Stephenson	v	Leics	Weston-s-Mare	1963
	183	C.J.Tavaré/N.A.Mallender	v	Sussex	Hove	1990
10th	163	I.D.Blackwell/N.A.M.McLean	v	Derbyshire	Taunton	2003

Best Bowling	For	10-49	E.J.Tyler	v	Surrey	Taunton	1895
(Innings)	V	10-35	A.Drake	for	Yorkshire	Weston-s-Mare	1914
Best Bowling	For	16-83	J.C.White	v	Worcs	Bath	1919
(Match)	V	17-86	K.J.Abbott	for	Hampshire	Southampton[2]	2019

Most Runs – Season	2761	W.E.Alley	(av 58.74)	1961
Most Runs – Career	21142	H.Gimblett	(av 36.96)	1935-54
Most 100s – Season	11	S.J.Cook		1991
Most 100s – Career	52	M.E.Trescothick		1993-2019
Most Wkts – Season	169	A.W.Wellard	(av 19.24)	1938
Most Wkts – Career	2165	J.C.White	(av 18.03)	1909-37
Most Career W-K Dismissals	1007	H.W.Stephenson	(698 ct; 309 st)	1948-64
Most Career Catches in the Field	443	M.E.Trescothick		1993-2019

LIMITED-OVERS CRICKET

Highest Total	50ov	413-4		v	Devon	Torquay	1990
	40ov	377-9		v	Sussex	Hove	2003
	T20	265-5		v	Derbyshire	Taunton	2022
Lowest Total	50ov	58		v	Middlesex	Southgate	2000
	40ov	58		v	Essex	Chelmsford	1977
	T20	82		v	Kent	Taunton	2010
Highest Innings	50ov	177	S.J.Cook	v	Sussex	Hove	1990
	40ov	184	M.E.Trescothick	v	Glos	Taunton	2008
	T20	151*	C.H.Gayle	v	Kent	Taunton	2015
Best Bowling	50ov	8-66	S.R.G.Francis	v	Derbyshire	Derby	2004
	40ov	6-16	Abdur Rehman	v	Notts	Taunton	2012
	T20	6- 5	A.V.Suppiah	v	Glamorgan	Cardiff	2011

SURREY

Formation of Present Club: 22 August 1845
Inaugural First-Class Match: 1864
Colours: Chocolate
Badge: Prince of Wales' Feathers
County Champions (since 1890): (22) 1890, 1891, 1892, 1894, 1895, 1899, 1914, 1952, 1953, 1954, 1955, 1956, 1957, 1958, 1971, 1999, 2000, 2002, 2018, 2022, 2023, 2024
Joint Champions: (1) 1950
NatWest Trophy Winners: (1) 1982
Benson and Hedges Cup Winners: (3) 1974, 1997, 2001
Pro 40/National League (Div 1) Winners: (1) 2003
Sunday League Winners: (1) 1996
Clydesdale Bank 40 Winners: (1) 2011
Twenty20 Cup Winners: (1) 2003

Chief Executive: Steve Elworthy, The Kia Oval, London, SE11 5SS • Tel: 0203 946 0100 • Email: enquiries@surreycricket.com • Web: www.kiaoval.com • X: @surreycricket (119,201 followers)

Director of Men's Cricket: Alec Stewart. **Head Coach**: Gareth Batty. **Assistant Coaches**: Jade Dernbach, Matthew Spriegel and Jim Troughton. **Captains**: R.J.Burns (f-c) and S.M.Curran (T20). **Vice-captain**: D.P.Sibley. **Overseas Player**: S.A.Abbott. **2026 Testimonial**: None. **Head Groundsman**: L.E.Fortis. **Scorer**: Debbie Beesley. ‡ New registration. NQ Not qualified for England.

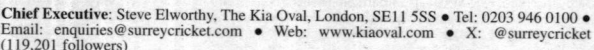

NQ**ABBOTT, Sean** Anthony, b Windsor, NSW, Australia 29 Feb 1992. 6'1". RHB, RMF. New South Wales 2011-12 to date. Surrey debut 2021. IPL: RCB 2015; SH 2022. Big Bash: ST 2011-12 to 2012-13; SS 2013-14 to date. Manchester Originals 2024. Birmingham Phoenix 2024. LOI (A): 29 (2014-15 to 2025); HS 69 v WI (Sydney) 2023-24; BB 3-23 v I (Visakhapatnam) 2022-23. **IT20** (A): 29 (2014-15 to 2025-26); HS 13* v NZ (Mt Maunganui) 2025-26; BB 4-31 v SA (Durban) 2023. F-c Tour (Aus A): I 2015. HS 102* NSW v Tas (Adelaide) 2020-21. Sy HS 87* v Lancs (Oval) 2023. BB 7-45 NSW v Tas (Hobart) 2018-19. Sy BB 5-50 v Lancs (Manchester) 2023. LO HS 69 (*see LOI*). LO BB 5-43 NSW v Tas (Sydney, NS) 2018-19. T20 HS 110*. T20 BB 5-16.

ALBERT, Ralphie Beau (Epsom C), b Epsom 16 Oct 2007. Grandson of Jimmy White (six-time World Snooker Championship finalist). 5'8". RHB, SLA. Squad No 22. Debut (Surrey) 2025. Surrey 2nd XI debut 2025. England U19 2025. HS 63 and BB 2-7 v Hants (Southampton) 2025. LO HS 96 and LO BB 2-50 v Notts (Nottingham) 2025 (MBC).

ATKINSON, Angus ('Gus') Alexander Patrick (Bradfield C), b Chelsea, Middx 19 Jan 1998. 6'2". RHB, RF. Squad No 37. Debut (Surrey) 2020; cap 2025. Oval Invincibles 2023 to date. *Wisden* 2024. **ECB Two-Year Central Contract from 2025-26. Tests**: 16 (2024 to 2025-26); 50 wkts (1): 52 (2024) – only the 2nd player in history to take 50+ Test wkts in year of debut; HS 118 v SL (Lord's) 2024; BB 7-45 (12-106 match) v WI (Lord's) 2024 – on debut. Hat-trick: v NZ (Wellington) 2024-25. **LOI**: 11 (2023 to 2024-25); HS 38 v I (Ahmedabad) 2024-25; BB 2-28 v WI (North Sound) 2023-24. **IT20**: 4 (2023 to 2024-25); HS 8* v NZ (Birmingham) 2023; BB 4-20 v NZ (Manchester) 2023 – on debut. F-c Tours: A 2025-26; NZ 2024-25; P 2024-25. HS 118 (*see Tests*). CC HS 66 v Northants (Oval) 2022. BB 7-45 (*see Tests*). Sy BB 6-68 v Essex (Chelmsford) 2023. LO HS 60 v Worcs (Worcester) 2025 (MBC). LO BB 4-43 v Yorks (Scarborough) 2021 (RLC). T20 HS 14. T20 BB 4-20.

BARNWELL, Nathan André (Caterham S), b Ashford, Kent 3 Feb 2003. 6'0". RHB, RFM. Squad No 29. Debut (Surrey) 2022. Surrey 2nd XI debut 2018. HS 22 and BB 1-68 v SL Dev (Guildford) 2022. LO HS 43* v Derbys (Derby) 2025 (MBC). LO BB 3-55 v Glamorgan (Oval) 2025 (MBC).

BLAKE, Joshua William (Trinity S, Croydon), b Carshalton 18 Sep 1998. 6'0". RHB, WK, occ LBG. Squad No 18. Debut (Surrey) 2024. HS 72 v Yorks (Scarborough) 2025. LO HS 100* v Essex (Chelmsford) 2024 (MBC). T20 HS –.

BURNS, Rory Joseph (City of London Freemen's S), b Epsom 26 Aug 1990. 5'10". LHB, occ RM, occ WK. Squad No 17. Debut (Surrey) 2011; cap 2014; captain 2018 to date; testimonial 2025. MCC 2016. MCC Univs 2010. *Wisden* 2018. **Tests**: 32 (2018-19 to 2021-22); HS 133 v A (Birmingham) 2019. F-c Tours: A 2021-22; SA 2019-20; WI 2018-19; NZ 2019-20; I 2020-21; SL 2018-19. 1000 runs (3); most – 1402 (2018). HS 227 v Lancs (Oval) 2024. BB 1-18 v Middx (Lord's) 2013. LO HS 95 v Glos (Bristol) 2015 (RLC). T20 HS 62.

CLARK, Jordan (Sedbergh S), b Whitehaven, Cumbria 14 Oct 1990. Elder brother of G.Clark (*see DURHAM*). 6'4". RHB, RMF, occ WK. Squad No 16. Lancashire 2015-18. Surrey debut 2019; cap 2022. Big Bash: HH 2018-19. Oval Invincibles 2021 to date. Northern Superchargers 2024. HS 140 La v Surrey (Oval) 2017. Sy HS 137 v Glos (Bristol) 2022, sharing Sy record 8th wkt partnership of 244 with J.L.Smith. BB 6-21 v Hants (Oval) 2021. Hat-trick: La v Yorks (Manchester) 2018, dismissing J.E.Root, K.S.Williamson and J.M.Bairstow. LO HS 79* and LO BB 4-34 La v Worcs (Manchester) 2017 (RLC). T20 HS 60. T20 BB 4-22.

CURRAN, Samuel Matthew (Wellington C), b Northampton 3 Jun 1998. Son of K.M.Curran (Glos, Natal, Northants, Boland and Zimbabwe 1980-81 to 1999), grandson of K.P.Curran (Rhodesia 1947-48 to 1954-55), younger brother of T.K.Curran (*see below*) and B.J.Curran (Northamptonshire, Southern Rocks, Rhinos and Zimbabwe 2018 to date). 5'9". LHB, LMF. Squad No 58. Debut (Surrey) 2015, taking 5-101 v Kent (Oval); cap 2018. IPL: KXIP 2019; CSK 2020-21 to date; PK 2023-24. Big Bash: SS 2025-26. Oval Invincibles 2021 to date. YC 2018. *Wisden* 2018. **ECB Two-Year Central Contract from 2025-26**. **Tests**: 24 (2018 to 2021); HS 78 v I (Southampton) 2018; BB 4-58 v SA (Centurion) 2019-20. **LOI**: 41 (2018 to 2025-26); HS 95* v I (Pune) 2020-21; BB 5-48 v SA (Oval) 2021. **IT20**: 75 (2019-20 to 2025-26); HS 58 v SL (Pallekele) 2025-26; BB 5-10 v Afg (Perth) 2022-23 – E record. F-c Tours: SA 2019-20; WI 2018-19; NZ 2019-20; SL 2016-17 (EL), 2018-19, 2020-21; UAE 2016-17 (v Afg)(EL). HS 126 v Kent (Oval) 2022. BB 7-58 v Durham (Chester-le-St) 2016. LO HS 95* (*see LOI*). LO BB 5-48 (*see LOI*). T20 HS 102*. T20 BB 5-10.

CURRAN, Thomas Kevin (Hilton C, Durban), b Cape Town, South Africa 12 Mar 1995. Son of K.M.Curran (Glos, Natal, Northants, Boland and Zimbabwe 1980-81 to 1999), grandson of K.P.Curran (Rhodesia 1947-48 to 1954-55), elder brother of S.M.Curran (*see above*) and B.J.Curran (Northamptonshire, Southern Rocks, Rhinos and Zimbabwe 2018 to date). 6'0". RHB, RFM. Squad No 59. Debut (Surrey) 2014; cap 2016. IPL: KKR 2018; RR 2020-21; DC 2021. Big Bash: SS 2018-19 to 2023-24; MS 2024-25 to date. Oval Invincibles 2021 to date. **Tests**: 2 (2017-18); HS 39 v A (Sydney) 2017-18; BB 1-65 v A (Melbourne) 2017-18. **LOI**: 28 (2017 to 2021); HS 47* v Ire (Dublin) 2019; BB 5-35 v A (Perth) 2017-18. **IT20**: 30 (2017 to 2021); HS 14* v NZ (Nelson) 2019-20; BB 4-36 v WI (Gros Islet) 2018-19. F-c Tours: A 2017-18; SL 2016-17 (EL); UAE 2016-17 (v Afg)(EL). HS 115 v Northants (Northampton) 2022. 50 wkts (1): 76 (2015). BB 7-20 v Glos (Oval) 2015. LO HS 47* (*see LOI*). LO BB 5-16 EL v UAE (Dubai, DSC) 2016-17. T20 HS 67*. T20 BB 4-10.

EALHAM, Thomas Mark (Cranleigh S), b Guildford 26 Mar 2004. Son of M.A.Ealham (Kent, Nottinghamshire & England 1989 to 2009); grandson of A.G.E.Ealham (Kent 1966-82); nephew of S.C.Willis (Kent 1993-99). 5'9". LHB, OB. Squad No 5. Awaiting f-c debut. Surrey 2nd XI debut 2022. LO HS 5 v Essex (Chelmsford) 2023 (MBC).

EVANS, Laurie John (Whitgift S; The John Fisher S; St Mary's C, Durham U), b Lambeth, London 12 Oct 1987. 6'0". RHB, RM. Squad No 10. Durham UCCE 2007. Surrey debut 2009; cap 2025. Warwickshire 2010-16. Northamptonshire 2016 (on loan). Sussex 2017-19. MCC 2007. Big Bash: PS 2021-22 to date; MR 2024-25. Oval Invincibles 2021. Manchester Originals 2022-23. Southern Brave 2024 to date. HS 213* and BB 1-29 Wa v Sussex (Birmingham) 2015, sharing Wa 6th wkt record partnership of 327 with T.R.Ambrose. Sy HS 98 and Sy BB 1-30 v Bangladeshis (Oval) 2010. LO HS 134* Sx v Kent (Canterbury) 2017 (RLC). LO BB 1-29 Sx v Middx (Lord's) 2019 (RLC). T20 HS 118*. T20 BB 1-5.

FISHER, Matthew David (Easingwold SS), b York 9 Nov 1997. 6'1". RHB, RFM. Squad No 15. Yorkshire 2015-24; cap 2022. Surrey debut 2025. MCC 2018. Northern Superchargers 2021. Southern Brave 2023. **Tests**: 1 (2021-22); HS 0* and BB 1-67 v WI (Bridgetown) 2021-22. F-c Tours (EL): A 2021-22, 2025-26; WI 2021-22 (E); I 2023-24; SL 2022-23. HS 88 Y v Leics (Leicester) 2024. Sy HS 40 v Warwks (Birmingham) 2025. BB 6-73 (11-134 match) v Notts (Oval) 2025. LO HS 36* Y v Worcs (Worcester) 2017 (RLC). LO BB 3-32 Y v Leics (Leeds) 2015 (RLC). T20 HS 19. T20 BB 5-22.

FOAKES, Benjamin Thomas (Tendring TC), b Colchester, Essex 15 Feb 1993. 6'1". RHB, WK. Squad No 7. Essex 2011-14. Surrey debut 2015; cap 2016. MCC 2016. **Tests**: 25 (2018-19 to 2023-24); HS 113* v SA (Manchester) 2022; made 107 v SL (Galle) 2018-19 on debut. **LOI**: 1 (2019); HS 61* v Ire (Dublin) 2019. **IT20**: 1 (2019); did not bat. F-c Tours: WI 2017-18 (EL), 2018-19, 2021-22; NZ 2022-23; I 2020-21, 2023-24; P 2022-23; SL 2013-14 (EL), 2016-17 (EL), 2018-19; UAE 2016-17 (v Afg)(EL). HS 174* v Warwks (Birmingham) 2025. LO HS 106 v Leics (Oval) 2023 (MBC). T20 HS 75*.

FRENCH, Alex Maxime (Reeds S, Cobham), b Kingston-upon-Thames 23 July 2007. 6'7". RHB, RFM. Squad No 23. Awaiting f-c XI debut. Surrey 2nd XI debut 2023. England U19 2024 to 2025. LO HS 0*. LO BB 2-49 v Glamorgan (Oval) 2025 (MBC).

GORANTLA, Nikhil Venkata (The Perse S, Cambridge; Durham U), b Cambridge 21 Jun 2003. 5'10". RHB, RM. Squad No 75. Awaiting f-c debut. Sussex 2nd XI 2021-22. Worcestershire 2nd XI 2023. Warwickshire 2nd XI 2023-24. Leicestershire 2nd XI 2024. Surrey 2nd XI debut 2025. Cambridgeshire 2018-21. Northumberland 2023-24. LO HS 40* v Worcs (Worcester) 2025 (MBC).

JACKS, William George (St George's C, Weybridge), b Chertsey 21 Nov 1998. 6'1". RHB, OB. Squad No 9. Debut (Surrey) 2018; cap 2022. IPL: RCB 2024; MI 2025. Big Bash: HH 2020-21. Oval Invincibles 2021 to date. **ECB Two-Year Central Contract from 2025-26. Tests**: 6 (2022-23 to 2025-26); HS 47 v A (Adelaide) 2025-26; BB 6-161 v P (Rawalpindi) 2022-23. **LOI**: 23 (2022-23 to 2025-26); HS 94 v Ire (Nottingham) 2023; BB 3-22 v WI (Bridgetown) 2023-24. **IT20**: 40 (2022-23 to 2025-26); HS 53* v Italy (Kolkata) 2025-26; BB 3-14 v SL (Pallekele) 2025-26. F-c Tours: A 2025-26; I 2018-19 (EL); P 2022-23. HS 150* v Essex (Oval) 2022. BB 7-129 v Notts (Nottingham) 2024. LO HS 121 v Glos (Oval) 2018 (RLC). LO BB 3-22 (*see LOI*). T20 HS 108*. T20 BB 4-15.

JORDAN, Christopher James (Comber Mere S, Barbados; Dulwich C), b Christ Church, Barbados 4 Oct 1988. 6'1". RHB, RFM. Squad No 34. Debut (Surrey) 2007; returned in 2022; T20 captain 2022-25; cap 2025. Barbados 2011-12 to 2012-13. Sussex 2013-19; cap 2014. IPL: RCB 2016; SH 2017-18; KXIP 2020-21; PK 2021; CSK 2022; MI 2023. Big Bash: AS 2016-17; ST 2018-19; PS 2019-20; SS 2021-22 to 2022-23; HH 2023-24 to date. Southern Brave 2021 to date. **Tests**: 8 (2014 to 2014-15); HS 35 v SL (Lord's) 2014; BB 4-18 v I (Oval) 2014. **LOI**: 35 (2013 to 2023); HS 38* v SL (Oval) 2014; BB 5-29 v SL (Manchester) 2014. **IT20**: 95 (2013-14 to 2024); HS 36 v NZ (Wellington) 2019-20; BB 4-6 v WI (Basseterre) 2018-19. F-c Tour: WI 2014-15. HS 166 Sx v Northants (Northampton) 2019. Sy HS 79* and Sy BB 4-57 v Essex (Chelmsford) 2011. 50 wkts (1): 61 (2013). BB 7-43 Barbados v CC&C (Bridgetown) 2012-13. CC BB 6-48 Sx v Yorks (Leeds) 2013. LO HS 55 Sx v Surrey (Guildford) 2016 (RLC). LO BB 5-28 Sx v Middx (Hove) 2016 (RLC). T20 HS 73. T20 BB 4-6.

LAWES, Thomas Edward (Cranleigh S), b Singapore 25 Dec 2002. 6'0". RHB, RMF. Squad No 30. Debut (Surrey) 2022. Surrey 2nd XI debut 2021. Northern Superchargers 2024. **England Development Contract 2025-26.** F-c Tour (EL): I 2023-24. HS 58 v Durham (Oval) 2024. BB 5-22 v Kent (Oval) 2023. LO HS 75 v Notts (Mansfield) 2022 (RLC). LO BB 2-20 v Somerset (Oval) 2022 (RLC). T20 HS 12. T20 BB 2-17.

LAWRENCE, Daniel William (Trinity Catholic HS, Woodford Green), b Whipps Cross, Essex 12 Jul 1997. 6'2". RHB, LB. Squad No 28. Essex 2015-23; cap 2017. Surrey debut 2024. MCC 2019. Big Bash: BH 2020-21; MS 2023-24 to 2024-25. London Spirit 2021-24. Northern Superchargers 2025. **Tests**: 14 (2020-21 to 2024); HS 91 v WI (Bridgetown) 2021-22; BB 1-0 v WI (North Sound) 2021-22. F-c Tours: A 2019-20 (EL) WI 2021-22; I 2020-21; SL 2020-21. 1000 runs (1): 1070 (2016). HS 178 v Durham (Oval) 2025. BB 4-91 v Lancs (Manchester) 2024. LO HS 115 Ex v Kent (Chelmsford) 2018 (RLC). LO BB 3-35 Ex v Middx (Lord's) 2016 (RLC). T20 HS 120*. T20 BB 4-20.

MAJID, Yousef (Cranleigh S), b Slough, Bucks 8 Sep 2003. 6'2". LHB, SLA. Squad No 68. Debut (Surrey) 2024. Surrey 2nd XI debut 2021. England U19 2022. HS 5 and BB 2-128 v Essex (Chelmsford) 2024. LO HS 14 v Leics (Guildford) 2025 (MBC). LO BB 3-57 v Derbys (Derby) 2025 (MBC). T20 HS –. T20 BB 2-26.

OVERTON, Jamie (West Buckland S), b Barnstaple, Devon 10 Apr 1994. Twin brother of Craig Overton (*see SOMERSET*). 6'5". RHB, RF. Squad No 88. Somerset 2012-20; cap 2019. Northamptonshire 2019 (on loan). Surrey debut 2020; cap 2023. IPL: CSK 2025. Big Bash: AS 2023-24 to date. Manchester Originals 2023-24. London Spirit 2025. Devon 2011. **ECB One-Year Central Contract from 2025-26. Tests**: 2 (2022 to 2025); HS 97 v NZ (Leeds) 2022; BB 2-98 v I (Oval) 2025. **LOI**: 13 (2024-25 to 2025-26); HS 68 v NZ (Wellington) 2025-26; BB 3-22 v WI (Birmingham) 2025. **IT20**: 24 (2024 to 2025-26); HS 19 v I (Pune) 2024-25; BB 3-18 v Italy (Kolkata) 2025-26. F-c Tour (EL): UAE 2018-19 (v PA). HS 120 Sm v Warwks (Birmingham) 2020. Sy HS 93 v Kent (Beckenham) 2022. BB 6-61 v Yorks (Scarborough) 2022. Hat-trick: Sm v Notts (Nottingham) 2018 LO HS 68 (*see LOI*). LO BB 4-42 Sm v Durham (Chester-le-St) 2012 (CB40). T20 HS 83*. T20 BB 5-47.

PATEL, Ryan Samir (Whitgift S), b Sutton 26 Oct 1997. 5'10". LHB, RMF. Squad No 26. Debut (Surrey) 2017; cap 2024. HS 134 v Durham (Oval) 2025. BB 6-5 v Somerset (Guildford) 2018. LO HS 131 v Notts (Guildford) 2021 (RLC). LO BB 2-55 v Glos (Guildford) 2025 (MBC). T20 HS 30. T20 BB –.

POPE, Oliver John Douglas (Cranleigh S), b Chelsea, Middx 2 Jan 1998. 5'9". RHB, occ WK. Squad No 32. Debut (Surrey) 2017; cap 2018. Big Bash: AS 2024-25. Welsh Fire 2022. London Spirit 2024 to date. **ECB One-Year Central Contract from 2025-26. Tests**: 64 (2018 to 2025-26, 5 as captain); HS 205 v Ire (Lord's) 2023. F-c Tours: A 2021-22, 2025-26; SA 2019-20; NZ 2019-20, 2022-23, 2024-25; I 2018-19 (EL), 2020-21, 2023-24; P 2022-23, 2024-25; SL 2019-20. 1000 runs (1): most – 1156 (2022). HS 274 v Glamorgan (Oval) 2021. LO HS 93* EL v Pakistan A (Abu Dhabi) 2018-19. T20 HS 99*.

ROY, Jason Jonathan (Whitgift S), b Durban, South Africa 21 Jul 1990. 6'0". RHB, RM. Squad No 20. Debut (Surrey) 2010; cap 2014. IPL: GL 2017; DD 2018; SH 2021; KKR 2023. Big Bash: ST 2014-15; SS 2016-17 to 2017-18; PS 2020-21. Oval Invincibles 2021-23. Southern Brave 2025. **Tests**: 5 (2019); HS 72 v Ire (Lord's) 2019. **LOI**: 116 (2015 to 2022-23; HS 180 v A (Melbourne) 2017-18. **IT20**: 64 (2014 to 2022); HS 78 v NZ (Delhi) 2015-16. 1000 runs (1): 1078 (2014). HS 143 v Lancs (Oval) 2015. BB 3-9 v Glos (Bristol) 2014. LO HS 180 (*see LOI*). LO BB –. T20 HS 145*. T20 BB 1-23.

SIBLEY, Dominic Peter (Whitgift S, Croydon), b Epsom 5 Sep 1995. 6'3". RHB, OB. Squad No 45. Debut (Surrey) 2013; cap 2024. Warwickshire 2017-22; cap 2019. MCC 2019. *Wisden* 2025. **Tests**: 22 (2019-20 to 2021); HS 133* v SA (Cape Town) 2019-20. F-c Tours: SA 2019-20; NZ 2019-20; I 2020-21; SL 2019-20, 2020-21. 1000 runs (2); most – 1428 (2019). HS 305 v Durham (Oval) 2025. BB 2-103 v Hants (Southampton) 2016. LO HS 149 v Warwks (Rugby) 2024 (MBC). LO BB 1-20 v Essex (Chelmsford) 2016 (RLC). T20 HS 74*. T20 BB 2-33.

SMITH, Jamie Luke (Whitgift S), b Epsom 12 Jul 2000. 5'10". RHB, WK. Squad No 11. Debut (Surrey) 2018-19, scoring 127 v MCC (Dubai, ICCA); cap 2023. Birmingham Phoenix 2023 to date. *Wisden* 2024. **ECB Two-Year Central Contract from 2025-26. Tests**: 20 (2024 to 2025-26); HS 184* v I (Birmingham) 2025. **LOI**: 19 (2023 to 2025-26); HS 64 v WI (Oval) 2025. **IT20**: 5 (2024-25 to 2025); HS 60 v WI (Southampton) 2025. F-c Tours: A 2025-26; P 2024-25; SL 2022-23 (EL). 1000 runs (1): 1164 (2024). HS 234* v Glos (Bristol) 2022, sharing Sy record 8th wkt partnership of 244 with J.Clark. LO HS 85 v Durham (Chester-le-St) 2021 (RLC). T20 HS 87.

STEEL, Cameron Tate (Scotch C, Perth, Australia; Millfield S; Durham U), b San Francisco, USA 13 Sep 1995. 5'10". RHB, LB. Squad No 44. Durham MCCU 2014-16. Durham 2017-20. Hampshire 2021 (on loan). Surrey debut 2021. HS 224 Du v Leics (Leicester) 2017. Sy HS 141* v Lancs (Manchester) 2023. BB 5-25 v Lancs (Manchester) 2024. LO HS 77 Du v Notts (Nottingham) 2017 (RLC). LO BB 4-33 v Leics (Leicester) 2021 (RLC). T20 HS 37. T20 BB 3-41.

STUART-RECKLING, Sebastian Henry (Guildford RGS; Oxford Brookes U), b Kingston-upon-Thames 18 Apr 2005. 6'3". RHB, LFM. Squad No 27. Awaiting f-c debut. Surrey 2nd XI debut 2023. LO HS 0 and LO BB 1-53 v Sussex (Hove) 2024 (MBC) – only 1st XI appearance.

SYKES, Oliver Findlay Mortimer (Tonbridge S), b Wandsworth 6 Mar 2005. 6'0". LHB, RM. Squad No 54. Debut (Surrey) 2024. Surrey 2nd XI debut 2023. Wisden Schools Cricketer of the Year 2024. HS 37 v Sussex (Hove) 2025. BB –. LO HS 115 v Derbys (Derby) 2025 (MBC). LO BB 3-44 v Notts (Nottingham) 2025 (MBC). T20 HS 44*.

TAYLOR, James Philip Arthur (Trentham HS), b Stoke-on-Trent, Staffs 19 Jan 2001. Younger brother of T.A.I.Taylor (*see WORCESTERSHIRE*). 6'3". RHB, RM. Squad No 25. Derbyshire 2017-19. Surrey debut 2020. HS 31* v Warwks (Birmingham) 2022. BB 3-19 v Worcs (Worcester) 2024. LO HS 19 v Hants (Oval) 2025. LO BB 3-42 v Glos (Guildford) 2025 (MBC). T20 HS 3. T20 BB 1-6.

THOMAS, Adam Roger George (Cranleigh S), b Johannesburg, South Africa 6 Jul 2006. 5'11". RHB, RM. Squad No 64. Awaiting f-c debut. Surrey 2nd XI debut 2024. LO HS 162 v Derbys (Derby) 2025 (MBC). LO BB 1-35 v Essex (Chelmsford) 2025 (MBC).

TOPLEY, Reece James William (Royal Hospital S, Ipswich), b Ipswich, Suffolk 21 February 1994. Son of T.D.Topley (Surrey, Essex, GW 1985-94); nephew of P.A.Topley (Kent 1972-75). 6'7". RHB, LFM. Squad No 24. Essex 2011-15; cap 2013. Hampshire 2016-17. Sussex 2019. Surrey debut 2021. IPL: RCB 2023-24; MI 2025. Big Bash: MR 2021-22; ST 2025-26. Oval Invincibles 2021-22. Northern Superchargers 2023-24. Southern Brave 2025. **LOI**: 30 (2015 to 2024-25); HS 15* v Afg (Delhi) 2023-24; BB 6-24 v I (Lord's) 2022 – E record. **IT20**: 35 (2015 to 2024-25); HS 9 v I (Southampton) 2022; BB 3-22 v I (Nottingham) 2022. F-c Tour (EL): SL 2013-14. HS 16 H v Yorks (Southampton) 2017. Sy HS 10 v Middx (Lord's) 2021. BB 6-29 (11-85 match) Ex v Worcs (Chelmsford) 2013. Sy BB 5-66 v Glos (Bristol) 2021. LO HS 19 Ex v Somerset (Taunton) 2011 (CB40). LO BB 6-24 (*see LOI*). T20 HS 14*. T20 BB 4-20.

WORRALL, Daniel James (Kardina International C; U of Melbourne), b Melbourne, Australia 10 Jul 1991. 6'0". RHB, RFM. Squad No 8. UK passport, eligible for England in April 2025. S Australia 2012-13 to 2021-22. Gloucestershire 2018-21; cap 2018. Surrey debut 2022; cap 2023. Big Bash: MS 2013-14 to 2019-20; AS 2020-21 to 2021-22. London Spirit 2023 to date. *Wisden* 2024. **LOI** (A): 3 (2016-17); HS 6* v SA (Centurion) 2016-17; BB 1-43 v SA (Benoni) 2016-17. HS 51 v Lancs (Oval) 2023. 50 wkts (1): 52 (2024). BB 7-64 (10-148 match) SA v WA (Adelaide) 2018-19. CC BB 6-22 (10-57 match) v Worcs (Oval) 2024. LO HS 31* SA v WA (Perth) 2021-22. LO BB 5-62 SA v Vic (Hobart) 2017-18. T20 HS 62*. T20 BB 4-23.

RELEASED/RETIRED

(Having made a County 1st XI appearance in 2025, even if not formally contracted. Some may return in August.)

NQCHAHAR, **Rahul** Desraj, b Bharaatpur, India 4 Aug 1999. Cousin of D.L.Chahar (Rajasthan & India 2010–11 to date). RHB, LBG. Rajasthan 2016-17 to date. Surrey debut 2025. IPL: RPS 2017; MI 2019-21; PK 2022-24; SH 2025. **LOI** (I): 1 (2021); HS 13 and BB 3-54 v SL (Colombo, RPS) 2021. **IT20** (I): 6 (2019 to 2022); HS 5 and BB 3-15 v SL (Colombo, RPS) 2021. F-c Tour (IA): SA 2021-22. HS 84 India A v Sri Lanka A (Hubli) 2019. Sy HS 17 and BB 8-51 (10-118 match) v Hants (Southampton) 2025. LO HS 48 Rajasthan v Tamil Nadu (Jaipur) 2019-20. LO BB 5-24 Rajasthan v Sikkim (Kolkata) 2022-23. T20 HS 25*. T20 BB 5-14.

HUNT, **Oliver** James (Whitgift S), b Chelsea, Middx 19 May 2007. LHB, OB. Awaiting f-c debut. Surrey 2nd XI debut 2024. Did not bat or bowl in only 1-o appearance.

NQPATTERSON, **Kurtis** Robert, b Hurstville, Sydney, Australia 5 Apr 1993. LHB, OB. New South Wales 2011-12 to date. Surrey 2025. Big Bash: SS 2012-13 to 2024-25; ST 2013-14 to 2017-18; PS 2019-20 to 2021-22. **Tests** (A): 2 (2018-19); HS 114* v SL (Canberra) 2018-19. F-c Tours (Aus A): E 2019; I 2018-19. HS 173* NSW v SA (Sydney) 2025-26. Sy HS 85 v Yorks (Oval) 2025. LO HS 125* NSW v Tas (Hobart) 2025-26. T20 HS 78.

ROACH, K.A.J. – see **DURHAM**.

NQSAI KISHORE, Ravisrinivasan, b Kancheepuram, Tamil Nadu, India 6 Nov 1996. LHB, SLA. Tamil Nadu 2017-18 to date. Surrey 2025. IPL: GT 2022 to date. **IT20** (I): 3 (2023-24); HS – ; BB 3-12 v B (Hangzhou) 2023-24. HS 81 TN v Jharkhand (Guwahati) 2021-22. Sy HS 18 v Yorks (Scarborough) 2025. 50 wkts (0+1): 53 (2025-24). BB 7-70 (10-98 match) South Zone v North Zone (Kattuveppilaipatti) 2022-23. Sy BB 5-72 v Durham (Chester-le-St) 2025. LO HS 74 TN v Saurashtra (Nadiad) 2022-23. LO BB 5-26 TN v Rajasthan (Chennai) 2017-18. T20 HS 87*. T20 BB 4-6.

SANTNER, **Mitchell** Josef, b Hamilton, New Zealand 5 Feb 1992. 6'0". LHB, SLA. N Districts 2011-12 to date. Worcestershire 2016. Surrey 2025. IPL: CSK 2019-24; MI 2025. Southern Brave 2023. Northern Superchargers 2024 to date. **Tests** (NZ): 32 (2015-16 to 2025); HS 126 v E (Mt Maunganui) 2019-20; BB 7-53 (13-157 match) v I (Pune) 2024-25. **LOI** (NZ): 124 (2015 to 2025); HS 67 v E (Christchurch) 2017-18; BB 5-50 v Ire (Dublin) 2017. **IT20** (NZ): 134 (2015 to 2025-26); HS 77* v Neth (Hague) 2022; BB 4-11 v I (Nagpur) 2015-16. F-c Tours (NZ): E 2015, 2021; A 2015-16, 2019-20; SA 2016; I 2016-17, 2024-25; SL 2019, 2024. 2025, 2025 B 2023-24. HS 136 NZ v CD (Mt Maunganui) 2022-23. CC HS 23* Wo v Glamorgan (Cardiff) 2016. Sy HS 0. BB 7-53 (*see Tests*). CC BB 1-38 v Worcs (Worcester) 2025. LO HS 86 ND v CD (New Plymouth) 2014-15. LO BB 5-50 (*see LOI*). T20 HS 92*. T20 BB 4-11.

NQSMITH, **Nathan** Gregory, b Dunedin, New Zealand 15 Jul 1998. 6'0". RHB, RMF. Otago 2015-16 to 2020-21. Wellington 2021-22 to date. Worcestershire 2024. Surrey 2025. **Tests** (NZ): 4 (2024-25 to 2025-26); HS 42 and BB 4-86 v E (Wellington) 2024-25. **LOI** (NZ): 14 (2024-25 to 2025-26); HS 17 v SL (Auckland) 2024-25; BB 4-42 v WI (Napier) 2025-26. F-c Tours (NZ): Z 2025. HS 114 Otago v ND (Dunedin) 2019-20. CC HS 60 Wo v Surrey (Oval) 2024. Sy HS 42 v Yorks (Oval) 2025. BB 6-36 Wellington v Canterbury (Rangiora) 2023-24. CC BB 6-38 v Worcs (Worcester) 2025. LO HS 81 Otago v ND (Dunedin) 2020-21. LO BB 4-42 (*see LOI*). T20 HS 51*. T20 BB 5-14.

NQZAMPA, **Adam**, b Shellharbour, NSW, Australia 31 Mar 1992. RHB, LB. New South Wales 2012-13 to date. S Australia 2013-14 to 2019-20. Essex 2018-19 (T20 only). Surrey 2025 (T20 only). IPL: RPS 2016-17; RCB 2020-21; RR 2023; SH 2025. Big Bash: ST 2012-13; AS 2013-14 to 2014-15; MS 2015-16 to 2022-23. MR 2023-24 to date. Welsh Fire 2022. Oval Invincibles 2023 to date. **LOI** (A): 116 (2015-16 to 2025-26); HS 36 v WI (Bridgetown) 2021; BB 5-35 v NZ (Cairns) 2022. **IT20** (A): 115 (2015-16 to 2025-26); HS 13* v NZ (Christchurch) 2020-21; BB 5-19 v B (Dubai) 2021-22. HS 74 SA v WA (Adelaide) 2014-15. BB 6-62 (10-119 match) SA v Q (Adelaide) 2016-17. LO HS 66 SA v Q (N Sydney) 2013-14. LO BB 5-35 (*see LOI*). T20 HS 23. T20 BB 6-19.

M.P.Dunn left the staff without making a County 1st XI appearance in 2025

SURREY 2025

RESULTS SUMMARY

	Place	Won	Lost	Drew
Rothesay County Championship (Div 1)	2nd	5	1	8
Metro Bank One-Day Cup (Group A)	6th	3	5	
Vitality Blast (South Group)	QF	11	4	

ROTHESAY COUNTY CHAMPIONSHIP AVERAGES
BATTING AND FIELDING

Cap		M	I	NO	HS	Runs	Avge	100	50	Ct/St
2024	D.P.Sibley	14	24	3	305	1274	60.66	4	6	8
	D.W.Lawrence	13	19	2	178	922	54.23	2	5	11
2018	S.M.Curran	4	6	–	108	307	51.16	1	2	1
2023	J.L.Smith	3	6	1	84	250	50.00	–	2	1
2016	B.T.Foakes	11	18	2	174*	683	42.68	1	5	36
2014	R.J.Burns	14	24	3	78	785	37.38	–	6	13
2018	O.J.D.Pope	6	11	–	103	410	37.27	1	3	9
2024	R.S.Patel	13	20	4	92	548	34.25	–	4	9
2022	J.Clark	12	17	3	82	413	29.50	–	3	4
	N.G.Smith	4	4	1	42	72	24.00	–	–	2
	M.D.Fisher	11	15	4	40	207	18.81	–	–	2
	T.E.Lawes	9	12	2	37*	168	16.80	–	–	2
	J.P.A.Taylor	3	4	1	26	44	14.66	–	–	1
2025	A.A.P.Atkinson	4	6	–	25	53	8.83	–	–	–
2023	D.J.Worrall	9	10	4	18	52	8.66	–	–	2
2014	J.J.Roy	3	4	–	26	28	7.00	–	–	2

Also batted: R.B.Albert (1 match) 5, 63 (1 ct); J.W.Blake (2) 4, 72 (3 ct); R.D.Chahar (1) 17, 10; T.K.Curran (1 – cap 2016) 11, 33; W.G.Jacks (3 – cap 2022) 0, 119, 17 (4 ct); J.Overton (2 – cap 2023) 0, 47, 18 (3 ct); K.R.Patterson (2) 85, 51, 40 (3 ct); K.A.J.Roach (2 – cap 2023) 1, 4, 2* (1 ct); R.Sai Kishore (2) 18, 6 (2 ct); M.J.Santner (1) 0; C.T.Steel (2) 55, 27; O.F.M.Sykes (2) 37, 16, 1 (1 ct);

BOWLING

	O	M	R	W	Avge	Best	5wI	10wM
R.D.Chahar	44.4	8	118	10	11.80	8- 51	1	1
R.Sai Kishore	113.1	27	270	11	24.54	5- 72	1	–
D.J.Worrall	305.2	61	853	32	26.65	4- 31	–	–
N.G.Smith	126	21	393	14	28.07	6- 38	1	–
A.A.P.Atkinson	136	23	430	14	30.71	4- 41	–	–
M.D.Fisher	305.4	69	996	31	32.12	6- 73	2	1
J.Clark	319.2	68	1022	31	32.96	5- 68	1	–
D.W.Lawrence	246.4	24	827	20	41.35	3-169	–	–
T.E.Lawes	199	28	735	15	49.00	4- 42	–	–

Also bowled:

	O	M	R	W	Avge	Best	5wI	10wM
S.M.Curran	79.5	11	261	9	29.00	3- 22	–	–
W.G.Jacks	74.1	17	194	5	38.80	2- 37	–	–

R.B.Albert 11-4-9-2; R.J.Burns 4-1-22-0; T.K.Curran 11-0-37-0; J.Overton 40.2-1-164-2; R.S.Patel 9-1-45-1; K.A.J.Roach 62-10-213-4; M.J.Santner 16-3-42-1; D.P.Sibley 1-0-2-0; C.T.Steel 20-0-140-0; O.F.M.Sykes 9-1-20-0; J.P.A.Taylor 63.5-10-232-3.

Surrey played no first-class fixtures outside the County Championship in 2025. The First-Class Averages (pp 223–236) give the records of Surrey players in all first-class county matches, with the exception of A.A.P.Atkinson, J.Overton, O.J.D.Pope and J.L.Smith, whose first-class figures for Surrey are as above.

SURREY RECORDS
FIRST-CLASS CRICKET

Highest Total	For 820-9		v Durham	The Oval	2025
	V 863		by Lancashire	The Oval	1990
Lowest Total	For 14		v Essex	Chelmsford	1983
	V 16		by MCC	Lord's	1872
Highest Innings	For 357*	R.Abel	v Somerset	The Oval	1899
	V 366	N.H.Fairbrother	for Lancashire	The Oval	1990

Highest Partnership for each Wicket

1st	428	J.B.Hobbs/A.Sandham	v Oxford U	The Oval	1926
2nd	371	J.B.Hobbs/E.G.Hayes	v Hampshire	The Oval	1909
3rd	413	D.J.Bicknell/D.M.Ward	v Kent	Canterbury	1990
4th	448	R.Abel/T.W.Hayward	v Yorkshire	The Oval	1899
5th	318	M.R.Ramprakash/Azhar Mahmood	v Middlesex	The Oval	2005
6th	298	A.Sandham/H.S.Harrison	v Sussex	The Oval	1913
7th	262	C.J.Richards/K.T.Medlycott	v Kent	The Oval	1987
8th	244	J.L.Smith/J.Clark	v Glos	Bristol	2022
9th	168	E.R.T.Holmes/E.W.J.Brooks	v Hampshire	The Oval	1936
10th	173	A.Ducat/A.Sandham	v Essex	Leyton	1921

Best Bowling	For	10-43	T.Rushby	v Somerset	Taunton	1921
(Innings)	V	10-28	W.P.Howell	for Australians	The Oval	1899
Best Bowling	For	16-83	G.A.R.Lock	v Kent	Blackheath	1956
(Match)	V	15-57	W.P.Howell	for Australians	The Oval	1899

Most Runs – Season	3246	T.W.Hayward	(av 72.13)	1906
Most Runs – Career	43554	J.B.Hobbs	(av 49.72)	1905-34
Most 100s – Season	13	T.W.Hayward		1906
	13	J.B.Hobbs		1925
Most 100s – Career	144	J.B.Hobbs		1905-34
Most Wkts – Season	252	T.Richardson	(av 13.94)	1895
Most Wkts – Career	1775	T.Richardson	(av 17.87)	1892-1904
Most Career W-K Dismissals	1221	H.Strudwick	(1035 ct; 186 st)	1902-27
Most Career Catches in the Field	605	M.J.Stewart		1954-72

LIMITED-OVERS CRICKET

Highest Total	50ov	496-4		v Glos	The Oval	2007
	40ov	386-3		v Glamorgan	The Oval	2010
	T20	258-6		v Sussex	Hove	2023
Lowest Total	50ov	74		v Kent	The Oval	1967
	40ov	64		v Worcs	Worcester	1978
	T20	88		v Kent	The Oval	2012
Highest Innings	50ov	268	A.D.Brown	v Glamorgan	The Oval	2002
	40ov	203	A.D.Brown	v Hampshire	Guildford	1997
	T20	131*	A.J.Finch	v Sussex	Hove	2018
Best Bowling	50ov	7-33	R.D.Jackman	v Yorkshire	Harrogate	1970
	40ov	7-30	M.P.Bicknell	v Glamorgan	The Oval	1999
	T20	6-24	T.J.Murtagh	v Middlesex	Lord's	2005

SUSSEX

Formation of Present Club: 1 March 1839
Substantial Reorganisation: August 1857
Inaugural First-Class Match: 1864
Colours: Dark Blue, Light Blue and Gold
Badge: County Arms of Six Martlets
County Champions: (3) 2003, 2006, 2007
Gillette/NatWest/C&G Trophy Winners: (5) 1963, 1964, 1978, 1986, 2006
Pro 40/National League (Div 1) Winners: (2) 2008, 2009
Sunday League Winners: (1) 1982
Twenty20 Cup Winners: (1) 2009

Interim Chief Executive: Mark West, County Ground, Eaton Road, Hove BN3 3AN ● Tel: 01273 827100 ● Email: info@sussexcricket.co.uk ● Web: www.sussexcricket.co.uk ● X: @SussexCCC (130,697 followers)

Head Coach: Paul Farbrace. **Batting Coach**: Grant Flower. **Lead Bowling Coach**: James Kirtley. **Asst Batting Coach**: Ashley Wright. **Captains**: J.A.Simpson (club), O.E.Robinson (Championship), J.J.Carson (50 ov) and T.S.Mills (T20). **Vice-Captain**: T.J.Haines. **Overseas Players**: D.P.Hughes, N.J.McAndrew and J.D.Unadkat. **2026 Testimonial**: None. **Head Groundsman**: Ben Gibson. **Scorer**: Graham Irwin. **Vitality Blast Name**: Sussex Sharks. ‡ New registration. ^{NQ} Not qualified for England.

ALSOP, Thomas Philip (Lavington S), b High Wycombe, Bucks 26 Nov 1995. Younger brother of O.J.Alsop (Wiltshire 2010-12). 5'11". LHB, WK, occ SLA. Squad No 45. Hampshire 2014-21; cap 2021. Sussex debut 2022; cap 2023. MCC 2017. Big Bash: BH 2024-25 to date. Trent Rockets 2024 to date. F-c Tours (EL): SL 2016-17. UAE 2016-17 (v Afg). HS 182* v Leics (Leicester) 2023. BB 2-59 H v Yorks (Leeds) 2016. Sx BB –. LO HS 189* v Middx (Hove) 2022 (RLC). T20 HS 87*.

ARCHER, Jofra Chioke (Christchurch Foundation), b Bridgetown, Barbados 1 Apr 1995. 6'3". RHB, RF. Squad No 22. Debut (Sussex) 2016; cap 2017. IPL: RR 2018 to date; MI 2023. Big Bash: HH 2017-18 to 2018-19. Southern Brave 2024 to date. *Wisden* 2019. **ECB Two-Year Central Contract from 2025-26. Tests**: 18 (2019 to 2025-26); HS 51 v A (Adelaide) 2025-26; BB 6-45 v A (Leeds) 2019. **LOI**: 36 (2019 to 2025-26); HS 38* v WI (Bridgetown) 2024-25; BB 6-40 v SA (Kimberley) 2022-23. **IT20**: 45 (2019 to 2025-26); HS 21 v I (Providence) 2024; BB 4-33 v I (Ahmedabad) 2020-21. F-c Tours: A 2025-26; SA 2019-20; NZ 2019-20; I 2020-21. HS 81* v Northants (Northampton) 2017. 50 wkts (1): 61 (2017). BB 7-67 v Kent (Hove) 2017. LO HS 45 v Essex (Chelmsford) 2017 (RLC). LO BB 6-40 (*see LOI*). T20 HS 36. T20 BB 4-18.

BRIGGS, Danny Richard (Isle of Wight C), b Newport, IoW 30 Apr 1991. 6'2". RHB, SLA. Squad No 4. Hampshire 2009-15; cap 2012. Sussex debut 2016. Warwickshire 2021-24; cap 2021. Big Bash: AS 2020-21. Southern Brave 2021 to date. Oval Invincibles 2022-23. **LOI**: 1 (2011-12); BB 2-39 v P (Dubai) 2011-12. **IT20**: 7 (2012 to 2013-14); HS 0*; BB 2-25 v A (Chester-le-St) 2013. F-c Tours (EL): WI 2010-11; I 2018-19. HS 120* v South Africa A (Arundel) 2017. CC HS 99 Wa v Middx (Lord's) 2023. BB 6-45 EL v Windward Is (Roseau) 2010-11. CC BB 6-65 H v Notts (Southampton) 2011. Sx BB 5-93 v Glos (Bristol) 2016. LO HS 37* v Essex (Chelmsford) 2019 (RLC). LO BB 4-32 H v Glamorgan (Cardiff) 2012 (CB40). T20 HS 35*. T20 BB 5-19.

CARSON, Jack Joshua (Bainbridge Ac; Hurstpierpoint C), b Craigavon, Co Armagh 3 Dec 2000. 6'2". RHB, OB. Squad No 16. Debut (Sussex) 2020. Captain (50 ov format) from I 2023-24; SL 2022-23. HS 102 v Worcs (Hove) 2025. 50 wkts (1): 50 (2024). BB 6-67 (11-157 match) v Derbys (Hove) 2024. LO HS 73 v Middx (Lord's) 2025 (MBC). LO BB 4-83 v Durham (Hove) 2023 (MBC). T20 HS 26. T20 BB 2-10.

CARTER, Oliver James (Eastbourne C), b Eastbourne 2 Nov 2001. 5'8½". RHB, WK. Squad No 11. Debut (Sussex) 2021. Sussex 2nd XI debut 2018. HS 185 v Glamorgan (Cardiff) 2022. LO HS 94 v Yorks (Hove) 2025 (MBC). T20 HS 64.

CLARK, Thomas Geoffrey Reeves (Ardingly C), b Haywards Heath 27 Feb 2001. 6'2". LHB, RM. Squad No 27. Debut (Sussex) 2019; cap 2025 HS 140 v Warwks (Birmingham) 2025. BB 3-17 v Glos (Bristol) 2024. LO HS 139 v Lancs (Hove) 2025 (MBC). LO BB 1-7 v Kent (Arundel) 2025 (MBC). T20 HS 72*.

COLES, James Matthew (Magdalen Coll S), b Aylesbury, Bucks 2 Apr 2004. 6'0½". RHB, SLA. Squad No 30. Debut (Sussex) 2020, aged 16y 157d – youngest ever player for the county; cap 2024. Southern Brave 2024 to date. F-c Tours (EL): A 2024-25; I 2023-24. 1000 runs (1): 1032 (2025). HS 180 v Derbys (Hove) 2023. BB 5-108 v Surrey (Hove) 2025. LO HS 59 v Glamorgan (Hove) 2023 (MBC). LO BB 3-27 v Worcs (Worcester) 2021 (RLC). T20 HS 77*. T20 BB 4-12.

CROCOMBE, Henry Thomas (Bede's S, Upper Dicker), b Eastbourne 20 Sep 2001. 6'2". RHB, RMF. Squad No 5. Debut (Sussex) 2020. HS 54 v Glamorgan (Hove) 2024. BB 4-22 v Glos (Bristol) 2024. LO HS 47 v Durham (Hove) 2023 (MBC). LO BB 4-47 v Yorks (York) 2024 (MBC). T20 HS 12*. T20 BB 3-31.

ᴺᵠ**CURRIE, Bradley** James (Poole GS; Millfield S; Bournemouth U), b Poole, Dorset 8 Nov 1998. Elder brother of S.W.Currie (*see HAMPSHIRE*). 6'1". RHB, LMF. Squad No 12. Debut (Sussex) 2022, taking 6-93 v Middx (Lord's) Debut 2016-21. **LOI** (Scot): 14 (2023-24 to 2025); HS 8* v Canada (Dubai, DSC) 2023-24; BB 4-26 v Canada (King City) 2025. **IT20** (Scot): 22 (2023 to 2025-26); HS 8* v UAE (Dubai) 2023-24. BB 5-13 v Ire (Edinburgh) 2023. HS 7 v Worcs (Hove) 2022. BB 6-93 (*see above*). LO HS 18* v Durham (Hove) 2023 (MBC). LO BB 4-26 (*see LOI*). T20 HS 8* T20 BB 5-13.

‡**GOODMAN, Dominic** Charles (Dr Challenor's GS), b Ashford, Kent 23 Oct 2000. 6'6". RHB, RMF. Squad No 83. Gloucestershire 2021-25; cap 2021. HS 38* Gs v Yorks (Scarborough) 2024. BB 5-54 Gs v Leics (Bristol) 2025. LO HS 15 and LO BB 4-43 Gs v Essex (Bristol) 2024 (MBC).

HAINES, Thomas Jacob (Tanbridge House S, Horsham; Hurstpierpoint C), b Crawley 28 Oct 1998. 5'10". LHB, RM. Squad No 20. Debut (Sussex) 2016; cap 2021; captain 2022. F-c Tour (EL): SL 2022-23. 1000 runs (2); most – 1176 (2021). HS 243 v Derbys (Derby) 2022. BB 3-50 v Worcs (Worcester) 2022. LO HS 129 v Leics (Hove) 2024 (MBC). LO BB 1-22 v Surrey (Hove) 2024 (MBC). T20 HS 27.

HENRY, Troy Darrel Andre (Longdean SS; West Herts C), b Hemel Hempstead, Herts 27 Jun 2004. 5'10". LHB, SLA. Squad No 23. Awaiting f-c debut. Sussex 2nd XI debut 2025. Hertfordshire 2024. LO HS 15* and LO BB 1-34 v Warwks (Birmingham) 2025 (MBC).

HUDSON-PRENTICE, Fynn Jake (Warden Park S, Cuckfield; Bede's S, Upper Dicker), b Haywards Heath, 12 Jan 1996. 6'0½". RHB, RMF. Squad No 33. Debut (Sussex) 2015; cap 2023. Derbyshire 2019-21. HS 99 De v Middx (Derby) 2019. Sx HS 74 v Hants (Southampton) 2025. BB 5-40 v Worcs (Hove) 2025. LO HS 93 De v Somerset (Taunton) 2021 (RLC). LO BB 3-34 v Warwks (Hove) 2024 (MBC). T20 HS 49*. T20 BB 3-36.

ᴺᵠ**HUGHES, Daniel** Peter, b Bathurst, NSW, Australia 16 Feb 1989. 6'1½". LHB, RM. Squad No 85. New South Wales 2012-13 to date. Sussex debut/cap 2024. Big Bash: SS 2012-13 to date; ST 2013-14 to 2014-15. Southern Brave 2024. HS 178 NSW v Tas (Sydney) 2022-23. Sx HS 151 v Warwks (Hove) 2025. LO HS 152 NSW v WA (Sydney, DO) 2019-20. T20 HS 96*.

HUNT, Sean Frank (Howard of Effingham S), b Guildford, Surrey 7 Dec 2001. 6'5½". RHB, LMF. Squad No 21. Debut (Sussex) 2021. Surrey 2nd XI 2019. HS 65 v Leics (Hove) 2024. BB 5-48 v Somerset (Hove) 2025. LO HS 13 v Worcs (Worcester) 2023 (MBC). LO BB 3-35 v Somerset (Hove) 2025 (MBC).

IBRAHIM, Danial Kashif (Eastbourne C; Bede's S, Upper Dicker), b Burnley, Lancs 8 Aug 2004. 5'10". RHB, RM. Squad No 40. Debut (Sussex) 2021, aged 16y 298d, scoring 55 v Yorks (Leeds) on 2nd day to become the youngest-ever to score a fifty in the County Championship. Sussex 2nd XI debut 2021. HS 121* v Durham (Chester-le-St) 2025. BB 2-9 v Worcs (Worcester) 2021. LO HS 56 v Warwks (Hove) 2023 (MBC). LO BB 3-34 v Glamorgan (Neath) 2024 (MBC). T20 HS 18.

LAMB, Daniel John (St Michael's HS, Chorley; Cardinal Newman C, Preston), b Preston, Lancs 7 Sep 1995. 6'0". RHB, RMF. Squad No 10. Lancashire 2018-23. Gloucestershire 2023 (on loan); cap 2023. Sussex debut 2024. HS 134 v Leics (Leicester) 2024. BB 4-55 La v Yorks (Leeds) 2019. Sx BB 3-69 v Glos (Hove) 2024. LO HS 86* La v Sussex (Sedbergh) 2021 (RLC). LO BB 5-30 La v Glos (Bristol) 2021 (RLC). T20 HS 49. T20 BB 5-15.

‡**LEANING, Jack** Andrew (Archbishop Holgate's S, York; York C), b Bristol, Glos 18 Oct 1993. 5'10". RHB, RMF. Squad No 34. Yorkshire 2013-19; cap 2016. Kent 2020-25; cap 2021. YC 2015. HS 220* K v Sussex (Canterbury) 2020, sharing K record 2nd wkt partnership of 423 with J.M.Cox. BB 3-64 K v Lancs (Canterbury) 2023. LO HS 137* K v Essex (Canterbury) 2023 (MBC). LO BB 5-22 Y v Unicorns (Leeds) 2013 (Y40). T20 HS 81*. T20 BB 3-15.

MILLS, Tymal Solomon (Mildenhall TC), b Dewsbury, Yorks 12 Aug 1992. 6'1". RHB, LF. Squad No 7. Essex 2011-14. Sussex debut 2015; cap 2023; T20 captain 2024 to date; testimonial 2025; has played T20 only since start of 2016. IPL: RCB 2017; MI 2022. Big Bash: BH 2016-17; HH 2017-18; PS 2021-22. Southern Brave 2021 to date. **IT20**: 16 (inc 1 ICC World XI 2018) (2016 to 2023-24); HS 7 v I (Southampton) 2022; BB 3-27 v B (Abu Dhabi) 2021-22. F-c Tour (EL): SL 2013-14. HS 31* EL v Sri Lanka A (Colombo, RPS) 2013-14. CC HS 30 Ex v Kent (Canterbury) 2014. Sx HS 8 v Worcs (Hove) 2015. BB 4-25 Ex v Glamorgan (Cardiff) 2012. Sx BB 2-28 v Hants (Southampton) 2015. LO HS 3* v Notts (Hove) 2015 (RLC). LO BB 3-23 Ex v Durham (Chelmsford) 2013 (Y40). T20 HS 30. T20 BB 4-13.

OOSTHUIZEN, Nantes Philip (Tomlinscote S; Seaford C), b Farnborough, Hampshire 4 Jan 2006. 6'6". RHB, RM. Squad No 15. Awaiting 1st XI debut. Sussex 2nd XI debut 2025.

‡**PRICE, Thomas** James (Magdalen Coll S), b Oxford 2 Jan 2000. Elder brother of O.J.Price (see *GLOUCESTERSHIRE*). 6'1". RHB, RM. Squad No 53. Gloucestershire 2020-25; cap 2020. Oxfordshire 2018-19. HS 109 Gs v Worcs (Worcester) 2023. BB 8-27 (10-73 match) Gs v Warwks (Bristol) 2022. Hat-tricks (2): Gs v Kent (Canterbury) 2022 and Gs v Worcs (Worcester) 2023, becoming the first in all f-c cricket to score a century and take a hat-trick on the same day. LO HS 45 Gs v Leics (Bristol) 2022 (RLC). LO BB 4-26 Gs v Northants (Cheltenham) 2023 (MBC). T20 HS 25. T20 BB 1-22.

ROBINSON, Oliver Edward ('Ollie') (King's S, Canterbury), b Margate, Kent 1 Dec 1993. 6'5". RHB, RMF. Squad No 25. Debut (Sussex) 2015; cap 2019; captain 2026. Yorkshire 2013 (l-o only). Hampshire 2014 (l-o only). Trent Rockets 2024. **Tests**: 20 (2021 to 2023-24); HS 58 v I (Ranchi) 2023-24; BB 5-49 v SA (Oval) 2022. F-c Tours: A 2019-20 (EL), 2021-22; NZ 2022-23; I 2023-24; P 2022-23. HS 110 v Durham (Chester-le-St) 2015, on debut, sharing Sx record 10th wkt partnership of 164 with M.E.Hobden. 50 wkts (3); most – 81 (2018). BB 9-78 (13-128 match) v Glamorgan (Cardiff) 2021. LO HS 30 v Kent (Canterbury) 2018 (RLC). LO BB 3-31 v Kent (Hove) 2018 (RLC). T20 HS 31. T20 BB 4-15.

SIMPSON, John Andrew (St Gabriel's RC HS), b Bury, Lancs 13 Jul 1988. 5'10". LHB, WK. Squad No 9. Middlesex 2009-23; cap 2011; testimonial 2023. Sussex debut/cap 2024; captain 2024 to date. MCC 2018. Northern Superchargers 2021-22. London Spirit 2025. Cumberland 2007. **LOI**: 3 (2021); HS 17 v P (Lord's) 2021. 1000 runs (3); most – 1197 (2024). HS 205* v Leics (Leicester) 2024. LO HS 85 v Leics (Hove) 2024 (MBC). T20 HS 84*.

NQ**TEAR, Charles** Joseph (Seaford S), b Chichester 12 Jun 2004. 5'8½". RHB, WK. Squad No 28. Debut (Sussex) 2022. Sussex 2nd XI debut 2021. England U19 2022-23. **LOI** (Scot): 20 (2023-24 to 2025); HS 80 v Nepal (Dundee) 2025. **IT20** (Scot): 8 (2023-24 to 2025); HS 32 v Neth (Hague) 2025. HS 56 v Glamorgan (Hove) 2025. LO HS 159 v Northants (Northampton) 2025 (MBC). T20 HS 32.

THOMAS, George William (King's C, Taunton), b Taunton, Somerset 14 Nov 2003. 6'0". RHB, RM. Squad No 64. Elder brother of J.F.Thomas (*see SOMERSET*). Awaiting f-c debut. Somerset 2021-24 (l-o only). Sussex debut 2025 (T20 only). Somerset 2nd XI 2021-24. LO HS 106* Sm v Lancs (Taunton) 2024 (MBC). LO BB 3-41 Sm v Derbys (Taunton) 2024 (MBC). T20 HS 42.

NO**UNADKAT, Jaydev** Dipakbhai, b Porbandar, Saurashtra, India 18 Oct 1991. 6'3". RHB, LFM. Squad No 91. Saurashtra 2010-11 to date. Sussex debut 2025; cap 2024. IPL: KKR 2009-10 to 2016; RCB 2013; DD 2014-15; RPS 2017; RR 2018-21; MI 2022; LSG 2023; SH 2024 to date. **Tests** (I): 4 (2010-11 to 2023); HS 14* and BB 2-50 v B (Mirpur) 2022-23. **LOI** (I): 8 (2013 to 2023); HS - ; BB 4-41 v Z (Harare) 2013. **IT20** (I): 10 (2016 to 2017-18); HS – ; BB 3-38 v B (Colombo, RPS) 2017-18. F-c Tours (I): E 2010 (IA); SA 2010-11, 2013 (IA); WI 2023; NZ 2012-13 (IA); B 2022-23. HS 92 Saurashtra v Jammu & K (Jammu) 2015-16. Sx HS 10 v Durham (Chester-le-St) 2023. 50 wkts (0+1): 76 (2019-20). BB 8-39 Saurashtra v Delhi (Rajkot) 2022-23. Sx BB 6-94 v Leics (Hove) 2023. LO HS 57 Saurashtra v Services (Kalyani) 2016-17. LO BB 5-23 Saurashtra v H Pradesh (Delhi) 2022-23. T20 HS 58*. T20 BB 5-25.

WARD, Harrison David (St Edward's S, Oxford), b Oxford 25 Oct 1999. 6'1½". LHB, OB. Squad No 35. Debut (Sussex) 2021. Oxfordshire 2015-18. HS 19 v Derbys (Hove) 2021. LO HS 37 v Glos (Hove) 2022 (RLC). LO BB –. T20 HS 68. T20 BB 1-5.

RELEASED/RETIRED
(Having made a County 1st XI appearance in 2025)

FOREMAN, Albert (**'Bertie'**) Michael (Hurstpierpoint C), b Worthing 13 May 2004. Grandson of D.J.Foreman (W Province and Sussex 1951-52 to 1967 and football for Brighton & HA). 5'9". LHB, OB. Sussex 2024. Worcestershire 2025. Sussex 2nd XI debut 2021. England U19 2022 to 2022-23. HS 15 and BB 1-17 Wo v Warwks (Birmingham) 2025. Sx HS 2 v Glos (Bristol) 2024. LO HS 48 v Essex (Hove) 2024 (MBC). LO BB 1-31 v Glamorgan (Neath) 2024 (MBC).

NO**KARVELAS, Aristides** (St Benedict's C, Johannesburg; U of South Africa), b Alberton, South Africa 20 Mar 1994. 6'5". RHB, RMF. Gauteng 2018-19. Central Gauteng 2019-20 to 2020-21. Sussex 2022-25. **IT20** (Greece): 1 (2022); HS 10 v Italy (Vantaa) 2022. HS 57 v Middx (Lord's) 2022. BB 6-71 Gauteng v NW (Potchefstroom) 2018-19 – on debut. Sx HS 4-14 v Leics (Hove) 2023. LO HS 33 C Gauteng v WP (Cape Town) 2019-20. LO BB 5-16 C Gauteng v Boland (Johannesburg) 2019-20. T20 HS 10. T20 BB 4-20.

LENHAM, Archie David (Bede's S, Upper Dicker), b Eastbourne 23 Jul 2004. Grandson of L.J.Lenham (Sussex 1956-70); son of N.J.Lenham (Sussex 1984-97); younger brother of S.H.Lenham (Sussex 2nd XI 2018-19). 5'8½". RHB, LBG. Sussex 2021-22. Sussex 2nd XI debut 2021. HS 48 and BB 4-84 v Leics (Leicester) 2022. LO HS 45* v Kent (Arundel) 2025 (MBC). LO BB 5-48 v Warwks (Birmingham) 2025 (MBC). T20 HS 7*. T20 BB 4-26. Became second youngest debutant in Blast aged 16y, 323d.

McANDREW, N.J. – *see GLAMORGAN*.

ROGERS, Henry Peter (Hurst C), b Guildford, Surrey 1 Apr 2006. RHB, RMF. Awaiting f-c debut. Sussex 2024-25 (l-o only). Sussex 2nd XI debut 2022. LO HS 35 v Glamorgan (Neath) 2024 (MBC).

NO**SANDHU, Gurinder** Singh, b Blacktown, NSW, Australia 14 Jun 1993. 6'5". LHB, RFM, occ OB. New South Wales 2012-13 to 2017-18. Tasmania 2018-19. Queensland 2021-22 to date. Sussex 2025. IPL: DD 2015. Big Bash: ST 2012-13 to 2023-24; SS 2020-21; MR 2024-25 to date. **LOI** (A): 2 (2014-15); HS – ; BB 2-49 v E (Hobart) 2014-15. F-c Tours (Aus A) I 2015; Z 2013. HS 97* NSW v Tas (Sydney, BO) 2014-15. Sx HS 28* v Yorks (Scarborough) 2025. BB 6-57 Q v SA (Adelaide, KR) 2021-22. Sx BB 5-83 v Durham (Chester-le-St) 2025. LO HS 51 Tas v Q (Hobart) 2019-20. LO BB 7-56 Tas v Vic (Melbourne, SK) 2018-19. T20 HS 20*. T20 BB 4-22.

SEALES, J.N.T. – *see HAMPSHIRE*.

Z.B.Lion-Cachet left the staff without making a County 1st XI appearance in 2025.

SUSSEX 2025

RESULTS SUMMARY

	Place	Won	Lost	Drew	NR
Rothesay County Championship (Div 1)	4th	4	4	6	
Metro Bank One-Day Cup (Group B)	5th	4	4		
Vitality Blast (South Group)	6th	6	7		1

ROTHESAY COUNTY CHAMPIONSHIP AVERAGES
BATTING AND FIELDING

Cap		M	I	NO	HS	Runs	Avge	100	50	Ct/St
2024	J.A.Simpson	14	23	5	181*	1086	60.33	4	4	53/1
2024	J.M.Coles	14	24	2	150	1032	46.90	4	4	19
	D.K.Ibrahim	4	7	1	121*	241	40.16	1	1	3
2021	T.J.Haines	14	26	3	174	843	36.65	2	4	13
2024	D.P.Hughes	13	24	1	151	815	35.43	1	4	6
2023	T.P.Alsop	12	21	2	82*	485	25.52	–	4	8
2023	F.J.Hudson-Prentice	13	21	1	74	488	24.40	–	2	7
2024	J.J.Carson	14	23	4	102	454	23.89	1	–	4
2025	T.G.R.Clark	9	15	–	140	331	22.73	1	–	11
	D.J.Lamb	5	9	3	48	130	21.66	–	–	1
2019	O.E.Robinson	10	14	4	30	150	15.00	–	–	5
	S.F.Hunt	3	4	–	33	59	14.75	–	–	1
	O.J.Carter	5	9	–	46	127	14.11	–	–	5
	G.S.Sandhu	4	6	2	28*	56	14.00	–	–	1
	J.P.H.Hayes	2	4	1	33*	42	14.00	–	–	1
2024	J.N.T.Seales	4	5	2	21*	35	11.66	–	–	1
	A.Karvelas	4	4	–	20	46	7.66	–	–	–
	H.T.Crocombe	4	6	4	16*	18	3.60	–	–	–

Also batted: J.C.Archer (1 match – cap 2017) 31; N.J.McAndrew (2 – cap 2025) 8, 16, 0; J.D.Unadkat (3 – cap 2024) 1*, 4, 0.

BOWLING

	O	M	R	W	Avge	Best	5wI	10wM
S.F.Hunt	51	6	178	11	16.18	5- 48	1	–
J.D.Unadkat	87.3	23	276	16	17.25	4- 43	–	–
O.E.Robinson	317	59	965	39	24.74	6- 68	2	1
F.J.Hudson-Prentice	220.1	38	735	27	27.22	5- 40	1	–
H.T.Crocombe	85	16	375	12	31.25	4- 27	–	–
J.M.Coles	207.3	28	665	20	33.25	5-108	1	–
G.S.Sandhu	109.3	19	401	12	33.41	5- 83	1	–
J.N.T.Seales	118	21	528	15	35.20	4-107	–	–
J.J.Carson	308.5	42	1038	26	39.92	5- 26	1	–

Also bowled:
N.J.McAndrew 59.1 10 179 8 22.37 4- 71 – –
D.J.Lamb 46 4 209 5 41.80 2- 59 – –
A.Karvelas 68 10 239 5 47.80 3- 52 – –
J.C.Archer 18-8-32-1; T.G.R.Clark 66-6-252-4; T.J.Haines 10-2-36-1; J.P.H.Hayes 23-0-114-1; D.P.Hughes 1-0-1-0; D.K.Ibrahim 8-0-40-0.

Sussex played no first-class fixtures outside the County Championship in 2025. The First-Class Averages (pp 223–236) give the records of Sussex players in all first-class county matches, with the exception of J.C.Archer and T.J.Haines, whose first-class figures for Sussex are as above.

SUSSEX RECORDS
FIRST-CLASS CRICKET

Highest Total	For	742-5d		v Somerset	Taunton	2009
	V	756-4d		by Leics	Hove	2022
Lowest Total	For	19		v Surrey	Godalming	1830
		19		v Notts	Hove	1873
		18		by Kent	Gravesend	1867
Highest Innings	For	344*	M.W.Goodwin	v Somerset	Taunton	2009
	V	322	E.Paynter	for Lancashire	Hove	1937

Highest Partnership for each Wicket

1st	490		E.H.Bowley/J.G.Langridge	v Middlesex	Hove	1933
2nd	385		E.H.Bowley/M.W.Tate	v Northants	Hove	1921
3rd	385*		M.H.Yardy/M.W.Goodwin	v Warwicks	Hove	2006
4th	363		M.W.Goodwin/C.D.Hopkinson	v Somerset	Taunton	2009
5th	297		J.H.Parks/H.W.Parks	v Hampshire	Portsmouth	1937
6th	335		L.J.Wright/B.C.Brown	v Durham	Hove	2014
7th	344		K.S.Ranjitsinhji/W.Newham	v Essex	Leyton	1902
8th	291		R.S.C.Martin-Jenkins/M.J.G.Davis	v Somerset	Taunton	2002
9th	178		H.W.Parks/A.F.Wensley	v Derbyshire	Horsham	1930
10th	164		O.E.Robinson/M.E.Hobden	v Durham	Chester-le-St^2	2015

Best Bowling	For	10- 48	C.H.G.Bland	v Kent	Tonbridge	1899
(Innings)	V	9- 11	A.P.Freeman	for Kent	Hove	1922
Best Bowling	For	17-106	G.R.Cox	v Warwicks	Horsham	1926
(Match)	V	17- 67	A.P.Freeman	for Kent	Hove	1922

Most Runs – Season		2850	J.G.Langridge	(av 64.77)	1949
Most Runs – Career		34150	J.G.Langridge	(av 37.69)	1928-55
Most 100s – Season		12	J.G.Langridge		1949
Most 100s – Career		76	J.G.Langridge		1928-55
Most Wkts – Season		198	M.W.Tate	(av 13.47)	1925
Most Wkts – Career		2211	M.W.Tate	(av 17.41)	1912-37
Most Career W-K Dismissals		1176	H.R.Butt	(911 ct; 265 st)	1890-1912
Most Career Catches in the Field		779	J.G.Langridge		1928-55

LIMITED-OVERS CRICKET

Highest Total	50ov	400-4		v Middlesex	Hove	2022
	40ov	399-4		v Worcs	Horsham	2011
	T20	242-5		v Glos	Bristol	2016
Lowest Total	50ov	49		v Derbyshire	Chesterfield	1969
	40ov	59		v Glamorgan	Hove	1996
	T20	67		v Hampshire	Hove	2004
Highest Innings	50ov	206	A.G.H.Orr	v Somerset	Taunton	2022
	40ov	163	C.J.Adams	v Middlesex	Arundel	1999
	T20	153*	L.J.Wright	v Essex	Chelmsford	2014
Best Bowling	50ov	6- 9	A.I.C.Dodemaide	v Ireland	Downpatrick	1990
	40ov	7-41	A.N.Jones	v Notts	Nottingham	1986
	T20	6-21	N.J.McAndrew	v Glamorgan	Cardiff	2025

WARWICKSHIRE

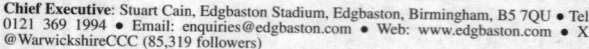

Formation of Present Club: 8 April 1882
Substantial Reorganisation: 19 January 1884
Inaugural First-Class Match: 1894
Colours: Dark Blue, Gold and Silver
Badge: Bear and Ragged Staff
County Champions: (8) 1911, 1951, 1972, 1994, 1995, 2004, 2012, 2021
Gillette/NatWest Trophy Winners: (5) 1966, 1968, 1989, 1993, 1995
Benson and Hedges Cup Winners: (2) 1994, 2002
Sunday League Winners: (3) 1980, 1994, 1997
Clydesdale Bank 40 Winners: (1) 2010
Royal London Cup Winners: (1) 2015
Twenty20 Cup Winners: (1) 2014

Chief Executive: Stuart Cain, Edgbaston Stadium, Edgbaston, Birmingham, B5 7QU • Tel: 0121 369 1994 • Email: enquiries@edgbaston.com • Web: www.edgbaston.com • X: @WarwickshireCCC (85,319 followers)

1st XI Coach: Ian Westwood. **Batting Coach**: Matthew Walker. **Bowling Coach**: Graeme Welch. **Captain**: A.L.Davies. **Vice-captain**: E.G.Barnard. **Overseas Player**: B.J.Webster. **2026 Testimonial**: None. **Head Groundsman**: Gary Barwell. **Scorer**: Mel Smith. **T20 Blast Name**: Bears. ‡ New registration. NQ Not qualified for England.

ALI, Tazeem Chaudry (Moseley S), b Amsterdam, Netherlands 13 June 2006. 5'10". RHB, LB. Squad No 10. Debut (Warwickshire) 2025. Warwickshire 2nd XI debut 2021. England U19 2024-25. HS 12 v Notts (Nottingham) 2025. BB 4-66 v Durham (Chester-le-St) 2025. LO HS 16* v Yorks (Rugby) 2024 (MBC). LO BB 5-43 v Northants (Rugby) 2025 (MBC).

BAMBER, Ethan Read (Mill Hill S), b Westminster 17 Dec 1998. 5'11". RHB, RMF. Squad No 54. Middlesex 2018-24; cap 2022. Gloucestershire 2019 (on loan). Warwickshire debut 2025. Berkshire 2017. HS 107 v Essex (Chelmsford) 2025. 50 wkts (1): 52 (2021). BB 5-20 M v Warwks (Birmingham) 2023. Wa BB 5-47 v Yorks (Leeds) 2025. LO HS 21 M v Kent (Radlett) 2021 (RLC). LO BB 3-27 M v Leics (Leicester) 2023 (MBC). T20 HS 3*. T20 BB 3-29.

BARKER, Keith Hubert Douglas (Moorhead HS; Fulwood C, Preston), b Manchester 21 Oct 1986. Son of K.H.Barker (British Guiana 1960-61 to 1963-64). Played football for Blackburn Rovers and Rochdale. 6'3". LHB, LMF. Squad No 13. Debut (Warwickshire) 2009; cap 2013. Hampshire 2019-25; cap 2021. HS 125 v Surrey (Guildford) 2013. 50 wkts (4); most – 62 (2016). BB 7-46 H v Notts (Southampton) 2021. Wa BB 6-40 v Somerset (Taunton) 2012. LO HS 56 v Scotland (Birmingham) 2011 (CB40). LO BB 4-33 v Scotland (Birmingham) 2010 (CB40). T20 HS 46. T20 BB 4-19.

BARNARD, Edward George (Shrewsbury S), b Shrewsbury, Shrops 20 Nov 1995. Younger brother of M.R.Barnard (Oxford MCCU 2010). 6'1". RHB, RMF. Squad No 30. Worcestershire 2015-22. Warwickshire debut 2023; cap 2024. Shropshire 2012. HS 177* v Surrey (Birmingham) 2025. BB 6-37 (11-89 match) Wo v Somerset (Taunton) 2018. Wa BB 5-54 v Somerset (Birmingham) 2024. LO HS 173* v Essex (Chelmsford) 2024 (MBC). LO BB 4-21 v Leics (Leicester) 2024 (MBC). T20 HS 67. T20 BB 3-29.

BETHELL, Jacob Graham (Rugby S), b Bridgetown, Barbados 23 Oct 2003. 5'10". LHB, SLA. Squad No 2. Debut (Warwickshire) 2021. Gloucestershire 2022 (on loan); cap 2022. IPL: RCB 2025. Big Bash: MR 2024-25. Welsh Fire 2022. Birmingham Phoenix 2023 to date. Warwickshire 2nd XI debut 2019. **ECB Two-Year Central Contract from 2025-26**. **Tests**: 6 (2024-25 to 2025-26); HS 154 v A (Sydney) 2025-26; BB 3-72 v NZ (Hamilton) 2024-25. **LOI**: 21 (2024 to 2025-26); HS 110 v SA (Southampton) 2025. BB 2-33 v A (Leeds) 2024. **IT20**: 31 (2024 to 2025-26, 2 as captain); HS 105 v I (Mumbai) 2025-26. BB 4-11 v SL (Pallekele) 2025-26. F-c Tours: A 2025-26; NZ 2024-25; WI 2024. HS 154 (*see Tests*). Wa HS 93 v Notts (Birmingham) 2024. BB 4-20 v Lancs (Manchester) 2024. LO HS 110 (*see LOI*). LO BB 4-36 v Glamorgan (Cardiff) 2021 (RLC). T20 HS 105. T20 BB 4-11.

BOOTH, Michael Gary (Hilton C, KZN; Durham U), b Harare, Zimbabwe 12 Feb 2001. 6'0". RHB, RFM. Squad No 27. Debut (Warwickshire) 2024. HS 58* v Durham (Chester-le-S) 2025. BB 5-90 v Notts (Birmingham) 2025. LO HS 45* v Northants (Rugby) 2025 (MBC). LO BB 3-16 v Sussex (Hove) 2024 (MBC). T20 HS –. T20 BB 2-24.

DAVIES, Alexander Luke (Queen Elizabeth GS, Blackburn), b Darwen, Lancs 23 Aug 1994. 5'7". RHB, WK. Squad No 71. Lancashire 2012-21; cap 2017. Warwickshire debut 2022; cap 2023; captain 2024 to date. Southern Brave 2021-24. F-c Tours (EL): A 2024-25; WI 2017-18. 1000 runs (2); most – 1115 (2024). HS 256 v Durham (Birmingham) 2024. LO HS 147 La v Durham (Manchester) 2018 (RLC). T20 HS 94*.

GARTON, George Henry Simmons (Hurstpierpoint C), b Brighton, Sussex 15 Apr 1997. 5'11½". LHB, LF. Squad No 7. Sussex 2016-23. Warwickshire debut 2024 (T20 only). IPL: RCB 2021. Big Bash: AS 2021-22; ST 2024-25. Southern Brave 2021-23. Manchester Originals 2025. **IT20**: 1 (2021-22); HS 2 and BB 1-57 v WI (Bridgetown) 2021-22. HS 97 Sx v Glamorgan (Cardiff) 2021. BB 5-26 Sx v Essex (Hove) 2020. LO HS 38 Sx v Essex (Chelmsford) 2019 (RLC). LO BB 4-43 EL v Sri Lanka A (Canterbury) 2016. T20 HS 46. T20 BB 4-16.

GILCHRIST, Nathan Nicholas (St Stithian's C; King's C, Taunton), b Harare, Zimbabwe 11 Jun 2000. 6'5". RHB, RFM. Squad No 18. Kent 2020-25. Warwickshire debut 2025. F-c Tour (EL) A 2025-26. HS 41 K v Essex (Chelmsford) 2024. Wa HS 25* and Wa BB 3-51 v Surrey (Oval) 2025. BB 7-100 K v Glos (Canterbury) 2025. LO HS 33 K v Hants (Beckenham) 2022 (RLC). LO BB 5-45 K v Middx (Radlett) 2021 (RLC). T20 HS 10*. T20 BB 4-42.

GLEESON, Richard James (Baines HS), b Blackpool, Lancs 2 Dec 1987. 6'2". RHB, RFM. Squad No 33. Northamptonshire 2015-18. Lancashire 2018-20. Warwickshire debut 2024 (T20 only). MCC 2018. IPL: CSK 2024; MI 2025. Big Bash: MR 2019-20. Manchester Originals 2022-23. London Spirit 2024 to date. Cumberland 2010-15. **IT20**: 6 (2022 to 2022-23); HS 2 and BB 3-15 v I (Birmingham) 2022. F-c Tour (EL): WI 2017-18. HS 31 Nh v Glos (Bristol) 2016. BB 6-43 La v Leics (Leicester) 2019. Hat-trick: MCC v Essex (Bridgetown) 2017-18. LO HS 13 EL v West Indies A (Coolidge) 2017-18. LO BB 5-47 Nh v Worcs (Worcester) 2016 (RLC). T20 HS 8. T20 BB 5-33.

HAIN, Samuel Robert (Southport S, Gold Coast), b Hong Kong 16 July 1995. 5'10". RHB, OB. Squad No 16. Debut (Warwickshire) 2014; cap 2018. MCC 2018 Big Bash: BH 2022-23; HH 2024-25. Manchester Originals 2021. Welsh Fire 2022. Trent Rockets 2023 to date. UK passport (British parents). **LOI**: 2 (2023); HS 89 v Ire (Nottingham) 2023. 1000 runs (1): 1127 (2022). HS 208 v Northants (Birmingham) 2014. BB –. LO HS 161* v Worcs (Worcester) 2019 (RLC). T20 HS 112*.

HANNON-DALBY, Oliver James (Brooksbank S, Leeds Met U), b Halifax, Yorkshire 20 Jun 1989. 6'7". LHB, RMF. Squad No 20. Yorkshire 2008-12. Warwickshire debut 2013; cap 2019; testimonial 2024. F-c Tour (MCC): Nepal 2019-20. HS 40 v Somerset (Taunton) 2014. 50 wkts (3); most – 54 (2023). BB 7-46 v Northants (Birmingham) 2023. LO HS 21* Y v Warwks (Scarborough) 2012 (CB40). LO BB 5-27 v Glamorgan (Birmingham) 2015 (RLC). T20 HS 14*. T20 BB 4-20.

JANI, Vansh Lalit (Whitgift S), b Isleworth, Middx 6 Jun 2005. 5'11". RHB, OB. Squad No 24. Debut (Warwickshire) 2025. Middlesex 2nd XI 2024. Warwickshire 2nd XI debut 2025. Buckinghamshire 2024. HS 41 v Essex (Chelmsford) 2025. LO HS 82 v Yorks (Scarborough) 2025 (MBC). LO BB 1-13 v Middx (Rugby) 2025 (MBC).

LINTOTT, Jacob ('**Jake**') Benedict (Queen's C, Taunton), b Taunton, Somerset 22 Apr 1993. 5'11". RHB, SLA. Squad No 23. Debut (Warwickshire) 2021. Hampshire 2017 (T20 only). Gloucestershire 2018 (T20 only). Southern Brave 2021-22. Dorset 2011-15. Wiltshire 2016-19. HS 78 v Essex (Chelmsford) 2023. BB 3-10 v Lancs (Manchester) 2024. LO HS 50 v Somerset (Taunton) 2025 (MBC). LO BB 5-37 Mohammedan SC v Brothers Union (Fatullah) 2022-23 and 5-37 v Middx (Rugby) 2025 (MBC). T20 HS 41. T20 BB 4-20.

MALIK, Zen-ul-Abideen (Malvern C), b Stoke-on-Trent, Staffs 9 Apr 1998. 5'8". RHB, LB. Squad No 8. Debut (Warwickshire) 2025. Staffordshire 2018-24. HS 142 v Worcs (Birmingham) 2025. BB 1-7 v Essex (Chelmsford) 2025. LO HS 72 v Lancs (Liverpool) 2025 (MBC).

MOUSLEY, Daniel Richard (Bablake S, Coventry), b Birmingham 8 Jul 2001. 5'11". LHB, OB. Squad No 80. Debut (Warwickshire) 2019. Birmingham Phoenix 2022 to date. Staffordshire 2019. **LOI**: 3 (2024-25); HS 50 v WI (Bridgetown) 2024-25; BB –. **IT20**: 4 (2024-25); HS 8 v WI (Gros Islet) 2024-25; BB 2-29 v WI (Bridgetown) 2024-25. F-c Tour (EL): I 2023-24. HS 113 EL v India A (Canterbury) 2025. Wa HS 94 v Kent (Birmingham) 2023. BB 3-43 EL v India A (Ahmedabad) 2023-24. Wa BB 2-33 v Hants (Birmingham) 2024. LO HS 105 Burgher Rec v Nugegoda (Colombo) 2021-22. LO BB 3-32 Burgher Rec v SL Air Force (Colombo) 2021-22. T20 HS 68. T20 BB 4-19.

SHAIKH, Hamza (Eden Boys S), b Birmingham 29 May 2006. 5'11". RHB, LB. Squad No 15. Debut (England Lions) 2024. Warwickshire debut 2024. Warwickshire 2nd XI debut 2021. HS 91 EL v Sri Lankans (Worcester) 2024. Wa HS 33* v Worcs (Worcester) 2024. LO HS 75 v Lancs (Liverpool) 2025 (MBC).

NQ**SIMMONS, Che** Brandon (Sandwell C), b Barbados 18 Dec 2003. 6'1". RHB, RFM. Squad No 99. Debut (Warwickshire) 2024. Warwickshire 2nd XI debut 2021. Qualified for England in 2024 (UK passport). HS 17 and BB 3-12 v Essex (Chelmsford) 2024.

SMITH, Kai (King's S, Canterbury), b Dubai 28 Nov 2004. 5'9". RHB, WK. Squad No 11. Debut (Warwickshire) 2025. Warwickshire 2nd XI debut 2021. HS 79 v Durham (Chester-le-St) 2025. LO HS 130* v Worcs (Birmingham) 2024 (MBC). T20 HS 28*.

‡**THOMPSON, Jordan** Aaron (Benton Park S), b Leeds, Yorks 9 Oct 1996. 5'11". LHB, RM. Squad No 44. Yorkshire 2019-25; cap 2022. Big Bash: HH 2021-22. Northern Superchargers 2021. London Spirit 2022-23. Trent Rockets 2024. Southern Brave 2025. HS 98 Y v Notts (Nottingham) 2020. BB 5-31 Y v Leics (Leeds) 2020. LO BB –. T20 HS 74. T20 BB 5-21.

NQ**WEBSTER, Beau** Jacob, b Hobart, Tasmania, Australia 1 Dec 1993. 6'7". RHB, RMF/OB. Squad No 12. Tasmania 2013-14 to date. Gloucestershire 2024; cap 2024. Warwickshire debut 2025. Essex 2023 (l-o only). Big Bash: HH 2016-17 to date; MR 2017-18 to 2020-21; MS 2021-22 to 2024-25. **Tests** (A): 8 (2024-25 to 2025-26); HS 72 v SA (Lord's) 2025; BB 3-64 v E (Sydney) 2025-26. F-c Tours (A): E 2025 (v SA); WI 2025; SL 2024-25. HS 187 Tas v WA (Hobart) 2019-20. CC HS 100* v Worcs (Birmingham) 2025. BB 6-100 Gs v Derbys (Bristol) 2024. Wa BB 4-57 v Hants (Birmingham) 2025. LO HS 138 Tas v WA (Perth) 2025-26. LO BB 6-17 Tas v WA (Perth) 2024-25. T20 HS 78. T20 BB 4-29.

WOAKES, Christopher Roger (Barr Beacon Language S, Walsall), b Birmingham 2 March 1989. 6'2". RHB, RFM. Squad No 19. Debut (Warwickshire) 2006; cap 2009. Wellington 2012-13. MCC 2009. IPL: KKR 2017; RCB 2018; DC 2021. Big Bash: ST 2013-14. Birmingham Phoenix 2023. Herefordshire 2006-07. *Wisden* 2016. PCA 2020. **Tests**: 62 (2013 to 2025); HS 137* v I (Lord's) 2018; BB 6-17 v Ire (Lord's) 2019. **LOI**: 122 (2010-11 to 2023-24); HS 95* v SL (Nottingham) 2016; BB 6-45 v A (Brisbane) 2010-11. **IT20**: 33 (2010-11 to 2023-24); HS 37 v P (Sharjah) 2015-16; BB 3-4 v A (Canberra) 2022-23. F-c Tours: A 2017-18, 2021-22; SA 2015-16, 2019-20; WI 2010-11 (EL), 2021-22; NZ 2017-18, 2019-20, 2024-25; I 2016-17; P 2024-25; SL 2013-14 (EL), 2019-20; B 2016-17; UAE 2015-16 (v P). HS 152* v Derbys (Derby) 2013. 50 wkts (3); most – 59 (2016). BB 9-36 v Durham (Birmingham) 2016. LO HS 95* (*see LOI*). LO BB 6-45 (*see LOI*). T20 HS 57*. T20 BB 4-21.

WYLIE, Theo Owen (Shrewsbury S), b Rugeley, Staffs 17 Jan 2006. 5'11". RHB, SLA. Squad No 21. Awaiting f-c debut. Warwickshire 2nd XI debut 2023. LO HS 11 v Worcs (Birmingham) 2024 (MBC). No 1st XI appearances in 2025.

YATES, Robert Michael (Warwick S), b Solihull 19 Sep 1999. 6'0". LHB, OB. Squad No 17. Debut (Warwickshire) 2019; cap 2023. Staffordshire 2018. HS 228* v Kent (Canterbury) 2023. BB 4-37 v Hants (Southampton) 2024. LO HS 114 v Sussex (Birmingham) 2022 (RLC). LO BB 2-31 v Northants (Rugby) 2025 (MBC). T20 HS 71. T20 BB 1-13.

RELEASED/RETIRED

(Having made a County 1st XI appearance in 2025.)

ALI, M.M. – *see* YORKSHIRE.

BRIGGS, D.R. – *see* SUSSEX.

NO**FERNANDO**, Muthuthanthrige **Vishwa** Thilina (St Sebastian's C, Moratuwa), b Colombo, Sri Lanka 18 Sep 1991. Elder brother of M.N.K.Fernando (Panadura, Badureliya, Sinhalese and Sri Lanka 2016-17 to date). 5'11". RHB, LMF. Bloomfield 2011-12 to 2015-16. Colombo 2017-18 to date. Durham 2023; cap 2023. Yorkshire 2024. Warwickshire 2025. **Tests** (SL): 28 (2016 to 2025); HS 38 v Z (Harare) 2019-20; BB 5-101 v SA (Johannesburg) 2020-21. **LOI** (SL): 8 (2017 to 2018-19); HS 7* v I (Colombo, RPS) 2017 and 7* v P (Sharjah) 2017-18; BB 1-35 v I (Pallekele) 2017. **IT20** (SL): 1 (2017-18); HS 2 v I (Cuttack) 2017-18; BB –. F-c tours (SL): E 2016 (SLA), 2024; A 2018-19; SA 2018-19, 2020-21, 2024-25; WI 2020-21; NZ 2015-16 (SLA); I 2019 (SLA), 2021-22; P 2019-20; Z 2019-20; B 2018 (SLA), 2022, 2023-24. HS 41 Colombo v Moors (Colombo) 2019-20. CC HS 15* and Wa BB 1-21 v Sussex (Birmingham) 2025. BB 5-14 Dambulla v Jaffna (Colombo, SSC) 2022-23. CC BB 5-30 Y v Derbys (Chesterfield) 2024. LO HS 18* Dambulla v Colombo (Dambulla) 2018-19. LO BB 4-51 Colombo v Kandy (Colombo, RPS) 2017. T20 HS 7. T20 BB 3-22.

NO**HASSAN ALI**, b Mandi Bahauddin, Pakistan 7 Feb 1994. 5'8". RHB, RMF. Sialkot 2013-14 to date. Sialkot Stallions 2014-15. Islamabad 2015-16 to 2016-17. Central Punjab 2019-20 to 2020-21. Lancashire 2022; cap 2022. Southern Punjab 2022-23. Warwickshire 2023-24; cap 2023. Big Bash: AS 2025-26. **Tests** (P): 25 (2017 to 2025-26); HS 30 v Z (Harare) 2021; BB 5-27 v Z (Harare) 2021 – separate matches. **LOI** (P): 68 (2016 to 2025); HS 59 v SA (Durban) 2018-19; BB 5-34 v SL (Abu Dhabi) 2017-18. **IT20** (P): 57 (2016 to 2025); HS 23 v NZ (Wellington) 2017-18; BB 5-30 v B (Lahore) 2025. F-c tours (P): E 2016 (PA), 2018; A 2023-24; SA 2018-19 v WI 2017, 2021; SL 2022; Z 2020-21; B 2021-22. HS 106* C Punjab v Khyber Paktunkhwa (Karachi) 2020-21. CC HS 54 v Notts (Nottingham) 2023. 50 wkts (0+1): 55 (2020-21). BB 8-107 Sialkot S v State Bank (Sialkot) 2014-15. CC BB 6-47 La v Glos (Manchester) 2022. Wa BB 4-48 v Essex (Birmingham) 2023. LO HS 59 (*see LOI*). LO BB 5-34 (*see LOI*). T20 HS 45. T20 BB 6-23 v Derbys (Birmingham) 2025 – Wa record.

NQLATHAM, Thomas William Maxwell, b Christchurch, New Zealand 2 Apr 1992. Son of R.T.Latham (Canterbury and New Zealand 1980-81 to 1994-95). 5'9". LHB, RM, WK. Canterbury 2010-11 to date. Kent 2016. Durham 2017-18; l-o captain 2018. Surrey 2023. Warwickshire 2025. **Tests** (NZ): 91 (2013-14 to 2025-26, 18 as captain); HS 264* v SL (Wellington) 2018-19. **LOI** (NZ): 163 (2011-12 to 2025-26, 44 as captain); HS 145* v I (Auckland) 2022-23. **IT20** (NZ): 26 (2012 to 2023, 13 as captain); HS 65* v B (Mirpur) 2021. F-c Tours (NZ) (C=Captain): E 2013, 2014 (NZ A), 2015, 2021, 2022; A 2015-16, 2019-20; SA 2016; WI 2014; I 2013-14 (NZ A), 2016-17, 2021-22, 2024-25C; P 2022-23; SL 2013-14 (NZ A), 2019, 2024; Z 2016; B 2023-24; UAE 2014-15 (v P), 2018-19 (v P). HS 264* (*see Tests*). CC HS 184 v Surrey (Birmingham) 2025. BB 1-7 NZ v Cricket Australia (Sydney) 2015-16. LO HS 145* (*see LOI*). T20 HS 110.

MILES, C.N. – *see GLOUCESTERSHIRE*.

NQROCCHICCIOLI, Corey James, b Subiaco, Perth, Australia 8 Oct 1997. RHB, OB. W Australia 2021-22 to date. Warwickshire 2025. Big Bash: MR 2022-23; MS 2023-24. F-c Tour (A A): I 2025-26. HS 50 WA v Vic (Perth) 2021-22. Wa HS 28 v Somerset (Birmingham) 2025. BB 7-52 WA v Q (Brisbane) 2024-25. Wa BB 6-173 v Sussex (Hove) 2025. LO HS 9 WA v Tas (Perth) 2025-26. LO BB 2-38 WA v SA (Perth) 2024-25. T20 HS 1. T20 BB 2-25.

RUSHWORTH, Christopher (Castle View CS, Sunderland), b Sunderland, Tyne & Wear 11 Jul 1986. Cousin of P.Mustard (Durham, Mountaineers, Auckland, Lancashire and Gloucestershire 2002-17). 6'2". RHB, RMF. Durham 2010-22; cap 2010; testimonial 2019. Warwickshire 2023-25; cap 2023. MCC 2013, 2015. Northumberland 2004-05. PCA 2015. HS 57 Du v Kent (Canterbury) 2017. Wa HS 22 v Surrey (Birmingham) 2023. 50 wkts (7); most – 88 (2015) – Du record. BB 9-52 (15-95 match – Du record) Du v Northants (Chester-le-St) 2014. Wa BB 7-38 (10-76 match) v Hants (Southampton) 2023. Hat-trick: Du v Hants (Southampton) 2015. LO HS 38* Du v Derbys (Chester-le-St) 2015 (RLC). LO BB 5-31 Du v Notts (Chester-le-St) 2010 (CB40). T20 HS 5. T20 BB 3-14.

SYLVESTER, Adam Ryan (Barry Boys CS), b Llandough Hospital, Glamorgan 18 May 2000. RHB, RM. Derbyshire 2022. Warwickshire 2025 (l-o only). Wales NC 2024. Wa 11* De v Glamorgan (Cardiff) 2022. BB –. LO HS 7* v Middx (Rugby) 2025 (MBC). LO BB 1-7 v Kent (Rugby) 2025 (MBC). T20 HS 1*. T20 BB –.

NQYOUNG, William Alexander, New Plymouth, New Zealand 22 Nov 1992. RHB, OB. Central Districts 2011-12 to date. Durham 2021; cap 2021. Northamptonshire 2022. Nottinghamshire 2023-24; cap 2023. Warwickshire 2025. **Tests** (NZ): 23 (2020-21 to 2025-26); HS 89 v I (Kanpur) 2021-22. **LOI** (NZ): 55 (2020-21 to 2025-26); HS 120 v Neth (Hamilton) 2021-22. **IT20** (NZ): 20 (2020-21 to 2024-25); HS 56 v UAE (Dubai, DSC) 2023. F-c Tours (NZ): E 2021, 2022; I 2017-18 (NZA), 2021-22, 2024-25; Z 2025; UAE 2018-19 (v P A). HS 174* Nt v Somerset (Taunton) 2024, sharing record 3rd wkt partnership of 392* with J.M.Clarke. Wa HS 72 v Surrey (Oval) 2025. LO HS 157 CD v Canterbury (Wellington) 2025-26. T20 HS 101*.

WARWICKSHIRE 2025

RESULTS SUMMARY

	Place	Won	Lost	Drew
Rothesay County Championship (Div 1)	5th	3	2	9
Metro Bank One-Day Cup (Group B)	4th	5	3	
Vitality Blast (North Group)	QF	8	7	

ROTHESAY COUNTY CHAMPIONSHIP AVERAGES
BATTING AND FIELDING

Cap		M	I	NO	HS	Runs	Avge	100	50	Ct/St
2024	E.G.Barnard	14	22	5	177*	922	54.23	3	4	5
	T.W.M.Latham	5	9	1	184	485	53.88	1	4	5
	W.A.Young	3	4	1	72	160	53.33		1	5
2018	S.R.Hain	11	18	4	87*	754	52.42		6	9
	B.J.Webster	6	10	2	100*	361	45.12	1	2	7
	Z.Malik	10	15	2	142	502	38.61	2	–	4
	D.R.Mousley	9	13	1	75	403	33.58		4	5
	K.Smith	10	13	1	79	375	31.25		3	29/1
2023	R.M.Yates	14	24	2	115	674	30.63	1	3	16
2023	A.L.Davies	14	24	–	78	649	27.04		6	31
	E.R.Bamber	14	16	2	107	286	20.42		1	3
	M.G.Booth	7	8	1	58*	120	17.14		1	1
	C.J.Rocchiccioli	4	4	–	28	66	16.50			1
	H.Shaikh	4	8	–	28	113	14.12			3
	M.V.T.Fernando	3	4	2	15*	21	10.50			3
	T.C.Ali	5	8	3	12	45	9.00			2
2019	O.J.Hannon-Dalby	10	10	4	8	38	6.33			1

Also batted: J.G.Bethell (1 match) 20, 12 (1 ct); N.N.Gilchrist (3) 25*, 0*, 10; V.L.Jani (1) 41 (1 ct); C.Rushworth (2 – cap 2023) 0*, 0, 6; C.B.Simmons (3) 8, 15, 1; C.R.Woakes (1 – cap 2009) 8, 42.

BOWLING

	O	M	R	W	Avge	Best	5wI	10wM
B.J.Webster	139.3	27	425	16	26.56	4- 57	–	–
M.G.Booth	178.4	20	667	24	27.79	5- 90	1	–
N.N.Gilchrist	65.1	11	280	10	28.00	3- 51	–	–
E.R.Bamber	464.4	89	1423	43	33.09	5- 47	1	–
E.G.Barnard	309	52	1081	29	37.27	4- 56	–	–
C.J.Rocchiccioli	168.5	16	597	16	37.31	6-173	2	–
T.C.Ali	112	8	458	11	41.63	4- 66	–	–
R.M.Yates	172.3	20	573	12	47.75	3- 44	–	–
O.J.Hannon-Dalby	278.4	56	835	11	75.90	3- 47	–	–
Also bowled:								
C.Rushworth	36	7	77	7	11.00	4- 37		
C.R.Woakes	34	11	87	6	14.50	3- 34		
C.B.Simmons	53	4	240	5	48.00	2- 81		

J.G.Bethell 20-1-90-2; M.V.T.Fernando 74-9-264-3; Z.Malik 11-0-61-1; D.R.Mousley 37-2-157-2.

Warwickshire played no first-class fixtures outside the County Championship in 2025. The First-Class Averages (pp 223–236) give the records of Warwickshire players in all first-class county matches, with the exception of J.G.Bethell, N.N.Gilchrist, D.R.Mousley, B.J.Webster and C.R.Woakes, whose first-class figures for Warwickshire are as above.

WARWICKSHIRE RECORDS

FIRST-CLASS CRICKET

Highest Total	For 810-4d		v Durham	Birmingham	1994
	V 887		by Yorkshire	Birmingham	1896
Lowest Total	For 16		v Kent	Tonbridge	1913
	V 15		by Hampshire	Birmingham	1922
Highest Innings	For 501*	B.C.Lara	v Durham	Birmingham	1994
	V 322	I.V.A.Richards	for Somerset	Taunton	1985

Highest Partnership for each Wicket

1st	377*	N.F.Horner/K.Ibadulla	v Surrey	The Oval	1960
2nd	465*	J.A.Jameson/R.B.Kanhai	v Glos	Birmingham	1974
3rd	327	S.P.Kinneir/W.G.Quaife	v Lancashire	Birmingham	1901
4th	470	A.I.Kallicharran/G.W.Humpage	v Lancashire	Southport	1982
5th	335	J.O.Troughton/T.R.Ambrose	v Hampshire	Birmingham	2009
6th	327	L.J.Evans/T.R.Ambrose	v Sussex	Birmingham	2015
7th	289*	I.R.Bell/T.Frost	v Sussex	Horsham	2004
8th	228	A.J.W.Croom/R.E.S.Wyatt	v Worcs	Dudley	1925
9th	233	I.J.L.Trott/J.S.Patel	v Yorkshire	Birmingham	2009
10th	214	N.V.Knight/A.Richardson	v Hampshire	Birmingham	2002

Best Bowling	For 10-41	J.D.Bannister	v Comb Servs	Birmingham	1959
(Innings)	V 10-36	H.Verity	for Yorkshire	Leeds	1931
Best Bowling	For 15-76	S.Hargreave	v Surrey	The Oval	1903
(Match)	V 17-92	A.P.Freeman	v Kent	Folkestone	1932

Most Runs – Season	2417	M.J.K.Smith	(av 60.42)	1959
Most Runs – Career	35146	D.L.Amiss	(av 41.64)	1960-87
Most 100s – Season	9	A.I.Kallicharran		1984
	9	B.C.Lara		1994
Most 100s – Career	78	D.L.Amiss		1960-87
Most Wkts – Season	180	W.E.Hollies	(av 15.13)	1946
Most Wkts – Career	2201	W.E.Hollies	(av 20.45)	1932-57
Most Career W-K Dismissals	800	E.J.Smith	(662 ct; 138 st)	1904-30
Most Career Catches in the Field	422	M.J.K.Smith		1956-75

LIMITED-OVERS CRICKET

Highest Total	50ov	392-5		v Oxfordshire	Birmingham	1984
	40ov	321-7		v Leics	Birmingham	2010
	T20	261-2		v Notts	Nottingham	2022
Lowest Total	50ov	93		v Hampshire	Birmingham	2023
	40ov	59		v Yorkshire	Leeds	2001
	T20	63		v Notts	Birmingham	2021
Highest Innings	50ov	206	A.I.Kallicharran	v Oxfordshire	Birmingham	1984
	40ov	137	I.R.Bell	v Yorkshire	Birmingham	2005
	T20	158*	B.B.McCullum	v Derbyshire	Birmingham	2015
Best Bowling	50ov	7-32	R.G.D.Willis	v Yorkshire	Birmingham	1981
	40ov	6-15	A.A.Donald	v Yorkshire	Birmingham	1995
	T20	6-23	Hassan Ali	v Derbyshire	Birmingham	2025

WORCESTERSHIRE

Formation of Present Club: 11 March 1865
Inaugural First-Class Match: 1899
Colours: Dark Green and Black
Badge: Shield Argent a Fess between three Pears Sable
County Championships: (5) 1964, 1965, 1974, 1988, 1989
NatWest Trophy Winners: (1) 1994
Benson and Hedges Cup Winners: (1) 1991
Pro 40/National League (Div 1) Winners: (1) 2007
Sunday League Winners: (3) 1971, 1987, 1988
Metro Bank One-Day Cup Winners: (1) 2025
Twenty20 Cup Winners: (1) 2018

Chief Executive: Ashley Giles, Visit Worcestershire New Road, Worcester, WR2 4QQ ● Tel: 01905 748474 Email: info@wccc.co.uk ● Web: www.wccc.co.uk ● X: @WorcsCCC (85,346 followers)

Head Coach: Alan Richardson. **Assistant Head Coach**: Kadeer Ali. **Assistant Coach**: Richard Jones. **Lead 2nd XI/Asst Coach**: Alexei Kervezee. **Captains**: B.L.D'Oliveira (f-c and T20) and J.D.Libby (50 ov). **Vice Captains**: J.D.Libby (f-c) and A.J.Hose (l-o). **Overseas Players**: Sikandar Raza, B.Swanepoel and Usama Mir. **2026 Testimonial**: None. **Head Groundsman**: Stephen Manfield. **Scorer**: Sue Drinkwater. **Vitality Blast Name**: Worcestershire Rapids. ‡ New registration. NQ Not qualified for England.

Worcestershire revised their capping policy in 2002 and now award players with their County Colours when they make their Championship debut.

ALLISON, Benjamin Michael John (New Hall S; Chelmsford C), b Colchester 18 Dec 1999. Elder brother of C.W.J.Allison (see *ESSEX*). 6'5". RHB, RFM. Squad No 65. Gloucestershire 2019; cap 2019. Essex 2021-23. Worcestershire debut 2025 (on loan); cap 2023. Bedfordshire 2018. Cambridgeshire 2019. HS 75 v Yorks (Leeds) 2023. BB 5-32 Ex v Northants (Northampton) 2022. Wo BB 5-44 v Surrey (Worcester) 2025. LO HS 32* Ex v Surrey (Chelmsford) 2024 (MBC). LO BB 6-35 v Hants (Worcester) 2025 (MBC). T20 HS 17. T20 BB 3-33.

BROOKES, Ethan Alexander (Solihull S & SFC), b Solihull, Warwks 23 May 2001. Younger brother of H.J.H.Brookes (see *MIDDLESEX*). 5'1". RHB, RMF. Squad No 77. Warwickshire 2019-21. Worcestershire debut 2024. Staffordshire 2020. HS 140 v Warwks (Birmingham) 2025. BB 3-34 v Essex (Chelmsford) 2024. LO HS 63 Wa v Leics (Birmingham) 2021 (RLC). LO BB 3-15 v Northants (Birmingham) 2021 (RLC). T20 HS 57. T20 BB 4-41.

CULLEN, Henry James (St Benedict's HS, Alcester; St Augustine's SFC, Redditch), b Redditch 29 Apr 2003. 5'8". RHB, WK. Squad No 13. Awaiting f-c debut. Worcestershire 2nd XI debut 2021. Herefordshire 2021-22. LO HS 35 v Glos (Worcester) 2025 (MBC). T20 HS 18*.

DARLEY, Harry Charles (The Marches S), b Shrewsbury, Shrops 21 Nov 2004. 5'10". RHB, RFM. Squad No 41. Awaiting f-c debut. Worcestershire 2nd XI debut 2022. LO HS 8 v Northants (Northampton) 2024 (MBC). LO BB 3-45 v Middx (Worcester) 2024 (MBC). T20 HS –. T20 BB 2-11. No 1st XI appearances in 2025.

D'OLIVEIRA, Brett Louis (Worcester SFC), b Worcester 28 Feb 1992. Son of D.B.D'Oliveira (Worcs 1982-95), grandson of B.L.D'Oliveira (Worcs, EP and England 1964-80). 5'9". RHB, LB. Squad No 15. Debut (Worcestershire) 2012; captain 2022 to date. MCC 2018. Birmingham Phoenix 2022. HS 202* v Glamorgan (Cardiff) 2016. BB 7-92 v Glamorgan (Cardiff) 2019. LO HS 138 v Derbys (Repton) 2025 (MBC). LO BB 3-8 v Essex (Chelmsford) 2021 (RLC). T20 HS 79. T20 BB 4-11.

EDAVALATH, Rehaan Mahamood (Newcastle-under-Lyme S; Malvern C; Loughborough U), b Wolverhampton, Staffs 4 Mar 2004. 5'9". RHB, OB. Squad No 11. Debut (Worcestershire) 2023. Worcestershire 2nd XI debut 2021. HS 61 v Durham (Chester-le-St) 2025. LO HS 15 v Durham (Worcester) 2024 (MBC).

FINCH, Adam William (Kingswinford S; Oldswinford Hospital SFC), b Wordsley, Stourbridge 28 May 2000. 6'4". RHB, RMF. Squad No 61. Debut (Worcestershire) 2019. Surrey 2020 (on loan). HS 43 v Kent (Worcester) 2024. BB 5-74 v Glamorgan (Cardiff) 2023. LO HS 24 and LO BB 3-54 v Derbys (Worcester) 2022 (RLC). T20 HS 30*. T20 BB 3-28.

GIBBON, Benjamin James, b Chester 9 Jun 2000. 6'3". RHB, LMF. Squad No 21. Debut (Worcestershire) 2022. Cheshire 2019-21. HS 75 v Surrey (Oval) 2024. BB 4-87 v Glamorgan (Cardiff) 2022. LO HS 13* v Durham (Chester-le-St) 2023 (MBC). LO BB 3-58 v Somerset (Taunton) 2023 (MBC). T20 BB –.

HOME, Jack Edward (Shrewsbury S), b Shrewsbury 2 May 2006. Six of his relatives, including his brother, sister, cousin, father, uncle and grandfather, have played cricket for Shropshire. 5'11". RHB, RMF. Squad No 24. Debut (Worcestershire) 2024. Worcestershire 2nd XI debut 2022-24. Shropshire 2022-24. England U19 2024-25. HS 29 v Warwks (Worcester) 2024. BB 1-25 v Lancs (Worcester) 2024. LO HS 13* v Glos (Worcester) 2025 (MBC). LO BB 6-51 v Derbys (Derby) 2024 (MBC). T20 HS 1*. T20 BB 1-33.

HOSE, Adam John (Carisbrooke S), b Newport, IoW 25 Oct 1992. 6'2". RHB, RMF. Squad No 54. Somerset 2016-17. Warwickshire 2018-19. Worcestershire debut 2023. Big Bash: AS 2022-23 to 2023-24. Northern Superchargers 2022-24. Trent Rockets 2025. HS 266 v Hants (Southampton) 2025. LO HS 101* Sm v Glos (Bristol) 2017 (RLC). T20 HS 119.

JONES, Robert Peter (Bridgewater HS), b Warrington, Cheshire 3 Nov 1995. 5'10". RHB, LB. Squad No 88. Lancashire 2016-23. Worcestershire debut 2024. Cheshire 2014. HS 122 La v Middx (Lord's) 2019. Wo HS 90 v Notts (Nottingham) 2024. BB 1-4 La v Northants (Manchester) 2021. LO HS 122 v Northants (Northampton) 2023 (MBC). LO BB 1-3 La v Leics (Manchester) 2019 (RLC). T20 HS 61*.

KASHIF ALI (Dunstable C), b Kashmir, Pakistan 7 Feb 1998. 5'8". RHB, LB. Squad No 27. Debut (Worcestershire) 2022. Ghani Glass 2023-24 to date. Bedfordshire 2021. HS 133 (and 110) v Warwks (Birmingham) 2024 and 133 Ghani Glass v Pakistan TV (Karachi) 2024-25. BB 2-13 v Kent (Canterbury) 2024. LO HS 114 v Kent (Worcester) 2022 (RLC) – on debut. T20 HS 88. T20 BB –.

NQLATEGAN, Daniel Herbert (Brighton C), b Cape Town, South Africa 25 May 2006. LHB, OB. Squad No 25. Debut (Worcestershire) 2025. Worcestershire 2nd XI debut 2024. HS 44 v Durham (Chester-le-St) 2025. BB –. LO HS 78 v Somerset (Worcester) 2025 (MBC).

LIBBY, Jacob ('Jake') Daniel (Plymouth C; UWIC), b Plymouth, Devon 3 Jan 1993. 5'9". RHB, OB. Squad No 2. Cardiff MCCU 2014. Nottinghamshire 2014-19, scoring 108 v Sussex (Nottingham) on debut. Northamptonshire 2016 (on loan). Worcestershire debut 2020. Cornwall 2011-14. 1000 runs (3); most – 1153 (2023). HS 228* v Hants (Southampton) 2025. BB 2-10 v Middx (Worcester) 2022. LO HS 126* v Derbys (Worcester) 2022 (RLC). LO BB 2-4 v Lancs (Manchester) 2022 (RLC). T20 HS 78*. T20 BB 1-11.

MOHAMMED, Isaac (Ninestiles S), b Solihull, Warwicks 30 Apr 2008. LHB, RMF. Squad No 8. Debut (Worcestershire) 2025. Worcestershire 2nd XI debut 2022. HS 5 v Sussex (Worcester) 2025. LO HS 63 v Essex (Chelmsford) 2025 (MBC). T20 HS 10.

RODERICK, Gareth Hugh (Maritzburg C), b Durban, South Africa 29 Aug 1991. 6'0". RHB, WK. Squad No 9. UK passport, qualifying for England in October 2018. KZN 2010-11 to 2011-12. Gloucestershire 2013-20; cap 2013; captain 2016-17. Worcestershire debut 2021. HS 172* v Glamorgan (Cardiff) 2022. LO HS 152* v Derbys (Worcester) 2024 (MBC). T20 HS 71.

‡NOSIKANDAR RAZA Butt (Glasgow Caledonian C), b Sialkot, Pakistan 24 Apr 1986. 5'11". RHB OB. Northerns 2006-07 to 2021-22. Southern Rocks 2010-11 to 2021-22. Mashonaland Eagles 2011-12 to 2015-16. Harare Metropolitan Eagles 2016-17. Bulawayo Metropolitan Tuskers 2017-18. Tuskers 2019-20. Southerns 2021-22. Northamptonshire 2024 (T20 only). IPL: PK 2023-24. Manchester Originals 2024. **Tests** (Z): 22 (2013 to 2025-26); HS 127 v SL (Colombo, RPS) 2017; BB 7-113 v SL (Harare) 2019-20. **LOI** (Z): 153 (2013 to 2025); HS 141 v Afg (Bulawayo) 2014; BB 4-55 v Netherlands (Harare) 2023. **IT20** (Z): 133 (2013 to 2025-26); HS 133* v Gambia (Nairobi) 2024-25; BB 5-18 v Rwanda (Nairobi) 2024-25. F-c Tours (Z): E 2025; SA 2017-18; SL 2017; B 2014-15, 2018-19, 2019-20; UAE (v Afg) 2020-21. HS 226 SR v Mountaineers (Harare) 2021-22. BB 7-113 (see *Tests*). LO HS 141 (see *LOI*). LO BB 4-33 ME v MT (Harare) 2014-15. T20 HS 133*. T20 BB 5-18.

SINGH, Fateh Landa (Trent C), b Nottingham 20 Apr 2004. LHB, SLA. Squad No 1. Northamptonshire 2024 (on loan). Worcestershire debut 2025. Nottinghamshire 2nd XI 2021-24. HS 26* v Surrey (Worcester) 2025. BB 3-58 v Sussex (Hove) 2025. LO HS 60 v Durham (Worcester) 2024 (MBC). LO BB 4-52 v Somerset (Taunton) 2024 (MBC). T20 HS 10. T20 BB 3-18.

‡NOSWANEPOEL, Beyers, b Vanderbijlpark, Gauteng, South Africa 6 May 1998. LHB, RMF. Free State 2016-17 to 2018-19. Northern Cape 2019-20 to 2021-22. Knights 2019-20. Eastern Province 2022-23 to 2024-25. Kent 2024. Gauteng 2025-26. F-c Tour (SAA): SL 2023. HS 88* N Cape v KZN Coastal (Kimberley) 2019-20. CC HS 54 K v Worcs (Canterbury) 2024. BB 7-50 N Cape v NW (Potchefstroom) 2019-20. CC BB 2-61 K v Lancs (Canterbury) 2024. LO HS 73* EP v KZN Coastal (Durban) 2024-25. LO BB 4-9 EP v WP (Gqeberha) 2024-25. T20 HS 83. T20 BB 5-39.

TAYLOR, Thomas Alex Ian (Trentham HS, Stoke-on-Trent), b Stoke-on-Trent, Staffs 21 Dec 1994. Elder brother of J.P.A.Taylor (see *SURREY*). 6'2". RHB, RMF. Squad No 12. Derbyshire 2014-17. Leicestershire 2018-20. Northamptonshire 2021-23. Worcestershire debut 2024. HS 80 De v Kent (Derby) 2016. Wo HS 66* v Durham (Chester-le-St) 2025. 50 wkts (1): 58 (2025). BB 6-28 v Warwks (Worcester) 2024. LO HS 112 Nh v Glos (Cheltenham) 2023 (MBC). LO BB 3-14 v Durham (Worcester) 2024 (MBC). T20 HS 50*. T20 BB 5-28.

NOUSAMA MIR, b Sialkot, Pakistan 23 Dec 1995. 6'3". RHB, LB. Khan Research Laboratories 2014-15. Sui Southern Gas Corporation 2015-16 to 2018-19. Lankan CC 2018-19. Baluchistan 2020-21. Central Punjab 2022-23. Worcestershire debut 2023. Sialkot 2024-25 to date. Big Bash: MS 2023-24 to 2024-25; HH 2025-26. Manchester Originals 2023-24. **LOI** (P): 12 (2022-23 to 2023-24); HS 20 v NZ (Karachi) 2023; BB 4-43 v NZ (Karachi) 2023 – separate matches. **IT20** (P): 5 (2023-24 to 2024); HS 5 v NZ (Lahore) 2024; BB 2-21 v NZ (Lahore) 2024 – separate matches. HS 77* Lankan v Panadura (Panagoda) 2018-19. BB 6-91 C Punjab v Khyber Pakh (Faisalabad) 2022-23. Wo HS 1 and Wo BB 1-66 v Sussex (Hove) 2023. LO HS 51* Ghani Glass v HEC (Lahore) 2024. LO BB 7-14 P Emerging v Hong Kong (Cox's Bazar) 2016-17. T20 HS 39. T20 BB 6-40.

WAITE, Matthew James (Brigshaw HS), b Leeds 24 Dec 1995. 6'0". RHB, RFM. Squad No 6. Yorkshire 2017-22. Worcestershire debut 2022. YHS 109* v Derbys (Derby) 2023. BB 6-19 v Essex (Worcester) 2025. LO HS 71 Y v Warwks (Birmingham) 2017 (RLC). LO BB 5-59 Y v Leics (Leicester) 2021 (RLC). T20 HS 40. T20 BB 5-21 v Leics (Worcester) 2024 – Wo record.

RELEASED/RETIRED

(Having made a County 1st XI appearance in 2025, even if not formally contracted. Some may return in 2026.)

NODUFFY, Jacob Andrew, b Lumsden, New Zealand 2 Aug 1994. Younger brother of R.M.Duffy (Otago 2013-14 to 2016-17). RHB, RFM. Otago 2011-12 to date. Kent 2022. Nottinghamshire 2025. Worcestershire 2025. Northern Superchargers 2025. **Tests** (NZ): 4 (2025 to 2025-26); HS 36 v Z (Bulawayo) 2025; BB 5-34 v WI (Christchurch) 2025-26. **LOI** (NZ): 9 (2022 to 2025-26); HS 4* v SL (Dambulla) 2024-25 and HS 4* v SL (Pallekele) 2024-25; BB 3-35 v P (Hamilton) 2024-25. **IT20** (NZ): 47 (2020-21 to

2025-26); HS 9* v I (Thiruvananthapuram) 2025-26; BB 4-14 v P (Christchurch) 2024-25. F-c Tours (NZA): E 2015 (NZ); A 2023; I 2022-23; NZ 2025 (NZ). HS 71 Otago v Auckland (Dunedin) 2018-19. CC HS 29 Nt v Warwks (Nottingham) 2024. Wo HS 14* v Warwks (Worcester) 2025. BB 7-89 Otago v Wellington (Wellington) 2019-20. CC BB 5-66 K v Glos (Canterbury) 2022. Wo BB 5-75 v Warwks (Worcester) 2025. LO HS 39 Otago v Auckland (Auckland) 2014-15. LO BB 6-35 Otago v Canterbury (Christchurch) 2018-19. T20 HS 24. T20 BB 5-18.

NQ**DWARSHUIS, Ben**jamin James, b Kareela, NSW, Australia 23 June 1994. LHB, LFM. New South Wales 2022-23 to date. Worcestershire 2021-25 (T20 only). Durham 2024 (T20 only). Big Bash: SS 2014-15 to date. Birmingham Phoenix 2022. Northern Superchargers 2024. **LOI** (A): 6 (2024 to 2025); HS 33 v SA (Cairns) 2025; BB 3-47 v Afg (Lahore) 2024-25. **IT20** (A): 15 (2021-22 to 2025); HS 17 v SA (Darwin) 2025; BB 4-36 v WI (Kingston) 2025. HS 60* NSW v SA (Adelaide, KR) 2022-23. BB 4-48 NSW v WA (Perth) 2022-23. LO HS 44 NSW v Q (Brisbane) 2022-23. LO BB 4-39 NSW v Tas (Launceston) 2024-25. T20 HS 66. T20 BB 5-21.

HINLEY, Tom Ian (Warden Park Ac; Eastbourne C), b Frimley, Surrey 5 Feb 2003. 6'1". LHB, SLA. Sussex 2021. Worcestershire 2025. Sussex 2nd XI 2021-22. Kent 2nd XI 2023. Warwickshire 2nd XI 2024. Worcestershire 2nd XI debut 2024. Oxfordshire 2022-24. HS 19 Sx v Leics (Leicester) 2021. Wo HS 5* and BB 1-121 v Somerset (Taunton) 2025. LO HS 32 v Somerset (Taunton) 2024 (MBC). LO BB 5-56 v Durham (Worcester) 2024 (MBC). T20 HS 21. T20 BB 1-11.

NQ**KHURRAM SHEHZAD**, b Mandi Bahauddin, Punjab, Pakistan 25 Apr 1994. RHB, RMF. Habib Bank 2017-18 to 2018-19. Baluchistan 2019-20 to 2022-23. Ghani Glass 2024-25 to date. Worcestershire 2025. Faisalabad 2025-26. **Tests** (P): 6 (2023-24 to 2024-25); HS 18 v SA (Cape Town) 2024-25; BB 6-90 v B (Rawalpindi) 2024. F-c Tours (P): A 2023-24, 2024 (PA); SA 2024-25; SL 2021-22 (PA). HS 59 Baluchistan v Northern (Abbottabad) 2022-23. Wo HS 0*. BB 6-30 P Shaheens v Sri Lanka A (Rawalpindi) 2024-25. Wo BB 6-42 v Warwks (Birmingham) 2025. LO HS 20 Nugegoda v Kalutara (Colombo, TC) 2019-20 and 20 GG v WAPDA (Rawalpindi) 2024. LO BB 4-36 v Somerset (Worcester) 2025 (MBC). T20 HS 17*. T20 BB 4-22.

NQ**NICHOLLS, Henry** Michael (St Andrew's C), b Christchurch, New Zealand 15 Nov 1991. LHB, OB. Canterbury 2011-12 to date. Worcestershire 2025. Big Bash: ST 2015-16. Derbyshire 2018 (T20 only). **Tests** (NZ): 58 (2015-16); HS 200* v SL (Wellington) 2022-23. **LOI** (NZ): 84 (2015-16 to 2025-26); HS 124* v SL (Nelson) 2018-19. **IT20** (NZ): 10 (2015-16 to 2021); HS 36* v B (Mirpur) 2021. F-c Tours (NZ): E 2021, 2022; A 2019-20; SA 2016; I 2016-17, 2017-18 (NZA), 2021-22; P 2022-23; SL 2019; Z 2016, 2025; B 2023-24; UAE 2018-19 (v P). HS 226 Cant v Auckland (Christchurch) 2025-26. Wo HS 42 v Durham (Worcester) 2025. BB –. LO HS 178 Cant v Wellington (Wellington) 2014-15. LO BB –. T20 HS 76*.

POLLOCK, Edward John (RGS Worcester; Shrewsbury S; Collingwood C, Durham U), b High Wycombe, Bucks 10 Jul 1995. Son of A.J.Pollock (Cambridge U 1982-84); younger brother of A.W.Pollock (Cambridge MCCU & U 2013-15). 5'10". LHB, OB. Durham MCCU 2015-17. Worcestershire 2022-24. Warwickshire 2017-21 (l-o only). Herefordshire 2014-16. HS 113 v Middx (Northwood) 2022. LO HS 180 v Middx (Worcester) 2024 (MBC). T20 HS 77.

YADVINDER SINGH Chahal, b Rajasthan, India 18 Jan 1996. 6'0" RHB, RMF. Worcestershire 2024-25. HS 14* and BB 4-103 v Surrey (Oval) 2024.

WORCESTERSHIRE 2025

RESULTS SUMMARY

	Place	Won	Lost	Drew	Tied
Rothesay County Championship (Div 1)	10th	1	8	5	
Metro Bank One-Day Cup (Group A)	Winners	8	1		
Vitality Blast (North Group)	5th	7	7		

ROTHESAY COUNTY CHAMPIONSHIP AVERAGES
BATTING AND FIELDING

Cap†		M	I	NO	HS	Runs	Avge	100	50	Ct/St
2023	A.J.Hose	8	15	–	266	684	45.60	1	2	5
2020	J.D.Libby	14	26	2	228*	1060	44.16	4	2	8
2024	E.A.Brookes	14	26	1	140	788	31.52	2	2	17
2021	G.H.Roderick	14	26	1	151	722	28.88	1	4	57
2022	M.J.Waite	13	24	4	87*	518	25.90	–	3	4
2025	D.H.Lategan	3	5	–	44	127	25.40	–	–	1
2012	B.L.D'Oliveira	11	21	–	121	523	24.90	1	–	2
2023	R.M.Edavalath	3	5	–	61	115	23.00	–	1	1
2022	Kashif Ali	12	22	–	65	457	20.77	–	3	4
2024	T.A.I.Taylor	14	26	6	66*	335	16.75	–	1	2
2025	H.M.Nicholls	6	11	–	42	176	16.00	–	–	6
2022	B.J.Gibbon	3	5	1	33	59	14.75	–	–	2
2024	R.P.Jones	5	10	–	54	137	13.70	–	1	8
2025	F.Singh	2	4	1	26*	39	13.00	–	–	1
2019	A.W.Finch	5	5	3	17*	73	12.16	–	–	6
2023	B.M.J.Allison	14	25	4	38	198	9.42	–	–	6
2025	J.A.Duffy	5	9	3	14*	31	5.16	–	–	2
2025	Khurram Shehzad	4	9	9	0*	0	0.00	–	–	–

Also played A.M.Foreman (1 match – cap 2025) 2, 15 (3 ct); T.I.Hinley (1 – cap 2025) 0, 5*; I.Mohammed (1 – cap 2025) 5, 4 (1 ct); C.F.Parkinson (1 – cap 2025) did not bat; Yadvinder Singh (1 – cap 2024) 5*, 7.

BOWLING

	O	M	R	W	Avge	Best	5wI	10wM
T.A.I.Taylor	423	93	1327	58	22.87	5-55	2	–
M.J.Waite	281.4	61	889	38	23.39	6-19	1	–
J.A.Duffy	138.1	20	542	19	28.52	5-75	1	–
B.M.J.Allison	371.5	99	1155	40	28.87	5-44	1	–
A.W.Finch	119.5	16	465	13	35.76	3-40	–	–
E.A.Brookes	149	15	493	12	41.08	2-33	–	–

Also bowled Khurram Shehzad 101 20 338 9 37.55 6-42 1 –; B.L.D'Oliveira 26.1-0-147-1; R.M.Edavalath 2-0-11-0; A.M.Foreman 25-3-97-2; B.J.Gibbon 61-4-269-3; T.I.Hinley 25.4-1-121-1; Kashif Ali 9-0-55-0; D.H.Lategan 15-0-95-0; J.D.Libby 30.3-1-164-4; C.F.Parkinson 69.3-17-148-4; F.Singh 43.4-6-165-4; Yadvinder Singh 17-1-73-2.

Worcestershire played no first-class fixtures outside the County Championship in 2025. The First-Class Averages (pp 223–236) give the records of Worcestershire players in all first-class county matches, with the exception of C.F.Parkinson, whose first-class figures for Worcestershire are as above.

† Worcestershire revised their capping policy in 2002 and now award players with their County Colours when they make their Championship debut.

WORCESTERSHIRE RECORDS
FIRST-CLASS CRICKET

Highest Total	For	701-6d		v	Surrey	Worcester	2007
	V	701-4d		by	Leics	Worcester	1906
Lowest Total	For	24		v	Yorkshire	Huddersfield	1903
	V	30		by	Hampshire	Worcester	1903
Highest Innings	For	405*	G.A.Hick	v	Somerset	Taunton	1988
	V	371	T.Banton	for	Somerset	Taunton	2025

Highest Partnership for each Wicket

1st	309	H.K.Foster/F.L.Bowley	v	Derbyshire	Derby	1901
2nd	316	S.C.Moore/V.S.Solanki	v	Glos	Cheltenham	2008
3rd	438*	G.A.Hick/T.M.Moody	v	Hampshire	Southampton[1]	1997
4th	330	B.F.Smith/G.A.Hick	v	Somerset	Taunton	2006
5th	393	E.G.Arnold/W.B.Burns	v	Somerset	Taunton	2006
6th	265	G.A.Hick/S.J.Rhodes	v	Warwicks	Birmingham	1909
7th	256	G.A.Hick/S.J.Rhodes	v	Somerset	Taunton	1988
8th	225*	D.A.Leatherdale/S.J.Rhodes	v	Notts	Nottingham	2002
8th	225*	J.O.Holder/M.J.Waite	v	Kent	Canterbury	2024
9th	181	J.A.Cuffe/R.D.Burrows	v	Glos	Worcester	1907
10th	136	A.G.Milton/S.J.Magoffin	v	Somerset	Worcester	2018

Best Bowling	For	9- 23	C.F.Root	v	Lancashire	Worcester	1931
(Innings)	V	10- 51	J.Mercer	for	Glamorgan	Worcester	1936
Best Bowling	For	15- 87	A.J.Conway	v	Glos	Moreton-in-M	1914
(Match)	V	17-212	J.C.Clay	for	Glamorgan	Swansea	1937

Most Runs – Season	2654	H.H.I.H.Gibbons	(av 52.03)	1934
Most Runs – Career	34490	D.Kenyon	(av 34.18)	1946-67
Most 100s – Season	10	G.M.Turner		1970
	10	G.A.Hick		1988
Most 100s – Career	106	G.A.Hick		1984-2008
Most Wkts – Season	207	C.F.Root	(av 17.52)	1925
Most Wkts – Career	2143	R.T.D.Perks	(av 23.73)	1930-55
Most Career W-K Dismissals	1095	S.J.Rhodes	(991 ct; 104 st)	1985-2004
Most Career Catches in the Field	528	G.A.Hick		1984-2008

LIMITED-OVERS CRICKET

Highest Total	50ov	404-3		v	Devon	Worcester	1987
	40ov	376-6		v	Surrey	The Oval	2010
	T20	227-6		v	Northants	Kidderminster	2007
Lowest Total	50ov	58		v	Ireland	Worcester	2009
	40ov	86		v	Yorkshire	Leeds	1969
	T20	53		v	Lancashire	Manchester	2016
Highest Innings	50ov	192	C.J.Ferguson	v	Leics	Worcester	2018
	40ov	160	T.M.Moody	v	Kent	Worcester	1991
	T20	127	T.Kohler-Cadmore	v	Durham	Worcester	2016
Best Bowling	50ov	7-19	N.V.Radford	v	Beds	Bedford	1991
	40ov	6-16	Shoaib Akhtar	v	Glos	Worcester	2005
	T20	5-21	M.J.Waite	v	Leics	Worcester	2024

YORKSHIRE

Formation of Present Club: 8 January 1863
Substantial Reorganisation: 10 December 1891
Inaugural First-Class Match: 1864
Colours: Dark Blue, Light Blue and Gold
Badge: White Rose
County Championships (since 1890): (32) 1893, 1896, 1898, 1900, 1901, 1902, 1905, 1908, 1912, 1919, 1922, 1923, 1924, 1925, 1931, 1932, 1933, 1935, 1937, 1938, 1939, 1946, 1959, 1960, 1962, 1963, 1966, 1967, 1968, 2001, 2014, 2015
Joint Champions: (1) 1949
Gillette/C&G Trophy Winners: (3) 1965, 1969, 2002
Benson and Hedges Cup Winners: (1) 1987
Sunday League Winners: (1) 1983
Twenty20 Cup Winners: (0); best – Finalist 2012

Chief Executive: Sanjay Patel, Headingley Pavilion, Kirkstall Lane, Headingley, Leeds, LS6 3DP ● Tel: 0344 504 3099 ● Email: cricket@yorkshireccc.com ● Web: www.yorkshireccc.com ● X: @Yorkshireccc (158,961 followers)

Head Coach: Anthony McGrath. **General Manager**: Gavin Hamilton. **Batting Coach**: John Sadler. **Bowling Coach**: Mick Lewis. **Captain**: J.M.Bairstow. **Overseas Players**: Naveen-ul-Haq, J.A.Richardson, W.J.Sutherland and L.V.van Beek. **2026 Testimonial**: None. **Head Groundsman**: Richard Robinson. **Scorers**: John Potter and John Virr. ‡ New registration ᴺQ Not qualified for England.

AKHTAR, Jawad (Kettlethorpe S; Yorkshire Cricket C), b Pontefract 19 Nov 2005. RHB, OB. Squad No 7. Awaiting 1st XI debut. Yorkshire 2nd XI debut 2024.

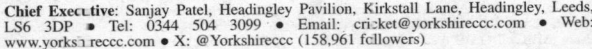

‡ALI, Moeen Munir (Moseley S), b Birmingham 18 Jun 1987. Brother of A.K.Ali (Worcs, Glos and Leics 2000-12), cousin of Kabir Ali (Worcs, Rajasthan, Hants and Lancs 1999-2014). 5'0". LHB, OB. Squad No 1. Debut (Warwickshire) 2005; captain 2024 (T20). Worcestershire 2007-19; captain 2020-22 (T20 only). Moors SC 2011-12. MT 2012-13. MCC 2012. IPL: RCB 2018 to 2020-21; CSK 2021-24; KKR 2025. Birmingham Phoenix 2021-24. PCA 2013. *Wisden* 2014. **Tests**: 68 (2014 to 2023); 1000 runs (1): 1078 (2016); HS 155* v SL (Chester-le-St) 2016; BB 6-53 v SA (Lord's) 2017. Hat-trick v SA (Oval) 2017. **LOI**: 138 (2013-14 to 2023-24, 1 as captain); HS 128 v Scotland (Christchurch) 2014-15; BB 4-46 v A (Manchester) 2018. **IT20**: 92 (2013-14 to 2024, 11 as captain); HS 72* v A (Cardiff) 2015; BB 3-24 v WI (Bridgetown) 2021-22. F-c Tours: A 2017-18; SA 2015-16; WI 2014-15, 2018-19; NZ 2017-18; I 2016-17, 2020-21; SL 2013-14 (EL), 2018-19; B 2016-17; UAE 2015-16 (v P). 1000 runs (2); most – 1420 (2013). PCA 2022. HS 250 Wo v Glamorgan (Worcester) 2013. BB 6-29 (12-96 match) Wo v Lancs (Manchester) 2012. LO HS 158 Wo v Sussex (Horsham) 2011 (CB40). LO BB 4-33 Wo v Notts (Nottingham) 2018 (RLC). T20 HS 121*. T20 BB 5-34.

BAIRSTOW, Jonathan Marc (St Peter's S, York; Leeds Met U), b Bradford 26 Sep 1989. Son of D.L.Bairstow (Yorkshire, GW and England 1970-90); brother of A.D.Bairstow (Derbyshire 1995). 6'0". RHB, WK, occ RM. Squad No 51. Debut (Yorkshire) 2009; cap 2011; testimonial 2023. IPL: SH 2019-21; PK 2022-24; MI 2025. Welsh Fire 2021 to date. Inaugural winner of Young Wisden Schools Cricketer of the Year 2008. YC 2011. PCA 2022. **Tests**: 100 (2012 to 2023-24); 1000 runs (2); most – 1470 (2016); HS 167* v SL (Lord's) 2015. Took a world record 70 dismissals in 2016, as well as scoring a record number of runs in a calendar year for a keeper. **LOI**: 107 (2011 to 2023-24); 1000 runs (1): 1025 (2018); HS 141* v WI (Southampton) 2017. **IT20**: 80 (2011 to 2024): HS 90 v SA (Bristol) 2022. F-c Tours: A 2013-14, 2017-18, 2021-22; SA 2014-15 (EL), 2015-16, 2019-20; WI 2010-11 (EL), 2018-19, 2021-22; NZ 2017-18; I 2012-13, 2016-17, 2020-21, 2023-24; SL 2013-14 (EL), 2018-19, 2020-21; B 2016-17; UAE 2015-16 (v P). 1000 runs (3); most – 1286 (2016). HS 246 v Hants (Leeds) 2016. LO HS 174 v Durham (Leeds) 2017 (RLC). T20 HS 116.

BEAN, Finlay Joseph (Q Ethelburga's C), b Harrogate 16 Apr 2002. LHB, WK. Squad No 33. Debut (Yorkshire) 2022. Yorkshire 2nd XI debut 2019. Warwickshire 2nd XI 2022. HS 224 v Notts (Nottingham) 2025. BB –. LO HS 102* v Durham (Scarborough) 2025 (MBC).

BENNISON, William Jeffrey (St Peter's S, York), b Marton-cum-Grafton, Boroughbridge 10 Sep 2006. RHB, LBG. Awaiting f-c debut. Yorkshire 2nd XI debut 2022. LO HS 0.

BESS, Dominic Mark (Blundell's S), b Exeter, Devon 22 Jul 1997. Cousin of Z.G.G.Bess (Devon 2015-19), J.J.Bess (Devon 2007-18) and L.F.O.Bess (Devon 2017-19). 5'11". RHB, OB. Squad No 47. Somerset 2016-23. Yorkshire debut 2019 (on loan); cap 2021. Warwickshire 2023 (on loan). Southern Rocks 2023-24. MCC 2018, 2019. Devon 2015-16. **Tests**: 14 (2018 to 2020-21); HS 57 v P (Lord's) 2018; BB 5-30 v SL (Galle) 2020-21. F-c Tours: A 2019-20 (EL), 2021-22 (EL); SA 2019-20; WI 2017-18 (EL); I 2018-19 (EL), 2020-21; SL 2019-20, 2020-21. HS 107 MCC v Essex (Bridgetown) 2018 and 107 v Worcs (Leeds) 2025. BB 7-43 v Northants (Northampton) 2021. LO HS 60 v Leics (Scarborough) 2024 (MBC). LO BB 5-37 v Essex (Chelmsford) 2023 (MBC). T20 HS 53. T20 BB 3-15.

BROOK, Harry Cherrington (Sedbergh S), b Keighley 22 Feb 1999. 5'11". RHB, RM. Squad No 88. Debut (Yorkshire) 2016; cap 2021. IPL: SH 2023. Big Bash: HH 2021-22. Northern Superchargers 2021 to date. YC 2021. **ECB Two-Year Central Contract from 2025-26**. **Tests**: 35 (2022 to 2025-26); 1000 runs (1): 1100 (2024); HS 317 v P (Multan) 2024-25; BB 1-25 v NZ (Wellington) 2022-23. **LOI**: 38 (2022-23 to 2025-26, 17 as captain); HS 136* v SL (Colombo, RPS) 2025-26. **IT20**: 63 (2021-22 to 2025-26, 19 as captain); HS 100 v P (Pallekele) 2025-26. F-c Tours: A 2021-22 (EL), 2025-26; NZ 2022-23, 2024-25; P 2022-23, 2024-25. HS 317 (*see Tests*). Y HS 194 v Kent (Leeds) 2022. BB 3-15 v Glamorgan (Cardiff) 2021. LO HS 136* (*see LOI*). T20 HS 105*. T20 BB 1-13.

CHOHAN, Jafer Ali (Harrow S; Loughborough U), b Camden, Middx 11 Jul 2002. RHB, LB. Squad No 5. Awaiting f-c debut. Yorkshire debut 2023 (T20 only). Big Bash: SS 2024-25 to date. Yorkshire 2nd XI debut 2023. Berkshire 2022. LO HS 0. LO BB 4-43 FCC v Pak Shaheens (Beckenham) 2025. T20 HS 37. T20 BB 5-14.

CLIFF, Benjamin Michael (Brighouse HS; Huddersfield New C), b Halifax 23 Oct 2002. RHB, RFM. Squad No 26. Debut (Yorkshire) 2023. Yorkshire 2nd XI debut 2021. England U19 2022. HS 20 v Hants (Southampton) 2025. BB 2-27 v Leics (Leicester) 2023. LO HS 12* v Kent (Canterbury) 2025 (MBC). LO BB 5-46 v Warwks (Scarborough) 2025 (MBC). T20 HS 2*. T20 BB 4-31.

COAD, Benjamin Oliver (Thirsk S & SFC), b Harrogate 10 Jan 1994. 6'2". RHB, RM. Squad No 10. Debut (Yorkshire) 2016; cap 2018. HS 89 v Essex (York) 2025. 50 wkts (2); most – 53 (2024). BB 6-25 v Lancs (Leeds) 2017. LO HS 45 v Leics (Leicester) 2023 (MBC). LO BB 4-14 v Notts (Notts SC) 2024 (MBC). T20 HS 7. T20 BB 3-40.

DUKE, Harry George (QEGS, Wakefield; Leeds U), b Wakefield 6 Sep 2001. 5'8". RHB, WK, occ RM. Squad No 22. Debut (Yorkshire) 2021. Essex 2024 (on loan). HS 54 v Sussex (Leeds) 2021. LO HS 125 v Leics (Leicester) 2021 (RLC). T20 HS 37.

FIRBANK, Matthew Steven (Harrogate GS; Scarborough C), b Leeds 15 Mar 2007. 6'5". RHB, RFM. Awaiting f-c debut. Yorkshire 2nd XI debut 2024. LO HS 1* and LO BB 1-29 v Kent (Canterbury) 2025 (MBC).

HILL, George Christopher Hindley (Sedbergh S), b Keighley 24 Jan 2001. 6'2½". RHB, RMF. Squad No 18. Debut (Yorkshire) 2020; cap 2024. HS 169* v Middx (Leeds) 2024. 50 wkts (1): 56 (2025). BB 6-26 v Lancs (Manchester) 2022. LO HS 130 v Worcs (Scarborough) 2022 (RLC). LO BB 6-28 v Warwks (Rugby) 2024 (MBC). T20 HS 19*. T20 BB 2-45.

KELLY, Noah Michael (Driffield SS), b Hull 21 Sep 2005. LHB, WK. Squad No 32. Awaiting f-c debut. Yorkshire 2nd XI debut 2022. LO HS 3 v Glamorgan (Cardiff) 2024 (MBC). No 1st XI appearances in 2025.

LUXTON, William Andrew (Bradford GS), b Keighley 6 May 2003. RHB, OB. Squad No 68. Debut (Yorkshire) 2022. Yorkshire 2nd XI debut 2021. HS 71 v Surrey (Scarborough) 2025. LO HS 105* v Warwks (Rugby) 2024 (MBC). T20 HS 90*.

LYTH, Adam (Caedmon S, Whitby; Whitby Community C), b Whitby 25 Sep 1987. 5'8". LHB, RM. Squad No 9. Debut (Yorkshire) 2007; cap 2010; testimonial 2020-21. MCC 2017. Big Bash: PS 2022-23. Northern Superchargers 2021-23. Trent Rockets 2024. PCA 2014. *Wisden* 2014. **Tests**: 7 (2015); HS 107 v NZ (Leeds) 2015. F-c Tours (EL): SA 2014-15; WI 2010-11. 1000 runs (6); most – 1619 (2014). HS 251 v Lancs (Manchester) 2014. BB 4-56 v Northants (Northampton) 2024. LO HS 144 v Lancs (Manchester) 2018 (RLC). LO BB 2-27 v Derbys (Leeds) 2019 (RLC). T20 HS 161 v Northants (Leeds) 2017 – Y & UK record; 7th highest score in all T20 cricket. T20 BB 5-31.

MORIARTY, Daniel Thornhill (Rondesbosch Boys' HS), b Reigate, Surrey 2 Dec 1999. 6'0". LHB, SLA. Squad No 11. Surrey 2020-23, taking 5-64 v Middx (Oval) on debut. Yorkshire debut 2023. Southern Brave 2022. HS 29 Sy v SL Dev (Guildford) 2022. CC HS 24 v Essex (Chelmsford) 2025. BB 6-60 Sy v Glos (Oval) 2021. Y BB 5-139 v Glos (Leeds) 2023. LO HS 30 v Somerset (Surrey) 2025 (MBC). LO BB 4-30 Sy v Somerset (Oval) 2021 (RLC). T20 HS 9*. T20 BB 4-25.

‡ᴺᴼ**NAVEEN-UL-HAQ** Murid, b Logar, Afghanistan 23 Sep 1999. 6'1". RHB, RMF. Kabul Region 20 7-18 to 2018-19. Leicestershire 2023 (T20 only); cap 2022. IPL: LSG 2023-24. Big Bash: SS 2022-23. **LOI** (Afg): 15 (2016 to 2023-24); HS 10* v Ire (Abu Dhabi) 2020-21; BB 4-42 v Ire (Abu Dhabi) 2020-21 – separate matches. **IT20** (Afg): 48 (2019 to 2024-25); HS 13 v Ire (Sharjah) 2023-24; BB 4-20 v UAE (Sharjah) 2023-24. HS 34 Kabul v Mis Ainak (Asadabad) 2017-18. BB 8-35 Kabul v Mis Ainak (Kabul) 2018-19. LO HS 30 Kabul v Band-e-Amir (Kabul) 2018. LO BB 5-40 Afg A v Bangladesh A (Savar) 2019. T20 HS 30*. T20 BB 5-11.

RASHID, Adil Usman (Belle Vue S, Bradford), b Bradford 17 Feb 1988. 5'8". RHB, LBG. Squad No 3. Debut (Yorkshire) 2006; cap 2008; testimonial 2018. Signed white ball contract in 2020. MCC 2007-09. IPL: PK 2021, SH 2023. Big Bash: AS 2015-16. Northern Superchargers 2021 to date. YC 2007. **ECB Two-Year Central Contract from 2025-26**. **Tests**: 19 (2015-16 to 2018-19), taking 5-64 v P (Abu Dhabi) on debut; HS 61 v P (Dubai, DSC) 2015- 6; BB 5-49 v SL (Colombo, SSC) 2018-19 **LOI**: 161 (2009 to 2025-26); HS 69 v NZ (Birmingham) 2015; BB 5-27 v Ire (Bristol) 2017. **IT20**: 145 (2009 to 2025-26); HS 22 v WI (Bridgetown) 2021-22; BB 4-2 v WI (Dubai, DSC) 2024. F-c Tours: WI 2010-11 (EL), 2018-19; I 2007-08 (EL), 2016-17; SL 2018-19; B 2006-07 (Eng A), 2016-17; UAE 2015-16 (v P). HS 180 v Somerset (Leeds) 2013. 50 wkts (2); most – 65 (2008). BB 7-107 v Hants (Southampton) 2008. LO HS 71 v Glos (Leeds) 2014 (RLC). LO BB 5-27 (*see LOI*). T20 HS 36*. T20 BB 4-2.

REVIS, Matthew Liam (Ilkley GS), b Steeton 15 Nov 2001. 6'4½". RHB, RM. Squad No 77. Debut (Yorkshire) 2019. Yorkshire 2nd XI debut 2019. HS 152* v Sussex (Scarborough) 2025. BB 5-50 v Glamorgan (Cardiff) 2023. LO HS 85 v Somerset (York) 2025 (MBC). LO BB 4-54 v Essex (Chelmsford) 2023 (MBC). T20 HS 52. T20 BB 2-10.

‡NQ**RICHARDSON, Jhye** Avon, b Murdoch, Western Australia 20 Sep 1996. LHB, RF. W Australia 2015-16 to date. IPL: PK 2021; DCa 2024. Big Bash: PS 2015-16 to date. **Tests** (A): 4 (2018-19 to 2025-26); HS 9 and BB 5-42 v E (Adelaide) 2021-22. **LOI** (A): 15 (2017-18 to 2022); HS 29 v I (Delhi) 2018-19; BB 4-26 v I (Sydney) 2018-19. **IT20** (A): 18 (2016-17 to 2022); HS 11 v NZ (Christchurch) 2020-21; BB 3-26 v SL (Colombo, RPS) 2022. HS 71 WA v Tas (Perth) 2017-18. BB 8-47 (11-105 match) WA v NSW (Perth) 2018-19. LO HS 44 WA v NSW (Melbourne, SK) 2021-22. LO BB 5-63 WA v NSW (Sydney, CC) 2024-25. T20 HS 33*. T20 BB 4-9.

ROOT, Joseph Edward (King Ecgbert S, Sheffield; Worksop C), b Sheffield 30 Dec 1990. Elder brother of W.T.Root (see *GLAMORGAN*). 6'0". RHB, OB. Squad No 66. Debut (Yorkshire) 2010; cap 2012. IPL: RR 2023. Big Bash: ST 2018-19. Trent Rockets 2021 to date. YC 2012. *Wisden* 2013. PCA 2021. **ECB Two-Year Central Contract from 2025-26. Tests**: 163 (2012-13 to 2025-26, 64 as captain); 1000 runs (5); most – 1708 (2021); HS 262 v P (Multan) 2024-25; BB 5-8 v I (Ahmedabad) 2020-21. **LOI**: 189 (2012-13 to 2025-26); HS 166* v WI (Cardiff) 2025; BB 3-52 v Ire (Lord's) 2017. **IT20**: 32 (2012-13 to 2019); HS 90* v A (Southampton) 2013; BB 2-9 v WI (Kolkata) 2015-16. F-c Tours(C=Captain): A 2013-14, 2017-18C, 2021-22C, 2025-26; SA 2015-16, 2019-20C; WI 2014-15, 2018-19C, 2021-22C; NZ 2012-13, 2017-18C, 2019-20C, 2022-23, 2024-25; I 2012-13, 2016-17, 2020-21C, 2023-24; P 2022-23, 2024-25; SL 2018-19C, 2019-20C, 2020-21C; B 2016-17; UAE 2015-16 (v P). 1000 runs (4); most – 1228 (2013). HS 262 (see *Tests*). CC HS 236 v Derbys (Leeds) 2013. BB 5-8 (see *Tests*). Y BB 4-5 v Lancs (Manchester) 2018. LO HS 166* (see *LOI*). LO BB 3-52 (see *LOI*). T20 HS 92*. T20 BB 2-7.

SINGH, Jay (High Storrs; Worksop C), b Sheffield 17 Dec 2006. 6'5". RHB, RFM. Awaiting 1st XI debut. Yorkshire 2nd XI debut 2024.

SMITH, Owen (Dinnington HS; Worksop C), b Rotherham 7 Jan 2007. RHB, WK. Awaiting 1st XI debut. Yorkshire 2nd XI debut 2024.

NQ**SUTHERLAND, Will**iam James, b East Melbourne, Australia 27 Oct 1999. Son of J.A.Sutherland (Victoria 1990-91 to 1992-93 and CEO Cricket Australia 2005-18); elder brother of A.J.Sutherland (Australia women 2019-20 to date). RHB, RFM. Squad No 50. Victoria 2019-20 to date. Yorkshire debut 2025. Big Bash: MR 2018-19 to date. **LOI** (A): 2 (2023-24); HS 18 and BB 2-28 v WI (Sydney) 2023-24. HS 101* Vic v WA (Perth) 2025-26. Y HS 24* v Surrey (Scarborough) 2025. BB 6-67 Vic v SA (Adelaide) 2019-20. Y BB 2-46 v Sussex (Scarborough) 2025. LO HS 66 Vic v Q (Melbourne, SK) 2019-20. LO BB 5-45 Vic v Q (Townsville) 2018-19. T20 HS 70. T20 BB 3-14.

TAYLOR, Charles Harry (Holmfirth HS; Rugby S), b Huddersfield 13 Sep 2006. RHB, RFM. Awaiting 1st XI debut. Yorkshire 2nd XI debut 2024.

‡NQ**TYE, Andrew** James (Padbury Senior HS, WA), b Perth, Australia 12 Dec 1986. 6'4". RHB, RMF. W Australia 2014-15 to 2017-18. Gloucestershire 2016-19 (T20 only). Durham 2022 (T20 only). Northamptonshire 2023 (T20 only). IPL: GL 2017; KXIP 2018-19; RR 2020-21; LSG 2022. Big Bash: ST 2013-14; PS 2014-15 to 2024-25; MR 2025-26. **LOI** (A): 7 (2017-18 to 2018); HS 19 v E (Oval) 2018; BB 5-46 v E (Perth) 2017-18. **IT20** (A): 32 (2015-16 to 2021); HS 20 v E (Birmingham) 2018; BB 4-23 v NZ (Sydney) 2017-18. HS 10 WA v Tas (Hobart) 2014-15. BB 3-47 WA v Q (Brisbane) 2014-15. LO HS 44 WA v Tas (Perth) 2021-22. LO BB 6-46 WA v Q (Sydney, HO) 2018-19. T20 HS 44. T20 BB 5-17.

VAGADIA, Yash Vipul (Teesside HS; Durham U), b Newcastle upon Tyne 7 May 2004. RHB, OB. Squad No 45. Awaiting f-c debut. Yorkshire 2nd XI debut 2021. LO HS 21 v Glamorgan (Cardiff) 2024 (MBC). No 1st XI appearances in 2025.

‡NQ**VAN BEEK, Logan** Verjus, b Christchurch, New Zealand 7 Sep 1990. Grandson of S.C.Guillen (Trinidad, Canterbury, West Indies and New Zealand 1947-48 to 1960-61). 6'1". RHB, RMF. Canterbury 2009-10 to 2016-17. Netherlands 2017. Wellington 2017-18 to date. Derbyshire 2019. Worcestershire 2023-24. Leicestershire 2025. **LOI** (Neth): 33 (2021 to 2023-24); HS 59 v SL (Lucknow) 2023-24; BE 4-24 v Nepal (Harare) 2023. **IT20** (Neth): 35 (2013-14 to 2025-26); HS 23 v SA (New York) 2024; BB 4-27 v Hong Kong (Bulawayo) 2022. F-c Tours (NZA): I 2022-23; UAE 2018-19 (v PA). HS 111* Cant v Otago (Christchurch) 2015-16. CC HS 82* Le v Derbys (Leicester) 2025. BB 6-46 Wellington v Auckland (Auckland) 2017-18. CC BB 4-26 Wo v Essex (Chelmsford) 2024. LO HS 135 Wellington v CD (Wellington) 2023-24. LO BB 6-18 Neth v UAE (Voorburg) 2017. T20 HS 61*. T20 BB 4-15.

WADE, Alexander (Bradford GS), b Airedale 28 Nov 2006. RHB, RFM. Squad No 13. Awaiting 1st XI debut. Yorkshire 2nd XI debut 2024. England U19 2024-25.

WHARTON, James Henry (Holmfirth HS; Greenhead C), b Huddersfield 1 Feb 2001. 6'4". RHB, OB. Squad No 23. Debut (Yorkshire) 2022. HS 285 v Northants (Leeds) 2024. LO HS 113 v Kent (Canterbury) 2025 (MBC). T20 HS 111*.

WHITE, Curtley-Jack (Ullswater Comm C; Queen Elizabeth GS, Penrith), b Kendal, Cumberland 19 Feb 1992. 6'2". LHB, RFM. Squad No 19. Northamptonshire 2020-24. Yorkshire debut 2025. Cumberland 2013. Cheshire 2016-17. HS 59 Nh v Kent (Northampton) 2023. Y HS 18 v Notts (Leeds) 2025. 50 wkts (1): 50 (2023). BB 6-38 Nh v Essex (Northampton) 2022. Y BB 5-69 v Durham (Leeds) 2025. LO HS 29 Nh v Glos (Cheltenham) 2023 (MBC). LO BB 4-20 Nh v Derbys (Northampton) 2021 (RLC). T20 HS 13. T20 BB 4-33.

‡NQ**WHITEMAN, Sam** McFarlane (Bunbury Senior HS, WA), b Doncaster 19 Mar 1992. LHB, occ WK. W Australia 2012-13 to date. Northamptonshire 2023. Big Bash: PS 2013-14 to 2023-24; ST 2021-22 to 2022-23. F-c Tour (Aus A): NZ 2015-16. HS 193 WA v SA (Perth) 2022-23. CC HS 130* Nh v Somerset (Taunton) 2023. LO HS 137* WA v SA (Perth) 2023-24. T20 HS 68.

RELEASED/RETIRED

(Having made a County 1st XI appearance in 2025)

NQ**ABDULLAH SHAFIQ**, b Sialkot, Pakistan 20 Nov 1999. Nephew of Arshad Ali (UAE 2003-04 to 2013). RHB, OB. Central Punjab 2019-20 to 2022-23. Eshaal Associates 2024-25. Yorkshire 2025. Sialkot 2025-26. **Tests** (P): 24 (2021-22 to 2025-26); HS 201 v SL (Colombo SSC) 2023. **LOI** (P): 24 (2022 to 2025); HS 113 v SL (Hyderabad) 2023-24. **IT20** (P): 6 (2020-21 to 2022-23); HS 41* v Z (Rawalpindi) 2020-21. F-c Tours (P): A 2023-24; SL 2021-22 (PA), 2022, 2023; B 2021-22. 1000 runs (0+1): 1123 (2022-23). HS 232 C Punjab v Sindh (Rawalpindi) 2022-23. Y HS 5 v Essex (York) 2025. LO HS 113 (*see LOI*). T20 HS 102*.

NQ**AGARWAL, Mayank** Anuraj, b Bangalore, India 16 Feb 1991. RHB, OB. Karnataka 2013-14 to date. Yorkshire 2025. IPL: RCB 2011 to date; DD 2014-16; RPS 2017; KXIP 2018 to 2020-21; PK 2021-22; SH 2023-24. **Tests** (I): 21 (2018-19 to 2021-22); HS 243 v B (Indore) 2019-20. **LOI** (I): 5 (2019-20 to 2020-21); HS 32 v NZ (Hamilton) 2019-20. F-c Tours (I): E 2018 (IA); A 2018-19, 2020-21; SA 2021-22; WI 2019; NZ 2018-19 (IA), 2019-20. 1000 runs (0+2): most – 1171 (2017-18). HS 304* Karnataka v Maharashtra (Gahunje) 2017-18. Y HS 175 v Durham (Leeds) 2025. BB 2-18 Karnataka v Gujarat (Bangalore) 2013-14. LO HS 176 India A v South Africa A (Chennai) 2015. LO BB 1-8 Karnataka v A Pradesh (Ahmedabad) 2024-25. T20 HS 111.

NQ**BUCKINGHAM, Jordan** Steven Dermott, b Bundoora, Victoria, Australia 17 Mar 2000. RHB, RFM. S Australia 2021-22 to date. Northamptonshire 2023. Yorkshire 2025. Big Bash: AS 2024-25. F-c Tour (Aus A): NZ 2022-23. HS 17 SA v Vic (Melbourne, SK) 2022-23 and CC HS 17 Nh v Somerset (Taunton) 2023. Y HS 3 v Surrey (Oval) 2025. BB 8-71 SA v Tas (Adelaide, KR) 2023-24. CC BB 1-21 v Warwks (Leeds) 2025. LO HS 15* SA v NSW (Sydney, CC) 2025-26. LO BB 6-41 SA v Q (Adelaide) 2023-24. T20 HS 0*. T20 BB 1-23.

NQ**IMAM-UL-HAQ**, b Lahore, Pakistan 12 Dec 1995. Nephew of Inzamam-ul-Haq (Multan, UB, Faisalabad, Rawalpindi, NB, WAPDA, Yorkshire and Pakistan 1985-86 to 2007-08). LHB, LB. Lahore Shalimar 2012-13. Khan Research Labs 2013-14 to 2015-16. Habib Bank 2016-17 to 2017-18. Baluchistan 2019-20 to 2022-23. Somerset 2022. Multan 2024-25 to date. Pakistan Television 2024-25. Yorkshire 2025. Oil & Gas Development 2025-26. **Tests** (P): 26 (2018 to 2025-26); HS 157 v A (Rawalpindi) 2021-22. **LOI** (P): 75 (2017-18 to 2024-25); HS 151 v E (Bristol) 2019. **IT20** (P): 2 (2019 to 2019-20); HS 14 v A (Perth) 2019-20. F-c Tours (P): E 2018, 2020; A 2019-20, 2023-24; SA 2018-19; SL 2022, 2023; Ire 2018. HS 202* Baluchistan v Khyber Pakh (Lahore) 2021-22. CC HS 90 Sm v Glos (Taunton) 2022. Y HS 19 v Sussex (Scarborough) 2025. BB 1-4 HB v WAPDA (Karachi) 2016-17. LO HS 159 v Northants (Northampton) 2025 (MBC). LO BB –. T20 HS 94.

MALAN, D.J. – see *GLOUCESTERSHIRE*.

MILNES, M.E. – see *KENT*.

NQ**O'ROURKE, Wi**lliam Peter, b Kingston upon Thames, Surrey 6 Aug 2001. RHB, RFM. Canterbury 2021-22 to 2024-25. Yorkshire 2025. IPL: LSG 2025. **Tests** (NZ): 11 (2023-24 to 2025); HS 5* v E (Christchurch) 2024-25 and 5* v E (Hamilton) 2024-25; BB 5-34 v SA (Hamilton) 2023-24 – on debut. **LOI** (NZ): 17 (2023-24 to 2024-25); HS 3* v SL (Hamilton) 2024-25; BB 4-43 v P (Karachi) 2024-25. **IT20** (NZ): 7 (2024 to 2025); HS 0; BB 3-27 v P (Lahore) 2024. F-c Tours (NZ): I 2024-25; SL 2024-25; Z 2025. HS 17* Canterbury v Otago (Dunedin) 2022-23. Y HS 0 and Y BB 2-113 v Notts (Nottingham) 2025. BB 5-34 (*see Tests*). LO HS 16 Canterbury v Otago (Dunedin) 2022-23. LO BB 6-20 Canterbury v Otago (Rangiora) 2023-24. T20 HS 21*. T20 BB 5-22.

NQ**SEARS, Be**njamin Vincent (Hutt International BS), b Lower Hutt, New Zealand 11 Feb 1998. Son of M.J.Sears (Wellington 1990-91 to 1993-94). RHB, RFM. Wellington 2018-19 to date. Yorkshire 2025. **Tests** (NZ): 1 (2023-24); HS 0*; BB 4-90 v A (Christchurch) 2023-24. **LOI** (NZ): 4 (2024-25); HS 6 v P (Hamilton) 2024-25; BB 5-34 v P (Mt Maunganui) 2024-25. **IT20** (NZ): 22 (2021 to 2025-26); HS 7* v P (Auckland) 2024-25; BB 3-22 v Neth (Hague) 2022. HS 41 Wellington v Otago (Wellington) 2020-21. Y HS 28 and Y BB 4-45 v Warwks (Leeds) 2025. BB 6-43 Wellington v Auckland (Wellington) 2019-20. LO HS 19* Wellington v CD (New Plymouth) 2021-22. LO BB 5-34 (*see LOI*). T20 HS 17*. T20 BB 4-16.

TATTERSALL, J.A. – see *LEICESTERSHIRE*.

THOMPSON, J.A. – see *WARWICKSHIRE*.

YORKSHIRE 2025

RESULTS SUMMARY

	Place	Won	Lost	Drew
Rothesay County Championship (Div 1)	7th	4	4	6
Metro Bank One-Day Cup (Group B)	SF	7	2	
Vitality Blast (North Group)	8th	5	9	

ROTHESAY COUNTY CHAMPIONSHIP AVERAGES
BATTING AND FIELDING

Cap		M	I	NO	HS	Runs	Avge	100	50	Ct/St
2010	M.L.Revis	11	16	4	152*	766	63.83	3	1	5
2010	A.Lyth	14	24	1	185	1173	51.00	3	6	16
	M.A.Agarwal	3	4	–	175	201	50.25	1	–	1
2020	D.J.Malan	5	9	1	98	392	49.00	–	3	2
2011	J.M.Bairstow	12	19	3	89	735	45.93	–	7	38
	J.H.Wharton	14	23	2	85	700	33.33	–	7	5
2022	J.A.Thompson	9	11	1	70	323	32.30	–	3	1
	F.J.Bean	13	22	1	224	555	26.42	1	1	10
	W.A.Luxton	3	5	–	71	116	23.20	–	1	2
2021	D.M.Bess	13	19	3	107	354	22.12	1	1	8
2024	G.C.H.Hill	13	19	–	88	420	22.10	–	4	20
	W.J.Sutherland	3	4	1	24*	63	21.00	–	–	1
2018	B.O.Coad	8	11	2	89	183	20.33	–	1	–
2022	J.A.Tattersall	2	4	–	31	55	13.75	–	–	1
	C.J.White	13	14	9	18	58	11.60	–	–	2
	J.S.D.Buckingham	2	4	1	4	4	1.33	–	–	–

Also batted: Abdullah Shafiq (1 match) 5; H.C.Brook (1 – cap 2021) 33, 20 (1 ct); B.M.Cliff (1) 2, 20; H.G.Duke (2) 7, 15, 21 (11 ct); Imam-ul-Haq (1) 19; M.E.Milnes (3) 19, 13*, 8; D.T.Moriarty (3) 24, 8, 0* (1 ct); W.P.O'Rourke (1) 0; J.E.Root (1 – cap 2012) 1, 90 (1 ct); B.V.Sears (2) 1, 28, 1 (1 ct).

BOWLING

	O	M	R	W	Avge	Best	5wI	10wM
G.C.H.Hill	341.1	100	853	51	16.72	6- 51	3	–
C.J.White	366.1	99	972	42	23.14	5- 69	1	–
M.E.Milnes	77.3	18	260	11	23.63	5- 31	1	–
B.O.Coad	259.3	60	692	21	32.95	4- 39	–	–
J.A.Thompson	194.1	36	660	20	33.00	3- 27	–	–
D.M.Bess	347.3	70	1041	26	40.03	7-162	1	–
Also bowled:								
B.V.Sears	38	6	172	7	24.57	4- 45	–	–
D.T.Moriarty	110.4	19	288	8	36.00	4- 91	–	–
M.L.Revis	117	10	481	5	96.20	2- 51	–	–

J.M.Bairstow 1-0-6-0; J.S.D.Buckingham 26-1-171-2; B.M.Cliff 40-12-0; A.Lyth 23-4-60-3; D.J.Malan 20-12-0; W.P.O'Rourke 26-3-129-2; W.J.Sutherland 68-19-227-4; J.H.Wharton 2-0-5-0.

Yorkshire played no first-class fixtures outside the County Championship in 2025. The First-Class Averages (pp 223–236) give the records of Yorkshire players in all first-class county matches, with the exception of H.C.Brook, G.C.H.Hill, J.E.Root and J.A.Tattersall, whose first-class figures for Yorkshire are as above.

YORKSHIRE RECORDS
FIRST-CLASS CRICKET

Highest Total	For 887		v Warwicks	Birmingham	1896
	V 681-7d		by Leics	Bradford	1996
Lowest Total	For 23		v Hampshire	Middlesbrough	1965
	V 13		by Notts	Nottingham	1901
Highest Innings	For 341	G.H.Hirst	v Leics	Leicester	1905
	V 318*	W.G.Grace	for Glos	Cheltenham	1876

Highest Partnership for each Wicket

1st	555	P.Holmes/H.Sutcliffe	v Essex	Leyton	1932
2nd	346	W.Barber/M.Leyland	v Middlesex	Sheffield	1932
3rd	346	J.J.Sayers/A.McGrath	v Warwicks	Birmingham	2009
4th	372	J.E.Root/J.M.Bairstow	v Surrey	Leeds	2016
5th	340	E.Wainwright/G.H.Hirst	v Surrey	The Oval	1899
6th	305	A.Lyth/J.A.Tattersall	v Surrey	Scarborough	2022
7th	366*	J.M.Bairstow/T.T.Bresnan	v Durham	Chester-le-St²	2015
8th	292	R.Peel/Lord Hawke	v Warwicks	Birmingham	1896
9th	246	T.T.Bresnan/J.N.Gillespie	v Surrey	The Oval	2007
10th	149	G.Boycott/G.B.Stevenson	v Warwicks	Birmingham	1982

Best Bowling	For	10-10	H.Verity	v Notts	Leeds	1932
(Innings)	V	10-37	C.V.Grimmett	for Australians	Sheffield	1930
Best Bowling	For	17-91	H.Verity	v Essex	Leyton	1933
(Match)	V	17-91	H.Dean	for Lancashire	Liverpool	1913

Most Runs – Season	2883	H.Sutcliffe	(av 80.08)	1932
Most Runs – Career	38558	H.Sutcliffe	(av 50.20)	1919-45
Most 100s – Season	12	H.Sutcliffe		1932
Most 100s – Career	112	H.Sutcliffe		1919-45
Most Wkts – Season	240	W.Rhodes	(av 12.72)	1900
Most Wkts – Career	3597	W.Rhodes	(av 16.02)	1898-1930
Most Career W-K Dismissals	1186	D.Hunter	(863 ct; 323 st)	1888-1909
Most Career Catches in the Field	665	J.Tunnicliffe		1891-1907

LIMITED-OVERS CRICKET

Highest Total	50ov	411-6		v Devon	Exmouth	2004
	40ov	352-6		v Notts	Scarborough	2001
	T20	260-4		v Northants	Leeds	2017
Lowest Total	50ov	76		v Surrey	Harrogate	1970
	40ov	54		v Essex	Leeds	2003
	T20	68		v Derbyshire	Chesterfield	2023
Highest Innings	50ov	175	T.M.Head	v Leics	Leicester	2016
	40ov	191	D.S.Lehmann	v Notts	Scarborough	2001
	T20	161	A.Lyth	v Northants	Leeds	2017
Best Bowling	50ov	7-27	D.Gough	v Ireland	Leeds	1997
	40ov	7-15	R.A.Hutton	v Worcs	Leeds	1969
	T20	6-19	T.T.Bresnan	v Lancashire	Leeds	2017

PROFESSIONAL UMPIRES' TEAM 2026

† New appointment. See page ** for key to abbreviations.

BALDWIN, Paul Kerr, b Epsom, Surrey 18 Jul 1973. No f-c appearances. Umpired 18 LOI (2006 to 2009). Reserve List 2010-14. Appointed 2015.

BAMBURY, Grace Stephenie, b Stafford 28 Jun 2001.

BLACKWELL, Ian David (Brookfield Community S), b Chesterfield, Derbys 10 Jun 1978. 6'2". LHB, SLA. Derbyshire 1997-99. Somerset 2000-08; cap 2001; captain 2006 (*part*). Durham 2009-12. Warwickshire 2012 (on loan). MCC 2012. **Tests**: 1 (2005-06); HS 4 and BB- v I (Nagpur) 2005-06. **LOI**: 34 (2002-03 to 2005-06); HS 82 v I (Colombo) 2002-03; BB 3-26 v A (Adelaide) 2002-03. F-c Tour: I 2005-06. 1000 runs (3); most – 1256 (2005). HS 247* S v Derbys (Taunton) 2003 – off 156 balls and including 204 off 98 balls in reduced post-lunch session. BB 7-52 Du v Australia A (Chester-le-St) 2012. CC BB 7-85 Du v Lancs (Manchester) 2009. F-c career: 210 matches; 11595 runs @ 39.57, 27 hundreds; 398 wickets @ 35.91; 66 ct. Reserve List 2015-17. Appointed 2018.

†BROWN, Gabi, b Ashton-under-Lyne, Lancs 1 Sep 1989. Appointed 2026.

BURNS, Michael (Walney CS), b Barrow-in-Furness, Lancs 6 Feb 1969. 6'0". RHB, RM, WK. Warwickshire 1992-96. Somerset 1997-2005; cap 1999; captain 2003-04. 1000 runs (2); most – 1133 (2003). HS 221 Sm v Yorks (Bath) 2001. BB 6-54 Sm v Leics (Taunton) 2001. F-c career: 154 matches; 7648 runs @ 32.68, 8 hundreds; 68 wickets @ 42.42; 142 ct, 7 st. Appointed 2016. Umpired 9 LOI (2020 to 2025). **ICC International Panel 2020 to date.**

CLARK, Amy Elisabeth (Gonville & Caius, Cambridge U), b Corbridge, Northumberland 9 Feb 2001.

†CROSS, Gareth David (Moorside S; Eccles C), b Bury, Lancs 20 Jun 1984. 5'9". RHB, WK, occ RMF. Lancashire 2005-13. Derbyshire 2014. HS 125 La v Sussex (Hove) 2011. LO HS 76 La v Warwks (Birmingham) 2007 (P40). LO BB 2-26 La v Durham (Chester-le-St) 2008 (FPT). T20 HS 65*. F-c career: 73 matches; 2371 runs @ 22.36, 3 hundreds; 135 ct, 27 st. Appointed 2026.

DEBENHAM, Benjamin John, b Chelmsford, Essex 11 Oct 1967. LHB. No f-c appearances. Reserve List 2012-17. Appointed 2018.

DOVEY, Warnakolasooriya Rose Priyanka, b Wennappuwa, Sri Lanka 28 Jul 1979. RHB, OB. **Tests (SL)**: 1 (1998); HS 44 and BB 3-28 v P (Colombo, CC) 1998. **LOI (SL)**: 37 (1997-98 to 2008-09); HS 27 v P (Colombo, MC) 2001-02; BB 4-3 v P (Colombo, PS) 2001-02. **IT20 (SL)**: 3 (2009); HS – ; BB 1-16 v P (Taunton) 2009.

GOUGH, Michael Andrew (English Martyrs RCS; Hartlepool SFC), b Hartlepool, Co Durham 18 Dec 1979. Son of M.P.Gough (Durham 1974-77). 6'5". RHB, OB. Durham 1998-2003. F-c Tours (Eng A): NZ 1999-00; B 1999-00. HS 123 Du v CU (Cambridge) 1998. CC HS 103 Du v Essex (Colchester) 2002. BB 5-56 Du v Middx (Chester-le-St) 2001. F-c career: 67 matches; 2952 runs @ 25.44, 2 hundreds; 30 wickets @ 45.00; 57 ct. Reserve List 2006-08. Appointed 2009. Umpired 42 Tests (2016 to 2024-25) and 93 LOI (2013 to 2024-25). **ICC Elite Panel 2020-25.**

HARRIS, Anna Yolanda, b High Wycombe, Bucks 15 Oct 1998. RHB, LB. Buckinghamshire and Berkshire 2012-19.

HARRIS, Anthony Charles, b Durban, South Africa 23 Nov 1973. No f-c appearances. Appointed 2022.

HASSAN ADNAN (MAO C, Lahore), b Lahore, Pakistan 15 May 1975. 5'9". RHB, OB. Islamabad 1994-95 to 2000-01. WAPDA 1997-98 to 2010-11. Gujranwala 1997-98 to 1998-99. Derbyshire 2003-07; cap 2004. Lahore 2003-04. Pakistan Customs 2009-10. Suffolk 2008-12. 1000 runs (1): 1380 (2004). HS 191 De v Somerset (Taunton) 2005. BB 1-4 De v Glos (Derby) 2006. F-c career: 137 matches; 7609 runs @ 37.11, 10 hundreds; 4 wickets @ 88.00; 76 ct. Reserve list 2020-21. Appointed 2022.

†**HOLLINGSHEAD, Sam**uel David, b Bath, Somerset, 7 Mar 1992. Appointed 2026.

ILLINGWORTH, Richard Keith (Salts GS), b Bradford, Yorks 23 Aug 1963. 5'11". RHB, SLA. Worcestershire 1982-2000; cap 1986; benefit 1997. Natal 1988-89. Derbyshire 2001. Wiltshire 2005. **Tests:** 9 (1991 to 1995-96); HS 28 v SA (Pt Elizabeth) 1995-96; BB 4-96 v WI (Nottingham) 1995. Took wicket of P.V.Simmons with his first ball in Tests – v WI (Nottingham) 1991. **LOI:** 25 (1991 to 1995-96); HS 14 v P (Melbourne) 1991-92; BB 3-33 v Z (Albury) 1991-92. F-c Tours: SA 1995-96; NZ 1991-92; P 1990-91 (Eng A); SL 1990-91 (Eng A); Z 1989-90 (Eng A), 1990-91 (Wo), 1993-94 (Wo), 1996-97 (Wo). HS 120* Wo v Warwks (Worcester) 1987 – as night-watchman. Scored 106 for England A v Z (Harare) 1989-90 – also as night-watchman. 50 wkts (5); most – 75 (1990). BB 7-50 Wo v OU (Oxford) 1985. F-c career: 376 matches; 7027 runs @ 22.45, 4 hundreds; 831 wickets @ 31.54; 161 ct. Appointed 2006. Umpired 82 Tests (2012-13 to 2025-26) and 106 LOI (2010 to 2025-26). **ICC Elite Panel 2013 to date.**

JARVIS, Julia, b Shoreham-by-Sea, Sussex 2 Jul 1968. RHB, RM.

KETTLEBOROUGH, Richard Allan (Worksop C), b Sheffield, Yorks 15 Mar 1973. 6'0". LHB, RM. Yorkshire 1994-97. Middlesex 1998-99. F-c Tour (Y): Z 1995-96. HS 108 Y v Essex (Leeds) 1996. BB 2-26 Y v Notts (Scarborough) 1996. F-c career: 33 matches; 1258 runs @ 25.16, 1 hundred; 3 wickets @ 81.00; 20 ct. Appointed 2006. Umpired 94 Tests (2010-11 to 2025-26) and 113 LOI (2009 to 2025-26). **ICC Elite Panel 2011 to date.**

LLONG, Nigel James (Ashford North S), b Ashford, Kent 11 Feb 1969. 6'0". LHB, OB. Kent 1990-98; cap 1993. F-c Tour (K): Z 1992-93. HS 130 K v Hants (Canterbury) 1996. BB 5-21 K v Middx (Canterbury) 1996. F-c career: 68 matches; 3024 runs @ 31.17, 6 hundreds; 35 wickets @ 35.97; 59 ct. Appointed 2002. Umpired 62 Tests (2007-08 to 2019-20) and 130 LOI (2006 to 2019-20). **ICC Elite Panel 2012-20.**

LLOYD, Graham David (Hollins County HS), b Accrington, Lancs 1 Jul 1969. Son of D.Lloyd (Lancs and England 1965-83). 5'9". RHB, RM. Lancashire 1988-2002; cap 1992; benefit 2001. **LOI:** 6 (1996 to 1998-99); HS 22 v A (Oval) 1997. F-c Tours: A 1992-93 (Eng A); WI 1995-96 (La). 1000 runs (5); most – 1389 (1992). HS 241 La v Essex (Chelmsford) 1996. BB 1-4. F-c career: 203 matches; 11279 runs @ 38.23, 24 hundreds; 2 wickets @ 220.00; 140 ct. Reserve List 2009-13. Appointed 2014. Umpired 1 LOI (2025). **ICC International Panel 2025 to date.**

LUNGLEY, Tom (St John Houghton SS; SE Derbyshire C), b Derby 25 Jul 1979. 6'1". LHB, RM. Derbyshire 2000-10; cap 2007. HS 50 De v Warwks (Derby) 2008. 50 wkts (1): 59 (2007). BB 5-20 De v Leics (Derby) 2007. F-c career: 55 matches; 885 runs @ 14.50; 149 wickets @ 32.10; 25 ct. Reserve list 2015-21. Appointed 2022.

MIDDLEBROOK, James Daniel (Pudsey Crawshaw S), b Leeds, Yorks 13 May 1977. 6'1". RHB, OB. Yorkshire 1998-2015. Essex 2002-09; cap 2003. Northamptonshire 2010-14, cap 2011. MCC 2010, 2013. HS 127 Ex v Middx (Lord's) 2007. 50 wkts (1): 56 (2003). BB 6-78 Nh v Kent (Northampton) 2013. Hat-trick Ex v Kent (Canterbury) 2003. F-c career: 226 matches; 7873 runs @ 27.72, 10 hundreds; 475 wickets @ 38.15; 112 ct. Reserve list 2017-21. Appointed 2022.

MILLNS, David James (Garibaldi CS; N Notts C; Nottingham Trent U), b Clipstone, Notts 27 Feb 1965. 6'3". LHB, RF. Nottinghamshire 1988-89, 2000-01; cap 2000. Leicestershire 1990-99; cap 1991; benefit 1999. Tasmania 1994-95. Boland 1996-97. F-c Tours: A 1992-93 (Eng A); SA 1996-97 (Le). HS 121 Le v Northants (Northampton) 1997. 50 wkts (4); most – 76 (1994). BB 9-37 (12-91 match) Le v Derbys (Derby) 1991. F-c career: 171 matches; 3082 runs @ 22.01, 3 hundreds; 553 wickets @ 27.35; 76 ct. Reserve List 2007-08. Appointed 2009. Umpired 7 LOI (2020 to 2023). **ICC International Panel 2020-23.**

NAEEM ASHRAF, b Lahore, Pakistan 10 Nov 1972. LHB, LFM. Lahore City 1987-88 to 1998-99. National Bank of Pakistan 1992-93 to 1999-00. Lahore Whites 2000-01. **LOI** (P): 2 (1995); HS 16 v SL (Sharjah) 1995; BB –. HS 139 Lahore City v Gujranwala (Gujranwala) 1997-98. BB 7-41 (10-70 match) NBP v Allied Bank (Lahore) 1997-98. F-c career: 86 matches; 3009 runs @ 26.16, 5 hundreds; 289 wickets @ 24.12; 47 ct. Appointed 2022.

NEWELL, Mark (Hazelwick SS; City of Westminster C), b Crawley, Sussex 19 Dec 1973. Brother of K.Newell (Sussex, Matabeleland and Glamorgan 1995-2001). 6'1½". RHB, OB. Sussex 1995-98. Derbyshire 1999. Buckinghamshire 2007. HS 135* Sx v Derbys (Horsham) 1998. BB –. 24 matches; 889 runs @ 23.39; 3 hundreds; 17 ct. Reserve list 2017-21. Appointed 2022.

O'SHAUGHNESSY, Steven Joseph (Harper Green SS, Franworth), b Bury, Lancs 9 Sep 1961. 5'10½". RHB, RM. Lancashire 1980-87; cap 1985. Worcestershire 1988-89. Scored 100 in 35 min to equal world record for La v Leics (Manchester) 1983. 1000 runs (1): 1167 (1984). HS 159* La v Somerset (Bath) 1984. BB 4-66 La v Notts (Nottingham) 1982. F-c career: 112 matches; 3720 runs @ 24.31, 5 hundreds; 114 wickets @ 36.03; 57 ct. Reserve List 2009-10. Appointed 2011.

PEVERALL, Benjamin John, b Bristol 23 Jan 1992. No f-c appearances. Appointed 2023.

POLLARD, Paul Raymond (Gedling CS), b Carlton, Nottingham 24 Sep 1968. 5'11". LHB, RM. Nottinghamshire 1987-98; cap 1992. Worcestershire 1999-2001. F-c Tour (Nt): SA 1996-97. 1000 runs (3); most – 1463 (1993). HS 180 Nt v Derbys (Nottingham) 1993. BB 2-79 Nt v Glos (Bristol) 1993. F-c career: 192 matches; 9685 runs @ 31.44, 15 hundreds; 4 wkts @ 68.00; 158 ct. Reserve List 2012-17. Appointed 2018.

PRATT, Neil, b Bishop Auckland, Co Durham 8 Jun 1972. Brother of A.Pratt (Durham 1997-2004) and G.Pratt (Durham 2000-06). RHB, RM. No f-c appearances. Reserve list 2020-21. Appointed 2022.

REDFERN, Suzanne, b Mansfield, Notts 26 Oct 1977. LHB, LM. MBE 2018. **Tests**: 6 (1995-96 to 1999); HS 30 v NZ (Worcester) 1996; BB 2-27 v I (Shenley) 1999. **LOI**: 15 (1995 to 1999); HS 27 v I (Nottingham) 1999; BB 4-21 v SA (Bristol) 1997. Test career: 6 matches; 146 runs @ 29.20; 6 wickets @ 64.50; 5 ct. Became the first woman to stand in a men's f-c game in England when she umpired Derbys v Glamorgan (Cardiff) 2023. Appointed 2022.

SAGGERS, Martin John (Springwood HS, King's Lynn; Huddersfield U) b King's Lynn, Norfolk 23 May 1972. 6'2". RHB, RMF. Durham 1996-98. Kent 1999-2009; cap 2001; benefit 2009. MCC 2004. Essex 2007 (on loan). Norfolk 1995-96. **Tests**: 3 (2003-04 to 2004); HS 1 and BB 2-29 v B (Chittagong) 2003-04 – on debut. F-c Tour: B 2003-04. HS 64 K v Worcs (Canterbury) 2004. 50 wkts (4); most – 83 (2002). BB 7-79 K v Durham (Chester-le-St) 2000. F-c career: 119 matches; 1165 runs @ 11.20; 415 wickets @ 25.33; 27 ct. Reserve List 2010-11. Appointed 2012. Umpired 16 LOI (2020 to 2025). **ICC International Panel 2020 to date.**

SHANMUGAM, Surendiran ('**Suri**')(Sri Krishna C of Engineering & Technology; Manchester U), b Coimbatore, Tamil Nadu, India 2 Jun 1984. No f-c appearances. Appointed 2022.

SHANTRY, Jack David (Priory SS; Shrewsbury SFC; Liverpool U), b Shrewsbury, Shrops 29 Jan 1988. Son of B.K.Shantry (Gloucestershire 1978-79), brother of A.J.Shantry (Northants, Warwicks, Glamorgan 2003-11). 6'4". LHB, LM. Worcestershire 2009-17. Shropshire 2007-09. HS 106 v Glos (Worcester) 2016. 50 wkts (2); most – 67 (2015). BB 7-60 v Oxford MCCU (Oxford) 2013. CC BB 7-69 v Essex (Worcester) 2013. F-c career: 92 matches; 1640 runs @ 19.06, 2 hundreds; 296 wickets @ 29.25; 30 ct. Appointed 2022.

TREDWELL, James Cullum (Southlands Community CS, New Romney), b Ashford 27 Feb 1982. 6'0". LHB, OB. Kent 2001-17; cap 2007; captain 2013; testimonial 2017. Sussex (on loan) 2014. MCC 2004, 2008, 2016. **Tests**: 2 (2009-10 to 2014-15); HS 37 v B (Dhaka) 2009-10; BB 4-47 v WI (North Sound) 2014-15. **LOI**: 45 (2009-10 to 2014-15); HS 30 v I (Nottingham) 2014; BB 4-41 v Scotland (Aberdeen) 2014. **IT20**: 17 (2012-13 to 2014); HS 22 and BB 1-16 v WI (Bridgetown) 2013-14. F-c Tours: WI 2014-15; NZ 2012-13 (*part*); I 2003-04 (Eng A, captain); B 2009-10. HS 124 K v Essex (Chelmsford) 2016, sharing K record 8th wkt partnership of 222 with S.A.Northeast. 50 wkts (1): 69 (2009). BB 8-66 (11-120 match) K v Glamorgan (Canterbury) 2009. F-c career: 177 matches; 4728 runs @ 21.88, 4 hundreds; 426 wickets @ 36.24; 196 ct. Appointed 2022.

WARREN, Russell John (Kingsthorpe Upper S), b Northampton 10 Sep 1971. 6'1". RHB, OB, WK. Northamptonshire 1992-2002; cap 1995. Nottinghamshire 2003-06; cap 2004. 1000 runs (1): 1030 (2001). HS 201* Nh v Glamorgan (Northampton) 2001. F-c career: 146 matches; 7776 runs @ 36.67, 15 hundreds; 128 ct, 5 st. Reserve list 2015-17. Appointed 2018. Umpired 7 LOI (2024 to 2025). **ICC International Panel 2024 to date.**

†**WASEEM, Mohammed**, b Derby, 22 Feb 1989. Appointed 2026.

WATTS, Christopher Mark (Stalham HS; Paston C), b Acle, Norfolk 3 Jul 1967. No f-c appearances. Reserve list 2015-21. Appointed 2022.

WHARF, Alexander George (Buttershaw Upper S; Thomas Danby C), b Bradford, Yorks 4 Jun 1975. 6'5". RHB, RMF. Yorkshire 1994-97. Nottinghamshire 1998-99. Glamorgan 2000-08, scoring 100* v OU (Oxford) on debut; cap 2000; benefit 2009. **LOI**: 13 (2004 to 2004-05); HS 9 v India (Lord's) 2004; BB 4-24 v Z (Harare) 2004-05. F-c Tour (Eng A): WI 2005-06. HS 128* Gm v Glos (Bristol) 2007. 50 wkts (1): 52 (2003). BB 6-59 Gm v Glos (Bristol) 2005. F-c career: 121 matches; 3570 runs @ 23.03, 6 hundreds; 293 wickets @ 37.34; 63 ct. Reserve List 2011-13. Appointed 2014. Umpired 14 Tests (2021 to 2025-26) and 32 LOI (2018 to 2024-25). **ICC Elite Panel 2025 to date.**

WHITE, Robert Allan (Stowe S; Durham U; Loughborough U), b Chelmsford, Essex 15 Oct 1979. 5'11". RHB, LB. Northamptonshire 2000-12; cap 2008. Loughborough UCCE 2003. British U 2003. 1000 runs (1): 1037 (2008). HS 277 and BB 2-30 v Glos (Northampton) 2002 – highest maiden f-c hundred in UK; included 107 before lunch on first day. F-c career: 112 matches; 5706 runs @ 32.98, 8 hundreds; 18 wickets @ 59.50; 67 ct. Reserve list 2018-21. Appointed 2022.

WIDDUP, Simon, b Doncaster, Yorks 10 Nov 1977. RHB, OB, occ WK. Yorkshire 2000-01. HS 44 and BB 1-22 Y v Somerset (Scarborough) 2000. F-c career: 11 matches; 245 runs @ 14.41; 1 wkt @ 22.00; 11 ct. Appointed 2023.

Test Match and LOI statistics to 10 March 2026.

TOURING TEAMS REGISTER 2025

AUSTRALIA

Full Names	Birthdate	Birthplace	Team	Type	F-C Debut
CAREY, Alex Tyson	27.08.91	Loxton	S Australia	LHB/WK	2012-13
CUMMINS, Patrick James	08.05.93	Sydney	NSW	RHB/RF	2010-11
GREEN, Cameron David	03.06.99	Subiaco	W Australia	RHB/RFM	2016-17
HAZLEWOOD, Josh Reginald	08.01.91	Tamworth	NSW	LHB/RFM	2008-09
HEAD, Travis Michael	29.12.93	Adelaide	S Australia	LHB/OB	2011-12
KHAWAJA, Usman Tariq	18.12.86	Islamabad, Pak	Queensland	LHB/RM	2007-08
LABUSCHAGNE, Marnus	22.06.94	Klerksdorp, SA	Queensland	RHB/LB/RM	2014-15
LYON, Nathan Michael	20.11.87	Young	NSW	RHB/OB	2010-11
SMITH, Steven Peter Devereux	02.06.89	Sydney	NSW	RHB/LB	2007-08
STARC, Mitchell Aaron	30.01.90	Sydney	NSW	LHB/LF	2008-09
WEBSTER, Beau Jacob	01.12.93	Tasmania	RHB/RMF/OB	2013-14

INDIA and INDIA A

Full Names	Birthdate	Birthplace	Team	Type	F-C Debut
AHMED, Khaleel Khursheed	05.12.97	Tonk	Rajasthan	RHB/LM	2017-18
BUMRAH, Jasprit Jasbirsingh	06.12.93	Ahmedabad	Gujarat	RHB/RFM	2013-14
DEEP, Akash	15.12.96	Dehri	Bengal	RHB/RFM	2019-20
DESHPANDE, Tushar Uday	15.05.95	Bombay	Mumbai	RHB/RFM	2016-17
DUBEY, Harsh Surendra	23.07.02	Pune	Vidarbha	LHB/SLA	2022-23
EASWARAN, Abhimanyu R.	06.09.95	Dehra Dun	Bengal	RHB/LB	2013-14
GILL, Shubman	08.09.99	Firozpur	Punjab	RHB/OB	2017-18
JADEJA, Ravindrasinh Anirudsinh	06.12.88	Navagam-Khed	Saurashtra	LHB/SLA	2006-07
JAISWAL, Yashasvi Bhupendrakumar	28.12.01	Suriya	Mumbai	LHB/LB	2018-19
JUREL, Dhruv Chand	21.01.01	Agra	Uttar Pradesh	RHB/WK	2021-22
KAMBOJ, Anshul	06.12.00	Karnal	Haryana	RHB/RM	2021-22
KHAN, Sarfaraz Naushad	22.10.97	Bombay	Mumbai	RHB/OB	2014-15
KOTIAN, Tanush Karunakar	16.10.98	Mumbai	Mumbai	RHB/OB	2018-19
KRISHNA, Prasidh Murali	19.02.96	Bangalore	Karnataka	RHB/RFM	2015-16
MUKESH KUMAR	12.10.93	Gopalganj	Bengal	RHB/RM	2015-16
NAIR, Karun Kaladharan	06.12.91	Jodhpur	Karnataka	RHB/OB	2013-14
NITHISH KUMAR REDDY, Kaki	26.05.03	Visakhapatnam	Andhra	RHB/RMF	2019-20
PANT, Rishabh Rajendra	04.10.97	Haridwar	Delhi	LHB/WK	2015-16
RAHUL, Kannur Lokesh	18.04.92	Bangalore	Karnataka	RHB/OB	2010-11
RANA, Harshit	22.12.01	New Delhi	Delhi	RHB/RFM	2022-23
SAI SUDHARSAN, Bhardwaj	15.10.01	Chennai	Tamil Nadu	LHB/LBG	2022-23
SIRAJ, Mohammed	13.03.94	Hyderabad	Hyderabad	RHB/RFM	2015-16
THAKUR, Shardul Narendra	16.10.91	Palghar	Mumbai	RHB/RFM	2012-13
WASHINGTON SUNDAR, M.S.	05.10.99	Chennai	Tamil Nadu	LHB/OB	2016-17

SOUTH AFRICA

Full Names	Birthdate	Birthplace	Team	Type	F-C Debut
BAVUMA, Temba	17.05.90	Cape Town	Gauteng	RHB/RM	2008-09
BEDINGHAM, David Guy	22.04.94	Cape Town	Western P	RHB/OB	2012-13
JANSEN, Marco	01.05.00	Potchefstroom	Eastern P	RHB/LF	2018-19
MAHARAJ, Keshav Athmanand	07.02.90	Durban	KZN Coastal	RHB/SLA	2006-07
MARKRAM, Aiden Kyle	04.10.94	Pretoria	Northerns	RHB/OB	2014-15
MULDER, Peter Wiaan Adriaan	19.02.98	Johannesburg	Gauteng	RHB/RMF	2016-17
NGIDI, Lungisani True-man	29.03.96	Durban	Northerns	RHB/RFM	2015-16
RABADA, Kagiso	25.05.95	Johannesburg	Gauteng	LHB/RF	2013-14
RICKELTON, Ryan David	11.07.96	Johannesburg	Gauteng	LHB/SLA	2015-16
STUBBS, Tristan	14.08.00	Johannesburg	Eastern P	RHB/OB	2019-20
VERREYNNE, Kyle	12.05.97	Pretoria	Western P	RHE/WK	2014-15

ZIMBABWE

Full Names	Birthdate	Birthplace	Team	Type	F-C Debut
BENNETT, Brian John	10.11.03	Harare	Mountaineers	RHB/OB	2022-23
CHIVANGA, Lance Tanaka	24.07.93	Goromonzi	Eagles	RHB/RFM	2020-21
CURRAN, Benjamin Jack	07.06.96	Northampton, UK	Rhinos	LHB/OB	2018
ERVINE, Craig Richard	19.08.85	Harare	Eagles	LHB/OB	2003-04
MADHEVERE, Wesley Nyasha	04.09.00	Chitungwiza	Eagles	RHB/OB	2019-20
MUZARABANI, Blessing	02.10.96	Harare	Northerns	RHB/RFM	2017-18
NGARAVA, Richard	28.12.97	Harare	Eagles	LHB/LFM	2017-18
NYAUCHI, Victor Munyaradzi	08.07.92	Harare	Mountaineers	RHB/RMF	2014-15
SIKANDAR RAZA Butt	24.04.86	Sialkot, Pak	Southerns	RHB/OB	2006-07
TSIGA, Tafadzwa Emmanuel	13.07.94	Harare	Southern Rocks	RHB/WK	2013-14
WILLIAMS, Sean Collin	26.09.86	Bulawayo	Tuskers	LHB/SLA	2004-05

COUNTY CAPS AWARDED IN 2025

Derbyshire	–
Durham	J.T.Ball, J.M.Blatherwick, S.Conners, B.J.Doggett, M.J.Killeen, J.D.S.Neesham, W.M.H.Rhodes, Shafiqullah Ghafari, C.E.Yusuf
Essex	J.M.Cox, D.Elgar, M.S.Pepper
Glamorgan	–
Gloucestershire	D.J.Ahmed, C.D.Green, T.R.Murphy
Hampshire	–
Kent	B.G.Compton
Lancashire	G.P.Balderson, P.D.Salt
Leicestershire	I.G.Holland
Middlesex	–
Northamptonshire	L.D.McManus, S.A.Zaib
Nottinghamshire	J.A.Haynes, M.C.Henriques, Muhammad Abbas, L.A.Patterson-White, D.Y.Pennington, J.C.Tongue
Somerset	T.Banton, T.A.Lammonby, J.E.K.Rew
Surrey	A.A.P.Atkinson, L.J.Evans, C.J.Jordan
Sussex	T.G.R.Clark, N.J.McAndrew
Warwickshire	–
Worcestershire (colours)	J.A.Duffy, A.M.Foreman, Khurram Shehzad, D.H.Lategan, I.Mohammed, H.M.Nicholls, C.F.Parkinson, F.Singh
Yorkshire	–

Durham and Gloucestershire now award caps on first-class debut. Worcestershire award club colours on Championship debut.

THE 2025 FIRST-CLASS SEASON STATISTICAL HIGHLIGHTS

FIRST TO INDIVIDUAL TARGETS

1000 RUNS	D.P.Sibley	Surrey	24 July
2000 RUNS	–	Most – 1425 S.A Zaib (Northamptonshire)	
50 WICKETS	G.C.H.Hill	England Lions, Yorkshire	18 September
	M.J.Leach	Somerset	18 September
	T.A.I.Taylor	Worcestershire	18 September
	J.C.Tongue	England, Eng Licns, Notts	18 September
100 WICKETS		Most – 58 T.A.I.Taylor (Worcestershire)	

TEAM HIGHLIGHTS († Team record)
HIGHEST INNINGS TOTALS

820-9d†	Surrey v Durham	The Oval
722-6d	Northamptonshire v Kent	Canterbury
698-6d	Derbyshire v Kent	Canterbury
679-7d	Worcestershire v Hampshire	Southampton
670-7d	Somerset v Worcestershire	Taunton
669	England v India	Manchester
665-5d	Warwickshire v Surrey	Birmingham
664†	Durham v Nottinghamshire	Chester-le-St
639-9d	Lancashire v Kent	Blackpool
634-9d	Middlesex v Gloucestershire	Lord's
625-8d	Middlesex v Northamptonshire	Northwood
602-6d	Essex v Warwickshire	Chelmsford

HIGHEST FOURTH INNINGS TOTALS

396-5	Warwickshire (set 393) v Worcestershire	Birmingham
373-5	England (set 371) v India	Leeds
367	England (set 374) v India	The Oval
366-8	Middlesex (set 365) v Kent	Lord's

LOWEST INNINGS TOTALS

81	Worcestershire v Durham	Worcester
85	Durham v Yorkshire	Leeds
93	Warwickshire v Nottinghamshire	Birmingham
99	Somerset v Essex	Chelmsford

HIGHEST MATCH AGGREGATES

1692-36	England (407 & 271) v India (587 & 427-6d)	Birmingham
1673-35	England (464 & 373-5) v India (471 & 364)	Leeds
1539-33	Leicestershire (484 & 357-9d) v Derbyshire (393 & 305-4)	Leicester
1510-33	Nottinghamshire (407 & 347) v Durham (664 & 92-3)	Chester-le-St

LOWEST MATCH AGGREGATE

487-34	Worcestershire (162 & 81) v Durham (136 & 108-4)	Worcester

BATSMEN'S MATCH (Qualification: 1200 runs, average 60 per wicket)

76.00	(1444-19) Surrey (820-9d) v Durham (362 & 262-0)	The Oval
65.81	(1448-22) Kent (566-8d & 160-8) v Northamptonshire (722-6d)	Canterbury

| 62.95 | (1385-22) | India A (557 & 241-2) v England Lions (587) | Canterbury |
| 60.50 | (1452-24) | England (669) v India (358 & 425-4) | Manchester |

LARGE MARGINS OF VICTORY

| 504 runs | | Yorkshire (456 & 315-4d) beat Worcs (162 & 105) | Leeds |

The biggest winning margin (by runs) in County Championship history.

366 runs		Nottinghamshire (333 & 345) beat Hampshire (196 & 116)	Nottingham
336 runs		India (587 & 427-6d) beat England (407 & 271)	Birmingham
Inns & 229 runs		Derbyshire (698-6d) beat Kent (271 & 198)	Canterbury
Inns & 161 runs		Glamorgan (549-9d) beat Kent (212 & 176)	Canterbury

NARROW MARGINS OF VICTORY

6 runs	India (224 & 396) beat England (247 & 367)	The Oval
20 runs	Nottinghamshire (231 & 256) beat Surrey (173 & 294)	The Oval
20 runs	Surrey (147 & 281) beat Hampshire (248 & 160)	Southampton
1 wkt	Warwicks (325 & 344-9) beat Durham (387 & 276-8d)	Chester-le-St
2 wkts	Leicestershire (262 & 146-8) beat Glos (252 & 152)	Bristol
2 wkts	Middlesex (238 & 366-8) beat Kent (129 & 473)	Lord's

ALL ELEVEN SCORING DOUBLE FIGURES

| Surrey (512, lowest score 15) v Somerset | The Oval |
| Surrey (537, lowest score 17) v Yorkshire | Scarborough |

FOUR HUNDREDS IN AN INNINGS

| 4 | Surrey (820-9d) v Durham | The Oval |
| 4 | Northamptonshire (722-6d) v Kent | Canterbury |

MOST EXTRAS IN AN INNINGS

	B	LB	W	NB		
60	7	12	3	38	Gloucestershire (546) v Glamorgan	Bristol

Under ECB regulations, Test matches excluded, two penalty extras were scored for each no-ball.

BATTING HIGHLIGHTS
TREBLE HUNDREDS

| T.Banton | 371† | Somerset v Worcestershire | Taunton |
| D.P.Sibley | 305 | Surrey v Durham | The Oval |

DOUBLE HUNDREDS

F.J.Bean	224	Yorkshire v Nottinghamshire	Nottingham
D.J.Bell-Drummond	223	Kent v Middlesex	Lord's
B.G.Compton	221	Kent v Leicestershire	Canterbury
J.L.du Plooy	263*	Middlesex v Gloucestershire	Lord's
S.Gill	269	India v England	Birmingham
H.Hameed	206*	Nottinghamshire v Durham	Chester-le-St
	208	Nottinghamshire v Somerset	Nottingham
A.J.Hose	266	Worcestershire v Hampshire	Southampton
L.W.James	203*	Nottinghamshire v Hampshire	Southampton
C.P.Jewell	232	Derbyshire v Kent	Derby
J.D.Libby	228*	Worcestershire v Hampshire	Southampton
K.K.Nair	204	India A v England Lions	Canterbury
O.J.Price	253*	Gloucestershire v Lancashire	Manchester
L.M.Reece	211	Derbyshire v Kent	Canterbury
A.M.Tribe	206	Glamorgan v Northamptonshire	Northampton

HUNDRED IN EACH INNINGS OF A MATCH

C.N.Ackermann	116	124	Durham v Nottinghamshire	Nottingham
S.Gill	269	161	India v England	Birmingham
A.Z.Lees	125	100*	Durham v Surrey	The Oval
J.D.Libby	100*	106	Worcestershire v Hampshire	Worcester
R.R.Pant	134	118	India v England	Leeds
D.P.Sibley	100*	105	Surrey v Hampshire	The Oval

MOST SIXES IN AN INNINGS

9 G.Stewart (130) Kent v Lancashire Blackpool

200 RUNS IN A DAY

T.Banton (34*-344*)	Somerset v Worcestershire	Taunton
H.Hameed (0-206*)	Nottinghamshire v Durham	Chester-le-St
A.J.Hose (0-266)	Worcestershire v Hampshire	Southampton

150 RUNS FROM BOUNDARIES IN AN INNINGS

Runs	6s	4s			
236	2	56	T.Banton	Somerset v Worcestershire	Taunton
166	7	31	A.J.Hose	Worcestershire v Hampshire	Southampton

HUNDRED ON FIRST-CLASS DEBUT

S.P.van der Merwe 116 Northamptonshire v Leicestershire Northampton

HUNDRED ON FIRST-CLASS DEBUT IN BRITAIN

B.J.Bennett	139	Zimbabwe v England	Nottingham
Tilak Varma	100	Hampshire v Essex	Chelmsford

CARRYING BAT THROUGH COMPLETED INNINGS

H.Hameed	138*	Nottinghamshire (367) v Warwicks	Birmingham
	206*	Nottinghamshire (407) v Durham	Chester-le-St
J.D.Libby	100*	Worcestershire (249) v Hampshire	Worcester
D.P.Sibley	100*	Surrey (253) v Hampshire	The Oval

LONG INNINGS (Qualification 600 mins and/or 400 balls)

Mins	Balls			
520	403	T.Banton (371)	Somerset v Worcestershire	Taunton
564	489	F.J.Bean (224)	Yorkshire v Nottinghamshire	Nottingham
621	438	J.D.Libby (228*)	Worcestershire v Hampshire	Southampton
564	405	O.J.Price (253*)	Gloucestershire v Lancashire	Manchester
605	475	D.P.Sibley (305)	Surrey v Durham	The Oval

NOTABLE PARTNERSHIPS

Qualifications: 1st-4th wkts: 250 runs; 5th-6th: 225; 7th: 200; 8th: 175; 9th: 150; 10th: 100; highest partnership for that wicket otherwise. († Team record)

First Wicket
277	D.Elgar/P.I.Walter	Essex v Somerset	Chelmsford
262*	A.Z.Lees/E.N.Gay	Durham v Surrey	The Oval

Second Wicket
279†	A.Z.Lees/E.N.Gay	Durham v Yorkshire	Chester-le-St

Third Wicket
395	J.D.Libby/A.J.Hose	Worcestershire v Hampshire	Southampton
358†	L.M.Reece/W.L.Madsen	Derbyshire v Kent	Canterbury
256	R.Ahmed/L.J.Hill	Leicestershire v Lancashire	Leicester

Fourth Wicket
334	D.P.Sibley/D.W.Lawrence	Surrey v Durham	The Oval
313†	J.E.K.Rew/T.B.Abell	Somerset v Nottinghamshire	Nottingham

Fifth Wicket
371†	T.Banton/J.E.K.Rew	Somerset v Worcestershire	Taunton
254	C.A.Ingram/B.I.Kellaway	Glamorgan v Gloucestershire	Cardiff

Sixth Wicket
303	H.C.Brook/J.L.Smith	England v India	Birmingham

Seventh Wicket
298*†	S.A.Zaib/J.Broad	Northamptonshire v Kent	Canterbury
264†	C.G.Benjamin/G.Stewart	Kent v Gloucestershire	Bristol
238	J.A.Haynes/L.A.Patterson-White	Nottinghamshire v Hampshire	Nottingham
208	J.Broad/R.I.Keogh	Northamptonshire v Derbyshire	Northampton

Eighth Wicket
182	J.D.M.Evison/G.Stewart	Kent v Lancashire	Blackpool
179	J.L.du Plooy/S.H.B.Morgan	Middlesex v Gloucestershire	Lord's

Ninth Wicket
212†	C.J.Green/T.W.Hartley	Lancashire v Gloucestershire	Cheltenham
169	M.L.Revis/B.O.Coad	Yorkshire v Essex	York

Tenth Wicket
158	B.T.Foakes/M.D.Fisher	Surrey v Warwickshire	Birmingham
108	T.A.R.Scriven/J.O.Hull	Leicestershire v Kent	Canterbury

BOWLING HIGHLIGHTS
EIGHT OR MORE WICKETS IN AN INNINGS

R.D.Chahar	8-51	Surrey v Hampshire	Southampton

TEN OR MORE WICKETS IN A MATCH

R.Ahmed	13-144	Leicestershire v Derbyshire	Derby
R.D.Chahar	10-118	Surrey v Hampshire	Southampton
A.Deep	10-187	India v England	Birmingham
M.D.Fisher	11-134	Surrey v Nottinghamshire	The Oval
C.G.Harrison	11-153	Northamptonshire v Lancashire	Manchester
T.W.Hartley	11-215	Lancashire v Gloucestershire	Cheltenham
L.M.Reece	10- 97	Derbyshire v Leicestershire	Derby
	11-120	Derbyshire v Leicestershire	Derby
O.E.Robinson	11-142	Sussex v Worcestershire	Worcester
M.T.Stanley	11-180	Lancashire v Kent	Canterbury

FIVE WICKETS ON FIRST-CLASS DEBUT IN ENGLAND

R.D.Chahar	8-51	Surrey v Hampshire	Southampton

Record analysis for a Surrey debutant.

H.N.A.Conway	5-68	Northamptonshire v Leicestershire	Leicester
K.J.Dudgeon	7-36	Kent v Northamptonshire	Northampton
Khurram Shehzad	6-42	Worcestershire v Warwickshire	Birmingham
M.J.Killeen	5-36	Durham v Somerset	Chester-le-St
F.P.O'Neill	5-81	Nottinghamshire v Durham	Nottingham
C.J.Rocchiccioli	5-67	Warwickshire v Somerset	Birmingham
G.S.Sandhu	5-83	Sussex v Durham	Chester-le-St

HAT-TRICK

R.F.Higgins	Middlesex v Northamptonshire	Northampton

200 RUNS CONCEDED IN AN INNINGS

G.S.Drissell	45-1-247-1†	Durham v Surrey	The Oval

Record number of runs conceded by any bowler in the County Championship.

Shafiqullah Ghafari	47-1-211-1	Durham v Worcestershire	Chester-le-St

On his UK debut.

M.W.Parkinson	46-7-204-1	Kent v Derbyshire	Derby
	41-1-200-1	Kent v Northamptonshire	Canterbury

60 OVERS BOWLED IN AN INNINGS

M.J.Leach	65-26-107-4	Somerset v Worcestershire	Taunton
L.A.Patterson-White	62-11-146-3	Nottinghamshire v Yorkshire	Nottingham

WICKET-KEEPING HIGHLIGHTS
SIX OR MORE WICKET-KEEPING DISMISSALS IN AN INNINGS

A.L.Davies	6ct	Warwickshire v Nottinghamshire	Nottingham
P.S.P.Handscomb	6ct	Leicestershire v Glamorgan	Leicester
J.A.Simpson	6ct	Sussex v Worcestershire	Hove
K.Verreynne	6ct	Nottinghamshire v Yorkshire	Leeds

NINE OR MORE WICKET-KEEPING DISMISSALS IN A MATCH

M.F.Hurst	9ct	Lancashire v Kent	Canterbury
G.H.Roderick	9ct	Worcestershire v Essex	Worcester
K.Verreynne	9ct	Nottinghamshire v Yorkshire	Leeds

NO BYES CONCEDED IN AN INNINGS OF 550

665-5d	B.T.Foakes	Surrey v Warwickshire	Birmingham
625-8d	L.D.McManus	Northamptonshire v Middlesex	Northwood
578-8d	B.C.Brown	Hampshire v Nottinghamshire	Southampton
566-8d	L.D.McManus	Northamptonshire v Kent	Northampton
557	J.R.Bracey	Gloucestershire v Lancashire	Cheltenham

FIELDING HIGHLIGHTS
FOUR CATCHES IN THE FIELD IN AN INNINGS

B.W.Aitchison	4ct	Derbyshire v Gloucestershire	Bristol
H.C.Brook	4ct	England v India	Lord's
T.G.R.Clark	4ct	Sussex v Nottinghamshire	Nottingham
D.Elgar	4ct	Essex v Surrey	The Oval
G.C.H.Hill	4ct	Yorkshire v Nottinghamshire	Nottingham
S.A.Northeast	4ct	Glamorgan v Northamptonshire	Cardiff
R.M.Yates	4ct	Warwickshire v Hampshire	Birmingham

ALL-ROUND HIGHLIGHTS
HUNDRED AND TEN WICKETS IN A MATCH

R.Ahmed	115	6- 51	Leicestershire v Derbyshire	Derby
		7- 93		
T.W.Hartley	130	6-116	Lancashire v Gloucestershire	Cheltenham
		5- 99		

HUNDRED AND FIVE WICKETS IN AN INNINGS

B.I.Kellaway	139	6-111	Glamorgan v Gloucestershire	Cardiff
B.A.Raine	101	5- 76	Durham v Yorkshire	Leeds
L.M.Reece	211	5- 63	Derbyshire v Kent	Canterbury
B.A.Stokes	141	5- 72	England v India	Manchester

ROTHESAY COUNTY CHAMPIONSHIP 2025
FINAL TABLES

DIVISION 1

		P	W	L	T	D	Bonus Bat	Points Bowl	Deduct Points	Total Points
1	NOTTINGHAMSHIRE (8)	14	7	1	–	6	32	34	2	224
2	Surrey (1)	14	5	1	–	8	30	34	–	208
3	Somerset (3)	14	4	3	–	7	29	37	5	181
4	Sussex (-)	14	4	4	–	6	20	40	–	172
5	Warwickshire (7)	14	3	2	–	9	21	31	–	172
6	Essex (4)	14	3	3	–	8	27	33	–	172
7	Yorkshire (-)	14	4	4	–	6	21	36	1	168
8	Hampshire (2)	14	2	3	–	9	12	37	8	145
9	Durham (5)	14	2	6	–	6	30	34	–	144
10	Worcestershire (6)	14	1	8	–	5	12	39	4	103

DIVISION 2

		P	W	L	T	D	Bonus Bat	Points Bowl	Deduct Points	Total Points
1	Leicestershire (5)	14	7	1	–	6	46	35	–	241
2	Glamorgan (6)	14	5	3	–	6	32	34	1	193
3	Derbyshire (8)	14	3	2	–	9	32	36	–	188
4	Middlesex (3)	14	5	4	–	5	26	36	–	182
5	Lancashire (-)	14	3	3	–	8	26	37	–	175
6	Gloucestershire (7)	14	2	4	–	8	35	37	2	166
7	Northamptonshire (4)	14	2	6	–	6	27	36	–	143
8	Kent (-)	14	2	6	–	6	18	30	14	114

Hampshire (8pts) and Somerset (4pts) deducted for breaches of ECB Pitch Regulations; Kent were deducted 8pts for four fixed penalties in one season; all other points deductions due to slow over rates.

SCORING OF CHAMPIONSHIP POINTS 2025

(a) For a win, 16 points, plus any points scored in the first innings.

(b) In a tie or a drawn match, each side to score eight points, plus any points scored in the first innings (see also paragraph (d) below).

(c) **First Innings Points** (awarded only for performances **in the first 110 overs** of each first innings and retained whatever the result of the match).

    (i) A maximum of five batting points to be available as under:
250 to 299 runs – 1 point; 300 to 349 runs – 2 points; 350 to 399 runs – 3 points; 400 to 449 runs – 4 points; 450 runs or over – 5 points.

    (ii) A maximum of three bowling points to be available as under:
3 to 5 wickets taken – 1 point; 6 to 8 wickets taken – 2 points; 9 to 10 wickets taken – 3 points.

(d) If a match is abandoned without a ball being bowled, each side to score eight points.

(e) The bottom two sides from Division 1 were relegated, with the top two sides in Division 2 being promoted. Should any sides in the Championship table be equal on points, the following tie-breakers will be applied in the order stated: most wins, fewest losses, team achieving most points in contests between teams level on points, most wickets taken, most runs scored.

COUNTY CHAMPIONSHIP RESULTS 2025

DIVISION 1

	DURHAM	ESSEX	HANTS	NOTTS	SOM'T	SURREY	SUSSEX	WARKS	WORCS	YORKS
DURHAM		C-le-St	C-le-St	C-le-St / Du 7w	C-le-St / Sm 7w	C-le-St / Sy 5w	C-le-St / Drawn	C-le-St / Wa 1w	C-le-St / Drawn	C-le-St / C'ford
ESSEX	C'ford / Drawn		C'ford / Drawn	Drawn	C'ford / Ex 7w	C'ford / Drawn		C'ford / Drawn	C'ford / Ex 28	C'ford / Drawn
HANTS	So'ton / Drawn	So'ton / Drawn		So'ton / Drawn	So'ton / Drawn	So'ton / Sy 20	So'ton / Sx 9w	So'ton	So'ton / Drawn	So'ton / H 5w
NOTTS	N'ham / Nt 8w	N'ham / Drawn	N'ham / Nt 366		N'ham / Drawn		N'ham	N'ham / Nt 10w		N'ham
SOM'T	Taunton / Sm 5w	Taunton / Sm 3w	Taunton / Drawn	Taunton / Drawn		Taunton	Taunton / Sm 5w	Taunton	Taunton / Drawn	Taunton / Drawn
SURREY	Oval / Drawn	Oval / Drawn	Oval / Drawn	Oval / Nt 20	Oval / Sy 8w			Oval / Drawn	Oval	Oval / Sy I/28
SUSSEX		Hove / Ex I/39	Hove / Drawn		Hove / Sx 260	Hove / Drawn		Hove / Drawn	Hove / Sx 47	Hove
WARKS		Birm / Drawn	Birm / H 89	Birm / Drawn	Birm / Drawn	Birm / Drawn	Birm		Birm	Birm / Wa 5w
WORCS	Worcs / Dr 6w	Worcs / Wo 225	Worcs	Worcs / Nt 3w	Worcs	Worcs / Sy 9w	Worcs / Sx 3w	Worcs / Drawn		
YORKS	Leeds / Y I/44	York / Y 10w		Leeds / Nt 163		Scarboro / Drawn	Scarboro / Y I/128	Leeds / Wa 5w	Leeds / Y 504	

DIVISION 2

	DERBYS	GLAM	GLOS	KENT	LANCS	LEICS	MIDDX	N'HANTS
DERBYS		Derby / Drawn	Derby / De 9w	Derby / De I/14	C'field / La 261	Derby / Le 189	Derby / Drawn	Derby / Drawn
GLAM	Cardiff / Drawn		Cardiff / Drawn	Cardiff / Gm 5w	Cardiff / La 7w	Cardiff / Le 10w	Cardiff / Gm 10w	Cardiff / Gm 8w
GLOS	Bristol / Drawn	Bristol		Bristol / Gs 3w	Chelt / La 9w	Bristol / Le 2w	Chelt / Drawn	Bristol / Gs 7w
KENT	Cant / De I/229	Cant / Gm I/161	Cant / Drawn		Cant / Drawn	Cant	Cant / K 8w	Cant / Drawn
LANCS	Man / Drawn	Man / Gm 154	Man / Drawn	B'pool / Drawn		Man / Drawn	Man / Drawn	Man / Drawn
LEICS	Leics / Drawn	Leics / Drawn	Leics / Drawn	Leics / Drawn	Leics / Le I/3		Leics / M I/127	Leics / Le 132
MIDDX	Lord's / Drawn	Lord's / M 9w	Lord's / M I/67	Lord's / M 2w	Lord's / Drawn	Lord's / Le 7w		N'wood / M I/107
N'HANTS	No'ton / Drawn	No'ton / Drawn	No'ton / Drawn	No'ton / K 145	No'ton / Nt 70	No'ton / Le 167	No'ton / Nh 4w	

COUNTY CHAMPIONS

The English County Championship was not officially constituted until December 1889. Prior to that date there was no generally accepted method of awarding the title; although the 'least matches lost' method existed, it was not consistently applied. Rules governing playing qualifications were agreed in 1873 and the first unofficial points system 15 years later.

Research has produced a list of champions dating back to 1826, but at least seven different versions exist for the period from 1864 to 1889 (see *The Wisden Book of Cricket Records*). Only from 1890 can any authorised list of county champions commence.

That first official Championship was contested between eight counties: Gloucestershire, Kent, Lancashire, Middlesex, Nottinghamshire, Surrey, Sussex and Yorkshire. The remaining counties were admitted in the following seasons: 1891 – Somerset, 1895 – Derbyshire, Essex, Hampshire, Leicestershire and Warwickshire, 1899 – Worcestershire, 1905 – Northamptonshire, 1921 – Glamorgan, and 1992 – Durham.

The Championship pennant was introduced by the 1951 champions, Warwickshire, and the Lord's Taverners' Trophy was first presented in 1973. The first sponsors, Schweppes (1977-83), were succeeded by Britannic Assurance (1984-98), PPP Healthcare (1999-2000), CricInfo (2001), Frizzell (2002-05), Liverpool Victoria (2006-15 and 2021-23), Specsavers (from 2016-19), Vitality (2024) and Rothesay (2025). Based on their previous season's positions, the 18 counties were separated into two divisions in 2000. From 2000 to 2005 the bottom three Division 1 teams were relegated and the top three Division 2 sides promoted. This was reduced to two teams from the end of the 2006 season.

Year	Champion	Year	Champion	Year	Champion
1890	Surrey	1937	Yorkshire	1983	Essex
1891	Surrey	1938	Yorkshire	1984	Essex
1892	Surrey	1939	Yorkshire	1985	Middlesex
1893	Yorkshire	1946	Yorkshire	1986	Essex
1894	Surrey	1947	Middlesex	1987	Nottinghamshire
1895	Surrey	1948	Glamorgan	1988	Worcestershire
1896	Yorkshire	1949	{ Middlesex / Yorkshire }	1989	Worcestershire
1897	Lancashire			1990	Middlesex
1898	Yorkshire	1950	{ Lancashire / Surrey }	1991	Essex
1899	Surrey			1992	Essex
1900	Yorkshire	1951	Warwickshire	1993	Middlesex
1901	Yorkshire	1952	Surrey	1994	Warwickshire
1902	Yorkshire	1953	Surrey	1995	Warwickshire
1903	Middlesex	1954	Surrey	1996	Leicestershire
1904	Lancashire	1955	Surrey	1997	Glamorgan
1905	Yorkshire	1956	Surrey	1998	Leicestershire
1906	Kent	1957	Surrey	1999	Surrey
1907	Nottinghamshire	1958	Surrey	2000	Surrey
1908	Yorkshire	1959	Yorkshire	2001	Yorkshire
1909	Kent	1960	Yorkshire	2002	Surrey
1910	Kent	1961	Hampshire	2003	Sussex
1911	Warwickshire	1962	Yorkshire	2004	Warwickshire
1912	Yorkshire	1963	Yorkshire	2005	Nottinghamshire
1913	Kent	1964	Worcestershire	2006	Sussex
1914	Surrey	1965	Worcestershire	2007	Sussex
1919	Yorkshire	1966	Yorkshire	2008	Durham
1920	Middlesex	1967	Yorkshire	2009	Durham
1921	Middlesex	1968	Yorkshire	2010	Nottinghamshire
1922	Yorkshire	1969	Glamorgan	2011	Lancashire
1923	Yorkshire	1970	Kent	2012	Warwickshire
1924	Yorkshire	1971	Surrey	2013	Durham
1925	Yorkshire	1972	Warwickshire	2014	Yorkshire
1926	Lancashire	1973	Hampshire	2015	Yorkshire
1927	Lancashire	1974	Worcestershire	2016	Middlesex
1928	Lancashire	1975	Leicestershire	2017	Essex
1929	Nottinghamshire	1976	Middlesex	2018	Surrey
1930	Lancashire	1977	{ Kent / Middlesex }	2019	Essex
1931	Yorkshire			2021	Warwickshire
1932	Yorkshire	1978	Kent	2022	Surrey
1933	Yorkshire	1979	Essex	2023	Surrey
1934	Lancashire	1980	Middlesex	2024	Surrey
1935	Yorkshire	1981	Nottinghamshire	2025	Nottinghamshire
1936	Derbyshire	1982	Middlesex		

COUNTY CHAMPIONSHIP FIXTURES 2026

DIVISION 1

	ESSEX	GLAM	HANTS	LEICS	NOTTS	SOM'T	SURREY	SUSSEX	WARKS	YORKS
ESSEX			C'ford	C'ford	C'ford	C'ford	C'ford	C'ford	C'ford	
GLAM	Cardiff			Cardiff	Cardiff		Cardiff	Cardiff	Cardiff	Cardiff
HANTS	So'ton	So'ton			So'ton	So'ton		So'ton	So'ton	So'ton
LEICS	Leics	Leics	Leics		Leics	Leics		Leics		Leics
NOTTS		N'ham	N'ham	N'ham		N'ham	N'ham		N'ham	N'ham
SOM'T	Taunton	Taunton			Taunton		Taunton	Taunton	Taunton	Taunton
SURREY	Oval	Oval	Oval	Oval	Oval			Oval		Oval
SUSSEX		Hove	Hove	Hove	Hove	Hove	Hove		Hove	
WARKS	Birm	Birm		Birm	Birm		Birm	Birm		Birm
YORKS	Leeds		Leeds	Scarboro		Leeds	Leeds	Leeds	Scarboro	

DIVISION 2

	DERBYS	DURHAM	GLOS	KENT	LANCS	MIDDX	N'ANTS	WORCS
DERBYS		Derby	Derby	Derby	C'field	Derby	Derby	Derby
DURHAM	C-le-St		C-le-St	C-le-St	C-le-St	C-le-St	C-le-St	C-le-St
GLOS	Bristol	Bristol		Bristol	Bristol	Bristol	Bristol	Chelt
KENT	Cant	Beck	Cant		Cant	Cant	Cant	Cant
LANCS	Manc	Manc	Manc	B'pool		Manc	Manc	S'port
MIDDX	Lord's	Lord's	Lord's	N'wood	N'wood		Lord's	Lord's
N'HANTS	No'ton	No'ton	No'ton	No'ton	No'ton	No'ton		No'ton
WORCS	Worcs	Worcs	Worcs	Worcs	Worcs	Worcs	Worcs	

METRO BANK ONE-DAY CUP 2025

This latest format of limited-overs competition was launched in 2014, and is now the only List-A tournament played in the UK. The top team from each group went through to the semi-finals, with a home draw; the second team from each group (drawn at home) played off against the third team from the other division to qualify for the semi-finals. The winner was decided in the final at Trent Bridge.

GROUP A		P	W	L	T	NR	Pts	Net RR
1	Worcestershire	8	6	1	1	–	26	+0.45
2	Hampshire	8	6	2	–	–	24	+0.70
3	Gloucestershire	8	6	2	–	–	24	+0.33
4	Essex	8	5	3	–	–	20	+1.35
5	Nottinghamshire	8	3	4	1	–	14	-0.58
6	Surrey	8	3	5	–	–	12	-1.91
7	Leicestershire	8	2	5	1	–	10	+0.24
8	Derbyshire	8	1	5	1	–	8	-0.11
9	Glamorgan	8	1	6	–	–	6	-0.94

GROUP B		P	W	L	T	NR	Pts	Net RR
1	Yorkshire	8	7	1	–	–	28	+1.90
2	Somerset	8	6	2	–	–	24	+0.46
3	Middlesex	8	6	2	–	–	24	+0.14
4	Warwickshire	8	5	3	–	–	20	+0.19
5	Sussex	8	4	4	–	–	16	-0.31
6	Durham	8	3	5	–	–	12	-0.75
7	Kent	8	2	5	–	–	–	-0.60
8	Lancashire	8	1	6	–	1	6	-0.33
9	Northamptonshire	8	1	6	–	1	6	-0.85

Win = 4 points. Tie (T)/No Result (NR) = 2 points.

Positions of counties finishing equal on points are decided by most wins or, if equal, the team that achieved the most points in the matches played between them; if still equal, the team with the higher net run rate (ie deducting from the average runs per over scored by that team in matches where a result was achieved, the average runs per over scored against that team). In the event the teams still cannot be separated, the winner will be decided by drawing lots.

Statistical Highlights in 2025

Highest total	417-6		Essex v Surrey	Chelmsford
Biggest win (runs)	244		Essex (417-6) beat Surrey (173)	Chelmsford
Biggest win (balls)	185		Hampshire (162-1) beat Surrey (160)	The Oval
Most runs	707 (ave 88.37)	N.R.T.Gubbins (Hampshire)		
Highest innings	186	J.R.Bracey	Gloucestershire v Notts	Nottingham
Most sixes (inns)	10	K.S.Carlson	Glamorgan v Hampshire	Neath
Highest partnership	265	A.R.G.Thomas/O.F.M.Symes	Surrey v Derbyshire	Derby
Most wickets	19 (ave 17.52)	B.M.J.Allison (Worcestershire)		
Best bowling	7-38	M.E.Milnes	Yorkshire v Sussex	Hove
Most economical	10-4-15-3	M.J.Killeen	Durham v Kent	Beckenham
Most expensive	10-0-114-0	P.R.Brown	Derbyshire v Surrey	Derby
Most w/k dismissals	17	J.R.Bracey (Gloucestershire)		
Most w/k dismissals (inns)	6	O.G.Robinson	Durham v Sussex	Gosforth
	6	H.G.Duke	Yorkshire v Middlesex	Radlett
Most catches	9	T.G.R.Clark (Sussex), E.A.Brookes (Worcs), A.Lyth (Yorks)		
Most catches (inns)	4	A.Lyth	Yorkshire v Warwickshire	Scarborough
	4	A.D.Lenham	Sussex v Northamptonshire	Northampton

2025 METRO BANK ONE-DAY CUP FINAL
HAMPSHIRE v WORCESTERSHIRE

At Trent Bridge, Nottingham, on 20 September.
Result: **WORCESTERSHIRE** won by three wickets (D/L method; target 188 in 27 overs).
Toss: Worcestershire. Award: E.A.Brookes.

HAMPSHIRE		Runs	Balls	4/6	Fall
A.G.H.Orr	c and b Waite	110	130	10/2	5-213
* N.R.T.Gubbins	c Cullen b Waite	38	44	4	1- 82
F.S.Middleton	c Jones b Taylor	18	33	–	2-125
T.E.Albert	c Lategan b Allison	13	16	–	3-164
B.A.Mayes	b Brookes	2	7	–	4-169
J.K.Fuller	c Brookes b Allison	23	20	3	6-226
S.W.Currie	not out	10	15	1	
A.J.Neal	c Brookes b Waite	1	3	–	7-231
K.J.Abbott	not out	6	3	–	
† B.C.Brown					
B.T.J.Wheal					
Extras	(NB 4, W 12)	16			
Total	**(7 wkts; 45 overs)**	**237**			

WORCESTERSHIRE		Runs	Balls	4/6	Fall
† G.H.Roderick	c sub (T.J.Prest) b Fuller	13	19	2	1- 30
D.H.Lategan	c Brown b Currie	18	13	2/1	2- 31
Kashif Ali	c Middleton b Neal	25	33	2	3- 93
* J.D.Libby	c Brown b Currie	37	40	2/1	4-107
E.A.Brookes	c Brown b Currie	57	34	5/4	5-168
R.P.Jones	c Fuller b Currie	9	14	–	6-175
M.J.Waite	not out	16		–/2	
T.A.I.Taylor	c Gubbins b Currie	0	1	–	7-175
H.J.Cullen	not out	4	1		
B.M.J.Allison					
Khurram Shehzad					
Extras	(LB 3, W 6)	9			
Total	**(7 wkts; 26.4 overs)**	**188**			

WORCESTERSHIRE	O	M	R	W	HAMPSHIRE	O	M	R	W
Taylor	9	1	24	1	Abbott	6	0	38	0
Khurram Shehzad	9	0	60	0	Wheal	4.4	0	47	2
Allison	9	0	41	2	Fuller	5	0	41	1
Waite	9	0	60	3	Currie	6	0	34	5
Brookes	9	0	52	0	Neal	5	0	25	1

Umpires: B.J.Debenham and N.Pratt

SEMI-FINALS

At New Road, Worcester, on 31 August. Toss: Somerset. **WORCESTERSHIRE** won by 131 runs (D/L method). Worcestershire 275-9 (50; D.H.Lategan 78, B.L.D'Oliveira 45, B.G.F.Green 4-52). Somerset 141 (29.2/38; J.E.K.Rew 47, Khurram Shehzad 4-36, E.A.Brookes 3-16).

At North Marine Road, Scarborough, 31 August. Toss: Yorkshire. **HAMPSHIRE** won by 18 runs (D/L method). Hampshire 304-6 (50; L.A.Dawson 142, S.W.Currie 61*, M.E.Milnes 3-73). Yorkshire 235-8 (41/41; Imam-ul-Haq 105).

PRINCIPAL LIST A RECORDS 1963-2025

These records cover all the major limited-overs tournaments played by the counties since the inauguration of the Gillette Cup in 1963.

Highest Totals	496-4		Surrey v Glos	The Oval	2007
	454-3		Glos v Somerset	Bristol	2023
Highest Total Batting Second	429		Glamorgan v Surrey	The Oval	2002
Lowest Totals	23		Middlesex v Yorks	Leeds	1974
	36		Leics v Sussex	Leicester	1973
Largest Victory (Runs)	346		Somerset beat Devon	Torquay	1990
	304		Sussex beat Ireland	Belfast	1996
Highest Scores	268	A.D.Brown	Surrey v Glamorgan	The Oval	2002
	244	P.P.Shaw	Northants v Somerset	Northampton	2023
	224*	J.R.Bracey	Glos v Somerset	Bristol	2023
	206*	O.G.Robinson	Kent v Worcestershire	Worcester	2022
	206	A.I.Kallicharran	Warwicks v Oxfords	Birmingham	1984
	206	A.G.H.Orr	Sussex v Somerset	Taunton	2022
Fastest Hundred	36 balls	G.D.Rose	Somerset v Devon	Torquay	1990
	43 balls	R.R.Watson	Scotland v Somerset	Edinburgh	2003
	44 balls	M.A.Ealham	Kent v Derbyshire	Maidstone	1995
	44 balls	T.C.Smith	Lancashire v Worcs	Worcester	2012
	44 balls	D.I.Stevens	Kent v Sussex	Canterbury	2013
Most Sixes (Inns)	15	R.N.ten Doeschate	Essex v Scotland	Chelmsford	2013

Highest Partnership for each Wicket

1st	342	M.J.Lumb/M.H.Wessels	Notts v Northants	Nottingham	2016
2nd	302	M.E.Trescothick/C.Kieswetter	Somerset v Glos	Taunton	2008
3rd	309*	T.S.Curtis/T.M.Moody	Worcs v Surrey	The Oval	1994
4th	245*	S.A.Northeast/W.T.Root	Glamorgan v Worcs	Worcester	2022
5th	221*	R.R.Sarwan/M.A.Hardinges	Glos v Lancashire	Manchester	2005
6th	232	D.Wiese/B.C.Brown	Sussex v Hampshire	Southampton	2019
7th	170	D.R.Brown/A.F.Giles	Warwicks v Essex	Birmingham	2003
8th	174	R.W.T.Key/J.C.Tredwell	Kent v Surrey	The Oval	2007
9th	155	C.M.W.Read/A.J.Harris	Notts v Durham	Nottingham	1984
10th	88	A.K.Dal/S.Conners	Derbyshire v Somerset	Derby	2023
Best Bowling	8-21	M.A.Holding	Derbyshire v Sussex	Hove	1988
	8-26	K.D.Boyce	Essex v Lancashire	Manchester	1971
	8-31	D.L.Underwood	Kent v Scotland	Edinburgh	1987
	8-66	S.R.G.Francis	Somerset v Derbys	Derby	2004

Four Wkts in Four Balls

A.Ward		Derbyshire v Sussex	Derby	1970
S.M.Pollock		Warwickshire v Leics	Birmingham	1996
V.C.Drakes		Notts v Derbyshire	Nottingham	1999
D.A.Payne		Gloucestershire v Essex	Chelmsford	2010
G.R.Napier		Essex v Surrey	Chelmsford	2013

Most Economical Analyses

8-8-0-0	B.A.Langford	Somerset v Essex	Yeovil	1969
8-7-1-1	D.R.Doshi	Notts v Northants	Northampton	1977
12-9-3-1	J.Simmons	Lancashire v Suffolk	Bury St Eds	1985
8-6-2-3	F.J.Titmus	Middlesex v Northants	Northampton	1972

Most Expensive Analyses

10-0-114-0	P.R.Brown	Derbyshire v Surrey	Derby	2025
10-0-112-2	N.A.Barnwell	Surrey v Essex	Chelmsford	2025
9-0-110-0	M.K.Andersson	Middlesex v Sussex	Hove	2025

Century and Five Wickets in an Innings

154*, 5-26	M.J.Procter	Glos v Somerset	Taunton	1972
206, 5-41	A.I.Kallicharran	Warwicks v Oxfords	Birmingham	1984
103, 5-41	C.L.Hooper	Kent v Essex	Maidstone	1993
113, 5-40	A.R.Roberts	Bedfords v Derbyshire CB	Totternhoe	2001
125, 5-41	I.R.Bell	Warwicks v Essex	Chelmsford	2003

Most Wicket-Keeping Dismissals in an Innings

8 (8 ct)	D.J.S.Taylor	Somerset v British Us	Taunton	1982
8 (8 ct)	D.J.Pipe	Worcs v Herts	Hertford	2001

Most Catches in an Innings by a Fielder

5	V.J.Marks	Combined Us v Kent	Oxford	1976
5	J.M.Rice	Hampshire v Warwicks	Southampton	1978
5	D.J.G.Sales	Northants v Essex	Northampton	2007

VITALITY BLAST 2025

In 2025, the Twenty20 competition was again sponsored by Vitality. Between 2003 and 2009, three regional leagues competed to qualify for the knockout stages, but this was reduced to two leagues in 2010, before returning to the three-division format in 2012. Since 2014, the competition has reverted to two regional leagues, except for 2020 when, due to Covid constraints, the three-division format applied.

NORTH GROUP

		P	W	L	T	NR	Pts	Net RR
1.	Lancashire (3)	14	9	5			36	+0.38
2.	Durham (4)	14	8	5		1	34	+0.67
3.	Warwickshire (1)	14	8	6			32	+0.67
4.	Northamptonshire (2)	14	8	6			32	+0.06
5.	Worcestershire (8)	14	7	7			28	+0.21
6.	Nottinghamshire (9)	14	7	7			28	−0.49
7.	Leicestershire (5)	14	6	7		1	26	−0.20
8.	Yorkshire (7)	14	5	9			20	−0.39
9.	Derbyshire (6)	14	4	10			16	−0.94

SOUTH GROUP

		P	W	L	T	NR	Pts	Net RR
1.	Surrey (1)	14	11	3			44	+1.24
2.	Somerset (3)	14	11	3			44	+0.78
3.	Hampshire (7)	14	7	6	1		30	+0.96
4.	Kent (9)	14	7	6	1		30	−0.26
5.	Glamorgan (6)	14	7	7			28	−0.09
6.	Sussex (2)	14	6	7		1	26	+0.12
7.	Gloucestershire (4)	14	5	9			20	−0.63
8.	Middlesex (8)	14	3	9	1	1	14	−0.79
9.	Essex (5)	14	3	9	1	1	14	−1.44

2024 positions in brackets.

QUARTER-FINALS: NORTHAMPTONSHIRE beat Surrey by 7 runs at The Oval.
HAMPSHIRE beat Durham by 26 runs at Chester-le-Street.
LANCASHIRE beat Kent by three wickets at Manchester.
SOMERSET beat Warwickshire by four wickets at Taunton.

SEMI-FINALS: SOMERSET beat Lancashire by 23 runs at Birmingham.
HAMPSHIRE beat Northamptonshire by six wickets at Birmingham.

LEADING AGGREGATES AND RECORDS 2025

BATTING (600 runs)	M	I	NO	HS	Runs	Avge	100	50	R/100b	Sixes
T.E.Albert (Hants)	17	17	4	98*	633	48.69		6	150.0	19
W.C.F.Smeed (Som)	17	17	2	94	620	41.33		5	144.8	19

BOWLING (27 wkts)	O	M	R	W	Avge	BB	4w	R/Over
R.P.Meredith (Som)	53	–	457	28	16.32	4-21	2	8.62
S.W.Currie (Hants)	60.2	1	522	27	19.33	4-32	1	8.65

Highest total	243-7	Lancashire v Derbyshire	Derby
Biggest win (runs)	127	Warwicks (233-5) beat Derbyshire (106)	Derby
Biggest win (balls)	50	Glamorgan (122-4) beat Kent (118-9)	Cardiff
Highest innings	139*	J.M.Cox	Essex v Hampshire	Chelmsford
Most sixes	31	A.H.T.Donald (Derbyshire)	
Highest partnership	187	T.W.M.Latham/A.L.Davies	Warwicks v Derbys	Derby
Best bowling	6-8	B.W.Sanderson	Northamptonshire v Worcs	Worcester
Most economical	4-2-5-2	Allah Ghazanfar	Derbyshire v Yorkshire	Leeds
Most expensive	3-0-68-0	L.C.J.Guthrie	Northants v Yorkshire	Leeds
Most w/k dismissals	20	L.D.McManus (Northamptonshire)	
Most catches	17	C.G.Harrison (Nottinghamshire), C.Overton (Somerset) and D.J.Willey (Northamptonshire)	

2025 VITALITY BLAST FINAL
SOMERSET v HAMPSHIRE

At Edgbaston, Birmingham, on 13 September (floodlit).
Result: **SOMERSET** won by six wickets.
Toss: Somerset. Award: M.D.Taylor.

HAMPSHIRE		Runs	Balls	4/6	Fall
† T.E.Albert	b Gregory	85	48	10/2	4-166
C.A.Lynn	c Goldsworthy b Overton	12	7	1/2	1- 24
* J.M.Vince	c Dickson b Goldsworthy	52	34	4/3	2-121
J.K.Fuller	c and b Ball	1	3		3-126
B.A.C.Howell	not out	26	19	–/2	
B.A.Mayes	lbw b Ball	9	7	1	5-191
A.G.H.Orr	run out	3	2		6-194
B.C.Fortuin					
S.W.Currie					
C.P.Wood					
S.Baker					
Extras	(LB 1, W 5)	6			
Total	**(6 wkts; 20 overs)**	**194**			

SOMERSET		Runs	Balls	4/6	Fall
W.C.F.Smeed	c Vince b Currie	94	58	14/1	4-177
T.Kohler-Cadmore	b Baker	23	14	1/2	1- 46
T.B.Abell	c Mayes b Fuller	0	2	–	2- 55
† J.E.K.Rew	b Currie	20	13	4	3- 89
S.R.Dickson	not out	33	22	2/2	
* L.Gregory	not out	18	5	1/2	
B.G.F.Green					
C.Overton					
L.P.Goldsworthy					
M.Pretorius					
J.T.Ball					
Extras	(W 7)	7			
Total	**(4 wkts; 19 overs)**	**195**			

SOMERSET	O	M	R	W	HAMPSHIRE	O	M	R	W
Overton	3	0	35	1	Wood	2	0	19	0
Gregory	4	0	30		Baker	3	0	28	1
Ball	4	0	39	2	Currie	4	0	44	2
Pretorius	1	0	25	0	Fuller	2	0	20	1
Green	4	0	36	0	Howell	4	0	45	0
Goldsworthy	4	0	28	1	Fortuin	4	0	39	0

Umpires: M.A.Gough and J.D.Middlebrook

TWENTY20 CUP WINNERS

2003	Surrey	2011	Leicestershire	2019	Essex
2004	Leicestershire	2012	Hampshire	2020	Nottinghamshire
2005	Somerset	2013	Northamptonshire	2021	Kent
2006	Leicestershire	2014	Warwickshire	2022	Hampshire
2007	Kent	2015	Lancashire	2023	Somerset
2008	Middlesex	2016	Northamptonshire	2024	Gloucestershire
2009	Sussex	2017	Nottinghamshire	2025	Somerset
2010	Hampshire	2018	Worcestershire		

PRINCIPAL TWENTY20 CUP RECORDS 2003-25

Highest Total	265-5		Somerset v Derbyshire	Taunton	2022
Highest Total Batting 2nd	254-3		Middlesex v Surrey	The Oval	2023
Lowest Total	44		Glamorgan v Surrey	The Oval	2019
Largest Victory (Runs)	191		Somerset v Derbyshire	Taunton	2022
Largest Victory (Balls)	88		Warwickshire v Notts	Nottingham	2024
Highest Score	161	A.Lyth	Yorkshire v Northants	Leeds	2017
	158*	B.B.McCullum	Warwickshire v Derbys	Birmingham	2015
	153*	L.J.Wright	Sussex v Essex	Chelmsford	2014
	152*	G.R.Napier	Essex v Sussex	Chelmsford	2008
	151*	C.H.Gayle	Somerset v Kent	Taunton	2015
Fastest Hundred	34 balls	A.Symonds	Kent v Middlesex	Maidstone	2004
	34 balls	S.A.Abbott	Surrey v Kent	The Oval	2023
Most Sixes (Innings)	16	G.R.Napier	Essex v Sussex	Chelmsford	2008
Most Runs in Career	6457	J.M.Vince	Hampshire		2010-25
	5554	J.L.Denly	Kent & Middlesex		2004-25
	5290	R.S.Bopara	Essex, Northamptonshire & Sussex		2003-25
Most Sixes in Career	193	D.J.Willey	Northamptonshire & Yorkshire		2009-25

Highest Partnership for each Wicket

1st	207	J.L.Denly/D.J.Bell-Drummond	Kent v Essex	Chelmsford	2017
2nd	186	J.L.Langer/C.L.White	Somerset v Glos	Taunton	2006
3rd	174*	S.R.Hain/A.J.Hose	Warwickshire v Notts	Nottingham	2022
4th	187*	C.A.Ingram/C.B.Cooke	Glamorgan v Middlesex	Northwood	2023
5th	171	A.J.Hose/D.R.Mousley	Warwickshire v Northants	Birmingham	2020
6th	141*	H.C.Brook/J.A.Thompson	Yorkshire v Worcestershire	Leeds	2021
7th	91	K.L.Aldridge/W.M.H.Rhodes	Durham v Leicestershire	Radlett	2021
8th	86*	J.A.Simpson/T.G.Southee	Middlesex v Hampshire	Southampton	2017
9th	69	C.J.Anderson/J.H.Davey	Somerset v Surrey	The Oval	2017
10th	59	H.H.Streak/J.E.Anyon	Warwickshire v Worcs	Birmingham	2005

Best Bowling	7-18	C.N.Ackermann	Leics v Warwicks	Leicester	2019
	6- 5	A.V.Suppiah	Somerset v Glamorgan	Cardiff	2011
	6- 8	B.W.Sanderson	Northamptonshire v Worcs	Worcester	2025
	6-16	T.G.Southee	Essex v Glamorgan	Chelmsford	2011
	6-19	T.T.Bresnan	Yorkshire v Lancashire	Leeds	2017
	6-19	Shaheen Shah Afridi	Hampshire v Middlesex	Southampton	2020
Most Wkts in Career	268	D.R.Briggs	Hampshire, Sussex & Warwickshire		2010-25
	230	S.R.Patel	Derbyshire & Nottinghamshire		2003-25

Most Economical Innings Analysis (Qualification: 4 overs)
4-1-4-3	S.R.Patel	Nottinghamshire v Worcs	Nottingham	2021

Most Maiden Overs in an Innings
4-2-9-1	M.Morkel	Kent v Surrey	Beckenham	2007
4-2-5-2	A.C.Thomas	Somerset v Hampshire	Southampton	2010
4-2-14-1	S.M.Curran	Surrey v Sussex	Hove	2018
4-2-5-2	Allah Ghazanfar	Derbyshire v Yorkshire	Leeds	2025

Most Expensive Innings Analyses
4-0-82-0	M.H.McKiernan	Derbyshire v Somerset	Taunton	2022
4-0-77-0	B.W.Sanderson	Northants v Yorkshire	Leeds	2017

Most Wicket-Keeping Dismissals in Career
121	O.B.Cox	Leicestershire & Worcestershire	2010-25
114	J.S.Foster	Essex	2003-17
114	J.A.Simpson	Middlesex & Sussex	2009-25

Five Wicket-Keeping Dismissals in an Innings
This feat has been completed ten times, the most recent being:
5 (4 ct, 1 st)	L.D.McManus	Northants v Leics	Leicester	2023

Most Catches in Career
135	J.M.Vince	Hampshire	2010-25
133	S.J.Croft	Lancashire	2006-24

Most Catches in an Innings by a Fielder
5	M.W.Machan	Sussex v Glamorgan	Hove	2016
5	G.H.S.Gartom	Warwickshire v Glamorgan	Birmingham	2025
5	M.A.H.Hammond	Gloucestershire v Hampshire	Bristol	2025

Most Appearances in Career
253	S.R.Patel	Derbyshire & Nottinghamshire	2003-25
235	R.S.Bopara	Essex, Northamptonshire & Sussex	2003-25
233	S.J.Croft	Lancashire	2006-24

YOUNG CRICKETER OF THE YEAR

This annual award, made by The Cricket Writers' Club, is currently restricted to players qualified for England, Andrew Symonds meeting that requirement at the time of his award, and under the age of 23 on 1st May. In 1986 their ballot resulted in a dead heat. Up to 2 April 2026 their selections have gained a tally of 3,196 international Test match caps (shown in brackets).

Year	Player	Year	Player	Year	Player
1950	R.Tattersall (16)	1976	G.Miller (34)	2001	O.A.Shah (6)
1951	P.B.H.May (66)	1977	I.T.Botham (102)	2002	R.Clarke (2)
1952	F.S.Trueman (67)	1978	D.I.Gower (117)	2003	J.M.Anderson (188)
1953	M.C.Cowdrey (114)	1979	P.W.G.Parker (1)	2004	I.R.Bell (118)
1954	P.J.Loader (13)	1980	G.R.Dilley (41)	2005	A.N.Cook (161)
1955	K.F.Barrington (82)	1981	M.W.Gatting (79)	2006	S.C.J.Broad (167)
1956	B.Taylor	1982	N.G.Cowans (19)	2007	A.U.Rashid (19)
1957	M.J.Stewart (8)	1983	N.A.Foster (29)	2008	R.S.Bopara (13)
1958	A.C.D.Ingleby-Mackenzie	1984	R.J.Bailey (4)	2009	J.W.A.Taylor (7)
1959	G.Pullar (28)	1985	D.V.Lawrence (5)	2010	S.T.Finn (36)
1960	D.A.Allen (39)	1986	A.A.Metcalfe	2011	J.M.Bairstow (100)
1961	P.H.Parfitt (37)	1986	J.J.Whitaker (1)	2012	J.E.Root (163)
1962	P.J.Sharpe (12)	1987	R.J.Blakey (0)	2013	B.A.Stokes (120)
1963	G.Boycott (108)	1988	M.P.Maynard (4)	2014	A.Z.Lees (10)
1964	J.M.Brearley (39)	1989	N.Hussain (96)	2015	J.A.Leaning
1965	A.P.E.Knott (95)	1990	M.A.Atherton (115)	2016	B.M.Duckett (43)
1966	D.L.Underwood (86)	1991	M.R.Ramprakash (52)	2017	D.W.Lawrence (14)
1967	A.W.Greig (58)	1992	I.D.K.Salisbury (15)	2018	S.M.Curran (24)
1968	R.M.H.Cottam (4)	1993	M.N.Lathwell (2)	2019	T.Banton
1969	A.Ward (5)	1994	J.P.Crawley (37)	2020	Z.Crawley (64)
1970	C.M.Old (46)	1995	A.Symonds (26 – Australia)	2021	H.C.Brook (35)
1971	J.Whitehouse	1996	C.E.W.Silverwood (6)	2022	J.M.Cox
1972	D.R.Owen-Thomas	1997	B.C.Hollioake (2)	2023	J.E.K.Rew
1973	M.Hendrick (30)	1998	A.Flintoff (79)	2024	S.Bashir (19)
1974	P.H.Edmonds (51)	1999	A.J.Tudor (10)	2025	R.Ahmed (5)
1975	A.Kennedy	2000	P.J.Franks		

THE PROFESSIONAL CRICKETERS' ASSOCIATION

PLAYER OF THE YEAR

Founded in 1967, the Professional Cricketers' Association introduced this award, decided by their membership, in 1970. The award, now known as the Reg Hayter Cup, is presented at the PCA's Annual Awards Dinner in London.

Year	Player	Year	Player	Year	Player
1970	M.J.Procter	1988	G.A.Hick	2007	O.D.Gibson
1970	J.D.Bond	1989	S.J.Cook	2008	M.van Jaarsveld
1971	L.R.Gibbs	1990	G.A.Gooch	2009	M.E.Trescothick
1972	A.M.E.Roberts	1991	Waqar Younis	2010	N.M.Carter
1973	P.G.Lee	1992	C.A.Walsh	2011	M.E.Trescothick
1974	B.Stead	1993	S.L.Watkin	2012	N.R.D.Compton
1975	Zaheer Abbas	1994	B.C.Lara	2013	M.M.Ali
1976	P.G.Lee	1995	D.G.Cork	2014	A.Lyth
1977	M.J.Procter	1996	P.V.Simmons	2015	C.Rushworth
1978	J.K.Lever	1997	S.P.James	2016	B.M.Duckett
1979	J.K.Lever	1998	M.B.Loye	2017	S.R.Patel
1980	R.D.Jackman	1999	S.G.Law	2018	J.L.Denly
1981	R.J.Hadlee	2000	M.E.Trescothick	2019	B.A.Stokes
1982	M.D.Marshall	2001	D.P.Fulton	2020	C.R.Woakes
1983	K.S.McEwan	2002	M.P.Vaughan	2021	J.E.Root
1984	R.J.Hadlee	2003	Mushtaq Ahmed	2022	J.M.Bairstow
1985	N.V.Radford	2004	A.Flintoff	2023	H.C.Brook
1986	C.A.Walsh	2005	A.Flintoff	2024	L.A.Dawson
1987	R.J.Hadlee	2006	M.R.Ramprakash	2025	J.M.Cox

2025 FIRST-CLASS AVERAGES

These averages involve the 440 players who appeared in the 135 first-class matches played by 25 teams in England and Wales during the 2025 season.

'Cap' denotes the season in which the player was awarded a 1st XI cap by the county he represented in 2025. If he played for more than one county in 2025, the county(ies) who awarded him his cap is (are) underlined. Durham and Gloucestershire now award cap players on first-class debut. Worcestershire now award county colours when players make their Championship debut.

Team abbreviations: A – Australia; De – Derbyshire; Du – Durham; E – England; EL – England Lions; Ex – Essex; Gm – Glamorgan; Gs – Gloucestershire; H – Hampshire; I – India; IA – India A; K – Kent; La – Lancashire; Le – Leicestershire; M – Middlesex; Nh – Northamptonshire; Nt – Nottinghamshire; Sm – Somerset; SA – South Africa; Sy – Surrey; Sx – Sussex; Wa – Warwickshire; Wo – Worcestershire; Y – Yorkshire; Z – Zimbabwe.

† Left-handed batsman. Cap: a dash (–) denotes a non-county player. A blank denotes uncapped by his current county.

BATTING AND FIELDING

	Cap	M	I	NO	HS	Runs	Avge	100	50	Ct/St
K.J.Abbott (H)	2017	14	21	5	67	296	18.50	–	–	5
Abdullah Shafiq (Y)		1	1	–	5	5	5.00	–	–	2
T.B.Abell (Sm)	2018	13	23	3	156	1022	51.10	3	5	12
C.N.Ackermann (Du)	2024	12	20	1	124	607	31.94	2	3	13
W.A.Agar (K)		4	7	3	41	82	20.50	–	–	3
M.A.Agarwal		3	4	–	175	201	50.25	1	–	1
D.J.Ahmed (Gs)	2025	1	2	2	0*	0	–	–	–	1
F.Ahmed (EL/Nt)		9	11	1	31	110	11.00	–	–	6
K.K.Ahmed (Ex/IA)		3	4	1	11	23	7.66	–	–	1
R.Ahmed (EL/Le)	2023	11	17	1	136	763	47.68	5	1	3
B.W.Aitchison (De)		7	8	1	45	151	21.57	–	–	8
Z.Akhter (EL/Gs)	2023	13	19	3	64	426	26.62	–	2	3
R.B.Albert (Sy)		1	2	–	63	68	34.00	–	1	1
T.E.Albert (H)		10	18	1	78*	341	20.05	–	1	11
K.L.Aldridge (Sm)		8	11	1	180	280	28.00	1	–	8
T.C.Ali (Wa)		5	8	3	12	45	9.00	–	–	2
B.M.J.Allison (Wo)	2023	14	25	4	38	198	9.42	–	–	6
C.W.J.Allison (Ex)		12	20	1	140	735	38.68	3	1	5
† T.P.Alsop (Sx)	2023	12	21	2	82*	485	25.52	–	4	8
† J.M.Anderson (La)	2003	6	6	5	12	22	22.00	–	–	2
M.K.Andersson (De)		13	17	2	107	745	49.66	3	2	15
J.C.Archer (E/Sx)	2017	3	4	2	31	42	21.00	–	–	1
T.H.Aspinwall (La)		3	3	1	4*	6	3.00	–	–	1
A.A.P.Atkinson (E/Sy)	2025	6	8	–	25	81	10.12	–	–	1
A.G.Bailey	2024	3	2	2	19*	19	–	–	–	1
T.E.Bailey (La)	2018	12	18	5	29	213	16.38	–	–	5
J.M.Bairstow (Y)	2011	12	19	3	89	735	45.93	–	7	38
S.Baker (H)		6	6	2	27	29	4.83	–	–	1
† G.P.Balderson (La)	2025	14	22	4	82	476	26.44	–	4	–
J.T.Ball (Du/K/Sm)	2025	6	8	3	24	59	11.80	–	–	1
E.R.Bamber (Wa)		14	16	2	107	286	20.42	1	–	3
C.T.Bancroft (Gs)	2016	10	17	–	176	796	46.82	2	5	20
T.Banton (Sm)	2025	10	17	–	371	669	44.60	1	3	3
† K.H.D.Barker (H)	2021	2	4	2	19	50	25.00	–	–	1
E.G.Barnard (Wa)	2024	14	22	5	177*	922	54.23	3	4	5
G.A.Bartlett (Nh)		10	17	2	66	397	26.46	–	3	3
S.Bashir (E/Gm)		7	10	4	22*	62	10.33	–	–	1
A.S.Basra (De)		2	1	1	16*	16	–	–	–	–

	Cap	M	I	NO	HS	Runs	Avge	100	50	Ct/St
T.Bavuma (SA)	–	1	2	–	66	102	51.00	–	1	–
† F.J.Bean (Y)		13	22	1	224	555	26.42	1	1	10
D.G.Bedingham (Du/SA)	2020	7	13	1	93	399	33.25	–	3	4
G.J.Bell (La)		6	11	1	57	221	22.10	–	1	5
D.J.Bell-Drummond (K)	2015	10	20	–	223	670	33.50	2	1	8
C.G.Benjamin (K)		5	10	1	94*	371	41.22	–	3	4
B.J.Bennett (Z)	–	1	2	–	139	140	70.00	1	–	–
C.E.Bennett (Ex)		2	1	–	22	22	22.00	–	–	–
D.M.Bess (Y)	2021	13	19	3	107	354	22.12	1	1	8
† J.G.Bethell (E/Wa)		2	4	–	20	43	10.75	–	–	1
T.R.Bevan (Gm)		1	1	–	3	3	3.00	–	–	2
J.W.Blake (Sy)		2	2	–	72	76	38.00	–	1	3
J.M.Blatherwick (Du/La)	2025	4	4	–	36	41	10.25	–	–	4
J.J.Bohannon (La)	2021	14	26	2	155	874	36.41	2	2	9
M.G.Booth (Wa)		7	8	1	58*	120	17.14	–	1	1
D.A.J.Bracewell (Ex)		3	2	1	22*	22	22.00	–	–	–
† J.R.Bracey (Gs)	2016	14	24	4	151*	1010	50.50	3	3	43/5
J.Broad (Nh)		11	17	2	171	646	43.06	2	1	22
H.C.Brook (E/Y)	2021	7	12	–	158	592	49.33	2	3	16
E.A.Brookes (Wo)	2024	14	26	1	140	788	31.52	2	2	17
H.J.H.Brookes (M)		5	8	2	10	30	5.00	–	–	1
B.C.Brown (H)	2023	14	23	5	162	758	42.11	2	2	42
P.R.Brown (De)		2	1	1	1*	1	–	–	–	2
A.U.Buchake (Nh)		1	2	–	35	36	18.00	–	–	–
J.S.D.Buckingham (Y)		2	4	1	3	4	1.33	–	–	–
S.G.Budinger (Le)		14	23	1	118	728	33.09	1	3	11
J.J.Bumrah (I)	–	3	5	–	5	9	1.80	–	–	1
† R.J.Burns (Sy)	2014	14	24	3	78	785	37.38	–	6	13
† E.J.Byrom (Gm)		3	6	–	48	175	29.16	–	–	2
H.R.C.Came (De)		14	23	1	103	843	38.31	1	7	2
† A.T.Carey (A)	–	1	2	–	43	66	33.00	–	–	3
K.S.Carlson (Gm)	2021	14	23	1	113	1020	46.36	3	5	19
B.A.Carse (Du/E)	2016	5	8	1	56	170	24.28	–	1	2
J.J.Carson (Sx)	2024	14	23	4	102	454	23.89	1	–	4
O.J.Carter (Sx)		5	9	–	46	127	14.11	–	–	5
Y.S.Chahal (Nh)		3	2	–	20	20	10.00	–	–	2
R.D.Chahar (Sy)		1	2	–	17	27	13.50	–	–	–
Z.J.Chappell (De)	2024	14	17	1	61	367	22.93	–	2	8
B.G.Charlesworth (Gs)	2018	14	25	2	160	914	39.73	2	5	6
L.T.Chivanga (Z)	–	1	2	–	10	12	6.00	–	–	1
G.Clark (Du)	2015	13	22	–	160	768	42.66	2	2	8
J.Clark (Sy)	2022	12	17	3	82	413	29.50	–	3	4
† T.G.R.Clark (Sx)	2025	9	15	–	140	341	22.73	1	–	11
J.M.Clarke (Nt)	2021	14	21	1	119	664	33.20	1	3	15
B.M.Cliff (Y)		1	2	–	20	22	11.00	–	–	–
B.O.Coad (Y)	2018	8	11	2	89	183	20.33	–	1	–
† M.A.R.Cohen (K)		3	4	1	4	10	3.33	–	–	–
J.M.Coles (Sx)	2024	14	24	2	150	1032	46.90	4	4	19
B.G.Compton (K)	2025	13	25	2	221	1386	60.26	5	3	4
S.Conners (Du)	2025	3	2	–	24	31	15.50	–	–	–
H.N.A.Conway (Nh)		4	7	7	10*	32	–	–	–	–
S.J.Cook (E/Ex)	2020	7	5	–	26	42	8.40	–	–	3
C.B.Cooke (Gm)	2016	14	21	4	84	737	43.35	–	6	36/3
† N.B.Cornwell (M)		4	4	–	0	0	0.00	–	–	2
P.Coughlin (Du)	2012	2	3	1	11	18	9.00	–	–	–
J.M.Cox (EL/Ex)	2025	9	14	1	132	695	53.46	3	2	13
O.B.Cox (Le)		11	16	1	93	550	36.66	–	4	27
J.B.Cracknell (M)		7	8	1	112	349	49.85	1	2	24/1

	Cap	M	I	NO	HS	Runs	Avge	100	50	Ct/St
M.S.Crane (Gm)		5	9	3	42	136	22.66	–	–	2
Z.Crawley (E/K)	2019	10	18	1	124	633	37.23	1	6	8
M.J.J.Critchley (Ex)	2023	14	22	2	145*	859	42.95	3	3	11
H.T.Crocombe (Sx)		4	6	1	16*	18	3.60	–	–	–
B.C.Cullen (M)		3	6	2	42	120	30.00	–	–	2
P.J.Cummins (A)	–	1	2	–	6	7	3.50	–	–	1
† B.J.Curran (Z)		1	2	–	37	43	21.50	–	–	2
S.M.Curran (Sy)	2018	4	6	–	108	307	51.16	1	1	1
T.K.Curran (Sy)	2016	1	2	–	33	44	22.00	–	–	1
S.W.Currie (H)		2	3	–	6	9	3.00	–	–	3
O.M.B.Curtiss (K)		2	2	–	14	18	9.00	–	–	1
A.K.Dal (De)	2022	11	13	3	52*	281	28.10	–	1	–
A.S.Dale (EL/Gs)	2022	12	15	5	27*	102	10.20	–	–	–
R.J.Das (Ex)		2	4	–	44	52	13.00	–	–	2
J.H.Davey (Sm)	2021	10	15	–	54	294	19.60	–	1	3
A.L.Davies (Wa)	2023	14	24	–	78	649	27.04	–	6	31
† J.L.B.Davies (M)		7	13	1	59	355	29.79	–	2	20
L.A.Dawson (E/H)	2013	11	17	2	139	581	38.73	1	2	4
J.M.de Caires (M)		6	8	–	37	346	43.25	–	4	5
M.de Lange (Gs)		4	7	1	51	129	21.50	–	1	1
B.F.W.de Leede (Du)	2023	2	3	1	31*	36	18.00	–	–	1
A.Deep (I)		3	5	1	56	80	20.00	–	1	1
† J.K.Denly (K)		8	13	–	74	345	26.53	–	2	3
J.L.Denly (K)	2008	4	5	2	32	71	23.66	–	–	1
† C.D.J.Dent (Gs)	2010	2	3	–	29	37	13.00	–	–	–
† T.U.Deshpande (IA)	–	1	1	–	11	11	11.00	–	–	–
S.R.Dickson (Sm)		5	8	2	77*	111	18.50	–	1	1
B.J.Doggett (Du)	2025	3	3	–	17	17	5.66	–	–	–
B.L.D'Oliveira (Wo)	2012	11	21	–	121	523	24.90	1	2	8
A.H.T.Donald (De)		4	5	1	55	156	39.00	–	1	5
G.S.Drissell (Du)	2022	7	9	1	69	214	26.75	–	1	4
J.L.du Plooy (M)		13	21	3	263*	1009	56.05	3	5	10
† H.S.Dubey (IA)		1	1	–	32	32	32.00	–	–	–
† B.M.Duckett (E/Nt)	2020	7	12	1	149	670	60.90	2	4	6
K.J.Dudgeon (K)		1	2	–	26	40	20.00	–	–	1
J.A.Duffy (Wo)	2025	5	9	3	14*	31	5.16	–	–	2
H.G.Duke (Ex)		2	3	–	21	43	14.33	–	–	11
A.R.Easwaran (IA)	–	2	4	–	80	167	41.75	–	2	1
R.M.Edavalath (Wo)	2025	3	5	1	61	115	23.00	–	1	1
† D.Elgar (Ex)	2025	11	18	2	150	725	40.27	2	2	10
C.R.Ervine (Z)		1	2	–	42	44	22.00	–	–	–
S.S.Eskinazi (Le/M)	2018	7	12	1	155	491	44.63	1	2	7
J.D.M.Evison (K)		11	18	2	77*	511	31.93	–	3	6
† N.S.Fernandes (M)		4	7	–	58	83	11.85	–	1	1
A.M.Fernando (Gm)		10	12	6	6	20	3.33	–	–	5
M.V.T.Fernando (Wa)		3	4	2	15*	21	10.50	–	–	1
A.W.Finch (Wo)	2019	5	9	3	17*	73	12.16	–	–	1
H.Z.Finch (K)		13	23	2	118	539	25.66	1	4	19/3
M.D.Fisher (Sy)		11	15	4	40	207	18.81	–	–	2
C.L.Flintoff (K)		2	2	–	11	11	5.50	–	–	1
B.T.Foakes (Sy)	2016	11	18	2	174*	683	42.68	1	5	36
† A.M.Foreman (Wo)	2025	1	2	–	15	17	8.50	–	–	–
B.C.Fortuin (H)		1	2	–	15	17	8.50	–	–	–
J.K.Fuller (H)	2022	11	18	3	52*	368	24.53	–	1	7
† G.A.Garrett (K)		4	5	1	35	68	17.00	–	–	1
† E.N.Gay (Du/EL)	2024	15	26	2	161	1076	44.83	4	2	9
B.B.A.Geddes (M)		14	22	1	137	776	36.95	1	6	12
B.J.Gibbon (Wo)	2022	3	5	1	33	59	14.75	–	–	2

Player	Cap	M	I	NO	HS	Runs	Avge	100	50	Ct/St
N.N.Gilchrist (K/Wa)		9	11	8	25*	66	22.00	–	–	1
S.Gill (I)		5	10	–	269	754	75.40	4	–	3
L.P.Goldsworthy (Sm)		3	4	–	100	206	51.50	1	1	1
D.C.Goodman (Gs)	2021	1	2	–	1	1	0.50	–	–	1
A.W.Gorvin (Gm)		7	9	1	50*	222	27.75	–	1	5
B.G.F.Green (Le/Sm)		13	18	3	58*	369	24.60	–	1	4
C.D.Green (A/Gs)	2025	6	11	2	128	471	52.33	3	1	4
C.J.Green (La)	2024	4	5	–	160	312	62.40	2	–	3
L.Gregory (Sm)	2015	11	16	4	89*	470	39.16	–	4	12
† N.R.T.Gubbins (H)	2022	14	24	–	117	623	25.95	1	3	4
B.D.Guest (De)	2022	14	22	4	91	651	36.16	–	5	43
† L.C.J.Guthrie (Nh)		10	11	1	43	132	13.20	–	–	2
S.R.Hain (Wa)	2018	11	18	4	87*	734	52.42	–	6	9
† T.J.Haines (EL/Sx)	2021	16	29	3	174	1075	41.34	5	5	14
H.Hameed (La)	2020	14	25	6	208	1258	66.21	4	5	5
M.A.H.Hammond (Gs)	2013	14	25	1	97	927	38.62	–	8	11
B.R.Hampton (H)		3	3	–	26	40	13.33	–	–	1
P.S.P.Handscomb (Le)	2024	11	17	2	142*	601	40.06	2	3	28/1
† O.J.Hannon-Dalby (Wa)	2019	10	10	4	8	38	6.33	–	–	1
S.R.Harmer (Ex)	2018	13	18	3	53	300	20.00	–	1	10
J.A.R.Harris (Gm)	2010	10	13	3	31	128	12.80	–	–	3
† M.S.Harris (La)		10	19	2	167	1027	60.41	3	5	7
C.G.Harrison (Nh/Nt)		11	16	1	122	487	32.46	1	2	20
† T.W.Hartley (La)	2024	10	16	1	130	396	26.40	1	1	4
J.W.A.Hawkins (De)		1	2	1	34*	34	34.00	–	–	1
R.O.L.Haydon (De)		2	2	1	7*	7	–	–	–	1
J.P.H.Hayes (Sx)		2	4	1	33*	42	14.00	–	–	1
J.A.Haynes (Nt)	2025	14	20	–	157	825	41.25	4	1	7
† J.R.Hazlewood (A)		1	2	1	17	17	17.00	–	–	–
† T.M.Head (A)		1	2	–	11	20	10.00	–	–	1
T.G.Helm (M)	2019	4	4	2	30*	72	36.00	–	–	3
R.F.Higgins (M)	2023	14	22	1	56	482	22.95	–	2	12
G.C.H.Hill (EL/Y)	2024	14	20	–	88	420	21.00	–	4	20
L.J.Hill (Le)	2021	14	21	1	151	917	45.85	2	6	5
T.I.Hinley (Wo)	2025	1	2	1	5*	5	5.00	–	–	–
D.M.Hogg (Du)	2024	4	6	4	18*	54	27.00	–	–	2
† M.D.E.Holden (EL/M)	2023	13	21	–	184	1006	47.90	4	3	2
I.G.Holland (Le)	2025	12	18	1	90	492	28.94	–	4	4
† L.B.K.Hollman (M)		8	13	1	103	459	38.25	1	3	1
A.J.Hose (Wo)	2023	8	15	–	266	684	45.60	1	2	5
F.J.Hudson-Prentice (Sx)	2023	13	21	1	74	488	24.40	–	2	7
† D.P.Hughes (Sx)	2024	13	24	1	151	815	35.43	1	4	6
J.O.Hull (EL/Le)		10	10	6	35*	77	19.25	–	–	4
S.F.Hunt (Sx)		3	4	–	34	59	14.75	–	–	1
M.F.Hurst (La)		14	24	4	106	748	37.40	1	5	44/1
B.A.Hutton (Nt)	2021	11	16	3	71	297	22.84	–	1	1
D.K.Ibrahim (Sx)		4	7	1	121*	241	40.16	1	–	3
† Imam-ul-Haq (Y)		1	1	–	19	19	19.00	–	–	–
C.A.Ingram (Gm)	2017	12	21	2	133*	1076	56.63	3	7	13
† E.V.Jack (EL/H)		7	8	2	29	90	15.00	–	–	1
W.G.Jacks (Sy)	2022	3	3	–	119	136	45.33	1	–	4
R.A.Jadeja (I)	–	5	10	4	107*	516	86.00	1	5	3
† Y.B.Jaiswal (I/IA)	–	7	14	–	118	521	37.21	2	3	3
L.W.James (Nt)	2024	13	19	2	203*	789	46.41	2	2	5
V.L.Jani (Wa)		1	1	–	41	41	41.00	–	–	1
M.Jansen (SA)		1	1	–	0	0	0.00	–	–	–
† K.K.Jennings (La)	2018	14	26	1	112	1054	42.16	2	5	23
C.P.Jewell (De)		12	22	1	232	1005	47.85	1	8	16

	Cap	M	I	NO	HS	Runs	Avge	100	50	Ct/St
M.A.Jones (La)		8	12	–	63	351	29.25	–	2	5
M.W.Jones (Ex)		1	1	1	0*	0		–	–	–
R.P.Jones (Wo)	2024	5	10	–	54	137	13.70	–	1	8
D.C.Jurel (I/IA)	–	3	6	1	94	280	56.00	–	3	10
A.Kamboj (I/IA)	–	3	4	1	51*	76	25.33	–	1	–
A.Karvelas (Sx)		4	6	–	20	46	7.66	–	–	–
Kashif Ali (Wo)	2022	12	22	–	65	457	20.77	–	3	4
Kashif Ali (K)		6	9	4	34*	113	22.60	–	–	2
B.I.Kellaway (Gm)		11	19	4	181*	813	54.20	2	4	4
† D.C.Kelly (H)		1	1	1	12*	12		–	–	1
R.I.Keogh (Nh)	2019	11	18	2	125*	473	29.56	1	3	3
S.N.Khan (IA)	–	1	1	–	92	92	92.00	–	1	3
† U.T.Khawaja (A)	–	1	2	–	6	6	3.00	–	–	1
Khurram Shehzad (Wo)	2025	3	5	3	0*	0		–	–	–
M.J.Killeen (Du)	2025	1	2	–	4	4	2.00	–	–	–
L.P.J.Kimber (Le)		5	7	1	18*	60	10.00	–	–	3
I.P.Kishan (Nt)		2	2	–	87	164	82.00	–	2	4/1
T.Kohler-Cadmore (Sm)		6	10	1	147*	436	48.44	2	1	3
T.K.Kotian (IA)	–	1	2	1	90*	105	105.00	–	1	–
P.M.Krishna (I)	–	3	5	2	5*	6	2.00	–	–	–
† M.P.Kuhnemann (Gm)		1	1	1	6*	6		–	–	–
M.Labuschagne (A/Gm)	2019	3	5	–	23	66	13.20	–	–	3
D.J.Lamb (Sx)		5	9	3	48	130	21.66	–	–	1
† T.A.Lammonby (Sm)	2025	14	25	1	153	810	33.75	2	3	6
D.H.Lategan (Wo)	2025	3	5	–	44	127	25.40	–	–	1
† T.W.M.Latham (Wa)		5	9	1	184	485	53.88	1	4	5
T.E.Lawes (Sy)		9	12	2	37*	168	16.80	–	–	2
D.W.Lawrence (Sy)		13	19	2	178	922	54.23	2	5	11
† M.J.Leach (Sm)	2017	14	14	4	30	114	11.40	–	–	7
J.A.Leaning (K)	2021	8	15	–	40	229	15.33	–	–	13
D.J.Leech (Nh)		4	4	–	23	40	10.00	–	–	1
A.Z.Lees (Du)	2018	14	25	2	172	950	41.30	3	3	7
E.O.Leonard (Gm)		7	9	2	47	139	19.85	–	–	1
J.D.Libby (Wo)	2020	14	26	2	228*	1060	44.16	4	2	8
D.L.Lloyd (De)	2024	9	16	–	93	377	23.56	–	2	2
R.Lord (Nt)		1	2	–	15	19	9.50	–	–	1
W.A.Luxton (Y)		3	5	–	71	116	23.20	–	1	2
N.M.Lyon (A)	–	1	2	–	2	2	1.00	–	–	–
A.Lyth (Y)	2010	14	24	1	185	1173	51.00	3	6	16
N.J.McAndrew (Sx)	2025	2	3	–	16	24	8.00	–	–	–
† F.W.McCann (Nt)		13	22	2	158	747	37.35	1	4	21
† B.S.McKinney (Du/EL)	2023	12	21	1	153	609	30.45	2	–	11
L.D.McManus (Nh)	2025	14	23	2	95	610	29.04	–	4	50/2
W.N.MacIvevere (Z)	–	1	2	–	31	31	15.50	–	–	–
W.L.Madsen (De)	2011	14	22	2	198	1158	57.90	4	5	18
K.A.Maharaj (SA)		1	1	–	7	7	7.00	–	–	1
S.Mahmood (La)	2021	2	3	2	13*	17	17.00	–	–	1
† D.J.Malan (Y)	2020	5	9	1	98	392	49.00	–	3	2
Z.A.Malik (Wa)		10	15	2	142	502	38.61	2	–	4
A.K.Markram (SA)	–	1	2	–	136	136	68.00	1	–	1
F.S.Middleton (H)		14	24	–	79	665	27.70	–	4	4
B.W.M.Mike (Le)		4	4	1	41	83	27.66	–	–	1
A.H.Miller (Nh)		2	2	–	14	23	11.50	–	–	1
M.E.Milnes (Y)		3	3	1	19	40	20.00	–	–	–
† J.Minto (Du)	2024	2	3	–	67	118	39.33	–	1	1
† I.Mohammed (Wo)	2025	1	2	–	5	9	4.50	–	–	–
Mohammed Rizvi (K)		1	2	–	0	0	0.00	–	–	–
M.Montgomery (Nt)		1	1	–	75	75	75.00	–	1	1

	Cap	M	I	NO	HS	Runs	Avge	100	50	Ct/St
S.H.B.Morgan (M)		3	3	–	97	109	36.33	–	1	1
† D.T.Moriarty (Y)		3	3	–	24	32	16.00	–	–	1
† J.P.Morley (De)		11	12	4	31	52	6.50	–	–	8
† D.R.Mousley (EL/Wa)		10	14	1	113	516	39.69	1	4	6
Muhammad Abbas (Nt)	2025	9	10	8	6*	21	10.50	–	–	4
Mukesh Kumar (IA)	–	1	1	1	0*	0	–	–	–	–
P.W.A.Mulder (SA)	–	1	2	–	27	33	16.50	–	–	1
† T.R.Murphy (Gs)	2025	4	6	3	33	98	32.66	–	–	2
T.S.Muyeye (K)		11	20	2	125*	664	36.88	1	4	10
B.Muzurabani (Z)	–	1	2	–	12	12	6.00	–	–	–
K.K.Nair (I/IA)	–	6	11	–	204	464	42.18	1	–	5
† J.D.S.Neesham (Du)	2025	1	1	–	1	1	1.00	–	–	1
† R.Ngarava (Z)	–	1	1	–	–	–	–	–	–	–
L.T.Ngidi (SA)	–	1	1	1	0*	0	–	–	–	–
† H.M.Nicholls (Wo)	2025	6	11	–	42	176	16.00	–	–	6
K.Nithish Kumar Reddy (I/IA)	–	4	8	1	52*	180	25.71	–	1	1
S.A.Northeast (Gm)	2022	13	22	1	139	883	42.04	3	3	11
V.M.Nyauchi (Z)	–	1	2	2	13*	13	–	–	–	–
A.R.J.Ogborne (Sm)		1	1	–	6	6	6.00	–	–	–
F.P.O'Neill (Nt)		4	5	–	50	93	18.60	–	1	3
F.S.Organ (H)		5	7	2	122*	258	51.60	1	1	2
W.P.O'Rourke (Y)		1	1	–	0	0	0.00	–	–	–
A.G.H.Orr (H)		5	9	–	48	223	24.77	–	–	3
C.Overton (Sm)	2016	11	13	4	60	312	34.66	–	3	19
J.Overton (E/Sy)	2023	3	5	–	47	74	14.80	–	–	5
† R.R.Pant (I)	–	4	7	–	134	479	68.42	2	3	7
C.F.Parkinson (Du/Wo)	2024/25	5	6	3	15	15	5.00	–	–	3
M.W.Parkinson (K)		9	17	–	17	81	4.76	–	–	3
R.K.Patel (Le)	2023	12	19	2	114	658	38.70	2	4	11
† R.S.Patel (Sy)	2024	13	20	4	92	548	34.25	–	4	9
D.Paterson (M)		5	7	4	15*	22	7.33	–	–	1
† K.R.Patterson (Sy)		2	3	–	85	176	58.66	–	2	3
† L.A.Patterson-White (Nt)	2025	11	16	–	135	540	33.75	1	3	8
D.Y.Pennington (Nt)	2025	8	11	4	61	173	24.71	–	1	1
M.S.Pepper (Ex)	2025	14	21	2	140	816	42.94	3	3	36/3
A.Phillip (La)		5	9	–	10	34	3.77	–	–	1
J.P.Phillips (Gs)	2023	7	13	1	136	533	44.41	1	3	2
L.A.J.Pope (Nh)		1	1	1	11*	11	–	–	–	1
O.J.D.Pope (E/Sy)	2018	12	21	–	171	887	42.23	3	4	13
J.A.Porter (Ex)	2015	12	13	7	19	49	8.16	–	–	6
M.J.Potts (Du)	2017	11	16	5	70	295	26.81	–	1	3
T.J.Prest (H)		12	19	1	57	485	26.94	–	2	14
M.Pretorius (Sm)		8	12	2	59	226	22.60	–	2	–
O.J.Price (Gs)	2021	14	25	1	253*	890	37.08	2	3	18
T.J.Price (Gs)	2020	6	9	1	76	176	22.00	–	1	2
† L.A.Procter (Nh)	2020	12	19	–	150	787	41.42	2	6	1
M.R.Quinn (K)		3	5	–	42	56	11.20	–	–	1
† K.Rabada (SA)	–	1	1	–	1	1	1.00	–	–	–
K.L.Rahul (I/IA)	–	6	12	–	137	699	58.25	3	3	7
B.A.Raine (Du)	2011	13	20	2	101	468	26.00	1	1	4
C.A.K.Rajitha (Ex)		5	10	4	21	53	8.83	–	–	1
N.Ramesh (Nh)		3	5	3	3*	5	–	–	–	–
N.Rana (IA)	–	1	1	–	16	16	16.00	–	–	–
† L.M.Reece (De)	2019	11	16	1	211	643	64.30	1	4	5
M.L.Revis (Y)		11	16	4	152*	766	63.83	3	1	5
† J.E.K.Rew (EL/Sm)	2025	16	27	2	166	1071	42.84	3	5	44/1
† W.M.H.Rhodes (Du)	2025	9	13	1	151*	360	30.00	1	1	4
J.A.Richards (K)		1	2	–	43	43	21.50	–	–	–

	Cap	M	I	NO	HS	Runs	Avge	100	50	Ct/St
† R.D.Rickelton (SA)	–	2	2	–	16	22	11.00	–	–	–
K.A.J.Roach (Sy)	2023	2	3	1	4	7	3.50	–	–	1
O.E.Robinson (Sx)	2019	10	14	4	30	150	15.00	–	–	5
O.G.Robinson (Du)	2023	14	22	1	141	594	28.28	1	3	34/1
T.B.Robinson (Nh)		2	3	–	55	115	38.33	–	1	1
S.D.Robson (M)	2013	11	17	–	133	497	29.23	1	3	7
C.J.Rocchiccioli (Wa)		4	4	–	28	66	16.50	–	–	1
G.H.Roderick (Wo)	2021	14	26	1	151	722	28.88	1	4	57
T.S.Roland-Jones (M)	2012	12	18	6	57	279	23.25	–	1	2
J.E.Root (E/Y)	2012	7	12	1	150	662	60.18	3	2	7
† W.T.Root (Gm)	2021	3	5	–	30	56	11.20	–	–	4
J.J.Roy (Sy)	2014	3	4	–	26	28	7.00	–	–	3
C.Rushworth (Wa)	2023	2	3	1	6	6	3.00	–	–	–
† R.Sai Kishore (Sy)		2	2	–	18	24	12.00	–	–	2
† B.Sai Sudharsan (I)	–	3	6	–	61	140	23.33	–	1	2
J.J.G.Sales (Nh)		14	28	5	108	640	27.82	1	3	3
B.W.Sanderson (Nh)	2018	5	10	–	65	156	15.60	–	1	1
† G.S.Sandhu (Sx)		4	6	2	28*	56	14.00	–	–	1
† M.J.Santner (Sy)		1	1	–	0	0	0.00	–	–	–
G.L.S.Scrimshaw (Nh)		2	3	–	17	20	6.66	–	–	–
T.A.R.Scriven (Le)		8	9	4	99	236	47.20	–	1	2
† J.N.T.Seales (Sx)	2024	4	5	2	21*	35	11.66	–	–	1
B.V.Sears (Y)		2	3	–	28	30	10.00	–	–	1
Shafiqullah Ghafari (Du)	2025	2	2	1	1*	1	–	–	–	–
H.Shaikh (Wa)		4	8	–	28	113	14.12	–	–	3
† Shan Masood (Le)		2	2	–	111	201	100.50	1	1	–
A.Sharma (Nh)		4	7	–	33	128	18.28	–	–	–
N.Sharma (M)		3	5	2	18	40	13.33	–	–	–
J.Shaw (Gs)	2016	7	8	4	45	145	36.25	–	–	1
A.R.Shetty (La)		1	–	–	–	–	–	–	–	–
D.P.Sibley (Sy)	2024	14	24	3	305	1274	60.66	4	6	8
Sikandar Raza (Z)	–	1	2	–	60	67	33.50	–	–	1
C.B.Simmons (Wa)		3	3	–	15	24	8.00	–	–	–
J.A.Simpson (Sx)	2024	14	23	5	181*	1086	60.33	4	4	53/1
E.Singh (K)		6	9	–	71	256	28.44	–	2	1
† F.Singh (Wo)	2025	2	4	1	26*	39	13.00	–	–	4
J.Singh (K)		3	4	1	16	37	12.33	–	–	1
M.Siraj (I)		5	8	3	8	20	4.00	–	–	4
B.T.Slater (Nt)	2021	14	25	2	124	1000	43.47	1	9	1
J.L.Smith (E/Sy)	2023	9	16	4	184*	688	57.33	1	5	22/1
K.Smith (Wa)		10	13	1	79	375	31.25	–	3	29/1
N.G.Smith (Sx)		4	4	1	42	72	24.00	–	–	2
S.P.D.Smith (A)		1	2	–	66	79	39.50	–	1	–
S.Snater (Ex)	2022	10	13	2	48	180	16.36	–	–	2
M.T.Stanley (La)		2	2	1	2	2	2.00	–	–	3
† M.A.Starc (A)		1	2	1	58*	59	59.00	–	1	2
C.T.Steel (Sy)		2	2	–	55	82	41.00	–	1	1
G.Stewart (K)		11	17	4	182	675	51.92	2	3	4
† B.A.Stokes (E)	–	5	8	–	141	313	39.12	1	1	2
O.P.Stone (E)		1	1	1	6*	6	–	–	–	–
† M.D.Stoneman (H)		7	12	–	57	259	21.58	–	1	3
T.Stubbs (SA)		1	2	–	8	10	5.00	–	–	1
W.J.Sutherland (Y)		3	4	1	24*	63	21.00	–	–	1
† O.W.Sutton (La)		1	1	1	2*	2	–	–	–	–
† O.F.M.Sykes (Sy)		2	3	–	37	54	18.00	–	–	1
J.A.Tattersall (Le/Y)	2022	3	6	1	47	130	26.00	–	–	1
J.M.R.Taylor (Gs)	2010	4	4	–	63	135	33.75	–	1	1
J.P.A.Taylor (Sy)		3	4	1	26	44	14.66	–	–	1

	Cap	M	I	NO	HS	Runs	Avge	100	50	Ct/St
M.D.Taylor (Gs)	2013	8	10	1	36	166	18.44	–	–	2
T.A.I.Taylor (Wo)	2024	14	26	6	66*	335	16.75	–	1	2
N.R.M.Thain (Ex)		13	19	3	54	394	24.62	–	1	4
S.N.Thakur (I/IA)	–	4	6	–	41	126	21.00	–	–	1
† J.F.Thomas (Sm)		2	2	–	86	125	62.50	–	1	3
† J.A.Thompson (Y)	2022	9	11	1	70	323	32.30	–	3	1
A.T.Thomson (De)		4	7	–	60	143	20.42	–	2	3
B.M.Tickner (De)		8	11	5	28	125	20.83	–	–	4
† N.T.Tilak Varma (H)		4	6	–	112	358	59.66	2	1	2
J.C.Tongue (E/EL/Nt)	2025	11	13	4	55	193	21.44	–	1	6
† L.Trevaskis (Le)		4	5	–	37	85	14.16	–	–	–
A.M.Tribe (Gm)		11	19	3	206	731	45.68	2	3	12
T.E.Tsiga (Z)	–	1	2	–	22	26	13.00	–	–	1
A.J.Turner (La)		2	3	1	154	283	141.50	2	–	–
J.A.Turner (H/La)		5	8	2	7	16	2.66	–	–	–
A.R.I.Umeed (Wa)		2	3	–	20	34	11.33	–	–	2
J.D.Unadkat (Sx)	2024	3	3	1	4	5	2.50	–	–	–
L.V.van Beek (Le)		13	17	4	82*	387	29.76	–	2	4
G.L.van Buuren (Gs)	2016	14	24	3	175	738	35.14	2	2	3
T.van der Gugten (Gm)	2018	13	17	–	62	383	22.52	–	3	1
† S.P.van der Merwe (Nh)		1	2	–	116	121	60.50	1	–	–
† R.S.Vasconcelos (Nh)	2021	12	19	–	100	468	24.63	1	2	19
A.M.Vaughan (Wa)		14	23	4	80	389	20.47	–	1	7
K.Verreynne (SA/Nt)	2024	11	18	2	128*	517	32.31	1	3	42/1
† N.Wagner (Du)	2024	1	2	–	33	57	28.50	–	–	1
M.D.Wagstaff (De)		1	2	–	25	27	13.50	–	–	–
M.J.Waite (Wo)	2022	13	24	4	87*	518	25.90	–	3	4
R.I.Walker (Le)		2	4	2	40*	49	24.50	–	–	1
P.I.Walter (Ex)	2023	12	20	2	158	914	50.77	3	3	13
M.S.Washington Sundar (H/I)		6	12	2	101*	420	42.00	1	2	3
R.A.Weatherall (Nh)		2	3	2	3*	3	3.00	–	–	1
J.J.Weatherley (H)	2021	2	3	–	62	139	46.33	–	2	–
B.J.Webster (A/Wa)		7	12	2	100*	442	44.20	1	3	8
L.W.P.Wells (La)	2022	14	25	–	152	1074	42.96	3	4	9
T.Westley (Ex)	2013	14	24	3	148	841	40.04	3	2	7
J.H.Wharton (Y)		14	23	2	85	700	33.33	–	7	5
B.T.J.Wheal (H)	2021	8	13	3	24	114	11.40	–	–	2
† C.J.White (Y)		13	14	9	18	58	11.60	–	–	2
B.T.Whitehouse (Nh)		3	5	1	6*	18	4.50	–	–	1
† S.C.Williams (Z)	–	1	2	–	88	113	56.50	–	1	1
W.S.A.Williams (La)		4	7	3	26	43	10.75	–	–	1
K.S.Williamson (M)		2	2	–	153	267	133.50	2	–	1
C.R.Woakes (E/EL/Wa)	2009	7	10	1	42	119	13.22	–	–	2
† S.B.Wood (Le)		2	2	–	33	60	30.00	–	–	2
D.J.Worrall (Sy)	2023	9	10	4	18	52	8.66	–	–	1
C.J.C.Wright (Le)	2021	6	6	1	74	151	30.20	–	1	1
Yadvinder Singh (Wo)	2024	1	2	1	7	12	12.00	–	–	–
† R.M.Yates (Wa)	2023	14	24	2	115	674	30.63	1	3	16
W.A.Young (Wa)		3	4	1	72	160	53.33	–	1	5
C.E.Yusuf (Du)	2025	5	6	2	44*	112	28.00	–	–	–
Zafar Gohar (M)		13	20	2	57	396	22.00	–	2	3
† S.A.Zaib (Nh)	2025	14	23	1	196*	1425	64.77	6	7	9
† Zain Ul Hassan (Gm)		14	25	1	65	525	21.87	–	2	5

BOWLING

See BATTING AND FIELDING section for details of matches and caps

	Cat	O	M	R	W	Avge	Best	5wI	10wM
K.J.Abbott (H)	RFM	447.3	134	1159	56	20.69	5- 26	4	–
C.N.Ackermann (Du)	OB	94.5	14	335	7	47.85	2- 49	–	–
W.A.Agar (H)	RFM	87	14	365	7	52.14	4- 58	–	–
D.J.Ahmed (Gs)	RM	6.4	0	23	0				
F.Ahmed (EL/Nt)	OB	252.4	40	760	14	54.28	4- 54	–	–
K.K.Ahmed (Ex/IA)	LMF	77	8	334	8	41.75	4- 70	–	–
R.Ahmed (EL/Le)	LB	203.1	27	622	26	23.92	7- 93	2	1
B.W.Aitchison (De)	RFM	195.1	31	636	19	33.47	3- 35	–	–
Z.Akhter (EL/Gs)	RMF	282.2	25	1116	27	41.33	5- 85	1	–
R.B.Albert (Sy)	SLA	11	4	9	2	4.50	2- 7	–	–
K.L.Aldridge (Sm)	RM	132.1	20	528	13	40.61	5- 36	1	–
T.C.Ali (Wa)	LB	112	8	458	11	41.63	4- 66	–	–
B.M.J.Allison (Wo)	RFM	371.5	99	1155	40	28.87	5- 44	1	–
J.M.Anderson (La)	RFM	148.2	38	441	17	25.94	3- 53	–	–
M.K.Andersson (De)	RM	136.5	11	489	9	54.33	2- 32	–	–
J.C.Archer (E/Sx)	RF	106.3	21	290	10	29.00	3- 55	–	–
T.H.Aspinwall (La)	RM	67	13	251	11	22.81	4- 32	–	–
A.A.P.Atkinson (E/Sy)	RF	204	38	665	25	26.60	5- 33	1	–
A.G.Bailey (Gs)	RMF	58	5	232	9	25.77	3- 55	–	–
T.E.Bailey (La)	RMF	361.1	59	1183	38	31.13	5- 51	2	–
J.M.Bairstow (Y)	OB	1	0	6	0				
S.Baker (H)	RFM	156.5	11	686	19	36.10	5- 72	2	–
G.P.Balderson (La)	RM	412	85	1250	40	31.25	4- 54	–	–
J.T.Ball (Du/K/Sm)	RFM	135	12	536	16	33.50	5- 47	1	–
E.R.Bamber (Wa)	RMF	464.4	89	1423	43	33.09	5- 47	1	–
T.Banton (Sm)	OB	4	1	8	0				
K.H.D.Barker (H)	LMF	41	9	91	5	18.20	2- 34	–	–
E.G.Barnard (Wa)	RMF	309	52	1081	29	37.27	4- 56	–	–
G.A.Bartlett (Nh)	OB	13	0	40	1	40.00	1- 13	–	–
S.Bashir (EGm)	OB	247.1	23	988	21	47.04	6- 81	1	–
B.J.Bennett (Z)	OB	2	0	17	0				
C.E.Bennett (Ex)	RMF	26.2	3	109	5	21.80	3- 73	–	–
D.M.Bess (Y)	OB	347.3	70	1041	26	40.03	7-162	1	–
J.G.Bethell (E/Wa)	SLA	26	0	107	2	53.50	2- 59	–	–
J.M.Blatherwick (Du/La)	RMF	84	6	370	5	74.00	2- 54	–	–
J.J.Bohannon (La)	RM	35	0	106	4	26.50	2- 21	–	–
M.G.Booth (Wa)	RMF	178.4	20	667	24	27.79	5- 90	1	–
D.A.J.Bracewell (Ex)	RMF	55	7	211	6	35.16	3- 70	–	–
J.Broad (Nh)	RM	253.1	34	958	27	35.48	4- 60	–	–
H.C.Brook (E/Y)	RM	8	0	55	0				
E.A.Brookes (Wo)	RMF	149	15	493	12	41.08	2- 33	–	–
H.J.H.Brookes (M)	RFM	117.2	12	508	11	46.18	2- 35	–	–
B.C.Brown (Sx)	SLA	4	0	21	0				
P.R.Brown (De)	RMF	37.4	4	168	3	56.00	2- 53	–	–
J.S.D.Buckingham (Y)	RFM	26	1	171	2	85.50	1- 21	–	–
S.G.Budinger (Le)	OB	13	0	19	0				
J.J.Bumrah (I)	RF	119.4	21	364	14	26.00	5- 74	2	–
R.J.Burns (Sy)	RM	4	1	22	0				
H.R.C.Came (De)	OB	14	2	59	0				
K.S.Carlson (Gm)	OB	40	4	169	5	33.80	3- 24	–	–
B.A.Carse (Du/E)	RF	187.3	26	700	14	50.00	3- 64	–	–
J.J.Carson (Sx)	OB	308.5	42	1038	26	39.92	5- 26	1	–
Y.S.Chahal (Nh)	LBG	172.2	26	552	12	46.00	6-118	1	–
R.D.Chahar (Sy)	LBG	44.4	8	118	10	11.80	8- 51	1	1
Z.J.Chappell (De)	RFM	361	61	1266	34	37.23	4- 55	–	–

	Cat	O	M	R	W	Avge	Best	5wI	10wM
B.G.Charlesworth (Gs)	RM/OB	108.4	8	431	16	26.93	3- 5	–	–
L.T.Chivanga (Z)	RFM	16	1	117	1	117.00	1-117	–	–
J.Clark (Sy)	RMF	319.2	63	1022	31	32.96	5- 68	1	–
T.G.R.Clark (Sx)	RM	66	6	252	4	63.00	2- 29	–	–
B.M.Cliff (Y)	RFM	4	0	12	0				
B.O.Coad (Y)	RMF	259.3	60	692	21	32.95	4- 39	–	–
M.A.R.Cohen (K)	LFM	58	4	286	2	143.00	1-102	–	–
J.M.Coles (Sx)	SLA	207.3	28	665	20	33.25	5-108	1	–
S.Conners (Du)	RM	90	11	330	7	47.14	3-105	–	–
H.N.A.Conway (Nh)	RFM	139.2	26	415	20	20.75	5- 68	1	–
S.J.Cook (E/Ex)	RMF	219.1	44	683	17	40.17	4- 44	–	–
N.B.Cornwell (M)	LFM	87.4	11	367	15	24.46	4- 58	–	–
P.Coughlin (Du)	RM	45.1	8	190	2	95.00	2-122	–	–
M.S.Crane (Gm)	LB	131.3	11	615	23	26.73	6- 19	2	–
M.J.J.Critchley (Ex)	LB	234.1	22	853	28	30.46	5-171	1	–
H.T.Crocombe (Sx)	RMF	85	16	375	12	31.25	4- 27	–	–
B.C.Cullen (M)	RMF	80.5	14	326	8	40.75	4- 60	–	–
P.J.Cummins (A)	RF	35.1	6	87	7	12.42	6- 28	1	–
S.M.Curran (Sy)	LMF	79.5	11	261	9	29.00	3- 22	–	–
T.K.Curran (Sy)	RFM	11	0	37	0				
S.W.Currie (Le)	RMF	23	1	132	0				
O.M.B.Curtiss (K)	RFM	11	0	82	1	82.00	1- 43	–	–
A.K.Dal (De)	RM	198	39	580	19	30.52	4- 43	–	–
A.S.Dale (EL/Gs)	RFM	372.4	52	1346	41	32.82	7-110	2	–
J.H.Davey (Sm)	RMF	177.2	26	630	19	33.15	3- 34	–	–
L.A.Dawson (E/H)	SLA	419.2	78	1042	23	45.30	5-158	1	–
J.M.de Caires (M)	OB	55	9	194	2	97.00	2-113	–	–
M.de Lange (Gm)	RF	56.2	6	229	5	45.80	3- 31	–	–
B.F.W.de Leede (Du)	RM	42	2	174	4	43.50	4- 96	–	–
A.Deep (I)	RFM	109.1	13	474	13	36.46	6- 99	1	1
J.K.Denly (K)	SLA	70	6	324	6	54.00	2- 25	–	–
J.L.Denly (K)	LB	2.3	0	8	0				
T.U.Deshpande (IA)	RFM	17	1	75	3	25.00	2- 62	–	–
B.J.Doggett (Du)	RM	89.1	17	301	9	33.44	4- 69	–	–
B.L.D'Oliveira (Wo)	LB	26.1	0	147	1	147.00	1-114	–	–
G.S.Drissell (Du)	OB	235.4	34	884	17	52.00	5- 59	1	–
J.L.du Plooy (M)	SLA	5	1	25	0				
H.S.Dubey (IA)	SLA	25	2	129	1	129.00	1-129	–	–
K.J.Dudgeon (K)	RFM	23.4	2	69	8	8.62	7- 36	1	–
J.A.Duffy (Wo)	RFM	138.1	20	542	19	28.52	5- 75	1	–
R.M.Edavalath (Wo)	OB	2	0	11	0				
J.D.M.Evison (K)	RM	220	34	713	20	35.65	3- 43	–	–
N.S.Fernandes (M)	SLA	16.1	1	80	3	26.66	3- 53	–	–
A.M.Fernando (Gm)	RMF	233.4	35	825	24	34.37	4- 71	–	–
M.V.T.Fernando (Wa)	LMF	74	9	264	3	88.00	1- 21	–	–
A.W.Finch (Wo)	RMF	119.5	16	465	13	35.76	3- 40	–	–
M.D.Fisher (Sy)	RFM	305.4	69	996	31	32.12	6- 73	2	–
C.L.Flintoff (K)	RFM	30	1	174	0				
A.M.Foreman (Wo)	OB	25	0	97	2	48.50	1- 17	–	–
B.C.Fortuin (H)	SLA	19.4	6	39	5	7.80	4- 30	–	–
J.K.Fuller (H)	RFM	243.3	24	991	35	28.31	5- 56	1	–
G.A.Garrett (S)	RM	87	12	408	7	58.28	3- 57	–	–
E.N.Gay (Du/EL)	RM	3	0	22	0				
B.B.A.Geddes (M)	OB	2	0	5	1	5.00	1- 5	–	–
B.J.Gibbon (Wo)	LMF	61	4	269	3	89.66	1- 49	–	–
N.N.Gilchrist (K/Wa)	RFM	246.5	45	971	33	29.42	7-100	1	–
L.P.Goldsworthy (Sm)	SLA	10	2	25	0				
D.C.Goodman (Gs)	RMF	31	6	87	9	9.66	5- 54	1	–

Name	Cat	O	M	R	W	Avge	Best	5wI	10wM
A.W.Gorvin (Gm)	RM	142	35	443	20	22.15	5- 85	1	–
A.M.Green (Le)	RFM	8	1	41	0				–
B.G.F.Green (Le/Sm)	RFM	296	75	685	33	20.75	5- 63	1	–
C.J.Green (La)	OB	214	35	593	23	25.78	6- 82	1	–
L.Gregory (Sm)	RMF	174.3	25	649	17	38.17	4- 90	–	–
N.R.T.Gubbins (H)	LB	26.2	2	103	2	51.50	1- 1	–	–
L.C.J.Guthrie (Nh)	LFM	285.2	40	1198	30	39.93	7- 94	1	–
T.J.Haines (EL/Sx)	RM	31	2	128	2	64.00	1- 19	–	–
H.Hameed (Nt)	LB	3	0	8	0				–
M.A.H.Hammond (Gs)	OB	30	3	140	0				–
B.R.Hampton (H)	RMF	54.9	9	232	5	46.40	2- 61	–	–
O.J.Hannon-Dalby (Wa)	RMF	278.4	56	835	11	75.90	3- 47	–	–
S.R.Harmer (Ex)	OB	495.5	123	1149	40	28.72	4- 37	–	–
J.A.R.Harris (Gm)	RFM	251	40	967	22	43.95	3- 35	–	–
C.G.Harrison (Nh/Nt)	LBG	410.3	66	1200	40	30.00	7-119	1	1
T.W.Hartley (La)	SLA	349.1	63	1066	30	35.53	6-116	2	1
J.W.A.Hawkins (De)	OB	38.5	1	171	2	85.50	2-171	–	–
R.O.L.Haycock (De)	RFM	24	5	95	2	47.50	2- 54	–	–
J.P.H.Hayes (Sx)	RFM	23	0	114	1	114.00	1- 40	–	–
J.A.Haynes (Nt)	OB	1	0	1	0				–
J.R.Hazlewood (A)	RFM	34	7	85	2	42.50	1- 27	–	–
T.M.Head (A)	OB	2	0	8	0				–
T.G.Helm (M)	RMF	109	19	361	8	45.12	3- 30	–	–
M.J.Henry (Sm)	RMF	123	21	439	14	31.35	4- 60	–	–
R.F.Higgins (M)	RM/OB	391.4	91	1081	42	25.73	5- 59	1	–
G.C.H.Hill (EL/Y)	RMF	379.1	106	973	56	17.37	6- 51	3	–
L.J.Hill (Le)	RM	1	0	1	0				–
T.I.Hinley (Wo)	SLA	25.4	1	12	1	121.00	1-121	–	–
D.M.Hogg (Du)	RMF	84.3	5	368	5	73.60	3- 60	–	–
I.G.Holland (Le)	RMF	330.3	82	777	38	20.44	5- 35	1	–
L.B.K.Hollman (M)	LB	63.3	5	276	5	55.20	2- 61	–	–
F.J.Hudson-Prentice (Sx)	RMF	220.1	38	735	27	27.22	5- 40	1	–
D.P.Hughes (Sx)	RM	1	0	1	0				–
J.O.Hull (EL/Le)	LFM	168.4	15	682	22	31.00	3- 13	–	–
S.F.Hunt (So)	LMF	51	6	178	11	16.18	5- 48	1	–
B.A.Hutton (Nt)	RM	326	61	1007	38	26.50	5- 38	1	–
D.K.Ibrahim (Sx)	RM	8	0	40	0				–
E.V.Jack (EL/H)	RFM	148	9	682	12	56.83	3- 63	–	–
W.G.Jacks (Sy)	OB	74.1	17	194	5	38.80	2- 37	–	–
R.A.Jadeja (I)	SLA	142.1	13	507	7	72.42	4-143	–	–
L.W.James (Nt)	RMF	260.5	36	926	26	35.61	5- 22	2	–
M.Jansen (SA)	LF	32	8	107	4	26.75	3- 49	–	–
M.W.Jones (Ex)	RFM	13	0	57	1	57.00	1- 57	–	–
A.Kamboj (LIA)	RM	61	7	220	6	36.66	2- 6	–	–
A.Karvelas (Sx)	RMF	68	10	239	5	47.80	3- 52	–	–
Kashif Ali (K)	RMF	180	23	644	11	58.54	4- 97	–	–
Kashif Ali (Wo)	LB	9	0	55	0				–
B.I.Kellaway (Gm)	OB	248	44	803	25	32.12	6-111	2	–
D.C.Kelly (H)	RM	20	2	94	1	94.00	1- 94	–	–
R.I.Keogh (Nh)	OB	92	12	303	9	33.66	2- 20	–	–
S.N.Khan (LA)	RM	1	0	2	0				–
Khurram Shazad (Wo)	RMF	101	20	338	9	37.55	6- 42	1	–
M.J.Killeen (Du)	RM	30.1	4	103	6	17.16	5- 36	1	–
L.P.J.Kimber (Le)	OB	73.1	12	202	3	67.33	1- 30	–	–
I.P.Kishan (Nt)	LM	1	0	1	0				–
T.K.Kotian (IA)	OB	13	2	31	1	31.00	1- 25	–	–
P.M.Krishna (I)	RFM	105	7	519	14	37.07	4- 62	–	–
M.P.Kuhnemann (Gm)	SLA	30.3	9	75	7	10.71	6- 53	1	–

Name	Cat	O	M	R	W	Avge	Best	5wI	10wM
D.J.Lamb (Sx)	RMF	46	4	209	5	41.80	2- 59	–	–
T.A.Lammonby (Sm)	LM	40	7	141	3	47.00	3- 26	–	–
D.H.Lategan (Wo)	OB	15	0	95	0				
T.E.Lawes (Sy)	RMF	199	28	735	15	49.00	4- 42	–	–
D.W.Lawrence (Sy)	LB	246.4	24	827	20	41.35	3-169	–	–
M.J.Leach (Sm)	SLA	491	126	1185	52	22.78	7- 69	3	–
J.A.Leaning (K)	RMF	144.5	9	605	9	67.22	3-106	–	–
D.J.Leech (Nh)	RMF	106.3	7	506	8	63.25	2- 27	–	–
E.O.Leonard (Gm)	RMF	140.4	15	608	14	43.42	3- 66	–	–
J.D.Libby (Wo)	OB	30.3	1	164	4	41.00	2- 63	–	–
D.L.Lloyd (De)	RM	116.4	11	442	7	63.14	2- 18	–	–
R.Lord (Nt)	RM	25.2	1	102	1	102.00	1- 15	–	–
N.M.Lyon (A)	OB	34	7	78	0				
A.Lyth (Y)	RM	23	4	60	3	20.00	1- 1	–	–
N.J.McAndrew (Sx)	RFM	59.1	10	179	8	22.37	4- 71	–	–
F.W.McCann (Nt)	OB	59.5	10	174	6	29.00	3- 53	–	–
B.S.McKinney (Du/EL)	OB	4	0	18	0				
W.N.Madhevere (Z)	OB	3	0	34	1	34.00	1- 34	–	–
W.L.Madsen (De)	OB	5	0	34	1	34.00	1- 32	–	–
K.A.Maharaj (SA)	SLA	12	1	36	1	36.00	1- 19	–	–
S.Mahmood (La)	RFM	48	4	196	2	98.00	2- 99	–	–
D.J.Malan (Y)	LB	2	0	12	0				
Z.A.Malik (Wa)	LB	11	0	61	1	61.00	1- 7	–	–
A.K.Markram (SA)	OB	4	1	10	2	5.00	1- 5	–	–
F.S.Middleton (H)	OB	4	1	10	0				
B.W.M.Mike (Le)	RM	82.5	5	377	10	37.70	3- 54	–	–
A.H.Miller (Nh)	RFM	2	0	13	0				
M.E.Milnes (Y)	RMF	77.3	18	260	11	23.65	5- 31	1	–
J.Minto (Du)	LFM	40	1	172	3	57.33	1- 25	–	–
Mohammed Rizvi (K)	LBG	8	0	32	0				
S.H.B.Morgan (M)	RFM	43	3	219	3	73.00	2- 82	–	–
D.T.Moriarty (Y)	SLA	110.4	20	288	8	36.00	4- 91	–	–
J.P.Morley (De)	SLA	367	43	1274	27	47.18	6- 55	2	–
D.R.Mousley (EL/Wa)	OB	55	2	272	2	136.00	1- 28	–	–
Muhammad Abbas (Nt)	RMF	282	72	687	32	21.46	6- 45	2	–
Mukesh Kumar (IA)	RM	25	5	92	3	30.66	3- 92	–	–
P.W.A.Mulder (SA)	RMF	19	4	54	1	54.00	1- 18	–	–
T.R.Murphy (Gs)	OB	172.1	21	619	11	56.27	3-106	–	–
T.S.Muyeye (K)	OB	25	1	106	0				
B.Muzarabani (Z)	RFM	24.3	0	143	3	47.66	3-143	–	–
K.K.Nair (I/IA)	OB	3	0	5	1	5.00	1- 5	–	–
J.D.S.Neesham (Du)	RMF	14	1	80	1	80.00	1- 80	–	–
R.Ngarava (Z)	LFM	9	1	42	0				
L.T.Ngidi (SA)	RFM	21	1	83	3	27.66	3- 38	–	–
K.Nithish Kumar Reddy (I/IA)	RMF	54.5	3	223	5	44.60	2- 62	–	–
S.A.Northeast (Gm)	LB	2	0	21	0				
V.M.Nyauchi (Z)	RFM	18	0	103	0				
A.R.J.Ogborne (Sm)	LFM	19	1	92	2	46.00	1- 92	–	–
F.P.O'Neill (Nt)	RFM	140.2	30	376	21	17.90	5- 19	2	–
F.S.Organ (H)	OB	130.2	8	430	3	143.33	1- 40	–	–
W.P.O'Rourke (Y)	RFM	26	3	129	2	64.50	2-113	–	–
C.Overton (Sm)	RMF	294.2	64	838	33	25.39	6- 23	2	–
J.Overton (E/Sy)	RF	78.2	3	328	4	82.00	2- 29	–	–
C.F.Parkinson (Du/Wo)	SLA	197.3	31	596	16	37.25	4- 39	–	–
M.W.Parkinson (K)	LB	366	27	1541	35	44.02	7-137	1	–
R.K.Patel (Le)	LB	50	6	182	2	91.00	1- 4	–	–
R.S.Patel (Sy)	RMF	9	1	45	1	45.00	1- 7	–	–
D.Paterson (M)	RFM	157	34	481	11	43.72	2- 29	–	–

	Cat	O	M	R	W	Avge	Best	5wI	10wM
L.A.Patterson-White (Nt)	SLA	358.2	69	938	26	36.07	5-179	1	–
D.Y.Pennington (Nt)	RFM	255.2	48	865	28	30.89	5-106	1	–
A.Phillip (Le)	RFM	116.2	15	454	10	45.40	3- 51	–	–
L.A.J.Pope (Nh)	LBG	24	3	101	2	50.50	1- 48	–	–
J.A.Porter (Ex)	RFM	370	96	1008	49	20.57	6- 52	2	–
M.J.Potts (Du)	RFM	370.2	64	1224	29	42.20	4- 85	–	–
T.J.Prest (H)	OB	49	1	200	1	200.00	1- 10	–	–
M.Pretorius (Sm)	RF	211.2	34	703	29	24.24	5- 64	1	–
O.J.Price (Gs)	OB	166.2	17	541	12	45.08	2- 50	–	–
T.J.Price (Gs)	RM	187.2	24	660	19	34.73	4- 33	–	–
L.A.Procter (Nh)	RM	255.5	69	721	18	40.05	3- 61	–	–
M.R.Quinn (E)	RMF	60	14	182	8	22.75	4- 43	–	–
K.Rabada (SA)	RF	33.4	6	110	9	12.22	5- 51	1	–
B.A.Raine (Du)	RMF	428.5	106	1230	44	27.95	5- 72	2	–
C.A.K.Rajitha (Ex)	RMF	142	26	556	15	34.75	5- 87	1	–
N.Ramesh (Nh)	OB	55.4	6	180	5	36.00	3- 42	–	–
H.Rana (IA)	RFM	27	3	99	1	99.00	1- 99	–	–
L.M.Reece (De)	LM	294.5	53	950	50	19.00	6- 52	4	2
M.L.Revis (Y)	RM	117	10	481	5	96.20	2- 51	–	–
W.M.H.Rhodes (Du)	RMF	145.2	19	531	7	75.85	3-131	–	–
J.A.Richards (K)	RFM	9	2	51	0				
K.A.J.Roach (Sy)	RF	62	10	213	4	53.25	2- 84	–	–
O.E.Robinson (Sx)	RMF	317	59	965	39	24.74	6- 68	2	1
T.B.Robinson (Nh)	RM	1	0	8	0				
S.D.Robson (M)	LB	39.2	1	143	4	35.75	2- 42	–	–
C.J.Rocchiccioli (Wa)	OB	168.5	16	597	16	37.31	6-173	1	–
T.S.Roland-Jones (M)	RMF	379.3	83	1114	45	24.75	6- 77	2	–
J.E.Root (E/Y)	OB	58.1	5	244	2	122.00	1- 20	–	–
C.Rushworth (Wa)	RMF	36	7	77	7	11.00	4- 37	–	–
R.Sai Kishore (Sy)	SLA	113.1	27	270	11	24.54	5- 72	1	–
J.J.G.Sales (Nh)	RM	17	4	47	2	23.50	1- 9	–	–
B.W.Sanderson (Nh)	RMF	150.2	35	486	19	25.57	6- 72	1	–
G.S.Sandhu (Sx)	OB	109.3	19	401	12	33.41	5- 83	1	–
M.J.Santner (Sy)	SLA	16	3	42	1	42.00	1- 38	–	–
G.L.S.Scrimshaw (Nh)	RMF	47.5	2	232	5	46.40	3-104	–	–
T.A.R.Scriven (Le)	RMF	196.1	34	624	22	28.36	5- 46	1	–
J.N.T.Seales (Sx)	RFM	118	12	528	15	35.20	4-107	–	–
B.V.Sears (Y)	RFM	38	6	172	7	24.57	4- 45	–	–
Shafiqullah Ghafari (Du)	LBG	76	6	330	5	66.00	4-119	–	–
A.Sharma (Nh)	LBG	3	1	4	0				
N.Sharma (M)	RFM	56.4	7	239	8	29.87	4- 43	–	–
J.Shaw (Gs)	RMF	181.3	27	655	13	50.38	2- 48	–	–
A.R.Shetty (La)	OB	10	4	21	1	21.00	1- 21	–	–
D.P.Sibley (Sy)	OB	1	0	2	0				
Sikandar Raza (Z)	OB	24	4	93	1	93.00	1- 93	–	–
C.B.Simmons (Wa)	RFM	53	4	240	5	48.00	2- 81	–	–
E.Singh (K)	RM	38	0	198	1	198.00	1- 59	–	–
F.Singh (Wo)	SLA	43.4	6	165	4	41.25	3- 58	–	–
J.Singh (K)	RFM	75.3	9	317	9	35.22	4- 35	–	–
M.Siraj (I)	RFM	183.3	26	746	23	32.43	6- 70	2	–
B.T.Slater (Nt)	OB	3	1	4	0				
N.G.Smith (Sy)	RMF	126	21	393	14	28.07	6- 38	1	–
S.Snater (Ex)	RM	312.4	76	969	27	35.88	4- 78	–	–
M.T.Stanley (La)	RFM	68.3	7	331	12	27.58	6-100	1	1
M.A.Starc (A)	LF	27.4	4	107	5	21.40	3- 66	–	–
C.T.Steel (Sy)	LB	20	0	140	0				
G.Stewart (K)	RMF	208.1	33	649	15	43.26	3- 18	–	–
B.A.Stokes (E)	RFM	151.2	20	481	20	24.05	5- 72	1	–

Name	Cat	O	M	R	W	Avge	Best	5wI	10wM
O.P.Stone (M)	RF	29	5	103	1	103.00	1-26	–	–
W.J.Sutherland (Y)	RFM	68	19	227	4	56.75	2-46	–	–
O.W.Sutton (La)	LMF	21	1	110	3	36.66	2-57	–	–
O.F.M.Sykes (Sy)	RM	9	1	20	0				
J.A.Tattersall (Le/Y)	LB	1	0	8	0				
J.M.R.Taylor (Gs)	OB	4	0	31	0				
J.P.A.Taylor (Sy)	RM	63.5	10	232	3	77.33	2-29	–	–
M.D.Taylor (Gs)	LMF	218.5	29	798	18	44.33	5-70	1	–
T.A.I.Taylor (Wo)	RMF	423	93	1327	58	22.87	5-55	2	–
N.R.M.Thain (Ex)	RM	175.1	10	827	16	51.68	3-96	–	–
S.N.Thakur (I/IA)	RMF	70	3	289	4	72.25	2-51	–	–
J.A.Thompson (Y)	RM	194.1	36	660	20	33.00	3-27	–	–
A.T.Thomson (De)	OB	214.5	29	687	17	40.41	4-81	–	–
B.M.Tickner (De)	RMF	241	39	867	24	36.12	3-44	–	–
N.T.Tilak Varma (H)	OB	15	2	58	0				
J.C.Tongue (E/EL/Nt)	RFM	369.3	37	1484	54	27.48	5-44	4	–
L.Trevaskis (Le)	SLA	142.2	28	394	14	28.14	6-85	1	–
A.M.Tribe (Gm)	OB	9	1	34	0				
A.J.Turner (La)	OB	3	0	12	0				
J.A.Turner (H/La)	RF	100.4	17	356	11	32.36	3-54	–	–
J.D.Unadkat (Sx)	LFM	87.3	23	276	16	17.25	4-43	–	–
L.V.van Beek (Le)	RMF	353.1	41	1212	34	35.64	4-47	–	–
G.L.van Buuren (Gs)	SLA	330.5	47	1025	25	41.00	4-64	–	–
T.van der Gugten (Gm)	RFM	332.2	83	924	34	27.17	5-85	1	–
S.P.van der Merwe (Nh)	RFM	8	1	28	0				
A.M.Vaughan (Sm)	OB	286.2	59	833	20	41.65	6-96	1	–
N.Wagner (Du)	LMF	7	0	47	2	23.50	2-47	–	–
M.D.Wagstaff (De)	LB	13	0	92	1	92.00	1-85	–	–
M.J.Waite (Wo)	RFM	281.4	61	889	38	23.39	6-19	1	–
R.I.Walker (Le)	RFM	36	5	113	3	37.66	3-78	–	–
P.I.Walter (Ex)	LMF	8	0	46	0				
M.S.Washington Sundar (H/I)	OB	119.2	14	424	11	38.54	4-22	–	–
R.A.Weatherall (Nh)	RM	56	10	185	8	23.12	3-32	–	–
B.J.Webster (A/Wa)	RMF	147.3	27	458	16	28.62	4-57	–	–
L.W.P.Wells (La)	LB	116.4	10	498	12	41.50	2-7	–	–
T.Westley (Ex)	OB	25.4	4	57	1	57.00	1-33	–	–
J.H.Wharton (Y)	OB	2	0	5	0				
B.T.J.Wheal (H)	RMF	242.3	39	816	24	34.00	4-46	–	–
C.J.White (Y)	RFM	366.1	99	972	42	23.14	5-69	1	–
B.T.Whitehouse (Nh)	LFM	58	4	311	4	77.75	2-39	–	–
W.S.A.Williams (La)	RMF	97	18	328	9	36.44	3-70	–	–
C.R.Woakes (E/EL/Wa)	RMF	247	53	764	22	35.72	3-34	–	–
S.B.Wood (Le)	RM	44	3	172	1	172.00	1-39	–	–
D.J.Worrall (Sy)	RMF	305.2	61	853	32	26.65	4-31	–	–
C.J.C.Wright (Le)	RFM	139.1	26	430	12	35.83	3-19	–	–
Yadvinder Singh (Wo)	RMF	17	1	73	2	36.50	1-18	–	–
R.M.Yates (Wa)	OB	172.3	20	573	12	47.75	3-44	–	–
C.E.Yusuf (Du)	RFM	104.4	9	440	19	23.15	4-26	–	–
Zafar Gohar (M)	SLA	394.5	67	1221	38	32.13	5-53	2	–
S.A.Zaib (Nh)	SLA	127.5	24	332	13	25.53	3-70	–	–
Zain Ul Hassan (Gm)	RM	203.1	43	606	15	40.40	2-18	–	–

FIRST-CLASS CAREER RECORDS

Compiled by Philip Bailey

The following career records are for all players who appeared in first-class and county cricket during the 2025 season, and are complete to matches starting on 6 February 2026. Some players who did not appear in 2025 but may do so in 2026 are included.

BATTING AND FIELDING

'1000' denotes instances of scoring 1000 runs in a season. Where these have been achieved outside the British Isles they are shown after a plus sign.

	M	I	NO	HS	Runs	Avge	100	50	1000	Ct/St
Abbott, K.	182	246	47	97*	3553	17.85	–	13	–	35
Abdullah Shafiq	51	88	6	232	3574	43.58	11	15	0+1	40
Abell, T.B.	143	253	24	156	8340	36.41	20	41	–	114
Ackermann, C.N.	189	329	35	277*	12011	40.85	28	68	0+1	205
Agar, W.A.	50	75	14	57	756	12.39	–	2	–	15
Agarwal, M.A.	122	207	7	304*	8743	43.71	20	48	0+2	67
Ahmed, D.J.	1	2	2	0*	0	–	–	–	–	1
Ahmed, F.	14	17	2	31	141	9.40	–	–	–	8
Ahmed, K.E.	28	32	14	18*	121	5.72	–	–	–	4
Ahmed, R.	36	62	2	136	2022	33.70	6	9	–	10
Aitchison, E.W.	34	45	7	50	534	14.05	–	1	–	28
Akhter, Z.	31	45	12	70	792	24.00	–	3	–	9
Albert, R.B.	1	2	0	63	68	34.00	–	1	–	1
Albert, T.E.	23	39	2	124	952	25.72	2	3	–	25
Aldridge, K.L.	36	51	5	180	1243	27.02	2	6	–	27
Ali, M.M.	202	346	27	250	11514	36.09	20	70	2	119
Ali, T.C.	5	8	3	12	45	9.00	–	–	–	2
Allah Ghazanfar	1	1	0	6	6	6.00	–	–	–	1
Allison, B.M.J.	28	45	8	75	625	16.89	–	4	–	10
Allison, C.W.J.	12	20	1	140	735	38.68	3	1	–	5
Alsop, T.P.	116	193	14	182*	5597	31.26	10	34	–	132
Anderson, J.M.	304	387	166	81	2061	9.32	–	1	–	167
Andersson, M.K.	47	74	6	107	1848	27.17	3	10	–	33
Archer, J.C.	49	73	14	81*	1345	22.79	–	7	–	23
Aspinwall, T.H.	9	13	5	26*	82	10.25	–	–	–	1
Atkinson, A.A.P.	39	55	6	118	947	19.32	1	3	–	12
Bailey, A.G.	5	3	2	19*	19	–	–	–	–	1
Bailey, T.E.	123	166	26	78	2603	18.59	–	11	–	25
Bairstow, J.M.	232	387	42	246	14829	42.98	31	77	3	590/25
Baker, S.	7	10	2	27	37	4.62	–	–	–	5
Balderson, G.P.	61	92	12	116*	2252	28.15	2	12	–	6
Ball, J.T.	84	125	32	49*	1179	12.67	–	–	–	16
Bamber, E.R.	75	104	32	107	938	13.02	1	–	–	19
Bancroft, C.T.	187	338	24	228*	12204	38.86	33	46	–	293/1
Banton, T.	52	84	4	371	2758	34.47	8	14	–	29
Barker, K.H.D.	169	230	37	125	5500	28.49	6	26	–	40
Barnard, E.G.	134	196	32	177*	5997	36.56	10	31	–	75
Barnwell, M.A.	1	1	0	22	22	22.00	–	–	–	0
Bartlett, G.A.	75	125	11	137	3450	30.26	9	14	–	19
Bashir, S.	35	54	24	44*	248	8.26	–	–	–	10
Basra, A.S.	2	1	1	16*	16	–	–	–	–	1
Bavuma, T.	179	303	36	180	10242	38.35	18	56	–	101
Bean, F.J.	43	71	1	224	2422	34.60	1	12	–	47
Bedingham, D.G.	122	198	20	279	8786	49.35	25	35	3	98
Bell, G.J.	32	50	1	99	1138	23.22	–	6	–	47/2
Bell, G.T.	53	81	8	27	362	6.83	–	–	–	19
Bell-Drummond, D.J.	173	304	26	300*	9441	33.96	20	43	1	75

237

	M	I	NO	HS	Runs	Avge	100	50	1000	Ct/St
Benjamin, C.G.	19	34	3	127	910	29.35	1	4	–	16
Benkenstein, L.M.	2	2	0	4	8	4.00	–	–	–	2
Bennett, B.J.	26	45	7	264*	1433	37.71	4	7	–	31
Bennett, C.E.	2	1	0	22	22	22.00	–	–	–	0
Bess, D.M.	113	169	26	107	3702	25.88	2	21	–	54
Bethell, J.G.	28	46	2	154	1336	30.36	1	9	–	23
Bevan, T.R.	4	6	0	48	100	16.66	–	–	–	4
Billings, S.W.	88	128	12	171	3628	31.27	6	15	–	219/12
Blake, J.W.	3	3	1	72	114	57.00	–	1	–	4
Blatherwick, J.M.	19	24	6	36	204	11.33	–	–	–	8
Bohannon, J.J.	98	151	10	231	6064	43.00	14	25	1	45
Booth, M.G.	11	12	2	58*	169	16.90	–	1	–	1
Bopara, R.S.	221	357	40	229	12821	40.44	31	55	1	118
Borthwick, S.G.	222	369	31	216	11678	34.55	22	66	4	275
Bracewell, D.A.J.	137	203	26	105	4505	25.45	3	24	–	60
Bracey, J.R.	107	187	17	207*	6221	36.59	16	26	2	261/19
Breetzke, M.P.	62	111	10	188	3738	37.00	10	17	–	39
Brevis, D.T.	24	39	1	159	1460	38.42	4	8	–	22
Briggs, D.R.	150	197	45	120*	2877	18.92	1	7	–	52
Broad, J.	28	44	5	171	1085	27.82	2	3	–	34
Brook, H.C.	97	159	9	317	6686	44.57	19	34	–	103
Brookes, E.A.	24	41	3	140	1154	30.36	3	3	–	23
Brookes, H.J.H.	50	71	14	84	979	17.17	–	6	–	14
Brown, B.C.	211	333	46	165*	11261	39.23	27	55	2	604/28
Brown, P.R.	16	15	11	15*	57	14.25	–	–	–	7
Browne, N.L.J.	144	238	17	255	7922	35.84	20	32	3	107
Buchake, A.U.	1	2	0	35	36	18.00	–	–	–	0
Buckingham, J.S.D.	33	46	21	17	85	3.40	–	–	–	18
Budinger, S.G.	31	54	1	118	1421	26.81	1	8	–	19
Bumrah, J.J.	80	108	45	55*	528	8.38	–	1	–	26
Burns, R.J.	215	373	26	227	14122	40.69	27	80	8	156
Buttler, J.C.	122	199	16	152	5888	32.17	7	33	–	274/3
Byrom, E.J.	68	122	6	176	3701	31.90	7	16	–	39
Came, H.R.C.	46	75	5	141*	2314	33.05	3	17	–	13
Campher, C.	13	24	1	111	584	25.39	1	1	–	4
Carey, A.T.	107	178	17	156	6117	37.99	12	33	–	414/25
Carlson, K.S.	108	185	11	192	6310	36.26	15	33	2	59
Carse, B.A.	63	90	19	108*	1936	27.26	2	6	–	26
Carson, J.J.	64	101	15	102	1968	22.88	1	11	–	26
Carter, O.J.	39	66	4	185	1975	31.85	1	14	–	87/2
Cartwright, H.W.R.	106	184	17	171*	6058	36.27	10	32	–	67
Chahal, Y.S.	44	61	15	48	445	9.67	–	–	–	15
Chahar, R.D.	27	30	4	84	455	17.50	–	1	–	5
Chappell, Z.J.	66	93	12	96	1642	20.27	–	7	–	15
Charlesworth, B.G.	57	94	6	210	2754	31.29	4	15	–	31
Chivanga, L.T.	35	50	10	69	412	10.30	–	2	–	16
Clark, G.	76	119	6	160	3533	31.26	6	17	–	53
Clark, J.	114	158	22	140	3888	28.58	4	23	–	18
Clark, T.G.R.	58	99	5	140	2480	26.38	4	13	–	58
Clarke, J.M.	149	248	21	229*	8925	39.31	25	42	2	110
Cliff, B.M.	3	4	1	20	23	7.66	–	–	–	0
Coad, B.O.	84	105	31	89	1170	15.81	–	2	–	5
Cohen, M.A.R.	25	32	16	30*	182	11.37	–	–	–	5
Coles, J.M.	50	82	6	180	2920	38.42	8	12	1	48
Compton, B.G.	80	148	12	221	6322	46.48	18	27	2	50
Conners, S.	52	59	14	39	435	9.66	–	–	–	14
Conway, H.N.A.	50	71	38	31	306	9.27	–	–	–	17
Cook, S.J.	93	107	32	49	813	10.84	–	–	–	22

	M	I	NO	HS	Runs	Avge	100	50	1000	Ct/St
Cooke, C.B.	158	259	44	205*	8480	39.44	14	47	–	358/20
Cornwell, N.B.	6	4	1	2*	2	0.66	–	–	–	2
Coughlin, P.	65	93	14	100*	1968	24.91	1	10	–	33
Cox, J.M.	62	99	6	238*	3889	41.81	11	14	–	61
Cox, O.B.	170	267	38	124	6527	28.50	4	37	–	455/17
Cracknell, J.B.	11	16	1	112	459	30.60	1	2	–	27/1
Crane, M.S.	69	97	28	61	1180	17.10	–	2	–	17
Crawley, Z	139	251	6	267	7837	31.98	12	47	1	132
Critchley, M.J.J.	122	202	18	151*	6211	33.75	12	32	1	82
Crocombe, H.T.	40	58	14	54	445	10.11	–	1	–	11
Cullen, B.C.	10	15	2	42	225	17.30	–	–	–	4
Cummins, P.J.	86	124	21	82*	1901	18.45	–	6	–	41
Curran, B.J.	62	105	9	147	3700	38.54	8	15	0+1	49
Curran, S.M.	86	130	14	126	3573	30.80	2	25	–	27
Curran, T.K.	64	89	11	115	1524	19.53	1	6	–	24
Currie, B.J	6	9	5	7	17	4.25	–	–	–	1
Currie, S.W.	17	24	5	120	416	21.89	1	1	–	19
Curtiss, O.M.B.	2	2	0	14	18	9.00	–	–	–	1
Dal, A.K.	70	102	18	146*	2691	32.03	5	12	–	38
Dale, A.S.	40	54	19	52	372	10.62	–	1	–	6
Das, R.J.	9	13	0	132	327	25.15	1	–	–	7
Davey, J.H.	83	122	28	75*	1893	20.13	–	6	–	24
Davies, A.L.	148	233	10	256	7651	34.30	11	47	2	242/19
Davies, J.L.S.	32	50	5	91	1016	22.57	–	7	–	52
Dawkins, B.J.	4	6	1	61	172	34.40	–	2	–	3
Dawson, L.A.	214	344	37	171	10776	35.10	18	56	1	209
de Caires, J.M.	27	42	3	87	1116	28.61	–	8	–	12
de Lange, M.	112	148	21	113	2162	17.02	1	6	–	45
de Leede, B.F.W.	18	24	5	103	604	31.78	1	4	–	8
Deep, A.	48	65	5	66	745	12.41	–	2	–	21
Denly, J.K.	10	16	1	74	398	26.53	–	2	–	5
Denly, J.L.	251	430	29	227	14228	35.48	32	72	4	97
Dent, C.D.J.	189	338	26	268	11237	36.01	21	67	4	185
Deshpande, T.U.	46	57	12	123	686	15.24	1	1	–	16
Dickson, S.R.	109	185	14	318	5464	31.95	14	22	–	77
Doggett, E.I.	53	67	20	49	417	8.87	–	–	–	19
D'Oliveira, B.L.	126	207	15	202*	6110	31.82	13	25	–	48
Donald, A.H.T.	75	127	7	234	3682	30.68	3	22	1	74
Douthwaite, D.A.	38	57	5	100*	1429	27.48	1	7	–	13
Drissell, C.S.	21	30	3	82	553	20.48	–	3	–	12
du Plooy, J.L.	129	206	29	263*	8588	48.51	24	43	2	96
Dubey, H.S	27	44	4	84	1026	25.65	–	9	–	9
Duckett, B.M.	166	289	14	282*	11613	42.22	30	54	3	144/3
Dudgeon, H.J.	79	95	17	88	1482	19.00	–	6	–	36
Duffy, J.A.	112	159	43	71	1526	13.15	–	3	–	44
Duke, H.G.	21	31	2	54	530	18.27	–	2	–	65/1
Dwarshuis, B.J.	10	17	5	60*	327	27.25	–	2	–	2
Easwaran, A.R.	112	191	17	233	8327	47.85	27	36	0+2	75
Edavalath, R.M.	4	7	0	61	130	18.57	–	1	–	1
Elgar, D.	270	469	32	268	18545	42.43	54	75	1+2	227
Ellis, N.T.	10	14	0	41	205	14.64	–	–	–	3
Ervine, C.R.	108	194	13	215	7829	43.25	21	35	–	106
Eskinazi, S.S.	95	164	13	179	4812	31.86	10	19	–	92
Evans, L.J.	73	125	6	213*	3495	29.36	6	18	–	58
Evison, J.D.M.	50	82	9	109*	2324	31.83	1	14	–	15
Fernandes, N.S.	12	19	0	103	437	23.00	1	2	–	5
Fernandes, S.M.L.	1	1	0	71	71	71.00	–	1	–	2
Fernando, A.M.	99	122	55	30	323	4.82	–	–	–	23

	M	I	NO	HS	Runs	Avge	100	50	1000	Ct/St
Fernando, M.V.T.	140	162	73	41	830	9.32	–	–	–	45
Finch, A.W.	36	52	20	43	531	16.59	–	–	–	5
Finch, H.Z.	88	152	10	135*	3914	27.56	6	23	–	126/10
Fisher, M.D.	56	74	20	88	960	17.77	–	2	–	18
Flintoff, C.L.	2	2	0	11	11	5.50	–	–	–	1
Foakes, B.T.	185	289	44	174*	9332	38.08	17	50	–	493/39
Foreman, A.M.	2	3	0	15	19	6.33	–	–	–	3
Fortuin, B.C.	77	110	19	194	3014	32.40	8	10	–	33
Foulkes, Z.G.	25	37	4	75*	599	18.15	–	3	–	16
Fuller, J.K.	107	153	25	93	2996	23.40	–	12	–	37
Garrett, G.A.	17	27	13	48	230	16.42	–	–	–	6
Garton, G.H.S.	26	36	6	97	650	21.66	–	5	–	14
Gay, E.N.	67	116	5	261	4150	37.38	10	17	2	63
Geddes, B.B.A.	22	34	1	137	1165	35.30	3	7	–	16
Gibbon, B.J.	22	23	8	75	292	19.46	–	1	–	12
Gilchrist, N.N.	39	49	12	41	338	9.13	–	–	–	10
Gill, S.	70	123	12	269	5551	50.00	19	20	–	49
Gleeson, R.J.	34	39	16	31	259	11.26	–	–	–	8
Goldsworthy, L.P.	32	51	3	130	1514	31.54	3	6	–	13
Goodman, D.C.	16	22	6	38*	117	7.31	–	–	–	8
Gorvin, A.W.	22	30	5	50*	425	17.00	–	1	–	10
Green, A.M.	1	1	0	0	0	0.00	–	–	–	0
Green, B.G.F.	34	54	6	77	980	20.41	–	3	–	15
Green, C.D.	78	127	18	251	4893	44.88	14	16	0+1	64
Green, C.J.	25	37	11	160	1091	41.96	2	6	–	15
Gregory, L.	140	205	25	137	4688	26.04	4	23	–	97
Gubbins, N.R.T.	148	257	12	201*	8790	35.87	20	44	1	52
Guest, B.D.	70	114	7	197	3478	32.50	7	15	–	189/8
Guthrie, L.C.J.	28	38	8	43	296	9.86	–	–	–	13
Hain, S.R.	137	219	24	208	7931	40.67	19	42	1	125
Haines, T.J.	90	156	6	243	5701	38.00	15	24	2	48
Hameed, H.	145	251	28	247*	8608	38.60	19	45	4	85
Hammond, M.A.H.	90	159	9	169	5004	33.36	5	35	–	69
Hampton, B.R.	45	70	9	121	1715	28.11	2	10	–	24
Handscomb, P.S.P.	208	353	27	281*	13058	40.05	30	75	–	377/11
Hannon-Dalby, O.J.	134	161	68	40	711	7.64	–	–	–	20
Harmer, S.R.	238	346	66	102*	6556	23.41	2	33	–	249
Harris, J.A.R.	196	276	60	87*	4689	21.70	–	19	–	50
Harris, M.S.	192	347	22	250*	12956	39.86	33	56	1+1	100
Harrison, C.G.	31	43	5	122	976	25.68	1	3	–	54
Hartley, T.W.	41	62	9	130	1265	23.86	1	4	–	20
Hassan Ali	88	128	26	106*	1786	17.50	1	9	–	28
Hawkins, J.W.A.	1	2	1	34*	34	34.00	–	–	–	0
Haydon, R.O.L.	2	1	1	7*	7	–	–	–	–	1
Hayes, J.P.H.	2	4	1	33*	42	14.00	–	–	–	2
Haynes, J.A.	73	112	7	157	3785	36.04	9	16	–	50
Hazlewood, J.R.	119	143	60	43*	918	11.06	–	–	–	46
Head, T.M.	179	320	18	223	12272	40.63	27	64	0+1	86
Helm, T.G.	64	87	25	64	1157	18.66	–	4	–	26
Henriques, M.C.	131	219	23	265	6830	34.84	13	31	–	58
Henry, M.J.	113	153	23	81	2468	18.98	–	9	–	45
Higgins, R.F.	110	174	17	221	5580	35.54	12	24	1	58
Hill, G.C.H.	63	96	6	169*	2747	30.52	4	17	–	51
Hill, L.J.	104	172	13	162*	5134	32.28	9	27	–	113/3
Hinley, T.I.	2	4	1	19	25	8.33	–	–	–	0
Hogg, D.M.	8	11	4	18*	63	9.00	–	–	–	2
Holden, M.D.E.	107	183	8	211*	5529	31.59	9	25	1	34
Holland, I.G.	89	142	12	146*	3420	26.30	5	17	–	42

	M	I	NO	HS	Runs	Avge	100	50	1000	Ct/St
Hollman, L.E.K.	42	64	3	103	1605	26.31	1	8	–	20
Home, J.E.	2	3	2	29	45	45.00	–	–	–	1
Hose, A.J.	52	91	3	266	2522	28.65	2	13	–	29
Howell, B.A.C.	86	136	13	163	3378	27.46	2	18	–	52
Hudson-Prentice, F.J.	70	112	12	99	2774	27.74	–	18	–	25
Hughes, D.P.	94	174	16	178	5912	37.41	11	34	–	61
Hull, J.O.	22	27	12	35*	117	7.80	–	–	–	8
Hunt, S.F.	26	39	16	65	231	10.04	–	1	–	3
Hurst, M.F.	31	52	8	106	1623	36.88	2	12	–	87/2
Hutton, B.A.	102	150	19	84	2301	17.56	–	7	–	56
Ibrahim, D.K.	21	39	4	121*	875	25.00	2	4	–	11
Imad Wasim	77	115	24	207	3702	40.68	6	20	–	35
Imam-ul-Haq	92	159	19	202*	5933	42.37	16	27	–	57
Ingram, C.A.	147	257	22	257*	10055	42.78	26	45	2	108
Jack, E.V.	7	8	2	29	90	15.00	–	–	–	0
Jacks, W.G.	61	91	9	150*	2736	33.36	4	16	–	60
Jadeja, R.A	148	220	34	331	8337	44.82	15	45	–	101
Jaiswal, Y.E.	50	93	5	265	4867	55.30	17	18	0+1	43
James, L.W.	70	104	12	203*	3229	35.09	6	15	–	36
Jani, V.L.	1	1	0	41	41	41.00	–	–	–	1
Jansen, M.	42	138	20	93	2780	23.55	–	20	–	62
Jennings, K.K.	201	343	21	318	12475	38.74	33	47	4	191
Jewell, C.P.	67	124	5	232	4095	34.41	9	20	1	46
Jones, M.A	48	78	4	206	2404	32.48	3	14	–	20
Jones, M.W.	1	1	1	0*	0	–	–	–	–	0
Jones, R.P.	64	99	8	122	2327	25.57	3	10	–	79
Jordan, C.J.	114	159	23	166	3443	25.31	3	15	–	137
Jurel, D.C.	33	50	7	249	2311	53.74	5	14	–	80/6
Kamboj, A.	33	49	7	51*	592	14.09	–	1	–	11
Karvelas, A.	31	42	6	57	521	14.47	–	2	–	9
Kashif Ali (Wo)	41	74	3	133	2040	28.73	3	12	–	12
Kashif Ali (K)	49	66	26	66	496	12.40	–	1	–	22
Kellaway, B.I.	18	29	4	181*	895	35.80	2	4	–	8
Kelly, D.C.	2	1	1	12*	12	–	–	–	–	1
Keogh, R.I	145	240	15	221	6949	30.88	18	24	–	31/1
Kerr, H.L.	11	19	3	88	466	29.12	–	4	–	6
Khan, S.N.	62	92	13	301*	5114	64.73	17	16	–	66
Khawaja, U.T.	227	394	37	232	15555	43.57	43	74	0+1	178
Khurram Shahzad	59	84	21	59	785	12.46	–	–	–	11
Killeen, M.J	3	4	0	21	25	6.25	–	–	–	0
Kimber, L.P.J.	41	65	4	243	1571	25.75	2	8	–	31
Kishan, I.P	64	105	7	273	3893	39.72	9	19	–	135/12
Klaassen, F.J.	5	8	3	14*	45	9.00	–	–	–	3
Kohler-Cacnore, T.	106	176	11	176	5562	33.70	13	24	1	139/1
Kotian, T.K.	44	65	14	120*	2168	42.50	2	17	–	26
Krishna, P.M.	32	42	16	34	217	8.34	–	–	–	6
Kuhnemann, M.P.	33	40	17	27*	275	11.95	–	–	–	12
Labuschagne, M.	176	311	25	215	12635	44.17	34	63	1+2	156
Lamb, D.J.	38	54	11	134	1232	23.65	2	5	–	13
Lammonby, T.A.	75	132	9	133	3944	32.06	9	16	–	50
Lategan, D.H.	3	5	0	44	127	25.40	–	–	–	1
Latham, T.W.M.	177	309	18	264*	12464	42.83	30	67	–	237/1
Lawes, T.E.	34	43	8	58	583	16.65	–	2	–	12
Lawrence, D.W.	145	230	19	178	8019	33.00	19	37	1	105
Leach, M.J	165	222	66	92	2171	13.91	–	3	–	66
Leaning, J.A.	131	217	22	220*	6277	32.18	11	31	–	133
Leech, D.J	14	16	1	32	106	7.06	–	–	–	2
Lees, A.Z.	192	330	22	275*	11927	38.72	32	54	3	120

	M	I	NO	HS	Runs	Avge	100	50	1000	Ct/St
Lenham, A.D.	7	12	2	48	206	20.60	–	–	–	2
Leonard, E.O.	14	19	8	47	185	16.81	–	–	–	3
Libby, J.D.	129	223	18	228*	7787	37.98	21	32	3	53
Linde, G.F.	83	120	11	152	3681	33.77	6	20	–	42
Lintott, J.B.	3	4	0	78	110	27.50	–	1	–	2
Little, J.B.	6	6	2	27	68	17.00	–	–	–	1
Livingstone, L.S.	63	96	15	224	3085	38.08	7	15	–	74
Lloyd, D.L.	127	218	17	313*	5915	29.42	6	28	–	64
Lord, R.	5	7	0	31	82	11.71	–	–	–	3
Luxton, W.A.	10	16	2	71	356	25.42	–	2	–	3
Lynn, C.A.	41	71	8	250	2743	43.53	6	12	–	26
Lyon, N.M.	238	309	82	75	2798	12.32	–	2	–	101
Lyth, A.	250	418	19	251	15910	39.87	40	80	6	333
McAndrew, N.J.	63	95	16	92	1958	24.78	–	9	–	22
McCann, F.W.	19	31	2	154	1107	38.17	3	5	–	29
McDermott, B.R.	70	123	13	146*	3591	32.64	3	24	–	60
McIlroy, J.P.	17	18	8	30*	93	9.30	–	–	–	2
McKerr, C.	26	28	5	37	284	12.34	–	–	–	8
McKinney, B.S.	24	42	3	153	1286	32.97	4	2	–	17
McManus, L.D.	103	151	21	168*	3565	27.42	2	18	–	258/25
McSweeney, N.A.	52	98	11	226*	3306	38.00	8	17	–	50
Madhevere, W.N.	41	65	7	150	1986	34.24	4	10	–	35
Madsen, W.L.	253	443	32	231*	17067	41.52	43	93	8	303
Maharaj, K.A.	170	242	30	114*	4252	20.05	2	18	–	65
Mahmood, S.	34	43	20	49	379	16.47	–	–	–	6
Majid, Y.	1	1	0	5	5	5.00	–	–	–	0
Malan, D.J.	217	372	22	219	13593	38.83	30	71	3	207
Malik, Z.A.	10	15	2	142	502	38.61	2	–	–	4
Markram, A.K.	103	180	9	204*	7192	42.05	20	31	0+2	124
Meredith, R.P.	38	54	31	44	252	10.95	–	–	–	10
Middleton, F.S.	42	70	1	116	1943	28.15	2	12	–	24
Mike, B.W.M.	51	76	8	99*	1722	25.32	–	11	–	10
Miles, C.N.	107	143	24	62*	1850	15.54	–	5	–	35
Miller, A.H.	6	10	0	42	185	18.50	–	–	–	1
Mills, T.S.	32	38	15	31*	260	11.30	–	–	–	9
Milnes, M.E.	52	77	22	78	1095	19.90	–	4	–	19
Minto, J.	6	6	0	67	158	26.33	–	1	–	2
Mohammad Ali	62	78	31	24*	372	7.91	–	–	–	13
Mohammad Amir	69	104	16	66	1384	15.72	–	2	–	15
Mohammed, I.	1	2	0	5	9	4.50	–	–	–	1
Mohammed Rizvi	3	4	0	5	7	1.75	–	–	–	–
Montgomery, M.	24	40	2	178	1196	31.47	2	4	–	25
Moores, T.J.	78	122	7	106	2681	23.31	2	8	–	220/5
Morgan, S.H.B.	3	3	0	97	109	36.33	–	1	–	1
Moriarty, D.T.	24	24	10	29	153	10.92	–	–	–	4
Morley, J.P.	26	30	7	41	176	7.65	–	–	–	13
Morris, B.J.	1	1	0	7*	7	7.00	–	–	–	0
Mousley, D.R.	44	70	5	113	1865	28.69	1	15	–	27
Muhammad Abbas	212	286	128	40	1119	7.08	–	–	–	55
Mukesh Kumar	56	68	36	28	240	7.50	–	–	–	7
Mulder, P.W.A.	93	157	25	367*	5154	39.04	14	16	–	80
Murphy, T.R.	45	66	16	76	906	18.12	–	1	–	16
Mustard, H.S.	2	3	0	10	10	3.33	–	–	–	3
Muthusamy, S.	117	191	20	181	5347	31.26	10	31	–	64
Muyeve, T.S.	39	69	4	211	2221	34.16	3	12	–	32
Muzarabani, B.	37	58	15	52*	561	13.04	–	1	–	10
Nair, K.K.	127	204	17	328	9306	49.76	26	39	–	107
Naveen-ul-Haq	10	13	1	34	93	7.75	–	–	–	5

	M	I	NO	HS	Runs	Avge	100	50	1000	Ct/St
Neal, A.J.	2	4	0	15	28	7.00	–	–	–	1
Neesham, J.D.S.	69	115	10	147	3374	32.13	5	18	–	71
Neser, M.G	120	163	17	176*	4070	27.87	5	18	–	68
Ngarava, R.	34	46	14	35	367	11.46	–	–	–	15
Ngidi, L.T	34	46	19	19	105	5.55	–	–	–	12
Nicholls, H.M.	135	222	19	226	8414	41.44	22	40	–	121
Nithish Kumar Reddy, K.	38	64	5	159	1485	25.16	2	4	–	22
Northeast, S.A.	236	398	35	410*	14561	40.11	35	68	6	125
Nyauchi, V.M.	82	118	33	71	883	10.38	–	1	–	34
Ogborne, A.R.J.	5	8	2	12	37	6.16	–	–	–	3
O'Neill, F.F.	41	64	10	70*	1189	22.01	–	3	–	14
Organ, F.S.	55	89	7	122*	1969	24.01	4	8	–	22
O'Rourke, W.P.	28	36	23	17*	86	6.61	–	–	–	12
Orr, A.G.H.	37	68	2	198	2336	35.39	5	8	1	15
Overton, C.	147	213	32	138	4052	22.38	1	19	–	142
Overton, J.	99	139	27	120	2410	21.51	1	13	–	78
Pant, R.R.	77	130	8	308	5610	45.98	13	29	–	245/23
Parkinson, C.F.	81	116	28	75	1444	16.40	–	1	–	16
Parkinson, M.W.	76	96	25	48	631	8.88	–	–	–	18
Patel, A.Y	115	164	36	57	1931	15.08	–	4	–	82
Patel, R.K.	59	98	5	179	3183	34.22	7	13	1	38
Patel, R.S.	75	116	12	134	3213	30.89	5	13	–	50
Patel, S.R	231	376	20	257*	12692	35.65	26	64	4	140
Paterson, D.	180	224	68	59	1796	11.51	–	1	–	52
Patterson, E.R.	117	204	18	173*	7272	39.09	15	41	–	110
Patterson-White, L.A.	59	85	8	135	1869	24.27	3	9	–	29
Payne, D.A.	115	142	47	67*	1779	18.72	–	6	–	40
Pennington, D.Y.	62	85	20	61	785	12.07	–	2	–	14
Pepper, M.S.	39	59	6	140	1762	33.24	5	7	–	93/4
Phillip, A.	50	77	19	63*	679	11.70	–	1	–	22
Phillips, J.P.	11	19	1	136	741	41.16	1	5	–	2
Pollock, E.J.	27	43	1	113	1085	25.83	2	5	–	19
Pope, L.A.F.	23	33	16	36	175	10.29	–	–	–	9
Pope, O.J.D.	129	210	17	274	8615	44.63	24	33	3	166/1
Porter, J.A.	150	171	74	34	586	6.04	–	–	–	47
Potts, M.J.	73	95	22	149*	1475	20.20	1	4	–	31
Potts, N.J	8	9	1	13	58	7.25	–	–	–	2
Prest, T.J.	30	43	3	156	1293	32.32	4	3	–	26
Pretorius, L.G.	14	22	2	153	1126	56.30	5	5	–	15
Pretorius, M.	77	103	15	109*	2384	27.09	1	16	–	18
Price, O.J	53	94	4	253*	2893	32.14	6	14	–	65
Price, T.J.	35	55	11	109	1125	25.56	1	4	–	12
Procter, L.A.	161	259	30	150	8056	35.17	10	48	–	43
Quinn, M.R.	64	86	25	50	662	10.85	–	1	–	14
Rabada, K.	93	132	23	71	1326	12.16	–	3	–	43
Rahul, K.L	118	206	9	337	8757	44.45	24	41	0+2	140
Raine, B.A.	148	217	30	103*	4388	23.46	2	20	–	30
Rajitha, C.A.K.	80	105	37	52	662	9.73	–	1	–	25
Ramesh, N.	3	5	3	3*	5	–	–	–	–	0
Rana, H.	14	19	3	122*	499	31.18	1	2	–	3
Reece, L.M.	123	215	25	211	6935	36.50	14	38	1	49
Revis, M.L.	38	54	14	152*	1659	41.47	5	4	–	21
Rew, J.E.K.	57	95	13	221	3383	41.25	11	12	2	151/6
Rew, T.H.S.	1	2	0	47	66	33.00	–	1	–	1
Rhodes, W.M.H.	124	200	12	207	6656	35.40	13	27	1	83
Richards, J.A.	2	4	2	43	62	31.00	–	–	–	1
Richardson, J.A.	29	39	4	71	759	21.68	–	4	–	13
Rickelton, R.D.	70	117	12	259	5142	48.97	18	18	–	142/5

	M	I	NO	HS	Runs	Avge	100	50	1000	Ct/St
Roach, K.A.J.	183	251	58	58*	2481	12.85	–	4	–	60
Robinson, O.E.	112	162	32	110	2503	19.25	1	8	–	36
Robinson, O.G.	94	146	11	198	4904	36.32	10	27	–	274/14
Robinson, T.B.	23	41	3	108	1280	33.68	3	8	–	29
Robson, S.D.	225	396	29	253	13945	37.99	37	53	3	218
Rocchiccioli, C.J.	49	68	21	50	789	16.78	–	1	–	25
Roderick, G.H.	156	256	28	172*	7629	33.46	12	44	–	450/8
Rogers, T.S.	15	21	0	80	365	17.38	–	1	–	3
Roland-Jones, T.S.	168	238	44	103*	4169	21.48	1	17	–	47
Root, J.E.	237	416	36	262	19089	50.23	55	88	4	266
Root, W.T.	81	137	13	229	4079	32.89	7	17	–	27
Rossington, A.M.	113	181	17	138*	5446	33.20	9	34	–	245/20
Roy, J.J.	90	148	11	143	4878	35.60	9	23	1	77
Rushworth, C.	176	232	79	57	1788	11.68	–	1	–	37
Sai Kishore, R.	54	72	8	81	929	14.51	–	3	–	16
Sai Sudharsan, B.	39	67	0	213	2551	38.67	8	9	–	27
Sales, J.J.G.	33	55	5	135	1407	28.14	3	6	–	13
Salisbury, M.E.T.	54	77	16	45	528	8.65	–	–	–	6
Salt, P.D.	54	88	3	148	2770	32.58	6	14	–	79/7
Sams, D.R.	5	10	0	88	255	25.50	–	2	–	2
Sanderson, B.W.	115	158	42	65	1155	9.95	–	1	–	14
Sandhu, G.S.	63	83	11	97*	1113	15.45	–	2	–	24
Santner, M.J.	68	104	6	136	2975	30.35	4	16	–	60
Schadendorf, D.J.	3	4	0	29	93	23.25	–	–	–	11
Scrimshaw, G.L.S.	12	18	9	19*	67	7.44	–	–	–	5
Scriven, T.A.R.	37	52	12	99	1198	29.95	–	9	–	8
Seales, J.N.T.	52	74	25	33	458	9.34	–	–	–	17
Sears, B.V.	23	35	14	41	263	12.52	–	–	–	13
Shafiqullah Ghafari	14	20	4	69	294	18.37	–	2	–	0
Shaikh, H.	8	16	1	91	301	20.06	–	1	–	5
Shan Masood	199	344	17	250*	13375	40.90	33	59	1+1	115
Sharma, A.	4	7	0	33	128	18.28	–	–	–	0
Sharma, N.	3	5	2	18	40	13.33	–	–	–	0
Shaw, J.	64	87	18	45	1031	14.94	–	–	–	11
Shetty, A.R.	1	0	0	0	0	–	–	–	–	0
Short, D.J.M.	25	44	4	87	1261	31.52	–	8	–	21
Sibley, D.P.	156	266	31	305	9686	41.21	26	49	2	121
Siddle, P.M.	231	316	68	103*	3990	16.08	1	6	–	66
Sikandar Raza	71	130	4	226	4610	36.58	7	26	–	52
Simmons, C.B.	4	5	0	17	49	9.80	–	–	–	1
Simpson, J.A.	229	363	54	205*	11351	36.73	19	60	3	721/41
Singh, E.	6	9	0	71	256	28.44	–	2	–	1
Singh, F.	3	5	1	26*	43	10.75	–	–	–	0
Singh, H.P.N.	2	3	0	31	42	14.00	–	–	–	2
Singh, J.	14	18	7	18	107	9.72	–	–	–	4
Siraj, M.	90	118	35	46	591	7.12	–	–	–	28
Slater, B.T.	158	285	20	225*	9343	35.25	15	50	2	55
Smale, W.T.E.	3	3	0	41	42	14.00	–	–	–	10
Smith, J.L.	82	130	12	234*	4969	42.11	12	23	1	136/6
Smith, K.	10	13	1	79	375	31.25	–	3	–	29/1
Smith, N.G.	62	94	13	114	2123	26.20	1	13	–	28
Smith, S.P.D.	188	327	39	239	15619	54.23	54	67	–	311
Smith, T.M.J.	55	77	14	84	1422	22.57	–	4	–	17
Snater, S.	58	76	14	83*	1342	21.64	–	8	–	11
Sowter, N.A.	13	23	4	57*	292	15.36	–	2	–	12
Stanley, M.T.	2	2	1	2	2	2.00	–	–	–	3
Starc, M.A.	158	212	51	99	3375	20.96	–	16	–	73
Steel, C.T.	66	106	5	224	2733	27.05	4	13	–	30

	M	I	NO	HS	Runs	Avge	100	50	1000	Ct/St
Stewart, G.	58	92	13	182	2243	28.39	3	12	–	10
Stokes, B.A.	203	347	17	258	11395	34.53	23	58	–	159
Stone, O.P.	55	76	15	90	1122	18.39	–	4	–	21
Stoneman, M.D.	257	446	12	197	14707	33.88	31	74	6	108
Stubbs, T.	31	51	5	302*	1960	42.60	7	4	–	29
Stuurman, G.A.	83	113	13	86	1359	13.59	–	2	–	34
Sufiyan Muqeem	5	6	1	37	110	22.00	–	–	–	1
Sutherland, W.J.	54	83	8	100	1354	18.05	1	2	–	54
Sutton, O.W	1	1	1	2*	2	–	–	–	–	0
Swanepoel, B.	47	66	11	188*	1426	25.92	1	8	–	25
Sykes, O.F.M.	3	4	0	37	54	13.50	–	–	–	1
Sylvester, A.R.	1	2	2	11*	11	–	–	–	–	0
Tattersall, J.A.	68	105	14	180*	3131	34.40	4	14	–	154/11
Taylor, J.M.R.	94	145	9	156	3906	28.72	7	13	–	49
Taylor, J.P.A.	15	18	6	31*	184	15.33	–	–	–	2
Taylor, M.D	90	118	39	57*	1149	14.54	–	2	–	13
Taylor, T.A.I.	84	135	22	80	2122	18.77	–	10	–	23
Tear, C.J.	3	5	0	56	129	25.80	–	1	–	2
Thain, N.R.M.	19	26	3	54	513	22.30	–	3	–	6
Thakur, S.N	103	144	8	119	2818	20.72	2	18	–	33
Thomas, J.E	2	2	0	86	125	62.50	–	1	–	3
Thompson, J.A.	66	89	8	98	1857	22.92	–	12	–	18
Thomson, A.T.	51	71	5	60	1139	17.25	–	4	–	21
Tickner, B.M.	91	103	40	47	863	13.69	–	–	–	38
Tilak Varma, N.T.	23	35	4	121	1562	50.38	7	5	–	10
Tongue, J.C.	65	84	22	55	848	13.67	–	1	–	13
Topley, R.J.W.	46	54	22	16	132	4.12	–	–	–	8
Trevaskis, L.	38	57	11	88	1376	29.91	–	10	–	14
Tribe, A.M	16	27	4	206	1013	44.04	3	5	–	16
Tsiga, T.E.	63	102	13	124	2505	28.14	3	15	–	149/6
Turner, A.J.	60	97	11	154	3185	37.03	7	13	–	68
Turner, J.A.	10	14	3	7	27	2.45	–	–	–	0
Tye, A.J.	9	10	0	10	52	5.20	–	–	–	2
Umeed, A.R.I.	32	55	3	113	1108	21.30	2	2	–	26
Unadkat, J.D.	137	172	39	92	2192	16.48	–	8	–	57
Usama Mir	32	45	5	77*	667	16.67	–	2	–	20
van Beek, L.V.	101	145	31	111*	2901	25.44	2	13	–	61
van Buuren, G.L.	143	227	35	235	7715	40.18	17	43	–	71
van der Gugten, T.	100	136	37	85*	2041	20.61	1	10	–	24
van der Merwe, S.P.	1	2	0	116	121	60.50	1	–	–	0
Vasconcelos, R.S.	96	170	9	185*	5265	32.70	11	24	–	152/7
Vaughan, A.M.	18	31	5	80	625	24.03	–	2	–	8
Verreynne, K.	112	171	26	216*	6949	47.92	16	34	–	346/29
Vince, J.M	216	359	27	240	13340	40.18	30	58	3	211
Wagner, N.	213	282	62	72	3834	17.42	–	11	–	70
Wagstaff, M.D.	7	11	0	78	240	21.81	–	2	–	5
Waite, M.J	50	80	12	109*	1908	28.05	2	10	–	15
Walker, R.I.	5	10	3	64	152	21.71	–	1	–	2
Walter, P.I.	65	94	11	158	3258	39.25	5	16	–	37
Ward, H.D	4	7	0	19	32	4.57	–	–	–	2
Washington Sundar, M.S.	46	75	12	159	2154	34.19	3	11	–	25
Weatherall, R.A.	6	7	3	13	18	4.50	–	–	–	1
Weatherley, I.J.	65	104	4	168	2483	24.83	2	13	–	52
Webster, B.L	114	195	25	187	6447	37.92	13	34	–	153
Wells, L.W.P.	209	345	21	258	11807	36.44	29	49	3	116
Westley, T.	254	424	32	254	14262	36.38	32	63	2	141
Wharton, J.H.	32	53	4	285	1927	39.32	2	13	–	16
Wheal, B.T.	58	75	25	61	598	11.96	–	1	–	18

	M	I	NO	HS	Runs	Avge	100	50	1000	Ct/St
White, C.	48	66	33	59	284	8.60	–	1	–	5
Whitehouse, B.T.	3	5	1	6*	18	4.50	–	–	–	1
Whiteley, R.A.	92	150	14	130*	3738	27.48	3	22	–	60
Whiteman, S.M.	120	206	11	193	6987	35.83	17	33	–	199/6
Willey, D.J.	77	108	16	104*	2515	27.33	2	14	–	18
Williams, S.C.	81	147	10	178	6214	45.35	16	31	–	79
Williams, W.S.A.	77	105	31	61	925	12.50	–	1	–	32
Williamson, K.S.	180	311	26	284*	14623	51.30	45	66	–	158
Woakes, C.R.	185	276	56	152*	6804	30.92	10	26	–	79
Wood, C.P.	43	62	6	105*	1326	23.67	1	6	–	14
Wood, L.	62	90	16	119	1884	25.45	2	7	–	19
Wood, S.B.	5	6	1	57*	154	30.80	–	1	–	2
Worrall, D.J.	105	146	52	51	1249	13.28	–	2	–	27
Wright, C.J.C.	211	278	63	87	4096	19.05	–	15	–	41
Yadvinder Singh	2	4	2	14*	26	13.00	–	–	–	0
Yates, R.M.	84	138	9	228*	4031	31.24	11	15	–	116
Young, W.A.	139	237	21	174*	8609	39.85	16	51	–	104
Yusuf, C.E.	40	47	6	84	775	18.90	–	1	–	10
Zafar Gohar	97	147	16	100*	2934	22.39	1	15	–	36
Zaib, S.A.	74	119	7	196*	3884	34.67	9	19	1	28
Zain Ul Hassan	29	51	3	69	1143	23.81	–	4	–	8
Zampa, A.	41	66	9	74	1239	21.73	–	6	–	9

BOWLING

'50wS' denotes instances of taking 50 or more wickets in a season. Where these have been achieved outside the British Isles they are shown after a plus sign.

	Runs	Wkts	Avge	Best	5wI	10wM	50wS
Abbott, K.J.	14878	708	21.01	9- 40	46	6	6+1
Abdullah Shafiq	173	2	86.50	2-100	–	–	–
Abell, T.B.	2024	64	31.62	4- 39	–	–	–
Ackermann, C.N.	4468	94	47.53	5- 69	1	–	–
Agar, W.A.	5054	155	32.60	6- 42	6	–	–
Agarwal, M.A.	292	4	73.00	2- 18	–	–	–
Ahmed, D.J.	23	0	–	–	–	–	–
Ahmed, F.	1358	39	34.82	7-140	1	1	–
Ahmed, K.K.	2347	73	32.15	5- 37	1	–	–
Ahmed, R.	2898	78	37.15	7- 93	4	1	–
Aitchison, B.W.	2719	87	31.25	6- 28	1	–	–
Akhter, Z.	2966	72	41.19	5- 32	3	–	–
Albert, R.B.	9	2	4.50	2- 7	–	–	–
Aldridge, K.L.	3009	77	39.07	6-110	4	–	–
Ali, M.M.	14953	391	38.24	6- 29	12	2	–
Ali, T.C.	458	11	41.63	4- 66	–	–	–
Allah Ghazanfar	161	4	40.25	3-127	–	–	–
Allison, B.M.J.	2023	70	28.90	5- 32	2	–	–
Alsop, T.P.	134	3	44.66	2- 59	–	–	–
Anderson, J.M.	28051	1143	24.54	7- 19	55	6	4
Andersson, M.K.	2657	81	32.80	4- 25	–	–	–
Archer, J.C.	5044	200	25.22	7- 67	9	1	1
Aspinwall, T.H.	697	25	27.88	5- 41	1	–	–
Atkinson, A.A.P.	3717	142	26.17	7- 45	5	1	–
Bailey, A.G.	413	13	31.76	4- 30	–	–	–
Bailey, T.E.	10525	424	24.82	7- 37	17	3	4
Bairstow, J.M.	7	0	–	–	–	–	–
Baker, S.	746	22	33.90	5- 72	2	–	–
Balderson, G.P.	4574	142	32.21	5- 14	1	–	–
Ball, J.T.	7293	244	29.88	6- 49	8	–	1
Bamber, E.R.	6861	239	28.70	5- 20	4	–	1

	Runs	Wkts	Avge	Best	5wI	10wM	50wS
Bancroft, C.T.	77	2	38.50	1-10	–	–	–
Banton, T.	24	0	–				
Barker, K.H.D.	13467	538	25.03	7-46	23	1	4
Barnard, E.G.	10599	344	30.81	6-37	7	1	–
Barnwell, N.A.	100	1	100.00	1-68	–	–	–
Bartlett, G.A.	80	1	80.00	1-13	–	–	–
Bashir, S	4354	87	50.04	6-81	4	–	–
Bavuma, L	325	7	46.42	2-34	–	–	–
Bean, F.J	105	0	–				
Bedingham, D.G.	27	0	–				
Bell, G.J.	85	1	85.00	1-28	–	–	–
Bell, G.T	5060	204	24.80	6-39	3	1	–
Bell-Drummond, D.J.	745	25	29.80	3-37	–	–	–
Bennett, B.J.	839	17	49.35	5-95	1	–	–
Bennett, C.E.	109	5	21.80	3-73	–	–	–
Bess, D.M.	10109	296	34.15	7-43	17	1	–
Bethell, J.G.	978	14	69.85	4-20	–	–	–
Bevan, T.E.	70	0	–				
Billings, S.W.	4	0	–				
Blatherwick, J.M.	1389	25	55.56	4-28	–	–	–
Bohannon, J.J	697	17	41.00	3-46	–	–	–
Booth, M.G.	1054	35	30.11	5-90	1	–	–
Bopara, R.S.	9381	257	36.50	5-49	3	–	–
Borthwick, S.G.	9175	229	40.06	6-70	3	–	–
Bracewell, D.A.J.	13116	422	31.08	7-35	11	–	–
Bracey, J.R.	35	0	–				
Breetzke, M.P.	176	2	88.00	1-13	–	–	–
Brevis, D.T.	402	11	36.54	4-65	–	–	–
Briggs, D.R.	12475	351	35.54	6-45	8	–	–
Broad, J.	1652	48	34.41	7-33	1	–	–
Brook, H.C.	569	9	63.22	3-15	–	–	–
Brookes, E.A.	819	20	40.95	3-34	–	–	–
Brookes, H.J.H.	4753	125	38.02	6-20	1	–	–
Brown, B.C.	130	1	130.00	1-48	–	–	–
Brown, P.R.	1016	18	56.44	2-15	–	–	–
Browne, N.L.J.	189	0	–				
Buckingham, J.S.D.	3245	111	29.23	7-71	4	–	–
Budinger, S.G.	86	1	86.00	1-13	–	–	–
Bumrah, J.J	6995	326	21.45	6-27	22	–	–
Burns, R.J.	198	2	99.00	1-18	–	–	–
Buttler, J.C.	11	0	–				
Byrom, E.J.	173	3	57.66	2-64	–	–	–
Came, H.R.C.	128	0	–				
Campher, C.	548	10	54.80	3-12	–	–	–
Carlson, K.S.	2174	42	51.76	5-28	1	–	–
Carse, B.A.	6194	190	32.60	6-26	6	1	–
Carson, J.	5887	176	33.44	6-67	7	1	1
Cartwright, H.W.R.	2096	60	34.93	4-23	–	–	–
Chahal, Y.S.	4438	127	34.94	6-44	5	–	–
Chahar, R.D.	2765	101	27.37	8-51	8	1	–
Chappell, Z.J.	5524	157	35.18	6-44	4	–	–
Charlesworth, B.G.	924	30	30.80	3-5	–	–	–
Chivanga, L.T.	2595	92	28.20	6-38	4	–	–
Clark, G.	58	2	29.00	1-10	–	–	–
Clark, J.	8390	278	30.17	6-21	7	–	–
Clark, T.G.R.	787	20	39.35	3-17	–	–	–
Clarke, J.M.	48	0	–				
Cliff, B.M.	128	3	42.66	2-27	–	–	–

	Runs	Wkts	Avge	Best	5wI	10wM	50wS
Coad, B.O.	6560	323	20.30	6- 25	14	2	2
Cohen, M.A.R.	2063	70	29.47	5- 40	3	–	–
Coles, J.M.	2657	57	46.61	5-108	1	–	–
Compton, B.G.	34	0	–				
Conners, S.	5064	132	38.36	5- 51	4	–	1
Conway, H.N.A.	3835	139	27.58	6- 39	7	1	–
Cook, S.J.	6771	328	20.64	7- 23	14	4	2
Cooke, C.B.	38	0	–				
Cornwell, N.B.	500	16	31.25	4- 58	–	–	–
Coughlin, P.	4771	142	33.59	5- 49	3	1	–
Cox, J.M.	3	0	–				
Crane, M.S.	7273	177	41.09	6- 19	7	–	–
Crawley, Z.	33	0	–				
Critchley, M.J.J.	8022	218	36.79	6- 73	7	1	–
Crocombe, H.T.	3153	81	38.92	4- 22	–	–	–
Cullen, B.C.	974	22	44.27	4- 60	–	–	–
Cummins, P.J.	8200	361	22.71	6- 23	14	2	–
Curran, B.J.	225	4	56.25	2- 7	–	–	–
Curran, S.M.	6596	221	29.84	7- 58	7	1	–
Curran, T.K.	5842	199	29.35	7- 20	7	1	1
Currie, B.J.	630	24	26.25	6- 93	1	–	–
Currie, S.W.	1400	41	34.14	5- 64	1	–	–
Curtiss, O.M.B.	82	1	82.00	1- 43	–	–	–
Dal, A.K.	3530	104	33.94	6- 69	4	–	–
Dale, A.S.	3660	102	35.88	7-110	3	–	–
Davey, J.H.	5225	217	24.07	5- 21	4	–	–
Davies, A.L.	7	0	–				
Davies, J.L.B.	12	0	–				
Dawson, L.A.	11904	373	31.91	7- 51	15	3	1
de Caires, J.M.	1581	36	43.91	8-106	2	1	–
de Lange, M.	11585	380	30.48	7- 23	13	2	–
de Leede, B.F.W.	1218	34	35.82	4- 76	–	–	–
Deep, A.	4262	166	25.67	6- 60	7	2	–
Denly, J.K.	387	7	55.28	2- 25	–	–	–
Denly, J.L.	3700	83	44.57	4- 36	–	–	–
Dent, C.D.J.	846	10	84.60	2- 21	–	–	–
Deshpande, T.U.	3617	125	28.93	6- 70	5	–	–
Dickson, S.R.	54	2	27.00	1- 15	–	–	–
Doggett, B.J.	5392	203	26.56	6- 15	9	1	–
D'Oliveira, B.L.	4567	83	55.02	7- 92	2	–	–
Douthwaite, D.A.	2930	71	41.26	4- 48	–	–	–
Drissell, G.S.	1969	35	56.25	5- 59	1	–	–
du Plooy, J.L.	1771	30	59.03	3- 76	–	–	–
Dubey, H.S.	3094	133	23.26	6- 36	9	2	0+1
Duckett, B.M.	99	2	49.50	1- 15	–	–	–
Dudgeon, K.J.	6124	238	25.73	7- 36	12	1	0+1
Duffy, J.A.	10835	343	31.58	7- 89	16	–	–
Duke, H.G.	1	0	–				
Dwarshuis, B.J.	1057	27	39.14	4- 48	–	–	–
Easwaran, A.R.	147	2	73.50	1- 20	–	–	–
Edavalath, R.M.	11	0	–				
Elgar, D.	2798	56	49.96	4- 22	–	–	–
Ellis, N.T.	1232	42	29.33	6- 43	2	–	–
Ervine, C.R.	143	3	47.66	2- 44	–	–	–
Eskinazi, S.S.	4	0	–				
Evans, L.J.	270	2	135.00	1- 29	–	–	–
Evison, J.D.M.	3118	80	38.97	5- 21	1	–	–
Fernandes, N.S.	222	5	44.40	3- 53	–	–	–

	Runs	Wkts	Avge	Best	5wI	10wM	50wS
Fernandes, S.M.L.	8	0	–				
Fernando, A.M.	7391	299	24.71	7-139	10	1	–
Fernando, M.V.T.	10973	366	29.98	5- 14	11	–	–
Finch, A.W.	3296	91	36.21	5- 74	2	–	–
Finch, H.Z.	118	2	59.00	1- 9	–	–	–
Fisher, M.D.	4929	175	28.16	6- 73	6	1	–
Flintoff, C.L.	174	0	–				
Foakes, B.T.	6	0	–				
Foreman, A.M.	133	2	66.50	1- 17	–	–	–
Fortuin, B.C.	6317	230	27.46	7- 70	9	–	–
Foulkes, Z.G.	2085	74	28.17	5- 37	3	–	–
Fuller, J.K.	8572	261	32.84	6- 24	8	1	–
Garrett, G.A.	1520	37	41.08	3- 57	–	–	–
Garton, G.H.S.	2049	55	37.25	5- 26	1	–	–
Gay, E.N.	117	2	58.50	1- 8	–	–	–
Geddes, B.B.A.	17	1	17.00	1- 5	–	–	–
Gibbon, B.L.	2190	51	42.94	4- 87	–	–	–
Gilchrist, N.N.	3875	121	32.02	7-100	4	–	–
Gill, S.	44	0	–				
Gleeson, R.J.	3053	143	21.34	6- 43	10	1	–
Goldsworthy, L.P.	422	7	60.28	2- 73	–	–	–
Goodman, D.C.	1208	37	32.64	5- 54	1	–	–
Gorvin, A.W.	1523	56	27.19	5- 40	2	–	–
Green, A.M.	41	0	–				
Green, B.G.F.	1480	54	27.40	5- 63	1	–	–
Green, C.D.	2908	83	35.03	6- 30	3	–	–
Green, C.I.	2230	68	32.79	6- 82	3	–	–
Gregory, L.	10694	400	26.73	7- 84	16	3	1
Gubbins, N.R.T.	346	8	43.25	4- 41	–	–	–
Guthrie, L.C.J.	3089	80	38.61	7- 94	2	–	–
Hain, S.R.	35	0	–				
Haines, T.J.	1440	28	51.42	3- 50	–	–	–
Hameed, H.	71	1	71.00	1- 0	–	–	–
Hammond, M.A.H.	852	6	142.00	2- 37	–	–	–
Hampton, B.R.	2826	94	30.06	7- 41	2	–	–
Handscomb, P.S.P.	79	0	–				
Hannon-Dalby, O.J.	11040	392	28.16	7- 46	16	1	3
Harmer, S.R.	26732	1026	26.05	9- 80	59	14	6+2
Harris, J.A.R.	19059	623	30.59	9- 34	17	2	3
Harris, M.S.	68	0	–				
Harrison, C.G.	2705	80	33.81	7-119	2	1	–
Hartley, T.W.	3733	97	38.48	7- 62	4	1	–
Hassan, A.	8450	330	25.60	8-107	18	4	0+1
Hawkins, J.W.A.	171	2	85.50	2-171	–	–	–
Haydon, P.O.L.	95	2	47.50	2- 54	–	–	–
Hayes, J.P.H.	114	1	114.00	1- 40	–	–	–
Haynes, J.A.	1	0	–				
Hazlewood, J.R.	10594	441	24.02	6- 35	15	–	–
Head, T.M.	4213	70	60.18	4- 10	–	–	–
Helm, T.G.	5602	175	32.01	6-110	5	–	–
Henriques, M.C.	3906	127	30.75	5- 17	2	–	–
Henry, M.J.	11917	522	22.82	7- 23	27	3	1
Higgins, R.F.	8239	323	25.50	7- 42	8	1	2
Hill, G.C.H.	2889	130	22.22	6- 26	5	–	1
Hill, L.J.	48	0	–				
Hinley, T.I.	156	1	156.00	1-121	–	–	–
Hogg, D.M.	644	17	37.88	7- 66	1	–	–
Holden, M.D.E.	460	5	92.00	2- 59	–	–	–

	Runs	Wkts	Avge	Best	5wI	10wM	50wS
Holland, I.G.	4167	148	28.15	6- 60	2	–	–
Hollman, L.B.K.	2782	62	44.87	5- 65	2	1	–
Home, J.E.	78	1	78.00	1- 25	–	–	–
Howell, B.A.C.	3222	96	33.56	5- 57	1	–	–
Hudson-Prentice, F.J.	3849	112	34.36	5- 40	3	–	–
Hughes, D.P.	1	0	–				
Hull, J.O.	1880	44	42.72	3- 13	–	–	–
Hunt, S.F.	2210	69	32.02	5- 48	1	–	–
Hutton, B.A.	9270	354	26.18	8- 57	18	2	1
Ibrahim, D.K.	595	7	85.00	2- 9	–	–	–
Imad Wasim	4392	141	31.14	8- 81	3	1	–
Imam-ul-Haq	86	2	43.00	1- 4	–	–	–
Ingram, C.A.	2352	56	42.00	4- 16	–	–	–
Jack, E.V.	682	12	56.83	3- 63	–	–	–
Jacks, W.G.	2391	55	43.47	7-129	3	–	–
Jadeja, R.A.	14158	581	24.36	7- 31	36	10	0+3
Jaiswal, Y.B.	63	1	63.00	1- 9	–	–	–
James, L.W.	3807	109	34.92	6- 74	3	–	–
Jansen, M.	7250	326	22.23	7- 13	12	2	0+1
Jennings, K.K.	988	30	32.93	3- 37	–	–	–
Jones, M.A.	1	0	–				
Jones, M.W.	57	1	57.00	1- 57	–	–	–
Jones, R.P.	50	2	25.00	1- 4	–	–	–
Jordan, C.J.	10730	335	32.02	7- 43	10	–	1
Jurel, D.C.	6	1	6.00	1- 6	–	–	–
Kamboj, A.	2482	102	24.33	10- 49	2	1	0+1
Karvelas, A.	2450	91	26.92	6- 71	2	–	–
Kashif Ali (Wo)	336	3	112.00	2- 13	–	–	–
Kashif Ali (K)	4435	143	31.01	6- 86	6	–	–
Kellaway, B.I.	1188	37	32.10	6-111	3	–	–
Kelly, D.C.	177	4	44.25	2- 55	–	–	–
Keogh, R.I.	6923	174	39.78	9- 52	4	1	–
Kerr, H.L.	644	23	28.00	3- 29	–	–	–
Khan, S.N.	297	5	59.40	2- 32	–	–	–
Khawaja, U.T	111	1	111.00	1- 21	–	–	–
Khurram Shehzad	5402	192	28.13	6- 30	12	1	–
Killeen, M.J.	151	11	13.72	5- 36	1	–	–
Kimber, L.P.J.	788	11	71.63	1- 8	–	–	–
Kishan, I.P.	62	0	–				
Klaassen, F.J.	422	9	46.88	4- 44	–	–	–
Kotian, T.K.	3601	131	27.48	5- 58	3	–	–
Krishna, P.M.	2867	116	24.71	6- 35	3	1	–
Kuhnemann, M.P.	3205	107	29.95	6- 53	9	1	–
Labuschagne, M.	4423	92	48.07	4- 81	–	–	–
Lamb, D.J.	2253	68	33.13	4- 55	–	–	–
Lammonby, T.A.	771	14	55.07	3- 26	–	–	–
Lategan, D.H.	95	0	–				
Latham, T.W.M.	18	1	18.00	1- 7	–	–	–
Lawes, T.E.	2538	89	28.51	5- 22	3	–	–
Lawrence, D.W.	2344	55	42.61	4- 91	–	–	–
Leach, M.J.	15111	547	27.62	8- 85	34	5	4
Leaning, J.A.	2760	45	61.33	3- 64	–	–	–
Leech, D.J.	1133	19	59.63	3- 78	–	–	–
Lees, A.Z.	96	3	32.00	2- 51	–	–	–
Lenham, A.D.	528	7	75.42	4- 84	–	–	–
Leonard, E.O.	1187	22	53.95	3- 66	–	–	–
Libby, J.D.	798	13	61.38	2- 10	–	–	–
Linde, G.F.	7054	255	27.66	7- 29	15	3	–

	Runs	Wkts	Avge	Best	5wI	10wM	50wS
Lintott, J.B.	211	6	35.16	3- 10	–	–	–
Little, J.B.	320	6	53.33	3- 95	–	–	–
Livingstone, L.S.	1552	43	36.09	6- 52	1	–	–
Lloyd, D.L.	5158	115	44.85	4- 11	–	–	–
Lord, R.	380	11	34.54	3- 42	–	–	–
Lynn, C.A.	64	0	–				
Lyon, N.M.	27664	860	32.16	8- 50	31	6	0+1
Lyth, A.	2118	49	43.22	4- 56	–	–	–
McAndrew, N.J.	6320	246	25.69	7- 11	12	1	0+1
McCann, F.W.	382	8	47.75	3- 53	–	–	–
McDermott, B.R.	75	0	–				
McIlroy, J.P.	1244	28	44.42	5- 34	1	–	–
McKerr, C.	1927	62	31.08	5- 54	2	1	–
McKinney, E.S.	18	0	–				
McSweeney, N.A.	856	24	35.66	4- 89	–	–	–
Madhevere, W.N.	2067	67	30.85	7-105	2	–	–
Madsen, W.L.	1982	39	50.82	3- 45	–	–	–
Maharaj, K.A.	17346	650	26.68	9-129	40	8	–
Mahmood, S.	2782	87	31.97	5- 47	1	–	–
Majid, Y.	128	2	64.00	2-128	–	–	–
Malan, D.J.	2568	63	40.76	5- 61	1	–	–
Malik, Z.A.	61	1	61.00	1- 7	–	–	–
Markram, A.K.	583	10	58.30	2- 27	–	–	–
Meredith, R.P.	3743	122	30.68	5- 96	2	–	–
Middleton, F.S.	10	0	–				
Mike, B.W.M.	4402	116	37.94	5- 22	2	–	–
Miles, C.N.	10211	360	28.36	6- 63	18	1	3
Miller, A.H	173	0	–				
Mills, T.S.	2008	55	36.50	4- 25	–	–	–
Milnes, M.E	4688	164	28.58	6- 53	5	–	1
Minto, J.	347	13	26.69	5- 21	1	–	–
Mohammad Ali	5662	227	24.94	6- 52	11	2	–
Mohammad Amir	6020	266	22.63	7- 61	13	4	0+1
Mohammad Rizvi	208	5	41.60	3- 97	–	–	–
Montgomery, M.	132	3	44.00	1- 0	–	–	–
Moores, L.	6	0	–				
Morgan, S.H.B.	219	3	73.00	2- 82	–	–	–
Moriarty, D.T.	2500	69	36.23	6- 60	6	1	–
Morley, J.P.	2594	71	36.53	6- 55	3	–	–
Morris, B.J.	92	1	92.00	1- 52	–	–	–
Mousley, D.R.	579	10	57.90	3- 43	–	–	–
Muhammad Abbas	17522	868	20.18	8- 46	55	14	3+3
Mukesh Kumar	4797	219	21.90	6- 32	10	1	–
Mulder, P.W.A.	5797	210	27.60	7- 25	3	–	–
Murphy, T.R.	4219	120	35.15	7-124	1	–	–
Muthusamy, S.	7899	283	27.91	7- 36	17	4	0+1
Muyeye, T.S.	310	3	103.33	2- 70	–	–	–
Muzarabani, B.	2981	120	24.84	7- 58	4	–	–
Nair, K.K.	850	16	53.12	2- 10	–	–	–
Naveen-ul-Haq	782	31	25.22	8- 35	1	–	–
Neal, A.J.	199	4	49.75	3- 77	–	–	–
Neesham, J.D.S.	4175	125	33.40	5- 65	2	–	–
Neser, M.G	10169	432	23.53	7- 32	13	–	–
Ngarava, R.	2518	95	26.50	5- 37	1	–	–
Ngidi, L.T.	2332	97	24.04	6- 37	6	–	–
Nicholls, H.M.	26	0	–				
Nithish Kumar Reddy, K.	2157	70	30.81	5- 53	2	–	–
Northeast, S.A.	202	1	202.00	1- 60	–	–	–

	Runs	Wkts	Avge	Best	5wI	10wM	50wS
Nyauchi, V.M.	6440	264	24.39	6- 27	8	1	–
Ogborne, A.R.J.	435	10	43.50	2- 56	–	–	–
O'Neill, F.P.	3262	162	20.13	5- 19	8	1	–
Organ, F.S.	2088	63	33.14	6- 67	3	–	–
O'Rourke, W.P.	2557	96	26.63	5- 34	2	–	–
Orr, A.G.H.	12	0	–				
Overton, C.	12209	503	24.27	7- 57	19	1	1
Overton, J.	7567	239	31.66	6- 61	6	–	–
Pant, R.R.	9	1	9.00	1- 9	–	–	–
Parkinson, C.F.	8588	212	40.50	8-148	7	2	1
Parkinson, M.W.	7721	244	31.64	7-126	9	1	–
Patel, A.Y.	13434	409	32.84	10-119	29	6	–
Patel, R.K.	182	2	91.00	1- 4	–	–	–
Patel, R.S.	1259	23	54.73	6- 5	1	–	–
Patel, S.R.	13650	357	38.23	7- 68	5	1	–
Paterson, D.	15484	649	23.85	8- 52	24	2	3+2
Patterson, K.R.	1	0	–				
Patterson-White, L.A.	4952	142	34.87	5- 41	6	–	–
Payne, D.A.	9705	328	29.58	6- 26	6	1	–
Pennington, D.Y.	5614	201	27.93	5- 32	3	–	–
Phillip, A.	4286	161	26.62	6- 19	8	1	–
Pope, L.A.J.	2987	63	47.41	7- 87	3	–	–
Pope, O.J.D.	10	0	–				
Porter, J.A.	13155	571	23.03	7- 41	23	3	7
Potts, M.J.	7306	277	26.37	9- 68	10	3	2
Potts, N.J.	646	15	43.06	4- 50	–	–	–
Prest, T.J.	391	5	78.20	2- 32	–	–	–
Pretorius, L.G.	35	0	–				
Pretorius, M.	6329	230	27.51	6- 38	7	–	–
Price, O.J.	2072	35	59.20	3- 40	–	–	–
Price, T.J.	2925	94	31.11	8- 27	4	1	–
Procter, L.A.	6735	185	36.40	7- 71	4	–	–
Quinn, M.R.	5891	200	29.45	7- 76	2	1	–
Rabada, K.	9409	415	22.67	9- 33	20	5	0+1
Rahul, K.L.	83	0	–				
Raine, B.A.	13179	505	26.09	6- 27	16	–	4
Rajitha, C.A.K.	7262	225	32.27	8- 31	13	1	–
Ramesh, N.	180	5	36.00	3- 42	–	–	–
Rana, H.	1390	50	27.80	7- 45	2	1	–
Reece, L.M.	5892	211	27.92	7- 20	8	2	2
Revis, M.L.	2133	46	46.36	5- 50	1	–	–
Rew, J.E.K.	1	0	–				
Rhodes, W.M.H.	4115	110	37.40	5- 17	2	–	–
Richards, J.A.	181	5	36.20	5- 96	1	–	–
Richardson, J.A.	2494	121	20.61	8- 47	4	1	–
Rickelton, R.D.	7	0	–				
Roach, K.A.J.	15265	580	26.31	8- 40	24	2	–
Robinson, O.E.	10234	474	21.59	9- 78	25	7	3
Robinson, O.G.	8	0	–				
Robinson, T.B.	112	3	37.33	2- 11	–	–	–
Robson, S.D.	764	21	36.38	4- 46	–	–	–
Rocchiccioli, C.J.	5045	165	30.57	7- 52	5	–	–
Rogers, T.S.	1048	47	22.29	4- 9	–	–	–
Roland-Jones, T.S.	15347	619	24.79	7- 52	34	7	4
Root, J.E.	4906	99	49.55	5- 8	1	–	–
Root, W.T.	275	8	34.37	3- 29	–	–	–
Rossington, A.M.	86	0	–				
Roy, J.J.	495	14	35.35	3- 9	–	–	–

	Runs	Wkts	Avge	Best	5wI	10wM	50wS
Rushworth, C.	15198	676	22.48	9- 52	32	6	7
Sai Kishore, R.	5401	223	24.21	7- 70	14	1	0+1
Sai Sudharsan, B.	96	0	–				
Sales, J.J.G.	596	13	45.84	4- 24	–	–	–
Salisbury, M.E.T.	4816	141	34.15	6- 37	2	–	–
Salt, P.D.	32	1	32.00	1- 32	–	–	–
Sams, D.F.	494	13	38.00	4- 55	–	–	–
Sanderson, B.W.	9533	420	22.69	8- 73	22	3	3
Sandhu, G.S.	5404	175	30.88	6- 57	7	–	–
Santner, M.J.	5231	139	37.63	7- 53	3	1	–
Scrimshaw, G.L.S.	987	25	39.48	5- 49	1	–	–
Scriven, T.A.R.	2685	83	32.34	5- 46	1	–	–
Seales, J.N.T.	4597	173	26.57	6- 61	6	–	–
Sears, B.V.	1948	70	27.82	6- 43	2	–	–
Shafiqullah Ghafari	1370	44	31.13	7- 44	2	–	–
Shan Masood	613	8	76.62	2- 52	–	–	–
Sharma, A.	4	0	–				
Sharma, N.	239	8	29.87	4- 43	–	–	–
Shaw, J.	5657	143	39.55	5- 79	2	–	–
Shetty, A.R.	21	1	21.00	1- 21	–	–	–
Short, D.J.M.	1233	28	44.03	3- 78	–	–	–
Sibley, D.P.	288	4	72.00	2-103	–	–	–
Siddle, P.M.	20753	792	26.20	8- 54	27	–	0+1
Sikandar Raza	3080	83	37.10	7-113	2	–	–
Simmons, C.B.	311	10	31.10	3- 12	–	–	–
Simpson, J.A.	23	0	–				
Singh, E.	198	1	198.00	1- 59	–	–	–
Singh, F.	358	7	51.14	3- 58	–	–	–
Singh, H.P.N.	13	0	–				
Singh, J.	1270	26	48.84	4- 35	–	–	–
Siraj, M.	8396	315	26.65	8- 59	10	2	–
Slater, B.T.	242	3	80.66	1- 1	–	–	–
Smith, N.G.	4588	171	26.83	6- 36	7	–	–
Smith, S.P.D.	3730	72	51.80	7- 64	1	–	–
Smith, T.M.J.	4171	82	50.86	4- 35	–	–	–
Snater, S.	4128	163	25.32	7- 98	8	–	–
Sowter, N.A.	1032	20	51.60	3- 42	–	–	–
Stanley, M.T.	331	12	27.58	6-100	2	1	–
Starc, M.A.	16231	621	26.13	8- 73	26	5	–
Steel, C.T.	2111	60	35.18	5- 25	2	–	–
Stewart, G	4082	103	39.63	6- 22	2	–	–
Stokes, B.A.	13024	442	29.46	7- 67	10	1	–
Stone, O.P.	4830	175	27.60	8- 80	6	1	–
Stoneman, M.D.	354	1	354.00	1- 34	–	–	–
Stubbs, T	222	3	74.00	1- 13	–	–	–
Stuurman, G.A.	6704	277	24.20	7- 12	17	2	0+1
Sufiyan Maqeem	300	13	23.07	3- 16	–	–	–
Sutherland, W.J.	4172	169	24.68	6- 67	7	–	–
Sutton, O.V.	110	3	36.66	2- 57	–	–	–
Swanepoel, B.	3705	182	20.35	7- 50	11	2	–
Sykes, O.F.M.	31	0	–				
Sylvester, A.R.	95	0	–				
Tattersall, A.	74	2	37.00	2- 27	–	–	–
Taylor, J.M.R.	3523	76	46.35	4- 16	–	–	–
Taylor, J.P.A.	1106	27	40.96	3- 19	–	–	–
Taylor, M.D.	8041	236	34.07	5- 15	8	–	1
Taylor, T.A.I.	7429	254	29.24	6- 28	8	1	1
Thain, N.R.M.	989	18	54.94	3- 96	–	–	–

	Runs	Wkts	Avge	Best	5wI	10wM	50wS
Thakur, S.N.	8921	315	28.32	7- 61	15	1	0+1
Thompson, J.A.	5322	190	28.01	5- 31	4	–	–
Thomson, A.T.	4782	121	39.52	7- 65	5	1	–
Tickner, B.M.	9310	277	33.61	5- 23	6	–	–
Tilak Varma, N.T.	193	8	24.12	3- 13	–	–	–
Tongue, J.C.	6408	249	25.73	6- 97	14	–	1
Topley, R.J.W.	4382	163	26.88	6- 29	8	2	–
Trevaskis, L.	2469	52	47.48	6- 85	3	–	–
Tribe, A.M.	64	0	–				
Tsiga, T.E.	22	0	–				
Turner, A.J.	611	12	50.91	6-111	1	–	–
Turner, J.T.	634	25	25.36	5- 31	1	–	–
Tye, A.J.	991	27	36.70	3- 47	–	–	–
Umeed, A.R.I.	233	3	77.66	1- 3	–	–	–
Unadkat, J.D.	11092	483	22.96	8- 39	24	5	0+1
Usama Mir	2354	73	32.24	6- 91	5	–	–
van Beek, L.V.	8992	289	31.11	6- 46	10	2	–
van Buuren, G.L.	4797	135	35.53	4- 12	–	–	–
van der Gugten, T.	8720	319	27.33	7- 42	16	1	1
van der Merwe, S.P.	28	0	–				
Vasconcelos, R.S.	43	0	–				
Vaughan, A.M.	1135	35	32.42	6- 96	3	1	–
Vince, J.M.	1141	24	47.54	5- 41	1	–	–
Wagner, N.	23041	851	27.07	7- 39	37	2	0+2
Wagstaff, M.D.	258	5	51.60	2- 24	–	–	–
Waite, M.J.	3437	122	28.17	6- 19	2	–	–
Walker, R.I.	398	10	39.80	3- 78	–	–	–
Walter, P.I.	1205	31	38.87	3- 20	–	–	–
Ward, H.D.	2	0	–				
Washington Sundar, M.S.	2987	99	30.17	7- 59	4	2	–
Weatherall, R.A.	505	14	36.07	3- 32	–	–	–
Weatherley, J.J.	268	5	53.60	1- 2	–	–	–
Webster, B.J.	6761	197	34.31	6-100	4	–	–
Wells, L.W.P.	4940	128	38.59	5- 25	2	–	–
Westley, T.	2832	63	44.95	4- 55	–	–	–
Wharton, J.H.	133	1	133.00	1- 1	–	–	–
Wheal, B.T.J.	4779	140	34.13	6- 51	1	–	–
White, C.	3843	156	24.63	6- 38	6	–	1
Whitehouse, B.T.	311	4	77.75	2- 39	–	–	–
Whiteley, R.A.	2143	42	51.02	2- 6	–	–	–
Willey, D.J.	5895	198	29.77	5- 29	6	1	–
Williams, S.C.	3501	99	35.36	6- 47	3	1	–
Williams, W.S.A.	5109	216	23.65	5- 26	3	–	–
Williamson, K.S.	3721	86	43.26	5- 75	1	–	–
Woakes, C.R.	16310	628	25.97	9- 36	22	4	3
Wood, C.P.	3174	105	30.22	5- 39	3	–	–
Wood, L.	4851	137	35.40	5- 40	3	–	–
Wood, S.B.	336	3	112.00	1- 32	–	–	–
Worrall, D.J.	10316	405	25.47	7- 64	16	3	1
Wright, C.J.C.	19551	602	32.47	7- 53	19	–	2
Yadvinder Singh	219	6	36.50	4-103	–	–	–
Yates, R.M.	1753	36	48.69	4- 37	–	–	–
Young, W.A.	8	0	–				
Yusuf, C.E.	3544	123	28.81	6- 49	4	–	–
Zafar Gohar	10678	338	31.59	7- 79	22	4	–
Zaib, S.A.	1819	48	37.89	6-115	2	–	–
Zain Ul Hassan	1319	23	57.34	2- 18	–	–	–
Zampa, A.	5355	115	46.56	6- 62	2	1	–

LIMITED-OVERS CAREER RECORDS

Compiled by Philip Bailey

The following career records, to 6 February 2026, include all players currently registered with first-class counties. These records are restricted to performances in limited-overs matches of 'List A' status as defined by the Association of Cricket Statisticians and Historians now incorporated by ICC into their Classification of Cricket. The following matches qualify for List A status and are included in the figures that follow: Limited-Overs Internationals; Other International matches (e.g. Commonwealth Games, 'A' team internationals); Premier domestic limited-overs tournaments in Test status countries; Official tourist matches against the main first-class teams.

The following matches do NOT qualify for inclusion: World Cup warm-up games; Tourist matches against first-class teams outside the major domestic competitions (e.g. Universities, Minor Counties etc.); Festival, pre-season friendly games and Twenty20 Cup matches.

	M	Runs	Avge	HS	100	50	Wkts	Avge	Best	Econ
Abbott, K.J.	128	674	18.72	56	–	1	172	29.15	5-43	5.08
Abbott, S.A.	101	1116	18.00	69	–	3	150	27.24	5-43	5.34
Abell, T.B.	27	649	30.90	106	1	1	2	14.00	2-19	3.42
Ackermann, C.N.	127	3563	35.98	152*	4	24	71	38.52	4-22	4.81
Ahmed, D.J.	6	65	13.00	29	–	–	4	25.25	2-21	5.31
Ahmed, F.	1	0	–	0	–	–	1	69.00	1-69	7.66
Ahmed, R.	16	188	20.88	40*	–	–	17	39.35	4-54	5.51
Aitchison, B.W.	19	92	8.36	19	–	–	28	28.03	4-34	5.26
Akhter, Z.	11	39	9.75	27*	–	–	18	28.65	4-47	5.98
Albert, R.B.	3	96	96.00	96	–	1	2	62.50	2-50	5.43
Albert, T.E.	24	741	39.00	96*	–	5	–	–	–	13/0
Aldridge, K.L.	29	113	9.41	24	–	–	42	29.33	6-33	6.18
Ali, M.M.	255	5650	27.42	158	11	21	186	44.05	4-33	5.40
Ali, T.C.	15	77	25.66	16*	–	–	26	23.57	5-43	5.43
Allah Ghazanfar	18	72	8.00	31*	–	–	27	20.13	6-26	4.31
Allison, B.M.J.	28	224	28.00	32*	–	–	36	35.58	6-35	5.63
Allison, C.W.J.	19	806	44.77	131	1	6	–	–	–	
Alsop, T.P.	73	2407	35.92	189*	6	12	–	–	–	47/6
Anderson, J.M.	261	378	9.00	28	–	–	358	28.57	5-23	4.82
Andersson, M.K.	31	733	40.72	100	1	–	18	72.83	3-55	7.00
Archer, J.C.	50	399	21.00	45	–	–	86	25.93	6-40	5.09
Aspinwall, T.H.	13	119	14.87	47	–	–	14	35.64	4-52	5.94
Atkinson, A.A.P.	14	179	22.37	60	–	1	18	38.94	4-43	6.82
Bailey, A.G.	3	1	1.00	1	–	–	3	68.65	2-83	8.58
Bailey, T.E.	45	348	18.31	60	–	1	56	34.14	3-22	5.11
Bairstow, J.M.	175	5790	39.65	174	14	27	–	–	–	106/9
Baker, S.	12	12	4.00	7*	–	–	19	29.42	6-46	6.74
Balderson, G.P.	36	820	29.28	106*	1	5	34	38.11	3-25	5.09
Ball, J.T.	103	198	8.60	28	–	–	132	32.85	5-51	5.79
Bamber, E.R.	26	123	9.46	21	–	–	37	28.54	3-27	4.91
Bancroft, C.T.	114	3720	40.00	176	6	23	–	–	–	90/2
Banton, T.	25	696	30.26	112	2	4	–	–	–	17/1
Barker, K.H.D.	127	639	18.79	56	–	1	89	30.70	4-33	5.59
Barnard, C.M.	12	26	4.33	9	–	–	14	35.00	4-56	5.47
Barnard, E.G	86	2328	43.92	173*	5	10	104	31.67	4-21	5.51
Barnwell, N.A.	16	201	22.33	43*	–	–	7	92.71	3-55	7.50
Bartlett, G.A.	46	1129	29.71	108	1	5	2	43.00	1- 4	5.60
Bashir, S.	8	10	5.00	7	–	–	3	114.66	1-46	6.67
Basra, A.S.	6	187	37.40	72	–	1	1	47.00	1-32	6.71
Bean, F.J.	21	420	21.00	102*	1	1	–	–	–	
Bedingham, D.G.	52	2013	43.76	188*	7	10	0	–	0-25	3.84

	M	Runs	Avge	HS	100	50	Wkts	Avge	Best	Econ
Bell, G.J.	24	665	28.91	104	1	4	1	20.00	1-20	14/7
Bell, G.T.	4	29	29.00	17	–	–	8	16.62	3-29	4.15
Bell-Drummond, D.J.	94	3771	44.36	171*	7	25	5	24.20	2-22	4.68
Benjamin, C.G.	18	400	28.57	75	–	3	–	–	–	9/0
Benkenstein, L.M.	30	791	28.25	83	–	6	24	34.95	6-42	6.70
Bennett, C.E.	7	25	8.33	11	–	–	12	23.66	5-36	5.29
Bennison, W.J.	1	0	0.00	0	–	–	–	–	–	–
Bess, D.M.	51	616	19.25	60	–	3	47	42.85	5-37	5.56
Bethell, J.G.	37	942	29.43	110	1	8	23	34.69	4-36	6.06
Billings, S.W.	103	3125	41.66	175	7	21	–	–	–	88/9
Blake, J.W.	28	803	32.12	100*	1	3	–	–	–	29/9
Blatherwick, J.M.	17	136	19.42	48*	–	–	24	30.66	4-48	6.53
Bohannon, J.J.	51	1433	34.95	147	4	6	1	232.00	1-33	7.60
Boorman, T.W.	8	105	26.25	33*	–	–	–	–	–	–
Booth, M.G.	17	161	23.00	45*	–	–	21	30.66	3-16	5.38
Bopara, R.S.	325	9856	39.90	201*	15	60	248	29.18	5-63	5.33
Borthwick, S.G.	131	2224	25.27	104	1	12	85	35.28	5-38	6.09
Bowman, R.S.W.	4	37	12.33	27	–	–	84	44.28	5-38	6.09
Bracey, J.R.	49	2125	47.22	224*	5	10	1	23.00	1-23	52/9
Briggs, D.R.	110	421	12.75	37*	–	–	114	37.61	4-32	5.09
Broad, J.	17	343	31.18	63	–	2	15	28.53	3-16	5.61
Brook, H.C.	53	1697	37.71	136*	4	7	0	0-19	–	6.33
Brookes, E.A.	43	715	21.66	63	–	4	28	32.96	3-15	5.22
Brookes, H.J.H.	35	101	7.76	29*	–	–	53	29.58	4-43	6.00
Brown, B.C.	113	2191	27.38	139*	2	14	–	–	–	122/13
Brown, P.R.	18	17	8.50	7	–	–	27	33.03	5-37	6.57
Budinger, S.G.	45	1626	36.95	120	3	11	0	0- 4	–	8.36
Burns, R.J.	77	2014	29.18	95	–	12	–	–	–	7.12
Buttler, J.C.	269	7680	42.66	162*	13	45	0	0-19	–	286/44
Byrom, E.J.	29	952	38.08	123*	2	7	–	–	–	–
Came, H.R.C.	36	1176	35.63	139	2	5	–	–	–	–
Carlson, K.S.	63	1614	27.82	135	1	11	20	40.55	4-41	5.99
Carse, B.A.	39	283	15.72	36	–	–	44	38.02	5-61	6.22
Carson, J.J.	16	291	29.10	73	–	2	20	38.55	4-83	5.98
Carter, O.J.	29	620	24.80	94	–	4	–	–	–	20/3
Cartwright, H.W.R.	83	1777	28.20	99	–	10	16	47.31	3-26	6.14
Chahal, Y.S.	145	315	10.86	24*	–	–	225	25.59	6-24	4.84
Chappell, Z.J.	37	509	26.78	94*	–	2	57	32.03	4-39	6.05
Charlesworth, B.G.	28	995	39.80	104	1	7	1	97.00	1-23	6.46
Chohan, J.A.	2	0	0.00	0	–	–	4	17.25	4-43	8.11
Clark, G.	53	1841	36.09	141*	4	9	4	12.50	3-18	19/3
Clark, J.	53	1028	31.15	79*	–	6	36	45.55	4-34	6.43
Clark, T.G.R.	33	999	31.21	139	2	4	3	68.66	1- 7	6.05
Clarke, J.M.	62	1846	34.18	139	4	9	–	–	–	22/2
Cliff, B.M.	14	26	8.66	12*	–	–	19	29.73	5-46	5.97
Coad, B.O.	47	210	19.09	45	–	–	59	29.01	4-14	4.51
Cohen, M.A.R.	10	25	12.50	16	–	–	10	49.20	4-65*	6.07
Coles, J.M.	20	320	22.85	59	–	1	21	35.85	3-27	5.94
Compton, B.G.	28	1209	44.77	110	3	11	–	–	–	–
Conners, S.	26	71	7.88	36*	–	–	32	38.59	5-28	5.83
Conway, H.N.A.	22	83	83.00	43*	–	–	28	34.35	3-27	5.58
Cook, S.J.	15	17	5.66	6	–	–	17	35.23	3-37	4.79
Cooke, C.B.	92	2616	34.88	161	3	14	–	–	–	58/5
Cornwell, N.B.	10	48	24.00	28*	–	–	8	60.75	3-50	6.56
Coughlin, P.	45	453	15.62	77	–	1	38	39.60	3-32	5.56
Cox, J.M.	7	120	17.14	46	–	–	–	–	–	4/0
Cox, O.B.	107	2316	32.61	122*	1	13	–	–	–	112/12

	M	Runs	Avge	HS	100	50	Wkts	Avge	Best	Econ
Cracknell, J.B.	32	892	29.73	98	–	7	–	–	–	30/4
Crane, M.S.	47	168	21.00	31	–	–	79	29.86	4-30	5.96
Crawley, Z	32	948	32.68	120	1	6	0	–	0-17	8.50
Critchley, M.J.J.	54	1024	29.25	103	1	3	46	45.02	4-48	6.58
Crocombe, H.T.	32	189	18.90	47	–	–	43	34.53	4-47	6.05
Cullen, B.C.	4	15	15.00	8	–	–	2	85.00	2-32	7.66
Cullen, H.J.	14	195	24.37	35	–	–	–	–	–	17/1
Curran, S.M.	90	1222	22.21	95*	–	3	103	35.05	5-48	5.78
Curran, T.K.	86	739	21.11	47*	–	–	126	28.83	5-16	5.57
Currie, B.J	26	38	12.66	18*	–	–	47	19.10	4-26	4.58
Currie, S.W.	30	277	21.30	61*	–	1	53	22.15	5-34	5.60
Curtiss, O.v.B.	2	1	0.50	1	–	–	0	–	0-18	9.00
Dal, A.K.	32	656	28.52	115	1	3	5	104.40	1-3	5.43
Dale, A.S.	11	83	20.75	63	–	1	19	22.68	4-15	4.89
Das, R.J.	28	776	28.74	100*	1	5	–	–	–	–
Davey, J.H	102	1301	22.82	91	–	6	129	25.93	6-28	5.25
David, T.H.	20	790	60.76	140*	2	5	10	17.10	3-26	4.50
Davies, A.L	59	1657	31.26	147	2	8	–	–	–	53/11
Davies, J.L.B.	27	602	24.08	70	–	4	–	–	–	12/4
Dawkins, B.J.	6	258	51.60	111*	1	1	–	–	–	–
Dawson, L.A.	172	3879	33.43	142	4	20	184	29.62	7-15	4.74
de Caires, J.M.	25	428	19.45	71	–	3	14	43.14	3-52	5.40
de Lange, M.	98	776	15.52	58*	–	2	170	26.03	5-49	5.54
Denly, J.K	21	555	29.21	91	–	4	15	24.26	3-15	5.68
Denly, J.L.	170	5261	36.28	150*	8	29	55	26.18	4-35	5.11
Dickson, S.R.	75	1900	31.14	103*	1	12	0	–	0-20	10.00
D'Oliveira, B.L.	85	1837	28.70	138	3	8	70	39.54	3- 8	5.43
Donald, A.H.T.	50	1023	23.25	115	2	4	–	–	–	–
Douthwaite, D.A.	31	470	23.50	61	–	3	36	34.25	4-25	6.15
Drissell, G.S.	30	300	16.66	46	–	–	27	43.44	4-38	5.66
du Plooy, J.L.	50	2002	54.10	155	5	11	11	38.18	3-19	6.04
Duckett, B.T	105	3607	39.20	220*	6	23	–	–	–	50/3
Dudgeon, K.J.	47	443	17.03	71	–	1	72	23.77	7-35	4.62
Duke, H.G	40	925	29.83	125	2	4	–	–	–	38/3
Ealham, T.M.	3	9	4.50	5	–	–	0	–	0-29	6.10
Edavalath, E.M.	7	22	5.50	15	–	–	–	–	–	–
Elgar, D.	178	6264	43.50	137	10	45	57	49.87	4-37	5.48
Ellis, N.T.	38	274	16.11	31	–	–	51	31.66	5-38	5.30
Eskinazi, S.S	30	1434	55.15	182	6	3	–	–	–	–
Evans, L.J	63	1735	37.71	134*	3	5	1	82.00	1-29	9.11
Evison, J.D.M.	32	909	31.34	136	2	6	18	42.83	3-36	6.02
Feldman, I.	3	0	0.00	0	–	–	3	39.00	2-36	6.50
Fernandes, N.S.	14	347	31.54	92	–	2	5	61.40	2-31	5.68
Fernandes, S.M.L.	16	173	24.71	46*	–	–	–	–	–	23/3
Finch, A.W.	17	71	14.20	24	–	–	16	46.31	3-54	6.20
Finch, H.Z.	74	2128	33.77	108	2	14	0	–	0- 2	39/5
Firbank, M.S.	1	1	–	1*	–	–	1	29.00	1-29	5.43
Fisher, M.D.	35	236	26.22	36*	–	–	32	43.81	3-32	5.94
Flintoff, C.L.	4	70	35.00	29*	–	–	1	121.00	1-44	5.50
Foakes, B.T	88	2368	35.87	106	1	19	–	–	–	94/12
Fonseka, D.K.	4	85	21.25	43	–	–	–	–	–	–
Franco, R.C.M.	6	2	–	1*	–	–	5	59.20	3-59	6.20
French, A.M.	4	0	0.00	0*	–	–	6	32.66	2-49	7.25
Fuller, J.K	73	1003	24.46	55*	–	3	87	32.27	6-35	5.96
Garton, G.H.S.	24	103	11.44	38	–	–	29	34.24	4-43	6.32
Gay, E.N.	38	1182	36.93	131	2	7	1	44.00	1-25	6.28
Geddes, B.B.A.	36	1123	33.02	141*	1	8	1	58.00	1-30	4.97

	M	Runs	Avge	HS	100	50	Wkts	Avge	Best	Econ
Gibbon, B.J.	11	35	8.75	13*	–	–	16	34.25	3-58	6.22
Gilchrist, N.N.	31	94	6.71	33	–	–	30	41.00	5-45	6.69
Giles, T.O.	1	5	–	5*	–	–	2	30.00	2-60	6.00
Gleeson, R.J.	21	53	6.62	13	–	–	28	29.14	5-47	5.82
Goldsworthy, L.P.	41	1571	43.63	115*	2	9	24	45.16	4-44	5.54
Goodman, D.C.	9	18	4.50	15	–	–	12	32.50	4-43	6.00
Gorantla, N.V.	7	102	17.00	40*	–	–	–	–	–	–
Gorvin, A.W.	28	91	9.10	12*	–	–	34	33.20	5-56	5.67
Green, A.M.	10	26	26.00	21	–	–	22	21.95	5-25	6.42
Green, B.G.F.	25	457	45.70	157	1	1	36	27.58	4-52	5.53
Green, C.J.	35	577	24.04	100	1	2	38	32.89	5-53	4.89
Gregory, L.T.	79	1323	24.96	105*	1	2	110	27.66	4-23	5.95
Gubbins, N.R.T.	101	4167	44.32	144*	11	23	13	45.69	4-38	5.87
Guest, B.D.	39	1196	35.17	88	–	8	–	–	–	35/3
Guthrie, L.C.J.	24	92	7.66	21	–	–	36	28.86	4-15	5.88
Hain, S.R.	64	3004	57.76	161*	10	17	–	–	–	–
Haines, T.J.	30	1159	38.63	129	2	7	1	122.00	1-22	6.10
Hameed, H.	53	1692	38.45	114	4	10	–	–	–	–
Hammond, M.A.H.	22	699	36.78	157	2	3	5	19.40	2-18	5.10
Hands, L.	5	24	12.00	13*	–	–	2	98.00	1-32	6.75
Handscomb, P.S.P.	176	5813	40.36	140	9	36	–	–	–	161/7
Hannon-Dalby, O.J.	74	136	12.36	21*	–	–	127	27.06	5-27	5.76
Harmer, S.R.	103	1454	23.83	68	–	3	111	36.44	5-47	4.86
Harris, J.A.R.	75	479	13.30	117	1	–	101	31.73	4-38	5.86
Harris, M.S.	90	2989	35.58	142*	3	18	–	–	–	–
Harrison, C.G.	9	128	16.00	41	–	–	7	51.42	2-48	5.61
Hartley, T.W.	5	60	30.00	23	–	–	1	215.00	1-46	5.78
Hatton-Lowe, B.J.	2	2	2.00	2	–	–	–	–	–	–
Hawkins, J.W.A.	4	20	6.66	9	–	–	5	25.60	3-63	7.11
Haydon, R.O.L.	5	40	13.33	26	–	–	2	98.50	2-59	6.79
Hayes, J.P.H.	9	28	14.00	11	–	–	6	33.16	3-59	5.23
Haynes, J.A.	27	1113	42.80	153	2	8	13	35.23	4-63	6.73
Helm, T.G.	40	206	12.87	30	–	–	56	31.10	5-33	5.75
Henry, M.J.	178	770	11.66	48*	–	–	297	26.04	6-45	5.16
Henry, T.D.A.	1	15	–	15*	–	–	1	34.00	1-34	8.50
Higgins, R.F.	46	1228	33.18	89	–	8	41	33.31	4-33	5.22
Hill, F.J.	8	132	44.00	57*	–	2	–	–	–	–
Hill, G.C.H.	39	693	24.75	130	1	3	43	23.20	6-28	4.75
Hill, L.J.	84	1982	26.07	118	3	10	–	–	–	34/2
Hogg, D.M.	2	3	–	2*	–	–	1	32.00	1-13	3.55
Holden, M.D.E.	24	845	42.25	166	1	5	1	104.00	1-29	4.95
Holland, I.G.	64	996	22.63	75	–	5	80	27.95	5-35	4.67
Hollman, L.B.K.	35	600	25.00	77*	–	1	51	30.25	4-27	5.26
Home, J.E.	8	19	–	13*	–	–	19	18.94	6-51	6.22
Horton, A.J.	10	164	20.50	44*	–	–	–	–	–	4/2
Hose, A.J.	31	778	31.12	101*	1	4	–	–	–	–
Howell, B.A.C.	87	2090	35.42	122	1	13	79	34.15	3-37	5.21
Hudson-Prentice, F.J.	29	825	35.86	93	–	7	31	36.45	3-34	5.99
Hughes, D.P.	48	2547	57.88	152	11	11	–	–	–	–
Hull, J.O.	9	3	–	3*	–	–	17	24.23	4-43	5.74
Hunt, O.J.	1	0	–	0	–	–	–	–	–	–
Hunt, S.F.	13	52	13.00	13	–	–	14	41.92	3-35	5.92
Hurle, H.E.	5	72	18.00	56	–	1	–	–	–	–
Hurst, M.F.	8	108	27.00	66	–	1	–	–	–	–
Hutton, B.A.	48	481	17.81	46	–	–	66	28.27	7-26	5.21
Ibrahim, D.K.	28	384	16.69	56	–	3	13	46.92	3-34	5.12
Ingram, C.A.	206	8501	48.57	155	21	53	43	35.39	4-39	5.63

	M	Runs	Avge	HS	100	50	Wkts	Avge	Best	Econ
Jack, E.V.	19	63	9.00	18	–	–	32	26.43	4-29	5.83
Jacks, W.G.	45	1135	28.37	121	1	6	20	43.50	3-22	5.71
James, L.W.	37	750	25.00	82	–	5	30	31.86	5-48	6.49
Jani, V.L.	8	165	23.57	82	–	1	2	14.00	1-13	4.66
Jennings, K.E.	92	3314	45.39	139	8	20	11	60.90	2-19	5.82
Jewell, C.P.	56	1987	38.21	137	6	9	–	–	–	24/1
Jones, M.A.	39	1042	28.94	119	2	5	–	–	–	
Jones, M.W	2	0	–	0	–	–	4	32.25	3-55	7.58
Jones, R.P.	53	1489	40.24	122	2	10	2	61.00	1- 3	6.00
Jordan, C.J.	85	648	15.42	55	–	1	122	30.13	5-28	5.75
Kashif Ali (Wo)	23	949	45.19	114	2	6	–	–	–	
Kellaway, B.L	14	317	31.70	82	–	3	24	23.08	3-33	5.48
Kelly, D.C.	18	199	19.90	45	–	–	20	30.60	5-19	5.69
Keogh, R.I.	75	1987	31.04	134	3	15	34	49.75	4-49	5.46
Killeen, M.J.	12	100	20.00	32	–	–	13	35.45	3-15	5.08
Kimber, L.P.J.	31	833	34.70	102	1	6	9	27.33	4-61	6.02
Klaassen, F.J.	42	142	9.46	17*	–	–	61	28.77	3-23	5.04
Kohler-Cadmore, T.	56	1808	34.11	164	3	10	–	–	–	
Lamb, D.J.	34	592	32.88	86*	–	4	45	35.15	5-30	5.78
Lammonby, T.A.	11	396	36.00	102	1	1	15	19.33	5-20	5.01
Langridge, J.	7	17	17.00	11*	–	–	7	44.14	2-32	7.53
Lategan, D.H	6	272	54.40	78	–	2	–	–	–	
Lawes, T.E.	12	414	41.40	75	–	4	12	42.25	2-20	6.18
Lawrence, D.W.	28	670	26.80	115	1	4	11	54.27	3-35	6.25
Leach, M.J.	33	61	10.16	18	–	–	45	27.77	6-26	4.46
Leaning, J.A.	77	1983	34.78	137*	3	11	19	36.05	5-22	5.24
Leech, D.J.	14	123	15.37	36	–	–	14	45.64	3-48	6.65
Lees, A.Z.	85	3165	43.35	148	8	22	–	–	–	
Leonard, E.O.	20	99	16.50	32	–	–	19	49.52	3-40	6.54
Libby, J.D.	50	2090	58.05	126*	3	18	6	40.66	2-47	5.36
Linde, G.F.	92	1882	28.08	93*	–	14	119	30.74	6-47	5.23
Lintott, J.B.	32	362	25.85	50	–	1	48	29.85	5-37	5.57
Livingstone, L.S.	94	2484	34.02	129	2	14	48	44.05	3-16	5.68
Lord, R.	13	243	48.60	83	–	2	23	28.30	5-45	5.99
Lumsden, E.T.	3	0	–	0	–	–	6	29.00	3-64	7.25
Luxton, W.A.	29	767	29.50	105*	1	4	–	–	–	
Lynn, C.A.	50	1597	36.29	135	2	12	1	45.00	1- 3	3.91
Lyth, A.	131	3921	33.80	144	5	18	8	56.37	2-27	5.84
McAndrew, N.J.	23	293	16.27	55	–	1	33	32.15	5-23	5.77
McCann, F.W.	10	197	19.70	48	–	–	2	137.00	1-48	6.00
McDermott, E.R.	56	2141	40.39	143	6	13	–	–	–	
McIlroy, J.P.	18	44	44.00	13	–	–	21	28.71	3-33	4.39
McKerr, C.	39	393	16.37	71	–	1	60	30.48	4-32	6.20
McKinney, E.S.	10	308	30.80	115	1	1	–	–	–	
McManus, L.D.	67	1271	25.42	107	1	4	–	–	–	50/13
McSweeney, N.A.	31	1103	40.85	137	1	9	14	29.78	3-12	5.01
Madsen, W.L.	117	3819	42.43	138	8	21	18	33.66	3-27	4.91
Mahmood, S	46	149	14.90	45	–	–	79	25.88	6-37	5.53
Majid, Y.	27	63	5.72	14	–	–	24	49.66	3-57	5.59
Malan, D.J.	178	6561	44.03	185*	16	32	41	32.36	4-25	5.84
Malik, Z.A.	10	201	20.10	72	–	1	–	–	–	
Martindale, B.J.R.	12	225	18.75	55	–	1	1	51.00	1-25	4.37
Mayes, B.A.	11	230	32.85	74	–	2	–	–	–	14/1
Meredith, R.P.	39	61	7.62	16	–	–	55	31.45	5-26	5.22
Middleton, F.S.	38	1154	33.94	100	1	8	–	–	–	
Mike, B.W.M.	24	324	20.25	72*	–	1	28	37.03	4-40	7.39
Miles, C.N.	57	192	13.71	31*	–	–	66	38.78	4-29	6.33

	M	Runs	Avge	HS	100	50	Wkts	Avge	Best	Econ
Miller, A.H.	13	258	36.85	73	–	1	3	76.00	1-19	6.00
Mills, T.S.	23	7	1.75	3*	–	–	22	35.77	3-23	5.97
Milnes, M.E.	18	119	17.00	26	–	–	34	26.05	7-38	6.15
Minto, J.	4	17	17.00	10*	–	–	2	70.50	2-40	7.05
Mohammad Ali	40	114	10.36	17*	–	–	48	31.72	5-45	5.01
Mohammed, I.	7	117	16.71	63	–	1	–	–	–	–
Montgomery, M.	41	1551	47.00	114	3	9	8	67.37	2-38	6.05
Moores, J.H.A.	6	77	15.40	35	–	–	–	–	–	–
Moores, T.J.	33	951	39.62	148	1	5	–	–	–	34/6
Morgan, S.H.B.	4	69	34.50	61	–	1	7	24.00	3-62	5.60
Moriarty, D.T.	32	114	10.36	30	–	–	38	34.34	4-30	5.08
Morley, J.P.	27	34	8.50	10*	–	–	29	37.44	3-40	5.25
Morris, B.J.	5	12	6.00	10	–	–	3	60.66	3-52	6.74
Mousley, D.R.	12	407	37.00	105	1	3	7	27.85	3-32	4.43
Muhammad Abbas	63	140	7.77	15*	–	–	84	29.94	4-31	4.92
Mustard, H.S.	9	176	22.00	38	–	–	–	–	–	–
Muthusamy, S.	103	2384	31.36	100	1	15	101	33.51	4-36	5.00
Muyeye, T.S.	11	221	24.55	40	–	–	1	33.00	1-17	3.30
Naeem, M.Y.B.	5	31	10.33	24	–	–	–	–	–	–
Naveen-ul-Haq	31	108	8.30	30	–	–	42	36.28	5-40	6.07
Neal, A.J.	11	43	10.75	14	–	–	14	30.85	3-33	4.50
Neser, M.G.	73	978	23.28	122	1	3	89	33.30	5-28	5.27
Northeast, S.A.	126	3862	37.13	177*	6	23	–	–	–	–
Norton, T.O.	1	0	–	0	–	–	3	13.66	3-41	4.10
Ogborne, A.R.J.	17	89	22.25	30*	–	–	22	32.68	5-41	5.50
O'Neill, F.P.	17	113	16.14	25*	–	–	26	26.69	4-22	4.88
Organ, F.S.	42	694	25.70	79	–	4	23	56.52	3-39	5.00
Orr, A.G.H.	25	1272	50.88	206	5	4	–	–	–	–
Overton, C.	75	824	22.27	66*	–	2	95	32.16	5-18	5.32
Overton, J.	55	671	20.33	68	–	1	71	30.33	4-42	6.20
Parkinson, C.F.	14	226	28.25	52*	–	1	6	105.16	2-42	6.18
Parkinson, M.W.	51	132	14.66	19	–	–	84	27.04	5-51	5.33
Patel, A.Y.	47	251	13.21	45	–	–	51	39.01	3-31	5.26
Patel, R.K.	36	923	26.37	161	2	4	6	22.16	5-65	6.54
Patel, R.S.	38	1492	45.21	131	4	9	10	45.90	2-55	5.94
Patterson-White, L.A.	31	464	21.09	62*	–	1	43	27.44	5-19	5.06
Payne, D.A.	70	222	20.18	40	–	–	115	25.46	7-29	5.71
Pennington, D.Y.	19	109	18.16	35	–	–	31	31.25	5-67	5.93
Pepper, M.S.	7	134	26.80	63	–	1	–	–	–	–
Phillips, J.P.	3	35	11.66	14	–	–	–	–	–	–
Pocklington, J.A.	8	113	22.60	54	–	1	11	32.54	3-28	5.18
Pope, O.J.D.	31	767	33.34	93*	–	5	–	–	–	–
Porter, J.A.	51	74	8.22	12	–	–	56	33.69	4-29	4.77
Potts, M.J.	21	98	19.60	30	–	–	28	27.64	4-38	5.90
Potts, N.J.	10	27	27.00	8*	–	–	11	47.54	3-72	7.57
Prest, T.J.	45	1226	29.90	181	2	7	13	28.00	3-41	5.13
Pretorius, M.	44	339	14.12	33	–	–	61	26.96	4-21	4.80
Price, O.J.	36	1384	44.64	116*	3	6	14	44.57	2-12	5.84
Price, T.J.	16	229	20.81	45	–	–	19	36.36	4-26	5.56
Procter, L.A.	62	1022	29.20	97	–	5	40	43.10	4-34	5.70
Quinn, M.R.	48	166	11.85	36	–	–	60	39.03	4-71	6.23
Raine, B.A.	37	504	21.00	83	–	1	45	36.02	4-30	5.60
Ramesh, N.	2	3	–	3*	–	–	2	18.00	1-13	4.32
Reece, L.M.	63	1904	35.92	136	3	12	37	41.86	4-35	6.00
Revis, M.L.	36	859	34.36	85	–	6	39	33.92	4-54	5.88
Rew, J.E.K.	41	1544	44.11	114	3	9	–	–	–	–
Rew, T.H.S.	11	352	44.00	84*	–	2	–	–	–	–

	M	Runs	Avge	HS	100	50	Wkts	Avge	Best	Econ
Rhodes, W.M.H.	74	2208	35.04	113	2	12	49	36.93	5-30	5.96
Richardson, J.A.	48	307	18.05	44	–	–	82	26.65	5-63	5.35
Roach, K.A.J.	119	400	13.33	34	–	–	156	29.69	6-27	5.01
Roberts, K.T.	2	40	20.00	29	–	–	1	47.00	1-28	5.22
Robinson, L.S.	5	0	0.00	0	–	–	2	87.00	1-42	7.25
Robinson, O.E.	16	122	15.25	30	–	–	19	34.89	3-31	5.91
Robinson, O.G.	33	1074	41.30	206*	2	5	–	–	–	25/2
Robson, S.D.	55	2105	42.10	169*	4	13	10	35.70	2-12	6.69
Roderick, G.H.	80	2096	33.26	152*	5	10	–	–	–	78/10
Rogers, H.P.	7	91	15.16	35	–	–	–	–	–	
Rogers, T.S.	33	261	16.31	38	–	–	48	29.06	5-32	5.34
Roland-Jones, T.S.	88	761	21.13	65	–	1	130	26.83	4-10	5.13
Root, J.E.	227	8790	47.77	166*	21	53	43	51.67	3-52	5.71
Root, W.T.	60	1665	40.60	113*	3	9	6	51.66	2-36	6.36
Roy, J.J.	211	7252	37.96	180	19	36	0	–	0-12	12.00
Sales, J.J.C.	26	526	35.06	117	1	1	7	66.28	2-31	6.21
Salt, P.D.	49	1482	32.21	137*	2	7	–	–	–	
Sanderson, B.W.	53	169	8.89	31	–	–	67	28.49	3-17	5.27
Scrimshaw, G.L.S.	5	13	–	13*	–	–	7	30.85	3-66	7.53
Scriven, T.A.R.	37	379	29.15	55	–	1	44	31.84	5-66	5.69
Seales, J.N.T.	41	57	9.50	29*	–	–	50	31.24	6-18	5.76
Seecharan, S.J.	4	49	12.25	19	–	–	–	–	–	
Shafiqullah Ghafari	6	66	13.20	26	–	–	5	49.00	2-43	5.50
Shaikh, H.	28	596	28.38	75	–	3	–	–	–	
Sharma, A.	4	122	30.50	82	–	1	–	–	–	
Shaw, J.	26	25	3.12	8*	–	–	29	40.58	4-36	5.66
Shetty, A.R.	7	168	33.60	40	–	–	9	43.33	3-34	6.10
Short, M.W.	73	2105	33.41	257	4	8	38	41.73	3-53	6.23
Sibley, D.P.	44	1215	31.15	149	5	2	1	62.00	1-20	6.88
Siddle, P.M.	86	315	10.50	62	–	1	111	30.54	5-49	4.81
Sikandar Raza	255	7720	37.11	141	13	40	174	37.45	4-33	4.87
Simpson, J.A.	115	2123	26.87	85	–	12	–	–	–	110/21
Singh, E.	13	312	26.00	71	–	1	4	26.50	3-42	5.57
Singh, F.	26	290	22.30	60	–	1	31	32.35	4-52	5.74
Singh, H.P.N.	14	283	20.21	74	–	1	4	24.71	4-27	4.67
Singh, J.	5	24	24.00	19*	–	–	5	45.40	3-74	6.48
Slater, B.T.	76	3224	49.60	164	8	19	0	–	0- 2	8.30
Smale, W.T.E.	20	521	28.94	105*	1	1	–	–	–	
Smeed, W.C.F.	4	110	27.50	84	–	1	–	–	–	
Smith, J.L.	34	817	29.17	85	–	6	–	–	–	22/2
Smith, K.	31	638	37.52	130*	1	2	–	–	–	17/1
Snater, S.	43	325	13.54	64	–	1	56	31.73	5-29	5.47
Sowter, N.A.	19	134	14.88	31	–	–	36	25.77	6-62	5.52
Stanley, M.T.	4	7	7.00	5*	–	–	2	71.50	1-25	5.72
Steel, C.T.	42	666	20.18	77	–	5	45	32.00	4-33	5.84
Stewart, G.	52	771	20.28	78	–	4	51	29.84	4-42	5.05
Stone, O.P.	36	137	17.12	24*	–	–	32	41.40	4-71	5.58
Stubbs, T.	40	1386	40.76	159	3	9	6	42.83	2-29	5.35
Stuurman, G.A.	54	256	11.63	52	–	1	68	26.85	6-18	4.70
Sufiyan Muqeem	19	74	10.57	17*	–	–	38	19.55	4-14	4.56
Sutton, O.W.	4	34	17.00	17*	–	–	1	106.00	1- 1	8.48
Swanepoel, E.	50	639	24.57	73*	–	4	76	21.38	4- 9	4.27
Sykes, O.F.M.	14	545	45.41	115	1	4	7	23.42	3-44	5.46
Sylvester, J.	3	11	11.00	7*	–	–	2	44.00	1- 7	6.87
Tattersall, J.A.	34	757	31.54	89	–	8	–	–	–	30/3
Taylor, J.M.R.	94	2580	40.95	139*	3	20	53	29.81	5-61	5.47
Taylor, J.P.A.	17	78	15.60	19	–	–	21	39.19	3-42	6.04

	M	Runs	Avge	HS	100	50	Wkts	Avge	Best	Econ
Taylor, M.D.	49	189	21.00	51*	–	1	51	38.78	4-44	5.21
Taylor, T.A.I.	40	1056	48.00	112	2	7	46	39.21	3-14	5.73
Tear, C.J.	32	803	28.67	159	1	4	–	–	–	13/1
Thain, N.R.M.	19	448	28.00	83	–	4	5	93.00	1-24	7.15
Theedom, J.M.	2	0	–	0	–	–	1	51.00	1-32	7.28
Thomas, A.R.G.	10	237	26.33	162	1	–	1	51.00	1-35	8.50
Thomas, G.W.	19	493	27.38	106*	–	3	13	26.61	3-41	5.40
Thomas, J.F.	25	332	23.71	54*	–	2	6	46.50	3-40	6.34
Thompson, J.A.	1	0	–	0	–	–	0	–	0-43	8.60
Tongue, J.C.	15	99	19.80	34	–	–	16	45.50	2-35	6.92
Topley, R.J.W.	75	82	10.25	19	–	–	124	25.91	6-24	5.52
Trevaskis, L.	49	769	24.03	76*	–	4	55	34.07	5-52	5.32
Tribe, A.M.	27	1346	64.09	175	5	6	7	47.85	2-51	5.40
Turner, A.J.	80	1976	33.49	100	1	11	16	38.62	2-14	5.71
Turner, J.A.	19	36	12.00	12	–	–	37	17.97	5-25	5.04
Tye, A.J.	70	395	15.19	44	–	–	148	21.68	6-46	5.55
Unadkat, J.D.	132	649	11.58	57	–	1	185	29.67	5-23	4.75
Usama Mir	60	429	11.59	51*	–	–	95	29.48	7-14	5.91
van Buuren, G.L.	102	2099	28.36	119*	2	8	88	31.70	5-35	4.85
van der Gugten, T.	83	613	18.57	49	–	–	94	32.65	5-24	4.98
van der Merwe, S.P.	3	123	41.00	59	–	1	2	50.00	1-23	6.00
Varma, A.M.	2	39	19.50	30	–	–	–	–	–	6.51
Vasconcelos, R.S.	61	1778	30.65	112	4	9	0	–	0-22	38/3
Vaughan, A.M.	17	469	42.63	109*	1	2	5	31.60	2-41	4.64
Verreynne, K.	69	1934	37.19	114*	3	13	–	–	–	77/10
Vince, J.M.	148	5199	39.68	190	10	25	3	54.00	1-18	5.58
Wagstaff, M.D.	8	76	12.66	36	–	–	2	40.00	1-37	4.70
Waite, M.J.	45	815	30.18	71	–	1	58	29.25	5-59	5.48
Walker, R.I.	18	174	19.33	44	–	–	19	42.26	6-43	6.34
Walter, P.I.	17	298	27.09	50	–	1	14	32.92	4-37	7.16
Ward, H.D.	12	215	17.91	37	–	–	0	–	0-18	7.90
Weatherall, R.A.	5	15	–	12*	–	–	6	36.33	4-50	6.99
Weatherley, J.J.	36	1037	35.75	116*	3	5	8	27.62	4-25	4.05
Webster, B.J.	59	1493	31.76	121	1	9	54	28.62	6-17	5.40
Wells, L.W.P.	44	778	21.61	88	–	5	23	39.13	3-19	5.23
Westley, T.	128	4578	39.80	141	9	35	50	37.02	4-60	5.05
Wharton, J.H.	21	741	41.16	118	1	6	–	–	–	–
Wheal, B.T.J.	52	147	9.18	24	–	–	76	27.01	5-47	5.21
White, C.	29	93	10.33	29	–	–	37	28.59	4-20	4.91
Whitehouse, B.T.	2	1	–	1*	–	–	2	32.50	1-29	7.22
Whiteley, R.A.	87	1819	27.56	131	1	12	14	40.21	4-58	6.66
Whiteman, S.M.	72	1853	32.50	137*	1	14	–	–	–	39/4
Willey, D.J.	156	2145	25.53	167	3	7	188	29.87	5-30	5.59
Williams, W.S.A.	59	188	9.89	19*	–	–	78	30.00	4-20	5.07
Woakes, C.R.	204	2265	22.42	95*	–	7	251	32.54	6-45	5.44
Wood, C.P.	79	400	12.90	41	–	–	106	27.96	5-22	5.38
Wood, L.	7	88	44.00	52	–	1	6	39.66	2-36	6.10
Wood, S.B.	3	57	28.50	22	–	–	2	63.00	1-34	6.30
Worrall, D.J.	43	128	10.66	31*	–	–	50	38.88	5-62	5.39
Yates, R.M.	40	1356	34.76	114	3	7	11	65.27	2-31	5.63
Zafar Gohar	99	1177	18.10	62	–	5	137	29.56	6-21	4.78
Zaib, S.A.	35	791	29.29	136	1	4	30	34.10	4-23	5.35
Zain Ul Hassan	11	128	16.00	33	–	–	13	30.30	4-25	5.79

TWENTY20 CAREER RECORDS

Compiled by Philip Bailey

The following career records, to 6 February 2026, include all players currently registered with first-class counties or teams in The Hundred. Performances in The Hundred are included.

	M	Runs	Avge	HS	100	50	Wkts	Avge	Best	Econ
Abbott, K.J.	156	324	13.50	30	–	–	157	28.56	5-14	8.27
Abbott, S.A.	208	964	11.61	110*	1	–	269	21.44	5-16	8.62
Abell, T.B.	183	3861	29.03	101*	1	18	2	50.00	1-11	10.00
Ackermann, C.N.	215	4615	26.07	90*	–	26	93	28.41	7-18	7.31
Ahmed, F.	8	8	–	4*	–	–	8	23.75	5-25	8.38
Ahmed, R.	96	1052	18.13	52*	–	2	83	28.45	4-22	8.12
Aitchison, B.W.	13	11	2.20	8	–	–	17	28.17	5-29	11.13
Akhter, Z.	5	45	15.00	12	–	–	4	36.75	2-36	9.80
Albert, T.E	60	1189	29.00	98*	–	7	–	–	–	–
Aldridge, K.L.	13	159	26.50	44*	–	–	8	29.62	5-29	10.93
Ali, M.M.	420	7791	23.60	121*	3	37	271	24.97	5-34	7.55
Allah Ghazanfar	63	96	5.05	28	–	–	77	19.93	4-12	6.73
Allison, B.W.J.	27	49	8.16	17	–	–	28	27.17	3-33	10.33
Allison, C.W.J.	20	290	22.30	69*	–	1	–	–	–	–
Alsop, T.P.	104	2244	27.03	87*	–	14	–	–	–	38/5
Anderson, S.M.	58	29	5.80	16	–	–	63	27.47	3-17	8.45
Andersson, M.K.	59	662	16.55	70*	–	3	34	31.85	3-32	10.44
Archer, J.C	184	715	14.30	36	–	–	227	23.55	4-18	7.89
Aspinwall, I.H.	19	49	12.25	18*	–	–	19	22.15	4-18	7.99
Atkinson, A.A.P.	58	98	8.90	14	–	–	72	21.86	4-20	9.03
Bailey, T.E.	35	27	4.50	10	–	–	31	26.16	5-17	9.21
Bairstow, J.M.	265	6401	30.48	116	5	34	–	–	–	133/17
Baker, S.	24	2	0.50	1	–	–	26	26.38	4-20	8.88
Balderson, G.P.	4	83	27.66	37*	–	–	6	15.66	3-31	9.40
Ball, J.T.	139	63	6.30	18*	–	–	182	22.63	4-11	8.90
Bamber, E.R.	7	5	–	3*	–	–	4	41.75	3-29	10.54
Bancroft, C.T.	141	3271	29.73	95*	–	21	–	–	–	60/7
Banton, T.	210	5195	27.63	107*	4	28	–	–	–	119/10
Barker, K.H.D.	65	383	13.67	46	–	–	69	23.01	4-19	7.90
Barnard, C.M.	3	0	0	–	–	–	4	15.75	3-23	7.00
Barnard, E.G.	132	1236	17.40	67	–	3	66	39.84	3-29	9.08
Bartlett, G.A.	23	220	12.94	82*	–	1	–	–	–	–
Bashir, S.	7	0	–	0*	–	–	6	24.33	3-26	8.58
Bedingham, D.G.	88	1712	21.40	78	–	8	–	–	–	20/1
Bell, G.J.	9	87	21.75	31	–	–	–	–	–	–
Bell-Drummond, D.J.	179	5102	30.73	112*	3	39	5	38.20	2-19	10.32
Benjamin, C.G.	75	998	19.96	68*	–	3	–	–	–	35/1
Benkenstein, L.M.	25	346	21.62	62	–	2	15	29.06	2-23	7.79
Bennett, C.E.	1	0	–	0*	–	–	0	–	0-41	13.66
Bess, D.M.	71	341	15.50	53	–	1	55	29.56	3-15	7.79
Bethell, J.G	89	1563	23.32	87	–	8	22	22.18	4-11	8.31
Billings, S.W	396	7508	23.98	106	1	36	–	–	–	247/34
Blake, J.W.	2	0	0	–	–	–	–	–	–	4/0
Blatherwick, J.M.	27	150	15.00	34*	–	–	26	26.07	3-14	9.66
Bohannon, J.	38	262	10.91	39	–	–	–	–	–	–
Boorman, T.W.	1	6	6.00	6	–	–	–	–	–	–
Booth, M.G	7	0	0	–	–	–	6	28.00	2-24	7.20
Bopara, R.S	494	9948	28.10	108	3	50	292	25.59	6-16	7.54
Borthwick, S.G.	116	729	17.78	62	–	1	82	25.69	4-18	8.21
Boult, T.A.	292	308	10.62	23*	–	–	337	25.72	4-13	8.13

	M	Runs	Avge	HS	100	50	Wkts	Avge	Best	Econ
Bracewell, M.G.	203	3455	26.37	141*	1	18	96	25.25	4-28	8.23
Bracey, J.R.	73	1099	18.62	70	–	3	–	–	–	41/13
Briggs, D.R.	273	389	13.41	35*	–	–	311	21.46	5-19	7.29
Broad, J.	31	783	32.62	67	–	6	7	37.57	2-11	8.62
Brook, H.C.	169	3946	33.44	105*	3	16	1	26.00	1-13	13.00
Brookes, E.A.	38	786	25.35	57	–	3	19	27.00	4-41	8.69
Brookes, H.J.H.	57	196	11.52	31*	–	–	63	27.60	5-25	9.51
Brown, B.C.	82	840	15.00	68	–	1	–	–	–	41/7
Brown, P.R.	113	67	7.44	10*	–	–	139	25.20	4-21	9.59
Budinger, S.G.	39	661	18.36	56	–	4	–	–	–	–
Burns, R.J.	78	976	17.42	62	–	3	2	10.50	2-21	5.25
Buttler, J.C.	485	13758	35.45	124	8	98	–	–	–	32/2
Byrom, E.J.	50	777	18.50	78*	–	3	–	–	–	292/50
Came, H.R.C.	31	632	22.57	56	–	2	–	–	–	–
Carlson, K.S.	87	1735	22.24	135	1	6	2	30.50	2-13	11.09
Carse, B.A.	88	792	17.21	58	–	2	58	35.48	3-23	9.09
Carson, J.J.	19	114	19.00	26	–	–	14	20.50	2-10	9.89
Carter, O.J.	15	172	13.23	64	–	1	–	–	–	5/1
Cartwright, H.W.R.	145	2690	28.61	79	–	11	4	50.00	2-34	12.24
Chahal, Y.S.	330	81	4.50	10	–	–	384	23.60	6-25	7.73
Chappell, Z.J.	68	273	15.16	34*	–	–	93	22.05	5-23	9.48
Charlesworth, B.G.	44	776	24.25	56	–	3	7	33.57	2- 5	10.00
Chohan, J.A.	46	104	8.66	37	–	–	40	29.80	5-14	8.57
Clark, G.	152	3640	26.00	102*	2	18	0	–	0- 8	15.23
Clark, J.	138	1232	20.19	60	–	1	81	28.43	4-22	8.88
Clark, T.G.R.	36	738	24.60	72*	–	1	0	–	0- 4	24.00
Clarke, J.M.	250	6052	26.19	136	4	35	–	–	–	91/7
Cliff, B.M.	5	2	–	2*	–	–	8	18.62	4-31	9.31
Coad, B.O.	12	14	4.66	7	–	–	13	24.84	3-40	8.93
Cohen, M.A.R.	12	22	22.00	7*	–	–	9	32.11	2-17	8.58
Coles, J.M.	64	1193	28.40	77*	–	6	42	29.38	4-12	8.41
Conners, S.	18	7	2.33	2*	–	–	13	31.30	3-25	11.20
Conway, H.N.A.	23	16	5.33	6	–	–	20	34.10	3-36	8.50
Cook, S.J.	98	65	6.50	18	–	–	102	27.16	4-15	8.81
Cooke, C.B.	173	2886	22.90	113*	1	7	–	–	–	101/18
Cornwell, N.B.	24	36	12.00	15*	–	–	23	27.91	3-34	9.10
Coughlin, P.	71	825	21.71	53	–	1	70	25.02	5-42	9.61
Cox, J.M.	175	3934	30.49	139*	1	20	–	–	–	118/7
Cox, O.B.	186	2889	27.00	70*	–	9	–	–	–	92/38
Cracknell, J.B.	62	1208	21.57	77	–	5	–	–	–	32/1
Crane, M.S.	117	192	17.45	25	–	–	135	22.97	4-20	8.08
Crawley, Z.	98	2381	27.36	108*	1	12	–	–	–	–
Critchley, M.J.J.	155	2130	20.48	80*	–	6	128	25.64	5-28	8.21
Crocombe, H.T.	26	31	10.33	12*	–	–	29	24.79	3-31	9.98
Cullen, B.C.	41	96	9.60	20*	–	–	53	23.13	4-32	9.40
Cullen, H.J.	4	24	12.00	18*	–	–	–	–	–	–
Curran, S.M.	322	5429	25.97	102*	1	33	306	28.20	5-10	8.85
Curran, T.K.	258	2456	21.54	67*	–	6	271	25.05	4-10	8.81
Currie, B.J.	35	20	20.00	8*	–	–	44	16.93	5-13	6.89
Currie, S.W.	68	160	14.54	26*	–	–	93	20.02	4-24	8.60
Dal, A.K.	26	201	13.40	35	–	–	0	–	0- 8	8.00
Dale, A.S.	19	5	1.25	4*	–	–	20	32.50	3-17	10.48
Das, R.J.	24	341	17.94	72	–	2	–	–	–	–
Davey, J.H.	97	342	21.37	24	–	–	116	21.77	4-18	8.76
David, T.H.	313	6136	30.98	102*	1	22	15	64.26	1- 0	8.88
Davies, A.L.	165	3506	24.51	94*	–	19	–	–	–	96/30
Davies, J.L.B.	44	681	19.45	53	–	2	–	–	–	12/8
Dawson, L.A.	336	2946	17.74	82	–	6	278	25.48	5-17	7.42

264

	M	Runs	Avge	HS	100	50	Wkts	Avge	Best	Econ
de Caires, J.M.	21	170	12.14	31*	–	–	12	30.75	2-34	9.62
de Lange, M.	155	420	11.05	28*	–	–	174	25.64	5-20	8.75
Denly, J.L.	298	7107	27.02	127	5	35	53	27.22	4-19	8.12
Dickson, S.F.	83	1637	31.48	78	–	9	1	9.00	1- 9	9.00
D'Oliveira, B.L.	158	2620	23.81	79	–	15	83	30.49	4-11	7.84
Donald, A.H.T.	94	1797	21.39	85	–	14	–	–	–	–
Douthwaite, D.A.	76	856	18.21	56	–	3	77	26.00	4-22	9.24
Drissell, G.S.	6	0	0.00	0	–	–	2	50.50	1-20	8.30
du Plooy, J.L.	204	4336	28.71	92	–	26	14	22.00	4-15	8.47
Duckett, B.M.	217	5397	30.32	96	–	34	–	–	–	108/2
Dudgeon, K.I.	45	440	16.29	36*	–	–	53	21.41	4- 5	7.72
Duke, H.G.	11	43	7.16	37	–	–	–	–	–	6/1
Elgar, D.	104	2594	32.02	88*	–	16	29	24.93	4-23	6.91
Ellis, N.T.	182	518	11.26	40	–	–	226	23.06	4- 6	8.15
Eskinazi, S.S.	132	3688	31.52	102*	1	26	–	–	–	–
Evans, L.J.	351	7400	29.36	118*	3	44	1	35.00	1- 5	153/5
Evison, J.D.M.	34	334	23.85	48*	–	–	21	29.66	3-25	8.45
Feldman, J...	1	1	–	1*	–	–	2	20.00	2-40	10.00
Fernandes, N.S.	7	11	2.75	8	–	–	4	35.00	1- 6	10.76
Ferreira, D.	141	2506	27.53	82*	–	10	28	31.78	3-23	80/8
Finch, A.W.	32	61	8.71	30*	–	–	31	33.06	3-28	9.20
Finch, H.Z.	42	608	23.38	64	–	2	–	–	–	27/0
Fisher, M.D	45	61	8.71	19	–	–	46	27.10	5-22	9.03
Foakes, B.T.	79	859	20.95	75*	–	4	–	–	–	39/10
Fuller, J.K.	215	2057	19.97	57	–	3	184	25.96	6-28	8.81
Garton, G.H.S.	122	835	14.91	46	–	–	100	26.77	4-16	9.05
Gay, E.N.	16	354	23.60	53	–	2	0	–	0- 8	8.00
Geddes, B.B.A.	21	311	18.29	69	–	2	–	–	–	–
Gibbon, B.J.	1	0	0	0	–	–	0	–	0-24	12.00
Gilchrist, N.N.	21	25	4.16	10*	–	–	29	20.20	4-42	10.40
Gleeson, D.J.	136	66	4.40	8	–	–	158	23.31	5-33	8.25
Goldsworthy, L.P.	53	503	21.86	67	–	1	50	22.34	4-13	8.09
Gorvin, A.W.	22	93	15.50	14*	–	–	19	29.73	4-17	8.80
Green, B.G.F.	90	825	20.62	47	–	–	105	21.36	5-29	9.30
Green, C.J.	279	2082	17.06	50	–	1	251	26.44	5-32	7.17
Gregory, L.	266	3181	21.06	76*	–	10	219	26.02	5-24	8.80
Gubbins, N.R.T.	49	641	14.90	57*	–	2	2	10	21.20	3-27	7.85
Guest, B.D.	64	934	27.47	54	–	1	–	–	–	37/8
Guthrie, L.C.L.	8	17	8.50	11*	–	–	6	45.33	2-32	10.88
Hain, S.R.	180	5053	38.57	112*	1	37	–	–	–	–
Haines, T.J.	4	52	13.00	27	–	–	–	–	–	–
Hameed, H.	2	41	20.50	23	–	–	–	–	–	–
Hammond, M.A.H.	126	2505	22.36	80	–	8	0	–	0-17	8.50
Handscomb, F.S.P.	136	2120	22.55	103*	1	7	–	–	–	65/15
Hannon-Dalby, O.J.	64	55	9.16	14*	–	–	78	24.91	4-20	8.77
Harmer, S.R.	218	1321	15.18	55	–	1	182	28.45	4-18	7.70
Harris, J.A.R.	60	168	10.50	18	–	–	48	34.41	4-23	9.35
Harris, M.S.	54	1012	19.46	85	–	4	–	–	–	–
Harrison, C.G	76	313	12.03	23	–	–	65	25.06	5-11	7.86
Hartley, T.W.	103	348	11.22	39	–	–	82	26.62	4-16	7.97
Haynes, J.A.	62	1305	22.50	89*	–	7	–	–	–	–
Helm, T.G.	114	289	11.56	28*	–	–	129	26.23	5-11	9.05
Henry, M.J.	177	626	12.52	44	–	–	214	22.86	5-18	8.27
Higgins, R.F.	144	2348	24.20	77*	–	6	105	25.95	5-13	9.19
Hill, G.C.H.	21	128	14.22	19*	–	–	4	53.50	2-45	9.51
Hill, L.J.	89	1161	18.72	59	–	4	–	–	–	34/3
Holden, M.D.E.	115	2682	27.64	121*	2	13	0	–	0-12	12.00
Holland, I.G.	45	258	23.45	65	–	1	32	21.65	4-19	6.91

	M	Runs	Avge	HS	100	50	Wkts	Avge	Best	Econ
Hollman, L.B.K.	73	868	18.08	51	–	1	77	23.10	5-16	8.62
Home, J.E.	1	1	1.00	1*	–	–	–	–	–	–
Horton, A.J.	10	47	6.71	20	–	–	1	33.00	1-33	8.25
Hose, A.J.	188	4297	29.03	119	2	22	–	–	–	7/1
Hosein, H.R.	267	1161	15.68	55*	–	1	–	–	–	–
Howell, B.A.C.	266	3247	22.39	62*	–	9	247	25.31	5-11	7.14
Hudson-Prentice, F.J.	57	582	16.62	49*	–	–	255	23.12	5-18	7.38
Hughes, D.P.	145	3511	28.77	96*	–	22	39	30.56	3-36	9.81
Hull, J.O.	31	34	11.33	12*	–	–	–	–	–	–
Hurst, M.F.	38	659	19.96	78	–	3	33	28.90	3-28	9.07
Hutton, B.A.	9	50	16.66	18*	–	–	–	–	–	21/3
Ibrahim, D.K.	4	47	11.75	18	–	–	5	51.00	2-28	8.89
Ingram, C.A.	377	9010	28.33	127*	4	53	40	32.97	4-32	7.90
Jack, E.V.	6	17	8.50	14	–	–	7	30.28	2-43	10.60
Jacks, W.G.	243	6123	28.88	108*	5	41	84	22.05	4-15	7.36
James, L.W.	41	528	17.03	51	–	2	11	37.45	3-31	9.92
Jansen, M.	134	1089	19.10	71*	–	5	149	26.08	5-30	8.21
Jennings, K.K.	120	2509	30.97	108	1	11	22	28.54	4-37	7.38
Jewell, C.P.	77	1587	22.04	76	–	8	–	–	–	–
Jones, M.A.	69	1310	23.81	86	–	3	–	–	–	–
Jones, M.W.	3	9	9.00	9	–	–	3	32.00	2-46	13.71
Jones, R.P.	41	432	33.23	61*	–	1	0	–	0-10	10.00
Jordan, C.J.	431	2533	16.66	73	–	3	446	27.26	4- 6	8.61
Kashif Ali (Wo)	40	827	25.06	88	–	3	0	–	0-14	14.00
Kellaway, B.I.	27	345	15.00	53	–	1	15	21.26	2-10	8.43
Keogh, R.I.	88	1096	26.09	59*	–	4	16	27.43	3-30	8.28
Kimber, L.P.J.	54	811	19.78	59*	–	5	8	32.87	2-14	9.06
Klaasen, H.	276	6183	31.22	105*	3	37	1	68.00	1-12	131/34
Klaassen, F.J.	123	165	8.68	21*	–	–	134	25.93	5-19	8.37
Kohler-Cadmore, T.	270	6709	27.95	127	1	46	–	–	–	139/5
Lamb, D.J.	77	537	15.34	49	–	–	58	32.03	5-15	9.12
Lammonby, T.A.	84	1007	19.00	90	–	1	15	31.33	2-32	9.24
Lawes, T.E.	24	39	5.57	12	–	–	16	37.06	2-17	10.62
Lawrence, D.W.	184	3923	25.80	120*	1	22	61	25.40	4-20	7.91
Leach, M.J.	9	8	8.00	8*	–	–	14	17.85	3-28	8.33
Leaning, J.A.	124	2119	26.82	81*	–	7	26	25.69	3-15	7.95
Leech, D.J.	7	1	1.00	1*	–	–	8	17.62	3-13	7.76
Lees, A.Z.	105	2585	29.04	101*	1	15	–	–	–	–
Leonard, E.O.	11	11	3.66	7*	–	–	21	13.61	5-25	7.52
Libby, J.D.	58	1209	28.11	78*	–	5	1	77.00	1-11	8.55
Linde, G.F.	242	2646	19.03	66*	–	4	214	25.94	4-19	7.40
Lintott, J.B.	104	264	11.00	41	–	–	115	23.06	4-20	7.89
Livingstone, L.S.	340	7672	28.00	103	2	40	148	25.98	4-17	8.49
Lord, R.	1	1	1.00	1	–	–	1	46.00	1-46	11.50
Luxton, W.A.	19	385	21.38	90*	–	3	–	–	–	–
Lynn, C.A.	306	8707	32.61	113*	6	57	3	31.00	2-15	7.15
Lyth, A.	218	4979	24.64	161	1	32	26	27.34	5-31	7.71
McAndrew, N.J.	109	614	15.35	32*	–	–	112	27.75	6-21	9.10
McCann, F.W.	10	156	17.33	48	–	–	0	–	0- 4	4.00
McDermott, B.R.	212	5263	30.07	127	3	33	–	–	–	110/16
McIlroy, J.P.	30	11	2.75	7*	–	–	35	28.68	4-36	9.53
McKerr, C.	26	53	7.57	10	–	–	20	38.65	2-19	10.73
McKinney, B.S.	16	161	11.50	40	–	–	–	–	–	–
McManus, L.D.	119	1178	17.32	60*	–	2	–	–	–	80/22
McSweeney, N.A.	33	830	29.64	84	–	4	5	17.60	3- 3	7.88
Madsen, W.L.	219	5516	31.34	109*	2	35	22	36.81	2-20	8.19
Mahmood, S.	92	81	7.36	12	–	–	123	21.06	4-14	8.70
Majid, Y.	3	0	–	0	–	–	3	26.00	2-26	9.75

	M	Runs	Avge	HS	100	50	Wkts	Avge	Best	Econ
Malan, D.J.	393	10801	32.92	117	5	75	23	31.39	2-10	7.64
Marsh, M.R.	231	5885	32.87	117	4	35	85	25.75	4- 6	8.44
Martindale, B.J.R.	7	78	13.00	44	–	–	–	–	–	–
Mayes, B.A.	–	–	–	–	–	–	–	–	–	–
Meredith, R.P.	3	19	9.50	9	–	–	–	–	–	–
Middleton, F.S.	150	52	4.33	10	–	–	203	22.66	4- 9	8.51
Mike, B.W.M.	3	36	18.00	18	–	–	–	–	–	–
Miles, C.N.	69	673	18.69	37	–	–	61	26.47	4-22	9.98
Miller, A.F.	67	74	6.16	11*	–	–	72	24.22	4-29	8.95
Miller, D.A.	7	21	10.50	8*	–	–	0	–	0-12	12.00
Mills, T.S.	550	11711	35.06	120*	4	51	0	–	0- 7	10.33
Milnes, M.E.	264	245	6.12	30	–	–	325	23.33	4-13	8.36
Mohammad Ali	56	116	9.66	16*	–	–	58	28.68	5-22	9.32
Mohammed I.	39	36	12.00	11	–	–	62	18.04	5-24	8.08
Montgomery, M.	8	154	19.25	32	–	–	–	–	–	–
Moores, T.J.	45	676	19.88	51	–	2	20	25.45	4-30	8.57
Morgan, S.F.B.	171	2886	25.09	80*	–	13	–	–	–	80/25
Moriarty, D.T.	1	0	0	0	–	–	2	17.00	2-34	8.50
Morley, J.F.	58	46	11.50	9*	–	–	52	28.38	4-25	7.75
Mousley, D.R.	1	0	–	0	–	–	0	–	0-19	9.50
Muhammad Abbas	93	1604	22.27	68	–	11	71	21.56	4-19	7.79
Mustard, H.S.	38	34	8.50	15*	–	–	32	35.53	3-22	8.54
Muthusamy, S.	7	57	28.50	46*	–	–	–	–	–	–
Muyeye, T.S.	105	1230	20.84	62*	–	5	84	21.25	4-12	6.62
Naveen-ul-Haq	64	1420	23.27	100	1	9	–	–	–	–
Neser, M.C.	223	367	8.73	30*	–	–	271	24.11	5-11	8.39
Noor Ahmad	129	775	14.62	64*	–	1	147	24.02	4-25	8.48
Northeast, S.A.	194	229	5.87	20	–	–	229	21.97	5-11	7.29
O'Neill, F.P.	162	4007	30.58	114	1	28	–	–	–	–
Organ, F.S.	12	60	10.00	16*	–	–	10	30.30	3-16	7.87
Orr, A.G.H.	5	24	6.00	9	–	–	3	25.00	2-21	6.81
Overton, C	18	278	15.44	41	–	–	–	–	–	–
Overton, J.	139	596	15.68	42	–	–	141	26.31	4-25	8.22
Owen, M.J	192	1783	19.59	83*	–	1	147	26.53	5-47	9.04
Parkinson, C.F.	75	1305	22.11	108	2	3	30	27.60	5-17	9.87
Parkinson, M.W.	141	317	11.32	27*	–	–	166	22.13	4-20	7.61
Patel, A.Y.	128	91	5.05	18	–	–	169	19.30	5-23	7.83
Patel, R.K.	94	152	8.00	13	–	–	99	24.16	4-16	7.56
Patel, R.S.	71	1442	21.84	104	2	3	1	7.00	1- 7	7.00
Patterson-White, L.A.	13	88	11.00	30	–	–	0	–	0- 8	10.28
Payne, D.A.	26	217	15.50	44*	–	–	25	20.64	3-20	7.70
Pennington, D.Y.	233	280	6.82	28	–	–	304	21.16	5-24	8.03
Pepper, M.S.	74	74	6.16	19*	–	–	71	28.04	4- 9	9.02
Pooran, N.	126	2888	26.01	120*	2	16	–	–	–	55/3
Pope, O.J.D.	443	10371	29.97	108*	4	63	–	–	–	249/39
Porter, J.A.	81	1720	27.74	99*	–	7	–	–	–	36/3
Potts, M.J.	25	5	5.00	1*	–	–	19	33.47	4-20	9.06
Potts, N.J.	81	236	14.75	40*	–	–	90	24.36	5-17	8.63
Prest, T.J.	1	0	0	0	–	–	0	–	0-12	12.00
Pretorius, M	45	829	19.73	64	–	5	2	21.50	1- 8	7.16
Price, O.J.	88	412	10.30	38*	–	–	100	24.42	4-14	8.66
Price, T.J.	39	554	18.46	51	–	1	25	19.96	3-21	9.10
Procter, L.A.	9	63	12.60	25	–	–	2	89.00	1-22	9.36
Quinn, M.R.	51	334	17.57	30	–	–	26	30.65	3-22	9.28
Raine, B.A.	74	29	14.50	8*	–	–	75	28.66	4-20	8.84
Rao, A.A.	146	1482	18.29	113	1	4	149	23.18	5-21	8.34
Rashid, A.U.	2	1	1.00	1	–	–	1	53.00	1-32	10.60
Rashid Khan	356	1048	11.77	36*	–	–	399	22.69	4-22	7.46
	515	2853	13.91	79*	–	5	696	18.49	6-17	6.58

	M	Runs	Avge	HS	100	50	Wkts	Avge	Best	Econ
Ravindra, R.	124	2049	20.08	70	–	7	67	22.32	4-11	7.33
Reece, L.M.	101	2040	21.93	97*	–	16	33	32.33	3-33	8.73
Revis, M.L.	49	422	18.34	52	–	1	29	34.44	2-10	9.89
Rew, J.E.K.	14	348	31.63	62*	–	1	–	–	–	–
Rew, T.H.S.	3	18	18.00	17*	–	–	–	–	–	–
Rhodes, W.M.H.	70	960	19.59	79	–	3	36	20.58	4-34	9.01
Richardson, J.A.	104	383	14.18	33*	–	–	135	22.79	4- 9	8.09
Roach, K.A.J.	46	59	7.37	12	–	–	28	43.89	3-18	8.08
Robinson, L.S.	7	0	–	0	–	–	6	23.50	2- 0	7.83
Robinson, O.E.	76	228	10.85	31	–	–	71	28.80	4-15	8.52
Robinson, O.G.	91	1524	23.44	70	–	8	–	–	–	38/11
Robson, S.D.	7	128	25.60	60	–	1	–	–	–	–
Roderick, G.H.	76	750	18.75	71	–	1	–	–	–	51/3
Rogers, T.S.	78	363	15.78	49*	–	–	91	25.68	5-16	8.50
Roland-Jones, T.S.	61	326	14.17	40	–	–	74	24.04	5-21	8.28
Root, J.E.	129	3062	32.23	92*	–	19	35	28.05	2- 7	8.80
Root, W.T.	50	634	21.13	41*	–	–	–	–	–	8.04
Roy, J.J.	417	10584	27.00	145*	6	69	0	–	0- 6	12.33
Sales, J.J.G.	10	42	14.00	12	–	–	1	39.00	1-23	13.00
Salt, P.D.	324	8182	28.21	141*	4	52	1	183.00	1-16	9.63
Sanderson, B.W.	107	121	8.64	27	–	–	131	23.20	6- 8	170/14
Santner, M.J.	257	2690	23.18	92*	–	7	259	24.29	4-11	8.62
Scrimshaw, G.L.S.	67	29	9.66	6*	–	–	96	21.72	4-19	7.21
Scriven, T.A.R.	22	110	10.00	23	–	–	19	25.63	4-21	9.10
Seales, J.N.T.	51	28	14.00	16*	–	–	50	27.14	4-13	8.39
Seecharan, S.J.	1	1	1.00	1	–	–	–	–	–	9.13
Shafiqullah Ghafari	14	118	13.11	58	–	1	3	66.66	2-33	8.57
Sharma, N.	2	2	–	2*	–	–	1	69.00	1-30	11.50
Shaw, J.	53	52	7.42	14	–	–	59	22.50	3-27	8.55
Shetty, A.R.	1	6	6.00	6	–	–	–	–	–	–
Short, D.J.M.	179	5401	33.33	122*	2	39	66	33.63	5-21	8.43
Sibley, D.P.	57	1358	27.16	74*	–	9	5	67.60	2-33	8.89
Siddle, P.M.	144	116	6.82	12*	–	–	169	22.37	5-16	7.73
Sikandar Raza	343	6891	25.42	133*	1	37	231	26.08	5-18	7.27
Simpson, J.A.	195	3163	21.51	84*	–	12	–	–	–	99/31
Singh, F.	14	26	6.50	10	–	–	11	28.72	3-18	7.70
Singh, J.	5	1	1.00	1	–	–	5	27.20	3-27	12.36
Slater, B.T.	18	325	20.31	57	–	1	–	–	–	–
Smale, W.T.E.	28	539	19.96	65	–	2	–	–	–	–
Smeed, W.C.F.	133	3462	27.47	101*	1	24	–	–	–	–
Smith, J.L.	97	1687	24.44	87	–	9	–	–	–	53/10
Smith, K.	9	59	14.75	28*	–	–	–	–	–	3/0
Snater, S.	65	79	9.15	20*	–	–	54	29.77	3- 8	9.64
Sowter, N.A.	173	251	8.96	37*	–	–	184	22.96	5-15	7.78
Stanley, M.T.	17	10	3.33	7	–	–	13	30.92	2-24	10.30
Steel, C.T.	24	165	16.50	37	–	–	12	36.33	3-41	9.90
Stewart, G.	90	814	18.50	76	–	3	87	26.20	4-48	8.85
Stoinis, M.P.	361	7232	29.88	147*	2	38	198	26.29	4-15	9.06
Stone, O.P.	122	179	6.62	22*	–	–	120	28.39	4-14	8.94
Stubbs, T.	159	3260	32.92	80*	–	12	–	–	–	97/4
Stuurman, G.A.	51	98	6.53	20	–	–	11	30.90	2- 6	9.70
Sufiyan Muqeem	38	52	5.77	10	–	–	66	18.80	5-33	7.05
Swanepoel, B.	48	414	17.25	83	–	1	51	16.00	5- 3	6.36
Sykes, O.F.M.	11	87	12.42	44*	–	–	54	26.31	5-39	8.57
Sylvester, A.R.	2	1	–	1*	–	–	0	–	0-21	17.75
Tattersall, J.A.	54	526	21.04	53*	–	1	–	–	–	36/6
Taylor, J.M.R.	157	2299	22.76	80*	–	7	31	33.51	4-16	8.07
Taylor, J.P.A.	2	3	3.00	3	–	–	1	34.00	1- 6	17.00

	M	Runs	Avge	HS	100	50	Wkts	Avge	Best	Econ
Taylor, M.D.	81	198	8.25	27	–	–	84	26.50	4-22	8.50
Taylor, T.A.I.	72	510	18.21	50*	–	1	80	24.71	5-28	8.91
Tear, C.J.	8	87	12.42	32	–	–	–	–	–	4/1
Thain, N.R.M.	9	66	16.50	38	–	–	1	88.00	1- 9	11.00
Thomas, G.W.	8	198	24.75	42	–	–	–	–	–	
Thomas, J.F	3	6	–	6*	–	–	2	26.00	2-32	8.66
Thompson, J.A.	127	1262	17.05	74	–	5	131	25.21	5-21	9.39
Tongue, J.C	21	7	7.00	2*	–	–	29	19.03	3-21	9.07
Topley, R.J.W.	207	137	11.41	14*	–	–	245	23.43	4-20	8.47
Trevaskis, L.	78	423	14.58	31*	–	–	63	30.30	4-16	7.93
Tribe, A.M.	51	1040	26.00	73*	–	7	0	–	0- 1	27/2
Turner, A.J.	252	4103	25.32	99*	–	17	38	23.65	3-20	7.53
Turner, J.A.	35	12	6.00	4	–	–	48	18.85	4-23	8.44
Tye, A.J.	249	749	12.48	44	–	–	343	21.47	5-17	8.28
Unadkat, J.D.	213	572	15.05	58*	–	1	257	23.43	5-25	7.95
Usama Mir	163	530	8.68	39	–	–	182	23.35	6-40	7.73
van Buuren, G.L.	97	1070	22.29	64	–	4	57	27.40	5- 8	7.25
van der Gugten, T.	148	599	13.31	48	–	–	165	23.52	5-21	8.35
Varma, A.	2	9	–	5*	–	–	2	20.00	1-17	6.66
Vasconcelos, R.S.	63	1504	25.93	78*	–	7	–	–	–	33/2
Verreynne, K.	91	1756	25.82	116*	1	5	–	–	–	43/6
Vince, J.M.	470	13102	31.87	129*	7	84	3	29.00	1- 5	6.69
Wagstaff, M.D.	6	1	–	1*	–	–	1	142.00	1-31	8.35
Waite, M.J.	43	277	13.19	40	–	–	35	24.82	5-21	9.16
Walker, R.I.	20	54	7.71	19*	–	–	24	24.16	3-15	9.32
Walter, P.I.	174	2446	19.72	78	–	9	116	27.29	3-20	9.29
Ward, H.D.	49	941	21.38	68	–	6	1	16.00	1- 5	7.38
Weatherall, R.A.	9	21	–	21*	–	–	11	22.09	4-50	11.48
Weatherley, J.J.	99	2158	28.77	71	–	9	0	–	0- 9	9.00
Webster, B.J	101	1965	28.07	78	–	13	26	41.03	4-29	7.51
Wells, L.W.F.	93	1425	18.26	87	–	7	41	36.09	2-19	7.91
Westley, T.	111	2569	29.19	109*	2	10	8	38.75	2-27	7.56
Wharton, J.H.	29	626	23.18	111*	1	3	–	–	–	
Wheal, B.T.J.	70	48	6.00	16	–	–	86	23.03	5-38	8.65
White, C.	7	13	13.00	13	–	–	12	17.08	4-33	8.54
Whiteley, R.A.	241	3648	23.08	91*	–	7	10	33.10	3-23	9.45
Whiteman, S.M.	55	785	16.70	68	–	3	–	–	–	27/6
Willey, D.J.	371	4838	21.89	118	2	21	371	23.99	4- 7	7.94
Williams, W.S.A.	37	76	25.33	29*	–	–	30	26.23	5-12	9.57
Woakes, C.R.	172	1056	20.30	57*	–	2	182	25.31	4-21	8.22
Wood, C.P.	229	568	11.13	31	–	–	242	25.82	5-32	8.16
Wood, L.	208	455	9.28	33*	–	–	219	26.00	5-50	8.45
Wood, S.B.	8	4	4.00	4	–	–	6	37.00	1-21	9.25
Worrall, D.J.	121	178	11.86	62*	–	1	107	28.24	4-23	7.70
Wright, C.J.C.	62	30	4.28	6*	–	–	53	34.60	4-24	9.00
Yates, R.M.	41	903	23.76	71	–	7	1	79.00	1-13	7.90
Zafar Gohar	84	386	13.31	37*	–	–	88	25.05	4-14	7.91
Zaib, S.A.	98	1625	25.00	92	–	8	18	32.38	3-12	8.23
Zain Ul Hassan	3	14	14.00	11	–	–	0	–	0-23	12.66
Zampa, A.	323	329	6.09	23	–	–	401	21.39	6-19	7.48

FIRST-CLASS CRICKET RECORDS

To 1 January 2026

TEAM RECORDS
HIGHEST INNINGS TOTALS

1107	Victoria v New South Wales	Melbourne	1926-27
1059	Victoria v Tasmania	Melbourne	1922-23
952-6d	Sri Lanka v India	Colombo	1997-98
951-7d	Sindh v Baluchistan	Karachi	1973-74
944-6d	Hyderabad v Andhra	Secunderabad	1993-94
918	New South Wales v South Australia	Sydney	1900-01
912-8d	Holkar v Mysore	Indore	1945-46
910-6d	Railways v Dera Ismail Khan	Lahore	1964-65
903-7d	England v Australia	The Oval	1938
900-6d	Queensland v Victoria	Brisbane	2005-06
887	Yorkshire v Warwickshire	Birmingham	1896
880	Jharkhand v Nagaland	Kolkata	2021-22
864-9d	Boost Region v Speen Ghar Region	Kandahar	2021-22
863	Lancashire v Surrey	The Oval	1990
860-6d	Tamil Nadu v Goa	Panjim	1988-89
850-7d	Somerset v Middlesex	Taunton	2007

Excluding penalty runs in India, there have been 41 innings totals of 800 runs or more in first-class cricket. Tamil Nadu's total of 860-6d was boosted to 912 by 52 penalty runs.

HIGHEST SECOND INNINGS TOTAL

770	New South Wales v South Australia	Adelaide	1920-21

HIGHEST FOURTH INNINGS TOTAL

654-5	England (set 696 to win) v South Africa	Durban	1938-39

HIGHEST MATCH AGGREGATE

2376-37	Maharashtra v Bombay	Poona	1948-49

RECORD MARGIN OF VICTORY

Innings and 851 runs: Railways v Dera Ismail Khan — Lahore 1964-65

MOST RUNS IN A DAY

721	Australians v Essex	Southend	1948

MOST HUNDREDS IN AN INNINGS

6	Holkar v Mysore	Indore	1945-46
6	Multan v Lahore Blues	Lahore	2023-24

LOWEST INNINGS TOTALS

12	†Oxford University v MCC and Ground	Oxford	1877
12	Northamptonshire v Gloucestershire	Gloucester	1907
13	Auckland v Canterbury	Auckland	1877-78
13	Nottinghamshire v Yorkshire	Nottingham	1901
14	Surrey v Essex	Chelmsford	1983
15	MCC v Surrey	Lord's	1839
15	†Victoria v MCC	Melbourne	1903-04
15	†Northamptonshire v Yorkshire	Northampton	1908
15	Hampshire v Warwickshire	Birmingham	1922

† *Batted one man short*

There have been 29 instances of a team being dismissed for under 20.

LOWEST MATCH AGGREGATE BY ONE TEAM

34 (16 and 18)	Border v Natal	East London	1959-60

LOWEST COMPLETED MATCH AGGREGATE BY BOTH TEAMS

105   MCC v Australians   Lord's   1878

FEWEST RUNS IN AN UNINTERRUPTED DAY'S PLAY

95   Australia (80) v Pakistan (15-2)   Karachi   1956-57

TIED MATCHES

Before 1949 a match was considered to be tied if the scores were level after the fourth innings, even if the side batting last had wickets in hand when play ended. Law 22 was amended in 1948 and since then a match has been tied only when the scores are level after the fourth innings has been completed. There have been 42 tied first-class matches since then. The most recent is:

Gloucestershire (179 & 610-5d) v Glamorgan (197 & 592) - Cheltenham   2024

BATTING RECORDS
35,000 RUNS IN A CAREER

	Career	I	NO	HS	Runs	Avge	100
J.B.Hobbs	1905-34	1315	106	316*	61237	50.65	197
F.E.Woolley	1906-38	1532	85	305*	58969	40.75	145
E.H.Hendren	1907-38	1300	166	301*	57611	50.80	170
C.P.Mead	1905-36	1340	185	280*	55061	47.67	153
W.G.Grace	1865-1908	1493	105	344	54896	39.55	126
W.R.Hammond	1920-51	1005	104	336*	50551	56.10	167
H.Sutcliffe	1919-45	1088	123	313	50138	51.95	149
G.Boycott	1962-86	1014	162	261*	48426	56.83	151
T.W.Graveney	1948-71/72	1223	159	258	47793	44.91	122
G.A.Gooch	1973-2000	990	75	333	44846	49.01	128
T.W.Hayward	1893-1914	1138	96	315*	43551	41.79	104
D.L.Amiss	1960-87	1139	126	262*	43423	42.86	102
M.C.Cowdrey	1950-76	1130	134	307	42719	42.89	107
A.Sandham	1911-37/38	1000	79	325	41284	44.82	107
G.A.Hick	1983/84-2008	871	84	405*	41112	52.23	136
L.Hutton	1934-60	814	91	364	40140	55.51	129
M.J.K.Smith	1951-75	1091	139	204	39832	41.84	69
W.Rhodes	1898-1930	1528	237	267*	39802	30.83	58
J.H.Edrich	1956-78	979	104	310*	39790	45.47	103
R.E.S.Wyatt	1923-57	1141	157	232	39405	40.04	85
D.C.S.Compton	1936-64	839	88	300	38942	51.85	123
G.E.Tyldesley	1909-36	961	106	256*	38874	45.46	102
J.T.Tyldesley	1895-1923	994	62	295*	37897	40.60	86
K.W.R.Fletcher	1962-88	1167	170	228*	37665	37.77	63
C.G.Greenidge	1970-92	889	75	273*	37354	45.88	92
J.W.Hearne	1909-36	1025	116	285*	37252	40.98	96
L.E.G.Ames	1926-51	951	95	295	37248	43.51	102
D.Kenyon	1946-67	1159	59	259	37002	33.63	74
W.J.Edrich	1934-58	964	92	267*	36965	42.39	86
J.M.Parks	1949-76	1227	172	205*	36673	34.76	51
M.W.Gatting	1975-98	861	123	258	36549	49.52	94
D.Denton	1894-1920	1163	70	221	36479	33.37	69
G.H.Hirst	1891-1929	1215	151	341	36323	34.13	60
I.V.A.Richards	1971/72-93	796	63	322	36212	49.40	114
A.Jones	1957-83	1168	72	204*	36049	32.89	56
W.G.Quaife	1894-1928	1203	185	255*	36012	35.37	72
R.E.Marshall	1945/46-72	1053	59	228*	35725	35.94	68
M.R.Ramprakash	1987-2012	764	93	301*	35659	53.14	114
G.Gunn	1902-32	1061	82	220	35208	35.96	62

HIGHEST INDIVIDUAL INNINGS

501*	B.C.Lara	Warwickshire v Durham	Birmingham	1994
499	Hanif Mohammed	Karachi v Bahawalpur	Karachi	1958-59
452*	D.G.Bradman	New South Wales v Queensland	Sydney	1929-30
443*	B.B.Nimbalkar	Maharashtra v Kathiawar	Poona	1948-49
437	W.H.Ponsford	Victoria v Queensland	Melbourne	1927-28
429	W.H.Ponsford	Victoria v Tasmania	Melbourne	1922-23
428	Aftab Baloch	Sindh v Baluchistan	Karachi	1973-74
424	A.C.MacLaren	Lancashire v Somerset	Taunton	1895
410*	S.A.Northeast	Glamorgan v Leicestershire	Leicester	2022
405*	G.A.Hick	Worcestershire v Somerset	Taunton	1988
400*	B.C.Lara	West Indies v England	St John's	2003-04
394	Naved Latif	Sargodha v Gujranwala	Gujranwala	2000-01
390	S.C.Cook	Lions v Warriors	East London	2009-10
385	B.Sutcliffe	Otago v Canterbury	Christchurch	1952-53
383	C.W.Gregory	New South Wales v Queensland	Brisbane	1906-07
380	M.L.Hayden	Australia v Zimbabwe	Perth	2003-04
379	P.P.Shaw	Mumbai v Assam	Guwahati	2022-23
377	S.V.Manjrekar	Bombay v Hyderabad	Bombay	1990-91
375	B.C.Lara	West Indies v England	St John's	1993-94
374	D.P.M.D.Jayawardena	Sri Lanka v South Africa	Colombo	2006
371	T.Banton	Somerset v Worcestershire	Taunton	2025
369	D.G.Bradman	South Australia v Tasmania	Adelaide	1935-36
367*	P.W.A.Mulder	South Africa v Zimbabwe	Bulawayo	2025
366	N.H.Fairbrother	Lancashire v Surrey	The Oval	1990
366	M.V.Sridhar	Hyderabad v Andhra	Secunderabad	1993-94
366	T.D.Agarwal	Hyderabad v Arunachal Pradesh	Secunderabad	2023-24
365*	C.Hill	South Australia v NSW	Adelaide	1900-01
365*	G.St A.Sobers	West Indies v Pakistan	Kingston	1957-58
364	L.Hutton	England v Australia	The Oval	1938
359*	V.M.Merchant	Bombay v Maharashtra	Bombay	1943-44
359*	S.B.Gohel	Gujarat v Orissa	Jaipur	2016-17
359	R.B.Simpson	New South Wales v Queensland	Brisbane	1963-64
357*	R.Abel	Surrey v Somerset	The Oval	1899
357	D.G.Bradman	South Australia v Victoria	Melbourne	1935-36
356	B.A.Richards	South Australia v W Australia	Perth	1970-71
355*	G.R.Marsh	W Australia v S Australia	Perth	1989-90
355*	K.P.Pietersen	Surrey v Leicestershire	The Oval	2015
355	B.Sutcliffe	Otago v Auckland	Dunedin	1949-50
354*	L.D.Chandimal	Sri Lanka Army v Saracens	Katunayake	2020
353	V.V.S.Laxman	Hyderabad v Karnataka	Bangalore	1999-00
352	W.H.Ponsford	Victoria v New South Wales	Melbourne	1926-27
352	C.A.Pujara	Saurashtra v Karnataka	Rajkot	2012-13
351*	S.M.Gugale	Maharashtra v Delhi	Mumbai	2016-17
351	K.D.K.Vithanage	Tamil Union v SL Air	Katunayake	2014-15
350	Rashid Israr	Habib Bank v National Bank	Lahore	1976-77

There have been 255 triple hundreds in first-class cricket, W.V.Raman (313) and Arjan Kripal Singh (302*) for Tamil Nadu v Goa at Panjim in 1988-89, and K.U.Bakhle (300*) and S.S.Kauthankar (314*) for Goa v Arunachal Pradesh at Porvorim in 2024-25 providing the only two instances of two batsmen scoring 300 in the same innings.

MOST HUNDREDS IN SUCCESSIVE INNINGS

6	C.B.Fry	Sussex and Rest of England	1901
6	D.G.Bradman	South Australia and D.G.Bradman's XI	1938-39
6	M.J.Procter	Rhodesia	1970-71

TWO DOUBLE HUNDREDS IN A MATCH

244	202*	A.E.Fagg	Kent v Essex	Colchester	1938
201	231	A.K.Perera	Nondescripts v Sinhalese	Colombo (PSO)	2018-19

TRIPLE HUNDRED AND HUNDRED IN A MATCH

333	123	G.A.Gooch	England v India	Lord's	1990
319	105	K.C.Sangakkara	Sri Lanka v Bangladesh	Chittagong	2013-14

DOUBLE HUNDRED AND HUNDRED IN A MATCH MOST TIMES

4	Zaheer Abbas	Gloucestershire	1976-81

TWO HUNDREDS IN A MATCH MOST TIMES

8	Zaheer Abbas	Gloucestershire and PIA	1976-82
8	R.T.Ponting	Tasmania, Australia and Australians	1992-2006

MOST HUNDREDS IN A SEASON

18	D.C.S.Compton	1947	16	J.B.Hobbs	1925

100 HUNDREDS IN A CAREER

	Total		100th Hundred	
	Hundreds	Inns	Season	Inns
J.B.Hobbs	197	1315	1923	821
E.H.Hendren	170	1300	1928-29	740
W.R.Hammond	167	1005	1935	679
C.P.Mead	153	1340	1927	892
G.Boycott	151	1014	1977	645
H.Sutcliffe	149	1088	1932	700
F.E.Woolley	145	1532	1929	1031
G.A.Hick	136	871	1998	574
L.Hutton	129	814	1951	619
G.A.Gooch	128	990	1992-93	820
W.G.Grace	126	1493	1895	1113
D.C.S.Compton	123	839	1952	552
T.W.Graveney	122	1223	1964	940
D.G.Bradman	117	338	1947-48	295
I.V.A.Richards	114	796	1988-89	658
M.R.Ramprakash	114	764	2008	676
Zaheer Abbas	108	768	1982-83	658
A.Sandham	107	1000	1935	871
M.C.Cowdrey	107	1130	1973	1035
T.W.Hayward	104	1138	1913	1076
G.M.Turner	103	792	1982	779
J.H.Edrich	103	979	1977	945
L.E.G.Ames	102	951	1950	915
G.E.Tyldesley	102	961	1934	919
D.L.Amiss	102	1139	1986	1081

MOST 400s 2 – B.C.Lara, W.H.Ponsford
MOST 300s or more: 6 – D.G.Bradman; 4 – W.R.Hammond, W.H.Ponsford
MOST 200s or more: 37 – D.G.Bradman; 36 – W.R.Hammond; 22 – E.H.Hendren

MOST RUNS IN A MONTH

1294	(avge 92.42)	L.Hutton	Yorkshire	June 1949

MOST RUNS IN A SEASON

Runs			I	NO	HS	Avge	100	Season
3816	D.C.S.Compton	Middlesex	50	8	246	90.85	18	1947
3539	W.J.Edrich	Middlesex	52	8	267*	80.43	12	1947
3518	T.W.Hayward	Surrey	61	8	219	66.37	13	1906

The feat of scoring 3000 runs in a season has been achieved 28 times, the most recent instance being by W.E.Alley (3019) in 1961. The highest aggregate in a season since 1969 is 2755 by S.J.Cook in 1991.

1000 RUNS IN A SEASON MOST TIMES

28	W.G.Grace (Gloucestershire), F.E.Woolley (Kent)

HIGHEST BATTING AVERAGE IN A SEASON
(Qualification: 12 innings)

Avge			I	NO	HS	Runs	100	Season
115.66	D.G.Bradman	Australians	26	5	278	2429	13	1938
106.50	K.C.Sangakkara	Surrey	16	2	200	1491	8	2017
104.66	D.R.Martyn	Australians	14	5	176*	942	5	2001
103.54	M.R.Ramprakash	Surrey	24	2	301*	2278	8	2006
102.53	G.Boycott	Yorkshire	20	5	175*	1538	6	1979
102.00	W.A.Johnston	Australians	17	16	28*	102	—	1953
101.70	G.A.Gooch	Essex	30	3	333	2746	12	1990
101.30	M.R.Ramprakash	Surrey	25	5	266*	2026	10.	2007
100.12	G.Boycott	Yorkshire	30	5	233	2503	13	1971

FASTEST HUNDRED AGAINST AUTHENTIC BOWLING
35 min P.G.H.Fender Surrey v Northamptonshire Northampton 1920

FASTEST DOUBLE HUNDRED
103 min Shafiqullah Shinwari Kabul Region v Boost Region Asadabad 2017-18

FASTEST TRIPLE HUNDRED
181 min D.C.S.Compton MCC v NE Transvaal Benoni 1948-49

MOST SIXES IN AN INNINGS AND MATCH
26 T.D.Agarwal Hyderabad v Arunachal Pradesh Secunderabad 2023-24

MOST SIXES IN A SEASON
80 I.T.Botham Somerset and England 1985

MOST BOUNDARIES IN AN INNINGS
72 B.C.Lara Warwickshire v Durham Birmingham 1994

MOST RUNS OFF ONE OVER
43* L.P.J.Kimber Leicestershire v Sussex Hove 2024
36 G.St A.Sobers Nottinghamshire v Glamorgan Swansea 1968
36 R.J.Shastri Bombay v Baroda Bombay 1984-85

* Scoring was 6, 4NB, 4, 6, 4, 4NB, 4, 4NB, 1 (no-balls counted as two runs).
Sobers and Shastri hit for six all six balls off overs bowled by M.A.Nash and Tilak Raj respectively.

MOST RUNS IN A DAY
390* B.C.Lara Warwickshire v Durham Birmingham 1994
There have been 19 instances of a batsman scoring 300 or more runs in a day.

LONGEST INNINGS
1015 min R.Nayyar (271) Himachal Pradesh v Jammu & Kashmir Chamba 1999-00

HIGHEST PARTNERSHIPS FOR EACH WICKET
First Wicket
561 Waheed Mirza/Mansoor Akhtar Karachi W v Quetta Karachi 1976-77
555 P.Holmes/H.Sutcliffe Yorkshire v Essex Leyton 1932
554 J.T.Brown/J.Tunnicliffe Yorkshire v Derbys Chesterfield 1898

Second Wicket
580 Rafatullah Mohmand/Aamer Sajjad WAPDA v SSGC Sheikhupura 2009-10
576 S.T.Jayasuriya/R.S.Mahanama Sri Lanka v India Colombo 1997-98
480 D.Elgar/R.R.Rossouw Eagles v Titans Centurion 2009-10
475 Zahir Alam/L.S.Rajput Assam v Tripura Gauhati 1991-92
465* J.A.Jameson/R.B.Kanhai Warwickshire v Glos Birmingham 1974

Third Wicket
624 K.C.Sangakkara/D.P.M.D.Jayawardena Sri Lanka v South Africa Colombo 2006
606* K.U.Bakhle/S.S.Kauthankar Goa v Arunachal Pradesh Porvorim 2024-25
594* S.M.Gugale/A.R.Bawne Maharashtra v Delhi Mumbai 2016-17
539 S.D.Jogiyani/R.A.Jadeja Saurashtra v Gujarat Surat 2012-13
523 M.A.Carberry/N.D.McKenzie Hampshire v Yorkshire Southampton 2011

Fourth Wicket
577	V.S.Hazare/Gul Mahomed	Baroda v Holkar	Baroda	1946-47
574*	C.L.Walcott/F.M.M.Worrell	Barbados v Trinidad	Port of Spain	1945-46
538	Babul Kumar/S.Gani	Bihar v Mizoram	Kolkata	2021-22
502*	F.M.M Worrell/J.D.C.Goddard	Barbados v Trinidad	Bridgetown	1943-44
470	A.I.Kalicharran/G.W.Humpage	Warwickshire v Lancs	Southport	1982

Fifth Wicket
520*	C.A.Pujara/R.A.Jadeja	Saurashtra v Orissa	Rajkot	2008-09
494	Marshall Ayub/Mehrab Hossain Jr	Central Zone v East Zone	Bogra	2012-13
479	Misbah-ul-Haq/Usman Arshad	Sui NGP v Lahore Shalimar	Lahore	2009-10
477*	C.N.Ackermann/P.W.A.Mulder	Leicestershire v Sussex	Hove	2022

Sixth Wicket
487*	G.A.Headley/C.C.Passailaigue	Jamaica v Tennyson's	Kingston	1931-32
461*	S.A.Northeast/C.B.Cooke	Glamorgan v Leicestershire	Leicester	2022
428	W.W.Armstrong/M.A.Noble	Australians v Sussex	Hove	1902

Seventh Wicket
460	Bhupinder Singh jr/P.Dharmani	Punjab v Delhi	Delhi	1994-95
399	A.N.Khare/A.J.Mandal	Chhattisgarh v Uttarakhand	Naya Raipur	2019-20
371	M.R.Marsh/S.M.Whiteman	Australia A v India A	Brisbane	2014
366*	J.M.Bairstow/T.T.Bresnan	Yorkshire v Durham	Chester-le-Street	2015

Eighth Wicket
433	V.T.Trumper/A.Sims	Australians v C'bury	Christchurch	1913-14
392	A.Mishra/J.Yadav	Haryana v Karnataka	Hubli	2012-13
332	I.J.L.Trott/S.C.J.Broad	England v Pakistan	Lord's	2010

Ninth Wicket
283	J.Chapman/A.Warren	Derbys v Warwicks	Blackwell	1910
268	J.B.Commins/N.Boje	SA 'A' v Mashonaland	Harare	1994-95
261	W.L.Madsen/T.Poynton	Derbys v Northants	Northampton	2012

Tenth Wicket
307	A.F.Kippax/J.E.H.Hooker	NSW v Victoria	Melbourne	1928-29
249	C.T.Sarwate/S.N.Banerjee	Indians v Surrey	The Oval	1946
239	Aqil Arshad/Ali Raza	Lahore Whites v Hyderabad	Lahore	2004-05

BOWLING RECORDS
2000 WICKETS IN A CAREER

	Career	Runs	Wkts	Avge	100w
W.Rhodes	1898-1930	69993	**4187**	16.71	23
A.P.Freeman	1914-36	69577	**3776**	18.42	17
C.W.L.Parker	1903-35	63817	**3278**	19.46	16
J.T.Hearne	1888-1923	54352	**3061**	17.75	15
T.W.J.Goddard	1922-52	59116	**2979**	19.84	16
W.G.Grace	1865-1908	51545	**2876**	17.92	10
A.S.Kennedy	1907-36	61034	**2874**	21.23	15
D.Shackleton	1948-69	53303	**2857**	18.65	20
G.A.R.Lock	1946-70/71	54709	**2844**	19.23	14
F.J.Titmus	1949-82	63313	**2830**	22.37	16
M.W.Tate	1912-37	50571	**2784**	18.16	13+1
G.H.Hirst	1891-1929	51282	**2739**	18.72	15
C.Blythe	1899-1914	42136	**2506**	16.81	14
D.L.Underwood	1963-87	49993	**2465**	20.28	10
W.E.Astill	1906-39	57783	**2431**	23.76	9
J.C.White	1909-37	43759	**2356**	18.57	14
W.E.Hollies	1932-57	48656	**2323**	20.94	14
F.S.Trueman	1949-69	42154	**2304**	18.29	12
J.B.Statham	1950-68	36999	**2260**	16.37	13
R.T.D.Perks	1930-55	53771	**2233**	24.07	16
J.Briggs	1879-1900	35431	**2221**	15.95	12

	Career	Runs	Wkts	Avge	100w
D.J.Shepherd	1950-72	47302	**2218**	21.32	12
E.G.Dennett	1903-26	42571	**2147**	19.82	12
T.Richardson	1892-1905	38794	**2104**	18.43	10
T.E.Bailey	1945-67	48170	**2082**	23.13	9
R.Illingworth	1951-83	42023	**2072**	20.28	10
F.E.Woolley	1906-38	41066	**2068**	19.85	8
N.Gifford	1960-88	48731	**2068**	23.56	4
G.Geary	1912-38	41339	**2063**	20.03	11
D.V.P.Wright	1932-57	49307	**2056**	23.98	10
J.A.Newman	1906-30	51111	**2032**	25.15	9
A.Shaw	1864-97	24580	**2026**+1	12.12	9
S.Haigh	1895-1913	32091	**2012**	15.94	11

ALL TEN WICKETS IN AN INNINGS

This feat has been achieved 85 times in first-class matches (excluding 12-a-side fixtures).
Three Times: A.P.Freeman (1929, 1930, 1931)
Twice: V.E.Walker (1859, 1865); H.Verity (1931, 1932); J.C.Laker (1956)
Instances since 1945:

W.E.Hollies	Warwickshire v Notts	Birmingham	1946
J.M.Sims	East v West	Kingston on Thames	1948
J.K.R.Graveney	Gloucestershire v Derbyshire	Chesterfield	1949
T.E.Bailey	Essex v Lancashire	Clacton	1949
R.Berry	Lancashire v Worcestershire	Blackpool	1953
S.P.Gupte	President's XI v Combined XI	Bombay	1954-55
J.C.Laker	Surrey v Australians	The Oval	1956
K.Smales	Nottinghamshire v Glos	Stroud	1956
G.A.R.Lock	Surrey v Kent	Blackheath	1956
J.C.Laker	England v Australia	Manchester	1956
P.M.Chatterjee	Bengal v Assam	Jorhat	1956-57
J.D.Bannister	Warwicks v Combined Services	Birmingham (M & B)	1959
A.J.G.Pearson	Cambridge U v Leicestershire	Loughborough	1961
N.I.Thomson	Sussex v Warwickshire	Worthing	1964
P.J.Allan	Queensland v Victoria	Melbourne	1965-66
I.J.Brayshaw	Western Australia v Victoria	Perth	1967-68
Shahid Mahmood	Karachi Whites v Khairpur	Karachi	1969-70
E.E.Hemmings	International XI v W Indians	Kingston	1982-83
P.Sunderam	Rajasthan v Vidarbha	Jodhpur	1985-86
S.T.Jefferies	Western Province v OFS	Cape Town	1987-88
Imran Adil	Bahawalpur v Faisalabad	Faisalabad	1989-90
G.P.Wickremasinghe	Sinhalese v Kalutara	Colombo	1991-92
R.L.Johnson	Middlesex v Derbyshire	Derby	1994
Naeem Akhtar	Rawalpindi B v Peshawar	Peshawar	1995-96
A.Kumble	India v Pakistan	Delhi	1998-99
D.S.Mohanty	East Zone v South Zone	Agartala	2000-01
O.D.Gibson	Durham v Hampshire	Chester-le-Street	2007
M.W.Olivier	Warriors v Eagles	Bloemfontein	2007-08
Zulfiqar Babar	Multan v Islamabad	Multan	2009-10
P.M.Pushpakumara	Colombo v Saracens	Moratuwa	2018-19
S.A.Whitehead	SW Districts v Easterns	Oudtshoorn	2021-22
A.Y.Patel	New Zealand v India	Mumbai	2021-22
A.Kamboj	Haryana v Kerala	Lahli	2024-25

MOST WICKETS IN A MATCH

19	J.C.Laker	England v Australia	Manchester	1956

MOST WICKETS IN A SEASON

Wkts		Season	Matches	Overs	Mdns	Runs	Avge
304	A.P.Freeman	1928	37	1976.1	423	5489	18.05
298	A.P.Freeman	1933	33	2039	651	4549	15.26

The feat of taking 250 wickets in a season has been achieved on 12 occasions, the last instance being by A.P.Freeman in 1933. 200 or more wickets in a season have been taken on 59 occasions, the last being by G.A.R.Lock (212 wickets, average 12.02) in 1957.

The highest aggregates of wickets taken in a season since the reduction of County Championship matches in 1969 are as follows:

Wkts		Season	Matches	Overs	Mdns	Runs	Avge
134	M.D.Marshall	1982	22	822	225	2108	15.73
131	L.R.Gibbs	1971	23	1024.1	295	2475	18.89

Since 1969 there have been 50 instances of bowlers taking 100 wickets in a season.

MOST HAT-TRICKS IN A CAREER

7   D.V.P.Wright
6   T.W.J.Goddard, C.W.L.Parker
5   S Haigh, V.W.C.Jupp, A.E.G.Rhodes, F.A.Tarrant

ALL-ROUND RECORDS
THE 'DOUBLE'

3000 runs and 100 wickets: J.H.Parks (1937)
2000 runs and 200 wickets: G.H.Hirst (1906)
2000 runs and 100 wickets: F.E.Woolley (4), J.W.Hearne (3), W.G.Grace (2), G.H.Hirst (2), W.Rhodes (2), T.E.Bailey, D.E.Davies, G.L.Jessop, V.W.C.Jupp, J.Langridge, F.A.Tarrant, C.L.Townsend, L.F.Townsend
1000 runs and 200 wickets: M.W.Tate (3), A.E.Trott (2), A.S.Kennedy
Most Doubles: 16 – W.Rhodes; 14 – G.H.Hirst; 10 – V.W.C.Jupp
Double in Debut Season: D.B.Close (1949) – aged 18, the youngest to achieve this feat.

The feat of scoring 1000 runs and taking 100 wickets in a season has been achieved on 305 occasions, R.J.Hadlee (1984) and F.D.Stephenson (1988) being the only players to complete the 'double' since the reduction of County Championship matches in 1969.

WICKET-KEEPING RECORDS
1000 DISMISSALS IN A CAREER

	Career	Dismissals	Ct	St
R.W.Taylor	1960-88	1649	1473	176
J.T.Murray	1952-75	1527	1270	257
H.Strudwick	1902-27	1497	1242	255
A.P.E.Knott	1964-85	1344	1211	133
R.C.Russell	1981-2004	1320	1192	128
F.H.Huish	1895-1914	1310	933	377
B.Taylor	1949-73	1294	1083	211
S.J.Rhodes	1981-2004	1263	1139	124
D.Hunter	1889-1909	1253	906	347
H.R.Butt	1890-1912	1228	953	275
J.H.Board	1891-1914/15	1207	852	355
H.Elliott	1920-47	1206	904	302
J.M.Parks	1949-76	1181	1088	93
R.Booth	1951-70	1126	948	178
L.E.G.Ames	1926-51	1121	703	418
C.M.W.Read	1997-2017	1104	1051	53
D.L.Bairstow	1970-90	1099	961	138
G.Duckworth	1923-47	1096	753	343
H.W.Stephenson	1948-64	1082	748	334
J.G.Binks	1955-75	1071	895	176
T.G.Evans	1939-69	1066	816	250

	Career	Dismissals	Ct	St
A.Long	1960-80	**1046**	922	124
G.O.Dawkes	1937-61	**1043**	895	148
R.W.Tolchard	1965-83	**1037**	912	125
W.L.Cornford	1921-47	**1017**	675	342

MOST DISMISSALS IN AN INNINGS

9	(8ct, 1st)	Tahir Rashid	Habib Bank v PACO	Gujranwala	1992-93
9	(7ct, 2st)	W.R.James	Matabeleland v Mashonaland CD	Bulawayo	1995-96
8	(8ct)	A.T.W.Grout	Queensland v W Australia	Brisbane	1959-60
8	(8ct)	D.E.East	Essex v Somerset	Taunton	1985
8	(8ct)	S.A.Marsh	Kent v Middlesex	Lord's	1991
8	(6ct, 2st)	T.J.Zoehrer	Australians v Surrey	The Oval	1993
8	(7ct, 1st)	D.S.Berry	Victoria v South Australia	Melbourne	1996-97
8	(7ct, 1st).	Y.S.S.Mendis	Bloomfield v Kurunegala Youth	Colombo	2000-01
8	(7ct, 1st)	S.Nath	Assam v Tripura (*on debut*)	Gauhati	2001-02
8	(8ct)	J.N.Batty	Surrey v Kent	The Oval	2004
8	(8ct)	Golam Mabud	Sylhet v Dhaka	Dhaka	2005-06
8	(8ct)	A.Z.M.Dyili	Eastern Province v Free State	Port Elizabeth	2009-10
8	(8ct)	D.C.de Boorder	Otago v Wellington	Wellington	2009-10
8	(8ct)	R.S.Second	Free State v North West	Bloemfontein	2011-12
8	(8ct)	T.L.Tsolekile	South Africa A v Sri Lanka A	Durban	2012
8	(7ct, 1st)	M.A.R.S.Fernando	Chilaw Marians v Colts	Colombo (SSC)	2017-18

MOST DISMISSALS IN A MATCH

14	(11ct, 3st)	I.Khaleel	Hyderabad v Assam	Guwahati	2011-12
13	(11ct, 2st)	W.R.James	Matabeleland v Mashonaland CD	Bulawayo	1995-96
12	(8ct, 4st)	E.W.Pooley	Surrey v Sussex	The Oval	1868
12	(9ct, 3st)	D.Tallon	Queensland v NSW	Sydney	1938-39
12	(9ct, 3st)	H.B.Taber	NSW v South Australia	Adelaide	1968-69
12	(12ct)	P.D.McGlashan	Northern Districts v Central Districts	Whangarei	2009-10
12	(11ct, 1st)	T.L.Tsolekile	Lions v Dolphins	Johannesburg	2010-11
12	(12ct)	Kashif Mahmood	Lahore Shalimar v Abbottabad	Abbottabad	2010-11
12	(12ct)	R.S.Second	Free State v North West	Bloemfontein	2011-12
12	(12ct)	S.W.Billings	Kent v Warwickshire	Birmingham	2022

MOST DISMISSALS IN A SEASON

128	(79ct, 49st)	L.E.G.Ames		1929

FIELDING RECORDS
700 CATCHES IN A CAREER

1018	F.E.Woolley	1906-38	784	J.G.Langridge	1928-55
887	W.G.Grace	1865-1908	764	W.Rhodes	1898-1930
830	G.A.R.Lock	1946-70/71	758	C.A.Milton	1948-74
819	W.R.Hammond	1920-51	754	E.H.Hendren	1907-38
813	D.B.Close	1949-86	709	G.A.Hick	1983/84-2008

MOST CATCHES IN AN INNINGS

7	M.J.Stewart	Surrey v Northamptonshire	Northampton	1957
7	A.S.Brown	Gloucestershire v Nottinghamshire	Nottingham	1966
7	R.Clarke	Warwickshire v Lancashire	Liverpool	2011

MOST CATCHES IN A MATCH

10	W.R.Hammond	Gloucestershire v Surrey	Cheltenham	1928
9	R.Clarke	Warwickshire v Lancashire	Liverpool	2011
9	P.S.P.Handscomb	Victoria v Tasmania	Melbourne	2021-22
9	A.K.Markram	South Africa v India	Guwahati	2025-26

MOST CATCHES IN A SEASON

78	W.R.Hammond	1928	77	M.J.Stewart	1957

LIMITED-OVERS INTERNATIONALS CAREER RECORDS

These records, complete to 10 March 2026, include all players registered for county cricket for the 2026 season at the time of going to press, plus those who have appeared in LOI matches for ICC full member countries since 29 November 2024.

ENGLAND – BATTING AND FIELDING

	M	I	NO	HS	Runs	Avge	100	50	Ct/St
R.Ahmed	9	7	–	27	99	14.14	–	–	2
M.M.Ali	138	112	15	128	2355	24.27	3	6	48
J.M.Anderson	194	79	43	28	273	7.58	–	–	53
J.C.Archer	36	22	11	38*	207	18.81	–	–	9
A.A.P.Atkinson	11	8	2	38	104	17.33	–	–	1
J.M.Bairstow	107	98	8	141*	3868	42.97	11	17	55/3
S.Baker	1	1	–	0	0	0.00	–	–	–
J.T.Ball	18	6	2	28	38	9.50	–	–	5
T.Banton	7	6	–	58	172	28.66	–	1	3
J.G.Bethell	21	19	1	110	603	33.50	1	5	4
S.W.Billings	28	23	2	118	702	33.42	1	5	19/1
R.S.Bopara	120	109	21	101*	2695	30.62	1	14	35
S.G.Borthwick	2	2	–	15	18	9.00	–	–	–
D.R.Briggs	1	–	–	–	–	–	–	–	–
H.C.Brook	38	38	4	136*	1354	39.82	3	6	17
J.C.Buttler	199	171	30	162*	5515	39.11	11	29	236/39
B.A.Carse	30	21	6	36	264	17.60	–	–	10
J.M.Cox	3	3	–	17	22	7.33	–	–	1
Z.Crawley	9	9	1	58*	205	25.62	–	2	8
S.M.Curran	41	31	8	95*	642	22.92	–	2	11
T.K.Curran	28	17	9	47*	303	37.87	–	–	5
L.A.Dawson	9	6	–	20	65	10.83	–	–	4
J.L.Denly	16	13	–	87	446	34.30	–	4	7
B.M.Duckett	34	34	1	165	1345	40.75	3	9	11
B.T.Foakes	1	1	1	61*	61	–	–	1	2/1
L.Gregory	3	2	–	77	117	58.50	–	1	–
S.R.Hain	2	2	–	89	106	53.00	–	1	–
T.W.Hartley	2	1	1	12*	12	–	–	–	–
W.G.Jacks	23	21	2	94	629	33.10	–	4	12
C.J.Jordan	35	24	9	38*	184	12.26	–	–	19
L.S.Livingstone	39	36	6	124*	932	31.06	1	4	15
S.Mahmood	17	9	4	12	31	10.33	–	–	3
D.J.Malan	30	30	4	140	1450	55.76	6	7	11
D.R.Mousley	3	3	1	57	69	34.50	–	1	–
C.Overton	7	5	2	32	68	22.66	–	–	4
J.Overton	13	10	–	68	272	27.20	–	1	5
M.W.Parkinson	5	1	1	7*	7	–	–	–	1
D.A.Payne	1	–	–	–	–	–	–	–	–
M.J.Potts	11	6	5	15*	45	45.00	–	–	8
A.U.Rashid	161	87	29	69	971	16.74	–	1	53
T.S.Roland-Jones	1	1	–	37*	37	–	–	–	–
J.E.Root	189	178	25	166*	7577	49.52	20	45	91
J.J.Roy	116	110	3	180	4271	39.91	12	21	46
P.D.Salt	33	31	–	122	988	31.87	1	5	16
G.L.S.Scrimshaw	1	–	–	–	–	–	–	–	–
J.A.Simpson	3	2	–	17	20	10.00	–	–	9
J.L.Smith	19	18	–	64	392	21.77	–	3	9
B.A.Stokes	114	99	15	182	3463	41.22	5	24	55
O.P.Stone	10	6	3	9*	24	8.00	–	–	2
R.J.W.Topley	30	14	11	15*	35	11.66	–	–	7

LOI ENGLAND – BATTING AND FIELDING (continued)

	M	I	NO	HS	Runs	Avge	100	50	Ct/St
J.A.Turner	2	1	1	2*	2	–	–	–	–
J.M.Vince	25	22	–	102	616	28.00	1	3	10
D.J.Willey	73	46	19	51	663	24.55	–	2	27
C.R.Woakes	122	88	24	95*	1524	23.81	–	6	50
L.Wood	3	2	1	10	15	15.00	–	–	–
M.A.Wood	70	29	16	43*	168	12.92	–	–	14

ENGLAND – BOWLING

	O	M	R	W	Avge	Best	4wI	R/Over
R.Ahmed	66	2	351	12	29.25	4-54	1	5.31
M.M.Ali	998	13	5311	111	47.84	4-46	2	5.32
J.M.Anderson	1597.2	125	7861	269	29.22	5-23	13	4.92
J.C.Archer	315.5	28	1585	65	24.38	6-40	3	5.01
A.A.P.Atkinson	78.4	0	527	13	40.53	2-28	–	6.69
S.Baker	7	0	76	0	–	–	–	10.85
J.T.Ball	157.5	5	980	21	46.66	5-51	1	6.20
J.G.Bethell	49.4	1	371	8	46.37	2-33	–	7.46
R.S.Bopara	310	11	1523	40	38.07	4-38	1	4.91
S.G.Borthwick	9	0	72	0	–	–	–	8.00
D.R.Briggs	10	0	39	2	19.50	2-39	–	3.90
B.A.Carse	216.5	3	1375	34	40.44	5-61	1	6.34
S.M.Curran	254.1	11	1572	37	42.48	5-48	2	6.18
T.K.Curran	218	8	1290	34	37.94	5-35	3	5.91
L.A.Dawson	74	2	403	9	44.77	2-48	–	5.44
J.L.Denly	17	0	101	1	101.00	1-24	–	5.94
L.Gregory	19	1	97	4	24.25	3-44	–	5.10
T.W.Hartley	10	0	48	0	–	–	–	4.80
W.G.Jacks	72	1	447	9	49.66	3-22	–	6.20
C.J.Jordan	276.4	5	1660	46	36.08	5-29	1	6.00
L.S.Livingstone	161.2	2	982	25	39.28	3-16	–	6.08
S.Mahmood	140.1	7	728	25	29.12	4-42	1	5.19
D.J.Malan	2.3	0	17	1	17.00	1- 5	–	6.80
D.R.Mousley	2	0	17	0	–	–	–	8.50
C.Overton	51.2	0	291	5	58.20	2-23	–	5.66
J.Overton	70.2	2	413	14	29.50	3-22	–	5.87
M.W.Parkinson	34.4	0	203	5	40.60	2-28	–	5.85
D.A.Payne	9	1	38	1	38.00	1-38	–	4.22
M.J.Potts	67	3	400	12	33.33	4-38	1	5.97
A.U.Rashid	1346.3	16	7571	242	31.28	5-27	12	5.62
T.S.Roland-Jones	7	2	34	1	34.00	1-34	–	4.85
J.E.Root	295	2	1745	30	58.16	3-52	–	5.91
G.L.S.Scrimshaw	8.4	0	66	3	22.00	3-66	–	7.61
B.A.Stokes	518.2	8	3137	74	42.39	5-61	2	6.05
O.P.Stone	65.4	2	399	9	44.33	4-85	1	6.07
R.J.W.Topley	232	17	1257	47	26.74	6-24	3	5.41
J.A.Turner	11	0	68	2	34.00	2-42	–	6.18
J.M.Vince	7	0	38	1	38.00	1-18	–	5.42
D.J.Willey	538.2	34	2975	100	29.75	5-30	5	5.52
C.R.Woakes	956.1	52	5193	173	30.01	6-45	14	5.43
L.Wood	18	0	113	1	113.00	1-54	–	6.27
M.A.Wood	584.2	19	3266	80	40.82	4-33	2	5.58

LOI   **AUSTRALIA – BATTING AND FIELDING**

	M	I	NO	HS	Runs	Avge	100	50	Ct/St
S.A.Abbott	29	21	2	69	374	19.68	–	2	14
X.C.Bartlett	5	2	–	8	11	5.50	–	–	–
A.T.Carey	85	77	13	106	2245	35.07	1	13	95/9
H.W.R.Cartwright	2	2	–	1	2	1.00	–	–	1
C.P.L.Connolly	8	5	2	61*	94	31.33	–	1	2
B.J.Dwarshuis	6	3	–	33	61	20.33	–	–	1
N.T.Ellis	17	12	4	18	106	13.25	–	–	4
J.M.Fraser-McGurk	7	7	–	41	98	14.00	–	–	3
C.D.Green	31	27	9	118*	782	43.44	1	2	21
P.S.P.Handscomb	22	20	1	117	632	33.26	1	4	14
A.M.Hardie	15	12	–	44	180	15.00	–	–	6
J.R.Hazlewood	96	38	29	23*	135	15.00	–	–	32
T.M.Head	79	77	7	154*	3007	43.57	7	17	19
J.P.Inglis	33	29	3	120*	766	29.46	1	4	30/4
S.H.Johnson	5	3	2	12*	12	12.00	–	–	–
M.P.Kuhnemann	5	2	–	15	16	8.00	–	–	2
M.Labuschagne	66	58	4	124	1871	34.64	2	12	41
C.A.Lynn	4	4	–	44	75	18.75	–	–	3
B.R.McDermott	5	5	–	104	223	44.60	1	1	–
M.R.Marsh	99	95	12	177*	3098	37.32	4	20	36
G.J.Maxwell	149	136	18	201*	3990	33.81	4	23	91
R.P.Meredith	1	1	1	0*	0	–	–	–	–
M.G.Neser	4	4	–	6	11	2.75	–	–	1
M.J.Owen	3	2	–	36	37	18.50	–	–	–
J.R.Philippe	4	4	–	39	102	25.50	–	–	3
M.T.Renshaw	3	3	1	56	107	53.50	–	1	3
J.A.Richardson	15	9	4	29	93	18.60	–	–	5
T.S.Sangha	4	3	2	5*	6	6.00	–	–	1
D.J.M.Short	8	8	1	69	211	30.14	–	1	2
M.W.Short	18	16	–	74	392	24.50	–	3	7
P.M.Siddle	20	6	3	10*	31	10.33	–	–	1
S.P.D.Smith	170	154	20	164	5800	43.28	12	35	90
M.A.Starc	130	77	27	52*	583	11.66	–	1	47
A.J.Tye	7	7	3	19	57	14.25	–	–	1
D.J.Worrall	3	1	1	6*	6	–	–	–	1
A.Zampa	116	59	21	36	378	9.94	–	–	20

AUSTRALIA – BOWLING

	O	M	R	W	Avge	Best	4wI	R/Over
S.A.Abbott	221.5	9	1271	35	36.31	3-23	–	5.72
X.C.Bartlett	41.1	3	167	15	11.13	4-17	2	4.05
C.P.L.Connolly	26	0	137	6	22.83	5-22	1	5.26
B.J.Dwarshuis	49	1	270	11	24.54	3-47	–	5.51
N.T.Ellis	139.3	0	779	18	43.27	2-13	–	5.58
C.D.Green	135.4	0	784	20	39.20	5-33	1	5.77
A.M.Hardie	71	0	392	10	39.20	2-13	–	5.52
J.R.Hazlewood	829.4	65	3928	142	27.66	6-52	4	4.73
T.M.Head	200.3	0	1152	28	41.14	4-28	1	5.74
S.H.Johnson	40	0	236	4	59.00	2-44	–	5.90
M.P.Kuhnemann	42	3	217	8	27.12	2-26	–	5.16
M.Labuschagne	53.5	1	358	10	35.80	3-39	–	6.65
M.R.Marsh	368.5	9	2036	57	35.71	5-33	2	5.52
G.J.Maxwell	667	14	3644	77	47.32	4-40	4	5.46
R.P.Meredith	5	0	36	0	–	–	–	7.20
M.G.Neser	36.4	2	239	3	79.66	2-46	–	6.51
M.J.Owen	6	0	42	2	21.00	2-20	–	7.00
J.A.Richardson	135	11	793	27	29.37	4-26	1	5.87

AUSTRALIA – BOWLING (continued)

LOI	O	M	R	W	Avge	Best	4wI	R/Over
T.S.Sangha	29	0	200	2	100.00	1-61	–	6.89
D.J.M.Short	15	0	114	0	–	–	–	7.60
M.W.Short	56	0	323	2	161.50	1-39	–	5.76
P.M.Siddle	150.1	10	743	15	43.70	3-55	–	4.94
S.P.D.Smith	179.2	1	971	28	34.67	3-16	–	5.41
M.A.Starc	1106.2	56	5826	247	23.58	6-28	21	5.26
A.J.Tye	64.3	1	392	12	32.66	5-46	1	6.07
D.J.Worrall	26.2	0	171	1	171.00	1-43	–	6.49
A.Zampa	1007.4	17	5604	196	28.59	5-35	13	5.56

SOUTH AFRICA – BATTING AND FIELDING

	M	I	NO	HS	Runs	Avge	100	50	Ct/St
K.J.Abbott	28	13	4	23	76	8.44	–	–	7
O.E.G.Baartman	6	5	4	10*	16	16.00	–	–	2
T.Bavuma	55	53	5	144	2035	42.39	5	8	31
C.Bosch	12	10	4	67	270	45.00	–	1	5
E.Bosch	1	1	–	7*	7	–	–	–	–
M.P.Breetzke	12	12	1	150	706	64.18	1	6	1
D.T.Brevis	9	9	1	54	230	28.75	–	1	5
N.Burger	14	9	6	17	41	13.66	–	–	1
C.J.Dala	3	2	1	5	8	8.00	–	–	1
Q.de Kock	161	161	8	178	7123	46.55	23	32	213/18
M.de Lange	4								
T.de Zorzi	22	21	2	119*	705	37.10	1	2	1
D.Elgar	8	7	1	42	104	17.33	–	–	4
D.Ferreira	3	2	–	7	10	5.00	–	–	3
B.C.Fortuin	16	11	1	28	77	7.70	–	–	2
R.A.Hermann	1	1	–	1	1	1.00	–	–	–
C.A.Ingram	31	29	3	124	843	32.42	3	3	12
M.Jansen	32	27	5	75*	553	25.13	–	2	11
H.Klaasen	60	56	7	174	2141	43.69	4	11	51/7
G.F.Linde	4	3	1	18	29	14.50	–	–	4
K.A.Maharaj	56	31	8	40	324	14.08	–	–	13
K.T.Maphaka	3	3	–	1	1	0.33	–	–	1
A.K.Markram	86	82	9	175	2708	37.09	4	14	42
D.A.Miller	178	154	45	139	4611	42.30	7	24	87
M.Mpongwana	1	1	–	1*	1	–	–	–	1
P.W.A.Mulder	30	24	6	64	338	18.77	–	2	9
S.Muthusamy	5	4	1	9*	22	7.33	–	–	2
L.T.Ngidi	75	31	17	20*	126	9.00	–	–	18
N.X.Peter	4	2	–	16	21	10.50	–	–	3
A.L.Phehlukwayo	85	57	19	69*	883	23.23	–	2	17
L.G.Pretorius	3	3	–	57	142	47.33	–	1	2
S.Qeshile	2	1	–	22	22	22.00	–	–	–
K.Rabada	106	45	18	31*	401	14.85	–	–	41
R.D.Rickelton	17	17	1	103	453	28.37	1	1	18/6
T.Shamsi	55	15	11	11*	39	9.75	–	–	9
J.F.Smith	3	3	–	91	132	44.00	–	1	1
T.Stubbs	15	15	2	112*	392	30.15	1	3	2
P.Subrayen	2	2	–	17	18	9.00	–	–	–
H.E.van der Dussen	71	65	12	134	2657	50.13	6	17	30
K.Verreynne	19	16	2	95	533	38.07	–	5	11/1
L.B.Williams	8	4	–	13	18	4.50	–	–	–
C.E.Yusuf	1	1	–	5	5	5.00	–	–	–

LOI SOUTH AFRICA – BOWLING

	O	M	R	W	Avge	Best	4wI	R/Over
K.J.Abbott	217.1	13	1051	34	30.91	4-21	2	4.83
O.E.G.Baarman	42	2	221	8	27.62	2-32	–	5.26
T.Bavuma	6.1	0	22	0	–	–	–	3.56
C.Bosch	93.4	2	656	11	59.63	2-32	–	7.00
E.Bosch	7	0	33	1	33.00	1-33	–	4.71
D.T.Brevis	4	0	28	0	–	–	–	7.00
N.Burger	109.5	3	671	22	30.50	4-46	1	6.10
C.J.Dala	25	0	168	2	84.00	1-47	–	6.72
M.de Lange	34.5	1	198	10	19.80	4-46	1	5.68
D.Elgar	16	1	67	2	33.50	1-11	–	4.18
D.Ferreira	23	0	115	2	57.50	2-53	–	5.00
B.C.Fortuin	126.3	5	611	18	33.94	2-22	–	4.83
C.A.Ingram	1	0	17	0	–	–	–	17.00
M.Jansen	260.5	11	1640	49	33.46	5-39	1	6.28
H.Klaasen	5	0	33	0	–	–	–	6.60
G.F.Linde	25	1	140	4	35.00	2-32	–	5.60
K.A.Maharaj	480.5	15	2272	73	31.12	5-33	4	4.72
K.T.Maphaka	21.5	2	195	5	39.00	4-70	1	8.93
A.K.Markram	208.4	2	1227	20	61.35	2-18	–	5.88
M.Mpongwana	3	0	25	0	–	–	–	8.33
P.W.A.Mulder	157.2	2	994	26	38.23	3-25	–	6.31
S.Muthusamy	36.4	1	233	6	38.83	2-30	–	6.35
L.T.Ngidi	576.5	32	3350	115	29.13	6-58	6	5.80
N.X.Peter	27	0	163	6	27.16	3-55	–	6.03
A.L.Phehlukwayo	529.1	17	3041	97	31.35	4-22	3	5.74
K.Rabada	907.2	63	4613	168	27.45	6-16	8	5.08
T.Shamsi	449.3	8	2510	73	34.38	5-49	4	5.58
J.F.Smith	5	0	29	0	–	–	–	5.80
T.Stubbs	2	0	15	0	–	–	–	7.50
P.Subrayen	20	0	119	1	119.00	1-46	–	5.95
H.E.van der Dussen	1	0	3	1	3.00	1-3	–	3.00
L.B.Williams	67.4	5	398	16	24.87	4-32	2	5.88
C.E.Yusuf	10	0	80	0	–	–	–	8.00

WEST INDIES – BATTING AND FIELDING

	M	I	NO	HS	Runs	Avge	100	50	Ct/St
J.Andrew	3	2	–	8	8	4.00	–	–	–
A.S.Athanaze	17	17	–	66	405	23.82	–	2	8
A.W.J.Auguste	4	4	–	22	56	14.00	–	–	3
J.Blades	3	1	–	0	0	0.00	–	–	–
J.D.Campbell	9	8	–	179	282	35.25	1	–	–
K.U.Carty	46	43	5	170	1593	41.92	2	5	8
R.L.Chase	69	54	9	94	1158	25.73	–	6	33
M.W.Forde	16	12	2	58	193	19.30	–	1	6
J.P.Greaves	21	20	5	50	429	28.60	–	1	8
S.O.Hetmyer	57	52	3	139	1543	31.48	2	4	23
S.D.Hope	148	143	22	170	6413	50.52	19	30	152/15
A.J.Hosein	40	30	9	60	309	14.71	–	1	17
A.A.Jangoo	5	5	1	104*	153	38.25	1	–	–
A.S.Joseph	81	46	16	49	489	16.30	–	–	24
S.Joseph	6	3	2	8	11	11.00	–	–	–
B.A.King	58	58	2	112	1530	27.32	3	8	21
E.Lewis	70	67	5	176*	2279	36.75	5	12	27
G.Motie	34	22	6	63	357	22.31	–	2	18
K.A.Pierre	7	6	4	22*	70	35.00	–	–	6
K.A.J.Roach	95	60	36	34	308	12.83	–	–	22

LOI   WEST INDIES – BATTING AND FIELDING (continued)

	M	I	NO	HS	Runs	Avge	100	50	Ct/St
S.E.Rutherford	22	20	3	113	743	43.70	1	7	8
J.N.T.Seales	29	12	8	29*	56	9.33	–	–	7
R.Shepherd	42	30	4	50	455	17.50	–	1	5
S.K.Springer	3	2	–	12	18	9.00	–	–	1

WEST INDIES – BOWLING

	O	M	R	W	Avge	Best	4wI	R/Over
A.S.Athanaze	21	3	70	4	17.50	2-14	–	3.33
J.Blades	20	0	172	1	172.00	1-46	–	8.60
J.D.Campbell	1	0	13	0	–	–	–	13.00
K.U.Carty	4.1	0	28	0	–	–	–	6.72
R.L.Chase	414.4	12	2042	45	45.37	3-30	–	4.92
M.W.Forde	115.3	7	694	22	31.54	3-29	–	6.00
J.P.Greaves	76	0	509	8	63.62	2-32	–	6.69
A.J.Hosein	368.2	14	1769	63	28.07	4-39	2	4.80
A.S.Joseph	675.3	28	3709	133	27.88	5-56	6	5.49
S.Joseph	41.5	2	270	4	67.50	2-65	–	6.45
G.Motie	278.1	8	1322	42	31.47	4-23	2	4.75
K.A.Pierre	56	2	266	2	133.00	1-19	–	4.75
K.A.J.Roach	763.1	53	3885	125	31.08	6-27	6	5.09
S.E.Rutherford	17.5	1	154	3	51.33	1-24	–	8.63
J.N.T.Seales	205.1	13	1203	40	30.07	6-18	3	5.86
R.Shepherd	260.4	14	1430	34	42.05	3-37	–	5.48
S.K.Springer	19	0	133	2	66.50	1-16	–	7.00

NEW ZEALAND – BATTING AND FIELDING

	M	I	NO	HS	Runs	Avge	100	50	Ct/St
A.Ashok	3	1	–	10	10	10.00	–	–	–
M.G.Bracewell	43	37	11	140	956	36.76	2	3	33
M.S.Chapman	32	28	4	132	932	38.83	3	4	8
K.D.C.Clarke	3	2	1	24*	35	35.00	–	–	2
D.P.Conway	43	42	3	152*	1692	43.38	5	6	20
J.A.Duffy	19	7	6	4*	12	12.00	–	–	4
Z.G.Foulkes	9	5	3	22*	49	24.50	–	–	3
M.J.Hay	10	7	1	99*	186	31.00	–	1	14
M.J.Henry	95	38	12	48*	270	10.38	–	–	32
K.A.Jamieson	23	10	6	25*	101	25.25	–	–	4
N.F.Kelly	3	3	–	31	49	16.33	–	–	–
T.W.M.Latham	163	150	19	145*	4464	34.07	8	26	142/17
J.R.Lennox	2	–	–	–	–	–	–	–	–
R.A.Mariu	2	2	–	58	76	38.00	–	1	–
D.J.Mitchell	59	54	8	137	2690	58.47	9	12	41
Mohammad Abbas	3	3	–	52	104	34.66	–	–	–
H.M.Nicholls	84	82	16	124*	2252	34.12	1	16	33
W.P.O'Rourke	17	4	2	3*	6	3.00	–	–	–
G.D.Phillips	47	39	9	106*	1262	42.06	2	5	29
R.Ravindra	39	35	1	123*	1424	41.88	5	6	14
M.J.Santner	124	92	33	67	1580	26.77	–	3	53
B.V.Sears	4	2	1	6	11	11.00	–	–	1
T.L.Seifert	4	3	–	26	59	19.66	–	–	10/1
N.G.Smith	14	9	2	17	43	6.14	–	–	7
B.M.Tickner	16	8	6	18*	34	17.00	–	–	6
K.S.Williamson	175	167	18	148	7256	48.69	15	47	76
W.A.Young	55	55	5	120	1823	36.46	4	11	30

LOI   NEW ZEALAND – BOWLING

	O	M	R	W	Avge	Best	4wI	R/Over
A.Ashok	16.1	1	120	2	60.00	1-55	–	7.42
M.G.Bracewell	280	8	1375	38	36.18	4-26	2	4.91
K.D.C.Clarke	27	0	183	7	26.14	3-54	–	6.77
J.A.Duffy	143.4	7	849	35	24.25	3-35	–	5.90
Z.G.Foulkes	60	2	337	13	25.92	4-41	1	5.61
M.J.Henry	824.2	61	4298	172	24.98	5-30	16	5.21
K.A.Jamieson	184.4	18	980	30	32.66	4-11	1	5.30
J.R.Lennox	20	0	84	3	28.00	2-42	–	4.20
D.J.Mitchell	56.3	1	335	14	23.92	3-25	–	5.92
Mohammad Abbas	10	0	59	2	29.50	1-16	–	5.90
W.P.O'Rourke	140.4	4	798	22	36.27	4-43	1	5.67
G.D.Phillips	136	1	825	16	51.56	3-37	–	6.06
R.Ravindra	163.1	2	951	21	45.28	4-60	1	5.82
M.J.Santner	979.1	26	4717	133	35.46	5-50	2	4.81
B.V.Sears	34.2	0	197	10	19.70	5-34	1	5.73
N.G.Smith	87.1	4	585	18	32.50	4-42	2	6.71
B.M.Tickner	127.5	5	838	25	33.52	4-34	3	6.55
K.S.Williamson	244.3	2	1310	37	35.40	4-22	–	5.35

INDIA – BATTING AND FIELDING

	M	I	NO	HS	Runs	Avge	100	50	Ct/St
Arshdeep Singh	15	10	2	18	56	7.00	–	–	3
Y.S.Chahal	72	14	5	18*	77	8.55	–	–	16
V.V.Chakravarthy	4	–	–	–	–	–	–	–	–
R.D.Gaikwad	9	8	–	105	228	28.50	1	1	4
S.Gill	61	61	8	208	2953	55.71	8	17	38
S.S.Iyer	76	70	6	128*	2977	46.51	5	23	29
R.A.Jadeja	210	142	52	87	2905	32.27	–	13	79
Y.B.Jaiswal	4	4	1	116*	171	57.00	1	–	2
V.Kohli	311	299	47	183	14797	58.71	54	77	167
P.M.Krishna	23	7	5	2*	2	1.00	–	–	–
Mohammed Shami	108	49	20	25	225	7.75	–	–	32
K.Nithish Kumar Reddy	4	4	1	53	100	33.33	–	1	1
H.H.Pandya	94	68	10	92*	1904	32.82	–	11	35
A.R.Patel	71	49	12	64*	858	23.18	–	3	29
K.L.Rahul	94	86	20	112*	3360	50.90	8	20	80/8
H.Rana	14	7	2	52	124	24.80	–	1	2
R.G.Sharma	282	274	37	264	11577	48.84	33	61	103
M.Siraj	50	21	13	9*	57	7.12	–	–	7
N.T.Tilak Varma	5	4	1	52	68	22.66	–	1	1
J.D.Unadkat	8	–	–	–	–	–	–	–	1
M.S.Washington Sundar	29	20	2	51	372	20.66	–	1	7
K.Yadav	120	44	22	19	212	9.63	–	–	20

INDIA – BOWLING

	O	M	R	W	Avge	Best	4wI	R/Over
Arshdeep Singh	113.3	5	611	25	24.44	5-37	2	5.38
Y.S.Chahal	623.1	14	3283	121	27.13	6-42	5	5.26
V.V.Chakravarthy	40	0	190	10	19.00	5-42	1	4.80
S.Gill	3	0	25	0	–	–	–	8.33
S.S.Iyer	6.1	0	39	0	–	–	–	6.32
R.A.Jadeja	1734	59	8478	232	36.54	5-33	9	4.88
V.Kohli	110.2	1	680	5	136.00	1-13	–	6.16
P.M.Krishna	182.5	8	1102	40	27.55	4-12	3	6.02
Mohammed Shami	887.4	52	4955	206	24.05	7-57	16	5.58
K.Nithish Kumar Reddy	15.1	0	106	0	–	–	–	6.98

285

LOI — INDIA – BOWLING (continued)

	O	M	R	W	Avge	Best	4wI	R/Over
H.H.Pandya	576.4	16	3231	91	35.50	4-24	1	5.60
A.R.Patel	547.5	23	2461	75	32.81	3-24	–	4.49
H.Rana	114.3	5	712	26	27.38	4-39	1	6.21
R.G.Sharma	101.4	2	533	9	59.22	2-27	–	5.24
M.Siraj	375.1	34	1925	76	25.32	6-21	3	5.13
N.T.Tilak Varma	10	0	68	0	–	–	–	6.80
J.D.Unadkat	57	5	225	9	25.00	4-41	1	3.94
M.S.Washington Sundar	169	5	837	29	28.86	3-30	–	4.95
K.Yadav	1024	31	5205	194	26.82	6-25	11	5.08

PAKISTAN – BATTING AND FIELDING

	M	I	NO	HS	Runs	Avge	100	50	Ct/St
Abdullah Shafiq	27	27	2	113	737	29.48	1	6	14
Abrar Ahmed	14	6	4	23*	28	14.00	–	–	5
Agha Salman	47	39	8	134	1363	43.96	2	8	21
Akif Javed	3	3	1	8	10	5.00	–	–	–
Babar Azam	140	137	16	158	6501	53.72	20	37	62
Faheem Ashraf	42	28	3	73	350	14.00	–	1	11
Faisal Akram	4	–	–	–	–	–	–	–	2
Fakhar Zaman	92	91	6	210*	3861	45.42	11	19	44
Haris Rauf	54	21	8	35	105	8.07	–	–	12
Hasan Nawaz	4	4	2	63*	113	56.50	–	1	–
Haseebullah Khan	2	2	–	0	0	0.00	–	–	3
Hassan Ali	68	39	11	59	383	13.67	–	2	13
Hussain Talat	10	2	2	62	211	35.16	–	1	1
Imam-ul-Haq	75	74	7	151	3152	47.04	9	20	16
Irfan Khan	9	6	–	22	48	8.00	–	–	5
Kamran Ghulam	11	7	–	103	210	30.00	1	1	4
Khushdil Shah	15	12	2	69	328	32.80	–	1	7
Mohammad Abbas	3	–	–	–	–	–	–	–	–
Mohammad Ali	1	1	1	0*	0	–	–	–	–
Mohammad Hasnain	15	7	4	28	53	17.66	–	–	3
Mohammad Nawaz	44	33	8	59	538	21.52	–	2	19
Mohammad Rizwan	100	91	21	131*	2921	41.72	4	19	111/7
Mohammad Wasim	25	12	3	17*	93	10.33	–	–	5
Naseem Shah	34	18	8	51	224	22.40	–	1	3
Saim Ayub	17	17	1	113*	751	46.93	3	3	13
Saud Shakil	19	16	1	68	408	27.20	–	4	6
Shaheen Shah Afridi	71	40	19	25	277	13.19	–	–	18
Sufiyan Muqeem	4	3	2	13*	15	15.00	–	–	–
Tayyab Tahir	11	10	2	38	181	22.62	–	–	4
Usama Mir	12	6	–	20	40	6.66	–	–	7
Usman Khan	2	2	–	39	51	25.50	–	–	–
Zafar Gohar	1	1	–	15	15	15.00	–	–	–

PAKISTAN – BOWLING

	O	M	R	W	Avge	Best	4wI	R/Over
Abrar Ahmed	131	8	582	28	20.78	4-27	2	4.44
Agha Salman	166.4	0	976	19	51.36	4-32	1	5.85
Akif Javed	28	0	165	7	23.57	4-62	1	5.89
Faheem Ashraf	277.4	9	1447	32	45.21	5-22	1	5.21
Faisal Akram	29.3	0	122	7	17.42	3-24	–	4.13
Fakhar Zaman	22.3	0	111	1	111.00	1-19	–	4.93
Haris Rauf	438.2	17	2566	97	26.45	5-18	7	5.85
Hassan Ali	547.4	18	3179	102	31.16	5-34	6	5.80
Hussain Talat	10	0	77	0	–	–	–	7.70

LOI **PAKISTAN – BOWLING (continued)**

	O	M	R	W	Avge	Best	4wI	R/Over
Irfan Khan	5	0	51	3	17.00	3-51	–	10.20
Kamran Ghulam	4	0	16	1	16.00	1- 7	–	4.00
Khushdil Shah	54.3	0	332	4	83.00	1-39	–	6.09
Mohammad Abbas	27	0	153	0	153.00	1-44	–	5.66
Mohammad Ali	10	0	53	1	53.00	1-53	–	5.30
Mohammad Hasnain	119.4	6	755	17	44.41	5-26	1	6.30
Mohammad Nawaz	349.3	6	1789	49	36.51	4-19	3	5.11
Mohammad Wasim	206.2	7	1126	41	27.46	4-36	1	5.45
Naseem Shah	283.3	7	1555	60	25.91	5-33	2	5.58
Saim Ayub	74.1	2	374	9	41.55	2-29	–	5.04
Saud Shakil	7.5	0	37	1	37.00	1-14	–	4.72
Shaheen Shah Afridi	601.1	29	3381	135	25.04	6-35	11	5.62
Sufiyan Muqeem	37	2	182	8	22.75	4-52	1	4.91
Usama Mir	106	0	634	15	42.26	4-43	1	5.98
Zafar Gohar	10	0	54	2	27.00	2-54	–	5.40

SRI LANKA – BATTING AND FIELDING

	M	I	NO	HS	Runs	Avge	100	50	Ct/St
K.I.C.Asalanka	83	75	10	127	2734	42.06	5	17	21
P.V.D.Chameera	58	39	13	29	296	11.38	–	–	10
D.M.de Silva	93	85	10	93	1924	25.65	–	10	42
P.W.H.de Silva	69	57	9	80*	1135	23.64	–	5	19
K.K.E.M.Dharmasena	7	6	3	4	14	4.66	–	–	2
A.M.Fernando	30	10	6	3*	7	1.75	–	–	6
K.N.M.Fernando	8	7	–	69	182	26.00	–	2	3
M.N.K.Fernando	6	5	–	50	89	17.80	–	1	–
W.I.A.Ferrando	51	50	–	127	1589	31.78	4	9	20
C.B.R.L.S.Kumara	32	19	8	10	62	5.63	–	–	6
P.M.Liyanagamage	9	6	1	15	28	5.60	–	–	4
L.D.Madushanka	28	11	8	19	36	12.00	–	–	6
B.K.G.Mendis	154	151	13	143	4890	35.43	6	35	100/16
P.H.K.D.Mendis	27	26	6	64	527	26.35	–	3	10
R.V.P.K.Mishara	6	6	–	38	148	24.66	–	–	–
P.Rathnayake	4	4	–	121	194	48.50	1	–	–
R.M.M.P.Rathnayake	1	1	–	22	22	22.00	–	–	–
W.S.R.Samarawickrama	55	50	5	108	1456	32.35	1	8	10
P.N.Silva	77	77	5	210*	2920	40.55	7	18	24
M.M.Theekshana	59	33	12	38*	344	16.38	–	–	13
J.D.F.Vandersay	32	18	6	25	132	11.00	–	–	6
K.L.J.Vimukthi	34	29	6	101*	990	43.04	1	7	7
D.N.Wellalage	34	27	6	67*	453	21.57	–	1	14
C.Wickramasinghe	4	3	–	22	58	19.33	–	–	–

SRI LANKA – BOWLING

	O	M	R	W	Avge	Best	4wI	R/Over
K.I.C.Asalanka	127.5	4	640	18	35.55	4-18	1	5.00
P.V.D.Chameera	415	18	2279	65	35.06	5-16	2	5.49
D.M.de Silva	395	1	2011	48	41.89	3-32	–	5.09
P.W.H.de Silva	540.5	26	2764	112	24.67	7-19	9	5.11
K.K.E.M.Dharmasena	37	1	223	4	55.75	3-35	–	6.02
A.M.Fernando	207.2	6	1190	38	31.31	4-35	1	5.88
M.N.K.Fernando	2	0	22	0	–	–	–	11.00
C.B.R.L.S.Kumara	216.3	4	1404	42	33.42	4-48	1	6.48
P.M.Liyanagamage	60.2	1	426	13	32.76	4-75	1	7.06
L.D.Madushanka	204	11	1251	50	25.02	5-80	3	6.13

LOI SRI LANKA – BOWLING (continued)

	O	M	R	W	Avge	Best	4wI	R/Over
B.K.G.Mendis	3.2	0	28	0	–	–	–	8.40
P.H.K.D.Mendis	50	0	326	6	54.33	3-19	–	6.52
R.V.P.K.Mishara	1	0	9	0	–	–	–	9.00
P.Rathnayake	1	0	12	0	–	–	–	12.00
R.M.M.P.Rathnayake	1	0	10	0	–	–	–	10.00
M.M.Theekshana	481.3	19	2215	79	28.03	4-25	7	4.60
J.D.F.Vandersay	237.3	6	1267	48	26.39	6-33	2	5.33
K.L.J.Vimukthi	65.2	3	351	3	117.00	1-16	–	5.37
D.N.Wellalage	249.5	3	1275	41	31.09	5-27	3	5.10
C.Wickramasinghe	9.2	0	66	1	66.00	1-28	–	7.07

P.W.H.de Silva is also known as W.Hasaranga; K.K.E.M.Dharmasena is also known as E.Malinga; P.M.Liyanagamage is also known as P.Madushan; P.N.Silva is also known as P.Nissanka; K.L.J.Vimukthi is also known as J.Liyanage.

ZIMBABWE – BATTING AND FIELDING

	M	I	NO	HS	Runs	Avge	100	50	Ct/St
B.J.Bennett	11	11	0	169	348	31.63	1	–	4
J.M.R.Campbell	3	2	1	6*	8	8.00	–	–	3
B.J.Curran	8	8	1	118*	340	48.57	1	2	1
C.R.Ervine	128	124	15	130*	3600	33.02	4	23	58
B.N.Evans	17	15	3	33*	129	10.75	–	–	7
J.Gumbie	16	16	–	78	382	23.87	–	2	10
T.W.Gwandu	8	5	3	3*	7	3.50	–	–	–
C.Madande	17	13	1	74	287	23.91	–	2	9/1
W.N.Madhevere	40	37	–	72	782	21.13	–	6	14
T.T.Maposa	1	1	–	0	0	0.00	–	–	–
T.Marumani	21	19	2	45	225	13.23	–	–	10
W.P.Masakadza	42	26	4	40	243	11.04	–	–	13
E.Masuku	1	–	–	–	–	–	–	–	–
T.T.Munyonga	9	8	2	43*	145	24.16	–	–	1
B.Muzarabani	57	41	15	17*	134	5.15	–	–	14
D.N.Myers	10	10	–	34	154	15.40	–	–	4
R.Ngarava	55	35	14	48	272	12.95	–	–	9
N.T.Nyamhuri	4	2	–	7	8	4.00	–	–	–
Sikandar Raza	153	144	23	141	4476	36.99	7	24	61
B.R.M.Taylor	207	205	15	145*	6704	35.28	11	39	133/29
S.C.Williams	164	159	20	174	5217	37.53	8	37	59

ZIMBABWE – BOWLING

	O	M	R	W	Avge	Best	4wI	R/Over
B.J.Bennett	3.2	0	34	0	–	–	–	10.20
J.M.R.Campbell	2	0	13	0	–	–	–	6.50
B.N.Evans	107.2	5	632	15	42.13	5-54	1	5.88
T.W.Gwandu	46.2	7	290	8	36.25	2-44	–	6.25
W.N.Madhevere	136.2	0	695	15	46.33	3-36	–	5.09
T.T.Maposa	1.4	0	14	0	–	–	–	8.40
W.P.Masakadza	291.5	8	1423	33	43.12	4-21	1	4.87
E.Masuku	5	0	32	1	32.00	1-32	–	6.40
T.T.Munyonga	1	0	10	0	–	–	–	10.00
B.Muzarabani	452.5	27	2335	70	33.35	5-49	5	5.15
D.N.Myers	2	0	13	1	13.00	1-13	–	6.50
R.Ngarava	405.5	26	2148	70	30.68	5-32	2	5.29
N.T.Nyamhuri	22	1	132	3	44.00	3-53	–	6.00
Sikandar Raza	846.2	25	4103	94	43.64	4-55	1	4.84

LOI ZIMBABWE – BOWLING (continued)

	O	M	R	W	Avge	Best	4wI	R/Over
B.R.M.Taylor	66	0	406	9	45.11	3-54	–	6.15
S.C.Williams	835.4	35	4097	86	47.63	4-43	1	4.90

BANGLADESH – BATTING AND FIELDING

	M	I	NO	HS	Runs	Avge	100	50	Ct/St
Afif Hossain	34	30	6	93*	667	27.79	–	3	12
Hasan Mahmud	26	17	4	15	63	4.84	–	–	2
Jaker Ali	12	12	2	68	394	39.40	–	3	5/1
Liton Das	95	94	8	176	2569	29.87	5	12	59/4
Mahidul Islam	3	3	–	46	69	23.00	–	–	–
Mahmudullah	239	209	53	128*	5689	36.46	4	32	82
Mehedi Hasan	114	85	12	112*	1790	24.52	2	7	49
Mohammad Naim	9	8	–	28	102	12.75	–	–	4
Mushfiqur Rahim	274	256	42	144	7795	36.42	9	49	243/56
Mustafizur Rahman	116	59	36	20	172	7.47	–	–	19
Nahid Rana	5	3	3	4*	6	–	–	–	2
Nasum Ahmed	20	13	2	44	201	18.27	–	–	4
Nazmul Hossain	58	57	3	122*	1705	31.57	3	10	18
Nurul Hasan	13	11	4	45*	237	33.85	–	–	12/5
Parvez Hossain	3	3	–	67	108	36.00	–	1	1
Rishad Hossain	14	12	3	48*	176	19.55	–	–	8
Saif Hassan	6	6	–	80	180	30.00	–	1	4
Shamim Hossain	7	7	–	22	67	9.57	–	–	3
Shoriful Islam	40	23	10	16	101	7.76	–	–	4
Soumya Sarkar	79	74	4	169	2338	33.40	3	14	43
Tanvir Islam	9	7	1	11	42	7.00	–	–	3
Tanzid Hasan	28	27	–	84	558	20.66	–	4	9
Tanzim Hasan Sakib	15	11	3	45	151	18.87	–	–	4
Taskin Ahmed	83	47	14	21	237	7.18	–	–	11
Towhid Hridoy	44	40	3	100	1265	34.18	1	11	11

BANGLADESH – BOWLING

	O	M	R	W	Avge	Best	4wI	R/Over
Afif Hossain	20.4	0	122	4	30.50	1- 0	–	5.90
Hasan Mahmud	188.3	7	1155	33	35.00	5-32	1	6.12
Mahmudullah	730	14	3809	82	46.45	3- 4	–	5.21
Mehedi Hasan	926.2	41	4423	121	36.55	4-25	5	4.77
Mustafizur Rahman	924.5	36	4782	177	27.01	6-43	11	5.17
Nahid Rana	44	0	225	5	45.00	2-40	–	5.11
Nasum Ahmed	162.4	16	707	21	33.66	3-11	–	4.34
Nazmul Hossain	19.2	0	123	2	61.50	1-10	–	6.36
Rishad Hossain	122.1	0	641	22	29.13	6-35	1	5.24
Saif Hassan	12.1	1	46	4	11.50	3- 6	–	3.78
Shamim Hossain	17	1	82	2	41.00	1-22	–	4.82
Shoriful Islam	307	13	1707	58	29.43	4-21	3	5.56
Soumya Sarkar	93	1	567	16	35.43	3-18	–	6.09
Tanvir Islam	88	3	371	16	23.18	5-39	1	4.21
Tanzim Hasan Sakib	113.5	2	655	24	27.29	3-14	–	5.75
Taskin Ahmed	650.2	33	3494	117	29.86	5-28	8	5.37
Towhid Hridoy	0.1	0	2	0	–	–	–	12.00

IRELAND – BATTING AND FIELDING

	M	I	NO	HS	Runs	Avge	100	50	Ct/St
M.R.Adair	54	39	13	32	469	18.03	–	–	24
A.Balbirnie	117	110	8	145*	3264	32.00	9	17	44
C.Campher	43	35	2	120	1113	33.72	1	7	13

LOI   IRELAND – BATTING AND FIELDING (continued)

	M	I	NO	HS	Runs	Avge	100	50	Ct/St
C.M.Carmichael	3	2	–	48	64	32.00	–	–	1
G.H.Dockrell	133	94	29	91*	1459	22.44	–	6	49
G.I.Hume	21	10	5	21*	79	15.80	–	–	3
M.J.Humphreys	6	3	2	4*	6	6.00	–	–	1
J.B.Little	42	15	5	29	81	8.10	–	–	7
A.R.McBrine	96	65	15	79	920	18.40	–	2	34
B.J.McCarthy	48	31	7	41	220	9.16	–	–	15
L.McCarthy	3	1	1	0*	0	–	–	–	–
T.Mayes	2	1	1	8*	8	–	–	–	1
J.E.Neill	1	–	–	–	–	–	–	–	–
P.R.Stirling	170	162	3	177	6005	37.76	14	32	67
H.T.Tector	54	49	6	140	1992	46.32	5	14	24
L.J.Tucker	58	48	8	85	1054	25.09	–	5	72/3

IRELAND – BOWLING

	O	M	R	W	Avge	Best	4wI	R/Over
M.R.Adair	414.3	24	2411	71	33.95	4-19	6	5.81
A.Balbirnie	10	0	68	2	34.00	1-26	–	6.80
C.Campher	189.4	5	1102	32	34.43	4-37	1	5.81
G.H.Dockrell	811.5	31	3984	111	35.89	4-24	4	4.90
G.I.Hume	160.4	9	858	28	30.64	4-34	2	5.34
M.J.Humphreys	41	2	211	1	211.00	1-16	–	5.14
J.B.Little	336.5	12	2095	61	34.34	6-36	4	6.21
T.Mayes	13	2	72	1	72.00	1-23	–	5.53
A.R.McBrine	753.5	38	3459	91	38.01	5-29	3	4.58
B.J.McCarthy	400.5	14	2366	81	29.20	5-46	4	5.90
L.McCarthy	25	0	185	5	37.00	3-66	–	7.40
J.E.Neill	5	0	33	0	–	–	–	6.60
P.R.Stirling	406.5	8	1942	43	45.16	6-55	2	4.77
H.T.Tector	41	0	262	4	65.50	1-5	–	6.39

AFGHANISTAN – BATTING AND FIELDING

	M	I	NO	HS	Runs	Avge	100	50	Ct/St
Abdul Malik	4	3	–	84	122	40.66	–	1	–
Allah Ghazanfar	14	6	1	31*	59	11.80	–	–	1
Azmatullah Omarzai	42	34	9	149*	1093	43.72	1	8	8
Bashir Ahmad	2	1	1	0*	0	–	–	–	2
Bilal Sami	2	1	1	0*	0	–	–	–	2
Fareed Ahmad	19	8	4	17	46	11.50	–	–	3
Fazalhaq Farooqi	42	21	15	6*	21	3.50	–	–	3
Gulbadin Naib	89	78	11	82*	1332	19.88	–	5	28
Hashmatullah Shahidi	93	91	16	97*	2474	32.98	–	22	20
Ibrahim Zadran	39	39	3	177	1869	51.91	6	9	13
Ikram Alikhil	32	23	5	86	386	21.44	–	3	23/5
Mohammad Nabi	176	154	18	136	3762	27.66	2	18	85
Nangeyalia Kharote	10	6	1	27*	64	12.80	–	–	1
Naveed Zadran	4	2	1	9*	10	10.00	–	–	–
Naveen-ul-Haq	15	10	5	10*	37	7.40	–	–	4
Noor Ahmad	13	6	1	26	46	9.20	–	–	1
Rahmanullah Gurbaz	52	52	1	151	1888	37.01	8	7	27/4
Rahmat Shah	125	120	6	114	4034	35.38	5	32	29
Rashid Khan	117	89	16	60*	1393	19.08	–	5	35
Sediqullah Atal	12	11	–	104	377	34.27	1	2	5

LOI — AFGHANISTAN – BOWLING

	O	M	R	W	Avge	Best	4wI	R/Over
Allah Ghazanfar	91.1	6	386	23	16.78	6-26	2	4.23
Azmatullah Omarzai	223.3	7	1199	44	27.25	5-58	3	5.36
Bashir Ahmad	6	0	47	0	—	—	—	7.83
Bilal Sami	10.1	0	58	5	11.60	5-33	1	5.70
Fareed Ahmad	125.1	6	677	25	27.08	3-56	—	5.40
Fazalhaq Farooqi	296	17	1742	52	33.50	4-34	5	5.88
Gulbadin Naib	480.3	12	2676	74	36.16	6-43	4	5.56
Hashmatul ah Shahidi	3	0	25	0	—	—	—	8.33
Mohammad Nabi	1332.4	52	5733	176	32.57	4-30	5	4.30
Nangeyala Kharote	67.2	7	239	13	18.38	4-26	2	3.54
Naveed Zadran	11	1	79	3	26.33	3-13	—	7.18
Baveen-u-Haq	115.1	2	708	22	32.18	4-42	1	6.14
Noor Ahmad	105.5	1	644	10	64.40	3-49	—	6.08
Rahmat Shah	90.3	2	532	15	35.46	5-32	1	5.87
Rashid Khan	981.2	38	4127	210	19.65	7-18	12	4.20

ASSOCIATES – BATTING AND FIELDING

	M	I	NO	HS	Runs	Avge	100	50	Ct/St
C.N.Ackermann (Neth)	21	19	1	81	505	28.05	—	4	9
B.J.Currie (Scot)	14	5	4	8*	16	16.00	—	—	5
S.W.Currie (Scot)	3	2	—	5	10	5.00	—	—	—
J.H.Davey (Scot)	33	29	6	64	498	21.65	—	2	10
I.G.Holland (USA)	15	14	—	75	368	26.28	—	2	6
M.A.Jones (Scot)	16	16	—	87	385	27.50	—	3	4
M.W.Jones (Scot)	2	—	—	—	—	—	—	—	3
F.J.Klaassen (Neth)	20	16	8	13	79	9.87	—	—	5
H.G.Munsey (Scot)	70	69	10	191	2630	44.57	3	18	37
S.Snater (Neth)	4	4	1	17*	33	11.00	—	—	1
C.J.Tear (Scot)	20	19	3	80	489	30.56	—	4	5
A.M.Tribe (Jersey)	5	5	1	115*	237	59.25	1	1	2
L.V.van Beek (Neth)	33	32	10	59	477	21.68	—	1	17
T.van der Gugten (Neth)	15	9	2	49	118	16.85	—	—	1
B.T.J.Wheal (Scot)	18	9	3	24	49	8.16	—	—	3

ASSOCIATES – BOWLING

	O	M	R	W	Avge	Best	4wI	R/Over
C.N.Ackermann	120.2	9	534	15	35.60	4-22	1	4.43
B.J.Currie	106.5	9	410	32	12.81	4-26	3	3.83
S.W.Currie	20	3	86	3	28.66	2-16	—	4.30
J.H.Davey	226.5	21	1111	50	22.22	6-28	3	4.89
I.G.Holland	104.4	6	466	19	24.52	3-11	—	4.45
M.W.Jones	17	0	129	4	32.25	3-55	—	7.58
F.J.Klaassen	184.3	12	813	32	25.40	3-23	—	4.40
S.Snater	25	1	188	2	94.00	1-41	—	7.52
A.M.Tribe	4	0	30	0	—	—	—	7.50
L.V.van Beek	285.3	15	1612	46	35.04	4-24	3	5.64
T.van der Gugten	92	11	311	14	22.21	5-24	1	3.38
B.T.J.Wheal	145.3	15	623	27	23.07	3-34	—	4.28

LIMITED-OVERS INTERNATIONALS RESULTS
1970-71 to 2 April 2026

This chart excludes all matches involving multinational teams.

	Opponents	Matches	E	A	SA	WI	NZ	I	P	SL	Z	B	Ire	Afg	Ass	Tied	NR
England	Australia	162	65	92	–	–	–	–	–	–	–	–	–	–	–	2	3
	South Africa	74	31	–	37	–	–	–	–	–	–	–	–	–	–	1	5
	West Indies	111	57	–	–	48	–	–	–	–	–	–	–	–	–	–	6
	New Zealand	99	44	–	–	–	48	–	–	–	–	–	–	–	–	3	4
	India	110	44	–	–	–	–	61	–	–	–	–	–	–	–	2	3
	Pakistan	92	57	–	–	–	–	–	32	–	–	–	–	–	–	–	3
	Sri Lanka	82	40	–	–	–	–	–	–	38	–	–	–	–	–	1	3
	Zimbabwe	30	21	–	–	–	–	–	–	–	8	–	–	–	–	–	1
	Bangladesh	25	20	–	–	–	–	–	–	–	–	5	–	–	–	–	–
	Ireland	15	11	–	–	–	–	–	–	–	–	–	2	–	–	–	2
	Afghanistan	4	2	–	–	–	–	–	–	–	–	–	–	2	–	–	–
	Associates	19	17	–	–	–	–	–	–	–	–	–	–	–	1	–	1
Australia	South Africa	113	–	52	57	–	–	–	–	–	–	–	–	–	–	3	1
	West Indies	146	–	79	–	61	–	–	–	–	–	–	–	–	–	3	3
	New Zealand	142	–	96	–	–	39	–	–	–	–	–	–	–	–	–	7
	India	155	–	86	–	–	–	59	–	–	–	–	–	–	–	–	10
	Pakistan	111	–	71	–	–	–	–	36	–	–	–	–	–	–	1	3
	Sri Lanka	105	–	64	–	–	–	–	–	37	–	–	–	–	–	–	4
	Zimbabwe	33	–	29	–	–	–	–	–	–	3	–	–	–	–	–	1
	Bangladesh	22	–	20	–	–	–	–	–	–	–	1	–	–	–	–	1
	Ireland	5	–	4	–	–	–	–	–	–	–	–	0	–	–	–	1
	Afghanistan	5	–	4	–	–	–	–	–	–	–	–	–	0	–	–	1
	Associates	17	–	17	–	–	–	–	–	–	–	–	–	–	0	–	–
S Africa	West Indies	64	–	–	45	16	–	–	–	–	–	–	–	–	–	1	2
	New Zealand	74	–	–	42	–	27	–	–	–	–	–	–	–	–	–	5
	India	97	–	–	52	–	–	42	–	–	–	–	–	–	–	–	3
	Pakistan	90	–	–	53	–	–	–	36	–	–	–	–	–	–	–	1
	Sri Lanka	81	–	–	46	–	–	–	–	33	–	–	–	–	–	1	1
	Zimbabwe	41	–	–	38	–	–	–	–	–	2	–	–	–	–	–	1
	Bangladesh	25	–	–	19	–	–	–	–	–	–	6	–	–	–	–	–
	Ireland	11	–	–	8	–	–	–	–	–	–	–	2	–	–	–	1
	Afghanistan	6	–	–	4	–	–	–	–	–	–	–	–	2	–	–	–
	Associates	22	–	–	20	–	–	–	–	–	–	–	–	–	1	–	1
W Indies	New Zealand	71	–	–	–	31	33	–	–	–	–	–	–	–	–	–	7
	India	142	–	–	–	64	–	72	–	–	–	–	–	–	–	2	4
	Pakistan	140	–	–	–	73	–	–	64	–	–	–	–	–	–	3	–
	Sri Lanka	67	–	–	–	32	–	–	–	32	–	–	–	–	–	–	3
	Zimbabwe	49	–	–	–	36	–	–	–	–	11	–	–	–	–	1	1
	Bangladesh	50	–	–	–	24	–	–	–	–	–	23	–	–	–	1	2
	Ireland	18	–	–	–	12	–	–	–	–	–	–	4	–	–	–	2
	Afghanistan	9	–	–	–	5	–	–	–	–	–	–	–	3	–	–	1
	Associates	30	–	–	–	27	–	–	–	–	–	–	–	–	2	1	–
N Zealand	India	123	–	–	–	–	52	63	–	–	–	–	–	–	–	1	7
	Pakistan	122	–	–	–	–	57	–	61	–	–	–	–	–	–	1	3
	Sri Lanka	108	–	–	–	–	54	–	–	44	–	–	–	–	–	1	9
	Zimbabwe	38	–	–	–	–	27	–	–	–	9	–	–	–	–	–	2
	Bangladesh	46	–	–	–	–	34	–	–	–	–	11	–	–	–	–	1
	Ireland	7	–	–	–	–	7	–	–	–	–	–	0	–	–	–	–
	Afghanistan	3	–	–	–	–	3	–	–	–	–	–	–	0	–	–	–
	Associates	17	–	–	–	–	17	–	–	–	–	–	–	–	0	–	–
India	Pakistan	136	–	–	–	–	–	58	73	–	–	–	–	–	–	–	5
	Sri Lanka	171	–	–	–	–	–	99	–	59	–	–	–	–	–	2	11
	Zimbabwe	66	–	–	–	–	–	54	–	–	10	–	–	–	–	2	–
	Bangladesh	42	–	–	–	–	–	33	–	–	–	8	–	–	–	–	1
	Ireland	3	–	–	–	–	–	3	–	–	–	–	0	–	–	–	–
	Afghanistan	4	–	–	–	–	–	3	–	–	–	–	–	0	–	1	–
	Associates	26	–	–	–	–	–	24	–	–	–	–	–	–	–	1	–

	Opponents	Matches	E	A	SA	WI	NZ	I	P	SL	Z	B	Ire	Afg	Ass	Tied	NR
Pakistan	Sri Lanka	160	–	–	–	–	–	–	96	59	–	–	–	–	–	1	4
	Zimbabwe	65	–	–	–	–	–	–	56	–	5	–	–	–	–	2	2
	Bangladesh	39	–	–	–	–	–	–	34	–	–	5	–	–	–	–	–
	Ireland	7	–	–	–	–	–	–	5	–	–	–	1	–	1	–	–
	Afghanistan	8	–	–	–	–	–	–	7	–	–	–	–	1	–	–	–
	Associates	26	–	–	–	–	–	–	26	–	–	–	–	–	0	–	–
Sri Lanka	Zimbabwe	66	–	–	–	–	–	–	–	51	12	–	–	–	–	–	3
	Bangladesh	60	–	–	–	–	–	–	–	45	–	13	–	–	–	–	2
	Ireland	5	–	–	–	–	–	–	–	5	–	–	0	–	–	–	2
	Afghanistan	15	–	–	–	–	–	–	–	10	–	–	–	4	–	–	1
	Associates	23	–	–	–	–	–	–	–	22	–	–	–	–	1	–	–
Zimbabwe	Bangladesh	81	–	–	–	–	–	–	–	–	30	51	–	–	–	–	–
	Ireland	25	–	–	–	–	–	–	–	–	10	–	11	–	–	1	3
	Afghanistan	31	–	–	–	–	–	–	–	–	10	–	–	20	–	–	1
	Associates	58	–	–	–	–	–	–	–	–	44	–	–	–	11	1	2
Bangladesh	Ireland	16	–	–	–	–	–	–	–	–	–	11	2	–	–	–	3
	Afghanistan	22	–	–	–	–	–	–	–	–	–	11	–	11	–	–	–
	Associates	27	–	–	–	–	–	–	–	–	–	18	–	–	9	–	–
Ireland	Afghanistan	32	–	–	–	–	–	–	–	–	–	–	13	18	–	–	1
	Associates	66	–	–	–	–	–	–	–	–	–	–	48	–	14	1	3
Afghanistan	Associates	42	–	–	–	–	–	–	–	–	–	–	–	28	13	–	1
Associates	Associates	380	–	–	–	–	–	–	–	–	–	–	–	–	366	5	9
		4932	409	614	421	429	398	571	526	435	154	163	83	89	420	47	173

MERIT TABLE OF ALL L-O INTERNATIONALS

	Matches	Won	Lost	Tied	No Result	% Won (exc NR)
Australia	1016	614	358	9	35	62.58
South Africa	698	421	250	6	21	62.18
India	1075	571	450	10	44	55.38
Pakistan	996	526	440	9	21	53.94
England	823	409	374	9	31	51.64
Afghanistan	181	89	85	1	6	50.85
West Indies	897	429	425	12	31	49.53
New Zealand	850	398	401	7	44	49.37
Sri Lanka	943	435	461	6	41	48.22
Ireland	210	83	108	3	16	42.78
Bangladesh	455	163	281	1	10	36.62
Zimbabwe	583	154	405	8	16	27.16
Associate Members (v Full*)	373	54	308	3	8	14.79

* Results of games between two Associate Members and those involving multi-national sides are excluded from this list; Associate Members have participated in 753 LOIs, 380 LOIs being between Associate Members.

TEAM RECORDS

HIGHEST TOTALS
† Batting Second

498-4	(50 overs)	England v Netherlands	Amstelveen	2022
481-6	(50 overs)	England v Australia	Nottingham	2018
444-3	(50 overs)	England v Pakistan	Nottingham	2016
443-9	(50 overs)	Sri Lanka v Netherlands	Amstelveen	2006
439-2	(50 overs)	South Africa v West Indies	Johannesburg	2014-15
438-9†	(49.5 overs)	South Africa v Australia	Johannesburg	2005-06
438-4	(50 overs)	South Africa v India	Mumbai	2015-16
434-4	(50 overs)	Australia v South Africa	Johannesburg	2005-06

431-2	(50 overs)	Australia v South Africa	Mackay	2025
428-5	(50 overs)	South Africa v Sri Lanka	Delhi	2023-24
418-5	(50 overs)	South Africa v Zimbabwe	Potchefstroom	2006-07
418-5	(50 overs)	India v West Indies	Indore	2011-12
418-6	(50 overs)	England v West Indies	St George's	2018-19
417-6	(50 overs)	Australia v Afghanistan	Perth	2014-15
416-5	(50 overs)	South Africa v Australia	Centurion	2023-24
414-7	(50 overs)	India v Sri Lanka	Rajkot	2009-10
414-5	(50 overs)	England v South Africa	Southampton	2025
413-5	(50 overs)	India v Bermuda	Port of Spain	2006-07
411-8†	(50 overs)	Sri Lanka v India	Rajkot	2009-10
411-4	(50 overs)	South Africa v Ireland	Canberra	2014-15
410-4	(50 overs)	India v Netherlands	Bengaluru	2023-24
409-8	(50 overs)	India v Bangladesh	Chittagong	2022-23
408-5	(50 overs)	South Africa v West Indies	Sydney	2014-15
408-9	(50 overs)	England v New Zealand	Birmingham	2015
408-6	(50 overs)	Zimbabwe v USA	Harare	2023
404-5	(50 overs)	India v Sri Lanka	Kolkata	2014-15
402-2	(50 overs)	New Zealand v Ireland	Aberdeen	2008
401-3	(50 overs)	India v South Africa	Gwalior	2009-10
401-6	(50 overs)	New Zealand v Pakistan	Bengaluru	2023-24
400-8	(50 overs)	England v New Zealand	Birmingham	2025
399-6	(50 overs)	South Africa v Zimbabwe	Benoni	2010-11
399-9	(50 overs)	England v South Africa	Bloemfontein	2015-16
399-1	(50 overs)	Pakistan v Zimbabwe	Bulawayo	2018
399-5	(50 overs)	India v Australia	Indore	2023-24
399-7	(50 overs)	South Africa v England	Mumbai	2023-24
399-8	(50 overs)	Australia v Netherlands	Delhi	2023-24
398-5	(50 overs)	Sri Lanka v Kenya	Kandy	1995-96
398-5	(50 overs)	New Zealand v England	The Oval	2015
397-5	(44 overs)	New Zealand v Zimbabwe	Bulawayo	2005
397-6	(50 overs)	England v Afghanistan	Manchester	2019
397-4	(50 overs)	India v New Zealand	Mumbai	2023-24
393-6	(50 overs)	New Zealand v West Indies	Wellington	2014-15
392-6	(50 overs)	South Africa v Pakistan	Centurion	2006-07
392-4	(50 overs)	India v New Zealand	Christchurch	2008-09
392-4	(50 overs)	India v Sri Lanka	Mohali	2017-18
392-8	(50 overs)	Australia v South Africa	Bloemfontein	2023-24
391-4	(50 overs)	England v Bangladesh	Nottingham	2005
390-5	(50 overs)	India v Sri Lanka	Karyavattom	2022-23
389	(48 overs)	West Indies v England	St George's	2018-19
389-4	(50 overs)	Australia v India	Sydney	2020-21

The highest score for Ireland is 359-9 (v NZ, Dublin, 2022), for Bangladesh is 349-6 (v Ire, Sylhet, 2022-23) and for Afghanistan is 339-6 (v SL, Pallekele, 2023-24).

HIGHEST MATCH AGGREGATES

872-13	(99.5 overs)	South Africa v Australia	Johannesburg	2005-06
825-15	(100 overs)	India v Sri Lanka	Rajkot	2009-10
807-16	(98 overs)	West Indies v England	St George's	2018-19

LARGEST RUNS MARGINS OF VICTORY

342 runs		England beat South Africa	Southampton	2025
317 runs		India beat Sri Lanka	Karyavattom	2022-23
309 runs		Australia beat Netherlands	Delhi	2023-24
304 runs		Zimbabwe beat USA	Harare	2023
302 runs		India beat Sri Lanka	Mumbai	2023-24
290 runs		New Zealand beat Ireland	Aberdeen	2008
276 runs		Australia beat South Africa	Mackay	2025

275 runs	Australia beat Afghanistan	Perth	2014-15
272 runs	South Africa beat Zimbabwe	Benoni	2010-11
258 runs	South Africa beat Sri Lanka	Paarl	2011-12
257 runs	India beat Bermuda	Port of Spain	2006-07
257 runs	South Africa beat West Indies	Sydney	2014-15
256 runs	Australia beat Namibia	Potchefstroom	2002-03
256 runs	India beat Hong Kong	Karachi	2008
255 runs	Pakistan beat Ireland	Dublin	2016
245 runs	Sri Lanka beat India	Sharjah	2000-01
244 runs	Pakistan beat Zimbabwe	Bulawayo	2018
243 runs	Sri Lanka beat Bermuda	Port of Spain	2006-07
243 runs	India beat South Africa	Kolkata	2023-24
243 runs	USA beat UAE	Dubai (DCS)	2025-26
242 runs	England beat Australia	Nottingham	2018

LOWEST TOTALS (Excluding reduced innings)

35	(18.0 overs)	Zimbabwe v Sri Lanka	Harare	2003-04
35	(12.0 overs)	USA v Nepal	Kirtipur	2019-20
36	(18.4 overs)	Canada v Sri Lanka	Paarl	2002-03
38	(15.4 overs)	Zimbabwe v Sri Lanka	Colombo (SSC)	2001-02
43	(19.5 overs)	Pakistan v West Indies	Cape Town	1992-93
43	(20.1 overs)	Sri Lanka v South Africa	Paarl	2011-12
44	(24.5 overs)	Zimbabwe v Bangladesh	Chittagong	2009-10
45	(40.3 overs)	Canada v England	Manchester	1979
45	(14.0 overs)	Namibia v Australia	Potchefstroom	2002-03
49	(22.1 overs)	UAE v USA	Dubai (DCS)	2025-26
50	(15.2 overs)	Sri Lanka v India	Colombo (RPS)	2023-24
54	(26.3 overs)	India v Sri Lanka	Sharjah	2000-01
54	(23.2 overs)	West Indies v South Africa	Cape Town	2003-04
54	(13.5 overs)	Zimbabwe v Afghanistan	Harare	2016-17
54	(17.5 overs)	Zimbabwe v Afghanistan	Harare	2024-25
55	(28.3 overs)	Sri Lanka v West Indies	Sharjah	1986-87
55	(19.4 overs)	Sri Lanka v India	Mumbai	2023-24
58	(18.5 overs)	Bangladesh v West Indies	Mirpur	2010-11
58	(17.4 overs)	Bangladesh v India	Mirpur	2014
58	(16.1 overs)	Afghanistan v Zimbabwe	Sharjah	2015-16
59	(19.2 overs)	Afghanistan v Pakistan	Hambantota	2023
61	(22.0 overs)	West Indies v Bangladesh	Chittagong	2011-12
63	(25.5 overs)	India v Australia	Sydney	1980-81
63	(18.3 overs)	Afghanistan v Scotland	Abu Dhabi	2014-15
64	(35.5 overs)	New Zealand v Pakistan	Sharjah	1985-86
65	(24.0 overs)	USA v Australia	Southampton	2004
65	(24.3 overs)	Zimbabwe v India	Harare	2005
65	(25.3 overs)	Oman v USA	Al Amerat	2024-25
67	(31.0 overs)	Zimbabwe v Sri Lanka	Harare	2008-09
67	(24.4 overs)	Canada v Netherlands	King City	2013
67	(24.0 overs)	Sri Lanka v England	Manchester	2014
67	(25.0 overs)	Zimbabwe v Pakistan	Bulawayo	2018
68	(31.3 overs)	Scotland v West Indies	Leicester	1999
69	(28.0 overs)	South Africa v Australia	Sydney	1993-94
69	(22.5 overs)	Zimbabwe v Kenya	Harare	2005-06
69	(23.5 overs)	Kenya v New Zealand	Chennai	2010-11
70	(25.2 overs)	Australia v England	Birmingham	1977
70	(26.3 overs)	Australia v New Zealand	Adelaide	1985-86
70	(23.5 overs)	West Indies v Australia	Perth	2012-13
70	(24.4 overs)	Bangladesh v West Indies	St George's	2014
70	(24.4 overs)	Zimbabwe v Sri Lanka	Pallekele	2021-22

The lowest for England is 86 (v A, Manchester, 2001) and for Ireland is 77 (v SL, St George's, 2007).

LOWEST MATCH AGGREGATES

71-12 (17.2 overs)	USA (35) v Nepal (36-2)	Kirtipur	2019-20
73-11 (23.2 overs)	Canada (36) v Sri Lanka (37-1)	Paarl	2002-03
75-11 (27.2 overs)	Zimbabwe (35) v Sri Lanka (40-1)	Harare	2003-04
78-11 (20.0 overs)	Zimbabwe (38) v Sri Lanka (40-1)	Colombo (SSC)	2001-02

BATTING RECORDS
6500 RUNS IN A CAREER

		LOI	I	NO	HS	Runs	Avge	100	50
S.R.Tendulkar	I	463	452	41	200*	**18426**	44.83	49	96
V.Kohli	I	311	299	47	183	**14797**	58.11	54	77
K.C.Sangakkara	SL/Asia/ICC	404	380	41	169	**14234**	41.98	25	93
R.T.Ponting	A/ICC	375	365	39	164	**13704**	42.03	30	82
S.T.Jayasuriya	SL/Asia	445	433	18	189	**13430**	32.36	28	68
D.P.M.D.Jayawardena	SL/Asia	448	418	39	144	**12650**	33.37	19	77
Inzamam-ul-Haq	P/Asia	378	350	53	137*	**11739**	39.52	10	83
J.H.Kallis	SA/Afr/ICC	328	314	53	139	**11579**	44.36	17	86
R.G.Sharma	I	282	274	37	264	**11577**	48.84	33	61
S.C.Ganguly	I/Asia	311	300	23	183	**11363**	41.02	22	72
R.S.Dravid	I/Asia/ICC	344	318	40	153	**10889**	39.16	12	83
M.S.Dhoni	I/Asia	350	297	84	183*	**10773**	50.57	10	73
C.H.Gayle	WI/ICC	301	294	17	215	**10480**	37.83	25	54
B.C.Lara	WI/ICC	299	289	32	169	**10405**	40.48	19	63
T.M.Dilshan	SL	330	303	41	161*	**10290**	39.27	22	47
Mohammad Yousuf	P/Asia	288	272	40	141*	**9720**	41.71	15	64
A.C.Gilchrist	A/ICC	287	279	11	172	**9619**	35.89	16	55
A.B.de Villiers	SA/Afr	228	218	39	176	**9577**	53.50	25	53
M.Azharuddin	I	334	308	54	153*	**9378**	36.92	7	58
P.A.de Silva	SL	308	296	30	145	**9284**	34.90	11	64
Saeed Anwar	P	247	244	19	194	**8824**	39.21	20	43
S.Chanderpaul	WI	268	251	40	150	**8778**	41.60	11	59
Yuvraj Singh	I/Asia	304	278	40	150	**8701**	36.55	14	52
D.L.Haynes	WI	238	237	28	152*	**8648**	41.37	17	57
L.R.P.L.Taylor	NZ	236	220	39	181*	**8607**	47.55	21	51
M.S.Atapattu	SL	268	259	32	132*	**8529**	37.57	11	59
M.E.Waugh	A	244	236	20	173	**8500**	39.35	18	50
Tamim Iqbal	B	243	240	12	158	**8357**	36.65	14	56
V.Sehwag	I/Asia/ICC	251	245	9	219	**8273**	35.05	15	38
H.M.Amla	SA	181	178	14	159	**8113**	49.46	27	39
H.H.Gibbs	SA	248	240	16	175	**8094**	36.13	21	37
Shahid Afridi	P/Asia/ICC	398	369	27	124	**8064**	23.57	6	39
S.P.Fleming	NZ/ICC	280	269	21	134*	**8037**	32.40	8	49
M.J.Clarke	A	245	223	44	130	**7981**	44.58	8	58
Mushfiqur Rahim	B	274	256	42	144	**7795**	36.42	9	49
E.J.G.Morgan	E/Ire	248	230	34	148	**7701**	39.29	14	47
J.E.Root	E	189	178	25	166*	**7577**	49.52	20	45
Shakib Al Hasan	B	247	234	31	134*	**7570**	37.29	9	56
S.R.Waugh	A	325	288	58	120*	**7569**	32.90	3	45
Shoaib Malik	P	287	258	40	143	**7534**	34.55	9	44
A.Ranatunga	SL	269	255	47	131*	**7456**	35.84	4	49
Javed Miandad	P	233	218	41	119*	**7381**	41.70	8	50
M.J.Guptill	NZ	198	195	19	237*	**7346**	41.73	18	39
K.S.Williamson	NZ	175	167	18	148	**7256**	48.69	15	47
Younus Khan	P	265	255	23	144	**7249**	31.24	7	48
Salim Malik	P	283	256	38	102	**7170**	32.88	5	47
Q.de Kock	SA	161	161	8	178	**7123**	46.55	23	32

N.J.Astle	NZ	223	217	14	145*	**7090**	34.92	16	41
G.C.Smith	SA/Afr	197	194	10	141	**6989**	37.98	10	47
W.U.Tharanga	SL/Asia	235	223	17	174*	**6951**	33.74	15	37
D.A.Warner	A	161	159	6	179	**6932**	45.30	22	33
M.G.Bevan	A	232	196	67	108*	**6912**	53.58	6	46
G.Kirsten	SA	185	185	19	188*	**6798**	40.95	13	45
S.Dhawan	I	167	164	10	143	**6793**	44.11	17	39
A.Flower	Z	213	208	16	145	**6786**	35.34	4	55
I.V.A.Richards	WI	187	167	24	189*	**6721**	47.00	11	45
B.R.M.Taylor	Z	207	205	15	145*	**6704**	35.28	11	39
Mohammad Hafeez	P	218	216	15	140*	**6614**	32.90	11	38
G.W.Flower	Z	221	214	18	142*	**6571**	33.52	6	40
Ijaz Ahmed	P	250	232	29	139*	**6564**	32.33	10	37
A.R.Border	A	273	252	39	127*	**6524**	30.62	3	39
Babar Azam	P	140	137	16	158	**6501**	53.72	20	37

The most runs for Ireland is 6005 by P.R.Stirling (162 innings) and for Afghanistan 4034 by Rahmat Shah (120 innings).

HIGHEST INDIVIDUAL INNINGS

264	R.G.Sharma	India v Sri Lanka	Kolkata	2014-15
237*	M.J.Guptill	New Zealand v West Indies	Wellington	2014-15
219	V.Sehwag	India v West Indies	Indore	2011-12
215	C.H.Gayle	West Indies v Zimbabwe	Canberra	2014-15
210*	Fakhar Zaman	Pakistan v Zimbabwe	Bulawayo	2018
210*	P.N.Silva	Sri Lanka v Afghanistan	Pallekele	2023-24
210	Ishan Kishan	India v Bangladesh	Chittagong	2022-23
209	R.G.Sharma	India v Australia	Bengaluru	2013-14
208*	R.G.Sharma	India v Sri Lanka	Mohali	2017-18
208	S Gill	India v New Zealand	Hyderabad	2022-23
201*	G.J.Maxwell	Australia v Afghanistan	Mumbai	2023-24
200*	S R.Tendulkar	India v South Africa	Gwalior	2009-10
194*	C.K.Coventry	Zimbabwe v Bangladesh	Bulawayo	2009
194	Saeed Anwar	Pakistan v India	Chennai	1996-97
193	Fakhar Zaman	Pakistan v South Africa	Johannesburg	2020-21
191	H.G.Munsey	Scotland v Netherlands	Dundee	2025
189*	I.V.A.Richards	West Indies v England	Manchester	1984
189*	M.J.Guptill	New Zealand v England	Southampton	2013
189	S.T.Jayasuriya	Sri Lanka v India	Sharjah	2000-01
188*	G.Kirsten	South Africa v UAE	Rawalpindi	1995-96
186*	S.R.Tendulkar	India v New Zealand	Hyderabad	1999-00
185*	S.R.Watson	Australia v Bangladesh	Mirpur	2010-11
185	F du Plessis	South Africa v Sri Lanka	Cape Town	2016-17
183*	M.S.Dhoni	India v Sri Lanka	Jaipur	2005-06
183	S.C.Ganguly	India v Sri Lanka	Taunton	1999
183	V.Kohli	India v Pakistan	Mirpur	2011-12
182	B.A.Stokes	England v New Zealand	The Oval	2023
181*	M.L.Hayden	Australia v New Zealand	Hamilton	2006-07
181	L.R.P.L.Taylor	New Zealand v England	Dunedin	2017-18
181	I.V.A.Richards	West Indies v Sri Lanka	Karachi	1987-88
180*	M.J.Guptill	New Zealand v South Africa	Hamilton	2016-17
180*	Fakhar Zaman	Pakistan v New Zealand	Rawalpindi	2023
180	J.L.Roy	England v Australia	Melbourne	2017-18
179	D.A.Warner	Australia v Pakistan	Adelaide	2016-17
179	J.D.Campbell	West Indies v Ireland	Dublin	2019
178*	H Masakadza	Zimbabwe v Kenya	Harare	2009-10
178	D.A.Warner	Australia v Afghanistan	Perth	2014-15

178	Q.de Kock	South Africa v Australia	Centurion	2016-17
177*	J.N.Malan	South Africa v Ireland	Dublin	2021
177*	M.R.Marsh	Australia v Bangladesh	Pune	2023-24
177	P.R.Stirling	Ireland v Canada	Toronto	2010
177	Ibrahim Zadran	Afghanistan v England	Lahore	2024-25
176*	E.Lewis	West Indies v England	The Oval	2017
176	A.B.de Villiers	South Africa v Bangladesh	Paarl	2017-18
176	Liton Das	Bangladesh v Zimbabwe	Sylhet	2019-20
175*	Kapil Dev	India v Zimbabwe	Tunbridge Wells	1983
175	H.H.Gibbs	South Africa v Australia	Johannesburg	2005-06
175	S.R.Tendulkar	India v Australia	Hyderabad	2009-10
175	V.Sehwag	India v Bangladesh	Mirpur	2010-11
175	C.S.MacLeod	Scotland v Canada	Christchurch	2013-14
175	A.K.Markram	South Africa v Netherlands	Johannesburg	2022-23

HUNDRED ON DEBUT

D.L.Amiss	103	England v Australia	Manchester	1972
D.L.Haynes	148	West Indies v Australia	St John's	1977-78
A.Flower	115*	Zimbabwe v Sri Lanka	New Plymouth	1991-92
Salim Elahi	102*	Pakistan v Sri Lanka	Gujranwala	1995-96
M.J.Guptill	122*	New Zealand v West Indies	Auckland	2008-09
C.A.Ingram	124	South Africa v Zimbabwe	Bloemfontein	2010-11
R.J.Nicol	108*	New Zealand v Zimbabwe	Harare	2011-12
P.J.Hughes	112	Australia v Sri Lanka	Melbourne	2012-13
M.J.Lumb	106	England v West Indies	North Sound	2013-14
M.S.Chapman	124*	Hong Kong v UAE	Dubai (ICA)	2015-16
K.L.Rahul	100*	India v Zimbabwe	Harare	2016
T.Bavuma	113	South Africa v Ireland	Benoni	2016-17
Imam-ul-Haq	100	Pakistan v Sri Lanka	Abu Dhabi	2017-18
R.R.Hendricks	102	South Africa v Sri Lanka	Pallekele	2018
Abid Ali	112	Pakistan v Australia	Dubai (DSC)	2018-19
Rahmanullah Gurbaz	127	Afghanistan v Ireland	Abu Dhabi	2020-21
M.M.English	107	Scotland v Namibia	Dundee	2024
A.A.Jangoo	104*	West Indies v Bangladesh	Basseterre	2024-25
M.P.Breetzke	150	South Africa v New Zealand	Lahore	2024-25

Shahid Afridi scored 102 for P v SL, Nairobi, 1996-97, in his second match having not batted in his first.

Fastest 100	31 balls	A.B.de Villiers (149)	SA v WI	Johannesburg	2014-15
Fastest 50	16 balls	A.B.de Villiers (149)	SA v WI	Johannesburg	2014-15
	16 balls	M.W.Forde (58)	WI v Ire	Dublin	2025

16 HUNDREDS

		Inns	100	E	A	SA	WI	NZ	I	P	SL	Z	B	Ire	Afg	Ass
V.Kohli	I	299	54	3	8	7	9	7	–	4	10	1	5	–		
S.R.Tendulkar	I	452	49	2	9	5	4	5	–	5	8	5	1	–	–	5
R.G.Sharma	I	274	33	3	9	3	3	2	–	2	6	1	3	–		
R.T.Ponting	A	365	30*	4	–	2	2	6	6	1	4	1	1	–	–	1
S.T.Jayasuriya	SL	433	28	4	5	–	1	5	7	3	–	1	4	–	–	1
H.M.Amla	SA	178	27	2	1	–	5	2	2	3	5	3	2	1	–	1
A.B.de Villiers	SA	218	25	2	1	–	5	1	6	3	2	3	1	–	–	1
C.H.Gayle	WI	294	25	4	–	3	–	2	6	3	3	3	1	–	–	
K.C.Sangakkara	SL	380	25	4	2	2	–	2	6	2	–	–	5	–	–	2
Q.de Kock	SA	161	23	3	3	–	1	7	2	4	–	2	1	–		
D.A.Warner	A	159	22	2	–	5	2	3	6	1	2	–	1	–	–	
S.C.Ganguly	I	300	22	1	1	3	–	3	–	3	2	4	3	1	–	4

T.M.Dilshan	SL	303	**22**	2	1	2	–	3	4	2	–	2	4	–	1
L.R.P.L.Taylor	NZ	220	**21**	5	2	1	1	–	3	3	2	2	2	–	1
H.H.Gibbs	SA	240	**21**	2	3	–	5	2	2	2	2	1	2	–	1
Babar Azam	P	137	**20**	2	3	1	5	2	–	–	4	2	–	–	1
J.E.Root	E	178	**20**	–	–	3	5	3	3	1	3	–	1	–	1
Saeed Anwar	P	244	**20**	–	1	–	2	4	4	–	7	2	–	–	–
S.D.Hope	WI	143	**19**	2	–	–	–	1	3	2	2	1	3	1	1	2
B.C.Lara	WI	289	**19**	1	3	3	–	2	–	5	2	1	1	–	1
D.P.M.D.Jayawardena	SL	418	**19***	5	–	–	1	3	4	2	–	–	1	–	1	1
M.J.Guptill	NZ	195	**18**	2	1	2	2	–	1	1	2	3	3	1	1
M.E.Waugh	A	236	**18**	1	–	2	3	3	1	1	3	–	1
A.J.Finch	A	142	**17**	7	–	2	–	–	4	2	1	–	–	–	1
S.Dhawan	I	164	**17**	–	4	3	2	–	–	1	4	1	–	1	–	1
D.L.Haynes	WI	237	**17**	2	6	–	–	2	2	4	1	–	–	–	–
J.H.Kallis	SA	314	**17**	1	1	–	4	3	2	1	3	1	–	–	1
N.J.Astle	NZ	217	**16**	2	1	1	1	–	5	2	–	3	–	–	1
A.C.Gilchrist	A	279	**16***	2	–	–	2	–	2	1	1	6	1	–	–

* = Includes hundred scored against multi-national side.
The most for Zimbabwe is 11 by B.R.M.Taylor (205 innings), for Bangladesh 14 by Tamim Iqbal (240), for Ireland 14 by P.R.Stirling (162), and for Afghanistan 8 by Rahmanullah Gurbaz (52).

HIGHEST PARTNERSHIP FOR EACH WICKET

1st	365	J.D.Campbell/S.D.Hope	West Indies v Ireland Dublin	2019
2nd	372	C.H.Gayle/M.N.Samuels	West Indies v Zimbabwe Canberra	2014-15
3rd	258	D.M.Bravo/D.Ramdin	West Indies v Bangladesh Basseterre	2014
4th	275*	M.Azharuddin/A.D.Jadeja	India v Zimbabwe Cuttack	1997-98
5th	256*	D.A.Miller/J.P.Duminy	South Africa v Zimbabwe Hamilton	2014-15
6th	267*	G.D.Elliott/L.Ronchi	New Zealand v Sri Lanka Dunedin	2014-15
7th	177	J.C.Buttler/A.U.Rashid	England v New Zealand Birmingham	2015
8th	202*	G.J.Maxwell/P.J.Cummins	Australia v Afghanistan Mumbai	2023-24
9th	132	A.D.Mathews/S.L.Malinga	Sri Lanka v Australia Melbourne	2010-11
10th	106*	I.V.A.Richards/M.A.Holding	West Indies v England Manchester	1984

BOWLING RECORDS
200 WICKETS IN A CAREER

		LOI	Balls	R	W	Avge	Best	5w	R/Over
M.Muralitharan	SL/Asia/ICC	350	18811	12326	534	23.08	7-30	10	3.93
Wasim Akram	P	356	18186	11812	502	23.52	5-15	6	3.89
Waqar Younis	P	262	12698	9919	416	23.84	7-36	13	4.68
W.P.J.U.C.Vaas	SL/Asia	322	15775	11014	400	27.53	8-19	4	4.18
Shahid Afridi	P/Asia/ICC	398	17620	13632	395	34.51	7-12	9	4.62
S.M.Pollock	SA/Afr/ICC	303	15712	9631	393	24.50	6-35	5	3.67
G.D.McGrath	A/ICC	250	12970	8391	381	22.02	7-15	7	3.88
B.Lee	A	221	11185	8877	380	23.36	5-22	9	4.76
S.L.Malinga	SL	226	10936	9760	338	28.87	6-38	8	5.35
A.Kumble	I/Asia	271	14496	10412	337	30.89	6-12	2	4.30
S.T.Jayasuriya	SL	445	14874	11871	323	36.75	6-29	4	4.78
Shakib Al Hasan	B	247	12575	9360	317	29.52	5-29	4	4.46
J.Srinath	I	229	11935	8847	315	28.08	5-23	3	4.44
D.L.Vettori	NZ/ICC	295	14060	9674	305	31.71	5- 7	2	4.12
S.K.Warne	A/ICC	194	10642	7541	293	25.73	5-33	1	4.25
Saqlain Mushtaq	P	169	8770	6275	288	21.78	5-20	6	4.29
A.B.Agarkar	I	191	9484	8021	288	27.85	6-42	2	5.07
Z.Khan	I/Asia	200	10097	8301	282	29.43	5-42	1	4.93
J.H.Kallis	SA/Afr/ICC	328	10750	8680	273	31.79	5-30	2	4.84

		LOI	Balls	R	W	Avge	Best	5w	R/Over
A.A.Donald	SA	164	8561	5926	272	21.78	6-23	2	4.15
Mashrafe Mortaza	B/Asia	220	10922	8893	270	32.93	6-26	1	4.88
J.M.Anderson	E	194	9584	7861	269	29.22	5-23	2	4.92
Abdul Razzaq	P/Asia	265	10941	8564	269	31.83	6-35	3	4.69
Harbhajan Singh	I/Asia	236	12479	8973	269	33.35	5-31	5	4.31
M.Ntini	SA/ICC	173	8687	6559	266	24.65	6-22	4	4.53
Kapil Dev	I	225	11202	6945	253	27.45	5-43	1	3.72
M.A.Starc	A	130	6638	5826	247	23.59	6-28	9	5.26
Shoaib Akhtar	P/Asia/ICC	163	7764	6169	247	24.97	6-16	4	4.76
A.U.Rashid	E	161	8079	7571	242	31.28	5-27	2	5.62
K.D.Mills	NZ	170	8230	6485	240	27.02	5-25	1	4.72
M.G.Johnson	A	153	7489	6038	239	25.26	6-31	3	4.83
H.H.Streak	Z/Afr	189	9468	7129	239	29.82	5-32	1	4.51
D.Gough	E/ICC	159	8470	6209	235	26.42	5-44	2	4.39
R.A.Jadeja	I	210	10404	8478	232	36.54	5-33	2	4.88
C.A.Walsh	WI	205	10822	6918	227	30.47	5- 1	1	3.83
C.E.L.Ambrose	WI	176	9353	5429	225	24.12	5-17	4	3.48
T.G.Southee	NZ	161	8075	7448	221	33.70	7-33	3	5.53
T.A.Boult	NZ	114	6180	5146	211	24.38	7-34	6	4.99
Rashid Khan	Afg	117	5888	4127	210	19.65	7-18	6	4.20
Abdur Razzak	B	153	7965	6065	207	29.29	5-29	4	4.56
Mohammed Shami	I	108	5326	4955	206	24.05	7-57	6	5.58
C.J.McDermott	A	138	7460	5018	203	24.71	5-44	1	4.03
C.Z.Harris	NZ	250	10667	7613	203	37.50	5-42	1	4.28
C.L.Cairns	NZ/ICC	215	8168	6594	201	32.80	5-42	1	4.84

The most wickets for Ireland is 114 by K.J.O'Brien (153 matches).

BEST FIGURES IN AN INNINGS

8-19	W.P.J.U.C.Vaas	Sri Lanka v Zimbabwe	Colombo (SSC)	2001-02
7-12	Shahid Afridi	Pakistan v West Indies	Providence	2013
7-15	G.D.McGrath	Australia v Namibia	Potchefstroom	2002-03
7-18	Rashid Khan	Afghanistan v West Indies	Gros Islet	2017
7-19	P.W.H.de Silva	Sri Lanka v Zimbabwe	Colombo (RPS)	2023-24
7-20	A.J.Bichel	Australia v England	Port Elizabeth	2002-03
7-21	C.A.A.Cassell	Scotland v Oman	Dundee	2024
7-30	M.Muralitharan	Sri Lanka v India	Sharjah	2000-01
7-32	Ali Khan	USA v Jersey	Windhoek	2022-23
7-33	T.G.Southee	New Zealand v England	Wellington	2014-15
7-34	T.A.Boult	New Zealand v West Indies	Christchurch	2017-18
7-36	Waqar Younis	Pakistan v England	Leeds	2001
7-37	Aqib Javed	Pakistan v India	Sharjah	1991-92
7-45	Imran Tahir	South Africa v West Indies	Basseterre	2016
7-51	W.W.Davis	West Indies v Australia	Leeds	1983
7-57	Mohammed Shami	India v New Zealand	Mumbai	2023-24
6- 4	S.T.R.Binny	India v Bangladesh	Mirpur	2014
6-11	S.Lamichhane	Nepal v PNG	Al Amerat	2021
6-12	A.Kumble	India v West Indies	Calcutta	1993-94
6-13	B.A.W.Mendis	Sri Lanka v India	Karachi	2008
6-14	G.J.Gilmour	Australia v England	Leeds	1975
6-14	Imran Khan	Pakistan v India	Sharjah	1984-85
6-14	M.F.Maharoof	Sri Lanka v West Indies	Mumbai (BS)	2006-07
6-15	C.E.H.Croft	West Indies v England	Kingstown	1980-81
6-16	Shoaib Akhtar	Pakistan v New Zealand	Karachi	2001-02
6-16	K.Rabada	South Africa v Bangladesh	Mirpur	2015
6-16	S.Lamichhane	Nepal v USA	Kirtipur	2019-20

6-18	Azhar Mahmood	Pakistan v West Indies	Sharjah	1999-00
6-18	J.N.T.Seales	West Indies v Pakistan	Tarouba	2025
6-19	H.K.Olonga	Zimbabwe v England	Cape Town	1999-00
6-19	S.E.Bond	New Zealand v Zimbabwe	Bulawayo	2005
6-19	J.J.Bumrah	India v England	The Oval	2022
6-20	B.C.Strang	Zimbabwe v Bangladesh	Nairobi	1997-98
6-20	A.D.Mathews	Sri Lanka v India	Colombo (RPS)	2009-10
6-21	M.Siraj	India v Sri Lanka	Colombo (RPS)	2023-24
6-22	F.H.Edwards	West Indies v Zimbabwe	Harare	2003-04
6-22	M.Ntini	South Africa v Australia	Cape Town	2005-06
6-23	A.A.Donald	South Africa v Kenya	Nairobi	1996-97
6-23	A.Nehra	India v England	Durban	2002-03
6-23	S.E.Bond	New Zealand v Australia	Port Elizabeth	2002-03
6-24	Imran Tahir	South Africa v Zimbabwe	Bloemfontein	2018-19
6-24	F.J.W.Topley	England v India	Lord's	2022
6-24	F.W.H.de Silva	Sri Lanka v UAE	Bulawayo	2023
6-25	S.B.Styris	New Zealand v West Indies	Port of Spain	2002
6-25	W.P.J.U.C.Vaas	Sri Lanka v Bangladesh	Pietermaritzburg	2002-03
6-25	K.Yadav	India v England	Nottingham	2018
6-26	Waqar Younis	Pakistan v Sri Lanka	Sharjah	1989-90
6-26	Mashrafe Mortaza	Bangladesh v Kenya	Nairobi	2006
6-26	Rubel Hossain	Bangladesh v New Zealand	Mirpur	2013-14
6-26	Yasir Shah	Pakistan v Zimbabwe	Harare	2015-16
6-26	Allah Ghazanfar	Afghanistan v Bangladesh	Sharjah	2024-25

The best figures for Ireland are 6-36 by J.B.Little (v Z, Harare, 2023-24).

HAT-TRICKS BY ENGLAND BOWLERS

J.M.Anderson	England v Pakistan	The Oval	2003
S.J.Harmison	England v India	Nottingham	2004
A.Flintoff	England v West Indies	St Lucia	2008-09
S.T.Finn	England v Australia	Melbourne	2014-15

WICKET-KEEPING RECORDS
200 DISMISSALS IN A CAREER

Total			LOI	Ct	St
482†‡	K.C.Sangakkara	Sri Lanka/Asia/ICC	360	384	98
472‡	A.C.Gilchrist	Australia/ICC	287	417	55
444	M.S.Dhoni	India/Asia	350	321	123
424	M.V.Boucher	South Africa/Africa	295	402	22
297	Mushfiqur Rahim	Bangladesh	259	241	56
287‡	Moin Khan	Pakistan	219	214	73
271†‡	J.C.Buttler	England	199	232	39
242†‡	B.B.McCullum	New Zealand	185	227	15
233	I.A.Healy	Australia	168	194	39
231	Q.de Kock	South Africa	161	213	18
220‡	Rashid Latif	Pakistan	166	182	38
206‡	R.S.Kaluwitharana	Sri Lanka	187	131	75
204‡	P.J.L.Dujon	West Indies	169	183	21

† *Excluding catches taken in the field.* ‡ *Excluding matches when not wicket-keeper.*
The most for Zimbabwe is 165 by A.Flower (213 matches), for Ireland 96 by N.J.O'Brien (103), and for Afghanistan 88 by Mohammad Shahzad (84).

SIX DISMISSALS IN AN INNINGS

6	(6ct)	A.C.Gilchrist	Australia v South Africa	Cape Town	1999-00
6	(6ct)	A.J.Stewart	England v Zimbabwe	Manchester	2000
6	(5ct/1st)	R.D.Jacobs	West Indies v Sri Lanka	Colombo (RPS)	2001-02
6	(5ct/1st)	A.C.Gilchrist	Australia v England	Sydney	2002-03
6	(6ct)	A.C.Gilchrist	Australia v Namibia	Potchefstroom	2002-03
6	(6ct)	A.C.Gilchrist	Australia v Sri Lanka	Colombo (RPS)	2003-04
6	(6ct)	M.V.Boucher	South Africa v Pakistan	Cape Town	2006-07
6	(5ct/1st)	M.S.Dhoni	India v England	Leeds	2007
6	(6ct)	A.C.Gilchrist	Australia v India	Vadodara	2007-08
6	(5ct/1st)	A.C.Gilchrist	Australia v India	Sydney	2007-08
6	(6ct)	M.J.Prior	England v South Africa	Nottingham	2008
6	(6ct)	J.C.Buttler	England v South Africa	The Oval	2013
6	(6ct)	M.H.Cross	Scotland v Canada	Christchurch	2013-14
6	(5ct/1st)	Q.de Kock	South Africa v New Zealand	Mt Maunganui	2014-15
6	(6ct)	Sarfraz Ahmed	Pakistan v South Africa	Auckland	2014-15
6	(6ct)	Q.de Kock	South Africa v Afghanistan	Ahmedabad	2023-24
6	(6ct)	Mohammad Rizwan	Pakistan v Australia	Adelaide	2024-25
6	(5ct/1st)	S.K.Patel	USA v UAE	Dubai (DCS)	2025-26

FIELDING RECORDS
100 CATCHES IN A CAREER

Total			Inns	Total			Inns
218	D.P.M.D.Jayawardena	Sri Lanka/Asia	448	118	T.M.Dilshan	Sri Lanka	327
167	V.Kohli	India	308	113	Inzamam-ul-Haq	Pakistan/Asia	378
160	R.T.Ponting	Australia/ICC	375	111	S.R.Waugh	Australia	325
156	M.Azharuddin	India	334	109	R.S.Mahanama	Sri Lanka	213
142	L.R.P.L.Taylor	New Zealand	236	108	P.D.Collingwood	England	197
140	S.R.Tendulkar	India	463	108	M.E.Waugh	Australia	244
133	S.P.Fleming	New Zealand/ICC	280	108	H.H.Gibbs	South Africa	248
131	J.H.Kallis	South Africa/Africa/ICC	328	108	S.M.Pollock	South Africa/Africa/ICC	303
130	Younus Khan	Pakistan	262	106	M.J.Clarke	Australia	245
130	M.Muralitharan	Sri Lanka/Asia/ICC	350	105	M.E.K.Hussey	Australia	185
127	A.R.Border	Australia	273	105	G.C.Smith	South Africa/Africa	197
127	Shahid Afridi	Pakistan/Asia/ICC	398	105	J.N.Rhodes	South Africa	245
124	R.S.Dravid	India/Asia/ICC	271	104	M.J.Guptill	New Zealand	198
124	C.H.Gayle	West Indies/ICC	301	103	R.G.Sharma	India	280
123	S.T.Jayasuriya	Sri Lanka/Asia	445	102	S.K.Raina	India	226
120	C.L.Hooper	West Indies	227	101	I.V.A.Richards	West Indies	187
120	B.C.Lara	West Indies/ICC	299	100	S.C.Ganguly	India/Asia	311

The most for Zimbabwe is 86 by G.W.Flower (220), for Bangladesh 82 by Mahmudullah (238), for Ireland 68 by W.T.S.Porterfield (141), and for Afghanistan 85 by Mohammad Nabi (173).

FIVE CATCHES IN AN INNINGS

5	J.N.Rhodes	South Africa v West Indies	Bombay (BS)	1993-94
5	H.C.Brook	England v West Indies	Birmingham	2025

APPEARANCE RECORDS
250 MATCHES

463	S.R.Tendulkar	India		375	R.T.Ponting	Australia/ICC
448	D.P.M.D.Jayawardena	Sri Lanka/Asia		356	Wasim Akram	Pakistan
445	S.T.Jayasuriya	Sri Lanka/Asia		350	M.S.Dhoni	India/Asia
404	K.C.Sangakkara	Sri Lanka/Asia/ICC		350	M.Muralitharan	Sri Lanka/Asia/ICC
398	Shahid Afridi	Pakistan/Asia/ICC		344	R.S.Dravid	India/Asia/ICC
378	Inzamam-ul-Haq	Pakistan/Asia		334	M.Azharuddin	India

330	T.M.Dilshan	Sri Lanka	282	R.G.Sharma	India
328	J.H.Kallis	South Africa/Africa/ICC	280	S.P.Fleming	New Zealand/ICC
325	S.R.Waugh	Australia	274	Mushfiqur Rahim	Bangladesh
322	W.P.J.U.C.Vaas	Sri Lanka/Asia	273	A.R.Border	Australia
311	S.C.Ganguly	India/Asia	271	A.Kumble	India/Asia
311	V.Kohli	India	269	A.Ranatunga	Sri Lanka
308	P.A.de Silva	Sri Lanka	268	M.S.Atapattu	Sri Lanka
304	Yuvraj Singh	India/Asia	268	S.Chanderpaul	West Indies
303	S.M.Pollock	South Africa/Africa/ICC	268	Abdul Razzaq	Pakistan/Asia
301	C.H.Gayle	West Indies/ICC	265	Younus Khan	Pakistan
299	B.C.Lara	West Indies/ICC	262	Waqar Younis	Pakistan
295	M.V.Boucher	South Africa/Africa	260	B.B.McCullum	New Zealand
295	D.L.Vettori	New Zealand/ICC	251	V.Sehwag	India/Asia/ICC
288	Mohammad Yousuf	Pakistan/Asia	250	C.Z.Harris	New Zealand
287	A.C.Gilchrist	Australia/ICC	250	Ijaz Ahmed	Pakistan
287	Shoaib Malik	Pakistan	250	G.D.McGrath	Australia/ICC
281	Salim Malik	Pakistan			

The most for England is 225 by E.J.G.Morgan, for Zimbabwe 221 by G.W.Flower, for Ireland 170 by P.R.Stirling, and for Afghanistan 176 by Mohammad Nabi.

The most consecutive appearances is 185 by S.R.Tendulkar for India (Apr 1990-Apr 1998).

100 MATCHES AS CAPTAIN

			W	L	T	NR	% Won (exc NR)
230	R.T.Ponting	Australia/ICC	165	51	2	12	75.68
218	S.P.Fleming	New Zealand	98	106	1	13	47.80
200	M.S.Dhoni	India	110	74	5	11	58.20
193	A.Ranatunga	Sri Lanka	89	95	1	8	48.10
178	A.R.Border	Australia	107	67	1	3	61.14
174	M.Azharuddin	India	90	76	2	6	53.57
150	G.C.Smith	South Africa/Africa	92	51	1	6	63.88
147	S.C.Ganguly	India/Asia	76	66	–	5	53.52
139	Imran Khan	Pakistan	75	59	1	4	55.55
138	W.J.Cronje	South Africa	99	35	1	3	73.33
129	D.F.M.D.Jayawardena	Sri Lanka	71	49	1	8	58.67
126	E.J.G.Morgan	England	76	40	2	8	64.40
125	B.C.Lara	West Indies	59	59	–	7	50.42
118	S.T.Jayasuriya	Sri Lanka	66	47	2	3	57.39
113	W.T.S.Porterfield	Ireland	50	55	2	6	46.72
109	Wasim Akram	Pakistan	66	41	2	–	60.55
106	A.D.Mathews	Sri Lanka	49	51	1	5	48.51
106	S.R.Waugh	Australia	67	35	3	1	63.80
105	I.V.A.Richards	West Indies	67	36	–	2	65.04
103	A.B.de Villiers	South Africa	59	39	1	4	59.59

The most for Zimbabwe is 86 by A.D.R.Campbell, for Bangladesh 88 by Mashrafe Mortaza, and for Afghanistan 59 by Asghar Afghan.

150 LOI UMPIRING APPEARANCES

231	Aleem Dar	Pakistan	16 02.2000	to	05.07.2023
209	R.E.Koertzen	South Africa	09 12.1992	to	09.06.2010
200	B.F.Bowden	New Zealand	23 03.1995	to	06.02.2016
181	S.A.Bucknor	West Indies	18 03.1989	to	29.03.2009
174	D.J Harper	Australia	14 01.1994	to	19.03.2011
174	S.J.A.Taufel	Australia	13 01.1999	to	02.09.2012
172	D.R.Shepherd	England	09 06.1983	to	12.07.2005
154	R.B.Tiffin	Zimbabwe	25 10.1992	to	22.07.2018

ICC MEN'S T20 WORLD CUP 2026

The tenth ICC Men's T20 World Cup was held in India and Sri Lanka between 7 February and 8 March.

GROUP A

Team	P	W	L	T	NR	Pts	Net RR
1 India	4	4	–	–	–	8	+2.50
2 Pakistan	4	3	1	–	–	6	+0.97
3 United States	4	2	2	–	–	4	+0.78
4 Netherlands	4	1	3	–	–	2	–1.21
5 Namibia	4	–	4	–	–	0	–3.10

GROUP B

Team	P	W	L	T	NR	Pts	Net RR
1 Zimbabwe	4	3	–	–	1	7	+1.50
2 Sri Lanka	4	3	1	–	–	6	+1.74
3 Australia	4	2	2	–	–	4	+1.52
4 Ireland	4	1	2	–	1	3	+0.15
5 Oman	4	–	4	–	–	0	–4.84

GROUP C

Team	P	W	L	T	NR	Pts	Net RR
1 West Indies	4	4	–	–	–	8	+1.87
2 England	4	3	1	–	–	6	+0.20
3 Scotland	4	1	3	–	–	2	+0.18
4 Italy	4	1	3	–	–	2	–1.02
5 Nepal	4	1	3	–	–	2	–1.34

GROUP D

Team	P	W	L	T	NR	Pts	Net RR
1 South Africa	4	4	–	–	–	8	+1.94
2 New Zealand	4	3	1	–	–	6	+1.22
3 Afghanistan	4	2	2	–	–	4	+0.88
4 United Arab Emirates	4	1	3	–	–	2	–1.36
5 Canada	4	–	4	–	–	0	–2.42

SUPER EIGHTS, GROUP 1

Team	P	W	L	T	NR	Pts	Net RR
1 South Africa	3	3	–	–	–	6	+2.25
2 India	3	2	1	–	–	4	+0.10
3 West Indies	3	1	2	–	–	2	+0.99
4 Zimbabwe	3	–	3	–	–	0	–3.41

SUPER EIGHTS, GROUP 2

Team	P	W	L	T	NR	Pts	Net RR
1 England	3	3	–	–	–	6	+1.09
2 New Zealand	3	1	1	–	1	3	+1.39
3 Pakistan	3	1	1	–	1	3	–0.12
4 Sri Lanka	3	–	3	–	–	0	–1.95

Semi-final: Eden Gardens, Kolkata, 4 March. Toss: New Zealand. **NEW ZEALAND** won by nine wickets. South Africa 169-8 (20; M.Jansen 55). New Zealand 173-1 (12.5; F.H.Allen 100*, T.L.Seifert 58). Award: F.H.Allen (100 in 33 balls, fastest in World Cup history).

Semi-final: Wankhede Stadium, Mumbai, 5 March. Toss: England. **INDIA** won by 7 runs. India 253-7 (20; S.V.Samson 89, S.R.Dubey 43). England 246-7 (20; J.G.Bethell 105). Award: S.V.Samson.

FINAL: Narendra Modi Stadium, Ahmedabad, 8 March. Toss: India. **INDIA** won by 96 runs. India 255-5 (20; S.V.Samson 89, I.P.Kishan 54, A.Sharma 52, J.D.S.Neesham 3-46). New Zealand 159 (19; T.L.Seifert 52, M.J.Santner 43, J.J.Bumrah 4-15, A.R.Patel 3-27). Award: J.J.Bumrah. Series award: S.V.Samson.

ICC MEN'S TWENTY20 WORLD CUP WINNERS

2007-08	India	2013-14	Sri Lanka	2024	India
2009	Pakistan	2015-16	West Indies	2025-26	India
2010	England	2021-22	Australia		
2012-13	West Indies	2022-23	England		

Statistical Highlights in ICC Men's T20 World Cup 2025-26

Highest total	256-4	India v Zimbabwe	Chennai
Biggest victory (runs)	107	West Indies beat Zimbabwe	Mumbai
Biggest victory (wkts)	10	New Zealand beat UAE	Chennai
	10	Italy beat Nepal	Mumbai
Biggest victory (balls)	62	Australia beat Oman	Pallekele
Most runs	383 (ave 76.60)	Sahibzada Farhan (Pakistan)	
Highest innings	110	Y.S.Samra	Canada v New Zealand	Chennai
Most sixes (inns)	8	M.D.Shanaka	Sri Lanka v Pakistan	Pallekele
	8	F.H.Allen	New Zealand v South Africa	Kolkata
	8	S.V.Samson	India v New Zealand	Ahmedabad
Highest partnership	176	S.Farhan/Fakhar Zaman	Pakistan v Sri Lanka	Pallekele
Most wickets	14 (ave 12.42)	J.J.Bumrah (India)	
	14 (ave 20.50)	C.V.Varun (India)	
Best bowling	5-20	R.Shepherd	West Indies v Scotland	Kolkata
Most economical	4-0-7-4	Mohammad Nabi	Afghanistan v Canada	Chennai
Most expensive	4-0-65-0	S.N.Netravalkar	USA v India	Mumbai
Most w/k dismissals	10	Usman Khan (Pakistan)	
Most catches	11	G.D.Phillips (New Zealand)	

Overall ICC Men's T20 World Cup Records 2007-08 to 2025-26

Highest total	260-6	Sri Lanka v Kenya		Johannesburg 2007-08
Biggest victory (runs)	172	Sri Lanka beat Kenya		Johannesburg 2007-08
Biggest victory (balls)	101	England beat Oman		North Sound 2024
Most runs	1292 (ave 58.72)	V.Kohli (India)		
Highest innings	123	B.B.McCullum	New Zealand v Bangladesh	Pallekele 2012-13
Fastest hundred	33 balls	F.H.Allen (100*)	New Zealand v S Africa	Kolkata 2025-26
Most sixes (inns)	11	C.H.Gayle	West Indies v England	Mumbai 2015-16
Highest partnership	176	S.Farhan/Fakhar Zaman	Pakistan v Sri Lanka	Pallekele 2025-26
Most wickets	50 (ave 20.12)	Shakib Al Hasan (Bangladesh)		
Best bowling	6-8	B.A.W.Mendis	Sri Lanka v Zimbabwe	Hambantota 2012-13
Most economical	4-4-0-3	L.H.Ferguson	New Zealand v PNG	Tarouba 2024
Most expensive	4-0-65-0	S.N.Netravalkar	USA v India	Mumbai 2025-26
Most w/k dismissals	39	Q.de Kock (South Africa)		
Most w/k dismissals (inns)	4	This feat has been achieved 13 times		
Most catches	25	D.A.Warner (Australia)		
Most catches (inns)	4	This feat has been achieved five times		
Most appearances	47	R.G.Sharma (India)		

ENGLAND TWENTY20 INTERNATIONALS CAREER RECORDS

These records, complete to 2 April 2026, include all players registered for county cricket for the 2026 season at the time of going to press.

BATTING AND FIELDING

	M	I	NO	HS	Runs	Avge	100	50	Ct/St
R.Ahmed	13	9	4	19*	74	14.80	–	–	2
M.M.Ali	92	75	17	72*	1229	21.18	–	7	22
J.M.Anderson	19	4	3	1*	1	1.00	–	–	3
J.C.Archer	45	18	8	21	114	11.40	–	–	14
A.A.P.Atkinson	4	2	1	8*	10	10.00	–	–	1
J.M.Bairstow	80	72	16	90	1671	29.83	–	10	46/1
S.Baker	1	–	–	–	–	–	–	–	–
J.T.Ball	2	–	–	–	–	–	–	–	1
T.Banton	35	32	5	73	696	25.77	–	4	24
J.G.Bethell	31	29	5	105	697	29.04	1	3	15
S.W.Billings†	36	32	5	87	474	17.55	–	2	17/2
R.S.Bopara	38	35	10	65*	711	28.44	–	3	7
S.G.Borthwick	1	1	–	14	14	14.00	–	–	1
D.R.Briggs	7	1	1	0*	0	–	–	–	1
H.C.Brook	63	55	12	100	1303	30.30	1	6	36
P.R.Brown	4	1	1	4*	4	–	–	–	2
J.C.Buttler	155	143	23	101*	4037	33.64	1	28	89/19
B.A.Carse	14	8	3	31	46	9.20	–	–	7
J.M.Cox	6	4	–	55	88	22.00	–	1	6
M.S.Crane	2	–	–	–	–	–	–	–	–
S.M.Curran	75	49	15	58	696	20.47	–	2	28
T.K.Curran	30	13	7	14*	64	10.66	–	–	8
L.A.Dawson	32	10	3	34	79	11.28	–	–	9
J.L.Denly	13	12	2	30	125	12.50	–	–	4
B.M.Duckett	21	21	2	84	527	27.73	–	3	13
B.T.Foakes	1	–	–	–	–	–	–	–	1
G.H.S.Garton	1	1	–	2	2	2.00	–	–	–
R.J.Gleeson	6	2	–	2	2	1.00	–	–	4
L.Gregory	9	7	1	15	45	7.50	–	–	–
W.G.Jacks	40	34	6	53*	630	22.50	–	1	16
C.J.Jordan	95	57	25	36	439	13.71	–	–	48
L.S.Livingstone	60	47	9	103	955	25.13	1	2	26
S.Mahmood	19	9	4	12	35	7.00	–	–	2
D.J.Malan	62	60	8	103*	1892	36.38	1	16	22
T.S.Mills†	15	5	2	7	8	2.66	–	–	2
D.R.Mousley	4	1	–	8	8	8.00	–	–	4
J.Overton	24	15	5	19	88	8.80	–	–	15
M.W.Parkinson	6	–	4	5	5	1.25	–	–	1
M.J.Potts	1	–	–	–	–	–	–	–	–
A.U.Rashid	145	44	22	22	163	7.40	–	–	39
J.E.Root	32	30	5	90*	893	35.72	–	5	18
J.J.Roy	64	64	1	78	1522	24.15	–	8	19
P.D.Salt	60	56	6	141*	1717	34.34	4	8	36/2
J.L.Smith	5	5	–	60	130	26.00	–	1	1
B.A.Stokes	43	36	9	52*	585	21.66	–	1	22
O.P.Stone	1	1	–	0	0	0.00	–	–	–
R.J.W.Topley	35	10	8	9	17	8.50	–	–	6
J.A.Turner	2	–	–	–	–	–	–	–	–

	M	I	NO	HS	Runs	Avge	100	50	Ct/St
J.M.Vince	17	17	–	59	463	27.23	–	2	7
D.J.Willey	43	26	11	33*	226	15.06	–	–	17
C.R.Woakes	33	17	8	37	147	16.33	–	–	12
L.Wood	16	2	1	3	4	4.00	–	–	7
M.A.Wood	38	7	5	10*	27	13.50	–	–	5

BOWLING

	O	M	R	W	Avge	Best	4wI	R/Over
R.Ahmed	38	0	361	15	24.06	3-39	–	9.50
M.M.Ali	166.3	1	1384	51	27.13	3-24	–	8.31
J.M.Anderson	70.2	1	552	18	30.66	3-23	–	7.84
J.C.Archer	165.4	3	1377	57	24.15	4-33	1	8.31
A.A.P.Atkinson	10.5	0	122	6	20.33	4-20	1	11.26
S.Baker	4	0	52	0				13.00
J.T.Ball	7	0	83	2	41.50	1-39	–	11.85
J.G.Bethel	15.3	0	135	8	16.87	4-11	1	8.70
R.S.Bopara	53.4	1	387	16	24.18	4-10	1	7.21
S.G.Borthwick	4	0	15	1	15.00	1-15	–	3.75
D.R.Briggs	18	0	199	5	39.80	2-25	–	11.05
P.R.Brown	13	0	128	3	42.66	1-29	–	9.84
B.A.Carse	44.4	0	412	20	20.60	3-23	–	9.22
M.S.Crane	8	0	62	1	62.00	1-38	–	7.75
S.M.Curran	211.3	2	1847	66	27.98	5-10	1	8.73
T.K.Curran	98	1	907	29	31.27	4-36	1	9.25
L.A.Dawson	99.1	0	770	32	24.06	4-20	1	7.76
J.L.Denly	12	0	93	7	13.28	4-19	1	7.75
G.H.S.Garton	4	0	57	1	57.00	1-57	–	14.25
R.J.Gleeson	21	1	187	9	20.77	3-15	–	8.90
L.Gregory	13	0	117	2	58.50	1-10	–	9.00
W.G.Jacks	36	0	312	16	19.50	3-14	–	8.66
C.J.Jordan	325.3	2	2847	108	26.36	4- 6	4	8.74
L.S.Livingstone	96	1	838	33	25.39	3-17	–	8.72
S.Mahmood	63	2	586	21	27.90	4-34	1	9.30
D.J.Malan	2	0	27	1	27.00	1-27	–	13.50
T.S.Mills	53.4	1	474	14	33.85	3-27	–	8.83
D.R.Mousley	9	0	82	2	41.00	2-29	–	9.11
J.Overton	57.5	1	476	26	18.30	3-18	–	8.23
M.W.Parkinson	20	0	198	7	28.28	4-47	1	9.90
M.J.Potts	4	0	48	2	24.00	2-48	–	12.00
A.U.Rashid	506	5	3789	163	23.24	4- 2	4	7.48
J.E.Root	14	0	139	6	23.16	2- 9	–	9.92
B.A.Stokes	102	1	856	26	32.92	3-26	–	8.39
O.P.Stone	4	0	36	0				9.00
R.J.W.Topley	117.4	0	978	33	29.63	3-22	–	8.31
J.A.Turner	6	0	64	1	64.00	1-42	–	10.66
D.J.Willey	144.1	1	1180	51	23.13	4- 7	1	8.18
C.R.Woakes	101.5	0	822	31	26.51	3-19	–	8.07
L.Wood	48	0	427	19	22.47	3-24	–	8.89
M.A.Wood	129.2	1	1093	54	20.24	3- 9	–	8.45

† S.W.Billings and T.S.Mills also played one game for an ICC World XI v West Indies at Lord's in 2018.

INTERNATIONAL TWENTY20 RECORDS

From 1 January 2019, the ICC granted official IT20 status to all 20-over matches between its 105 members. As a result, there has been a vast increase in the number of games played, many featuring very minor nations. In the records that follow, except for the first-ranked record, only those IT20s featuring a nation that has also played a full LOI are listed.

MATCH RESULTS
2004-05 to 8 March 2026

	Opponents	Matches	Won													Tied	NR
			E	A	SA	WI	NZ	I	P	SL	Z	B	Ire	Afg	Ass		
England	Australia	26	12	12	–	–	–	–	–	–	–	–	–	–	–	–	2
	South Africa	28	13	–	14	–	–	–	–	–	–	–	–	–	–	–	1
	West Indies	39	19	–	–	19	–	–	–	–	–	–	–	–	–	–	1
	New Zealand	31	17	–	–	–	10	–	–	–	–	–	–	–	–	1	3
	India	30	12	–	–	–	–	18	–	–	–	–	–	–	–	–	–
	Pakistan	32	21	–	–	–	–	–	9	–	–	–	–	–	–	1	1
	Sri Lanka	18	14	–	–	–	–	–	–	4	–	–	–	–	–	–	–
	Zimbabwe	1	1	–	–	–	–	–	–	–	0	–	–	–	–	–	–
	Bangladesh	4	1	–	–	–	–	–	–	–	–	3	–	–	–	–	–
	Ireland	4	2	–	–	–	–	–	–	–	–	–	1	–	–	–	1
	Afghanistan	3	3	–	–	–	–	–	–	–	–	–	–	0	–	–	–
	Associates	9	6	–	–	–	–	–	–	–	–	–	–	–	2	–	1
Australia	South Africa	28	–	19	9	–	–	–	–	–	–	–	–	–	–	–	–
	West Indies	27	–	16	–	11	–	–	–	–	–	–	–	–	–	–	–
	New Zealand	22	–	15	–	–	5	–	–	–	–	–	–	–	–	1	1
	India	37	–	12	–	–	–	22	–	–	–	–	–	–	–	–	3
	Pakistan	31	–	14	–	–	–	–	15	–	–	–	–	–	–	1	1
	Sri Lanka	27	–	15	–	–	–	–	–	11	–	–	–	–	–	1	–
	Zimbabwe	4	–	2	–	–	–	–	–	–	2	–	–	–	–	–	–
	Bangladesh	11	–	7	–	–	–	–	–	–	–	4	–	–	–	–	–
	Ireland	3	–	3	–	–	–	–	–	–	–	–	–	–	–	–	–
	Afghanistan	2	–	1	–	–	–	–	–	–	–	–	–	0	–	1	–
	Associates	8	–	8	–	–	–	–	–	–	–	–	–	–	–	–	–
S Africa	West Indies	30	–	–	15	15	–	–	–	–	–	–	–	–	–	0	–
	New Zealand	20	–	–	12	–	8	–	–	–	–	–	–	–	–	–	–
	India	36	–	–	14	–	–	21	–	–	–	–	–	–	–	–	1
	Pakistan	27	–	–	13	–	–	–	14	–	–	–	–	–	–	–	–
	Sri Lanka	18	–	–	12	–	–	–	–	5	–	–	–	–	–	–	1
	Zimbabwe	9	–	–	8	–	–	–	–	–	0	–	–	–	–	–	1
	Bangladesh	9	–	–	9	–	–	–	–	–	–	0	–	–	–	–	–
	Ireland	7	–	–	6	–	–	–	–	–	–	–	1	–	–	–	–
	Afghanistan	4	–	–	3	–	–	–	–	–	–	–	–	0	–	1	–
	Associates	9	–	–	7	–	–	–	–	–	–	–	–	–	2	–	–
W Indies	New Zealand	25	–	–	–	6	13	–	–	–	–	–	–	–	–	3	3
	India	31	–	–	–	10	–	20	–	–	–	–	–	–	–	–	1
	Pakistan	24	–	–	–	4	–	–	17	–	–	–	–	–	–	–	3
	Sri Lanka	18	–	–	–	8	–	–	–	10	–	–	–	–	–	–	–
	Zimbabwe	5	–	–	–	4	–	–	–	–	1	–	–	–	–	–	–
	Bangladesh	22	–	–	–	12	–	–	–	–	–	8	–	–	–	–	2
	Ireland	9	–	–	–	4	–	–	–	–	–	–	3	–	–	–	2
	Afghanistan	11	–	–	–	6	–	–	–	–	–	–	–	5	–	–	–
	Associates	10	–	–	–	7	–	–	–	–	–	–	–	–	3	–	–
N Zealand	India	31	–	–	–	–	11	17	–	–	–	–	–	–	–	3	–
	Pakistan	50	–	–	–	–	23	–	24	–	–	–	–	–	–	–	3
	Sri Lanka	29	–	–	–	–	17	–	–	9	–	–	–	–	–	2	1
	Zimbabwe	8	–	–	–	–	8	–	–	–	0	–	–	–	–	–	–
	Bangladesh	20	–	–	–	–	15	–	–	–	–	4	–	–	–	–	1
	Ireland	5	–	–	–	–	4	–	–	–	–	–	0	–	–	–	1
	Afghanistan	3	–	–	–	–	2	–	–	–	–	–	–	1	–	–	–
	Associates	16	–	–	–	–	15	–	–	–	–	–	–	–	1	–	–

	Opponents	Matches	E	A	SA	WI	NZ	I	P	SL	Z	B	Ire	Afg	Ass	Tied	NR
India	Pakistan	17	–	–	–	–	–	13	3	–	–	–	–	–	–	1	–
	Sri Lanka	33	–	–	–	–	–	21	–	9	–	–	–	–	–	2	1
	Zimbabwe	14	–	–	–	–	–	11	–	–	3	–	–	–	–	–	–
	Bangladesh	18	–	–	–	–	–	17	–	–	–	1	–	–	–	–	–
	Ireland	8	–	–	–	–	–	8	–	–	–	–	0	–	–	–	–
	Afghanistan	9	–	–	–	–	–	7	–	–	–	–	–	0	–	1	1
	Associates	13	–	–	–	–	–	12	–	–	–	–	–	–	0	–	1
Pakistan	Sri Lanka	30	–	–	–	–	–	–	18	12	–	–	–	–	–	–	–
	Zimbabwe	23	–	–	–	–	–	–	20	–	3	–	–	–	–	–	–
	Bangladesh	26	–	–	–	–	–	–	21	–	–	5	–	–	–	–	–
	Ireland	5	–	–	–	–	–	–	4	–	–	–	1	–	–	–	–
	Afghanistan	7	–	–	–	–	–	–	4	–	–	–	–	3	–	–	–
	Associates	21	–	–	–	–	–	–	20	–	–	–	–	–	0	1	–
Sri Lanka	Zimbabwe	12	–	–	–	–	–	–	–	8	4	–	–	–	–	–	–
	Bangladesh	22	–	–	–	–	–	–	–	13	–	9	–	–	–	–	–
	Ireland	4	–	–	–	–	–	–	–	4	–	–	0	–	–	–	–
	Afghanistan	9	–	–	–	–	–	–	–	6	–	–	–	3	–	–	–
	Associates	12	–	–	–	–	–	–	–	11	–	–	–	–	1	–	–
Zimbabwe	Bangladesh	25	–	–	–	–	–	–	–	–	8	17	–	–	–	–	2
	Ireland	18	–	–	–	–	–	–	–	–	–	2	–	19	–	–	–
	Afghanistan	21	–	–	–	–	–	–	–	–	–	–	2	–	–	–	–
	Associates	53	–	–	–	–	–	–	–	–	38	–	–	–	13	2	–
Bangladesh	Ireland	11	–	–	–	–	–	–	–	–	–	7	3	–	–	–	1
	Afghanistan	16	–	–	–	–	–	–	–	–	–	9	–	7	–	–	–
	Associates	27	–	–	–	–	–	–	–	–	–	19	–	–	8	–	–
Ireland	Afghanistan	26	–	–	–	–	–	–	–	–	–	–	7	18	–	1	–
	Associates	86	–	–	–	–	–	–	–	–	–	–	54	–	30	1	1
Afghanistan	Associates	49	–	–	–	–	–	–	–	–	–	–	–	40	9	–	–

MATCH RESULTS SUMMARY

	Matches	Won	Lost	Tied	NR	% Won (ex NR)
India	277	187	75	7	8	69.51
Afghanistan	163	98	61	3	1	60.49
Pakistan	299	173	114	4	8	59.45
Australia	226	124	92	3	7	56.62
England	225	121	92	2	10	56.27
South Africa	225	122	98	2	3	54.95
New Zealand	260	132	106	10	12	53.22
West Indies	252	107	130	3	12	44.58
Sri Lanka	232	102	122	6	2	44.34
Ireland	188	78	99	2	9	43.57
Bangladesh	212	86	121	0	5	41.54
Zimbabwe	192	68	119	2	3	35.97

Results of Pakistan's three IT20s v a World XI in 2017 (W2, L1) and West Indies' IT20 v an ICC World XI in 2018 (W1) are excluded from these figures.

INTERNATIONAL TWENTY20 RECORDS

(To 6 March 2026)

TEAM RECORDS
HIGHEST INNINGS TOTALS † Batting Second

Score	Match	Venue	Season
344-4	Zimbabwe v Gambia	Nairobi	2024-25
314-3	Nepal v Mongolia	Hangzhou	2023-24
304-2	England v South Africa	Manchester	2025
297-6	India v Bangladesh	Hyderabad	2024-25
286-5	Zimbabwe v Seychelles	Nairobi	2024-25
283-1	India v South Africa	Johannesburg	2024-25
278-3	Afghanistan v Ireland	Dehradun	2018-19
271-5	India v New Zealand	Thiruvananthapuram	2025-26
267-3	England v West Indies	Tarouba	2023-24
263-3	Australia v Sri Lanka	Pallekele	2016
260-6	Sri Lanka v Kenya	Johannesburg	2007-08
260-5	India v Sri Lanka	Indore	2017-18
259-4†	South Africa v West Indies	Centurion	2022-23
259-5	Zimbabwe v Botswana	Harare	2025-26
258-5	West Indies v South Africa	Centurion	2022-23
256-5	West Indies v Ireland	Bready	2025
256-4	India v Zimbabwe	Chennai	2025-26
255-5	India v New Zealand	Ahmedabad	2025-26
254-5	New Zealand v Scotland	Edinburgh	2022
254-6	West Indies v Zimbabwe	Mumbai	2025-26
253-7	India v England	Mumbai	2025-26
252-3	Scotland v Netherlands	Dublin	2019
248-6	Australia v England	Southampton	2013
248-3	England v West Indies	Southampton	2025
247-5	Netherlands v Namibia	Kirtipur	2023-24
247-9	India v England	Mumbai	2024-25
246-7†	England v India	Mumbai	2024-25
245-6	West Indies v India	Lauderhill	2016
245-5†	Australia v New Zealand	Auckland	2017-18
245-1	Canada v Panama	Coolidge	2021-22
245-2	Scotland v Italy	Edinburgh	2023
245-2	UAE v Namibia	Windhoek	2024-25

The highest total for Pakistan is 232-6 (v E, Nottingham, 2021), for Bangladesh 215-5 (v SL, Colombo (RPS), 2017-18), and for Ireland 235-5 (v Oman, Colombo SSC, 2025-26).

LOWEST COMPLETED INNINGS TOTALS † Batting Second

Score	(Overs)	Match	Venue	Season
7†	(7.3)	Ivory Coast v Nigeria	Abuja	2024-25
17	(14.2)	Mongolia v Hong Kong	Kuala Lumpur	2024
30	(10.4)	Mali v Kenya	Kigali	2022-23
30†	(11.3)	Cayman Islands v Canada	Hamilton	2023-24
36	(15.2)	Philippines v Oman	Al Amerat	2021-22
37†	(17.2)	Panama v Canada	Coolidge	2021-22
37†	(12.2)	Thailand v UAE	Doha	2024-25
38†	(10.4)	Hong Kong v Pakistan	Sharjah	2022
39	(10.3)	Netherlands v Sri Lanka	Chittagong	2013-14
39	(18.2)	Mali v Kenya	Benoni	2023-24
39†	(12.0)	Uganda v West Indies	Providence	2024
40	(18.4)	Uganda v New Zealand	Tarouba	2024
41†	(13.1)	Mongolia v Nepal	Hangzhou	2023-24
41	(12.4)	China v Hong Kong	Mong Kok	2023-24
44	(10.0)	Netherlands v Sri Lanka	Sharjah	2021-22
45†	(11.5)	West Indies v England	Basseterre	2018-19
45†	(17.0)	Philippines v PNG	Port Moresby	2023
46	(12.1)	Botswana v Namibia	Kampala	2019
46†	(12.4)	Gambia v Kenya	Nairobi	2024-25

47	(13.2)	Oman v England	North Sound	2024
48	(14.2)	Cameroon v Kenya	Benoni	2022
48	(16.2)	Cameroon v Kenya	Benoni	2023-24
48-8†	(20.0)	China v Hong Kong	Mong Kok	2023-24
50-7	(20.0)	Myanmar v Hong Kong	Bangi	2024

The lowest total for England is 80 (v I, Colombo (RPS), 2012-13.

LARGEST RUNS MARGIN OF VICTORY

290 runs	Zimbabwe beat Gambia	Nairobi	2024-25
273 runs	Nepal beat Mongolia	Hangzhou	2023-24
208 runs	Canada beat Panama	Coolidge	2021-22
172 runs	Sri Lanka beat Kenya	Johannesburg	2007
170 runs	Zimbabwe beat Botswana	Harare	2025-26
168 runs	India beat New Zealand	Ahmedabad	2022-23
167 runs	Kenya beat Lesotho	Kigali	2022-23
166 runs	Scotland beat Austria	Edinburgh	2023
166 runs	Canada beat Cayman Islands	Hamilton	2023-24
163 runs	Canada beat Panama	Hamilton	2023-24
155 runs	Pakistan beat Hong Kong	Sharjah	2022
155 runs	Scotland beat Italy	Edinburgh	2023
155 runs	UAE beat Thailand	Doha	2024-25
150 runs	India beat England	Mumbai	2024-25

There have been 93 victories by ten wickets, with Spain beating Isle of Man by a record margin of 118 balls remaining (Cartagena, 2022-23). England's biggest win was by 146 runs (v SA, Manchester, 2025).

BATTING RECORDS
2500 RUNS IN A CAREER

Runs			M	I	NO	HS	Avge	50	R/100B
4596	Babar Azam	P	145	136	18	122	38.94	42	128.0
4231	R.G.Sharma	I	159	151	19	121*	32.05	37	140.8
4188	V.Kohli	I	125	117	31	122*	48.69	39	137.0
4037	J.C.Buttler	E	155	143	23	101*	33.64	29	147.7
3895	P.R.Stirling	Ire	163	160	12	115*	26.31	25	134.3
3531	M.J.Guptill	NZ	122	118	7	105	31.81	22	135.7
3414	Mohammad Rizwan	P	106	93	21	104*	47.41	31	125.3
3338	Waseem Muhammad	UAE	97	97	6	112	36.68	29	150.5
3277	D.A.Warner	A	110	110	2	100*	33.43	29	142.4
3272	S.A.Yadav	I	112	106	17	117	36.76	29	163.0
3180	Vrandeep Singh	Malay	111	104	20	116*	37.85	24	127.3
3120	A.J.Finch	A	103	103	12	172	34.28	21	142.5
3095	Q.de Kock	SA	110	109	9	115	30.95	21	142.2
3089	Sikandar Raza	Z	133	128	12	133*	26.62	18	136.9
2987	G.J.Maxwell	A	130	118	18	145*	28.97	17	154.4
2804	D.A.Miller	SA/Wd	140	123	40	106*	33.78	11	141.4
2782	Syed Aziz	Malay	117	111	18	126	29.91	20	141.1
2655	L.ton Das	B	120	118	5	83	23.49	16	126.4
2648	P.N.Silva	SL	91	90	5	107	31.15	21	128.6
2622	B.K.G.Mendis	SL	106	106	6	86	26.22	20	129.6
2575	K.S.Williamson	NZ	93	90	13	95	33.44	18	123.0
2551	Shakib Al Hasan	B	129	127	17	84	23.19	13	121.1
2514	Mohammad Hafeez	P	119	108	13	99*	26.46	14	122.0
2504	R.R.Hendricks	SA	90	89	2	117	28.78	18	129.2

HIGHEST INDIVIDUAL INNINGS

Score	Balls					
172	76	A.J.Finch	A v Z	Harare	2018
162*	62	Hazratullah Zazai	Afg v Ire	Dehradun	2018-19
156	63	A.J.Finch	A v E	Southampton	2013
145*	65	G.J.Maxwell	A v SL	Pallekele	2016
141*	60	P.D.Salt	E v SA	Manchester	2025

137*	50	K.Malla	Nepal v Mong	Hangzhou	2023-24
137	62	F.H.Allen	NZ v P	Dunedin	2023-24
135	62	M.Levitt	Neth v Nam	Kirtipur	2023-24
135	54	A.Sharma	I v E	Mumbai	2024-25
133*	62	M.P.O'Dowd	Neth v Malay	Kirtipur	2021
133*	43	Sikandar Raza	Z v Gambia	Nairobi	2024-25
132	61	H.G.Munsey	Scot v Austria	Edinburgh	2023
127*	56	H.G.Munsey	Scot v Neth	Dublin	2019
127*	53	O.J.Hairs	Scot v Italy	Edinburgh	2023
126*	63	S.Gill	I v NZ	Ahmedabad	2022-23
125*	62	E.Lewis	WI v I	Kingston	2017
125*	56	D.T.Brevis	SA v A	Darwin	2025
124*	71	S.R.Watson	A v I	Sydney	2015-16
124	62	K.J.O'Brien	Ire v HK	Al Amerat	2019-20
123*	57	R.D.Gaikwad	I v A	Guwahati	2023-24
123	58	B.B.McCullum	NZ v B	Pallekele	2012-13
122*	61	V.Kohli	I v Afg	Dubai (DSC)	2022
122	60	Babar Hayat	HK v Oman	Fatullah	2015-16
122	59	Babar Azam	P v SA	Centurion	2021
121*	59	A.Johnson	Can v Panama	Hamilton	2023-24
121*	69	R.G.Sharma	I v Afg	Bengaluru	2023-24
120*	55	G.J.Maxwell	A v WI	Adelaide	2023-24
120*	69	N.T.Tilak Varma	I v SA	Johannesburg	2024-25
120	55	R.R.Patel	Ken v Moz	Nairobi	2024-25

The highest score for Sri Lanka is 107 by P.N.Silva (v I, Dubai, 2025-26) and for Bangladesh 103* by Tamim Iqbal (v Oman, Dharamsala, 2015-16).

MOST SIXES IN AN INNINGS

18	S.Chauhan (144*)	Estonia v Cyprus	Episkopi	2024
16	Hazratullah Zazai (162*)	Afg v Ire	Dehradun	2018-19
16	F.H.Allen (137)	NZ v P	Dunedin	2023-24
15	Sikandar Raza (133*)	Z v Gambia	Nairobi	2024-25
14	A.J.Finch (156)	A v E	Southampton	2013
14	H.G.Munsey (127*)	Scot v Neth	Dublin	2019
13	R.E.Levi (117*)	SA v NZ	Hamilton	2011-12
13	Babar Hayat (110)	HK v Nepal	Hong Kong	2023-24
13	A.Sharma (135)	I v E	Mumbai	2024-25

HIGHEST PARTNERSHIP FOR EACH WICKET

1st	236	Hazratullah Zazai/Usman Ghani	Afg v Ire	Dehradun	2018-19
2nd	210*	S.V.Samson/N.T.Tilak Varma	I v SA	Johannesburg	2024-25
3rd	184	D.P.Conway/G.D.Phillips	NZ v WI	Mt Maunganui	2020-21
4th	174*	Q.de Kock/D.A.Miller	SA v I	Guwahati	2022-23
5th	190*	R.G.Sharma/R.K.Singh	I v Afg	Bengaluru	2023-24
6th	139	S.E.Rutherford/A.D.Russell	WI v A	Perth	2023-24
7th	92	M.P.Stoinis/D.R.Sams	A v NZ	Dunedin	2020-21
8th	89	J.O.Holder/R.Shepherd	WI v SA	Ahmedabad	2025-26
9th	78	R.Shepherd/S.K.Springer	WI v NZ	Nelson	2025-26
10th	50*	M.J.Santner/J.A.Duffy	NZ v WI	Auckland	2025-26

BOWLING RECORDS
110 WICKETS IN A CAREER

Wkts				Matches	Overs	Mdns	Runs	Avge	Best	R/Over
193	Rashid Khan		Afg/IC	115	438.2		2650	13.73	5- 3	6.04
164	T.G.Southee		NZ	126	458.5	7	3671	22.38	5-18	8.00
163	A.U.Rashid		E	145	506.0	5	3789	23.24	4- 2	7.48
162	I.S.Sodhi		NZ	140	458.2	–	3736	23.06	4-12	8.15
158	Mustafizur Rahman		B	126	455.0	8	3313	20.96	6-10	7.28
154	P.W.H.de Silva		SL	95	352.0	2	2473	16.05	4- 9	7.02
149	Shakib Al Hasan		B	129	457.3	3	3117	20.91	5-20	6.81
147	A.Zampa		A	115	411.1	1	3034	20.63	5-19	7.37

Wkts			Matches	Overs	Mdns	Runs	Avge	Best	R/Over
142	M.R.Adair	Ire	100	359.3	3	2812	19.80	4-13	7.82
137	M.J.Santner	NZ	134	458.0	3	3306	24.13	4-11	7.21
136	Rizwan Butt	Bahr	90	320.5	8	2171	15.96	6- 9	6.76
136	Shaheen Shah Afridi	P	103	370.3	3	2904	21.35	4-22	7.83
134	Ehsan Khan	HK	102	364.5	6	2271	16.94	4- 5	6.22
133	Haris Rauf	P	94	334.5	2	2807	21.10	4-18	8.38
130	S.Lamichhane	Nep/Wd	72	272.4	9	1690	13.00	5- 9	6.19
127	Arshdeep Singh	I	83	289.2	2	2470	19.44	5-51	8.53
124	H.Sseyondo	Ugan	95	320.1	11	1681	13.55	5- 8	5.25
124	Junaid Siddique	UAE	90	332.3	3	2544	20.51	5-35	7.65
123	Shadab Khan	P	124	404.1	3	2991	24.31	4- 8	7.40
120	S.O.Ngoche	Ken	104	346.4	14	2042	17.01	4-14	5.89
117	J.J.Bumrah	I	94	331.4	12	2173	18.57	3- 7	6.55
114	R.Ngarava	Z	93	328.2	12	2436	21.36	4-16	7.41
113	Ali Dawood	Bahr	74	262.4	8	1626	14.38	7-19	6.19
113	H.H.Pandya	I	137	366.5	5	3919	27.05	4-16	8.33
113	Bilal Khan	Oman	79	283.0	7	1969	17.44	4-19	6.78

The most wickets for South Africa is 90 by L.T.Ngidi (64 matches) and for West Indies 93 by A.J.Hosein (96).

BEST FIGURES IN AN INNINGS

8- 7	S.Yeshey	Bhutan v Myanmar	Gelephu	2025-26
6- 7	D.L.Chahar	I v B	Nagpur	2019-20
6- 8	B.A.W.Mendis	SL v Z	Hambantota	2012-13
6-10	I.J.Smit	Nam v Uganda	Windhoek	2022
6-10	Mustafizur Rahman	B v USA	Houston	2024
6-11	A.Bohara	Nep v Mald	Hangzhou	2023-24
6-12	N.Rana	HK v PNG	Kuala Lumpur	2023-24
6-16	B.A.W.Mendis	SL v A	Pallekele	2011
6-17	O.C.McCoy	WI v I	Basseterre	2022
6-17	P.K.Langat	Ken v Mali	Kigali	2022-23
6-24	I.N.Frylinck	Nam v UAE	Dubai (ICA)	2021-22
6-25	V.S.Chahal	I v E	Bengaluru	2016-17
6-30	A.C.Agar	A v NZ	Wellington	2020-21
5- 3	H.M.R.K.B.Herath	SL v NZ	Chittagong	2013-14
5- 3	Rashid Khan	Afg v Ire	Greater Noida	2016-17
5- 3	Sufiyan Muqeem	P v Z	Bulawayo	2024-25
5- 4	Khizar Hayat	Malay v HK	Kuala Lumpur	2019-20
5- 4	B.Kumar	I v Afg	Dubai (DSC)	2022
5- 6	Umar Gul	P v NZ	The Oval	2009
5- 6	Umar Gul	P v SA	Centurion	2012-13
5- 6	S.L.Malinga	SL v NZ	Pallekele	2019
5- 7	G.M.Muthui	Ken v Gambia	Nairobi	2024-25
5- 9	C.Viljoen	Nam v Bots	Kampala	2019
5- 9	S.Lamichhane	Nep v Ken	Nairobi	2022
5- 9	K.V.Morea	PNG v Phil	Port Moresby	2023
5- 9	Fazal Haque	Afg v Uganda	Providence	2024
5-10	S.M.Curran	E v Afg	Perth	2022-23

The best figures for South Africa are 5-17 by D.Pretorius (v P, Lahore, 2020-21), for New Zealand 5-18 by T.G.Southee (v P, Auckland, 2010-11), for Zimbabwe 5-18 by Sikandar Raza (v Rwanda, Nairobi, 2024-25), and for Ireland 4-11 by A.R.Cusack (v WI, Kingston, 2013-14).

HAT-TRICKS BY ENGLAND BOWLERS

C.J.Jordan	England v USA	Bridgetown	2024
S.M.Curran	England v Sri Lanka	Pallekele	2025-26

WICKET-KEEPING RECORDS – 65 DISMISSALS IN A CAREER

Dis			Inns	Ct	St
117	Q.de Kock	South Africa	109	98	19
98	J.C.Buttler	England	125	79	19

Dis			Inns	Ct	St
91	M.S.Dhoni	India	97	57	34
87	I.A.Karim	Kenya	57	62	25
81	D.Ndikubwimana	Rwanda	92	67	14
80	S.A.Edwards	Netherlands	84	69	11
69	Ahmad Ramdoni	Indonesia	81	59	10
68	Z.E.Green	Namibia	71	60	8

MOST DISMISSALS IN AN INNINGS

6 (5ct, 1st)	M.J.Hay	New Zealand v Sri Lanka	Dambulla	2024-25
5 (3ct, 2st)	Mohammad Shahzad	Afghanistan v Oman	Abu Dhabi	2015-16
5 (5ct)	M.S.Dhoni	India v England	Bristol	2018
5 (2ct, 3st)	I.A.Karim	Kenya v Ghana	Kampala	2019
5 (5ct)	K.Doriga	PNG v Vanuatu	Apia	2019
5 (5ct)	I.A.Karim	Kenya v Uganda	Kigali	2021-22
5 (4ct, 1st)	I.A.Karim	Kenya v Mali	Kigali	2022-23
5 (4ct, 1st)	Liton Das	Bangladesh v West Indies	Kingstown	2024-25
5 (4ct, 1st)	M.J.Hay	New Zealand v Pakistan	Mt Maunganui	2024-25

FIELDING RECORDS – 60 CATCHES IN A CAREER

Total			Matches	Total			Matches
86	D.A.Miller	South Africa/Wd	140	66	H.T.Tector	Ireland	98
82	Mohammad Nabi	Afghanistan	152	65	T.G.Southee	New Zealand	126
75	G.H.Dockrell	Ireland	157	65	R.G.Sharma	India	159
74	Waseem Muhammad	UAE	97	64	Nizakat Khan	Hong Kong	123
68	M.J.Guptill	New Zealand	122	64	H.H.Pandya	India	137
68	Babar Azam	Pakistan	145	62	D.A.Warner	Australia	110
67	S.Muniandy	Malaysia	112	62	G.J.Maxwell	Australia	130

The most catches for England is 48 by C.J.Jordan (95 matches).

MOST CATCHES IN AN INNINGS

5	W.J.Malinda	Maldives v Qatar	Doha	2023-24
5	Sedik Sahak	Sweden v Isle of Man	Tromode	2025
5	Tanzid Hasan	Bangladesh v Ireland	Chittagong	2025-26

APPEARANCE RECORDS – 120 APPEARANCES

163	P.R.Stirling	Ireland		133	Sikandar Raza	Zimbabwe
159	R.G.Sharma	India		131	M.D.Shanaka	Sri Lanka
157	G.H.Dockrell	Ireland		130	G.J.Maxwell	Australia
155	J.C.Buttler	England		129	Shakib Al Hasan	Bangladesh
152	Mohammad Nabi	Afghanistan		126	Mustafizur Rahman	Bangladesh
145	Babar Azam	Pakistan		126	T.G.Southee	New Zealand
145	A.U.Rashid	England		125	V.Kohli	India
141	Mahmudullah	Bangladesh		124	Shoaib Malik	Pakistan/ICC
140	D.A.Miller	South Africa/World		123	Nizakat Khan	Hong Kong
140	I.S.Sodhi	New Zealand		122	M.J.Guptill	New Zealand
137	H.H.Pandya	India		120	Fakhar Zaman	Pakistan
134	M.J.Santner	New Zealand		120	Liton Das	Bangladesh

The most appearances for West Indies is 117 by R.Powell.

70 MATCHES AS CAPTAIN

			W	L	T	NR	%age wins
90	C.Rubagumya	Rwanda	25	63	–	2	28.40
85	Babar Azam	Pakistan	48	29	1	7	61.53
80	M.G.Erasmus	Namibia	47	32	1	–	58.75
76	A.J.Finch	Australia	40	32	1	3	54.79
75	K.S.Williamson	New Zealand	39	34	1	1	52.70
72	M.S.Dhoni	India	41	28	1	2	58.57
72	E.J.G.Morgan	England	42	27	2	1	59.15
71	Waseem Muhammad	UAE	40	31	–	–	56.33

INDIAN PREMIER LEAGUE 2025

The 18th IPL tournament was held in India between 22 March and 3 June.

Team	P	W	L	T	NR	Pts	Net RR
1 Punjab Kings (9)	14	9	4	–	1	19	+0.37
2 Royal Challengers Bengaluru (4)	14	9	4	–	1	19	+0.30
3 Gujarat Titans (8)	14	9	5	–	–	18	+0.25
4 Mumbai Indians (10)	14	8	6	–	–	16	+1.14
5 Delhi Capitals (6)	14	7	6	–	1	15	+0.01
6 Sunrisers Hyderabad (2)	14	6	7	–	1	13	–0.24
7 Lucknow Super Giants (7)	14	6	8	–	–	12	–0.37
8 Kolkata Knight Riders (1)	14	5	7	–	2	12	–0.30
9 Rajasthan Royals (3)	14	4	10	–	–	8	–0.54
10 Chennai Super Kings (5)	14	4	10	–	–	8	–0.64

1st Qualifying Match: At M.Y.Singh International Stadium, Mullanpur, 29 May (floodlit). Toss: Royal Challengers Bengaluru. **ROYAL CHALLENGERS BENGALURU** won by eight wickets. Punjab Kings 101 (14.1; S.Sharma 3-17, J.R.Hazlewood 3-21). Royal Challengers Bengaluru 106-2 (10; P.D.Salt 56*). Award: S.Sharma.

Eliminator: At M.Y.Singh International Stadium, Mulanpur, 30 May (floodlit). Toss: Mumbai Indians. **MUMBAI INDIANS** won by 20 runs. Mumbai Indians 228-5 (20; R.G.Sharma 81, J.M.Bairstow 47). Gujarat Titans 208-6 (20; B.Sai Sudharsan 80, M.S.Washington Sundar 48). Award: R.G.Sharma.

2nd Qualifying Match: At Narendra Modi Stadium, Ahmedabad, 1 June (floodlit). Toss: Punjab Kings. **PUNJAB KINGS** won by five wickets. Mumbai Indians 203-6 (20; N.T.Tilak Varma 44, S.A.Yadav 44); Punjab Kings 207-5 (19; S.S.Iyer 87*, N.Wadhera 48). Award: S.S.Iyer.

FINAL: At Narendra Modi Stadium, Ahmedabad, 3 June (floodlit). Toss Punjab Kings. **ROYAL CHALLENGERS BENGALURU** won by 6 runs. Royal Challengers Bengaluru 190-9 (20; V.Kohli 43, Arshdeep Singh 3-40, K.A.Jamieson 3-48). Punjab Kings 184-7 (20; S.S.Singh 61*). Award: K.H.Pandya (RCB, 2-17). Series award: S.A.Yadav (MI).

IPL winners:	2008	Rajasthan Royals	2009	Deccan Chargers
	2010	Chennai Super Kings	2011	Chennai Super Kings
	2012	Kolkata Knight Riders	2013	Mumbai Indians
	2014	Kolkata Knight Riders	2015	Mumbai Indians
	2016	Sunrisers Hyderabad	2017	Mumbai Indians
	2018	Chennai Super Kings	2019	Mumbai Indians
	2020	Mumbai Indians	2021	Chennai Super Kings
	2022	Gujarat Titans	2023	Chennai Super Kings
	2024	Kolkata Knight Riders		

TEAM RECORDS
HIGHEST TOTALS

287-3 (20)	Hyderabad v Bengaluru	Bengaluru	2024
286-6 (20)	Hyderabad v Rajasthan	Hyderabad	2025

LOWEST TOTALS

49 (9.4)	Bengaluru v Kolkata	Kolkata	2017
58 (15.1)	Rajasthan v Bengaluru	Cape Town	2009

LARGEST MARGINS OF VICTORY

146 runs	Mumbai (212-3) beat Delhi (66)	Delhi	2017
87 balls	Mumbai (68-2) beat Kolkata (67)	Mumbai	2008

There have been 15 ten-wicket victories in IPL history.

BATTING RECORDS
MOST RUNS IN IPL

8661	V.Kohli	Bengaluru	2008-25
7046	R.G.Sharma	Deccan, Mumbai	2008-25

850 RUNS IN A SEASON

Runs			Year	M	I	NO	HS	Ave	100	50	6s	4s	R/100B
973	V.Kohli	Bengaluru	2016	16	16	4	113	81.08	4	7	38	83	152.0
890	S.Gill	Gujarat	2023	17	17	2	129	59.33	4	4	33	85	157.8
863	J.C.Buttler	Rajasthan	2022	17	17	2	116	57.53	4	4	45	83	149.0

HIGHEST SCORES

Runs	Balls				
175*	66	C.H.Gayle	Bengaluru v Pune	Bengaluru	2013
158*	73	B.B.McCullum	Kolkata v Bengaluru	Bengaluru	2008
141	55	A.Sharma	Hyderabad v Punjab	Hyderabad	2025
140*	70	Q.de Kock	Lucknow v Kolkata	Mumbai	2022

The following England-qualified batters have scored centuries in the IPL: J.M.Bairstow (2), H.C.Brook (1), J.C.Buttler (7), W.G.Jacks (1), K.P.Pietersen (1) and B.A.Stokes (1). J.C.Buttler (124, Rajasthan v Hyderabad, Delhi, 2021) has the highest score by an England batter.

FASTEST HUNDRED

30 balls	C.H.Gayle (175*)		Bengaluru v Pune	Bengaluru 2013

MOST SIXES IN AN INNINGS

17	C.H.Gayle		Bengaluru v Pune	Bengaluru 2013

HIGHEST STRIKE RATE IN A SEASON (Qualification: 100 runs or more)

R/100B	Runs	Balls			
234.04	330	141	J.M.Fraser-McGurk	Delhi	2024

HIGHEST STRIKE RATE IN AN INNINGS (Qualification: 30 runs, 370+ strike rate)

R/100B	Runs	Balls				
422.2	38*	9	C.H.Morris	Delhi v Pune	Pune	2017
390.0	39*	10	R.Shepherd	Mumbai v Delhi	Mumbai	2024
387.5	31	8	A.B.de Villiers	Bengaluru v Pune	Bengaluru	2013
383.3	46	12	Abhishek Sharma	Hyderabad v Delhi	Delhi	2024
378.5	53*	14	R.Shepherd	Mumbai v Chennai	Bengaluru	2025
375.0	30*	8	K.D.Karthik	Bengaluru v Hyderabad	Mumbai	2022

BOWLING RECORDS
MOST WICKETS IN IPL

221	Y.S.Chahal	Bengaluru, Mumbai, Rajasthan, Punjab	2013-25
198	B.Kumar	Bengaluru, Pune, Hyderabad	2011-25

30 WICKETS IN A SEASON

Wkts			Year	P	O	M	Runs	Avge	Best	4w	R/Over
32	H.V.Patel	Bengaluru	2021	15	56.2	–	459	14.34	5-27	2	8.14
32	D.J.Bravo	Chennai	2013	18	62.3	–	497	15.53	4-42	1	7.95
30	K.Rabada	Delhi	2020	17	65.4	1	548	18.26	4-24	2	8.34

BEST BOWLING FIGURES IN AN INNINGS

6-12	A.S.Joseph	Mumbai v Hyderabad	Hyderabad	2019
6-14	Sohail Tanvir	Rajasthan v Chennai	Jaipur	2008
6-19	A.Zampa	Pune v Hyderabad	Visakhapatnam	2016
5- 5	A.Kumble	Bengaluru v Rajasthan	Cape Town	2009
5- 5	A.Madhwal	Mumbai v Lucknow	Chennai	2023

A.D.Mascarenhas 5-25 (Punjab v Pune at Mohali, 2012) and M.A.Wood 5-14 (Lucknow v Delhi at Lucknow, 2023) are the only England-qualified bowlers to take five wickets in an innings in the IPL.

MOST ECONOMICAL BOWLING ANALYSIS

O	M	R	W				
4	1	6	0	F.H.Edwards	Deccan v Kolkata	Cape Town	2009
4	1	6	1	A.Nehra	Delhi v Punjab	Bloemfontein	2009
4	1	6	1	Y.S.Chahal	Bengaluru v Chennai	Chennai	2019

MOST EXPENSIVE BOWLING ANALYSIS

O	M	R	W				
4	0	76	0	J.C.Archer	Rajasthan v Hyderabad	Hyderabad	2025
4	0	75	0	Mohammed Shami	Hyderabad v Punjab	Hyderabad	2025

THE MEN'S HUNDRED 2025

The fifth edition of The Hundred, featuring eight franchise sides in matches of 100 balls per side, took place between 5 and 31 August. The second- and third-placed sides played off for a place in the final, held at Lord's. (2024's positions in brackets.)

		P	W	L	T	NR	Pts	Net RR
1.	Oval Invincibles (1)	8	6	2	–	–	24	+1.78
2.	Trent Rockets (5)	8	6	2	–	–	24	+0.39
3.	Northern Superchargers (4)	8	5	3	–	–	20	+0.08
4.	Southern Brave (3)	8	4	4	–	–	16	–0.22
5.	Birmingham Phoenix (2)	8	3	5	–	–	12	–0.21
6.	Manchester Originals (7)	8	3	5	–	–	12	–0.43
7.	London Spirit (8)	8	3	5	–	–	12	–0.70
8.	Welsh Fire (6)	8	2	6	–	–	8	–0.50

LEADING AGGREGATES AND RECORDS 2025

BATTING	M	I	NO	HS	Runs	Avge	100	50	R/100b	Sixes
J.M.Cox (Invincibles)	9	9	3	86*	367	61.16	–	3	173.9	22
J.C.Buttler (Originals)	8	8	1	70	283	40.42	–	3	144.3	13

BOWLING	Balls	R	W	Avge	BB	4w	R/100b
J.C.Tongue (Originals)	115	155	14	11.07	3-21	–	134.7

Highest total	226-4	Invincibles v Fire	The Oval
Biggest win (runs)	83	Invincibles (226-4) beat Fire (143)	The Oval
Biggest win (balls)	43	Invincibles (129-1) beat Originals (128)	The Oval
Highest innings	86*	J.M.Bairstow	Fire v Spirit	Cardiff
	86*	J.M.Cox	Invincibles v Fire	The Oval
Most sixes	22	J.M.Cox (Invincibles)	
Highest partnership	114	T.S.Muyeye/W.G.Jacks Invincibles v Originals	The Oval
Best bowling	4-9	R.P.Meredith	Fire v Originals	Cardiff
Most expensive	20b-59-0	Rashid Khan	Invincibles v Phoenix	Birmingham
Most w/k dismissals	14	J.C.Buttler (Originals)	
Most catches	9	S.P.D.Smith (Fire)	

OVERALL RECORDS

Highest total	226-4	Invincibles v Fire	The Oval	2025
Biggest win (runs)	94	Invincibles (186-5) beat Originals (92)	The Oval	2023
Biggest win (wkts/balls)	10/61	Phoenix (86-0) beat Superchargers (83)	Birmingham	2024
Most runs	1138	P.D.Salt (Originals)		2021-25
Highest innings	108*	W.G.Jacks	Invincibles v Brave	The Oval	2022
Most sixes	71	L.S.Livingstone (Phoenix)		2021-25
Highest partnership	127*	J.D.S.Neesham/T.K.Curran Invincibles v Originals Lord's		2023
Most wickets	51	T.S.Mills (Brave)		2021-25
Best bowling	5-11	C.G.Harrison	Originals v Superchargers	Manchester	2023
Most economical	20b-1-3	S.H.Johnson	Invincibles v Originals The Oval		2023
Most expensive	20b-59-0	Rashid Khan	Invincibles v Phoenix Birmingham		2025
Most w/k dismissals	31	S.W.Billings (Invincibles)		2021-25
Most w/k dismissals (inns)	4	Q.de Kock	Brave v Rockets	The Oval	2021
Most catches	23	J.M.Vince (Brave)		2021-25
Most catches (inns)	4	D.Ferreira	Invincibles v Spirit	The Oval	2024
Most appearances	46	L.J.Evans (Originals, Invincibles, Brave)		2021-25

2025 THE HUNDRED FINAL
OVAL INVINCIBLES v TRENT ROCKETS

At Lord's, London, on 31 August (floodlit).
Result: **OVAL INVINCIBLES** won by 26 runs.
Toss: Oval Invincibles. Award: N.A.Sowter.

OVAL INVINCIBLES

		Runs	Balls	4/6	Fall
W.G.Jacks	c sub (C.G.Harrison) b Stoinis	72	41	7/2	3-148
T.S.Muyeye	c Cox b Pennington	15	10	3	1- 31
J.M.Cox	c Cox b Ahmed	40	28	4/1	2-118
S.M.Curran	c Banton b Stoinis	15	10	–/2	4-164
D.Ferreira	not out	12	8	–/1	
T.K.Curran	run out	0	3	–	5-165
†*S.W.Billings	not out	1	1	–	
N.A.Sowter					
A.Zampa					
S.Mahmood					
J.P.Behrendorff					
Extras	(LB 1, NB 2, W 10)	13			
Total	**(5 wkts; 100 balls)**	**168**			

TRENT ROCKETS

		Runs	Balls	4/6	Fall
T.Banton	c Cox b Sowter	23	21	4	3- 37
J.E.Root	c Jacks b Sowter	10	13	–	1- 36
R.Ahmed	b Sowter	0	2	–	2- 36
* D.J.Willey	st Billings b Zampa	14	8	1/1	4- 71
M.P.Stoinis	lbw b Mahmood	64	38	4/5	8-142
G.F.Linde	c Sowter b T.K.Curran	7	76	1	5- 84
R.A.Whiteley	run out	14	9	–/1	6-122
S.R.Hain	run out	1	3	–	7-136
† O.B.Cox	not out	0	0	–	
B.W.Sanderson					
D.Y.Pennington					
Extras	(B 1, LB 4, W 4)	9			
Total	**(8 wkts; 100 balls)**	**142**			

ROCKETS	B	O	R	W	INVINCIBLES	B	O	R	W
Willey	20	4	36	0	Behrendorff	10	4	16	0
Stoinis	20	6	40	2	Mahmood	15	11	10	1
Linde	15	2	24	0	S.M.Curran	20	5	31	0
Pennington	20	10	23	1	T.K.Curran	15	4	34	1
Ahmed	15	3	28	1	Zampa	20	10	21	1
Sanderson	10	3	16	0	Sowter	20	7	25	3

Umpires: M.A.Gough and M.Burns

THE HUNDRED WINNERS

2021	Southern Brave	2024	Oval Invincibles
2022	Trent Rockets	2025	Oval Invincibles
2023	Oval Invincibles		

Eliminator: At The Oval, London, 30 August. Toss: Trent Rockets. **NO RESULT** – Trent Rockets progressed. Northern Superchargers 119-5 (75 balls; D.W.Lawrence 44*). Trent Rockets 12-0 (5 balls).

IRELAND INTERNATIONALS

The following players have played for Ireland in any format of international cricket since 8 October 2024 and are still available for selection. Details correct to 2 April 2026.

ADAIR, George Ross, b Belfast 21 Apr 1994. Elder brother of M.R.Adair (*see below*). RHB, LB. Northern Knights debut 2020 (not f-c). **IT20**: 21 (2022-23 to 2025-26); HS 100 v SA (Abu Dhabi) 2024-25. LO HS 76 Northern v NW (Bready) 2023. LO BB 3-4 Northern v Munster (Cork) 2024. T20 HS 116. T20 BB 2-24.

ADAIR, Mark Richard (Sullivan Upper S, Holywood), b Belfast 27 Mar 1996. Younger brother of G.R.Adair (*see above*). 6'2". RHB, RMF. Warwickshire 2015-16. Northern Knights debut 2018. Ireland Wolves 2018-19 to 2020-21. Essex 2023. **Tests**: 7 (2019 to 2024-25); HS 88 v E (Lord's) 2023; BB 5-39 v Afg (Abu Dhabi) 2024. **LOI**: 54 (2019 to 2024-25); HS 32 v E (Dublin) 20 9; BB 4-19 v Afg (Belfast) 2019. **IT20**: 100 (2019 to 2025-25); HS 72 v Scot (Edinburgh) 2023; BB 4-13 v Austria (Edinburgh) 2023. HS 91 Northern v Leinster (Dublin, Sandymount) 2018. BB 5-39 (*see Tests*). LO HS 108 Northern v Munster (Cork) 2022. LO BB 4-19 (*see LOI*). T20 HS 72. T20 BB 4-13.

BALBIRNIE, Andrew (St Andrew's C, Dublin; UWIC), b Dublin 28 Dec 1990. 6'2". RHB, OB. Cardiff MCCU 2012-13. Ireland debut 2012. Middlesex 2013-15. Leinster Lightning 2017-24. Ireland Wolves 2017-18. Glamorgan 2021. North West Warriors debut 2025 (not f-c). **Tests**: 12 (2018 to 2025-26, 9 as captain); HS 95 v SL (Galle) 2023; BB –. **LOI**: 117 (2010 to 2024-25, 37 as captain); HS 145* v Afg (Dehradun) 2018-19; BB 1-26 v Afg (Dubai, DSC) 2014-15. **IT20**: 110 (2015 to 2024, 52 as captain); HS 83 v Neth (Al Amerat) 2018-19. HS 205* Ire v Neth (Dublin) 2017. BB 4-23 Leinster v NW (Bready) 2017. LO HS 160* IW v Bangladesh A (Dublin, CA) 2018. LO BB 1-26 (*see LOI*). T20 HS 99*.

CALITZ, Benjamin Fredeman, b Vancouver, Canada 6 Jul 2002. LHB, OB. Ireland Wolves 2025. Northern Knights debut 2024 (not f-c). Munster Reds 2024 (not f-c). **IT20**: 9 (2025 to 2025-26); HS 26* v UAE (Dubai) 2025-26. HS 17 IW v Afghanistan A (Abu Dhabi) 2025. LO HS 104* Northern v Munster (Belfast) 2024. T20 HS 58.

CAMPHER, Curtis (St Stithians C), b Johannesburg, South Africa 20 Apr 1999. RHB, RMF. Ireland Wolves 2020-21. Essex 2023. Leinster Lightning 2020 (not f-c). Munster Reds debut 2021 (not f-c). Somerset 2023 (l-o only). Gloucestershire 2024 (l-o only). **Tests**: 9 (2022-23 to 2025-26); HS 111 v SL (Galle) 2023; BB 2-13 v Afg (Abu Dhabi) 2023-24. **LOI**: 43 (2020 to 2024-25); HS 120 v Scot (Bulawayo) 2023; BB 4-37 v Z (Harare) 2023-24. **IT20**: 70 (2021 to 2025-26); HS 72* v Scot (Hobart) 2022-23; BB 4-25 v USA (Lauderhill) 2021-22. HS 111 (*see Tests*). BB 3-12 Ire Emerging v West Indies Ac (Belfast) 2024. LO HS 123* Ex v Surrey (Chelmsford) 2025 (MBC). LO BB 4-37 (*see LOI*). T20 HS 72*. T20 BB 5-16.

CARMICHAEL, Cade Mitchell (Kearsney C, Durban), b Pietermaritzburg, South Africa 8 Mar 2002. RHB, RM. Ireland Emerging 2023-24 to 2024. Raiders 2024. Ireland Wolves 2025. Northern Knights debut 2022 (l-o only). **Tests**: 2 (2025-26); HS 59 v B (Sylhet) 2025-26. **LOI**: 3 (2025); HS 48 v WI (Dublin) 2025. HS 124 and BB 1-22 IW v Afghanistan A (Abu Dhabi) 2025. LO HS 107 Northern v Leinster (Oak Hill) 2025. LO BB 3-40 Northern v Munster (Cork) 2024. T20 HS 74*. T20 BB 3-19.

DELANY, Gareth James, b Dublin 28 Apr 1997. Cousin of D.C.A.Delany (Leinster, Northern, Munster & Ireland 2017 to date). RHB, LBG. Leinster Lightning 2017-19. Ireland Wolves 2018-19 to 2020-21. Leicestershire 2020 (l-o only). Munster Reds debut 2021 (not f-c). **LOI**: 21 (2019-20 to 2023); HS 22 v E (Southampton) 2020 and 22 v NZ (Dublin) 2022; BB 2-52 v SL (Bulawayo) 2023. **IT20**: 91 (2019 to 2025-26); HS 89* v Oman (Abu Dhabi) 2019-20; BB 3-16 v WI (Hobart) 2022-23. HS 22 IW v Sri Lanka A (Colombo, SSC) 2018-19. BB 3-48 Leinster v Northern (Belfast) 2017. LO HS 104 and LO BB 5-39 IW v Namibia A (Windhoek) 2021-22. T20 HS 89*. T20 BB 3-8.

DOCKRELL, George Henry (Gonzaga C, Dublin), b Dublin 22 Jul 1992. 6'3". RHB, SLA. Ireland debut 2010. Somerset 2011-14. Sussex 2015. Leinster Lightning debut 2017. Ireland Wolves 2017-18. Essex 2023. Lancashire 2024 (T20 only). **Tests**: 2 (2018-19 to 2023); HS 39 and BB 2-63 v Afg (Dehradun) 2018-19. **LOI**: 133 (2009-10 to 2025); HS 91* v Oman (Bulawayo) 2023; BB 4-24 v Scot (Belfast) 2013. **IT20**: 157 (2009-10 to 2025-26); HS 58* v Afg (Belfast) 2022; BB 4-20 v Neth (Dubai) 2009-10. HS 92 Leinster v NW (Bready) 2018. BB 6-27 Sm v Middx (Taunton) 2012. LO HS 101* Leinster v Northern (Oak Hill) 2025. LO BB 5-21 Leinster v Northern (Dublin, V) 2018. T20 HS 69*. T20 BB 4-20.

DOHENY, Stephen Thomas (Catholic Uni S, Dublin), b Dublin 29 Aug 1998. RHB, WK, occ OB. Leinster Lightning 2018-19. Ireland Wolves 2018-19 to 2020-21. North West Warriors 2021-24 (not f-c). Munster Reds debut 2025 (not f-c). **Tests**: 1 (2025-26); HS 46 v B (Mirpur) 2025-26. **LOI**: 11 (2022-23 to 2024-25); HS 84 v Z (Harare) 2024-25. **IT20**: 3 (2022-23); HS 15 v Z (Harare) 2022-23. HS 58 IW v Sri Lanka A (Hambantota) 2018-19. BB 1-4 Leinster v Northern (Dublin) 2019. LO HS 129 Munster v Northern (Belfast) 2025. T20 HS 150*.

HAND, Fionn Philip (Ardgillan Community C; Queen's C, Taunton), b Dublin 1 Jul 1998. RHB, RMF. Leinster Lightning debut 2019. Munster Reds 2021-22 (not f-c). **Tests**: 1 (2023); HS 7 and BB 1-113 v E (Lord's) 2023. **LOI**: 1 (2024-25); HS 0; BB 1-144 v SA (Abu Dhabi) 2024-25. **IT20**: 14 (2022 to 2024-25); HS 36 v Afg (Belfast) 2022; BB 3-18 v Neth (Hague) 2024. HS 79 Ire Emerging v West Indies Ac (Belfast) 2024. BB 2-50 Ire v Essex (Chelmsford) 2023. LO HS 49* Munster v NW (Cork) 2021. LO BB 4-59 Leinster v Northern (Oak Hill) 2024. T20 HS 44*. T20 BB 3-18.

HOEY, Gavin A., b Dublin 5 Nov 2001. Son of C.J.Hoey (Ireland 1991-94). RHB, LBG. Debut (Ireland Emerging) 2023-24. Leinster Lightning debut 2021 (not f-c). **Tests**: 1 (2025-26); HS 37 and BB 2-84 v B (Mirpur) 2025-26. **LOI**: 2 (2024-25); HS 23 and BB 1-49 v SA (Abu Dhabi) 2024-25. HS 37 (*see Tests*) and 37 and BB 4-81 Ire Emerging v West Indies Ac (Comber) 2024. LO HS 50 IW v Nepal A (Kirtipur) 2023-24. LO BB 6-26 Leinster v Northern (Belfast) 2023. T20 HS 39. T20 BB 4-25.

HUME, Graham Ian, b Johannesburg, South Africa 23 Nov 1990. LHB, RMF. Gauteng 2009-10 to 2012-13. KZN Inland 2013-14 to 2018-19. Dolphins 2014-15. North West Warriors debut 2019. Ireland Wolves 2020-21. **Tests**: 3 (2022-23 to 2023); HS 14 v B (Mirpur) 2022-23 and 14 v E (Lord's) 2023; BB 1-85 v E (Lord's) 2023. **LOI**: 21 (2022 to 2024-25); HS 21 v SA (Abu Dhabi) 2024-25; BB 4-34 v Z (Harare) 2023-24. **IT20**: 10 (2022 to 2025); HS 20* v B (Chittagong) 2022-23; BB 3-17 v Z (Harare) 2022-23. HS 105 Gauteng v SW Districts (Johannesburg) 2011-12. BB 7-23 KZN Inland v Northerns (Centurion) 2017-18. LO HS 79* NW v Munster (Bready) 2024. LO BB 4-18 NW v Northern (Bready) 2022. T20 HS 52. T20 BB 4-7.

HUMPHREYS, Matthew James, b 28 Sep 2002. RHB, SLA. Northern Knights debut 2022 (not f-c). Ireland Wolves 2023-24. Bulawayo 2024-25. **LOI**: 6 (2022-23 to 2024-25); HS 4* v B (Sylhet) 2022-23; BB 1-16 v SA (Abu Dhabi) 2024-25. **IT20**: 18 (2022-23 to 2025-26); HS 7 v E (Dublin) 2025; BB 4-13 v B (Chittagong) 2025-26. HS 27* (*see Tests*). BB 6-57 (*see Tests*). LO HS 39* Ire Emerging v West Indies Ac (Bready) 2024. LO BB 6-8 IW v Nepal A (Kirtipur) 2023-24. T20 HS 13*. T20 BB 5-13.

LITTLE, Joshua Brian (St Andrew's C), b Dublin 1 Nov 1999. RHB, LFM. Leinster Lightning debut 2018. Ireland Wolves 2018-19. Middlesex 2025 (not f-c). IPL: GT 2023-24. Manchester Originals 2022-23. Welsh Fire 2024. **LOI**: 42 (2019 to 2025); HS 29 v E (Nottingham) 2023; BB 6-36 v Z (Harare) 2023-24 – Ire record. **IT20**: 77 (2016 to 2025-26); HS 22* v P (Lauderhill) 2024; BB 4-23 v SL (Abu Dhabi) 2021-22. HS 27 Leinster v NW (Bready) 2018. BB 3-95 Leinster v Northern (Dublin) 2018. LO HS 29 (*see LOI*). LO BB 6-36 (*see LOI*). T20 HS 27*. T20 BB 5-13.

McBRINE, Andrew Robert, b Londonderry 30 Apr 1993. Son of A.McBrine (Ireland 1985-92), nephew of J.McBrine (Ireland 1986). LHB, OB. Ireland debut 2013. North West Warriors debut 2017. Ireland Wolves 2017-18. **Tests**: 11 (2018-19 to 2025-26); HS 90* v Z (Bulawayo) 2024-25; BB 6-109 v B (Mirpur) 2025-26. **LOI**: 96 (2014 to 2025); HS 79 v SL (Dublin) 2016; BB 5-29 v Afg (Abu Dhabi) 2020-21. **IT20**: 32 (2013-14 to 2024); HS 20* v Oman (Al Amerat) 2021-22; BB 2-7 v PNG (Townsville) 2015-16. HS 90* (*see Tests*). BB 6-109 (*see Tests*). LO HS 117 NW v Northern (Belfast) 2022. LO BB 5-29 (*see LOI*). T20 HS 52*. T20 BB 3-7.

McCARTHY, Barry John (St Michael's C, Dublin; University C, Dublin), b Dublin 13 Sep 1992. 5'11". RHB, RMF. Durham 2015-18. Leinster Lightning debut 2019. **Tests**: 4 (2023-24 to 2025-26); HS 31 v SL (Sylhet) 2025-26; BB 4-75 v Z (Bulawayo) 2024-25. **LOI**: 48 (2016 to 2025); HS 41 v E (Nottingham) 2023; BB 5-46 v Afg (Sharjah) 2017-18. **IT20**: 69 (2016-17 to 2025-26); HS 51* v I (Dublin) 2023; BB 4-30 v USA (Lauderhill) 2021-22. HS 51* Du v Hants (Chester-le-St) 2016. BB 6-63 Du v Kent (Canterbury) 2017. LO HS 110 Leinster v Northern (Dublin, SP) 2022. LO BB 6-39 Leinster v Munster (Dublin, SP) 2021. T20 HS 51*. T20 BB 5-3.

McCARTHY, Liam, b Johannesburg, South Africa 2 Jan 2002. LHB, RMF. Ireland Emerging 2023-24 to 2024. Raiders 2024. Ireland Wolves 2025. Northern Knights debut 2025. Munster Reds debut 2025. **Tests**: 2 (2025-26); HS 49 and BB 1-48 v B (Mirpur) 2025-26. **LOI**: 1 (2025); B3 –. HS 49 (*see Tests*). BB 1-48 (*see Tests*). LO HS 38* and LO BB 2-70 IW v Sri Lanka A (Abu Dhabi) 2025. T20 HS 33. T20 BB 2-35.

McCARTHY, Liam, b Johannesburg, South Africa 2 Jan 2002. LHB, RMF. Ireland Emerging 2023-24 to 2024. Raiders 2024. Ireland Wolves 2025. Northern Knights debut 2025. Munster Reds debut 2025 (not f-c). **LOI**: 3 (2025); HS 0*; BB 3-66 v WI (Dublin) 2025. **IT20**: 1 (2025); HS 16* v WI (Bready) 2025; BB –. HS 35* Ire Emerging v WI Acad (Coolidge) 2023-24. BB 3-29 Raiders v Strikers (Dublin) 2024. LO HS 74 Munster v Northern (Cork) 2023. LO BB 5-16 Munster v NW (Bready) 2023. T20 HS 37*. T20 BB 2-12.

MAYES, Thomas, b South Africa 4 Jan 2001. RHB, RMF. Ireland 2023. Ireland Emerging 2023-24 to 2024. Ireland Wolves 2025. Northern Knights debut 2021 (not f-c). **LOI**: 2 (2025); HS 8* and BB 1-23 v WI (Dublin) 2025. HS 79 IW v Afghanistan A (Abu Dhabi) 2025. BB 5-64 (10-139 match) Ire Emerging v WI Acad (Coolidge) 2023-24. LO HS 51 Ire Emerging v WI Acad (North Sound) 2023-24. LO BB 3-34 Northern v Munster (Belfast) 2023. T20 HS 46. T20 BB 4-23.

NEILL, Jordan Enno (Rondesbosch HS), b Cape Town, South Africa 3 Mar 2006. RHB, OB. Munster Reds 2024 (l-o only). Northern Knights debut 2024 (l-o only). **Tests**: 2 (2025-26); HS 49 and BB 1-48 v B (Mirpur) 2025-26. **LOI**: 1 (2025); BB –. HS 49 (*see Tests*). BB 1-48 (*see Tests*). LO HS 38* and LO BB 2-70 IW v Sri Lanka A (Abu Dhabi) 2025. T20 HS 33. T20 BB 2-35.

ROCK, Neil Alan, b Dublin 24 Sep 2000. LHB, WK. Northern Knights debut 2018. Ireland Wolves 2018-19. Munster Reds 2020 (T20 only). **LOI**: 3 (2021-22); HS 5 v WI (Kingston) 2021-22. **IT20**: 25 (2021 to 2024-25); HS 37 v SA (Abu Dhabi) 2024-25. HS 85 IW v Sri Lanka A (Hambantota) 2018-19. LO HS 102 Northern v Munster (Cork) 2023. T20 HS 79*.

STIRLING, Paul Robert (Belfast HS), b Belfast, N Ireland 3 Sep 1990. Father Brian Stirling was an international rugby referee. 5'10". RHB, OB. Ireland 2007-08 to date. Middlesex 2013-19; cap 2016. Northamptonshire 2020 (T20 only). Northern Knights debut 2020 (not f-c). Warwickshire 2022-23 (T20 only). Leicestershire 2024 (T20 only). Southern Brave 2021-22. Oval Invincibles 2023. **Tests**: 10 (2018 to 2025-26); HS 103 v SL (Galle) 2023; BB –. **LOI**: 170 (2008 to 2025, 20 as captain); HS 177 v Canada (Toronto) 2010 – Ire record; BB 6-55 v Afg (Greater Noida) 2016-17. **IT20**: 163 (2009 to 2025-26, 48 as captain); HS 115* v Z (Bready) 2021; BB 3-21-3 v B (Belfast) 2012. HS 146 Ire v UAE (Dublin) 2015. CC HS 138 and BB 2-21 M v Glamorgan (Radlett) 2019. LO HS 177 (*see LOI*). LO BB 6-55 (*see LOI*). T20 HS 119. T20 BB 4-10.

TECTOR, Harry Tom, b Dublin 6 Nov 1999. Younger brother of J.B.Tector (Leinster 2017-23) and elder brother of T.H.Tector (*see below*). RHB, OB. Northern Knights 2018-21. Ireland Wolves 2018-19 to 2020-21. Gloucestershire 2020. Leinster Lightning debut 2022 (not f-c). **Tests**: 9 (2022-23 to 2025-26); HS 85 v SL (Galle) 2023; BB –. **LOI**: 54 (2020 to 2025); HS 140 v B (Chelmsford) 2023; BB 1-5 v Z (Harare) 2023-24. **IT20**: 98 (2019 to 2025-26); HS 96* v Italy (Dubai) 2025-26; BB 2-17 v Z (Harare) 2022-23. HS 146 Northern v Leinster (Dublin) 2019. BB 4-70 Northern v NW (Bready) 2018. LO HS 140 (*see LOI*). LO BB 5-36 Northern v NW (La Manga) 2019. T20 HS 96*. T20 BB 4-21.

TECTOR, Tim Heatley, b 7 Mar 2003. Younger brother of H.T.Tector (*see above*) and J.B.Tector (Leinster 2017-23). RHB, OB. Debut (Ireland Emerging) 2023-24. Leinster Lightning debut 2021 (not f-c). **IT20**: 6 (2024-25 to 2025-26); HS 38 v B (Chittagong) 2025-26. HS 2 Ire Emerging v West Indies Ac (Coolidge) 2023-24. LO HS 57 Leinster v Northern (Belfast) 2025. LO BB 1-14 Ire Emerging v West Indies Ac (North Sound) 2023-24. T20 HS 101. T20 BB –.

TUCKER, Lorcan John, b Dublin 10 Sep 1996. RHB, WK. Leinster Lightning debut 2017. Ireland Wolves 2018-19 to 2020-21. **Tests**: 9 (2022-23 to 2025-26); HS 108 v B (Mirpur) 2022-23 – on debut. **LOI**: 58 (2019 to 2025); HS 85 v Afg (Sharjah) 2023-24. **IT20**: 91 (2016 to 2025-26, 2 as captain); HS 94* v Austria (Edinburgh) 2023 and 94* v Oman (Colombo, SSC) 2025-26. HS 125* Raiders v Strikers (Dublin) 2024. LO HS 133 Leinster v NW (Dublin, V) 2023. T20 HS 94*.

WHITE, Benjamin Charlie, b Dublin 29 Aug 1998. RHB, LB. Northern Knights 2021-22 (not f-c). Munster Reds debut 2023 (not f-c). **Tests**: 3 (2022-23 to 2023); HS 1 v SL (Galle) 2023; BB 2-71 v B (Mirpur) 2022-23. **LOI**: 2 (2023); HS – ; BB 1-59 v Scot (Bulawayo) 2023. **IT20**: 38 (2021 to 2025-26); HS 7* v Scot (Edinburgh) 2023; BB 4-20 v Afg (Sharjah) 2023-24. HS 1 and BB 2-71 (*see Tests*). LO HS 19* and LO BB 5-62 IW v Nepal A (Kirtipur) 2023-24. T20 HS 12*. T20 BB 5-13.

YOUNG, Craig Alexander (Strabane HS; North West IHE, Belfast), b Londonderry 4 Apr 1990. RHB, RM. Ireland debut 2013. North West Warriors debut 2017. Ireland Wolves 2018-19. **Tests**: 4 (2023-24 to 2025-26); HS 6* v B (Sylhet) 2025-26; BB 3-24 v Afg (Abu Dhabi) 2023-24. **LOI**: 48 (2014 to 2024-25); HS 40* v E (Nottingham) 2023; BB 5-46 v Scot (Dublin) 2014. **IT20**: 73 (2015 to 2025-26); HS 22 v SA (Belfast) 2021; BB 4-13 v Nigeria (Abu Dhabi) 2019-20. HS 23 and BB 5-37 NW v Northern (Eglinton) 2017. LO HS 40* (*see LOI*). LO BB 5-46 (*see LOI*). T20 HS 22. T20 BB 5-15.

ENGLAND WOMEN INTERNATIONALS

The following players have played for England since 23 November 2024 and are still available for selection or have a central contract. Details correct to 2 April 2026.

ARLOTT, Emily Louise, King's Lynn, Norfolk 23 Feb 1998. RHB, RMF. Worcestershire 2013-22. Central Sparks 2020-24. Birmingham Phoenix 2021 to date. W Australia 2024-25. Warwickshire 2025. Sydney Thunder 2025-26. **LOI:** 4 (2025 to 2025-26); HS 18 v P (Colombo, RPS) 2025-26; BB 2-15 v WI (Taunton) 2025. **IT20:** 6 (2025); HS 12* v I (Bristol) 2025; BB 3-14 v WI (Hove) 2025.

BEAUMONT, Tamsin ('Tammy') Tilley, b Dover, Kent 11 Mar 1991. RHB, WK. MBE 2018. Kent 2007-19. Diamonds 2008-12. Sapphires 2008. Emeralds 2011-13. Surrey Stars 2016-17. Adelaide Strikers 2016-17 to date. Southern Vipers 2018-19. Melbourne Renegades 2019-20 to 2023-24. Lightning 2020-22. Sydney Thunder 2020-21 to 2022-23. London Spirit 2021. Welsh Fire 2022 to date. The Blaze 2023 to date. *Wisden* 2018. **Tests:** 11 (2013 to 2024-25); HS 208 v A (Nottingham) 2023 – E record. **LOI:** 140 (2009-10 to 2025-26); HS 168* v P (Taunton) 2016. **IT20:** 109 (2009-10 to 2025, 3 as captain); HS 116 v SA (Taunton) 2018.

BELL, Lauren Katie, b Swindon, Wilts 2 Jan 2001. Younger sister of C.J.Bell (Berkshire & Buckinghamshire 2016-19). RHB, RM. Berkshire 2015-19. Southern Vipers 2018-24. Southern Brave 2021 to date. Sydney Thunder 2023-24. Hampshire 2024. Royal Challengers Bangalore 2025-26. **Tests:** 5 (2022 to 2024-25); HS 8 v I (Mumbai) 2023-24; BB 4-27 v SA (Bloemfontein) 2024-25. **LOI:** 31 (2022 to 2025-26); HS 11* v I (Canterbury) 2022; BB 5-37 v NZ (Bristol) 2024. **IT20:** 36 (2022 to 2025); HS 2 v I (Nottingham) 2025; BB 4-12 v WI (Bridgetown) 2022-23.

BOUCHIER, Maia Emily (Dragon S; Rugby S; Oxford Brookes U), b Kensington, London 5 Dec 1998. RHB, RM. Middlesex 2014-18. Auckland 2017-18. Southern Vipers 2018-24. Hampshire 2019 to date. Southern Brave 2021 to date. W Australia 2021-22. Melbourne Stars 2021-22 to date. **Tests:** 2 (2024-25); HS 126 v SA (Bloemfontein) 2024-25 – on debut. **LOI:** 18 (2023 to 2025); HS 100* v NZ (Worcester) 2024. **IT20:** 45 (2021 to 2025); HS 91 v NZ (Wellington) 2023-24.

CAPSEY, Alice Rose (Bede's S, Upper Dicker), b Redhill, Surrey 11 Aug 2004. RHB, OB. Surrey 2019 to date. South East Stars 2020-23. Oval Invincibles 2021 to date. Melbourne Stars 2022-23 to 2023-24. Delhi Capitals 2022-23 to 2024-25. Melbourne Renegades 2024-25 to date. **LOI:** 34 (2022 to 2025-26); HS 50 v SA (Guwahati) 2025-26; BB 3-22 v A (Melbourne) 2024-25. **IT20:** 45 (2022 to 2025); HS 67* v NZ (Canterbury) 2024; BB 2-4 v P (Northampton) 2024.

CROSS, Kathryn ('Kate') Laura, b Manchester, Lancs 3 Oct 1991. RHB, RMF. Lancashire 2005 to date. Sapphires 2007-08. Emeralds 2012. Brisbane Heat 2015-16. Lancashire Thunder 2016-19. W Australia 2017-18 to 2018-19. Perth Scorchers 2018-19. Thunder 2020-24. Manchester Originals 2021-22. Northern Superchargers 2023 to date. **Tests:** 8 (2013-14 to 2023-24); HS 16 v I (Mumbai) 2023-24; BB 4-63 v SA (Taunton) 2022. **LOI:** 76 (2013-14 to 2025, 2 as captain); HS 38* and BB 6-30 v Ire (Belfast) 2024. **IT20:** 18 (2013-14 to 2024, 2 as captain); HS 2 v SL (Derby) 2023; BB 2-18 v I (Guwahati) 2018-19.

DAVIDSON-RICHARDS, Alice Natica (Epsom C; Leeds U), b Tunbridge Wells, Kent 29 May 1994. RHB, RFM. Kent 2010-19. Sapphires 2011-12. Emeralds 2013. Otago 2018-19. South East Stars 2020-24. Yorkshire Diamonds 2016-19. Northern Superchargers 2021 to date. Surrey 2025. **Tests:** 1 (2022); HS 107 and BB 1-39 v SA (Taunton) 2022. **LOI:** 10 (2017-18 to 2025); HS 53 v I (Southampton) 2025; BB 3-35 v SA (Leicester) 2022. **IT20:** 8 (2017-18 to 2022-23); HS 24 v A (Mumbai) 2017-18; BB 3-19 v WI (Bridgetown) 2022-23.

DEAN, Charlotte ('Charlie') Ellen (Portsmouth GS), b Burton-upon-Trent, Staffs 22 Dec 2000. Daughter of S.J.Dean (Staffordshire and Warwickshire 1986-2002 – List-A only). RHB, OB. Hampshire 2018-23. Southern Vipers 2017-24. London Spirit 2021 to date. Royal Challengers Bangalore 2024-25. Somerset 2025. **Tests:** 3 (2021-22 to 2024-25); HS 20* and BB 4-68 v I (Mumbai) 2023-24. **LOI:** 53 (2021 to 2025-26); HS 47* v SA (Kimberley) 2024-25; BB 5-31 v SL (Leicester) 2023. **IT20:** 45 (2021-22 to 2025); HS 34 v SL (Chelmsford) 2023; BB 4-19 v WI (Bridgetown) 2022-23.

DUNKLEY, Sophia Ivy Rose, b Lambeth, Surrey 16 Jul 1998. RHB, LB. Middlesex 2012-19. Surrey Stars 2016-18. Lancashire Thunder 2019. South East Stars 2020-24. Southern Brave 2021-22. Gujarat Giants 2022-23. Welsh Fire 2023 to date. Melbourne Stars 2023-24. Surrey 2025. Sydney Sixers 2025-26. **Tests**: 6 (2021 to 2024/25); HS 74* v I (Bristol) 2021; BB –. **LOI**: 48 (2021 to 2025-26); HS 107 v SA (Bristol) 2022; BB 1-1 v WI (North Sound) 2022-23. **IT20**: 72 (2018-19 to 2025); HS 81* v WI (Canterbury) 2025; BB 1-6 v SL (Colombo, PSS) 2018-19.

ECCLESTONE, Sophie (Helsby HS), b Chester 6 May 1999. 5'11". RHB, SLA. Cheshire 2013-14. Lancashire 2015 to date. Lancashire Thunder 2016-19. Thunder 2020-24. Manchester Originals 2021 to date. Sydney Sixers 2022-23 to 2024-25. Adelaide Strikers 2025-26. *Wisden* 2024. **Tests**: 9 (2017-18 to 2024/25); HS 35 v SA (Taunton) 2022; BB 5-63 (10-192 match) v A (Nottingham) 2023. **LOI**: 82 (2016-17 to 2025-26); HS 33* v WI (Dunedin) 2021-22; BB 6-36 v SA (Christchurch) 2021-22. **IT20**: 101 (2016 to 2025); HS 35 v I (Bristol) 2025; BB 4-18 v NZ (Taunton) 2018.

FILER, Lauren Louise, b Bristol 22 Dec 2000. RHB, RFM. Somerset 2018-22. Western Storm 2020-24. Welsh Fire 2022. London Spirit 2023. Manchester Originals 2024 to date. Durham 2025. **Tests**: 4 (2023 to 2024-25); HS 14 v A (Melbourne) 2024-25; BB 2-49 v A (Nottingham) 2023. **LOI**: 19 (2023 to 2025); HS 8* v A (N Sydney) 2024-25; BB 3-10 v Ire (Belfast) 2024. **IT20**: 12 (2023-24 to 2025); HS 4* v A (Adelaide) 2024-25; BB 2-17 v NZ (Canterbury) 2024.

GAUR, Mahika (Sedbergh S), b Reading, Berks 6 Mar 2006. RHB, LFM. Thunder 2023-24. Cumbria 2023. Manchester Originals 2023 to date. Lancashire 2025. **LOI**: 2 (2023); HS – ; BB 3-26 v SL (Chester-le-St) 2023. **IT20** (UAE/E): 24 (19 for UAE 2018-19 to 2022-23; 5 for E 2023 to 2024); HS 6* UAE v Hong Kong (Dubai, ICA) 2021-22; BB 3-21 UAE v SL (Sylhet) 2022-23. She made her international debut aged 12y 316d.

GIBSON, Danielle Rose, b Cheltenham, Glos 30 Apr 2001. RHB, RMF. Gloucestershire 2014-17. Wales 2018-21. Western Storm 2018-24. London Spirit 2021 to date. Adelaide Strikers 2023-24. Somerset 2025. Melbourne Stars 2025-26. **IT20**: 22 (2023 to 2024/25); HS 41* v P (Birmingham) 2024; BB 2-22 v NZ (Nelson) 2023-24.

GLENN, Sarah, b Derby 27 Feb 1999. RHB, LB. Derbyshire 2013-18. Loughborough Lightning 2017-19. Worcestershire 2018-22. Central Sparks 2020-22. Perth Scorchers 2020-21. Trent Rockets 2021-22. The Blaze 2023 to date. London Spirit 2023 to date. Brisbane Heat 2023-24 to date. **LOI**: 19 (2019-20 to 2025-26); HS 22* v A (Southampton) 2023; BB 4-18 v P (Kuala Lumpur) 2019-20. **IT20**: 73 (2019-20 to 2025); HS 26 v WI (Derby) 2020; BB 4-12 v P (Birmingham) 2024.

JONES, Amy Ellen, b Solihull, Warwicks 13 Jun 1993. RHB, WK. Warwickshire 2008-19. Diamonds 2011. Emeralds 2012. Rubies 2013. Loughborough Lightning 2016-19. Sydney Sixers 2016-17 to 2017-18. W Australia 2017-18 to 2023-24. Perth Scorchers 2018-19 to 2024-25. Central Sparks 2020-24. Birmingham Phoenix 2021 to date. Sydney Thunder 2022-23. The Blaze 2025. Melbourne Stars 2025-26. **Tests**: 8 (2019 to 2024/25); HS 64 v A (Taunton) 2019. **LOI**: 111 (2012-13 to 2025-26, 4 as captain); HS 129 v WI (Leicester) 2025. **IT20**: 125 (2013 to 2025, 3 as captain); HS 89 v P (Kuala Lumpur) 2019-20.

KEMP, Freya Grace (Cunmor House S; Bede's S, Upper Dicker), b Westminster, London 21 Apr 2005. LHB, LMF. Sussex 2019-22. Southern Vipers 2022-24. Southern Brave 2022 to date. Hampshire 2025. Perth Scorchers 2025-26. **LOI**: 5 (2022 to 2024); HS 65 and BB 2-7 v Ire (Belfast) 2024. **IT20**: 25 (2022 to 2024-25); HS 51* v I (Derby) 2022; BB 2-14 v SL (Birmingham) 2022.

KNIGHT, Heather Clare, b Rochdale, Lancs 26 Dec 1990. RHB, OB. OBE 2018. Devon 2008-09. Emeralds 2008-13. Berkshire 2010-19. Sapphires 2011-12. Tasmania 2014-15 to 2015-16. Hobart Hurricanes 2015-16 to 2019-20. Western Storm 2016-24. Sydney Thunder 2020-21 to date. London Spirit 2021 to date. Royal Challengers Bangalore 2022-23. Somerset 2025. *Wisden* 2017. **Tests**: 14 (2010-11 to 2024-25, 9 as captain); HS 168* v A (Canberra) 2021-22; BB 2-7 v I (Bristol) 2021. **LOI**: 157 (2009-10 to 2025-26, 94 as captain); HS 109 v I (Indore) 2025-26; BB 5-26 v I (Leicester) 2016. **IT20**: 132 (2010-11 to 2025, 96 as captain); HS 108* v Thai (Canberra) 2019-20; BB 3-9 v I (North Sound) 2018-19.

LAMB, Emma Louise, b Preston, Lancs 16 Dec 1997. Sister of D.J.Lamb (*see SUSSEX*). RHB, RM. Lancashire 2012 to date. Thunder 2020-24. Manchester Originals 2021-24. Birmingham Phoenix 2025. **Tests:** 2 (2022 to 2023); HS 38 v SA (Taunton) 2022; BB –. **LOI:** 26 (2021-22 to 2025-26); HS 102 v SA (Northampton) 2022; BB 3-42 v SA (Leicester) 2022. **IT20:** 1 (2021); HS 0*.

MacDONALD-GAY, Ryana Lucelle (Tonbridge Girls GS; Bede's S, Upper Dicker; Loughborough U), b Maidstone, Kent 12 Feb 2004. RHB, RM. Kent 2019-23. South East Stars 2021-24. Oval Invincibles 2022 to date. Surrey 2025. **Tests:** 2 (2024-25); HS 15* v A (Melbourne) 2024-25; BB 2-50 v SA (Bloemfontein) 2024. **LOI:** 2 (2024); HS 17 v Ire (Belfast) 2024; BB 1-30 v Ire (Belfast) 2024 – separate matches. **IT20:** 1 (2024); HS –; BB 1-25 v Ire (Dublin) 2024.

SCIVER-BRUNT, Natalie Ruth (Epsom C), b Tokyo, Japan 20 Aug 1992. Wife of K.H.Sciver-Brunt (England 2004 to 2022-23). RHB, RM. Surrey 2010-19. Rubies 2011. Emeralds 2012-13. Melbourne Stars 2015-16 to 2020-21. Surrey Stars 2016-19. Perth Scorchers 2017-18 to 2023-24. Northern Diamonds 2020-22. Trent Rockets 2021 to date. Mumbai Indians 2022-23 to date. The Blaze 2023 to date. Hobart Hurricanes 2025-26. *Wisden* 2017. **Tests:** 12 (2013-14 to 2024-25); HS 169* v SA (Taunton) 2022; BB 3-41 v A (Canberra) 2021-22. **LOI:** 129 (2013 to 2025-26, 15 as captain); HS 148* v I (Christchurch) 2021-22; BB 4-59 v SA (Northampton) 2022. **IT20:** 137 (2013 to 2025, 16 as captain); HS 82 v WI (Derby) 2020; BB 4-15 v A (Cardiff) 2015.

SCHOLFIELD, Paige Jamie (Beacon Ac; Loughborough C), b Durban, South Africa 19 Dec 1995. RHB, RMF. Sussex 2012-22. Loughborough Lightning 2016-17 Southern Vipers 2018-22. South East Stars 2023-24. Oval Invincibles 2023 to date. Surrey 2025. Perth Scorchers 2025-26. **LOI:** 3 (2024); HS 31 v Ire (Belfast) 2024. **IT20:** 5 (2024 to 2025); HS 34 v Ire (Dublin) 2024.

SMITH, Linsey Claire Neale, b Hillingdon, Middx 10 Mar 1995. LHB, SLA. Berkshire 2011-16. Rubies 2011-12. Southern Vipers 2016-24. Sussex 2017-23. Loughborough Lightning 2018. Yorkshire Diamonds 2019. Northern Diamonds 2020-22. Northern Superchargers 2021 to date. Melbourne Stars 2021-22. Sydney Sixers 2023-24. Melbourne Renegades 2024-25. Hampshire 2025. Hobart Hurricanes 2025-26. Royal Challengers Bangalore 2025-26. **LOI:** 12 (2025 to 2025-26); HS 27 v SA (Guwahati) 2025-26; BB 5-36 v WI (Derby) 2025. **IT20:** 16 (2018-19 to 2024-25); HS 1 v A (Adelaide) 2024-25; BB 3-18 v SL (Colombo, PSS) 2018-19.

WONG, Isabelle Eleanor Chih Ming ('**Issy**') (Shrewsbury S), b Chelsea, London 15 May 2002. RHB, RMF. Worcestershire 2018. Warwickshire 2019 to date. Southern Vipers 2019. Central Sparks 2020-24. Birmingham Phoenix 2021-24. Sydney Thunder 2021-22. Mumbai Indians 2022-23 to 2023-24. Western Storm 2024. London Spirit 2025. Melbourne Renegades 2025-26. **Tests:** 1 (2022); HS –; BB 2-46 v SA (Taunton) 2022. **LOI:** 4 (2022 to 2024); HS 15 v Ire (Belfast) 2024; BB 3-36 v SA (Bristol) 2022. **IT20:** 17 (2022 to 2025); HS 13 v SL (Chelmsford) 2023; BB 2-10 v SL (Birmingham) 2022 and 2-10 v NZ (Birmingham) 2022.

WYATT-HODGE, Danielle ('**Danni**') Nicole, b Stoke-on-Trent, Staffs 22 Apr 1991. RHB, OB/RM. Staffordshire 2005-12. Emeralds 2006-08. Sapphires 2011-13. Victoria 2011-12 to 2015-16. Nottinghamshire 2013-15. Melbourne Renegades 2015-16 to 2019-20. Sussex 2016-19. Lancashire Thunder 2016. Southern Vipers 2017-24. Southern Brave 2021 to date. Brisbane Heat 2022-23. Hobart Hurricanes 2024-25 to date. Royal Challengers Bangalore 2024-25. Surrey 2025. **Tests:** 4 (2023 to 2024-25); HS 54 v A (Nottingham) 2023. **LOI:** 120 (2009-10 to 2025-26); HS 129 v SA (Christchurch) 2021-22; BB 3-7 v SA (Cuttack) 2012-13. **IT20:** 178 (2009-10 to 2025); HS 124 v I (Mumbai, BS) 2017-18; BB 4-11 v SA (Basseterre) 2010.

WOMEN'S TEST CRICKET RECORDS

1934-35 to 5 March 2026
RESULTS SUMMARY

	Opponents	Tests	E	A	NZ	SA	WI	I	P	SL	Ire	H	Drawn
England	Australia	53	9	14	–	–	–	–	–	–	–	–	30
	New Zealand	23	6	–	0	–	–	–	–	–	–	–	17
	South Africa	8	3	–	–	0	–	–	–	–	–	–	5
	West Indies	3	2	–	–	–	0	–	–	–	–	–	1
	India	15	1	–	–	–	–	3	–	–	–	–	11
Australia	New Zealand	13	–	4	1	–	–	–	–	–	–	–	8
	South Africa	1	–	1	–	0	–	–	–	–	–	–	0
	West Indies	2	–	0	–	–	0	–	–	–	–	–	2
	India	11	–	4	–	–	–	1	–	–	–	–	6
New Zealand	South Africa	3	–	–	1	0	–	–	–	–	–	–	2
	India	6	–	–	0	–	–	0	–	–	–	–	6
South Africa	India	3	–	–	–	0	–	3	–	–	–	–	0
	Netherlands	1	–	–	–	1	–	–	–	–	–	0	0
West Indies	India	6	–	–	–	–	1	1	–	–	–	–	4
	Pakistan	1	–	–	–	–	0	–	0	–	–	–	1
Pakistan	Sri Lanka	1	–	–	–	–	–	–	0	1	–	–	0
	Ireland	1	–	–	–	–	–	–	0	–	1	–	0
		151	**21**	**23**	**2**	**1**	**1**	**8**	**0**	**1**	**1**	**0**	**93**

	Tests	Won	Lost	Drawn	Toss Won
England	102	21	17	64	59
Australia	80	23	11	46	31
New Zealand	45	2	10	33	21
South Africa	16	1	8	7	6
West Indies	12	1	3	8	6†
India	41	8	6	27	20†
Pakistan	3	1	2	1	1
Sri Lanka	1	1	–	–	1
Ireland	1	–	1	–	1
Netherlands	1	–	1	–	1

† *Results of tosses in five of the six India v West Indies Tests in 1976-77 are not known*

TEAM RECORDS – HIGHEST INNINGS TOTALS

603-6d	India v South Africa	Chennai	2024
575-9d	Australia v South Africa	Perth	2023-24
569-6d	Australia v England	Guildford	1998
525	Australia v India	Ahmedabad	1983-84
517-8	New Zealand v England	Scarborough	1996
503-5d	England v New Zealand	Christchurch	1934-35
497	England v South Africa	Shenley	2003
473	Australia v England	Nottingham	2023
467	India v England	Taunton	2002
463	England v Australia	Nottingham	2023
455	England v South Africa	Taunton	2003
448-9d	Australia v England	Sydney	2017-18
440	West Indies v Pakistan	Karachi	2003-04
440	Australia v England	Melbourne	2024-25
428	India v England	Mumbai	2023-24
427-4d	Australia v England	Worcester	1998

426-7d	Pakistan v West Indies	Karachi	2003-04
426-9d	India v England	Blackpool	1986
417-8d	England v South Africa	Taunton	2022
414	England v New Zealand	Scarborough	1996
414	England v Australia	Guildford	1998

The highest totals for countries not included above are:

373	South Africa v India	Chennai	2024
193-3d	Ireland v Pakistan	Dublin	2000
108	Netherlands v South Africa	Rotterdam	2007

LOWEST INNINGS TOTALS

35	England v Australia	Melbourne	1957-58
38	Australia v England	Melbourne	1957-58
44	New Zealand v England	Christchurch	1934-35
47	Australia v England	Brisbane	1934-35
50	Netherlands v South Africa	Rotterdam	2007
53	Pakistan v Ireland	Dublin	2000

The lowest innings totals for countries not included above are:

64	South Africa v England	Bloemfontein	2024-25
65	India v West Indies	Jammu	1976-77
67	West Indies v England	Canterbury	1979

BATTING RECORDS – 1000 RUNS IN TESTS

		Career	M	I	NO	HS	Avge	100	50
1935	J.A.Brittin (E)	1979-98	27	44	5	167	49.61	5	11
1676	C.M.Edwards (E)	1996-2015	23	43	5	117	44.10	4	9
1594	R.Heyhoe-Flint (E)	1960-79	22	38	3	179	45.54	3	10
1301	D.A.Hockley (NZ)	1979-96	19	29	4	126*	52.04	4	7
1164	C.A.Hodges (E)	1984-92	18	31	2	158*	40.13	2	6
1110	S.Agarwal (I)	1984-95	13	23	1	190	50.45	4	4
1078	E.Bakewell (E)	1968-79	12	22	4	124	59.88	4	7
1030	S.C.Taylor (E)	1999-2009	15	27	2	177	41.20	4	2
1007	M.E.Maclagan (E)	1934-51	14	25	1	119	41.95	2	6
1002	K.L.Rolton (A)	1995-2009	14	22	4	209*	55.66	2	5

HIGHEST INDIVIDUAL INNINGS

242	Kiran Baluch	P v WI	Karachi	2003-04
214	M.D.Raj	I v E	Taunton	2002
213*	E.A.Perry	A v E	Sydney	2017-18
210	A.J.Sutherland	A v SA	Perth	2023-24
209*	K.L.Rolton	A v E	Leeds	2001
208	T.T.Beaumont	E v A	Nottingham	2023
205	S.Verma	I v SA	Chennai	2024-25
204	K.E.Flavell	NZ v E	Scarborough	1996
204‡	M.A.J.Goszko	A v E	Shenley	2001
200	J.Broadbent	A v E	Guildford	1998
193	D.A.Annetts	A v E	Collingham	1987
192	M.D.T.Kamini	I v SA	Mysore	2014-15
190	S.Agarwal	I v E	Worcester	1986
189	E.A.Snowball	E v NZ	Christchurch	1934-35
179	R.Heyhoe-Flint	E v A	The Oval	1976
177	S.C.Taylor	E v SA	Shenley	2003
176*	K.L.Rolton	A v E	Worcester	1998
169*	N.R.Sciver	E v SA	Taunton	2022
168*	H.C.Knight	E v A	Canberra	2021-22
167	J.A.Brittin	E v A	Harrogate	1998

163	A.J.Sutherland	A v E		Melbourne	2024-25
161*	E.C.Drumm	E v A		Christchurch	1994-95
160	B.A.Daniels	E v NZ		Scarborough	1996

‡ On debut

FIVE HUNDREDS

						Opponents						
		M	I	E	A	NZ	SA	WI	Ind	P	SL	Ire
5	J.A.Brittin (E)	27	44	–	3	1	–	1	–	–	–	–

HIGHEST PARTNERSHIP FOR EACH WICKET

1st	292	S.Verma/S.S.Mandhana	I v SA	Chennai	2024
2nd	275	M.D.T.Kamini/P.G.Raut	I v SA	Mysore	2014-15
3rd	309	L.A.Reeler/D.A.Annetts	A v E	Collingham	1987
4th	253	K.L.Rolton/L.C.Broadfoot	A v E	Leeds	2001
5th	143	H.Kaur/R.M.Ghosh	I v SA	Chennai	2024
6th	229	J.M.Fields/R.L.Haynes	A v E	Worcester	2009
7th	157	M.D.Raj/J.N.Goswami	I v E	Taunton	2002
8th	181	S.J.Griffiths/D.L.Wilson	A v NZ	Auckland	1989-90
9th	107	B.A.Botha/M.Payne	SA v NZ	Cape Town	1971-72
10th	119	S.Nitschke/C.R.Smith	A v E	Hove	2005

BOWLING RECORDS – 50 WICKETS IN TESTS

Wkts		Career	M	Balls	Runs	Avge	Best	5wI	10wM
77	M.B.Duggan (E)	1949-63	17	3734	1039	13.49	7- 6	5	–
68	E.R.Wilson (A)	1948-58	11	2885	803	11.80	7- 7	4	2
63	D.F.Edulji (I)	1976-91	20	5098	1624	25.77	6- 64	1	–
60	M.E.Maclagan (E)	1934-51	14	3432	935	15.58	7- 10	3	–
60	C.L.Fitzpatrick (A)	1991-2006	13	3603	1147	19.11	5- 29	2	–
60	S.Kulkarni (I)	1976-91	19	3320	1647	27.45	6- 99	3	–
57	R.H.Thompson (A)	1972-85	16	4304	1040	18.24	5- 33	1	–
55	J.Lord (NZ)	1966-79	15	3108	1049	19.07	6-119	4	1
51	K.H.Sciver-Brunt (E)	2004-22	14	2611	1098	21.52	6- 69	3	–
50	E.Bakewell (E)	1968-79	12	2697	831	16.62	7- 61	3	1

TEN WICKETS IN A TEST

13-226	Shaiza Khan	P v WI	Karachi	2003-04
12-165	A.K.Gardner	A v E	Nottingham	2023
11- 16	E.R.Wilson	A v E	Melbourne	1957-58
11- 63	J.M.Greenwood	E v WI	Canterbury	1979
11-107	L.C.Pearson	E v A	Sydney	2002-03
10- 65	E.R.Wilson	A v NZ	Wellington	1947-48
10- 75	E.Bakewell	E v WI	Birmingham	1979
10- 78	J.N.Goswami	I v E	Taunton	2006
10-107	K.Price	A v I	Lucknow	1983-84
10-118	D.A.Gordon	A v E	Melbourne	1968-69
10-137	J.Lord	NZ v A	Melbourne	1978-79
10-157	N.Mlaba	SA v E	Bloemfontein	2024-25
10-188	S.Rana	I v SA	Chennai	2024
10-192	S.Ecclestone	E v A	Nottingham	2023

SEVEN WICKETS IN AN INNINGS

8-53	N.L.David	I v E	Jamshedpur	1995-96
8-66	A.K.Gardner	A v E	Nottingham	2023
8-77	S.Rana	I v SA	Chennai	2024
7- 6	M.B.Duggan	E v A	Melbourne	1957-58
7- 7	E.R.Wilson	A v E	Melbourne	1957-58
7-10	M.E.Maclagan	E v A	Brisbane	1934-35

7-18	A.Palmer	A v E	Brisbane	1934-35
7-24	L.Johnston	A v NZ	Melbourne	1971-72
7-34	G.E.McConway	E v I	Worcester	1986
7-41	J.A.Burley	NZ v E	The Oval	1966
7-51	L.C.Pearson	E v A	Sydney	2002-03
7-59	Shaiza Khan	P v WI	Karachi	2003-04
7-61	E.Bakewell	E v WI	Birmingham	1979

HAT-TRICKS

E.R.Wilson	Australia v England	Melbourne	1957-58
Shaiza Khan	Pakistan v West Indies	Karachi	2003-04
R.M.Farrell	Australia v England	Sydney	2010-11

WICKET-KEEPING AND FIELDING RECORDS – 25 DISMISSALS IN TESTS

Total			Tests	Ct	St	
58	C.Matthews	Australia	20	46	12	1984-95
43	J.Smit	England	21	39	4	1992-2006
36	S.A.Hodges	England	11	19	17	1969-79
28	B.A.Brentnall	New Zealand	10	16	12	1966-72

EIGHT DISMISSALS IN A TEST

| 9 (8ct, 1st) | C.Matthews | A v I | Adelaide | 1990-91 |
| 8 (6ct, 2st) | L.Nye | E v NZ | New Plymouth | 1991-92 |

SIX DISMISSALS IN AN INNINGS

8 (6ct, 2st)	L.Nye	E v NZ	New Plymouth	1991-92
6 (2ct, 4st)	B.A.Brentnall	NZ v SA	Johannesburg	1971-72
6 (6ct)	A.E.Jones	E v A	Canberra	2021-22

20 CATCHES IN THE FIELD IN TESTS

Total			Tests	
25	C.A.Hodges	England	18	1984-92
21	S.Shah	India	20	1976-91
20	L.A.Fullston	Australia	12	1984-87

APPEARANCE RECORDS – 25 TEST MATCH APPEARANCES

| 27 | J.A.Brittin | England | 1979-98 |

12 MATCHES AS CAPTAIN

			Won	Lost	Drawn	
15	P.McKelvey	New Zealand	2	3	10	1966-79
12	R.Heyhoe-Flint	England	2	–	10	1966-76
12	S.Rangaswamy	India	1	2	9	1976-84

WOMEN'S LIMITED-OVERS RECORDS
1973 to 21 February 2026
RESULTS SUMMARY

	Matches	Won	Lost	Tied	No Result	% Won (exc NR)
Australia	388	310	69	2	7	81.36
England	418	247	155	2	14	61.13
Thailand	14	8	6	–	–	57.14
India	342	188	147	2	5	55.78
South Africa	270	141	113	5	11	54.44
United Arab Emirates	8	4	4	–	–	50.00
New Zealand	400	191	195	3	11	49.10
West Indies	238	102	124	3	9	44.54
Scotland	22	9	13	–	–	40.90
Sri Lanka	204	68	125	–	11	35.23
Zimbabwe	30	10	19	1	–	33.33
United States of America	9	3	6	–	–	33.33
Trinidad & Tobago	6	2	4	–	–	33.33
Bangladesh	84	25	51	2	6	32.05
Pakistan	224	65	149	3	7	29.95
Ireland	195	56	131	1	7	29.78
Papua New Guinea	13	3	10	–	–	23.07
Netherlands	114	23	90	–	1	20.35
Jamaica	5	1	4	–	–	20.00
Denmark	33	6	27	–	–	18.18
International XI	18	3	14	1	–	17.64
Young England	6	1	5	–	–	16.66
Japan	5	–	5	–	–	0.00

TEAM RECORDS – HIGHEST INNINGS TOTALS

491-4	(50 overs)	New Zealand v Ireland	Dublin	2018
455-5	(50 overs)	New Zealand v Pakistan	Christchurch	1996-97
440-3	(50 overs)	New Zealand v Ireland	Dublin	2018
435-5	(50 overs)	India v Ireland	Rajkot	2024-25
418	(49.5 overs)	New Zealand v Ireland	Dublin	2018
412-3	(50 overs)	Australia v Denmark	Mumbai	1997-98
412	(47.5 overs)	Australia v India	Delhi	2025-26
397-4	(50 overs)	Australia v Pakistan	Melbourne	1996-97
378-5	(50 overs)	England v Pakistan	Worcester	2016

LARGEST RUNS MARGIN OF VICTORY

408 runs	New Zealand beat Pakistan	Christchurch	1996-97
374 runs	Australia beat Pakistan	Melbourne	1996-97

LOWEST INNINGS TOTALS

22	(23.4 overs)	Netherlands v West Indies	Deventer	2008
23	(24.1 overs)	Pakistan v Australia	Melbourne	1996-97
24	(21.3 overs)	Scotland v England	Reading	2001

BATTING RECORDS – 4250 RUNS IN A CAREER

Runs		Career	M	I	NO	HS	Avge	100	50
7805	M.D.Raj (I)	1999-2022	232	211	57	125*	50.68	7	64
5992	C.M.Edwards (E)	1997-2016	191	180	23	173*	38.16	9	46
5936	S.W.Bates (NZ)	2006-2025	178	169	16	168	38.79	13	37
5875	S.R.Taylor (WI)	2008-2025	170	163	24	171	42.26	7	41
5477	L.Wolvaardt (SA)	2016-2025	122	121	16	184*	52.16	13	38
5322	S.S.Mandhana (I)	2013-2025	117	117	5	136	48.38	14	34
4844	B.J.Clark (A)	1991-2005	118	114	12	229*	47.49	5	30
4814	K.L.Rolton (A)	1995-2009	141	132	32	154*	48.14	8	33
4738	T.T.Beaumont (E)	2009-2025	140	130	13	168*	40.49	12	24
4639	A.E.Satterthwaite (NZ)	2007-2022	145	138	17	137*	38.33	7	27
4602	M.M.Lanning (A)	2011-2023	103	102	16	152*	53.51	15	21
4504	E.A.Perry (A)	2007-2025	165	137	44	112*	48.43	3	37
4409	H.Kaur (I)	2009-2025	161	140	21	171*	37.05	7	20
4354	N.R.Sciver-Brunt (E)	2013-2025	129	114	20	148*	46.31	10	26

Runs		Career	M	I	NO	HS	Avge	100	50
4325	H.C.Knight (E)	2010-2025	157	149	28	109	35.74	3	27
4279	S.F.M.Devine (NZ)	2006-2025	159	144	13	145	32.66	9	18

HIGHEST INDIVIDUAL INNINGS

232*	A.C.Kerr	New Zealand v Ireland	Dublin	2018
229*	B.J.Clark	Australia v Denmark	Mumbai	1997-98
195*	A.M.C.Jayangani	Sri Lanka v South Africa	Potchefstroom	2023-24
188	D.B.Sharma	India v Ireland	Potchefstroom	2017
184*	L.Wolvaardt	South Africa v Sri Lanka	Potchefstroom	2023-24
178*	A.M.C.Jayangani	Sri Lanka v Australia	Bristol	2017
176*	Sidra Ameen	Pakistan v Ireland	Lahore	2022-23
173*	C.M.Edwards	England v Ireland	Pune	1997-98
171*	H.Kaur	India v Australia	Derby	2017
171*	T.Brits	South Africa v Pakistan	Lahore	2025-26
171	S.R.Taylor	West Indies v Sri Lanka	Mumbai	2012-13
170	A.J.Healy	Australia v England	Christchurch	2021-22
169	L.Wolvaardt	South Africa v England	Guwahati	2025-26
168*	T.T.Beaumont	England v Pakistan	Taunton	2016
168	S.W.Bates	New Zealand v Pakistan	Sydney	2008-09

HIGHEST PARTNERSHIP FOR EACH WICKET

1st	320	D.B.Sharma/P.G.Raut	India v Ireland	Potchefstroom	2017
2nd	295	A.C.Kerr/L.M.Kasperek	New Zealand v Ireland	Dublin	2018
3rd	244	K.L.Rolton/L.C.Sthalekar	Australia v Ireland	Dublin	2005
4th	224*	L.Logtenberg/M.du Preez	South Africa v Netherlands	Deventer	2007
5th	188*	S.C.Taylor/J.Smit	England v Sri Lanka	Lincoln	2000-01
6th	142	S.E.Luus/C.L.Tryon	South Africa v Ireland	Dublin	2016
7th	130*	A.E.Jones/C.E.Dean	England v New Zealand	Wellington	2023-24
8th	115	P.A.Chatterji/R.E.Slater	Scotland v Bangladesh	Lahore	2024-25
9th	106	B.L.Mooney/A.M.King	Australia v Pakistan	Colombo (RPS)	2025-26
10th	76	A.J.Blackwell/K.M.Beams	Australia v India	Derby	2017

BOWLING RECORDS – 140 WICKETS IN A CAREER

		LOI	Balls	Runs	W	Avge	Best	4w	R/Over
J.N.Goswami (I)	2002-2022	204	10005	5622	255	22.04	6-31	9	3.37
S.Ismail (SA)	2007-2022	127	6170	3812	191	19.95	6-10	3	3.70
M.Kapp (SA)	2009-2025	162	6851	4388	181	24.24	5-20	6	3.84
C.L.Fitzpatrick (A)	1993-2007	109	6017	3023	180	16.79	5-14	11	3.01
A.Mohammed (WI)	2003-2022	141	6252	3735	180	20.75	7-14	13	3.58
K.H.Sciver-Brunt (E)	2007-2025	165	5806	4243	166	25.56	7-22	4	4.38
E.A.Perry (A)	2007-2025	151	6060	4427	162	27.32	6-20	7	4.38
D.B.Sharma (I)	2014-2025	121	5791	3445	155	22.22	4-17	5	3.56
S.R.Taylor (WI)	2008-2019	120	5942	3665	151	24.27	5-32	8	3.70
Sana Mir (P)	2001-2013	125	5963	3646	146	24.97	5-35	2	3.66
L.C.Sthalekar (A)	2001-2013	108	4856	3472	145	23.94	5-19	6	4.28
M.Schutt (A)	2012-2025	119	5407	3863	142	27.20	5-26	3	4.28
A.Khaka (SA)	2012-2025								
N.L.David (I)	1995-2008	97	4892	2305	141	16.34	5-20	6	2.82
S.Ecclestone (E)	2016-2025	82	4369	2702	141	19.16	6-36	7	3.71
J.L.Jonassen (A)	2012-2023	93	4161	2764	141	19.60	5-27	8	3.98

BEST FIGURES IN AN INNINGS

7- 4	Sajjida Shah	Pakistan v Japan	Amsterdam	2003
7- 8	J.M.Chamberlain	England v Denmark	Haarlem	1991
7-14	A.Mohammed	West Indies v Pakistan	Mirpur	2011-12
7-18	A.M.King	Australia v South Africa	Indore	2025-26
7-22	E.A.Perry	Australia v England	Canterbury	2019
7-24	S.Nitschke	Australia v England	Kidderminster	2005
6- 6	T.Puthawong	Thailand v Zimbabwe	Bangkok	2022-23
6-10	J.Lord	New Zealand v India	Auckland	1981-82
6-10	M.Maben	India v Sri Lanka	Kandy	2003-04
6-10	S.Ismail	South Africa v Netherlands	Savar	2011-12
6-20	G.L.Page	New Zealand v Trinidad & T	St Albans	1973
6-20	D.B.Sharma	India v Sri Lanka	Ranchi	2015-16
6-20	Khadija Tul Kobra	Bangladesh v Pakistan	Cox's Bazar	2018-19

| 6-26 | Nashra Sandhu | Pakistan v South Africa | Lahore | 2025-26 |
| 6-30 | K.L.Cross | England v Ireland | Belfast | 2024 |

WICKET-KEEPING AND FIELDING RECORDS – 100 DISMISSALS IN A CAREER

Total			LOI	Ct	St
182	T.Chetty	South Africa	134	131	51
136	S.J.Taylor	England	126	85	51
133	R.J.Rolls	New Zealand	104	90	43
116	A.J.Healy	Australia	123	78	38
114	J.Smit	England	109	69	45
105	A.E.Jones	England	111	83	22
103	M.R.Aguilera	West Indies	112	76	27

SIX DISMISSALS IN AN INNINGS

6	(4ct, 2st)	S.L.Illingworth	New Zealand v Australia	Beckenham	1993
6	(1ct, 5st)	V.Kalpana	India v Denmark	Slough	1993
6	(2ct, 4st)	Batool Fatima	Pakistan v West Indies	Karachi	2003-04
6	(4ct, 2st)	Batool Fatima	Pakistan v Sri Lanka	Colombo (PSS)	2011

50 CATCHES IN THE FIELD IN A CAREER

Total			LOI	Career
92	S.W.Bates	New Zealand	178	2006-2025
69	S.R.Taylor	West Indies	170	2008-2025
69	J.N.Goswami	India	204	2002-2022
68	H.Kaur	India	160	2009-2025
64	M.D.Raj	India	232	1999-2022
62	S.E.Luus	South Africa	145	2012-2025
58	H.K.Matthews	West Indies	99	2014-2025
57	D.van Niekerk	South Africa	110	2009-2025
56	A.E.Satterthwaite	New Zealand	145	2007-2022
56	E.A.Perry	Australia	165	2007-2025
55	A.J.Blackwell	Australia	144	2003-2018
53	N.R.Sciver-Brunt	England	129	2013-2025
52	L.S.Greenway	England	126	2003-2016
52	C.M.Edwards	England	191	1997-2016
51	H.C.Knight	England	157	2010-2025
50	M.M.Lanning	Australia	101	2011-2023

FOUR CATCHES IN THE FIELD IN AN INNINGS

4	Z.J.Goss	Australia v New Zealand	Adelaide	1995-96
4	J.L.Gunn	England v New Zealand	Lincoln, NZ	2014-15
4	Nahida Khan	Pakistan v Sri Lanka	Dambulla	2017-18
4	A.C.Kerr	New Zealand v India	Queenstown	2021-22
4	S.W.Bates	New Zealand v Australia	Indore	2025-26

APPEARANCE RECORDS – 160 APPEARANCES

232	M.D.Raj	India	1999-2022
204	J.N.Goswami	India	2002-2022
191	C.M.Edwards	England	1997-2016
178	S.W.Bates	New Zealand	2006-2025
170	S.R.Taylor	West Indies	2008-2025
165	E.A.Perry	Australia	2007-2025
162	M.Kapp	South Africa	2009-2025
161	H.Kaur	India	2009-2025

100 CONSECUTIVE APPEARANCES

109	M.D.Raj	India	17.04.2004 to 07.02.2013
106	T.T.Beaumont	England	20.06.2016 to 04.06.2025
101	M.du Preez	South Africa	08.03.2009 to 05.02.2018

100 MATCHES AS CAPTAIN

			Won	Lost	No Result	
155	M.D.Raj	India	89	63	3	2004-2022
117	C.M.Edwards	England	72	38	7	2005-2016
101	B.J.Clark	Australia	83	17	1	1994-2005

WOMEN'S INTERNATIONAL TWENTY20 RECORDS
2004 to 14 March 2026

As for the men's IT20 records, in the section that follows, except for the first-ranked record, only those games featuring a nation that has also played a full LCI are listed.

MATCH RESULTS SUMMARY

	Matches	Won	Lost	Tied	NR	Win %
England	220	157	58	3	2	72.01
Australia	203	140	54	4	5	70.70
Zimbabwe	89	55	33	1	–	61.79
India	212	118	87	1	6	57.28
New Zealand	191	103	81	3	4	55.08
West Indies	193	96	87	6	4	50.79
Ireland	149	71	77	–	1	47.97
South Africa	178	79	92	–	7	46.19
Pakistan	184	72	105	3	4	40.00
Bangladesh	139	53	85	–	1	38.40
Sri Lanka	171	61	104	–	6	36.96

TEAM RECORDS
HIGHEST INNINGS TOTALS † Batting Second

427-1	Argentina v Chile	Buenos Aires	2023-24
259-4	Thailand v Singapore	Bangkok	2025-26
255-2	Bangladesh v Maldives	Pokhara	2019-20
255-3	Netherlands v Germany	Rotterdam	2025
253-1	UAE v Bahrain	Al Amerat	2021-22
251-2	UAE v Saudi Arabia	Al Amerat	2025-26
250-3	England v South Africa	Taunton	2018
226-3	Australia v England	Chelmsford	2019
226-2	Australia v Sri Lanka	Sydney (NS)	2019-20
224-1	Papua New Guinea v Philippines	Suva	2025
223-1	Ireland v Germany	Rotterdam	2025
221-2	India v Sri Lanka	Thiruvananthapuram	2025-26
220-2	South Africa v Ireland	Cape Town	2025-26

LOWEST COMPLETED INNINGS TOTALS † Batting Second

6	(9.0)	Mali v Rwanda	Rwanda	2019
6†	(12.1)	Maldives v Bangladesh	Pokhara	2019-20
8†	(9.1)	China v Thailand	Mong Kok	2024-25
9	(11.1)	Philippines v Thailand	Phnom Penh	2023
13†	(9.4)	Saudi Arabia v UAE	Al Amerat	2025-26
14†	(10.0)	China v UAE	Bangkok	2018-19
17	(9.2)	Eswatini v Zimbabwe	Gaborone	2021
21-9	(20.0)	Myanmar v Thailand	Kuala Lumpur	2023
23	(17.1)	Hong Kong v Thailand	Bangkok	2018-19
23	(11.1)	Fiji v Papua New Guinea	Port Vila	2019

The lowest score for England is 87 (v Australia, Hove, 2015).

BATTING RECORDS – 3000 RUNS IN A CAREER

Runs			M	I	NO	HS	Avge	50	R/100B
4716	S.W.Bates	NZ	177	174	12	124*	29.11	29	108.5
4231	S.S.Mandhana	I	160	154	15	112	30.43	34	124.5
3822	H.Kaur	I	190	169	39	103	29.40	16	108.8†
3637	A.M.C.Jayangani	SL	154	151	8	119*	25.43	17	110.5
3468	S.R.Taylor	WI	129	126	25	90	34.33	14	99.7†
3438	B.L.Mooney	A	115	109	26	117*	41.42	29	125.4
3431	S.F.M.Devine	NZ	146	142	20	105	28.12	22	120.3
3405	M.M.Lanning	A	132	121	28	133*	36.61	17	116.3
3335	D.N.Wyatt	E	178	157	14	124	23.32	23	129.2

Runs			M	I	NO	HS	Avge	50	R/100B
3126	E.R.Oza	UAE	110	108	13	158*	32.90	18	118.4
3054	A.J.Healy	A	162	143	23	148*	25.45	18	129.7
3048	G.H.Lewis	Ire	114	112	15	119	31.42	20	117.1
3044	D.J.S.Dottin	WI	141	138	23	112*	26.46	16	125.8†
3017	H.K.Matthews	WI/Ba	115	115	9	132	28.46	12	114.7

† *No information on balls faced for games at Roseau on 22 and 23 February 2012.*

HIGHEST INDIVIDUAL INNINGS

Score	Balls				
169	84	L.Taylor	Arg v Chile	Buenos Aires	2023-24
158*	71	E.R.Oza	UAE v Bahr	Al Amerat	2021-22
148*	61	A.J.Healy	A v SL	Sydney (NS)	2019-20
148*	69	N.Chantham	Thai v Sing	Bangkok	2025-26
133*	63	M.M.Lanning	A v E	Chelmsford	2019
132	64	H.K.Matthews	WI v A	Sydney (NS)	2023-24
130*	71	K.Oala	PNG v Phil	Suva	2025
126*	76	S.L.Kalis	Neth v Ger	Cartagena	2019
126	65	M.M.Lanning	A v Ire	Sylhet	2013-14
124*	66	S.W.Bates	NZ v SA	Taunton	2018
124	64	D.N.Wyatt	E v I	Mumbai (BS)	2017-18

HIGHEST PARTNERSHIP FOR EACH WICKET

Wkt	Runs				
1st	192	E.R.Oza/K.K.N.Egodage	UAE v Bahr	Al Amerat	2021-22
2nd	176	S.Luus/L.Wolvaardt	SA v Ire	Cape Town	2025-26
3rd	236*	Nigar Sultana/Farzana Haque	B v Mald	Pokhara	2019-20
4th	147*	K.L.Rolton/K.A.Blackwell	A v E	Taunton	2005
5th	129*	A.K.Gardner/G.M.Harris	A v I	Mumbai (BS)	2022-23
6th	84	M.A.A.Sanjeewani/N.N.D.de Silva	SL v P	Colombo (SSC)	2017-18
7th	75*	Salma Khatun/Ritu Moni	B v Ken	Kuala Lumpur	2021-22
8th	62*	W.Mwatile/N.Benjamin	Nam v UAE	Bangkok	2025-26
9th	50	H.C.Knight/C.E.Dean	E v I	Mumbai	2023-24
10th	40	N.M.Cherriath/S.Kotte	UAE v USA	Dubai	2022

BOWLING RECORDS – 125 WICKETS IN A CAREER

Wkts			Matches	Overs	Mdns	Runs	Avge	Best	R/Over
153	D.B.Sharma	I	136	480.5	13	2959	19.33	4-10	6.15
151	M.Schutt	A	123	417.1	10	2674	17.70	5-15	6.40
145	T.Putthawong	Thai	94	327.1	33	1339	9.23	5- 6	4.09
144	H.T.Ishimwe	Rwa	117	344.4	23	1488	10.33	5- 6	4.31
144	Nida Dar	P	160	510.2	13	2910	20.20	5-21	5.70
142	S.Ecclestone	E	101	374.2	10	2234	15.73	4-18	5.96
139	C.Aweko	Ugan	115	430.3	37	1649	11.86	4- 6	3.83
136	O.Kamchomphu	Thai	146	346.3	13	1597	11.74	5-18	4.60
126	N.Boochatham	Thai	116	332.4	23	1373	10.89	5- 5	4.12
126	E.A.Perry	A	171	407.5	8	2385	18.92	4-12	5.84
125	A.Mohammed	WI	147	395.3	6	2206	17.64	5-10	5.57

BEST FIGURES IN AN INNINGS

7- 0	R.Rohmalia	Indo v Mong	Bali	2024
7- 3	F.C.J.Overdijk	Neth v Fra	Cartagena	2021
6-11	E.Mbofana	Z v Eswatini	Gaborone	2021
6-17	A.E.Satterthwaite	NZ v E	Taunton	2007
5- 1	P.Siaka	PNG v Phil	Suva	2025
5- 2	H.Doriga	PNG v Fiji	Port Vila	2022-23
5- 3	C.R.Seneviratna	UAE v Kuwait	Bangkok	2018-19
5- 3	M.J.McColl	Scot v France	Cartagena	2021
5- 3	P. Maya	Thai v China	Hong Kong	2024-25

5-4	C.Suthiruang		Thai v Indon	Bangkok	2018-19
5-5	D.J.S.Dottin		WI v B	Providence	2018-19
5-5	N.Boochatham		Thai v Myan	Kuala Lumpur	2023

The best figures for England are 5-11 by A.Shrubsole, v NZ, Wellington, 2011-12.

HAT-TRICKS IN ENGLAND MATCHES

Asmavia Iqbal	Pakistan v England	Loughborough	2012
N.R.Sciver	England v New Zealand	Bridgetown	2013-14
A.Shrubsole	England v South Africa	Gros Islet	2018-19

WICKET-KEEPING RECORDS – 75 DISMISSALS IN A CAREER

Dis			Inns	Ct	St
126	A.J.Healy	Australia	146	63	63
90	A.E.Jones	England	108	47	43
86	B.de Leede	Netherlands	90	51	35
86	N.Koncharoenkai	Thailand	113	36	50
78	S.J.Bryce	Scotland	73	38	40
78	Theertha Satish	UAE	81	45	33
75	K.Awino	Uganda	106	47	28

FIVE DISMISSALS IN AN INNINGS

5 (1ct, 4st)	K.A.Knight	West Indies v Sri Lanka	Colombo (RPS)	2012-13
5 (1ct, 4st)	Batool Fatima	Pakistan v Ireland	Dublin	2013
5 (1ct, 4st)	Batool Fatima	Pakistan v Ireland	Dublin	2013
5 (3ct, 2st)	B.M.Bezuidenhout	New Zealand v Ireland	Dublin	2018
5 (1ct, 4st)	S.J.Bryce	Scotland v Netherlands	Arbroath	2019
5 (2ct, 3st)	M.Rathnayake	Italy v Scotland	Almeria	2023
5 (2ct, 3st)	S.J.Bryce	Scotland v Netherlands	Almeria	2023
5 (4ct, 1st)	B.de Leede	Netherlands v Thailand	Mulpani	2025-26

FIELDING RECORDS – 50 CATCHES IN A CAREER

Total			Matches	Total			Matches
93	S.W.Bates	New Zealand	177	58	J.L.Gunn	England	104
72	N.R.Sciver-Brunt	England	137	54	L.S.Greenway	England	85
72	H.Kaur	India	190	51	N.M.D.Silva	Sri Lanka	111

FOUR CATCHES IN AN INNINGS BY TEST-PLAYING NATIONS

4	L.S.Greenway	England v New Zealand	Chelmsford	2010
4	V.Krishnamurthy	India v Australia	Providence	2018-19
4	S.W.Bates	New Zealand v West Indies	North Sound	2022-23
4	T.Brits	South Africa v England	Cape Town	2022-23
4	H.Kaur	India v Australia	Mumbai (DYP)	2023-24
4	Fatima Sana	Pakistan v New Zealand	Dubai (DSC)	2024-25
4	G.Wareham	Australia v New Zealand	Wellington	2024-25

APPEARANCE RECORDS – 150 APPEARANCES

190	H.Kaur	India	162	A.J.Healy	Australia
178	D.N.Wyatt	England	160	S.Mandhana	India
177	S.W.Bates	New Zealand	160	Nida Dar	Pakistan
171	E.A.Perry	Australia	154	A.M.C.Jayangani	Sri Lanka

75 MATCHES AS CAPTAIN

			W	L	T	NR	%age wins
135	H.Kaur	India	80	49	1	5	60.53
108	A.M.C.Jayangani	Sri Lanka	45	60	–	3	42.85
100	M.M.Lanning	Australia	76	18	1	5	80.00
96	H.C.Knight	England	71	23	1	1	74.73
93	C.M.Edwards	England	68	23	1	1	73.91
77	L.K.Delany	Ireland	42	34	–	1	55.26

THE WOMEN'S HUNDRED 2025

The Women's Hundred was launched in 2021, featuring eight franchise sides in matches of 100 balls per side, with all games played alongside the men's version between 5 and 31 August. The second- and third-placed sides played off for a place in the final, held at Lord's.

		P	W	L	T	NR	Pts	Net RR
1.	Southern Brave (8)	8	8	–	–	–	32	+1.16
2.	Northern Superchargers (4)	8	6	2	–	–	24	+1.21
3.	London Spirit (3)	8	5	3	–	–	20	+0.50
4.	Trent Rockets (5)	8	4	4	–	–	16	+0.11
5.	Manchester Originals (6)	8	4	4	–	–	16	–0.14
6.	Oval Invincibles (2)	8	2	6	*	–	8	–0.89
7.	Birmingham Phoenix (7)	8	2	6	–	–	8	–1.12
8.	Welsh Fire (1)	8	1	7	–	–	4	–0.83

2024 positions in brackets.

Eliminator: At The Oval, London, 30 August. Toss: London Spirit. **NORTHERN SUPERCHARGERS** won by 42 runs. Northern Superchargers 214-5 (100 balls; D.S.T.Perrin 101, P.E.S.Litchfield 35, N.J.Carey 31*); London Spirit 172-9 (100 balls; G.P.Redmayne 50*, C.R.Knott 40, G.Ballinger 3-22, A.J.Sutherland 3-40). Award: D.S.T.Perrin.

FINAL: At Lord's, 31 August. Toss: Northern Superchargers. **NORTHERN SUPERCHARGERS** won by seven wickets. Southern Brave 115-6 (100 balls). Northern Superchargers 119-3 (88 balls; N.J.Carey 35*). Award: N.J.Carey. Series award: P.E.S.Litchfield (Northern Superchargers).

LEADING AGGREGATES AND RECORDS 2025

BATTING (275 runs)	M	I	NO	HS	Runs	Avge	100	50	R/100b	Sixes
P.E.S.Litchfield (Superchargers)	10	10	3	59*	292	41.71	–	2	157.8	5
M.M.Lanning (Invincibles)	8	8	–	85	287	35.87	–	2	136.6	8

BOWLING (15 wkts)	Balls	R	W	Avge	BB	4w	R/100b
L.K.Bell (Brave)	179	161	19	8.47	4- 6	1	89.9
A.J.Sutherland (Superchargers)	198	231	16	14.43	3-15	–	116.6
K.L.Cross (Superchargers)	195	211	15	14.06	3-31	–	108.2

Highest total	214-5	Superchargers v Spirit	The Oval
Biggest win (runs)	89	Brave (161-6) beat Invincibles (72)	Southampton
Biggest win (wkts)	10	Originals (113-0) beat Rockets (111-7)	Nottingham
Biggest win (balls)	38	Spirit (112-2) beat Invincibles (108-8)	The Oval
Highest innings	101	D.S.T.Perrin Superchargers v Spirit	The Oval
Most sixes	11	G.M.Harris (Spirit)	
Highest partnership	113*	B.L.Mooney/K.E.Bryce Originals v Rockets	Nottingham
Best bowling	4-6	L.K.Bell Brave v Fire	Southampton
Most economical	20b-6-4	L.K.Bell Brave v Fire	Southampton
Most expensive	15b-43-0	E.Gray Spirit v Invincibles	Lord's
Most w/k dismissals	9	R.M.Southby (Brave)	
Most catches	8	A.K.Lister (Phoenix), M.K.Villiers (Brave)	
Most catches (inns)	3	A.K.Lister Phoenix v Rockets	Birmingham

WINNERS

2021 Invincibles	2024 Spirit
2022 Invincibles	2025 Superchargers
2023 Brave	

PRINCIPAL WOMEN'S FIXTURES 2026

F	Floodlit match	MB	Metro Bank One-Day Cup (50 overs)
T20	Vitality T20 County Cup	LOI	Metro Bank One-Day International
VB	Vitality Blast T20	IT20	Vitality International Twenty20

Sat 11 April
MB1	Chester-le-St	Durham v Lancashire
MB1	Southampton	Hampshire v Essex
MB1	Taunton	Somerset v Yorkshire
MB1	Birmingham	Warwicks v Surrey

Sun 12 April
MB2	Derby	Derbyshire v Middlesex
MB2	Cardiff	Glamorgan v Glos
MB2	Leicester	Leics v Sussex
MB2	Northampton	Northants v Kent

Wed 15 April
MB1	Nottingham	The Blaze v Lancashire
MB1	Chester-le-St	Durham v Essex
MB1	The Oval	Surrey v Yorkshire
MB1	Birmingham	Warwicks v Hampshire

Sat 18 April
MB1	Chelmsford	Essex v Warwicks
MB1	The Oval	Surrey v Durham
MB1	Leics	Yorkshire v The Blaze

Sun 19 April
MB1	Southport	Lancashire v Somerset
MB2	Cardiff	Glamorgan v Leics
MB2	Canterbury	Kent v Derbyshire
MB2	Radlett	Middlesex v Glos
MB2	Hove	Sussex v Worcs

Sat 25 April
MB1	Chelmsford	Essex v The Blaze
MB1	Southampton	Hampshire v Durham
MB1	Manchester	Lancashire v Yorkshire
MB1	Taunton	Somerset v Surrey
T20	Newport	Glamorgan v Devon

Sun 26 April
T20	Lancot Park	Beds/Hunts v Lincs
T20	Exning	Cambridges v Herts
T20	Denby	Derbyshire v Cheshire
T20	Canford S	Dorset v Oxfordshire
T20	Northampton	Glos v Cornwall
T20	Leicester	Leics v Shropshire
T20	Radlett	Middlesex v Kent
T20	tbc	Northants v Herefords
T20	Meakins	Staffs v Cumbria

T20	Ipswich	Suffolk v Bucks
T20	Hove	Sussex v Norfolk
T20	Marlborough	Wiltshire v Berkshire
T20	Himley	Worcs v Northumberland

Wed 29 April
MB1	Nottingham	The Blaze v Warwicks
MB1	Southampton	Hampshire v Surrey
MB1	Taunton Vale	Somerset v Essex
MB1	Scarborough	Yorkshire v Durham

Sat 2 May
MB1	Chester-le-St	Durham v The Blaze
MB1	Manchester	Lancashire v Hampshire
MB1	Birmingham	Warwicks v Somerset
MB1	Leeds	Yorkshire v Essex

Sun 3 May
MB2	Bristol	Glos v Northants
MB2	Hove	Sussex v Kent
MB2	Worcs, RGS	Worcs v Leics

Mon 4 May
| MB1 | Nottingham | The Blaze v Surrey |
| MB2 | Duffield | Derbyshire v Glamorgan |

Wed 6 May
[50o]	Chester-le-St	ECB Dev v New Zealanders
MB1	Chelmsford	Essex v Lancashire
MB1	Southampton	Hampshire v Somerset
MB1	Birmingham	Warwicks v Durham

Sun 10 May
LOI	**Chester-le-St**	**England v New Zealand**
MB2	Beckenham	Kent v Glamorgan
MB2	Leicester	Leics v Glos
MB2	Radlett	Middlesex v Worcs
MB2	Finedon	Northants v Sussex

Tue 12 May
| MB1 | The Oval | Surrey v Essex |

Wed 13 May
LOI[F]	**Northampton**	**England v New Zealand**
MB1	Southport	Lancashire v Warwicks
MB1	Exmouth	Somerset v The Blaze
MB1	York	Yorkshire v Hampshire

Fri 15 May		
MB1	Nottingham	The Blaze v Hampshire
Sat 16 May		
LOI	**Cardiff**	**England v New Zealand**
MB1	Chester-le-St	Durham v Somerset
MB1	The Oval	Surrey v Lancashire
MB1	Scarborough	Yorkshire v Warwicks
Sun 17 May		
T20	tbc (1)	Dorset/Oxon v Glos/Corn
T20	tbc (2)	Wilts/Berks v Glam/Devon
T20	tbc (3)	Middx/Kent v Cambs/Herts
T20	tbc (4)	Suff/Bucks v Sussex/Norf
T20	tbc (5)	Leics/Shrops v Worcs/N'land
T20	tbc (6)	Derbys/Ches v Staffs/Cumb
T20	tbc (7)	Nhants/Heref v Beds/Hunts/Linc
Wed 20 May		
IT20^F	**Derby**	**England v New Zealand**
Fri 22 May		
VB1	Chelmsford	Essex v Warwicks
VB1	Nottingham	Notts v Yorkshire
VB1	Taunton	Somerset v Hampshire
VB1	The Oval	Surrey v Lancashire
VB2	Derby	Derbyshire v Sussex
VB2	Bristol	Glos v Glamorgan
VB2	Leicester	Leics v Worcs
VB2	Lord's	Middlesex v Kent
Sat 23 May		
IT20	**Canterbury**	**England v New Zealand**
VB2	Cardiff	Glamorgan v Derbyshire
Sun 24 May		
VB1	Chester-le-St	Durham v Hampshire
VB1	Birmingham	Warwicks v Somerset
VB1	Leeds	Yorkshire v Surrey
VB2	Lord's	Middlesex v Leics
VB2	Worcester	Worcs v Northants
Mon 25 May		
IT20	**Hove**	**England v New Zealand**
[T20]	Chelmsford	ECB Dev v Indians
VB1	Manchester	Lancashire v The Blaze
VB2	Canterbury	Kent v Sussex
Tue 26 May		
VB1	Southampton	Hampshire v Essex
Wed 27 May		
VB1	Taunton	Somerset v Yorkshire
VB1^F	The Oval	Surrey v Durham
VB1	Birmingham	Warwicks v The Blaze

Thu 28 May		
IT20^F	**Chelmsford**	**England v India**
Fri 29 May		
VB1	Chester-le-St	Durham v Warwicks
VB1	Southampton	Hampshire v Surrey
VB1	Manchester	Lancashire v Somerset
VB1^F	Leeds	Yorkshire v Essex
Sat 30 May		
IT20	**Bristol**	**England v India**
Sun 31 May		
VB1	Nottingham	The Blaze v Durham
VB1	Chelmsford	Essex v Lancashire
VB1	The Oval	Surrey v Somerset
VB2	Canterbury	Kent v Glos
VB2	Northampton	Northants v Middlesex
VB2	Hove	Sussex v Glamorgan
VB2	Worcester	Worcs v Derbyshire
Tue 2 June		
IT20^F	**Taunton**	**England v India**
Fri 5 June		
VB1	Nottingham	The Blaze v Warwicks
VB1	The Oval	Surrey v Essex
VB1	Leeds	Yorkshire v Durham
VB2	Bristol	Glos v Middlesex
VB2	Canterbury	Kent v Worcs
VB2	Northampton	Northants v Glamorgan
VB2	Hove	Sussex v Leics
Sun 7 June		
VB1	Nottingham	The Blaze v Lancashire
VB1	Chelmsford	Essex v Hampshire
VB1	Taunton	Somerset v Warwicks
VB1	Newport	Glamorgan v Kent
VB2	Bristol	Glos v Worcs
VB2	Leicester	Leics v Northants
VB2	Northwood	Middlesex v Derbyshire
Tue 9 June		
VB1	Chester-le-St	Durham v Yorkshire
VB1	Blackpool	Lancashire v Hampshire
Sat 13 June		
MB1	Chelmsford	Essex v Durham
MB1	Taunton	Somerset v Hampshire
MB1	Beckenham	Surrey v The Blaze
MB1	Birm EFSG	Warwicks v Lancashire

Sun 14 June
VB2	tbc	Leics v Kent
VB2	Horton House	Northants v Derbyshire
VB2	Horsham	Sussex v Glos
VB2	Bromsgrove	Worcs v Middlesex

Wed 17 June
MB1	Chester-le-St	Durham v Yorkshire
MB1	Chelmsford	Essex v Hampshire
MB1	Blackpool	Lancashire v The Blaze
MB1	Exmouth	Somerset v Warwicks

Sat 20 June
[T20]	Northampton	England A v India A

Sun 21 June
T20	tbc (8)	Winner 3 v Warwicks
T20	Colchester (9)	Essex v Winner 1
T20	tbc (13)	Yorkshire v Somerset
T20	Notts SC (11)	The Blaze v Durham
T20	tbc (12)	Winner 5 v Surrey
T20	tbc (13)	Winner 2 v Hampshire
T20	Widnes (14)	Lancashire v Winner 4
T20	tbc (15)	Winner 6 v Winner 7

Tue 23 June
[T20]F	Northampton	England A v India A
MB1	Chesterfield	The Blaze v Yorkshire
MB1	Chester-le-St	Durham v Surrey
MB1	Blackpool	Lancashire v Essex

Wed 24 June
MB1	Southampton	Hampshire v Warwicks

Thu 25 June
[T20]F	Chelmsford	England A v India A

Fri 26 June
VB1	Southampton	Hampshire v Yorkshire
VB1	Taunton	Somerset v Durham
VB1	Birmingham	Warwicks v Surrey

Sat 27 June
VB2	Chesterfield	Derbyshire v Glos

Sun 28 June
[50o]	Hove	England A v India A
VB1	Chelmsford	Essex v The Blaze
VB1	Southampton	Hampshire v Warwicks
VB1	Blackpool	Lancashire v Warwicks
VB1	Taunton	Somerset v Surrey
VB2	Canterbury	Kent v Northants
VB2	Leicester	Leics v Glamorgan
VB2	Worcester	Worcs v Sussex

Wed 1 July
[50o]	Taunton	England A v India A
VB1	Birmingham	Warwicks v Essex
VB1	York	Yorkshire v Lancashire

Fri 3 July
VB1	Nottingham	The Blaze v Surrey
VB1	Chester-le-St	Durham v Lancashire
VB1	Leeds	Yorkshire v Somerset
VB2F	Derby	Derbyshire v Kent
VB2	Cardiff	Glamorgan v Middlesex
VB2	Bristol	Glos v Warwicks
VB2	Hove	Sussex v Northants

Sat 4 July
[50o]	Taunton	England A v India A

Sun 5 July
VB1	Chester-le-St	Durham v The Blaze
VB1	Chelmsford	Essex v Surrey
VB1	Southampton	Hampshire v Lancashire
VB1	Birmingham	Warwicks v Yorkshire
VB1	Derby	Derbyshire v Leics
VB2	Cardiff	Glamorgan v Worcs
VB2	Radlett	Middlesex v Sussex
VB2	Northampton	Northants v Glos

Wed 8 July
VB1	Southampton	Hampshire v The Blaze
VB1	The Oval	Surrey v Warwicks

Fri 10 – Mon 13 July
TM	Lord's	ENGLAND v INDIA

Fri 10 July
VB1	Nottingham	The Blaze v Somerset
VB1	Chester-le-St	Durham v Essex
VB1	Manchester	Lancashire v Yorkshire
VB1	Birmingham	Warwickshire v Hampshire

Sun 12 July
VB2	Cardiff	Semi-final and FINAL
VB1	Manchester	Lancashire v Durham
VB1	Taunton	Somerset v Essex
VB1	The Oval	Surrey v Hampshire
VB1	Leeds	Yorkshire v The Blaze

Fri 17 July
VB1F	The Oval	Semi-finals and FINAL

Sun 26 July
MB2	Denby	Derbyshire v Worcs
MB2	Neath	Glamorgan v Sussex
MB2	Canterbury	Kent v Middlesex
MB2	Northampton	Northants v Leics

Sun 2 August
MB2	Colwyn Bay	Glamorgan v Northants
MB2	Bristol	Glos v Derbyshire
MB2	Arundel	Sussex v Middlesex
MB2	Astwood Bk	Worcs v Kent

Sat 8 August
MB2	Cheltenham C	Glos v Sussex

Sun 9 August
MB2	Uppingham S	Leics v Derbyshire
MB2	Radlett	Middlesex v Northants
MB2	Bromsgrove	Worcs v Glamorgan

Sun 16 August
MB2	Cheltenham C	Glos v Kent
MB2	tbc	Leics v Middlesex
MB2	Northampton	Northants v Worcs
MB2	Horsham	Sussex v Derbyshire

Wed 19 August
MB1	Nottingham	The Blaze v Durham
MB1	Chelmsford	Essex v Somerset
MB1	Guildford	Surrey v Hampshire
MB1	Birmingham	Warwicks v Yorkshire

Sun 23 August
T20	tbc QF1	Winner 13 v Winner 10
T20	tbc QF2	Winner 15 v Winner 9
T20	tbc QF3	Winner 8 v Winner 12
T20	tbc QF4	Winner 11 v Winner 14

Wed 26 August
MB1	Newclose IoW	Hampshire v Lancashire
MB1	Taunton	Somerset v Durham
MB1	Birmingham	Warwicks v The Blaze
MB1	Ampleforth C	Yorkshire v Surrey

Sat 29 August
T20	Manchester	Winner QF1 v Winner QF3
T20	Manchester	Winner QF4 v Winner QF2
T20	Manchester	FINAL

Tue 1 September
LOI[F]	Leicester	England v Ireland

Thu 3 September
LOI[F]	Derby	England v Ireland
MB1	Chester-le-St	Durham v Hampshire
MB1	Manchester	Lancashire v Surrey
MB1	Birmingham	Warwicks v Essex
MB1	Leeds	Yorkshire v Somerset

Sun 6 September
LOI	Worcester	England v Ireland
MB1	Nottingham	The Blaze v Somerset
MB1	Chelmsford	Essex v Surrey
MB1	Southampton	Hampshire v Yorkshire
MB1	Manchester	Lancashire v Durham
MB2	Belper M	Derbyshire v Northants
MB2	Canterbury	Kent v Leics
MB2	Radlett	Middlesex v Glamorgan
MB2	Martley	Worcs v Glos

Wed 9 September
MB1	Chelmsford	Essex v Yorkshire
MB1	Southampton	Hampshire v The Blaze
MB1	Taunton Vale	Somerset v Lancashire
MB1	The Oval	Surrey v Warwicks

Fri 11 September
MB1	Chesterfield	The Blaze v Essex

Sat 12 September
MB1	Chester-le-St	Durham v Warwicks
MB1	The Oval	Surrey v Somerset
MB1	Leeds	Yorkshire v Lancashire

Sun 13 September
MB2	tbc	Semi-finals

Wed 16 September
MB1	tbc	Semi-final

Sat 19 September
MB1	Southampton	FINAL

Sun 20 September
MB2	Bristol	FINAL

NATIONAL COUNTIES FIXTURES 2026

Sun 26 April	**ONE-DAY COMPETITION**
Peterborough Town	Cambridgeshire v Cheshire (1)
Bridgnorth	Shropshire v Cumbria (1)
S Northumberland	Northumberland v Bedfordshire (2)
West Brom Dartmouth	Staffordshire v Norfolk (2)
Bovey Tracey	Devon v Herefordshire (3)
tbc	Hertfordshire v Berkshire (3)
Wimborne	Dorset v Cornwall (4)
Usk	Wales NC v Buckinghamshire (4)

Sun 3 May	**ONE-DAY COMPETITION**
Toft	Cheshire v Suffolk (1)
Shifnal	Shropshire v Cambridgeshire (1)
Dunstable	Bedfordshire v Lincolnshire (2)
Sprowston	Norfolk v Northumberland (2)
Falkland	Berkshire v Devon (3)
Colwall	Herefordshire v Wiltshire (3)
Wimborne	Dorset v Wales NC (4)
Thame Town	Oxfordshire v Buckinghamshire (4)

Mon 4 May	**ONE-DAY COMPETITION**
Oxton	Cheshire v Shropshire (1)
Furness	Cumbria v Suffolk (1)
Ampthill Town	Bedfordshire v Staffordshire (2)
Bracebridge Heath	Lincolnshire v Northumberland (2)
Brockhampton	Herefordshire v Hertfordshire (3)
Warminster	Wiltshire v Devon (3)
Wadebridge	Cornwall v Wales NC (4)
St Edward's S	Oxfordshire v Dorset (4)

Sun 10 May	**ONE-DAY COMPETITION**
Exning Park	Cambridgeshire v Cumbria (1)
Sudbury	Suffolk v Shropshire (1)
Woodhall Spa	Lincolnshire v Norfolk (2)
Jesmond	Northumberland v Staffordshire (2)
Wargrave	Berkshire v Herefordshire (3)
Welwyn Garden City	Hertfordshire v Wiltshire (3)
Tring Park	Buckinghamshire v Dorset (4)
St Just	Cornwall v Oxfordshire (4)

Sun 17 May	**ONE-DAY COMPETITION**
Keswick	Cumbria v Cheshire (1)
Mildenhall	Suffolk v Cambridgeshire (1)
Sprowston	Norfolk v Bedfordshire (2)
Bignall End	Staffordshire v Lincolnshire (2)
Sidmouth	Devon v Hertfordshire (3)
Marlborough Coll	Wiltshire v Berkshire (3)
Tring Park	Buckinghamshire v Cornwall (4)
Pontarddulais	Wales NC v Oxfordshire (4)

Sun 24 May	**TWENTY20 COMPETITION**
Didsbury	Cheshire v Shropshire (1)
Stone SP	Staffordshire v Northumberland (2)
West Herts	Hertfordshire v Cambridgeshire (2)
Sprowston	Norfolk v Lincolnshire (2)
Wargrave	Berkshire v Oxfordshire (3)
Sudbrook	Wales NC v Bedfordshire (3)
Instow	Devon v Wiltshire (4)
Eastnor	Herefordshire v Dorset (4)

Sun 31 May	**TWENTY20 COMPETITION**	
Allendale	Northumberland v Cumbria (1)	
Wem	Shropshire v Staffordshire (1)	
Sawston	Cambridgeshire v Suffolk (2)	
Louth	Lincolnshire v Hertfordshire (2)	
Leighton Buzzard	Bedfordshire v Buckinghamshire (3)	
Challow & Childrey	Oxfordshire v Wales NC (3)	
Wimborne	Dorset v Devon (4)	
Westbury & Dist	Wiltshire v Cornwall	
Sun 7 June	**ONE-DAY COMPETITION**	
tbc	Quarter-finals	
Sun 14 June	**TWENTY20 COMPETITION**	
Cockermouth	Cumbria v Shropshire (1)	
Burslem	Staffordshire v Cheshire (1)	
Welwyn Garden City	Hertfordshire v Norfolk (2)	
Hadleigh	Suffolk v Lincolnshire (2)	
Marlow	Buckinghamshire v Oxfordshire (3)	
Panteg	Wales NC v Berkshire (3)	
St Austell	Cornwall v Dorset (4)	
Blundells School	Devon v Herefordshire (4)	
Sun 21 June	**TWENTY20 COMPETITION**	
Nantwich	Cheshire v Cumbria (1)	
Wellington	Shropshire v Northumberland (1)	
Barton Town	Lincolnshire v Cambridgeshire (2)	
Sprowston	Norfolk v Suffolk (2)	
Wokingham	Berkshire v Buckinghamshire (3)	
Didcot	Oxfordshire v Bedfordshire (3)	
Wimborne	Dorset v Wiltshire (4)	
Eastnor	Herefordshire v Cornwall (4)	
Sun 28 June	**ONE-DAY COMPETITION**	
tbc	Semi-finals	
Sun 5 July	**TWENTY20 COMPETITION**	
Carlisle	Cumbria v Staffordshire (1)	
S Northumberland	Northumberland v Cheshire (1)	
Exning Park	Cambridgeshire v Norfolk (2)	
Mellis	Suffolk v Hertfordshire (2)	
Luton Town & I	Bedfordshire v Berkshire (3)	
Marlow	Buckinghamshire v Wales NC (3)	
Werrington	Cornwall v Devon (4)	
Westbury & Dist	Wiltshire v Herefordshire (4)	
Sun 12-Tue 14 July	**CHAMPIONSHIP**	
Chesham	Buckinghamshire v Staffordshire (E1)	
Bury St Edmunds	Suffolk v Northumberland (E1)	
Falkland	Berkshire v Oxfordshire (W1)	
Sidmouth	Devon v Herefordshire (W1)	
Furness	Cumbria v Hertfordshire (E2)	
Sleaford	Lincolnshire v Norfolk (E2)	
Truro	Cornwall v Shropshire (W2)	
Ebbw Vale	Wales NC v Dorset (W2)	
Sun 19 July	**ONE-DAY COMPETITION**	
Copdock & OI	FINAL	

Sun 26-Tue 28 July	**CHAMPIONSHIP**
Jesmond	Northumberland v Buckinghamshire (E1)
Checkley	Staffordshire v Cambridgeshire (E1)
Eastnor	Herefordshire v Wiltshire (W1)
Banbury	Oxfordshire v Devon (W1)
Hitchin	Hertfordshire v Lincolnshire (E2)
Sprowston	Norfolk v Bedfordshire (E2)
Wimborne	Dorset v Cheshire (W2)
Bridgnorth	Shropshire v Wales NC (W2)
Sun 2-Tue 4 August	**CHAMPIONSHIP**
Chesham	Buckinghamshire v Suffolk (E1)
Sawston	Cambridgeshire v Northumberland (E1)
Blundells School	Devon v Berkshire (W1)
Corsham	Wiltshire v Oxfordshire (W1)
Dunstable Town	Bedfordshire v Lincolnshire (E2)
Sprowston	Norfolk v Cumbria (E2)
Nantwich	Cheshire v Shropshire (W2)
Ebbw Vale	Wales NC v Cornwall (W2)
Sun 9 August	**TWENTY20 COMPETITION**
tbc	Super 12s
Sun 16-Tue 18 August	**CHAMPIONSHIP**
S Northumberland	Northumberland v Staffordshire (E1)
Copdock & OI	Suffolk v Cambridgeshire (E1)
Henley	Berkshire v Wiltshire (W1)
Thame Town	Oxfordshire v Herefordshire (W1)
Netherfield	Cumbria v Bedfordshire (E2)
Hertford	Hertfordshire v Norfolk (E2)
Redruth	Cornwall v Cheshire (W2)
Whitchurch	Shropshire v Dorset (W2)
Sun 23-Tue 25 August	**CHAMPIONSHIP**
Peterborough	Cambridgeshire v Buckinghamshire (E1)
Stafford	Staffordshire v Suffolk (E1)
Eastnor	Herefordshire v Berkshire (W1)
South Wilts	Wiltshire v Devon (W1)
Flitwick	Bedfordshire v Hertfordshire (E2)
Cleethorpes	Lincolnshire v Cumbria (E2)
Alderley Edge	Cheshire v Wales NC (W2)
Wimborne	Dorset v Cornwall (W2)
Sun 30 August	**TWENTY20 COMPETITION**
Wormsley	FINALS DAY
Sun 6-Tue 8 September	**CHAMPIONSHIP**
West Brom Dartmouth	FINAL

SECOND XI CHAMPIONSHIP FIXTURES 2026

FOUR-DAY MATCHES

APRIL					
Mon 13	Birm EFSG	Warwicks v Northants (1)	Mon 17	Repton S	Derbyshire v Northants (1)
Tue 21	Southampton	Hampshire v Yorkshire (2)		Abergavenny	Glamorgan v Essex (2)
				Radlett	Middlesex v Sussex (1)
MAY				Birm EFSG	Warwicks v Lancashire (1)
Tue 5	Dunstable	Northants v Lancashire (1)	Tue 18	tbc	Glos v Durham (3)
	New Malden	Surrey v Durham (3)		tbc	Leics v Hampshire (3)
				Notts SC	Notts v Somerset (3)
JUNE				New Malden	Surrey v Kent (3)
Mon 8	Denby	Derbyshire v Sussex (1)	Mon 24	Belper Mead	Derbyshire v Middlesex (1)
	S North'land	Durham v Kent (3)		Darlington	Durham v Notts (3)
	Southport	Lancashire v Middlesex (1)		Billericay	Essex v Hampshire (2)
	Kibworth	Leics v Essex (2)		Polo Farm, Cant	Kent v Glos (3)
	Taunton Vale	Somerset v Glos (3)		Loughborough	Leics v Glamorgan (2)
	New Malden	Surrey v Notts (3)		Horsham	Sussex v Warwicks (1)
	Kidderminster	Worcs v Hampshire (2)	Tue 25	Taunton Vale	Somerset v Surrey (3)
	Sheffield Col	Yorkshire v Glamorgan (2)		Kidderminster	Worcs v Yorkshire (2)
Mon 15	tbc	Glos v Notts (3)	Mon 31	tbc	Durham v Somerset (3)
	Richmond	Middlesex v Warwicks (1)		Billericay	Essex v Worcs (2)
	Taunton Vale	Somerset v Kent (3)		Dunstable	Northants v Middlesex (1)
	Horsham	Sussex v Northants (1)		Birm EFSG	Warwicks v Derbyshire (1)
	Halesowen	Worcs v Leics (2)			
	Leeds Weet	Yorkshire v Essex (2)	**SEPTEMBER**		
Tue 16	Northern	Lancashire v Derbyshire (1)	Tue 1	Newport	Glamorgan v Hampshire (2)
				tbc	Glos v Surrey (3)
JULY				Notts SC	Notts v Kent (3)
Mon 13	Bromsgrove S	Worcs v Glamorgan (2)		Horsham	Sussex v Lancashire (1)
				Leeds Weet	Yorkshire v Leics (2)
AUGUST			Tue 8	tbc	FINAL

SECOND XI TWENTY20 CUP FIXTURES 2026

MAY				Leicester	Leics v Yorkshire (x2)(N)
Mon 11	Westhoughton	Lancashire v Notts (x2)(N)		New Malden	Surrey v Middlesex (S)
	Ombersley	Worcs v Warwicks (C)		Birm EFSG	Warwicks v Glamorgan (C)
Tue 12	Southend	Essex v Sussex (S)		Worcester	Worcs v Northants (x2)(C)
	Leicester	Leics v Derbyshire (N)	Thu 21	Southend	Essex v Kent (S)
	Birm EFSG	Warwicks v Glos (C)		Southampton	Hampshire v Sussex (S)
Wed 13	Derby	Derbyshire v Yorkshire (N)	Mon 25	Southampton	Hampshire v Surrey (S)
	Leicester	Leics v Lancashire (x2)(N)		Polo Farm, Cant	Kent v Middlesex (S)
	Radlett	Middlesex v Kent (S)		Taunton Vale	Somerset v Glamorgan (C)
	Milton Keynes	Northants v Somerset (x2)(C)		Sheffield Col	Yorkshire v Derbyshire (N)
	Horsham	Sussex v Surrey (S)	Tue 26	Chester-le-St	Durham v Leics (x2)(N)
Thu 14	Newport	Glamorgan v Warwicks (C)		Cheltenham	Glos v Warwicks (x2)(C)
Fri 15	Taunton Vale	Somerset v Worcs (C)		New Malden	Surrey v Essex (S)
	New Malden	Surrey v Kent (S)	Wed 27	Newport	Glamorgan v Worcs (C)
	Leeds Weet	Yorkshire v Notts (x2)(N)		Cheltenham	Glos v Warwicks (C)
Mon 18	tbc	Notts v Derbyshire (N)		Southampton	Hampshire v Middlesex (S)
	Birm EFSG	Warwicks v Worcs (C)		Westhoughton	Lancashire v Yorkshire (N)
Tue 19	Cardiff	Glamorgan v Glos (C)	Thu 28	Eastbourne	Sussex v Kent (S)
	Polo Farm, Cant	Kent v Sussex (S)		Richmond	Middlesex v Essex (S)
	Radlett	Middlesex v Hampshire (S)		Taunton Vale	Somerset v Warwicks (C)
Wed 20	Chester-le-St	Durham v Lancashire (x2)(N)		New Malden	Surrey v Sussex (S)
	tbc	Glos v Somerset (C)	Fri 29	Repton S	Derbyshire v Lancashire (N)

JUNE

Mon 1	Southampton	Hampshire v Essex (S)
	Stowe S	Northants v Warwicks (C)
	Horsham	Sussex v Middlesex (S)
Tue 2	tbc	Durham v Derbyshire (N)
	Southend	Essex v Surrey (S)
	tbc	Glos v Glamorgan (C)
	Kibworth	Leics v Notts (x2)(C)
	Bromsgrove S	Worcs v Warwicks (C)
Wed 3	tbc	Durham v Derbyshire (N)
	Hove	Sussex v Hampshire (S)
	Stourport	Worcs v Glos (C)
Thu 4	Southend	Essex v Hampshire (S)
	Dunstable	Northants v Glamorgan (x2)(C)
Mon 22	tbc	Somerset v Glos (C)
	Taunton Vale	
Tue 23	tbc	Notts v Durham (x2)(N)
	Horsham	Sussex v Essex (S)
Wed 24	Duffield	Derbyshire v Leics (N)
	Canterbury	Kent v Essex (S)
	Radlett	Middlesex v Sussex (S)
	Birm EFSG	Warwicks v Northants (C)
	Leeds West	Yorkshire v Lancashire (N)
Thu 25	Sudbrook	Glamorgan v Somerset (C)
	Polo Farm, Cant	Kent v Surrey (S)
	Harrogate	Yorkshire v Durham (N)
Fri 26	Westhoughton	Lancashire v Derbyshire (N)
Mon 29	tbc	Glos v Worcs (C)
	New Malden	Surrey v Hampshire (S)
	Birm EFSG	Warwicks v Somerset (C)
Tue 30	Repton S	Derbyshire v Notts (N)
	tbc	Durham v Yorkshire (N)
	Southend	Essex v Middlesex (S)
	Bromsgrove S	Worcs v Somerset (C)

JULY

Wed 1	Southampton	Hampshire v Kent (x2)(S)
Thu 7	Wormsley	Semi-finals and FINAL

THE HUNDRED FIXTURES 2026

All fixtures are double-headers, with the women's games starting between 2.30 and 3.00, and the men's between 6.00 and 6.30, except for those games marked with an *, where the day's programme begins at 11.00 or 11.30. The Eliminator and final games begin at 2.15 and 6.00.

Tue 21 July
100   The Oval   MI London v Sunrisers

Wed 22 July
100   Southampton   Brave v Fire

Thu 23 July
100   Lord's   Spirit v Super Giants

Fri 24 July
100   Birmingham   Phoenix v Rockets

Sat 25 July
100*   Leeds   Sunrisers v Brave
100   Cardiff   Fire v MI London

Sun 26 July
100*   Manchester   Super Giants v Phoenix
100   Nottingham   Rockets v Spirit

Mon 27 July
100   Southampton   Brave v MI London

Tue 28 July
100   Leeds   Sunrisers v Super Giants

Wed 29 July
100*   Cardiff   Fire v Rockets
100   The Oval   MI London v Spirit

Thu 30 July
100   Southampton   Brave v Phoenix

Fri 31 July
100   Manchester   Super Giants v Rockets

Sat 1 August
100*   Birmingham   Phoenix v Fire
100   Lord's   Spirit v Brave

Sun 2 August
100*   Nottingham   Rockets v Sunrisers
100   The Oval   MI London v Super Giants

Mon 3 August
100   Cardiff   Fire v Brave

Tue 4 August
100   Leeds   Sunrisers v Spirit

Wed 5 August
100*   Manchester   Super Giants v Fire
100   Nottingham   Rockets v Phoenix

Thu 6 August
100   Lord's   Spirit v MI London

Fri 7 August
100   Birmingham   Phoenix v Sunrisers

Sat 8 August
100*   The Oval   MI London v Rockets
100   Southampton   Brave v Super Giants

Sun 9 August
100*   Leeds   Sunrisers v Fire
100   Lord's   Spirit v Phoenix

Mon 10 August
100   Nottingham   Rockets v Brave

Tue 11 August
100   Manchester   Super Giants v Sunrisers

Wed 12 August
100*   Cardiff   Fire v Spirit
100   Birmingham   Phoenix v MI London

Fri 14 August
100   The Oval   Eliminator

Sun 16 August
100   Lord's   FINAL

PRINCIPAL FIXTURES 2026

CC1	Rothesay County Championship Division 1		MBC	Metro Bank One-Day Cup
CC2	Rothesay County Championship Division 2		T20	Vitality Blast
F	Floodlit		T50	Limited-Overs Tour Match
FCT	First-Class Tour Match		TM	Rothesay Test Match
IT20	Vitality Twenty20 International		TT20	Twenty20 Tour Match
LOI	Metro Bank Limited-Overs International			

Fri 3 – Mon 6 April
CC1	Cardiff	Glamorgan v Yorkshire
CC1	Southampton	Hampshire v Essex
CC1	Leicester	Leics v Sussex
CC1	Taunton	Somerset v Notts
CC1	Birmingham	Warwicks v Surrey
CC2	Derby	Derbyshire v Worcs
CC2	Chester-le-St	Durham v Kent
CC2	Lord's	Middlesex v Glos
CC2	Northampton	Northants v Lancashire

Fri 10 – Mon 13 April
CC1	Chelmsford	Essex v Somerset
CC1	Nottingham	Notts v Glamorgan
CC1	The Oval	Surrey v Leics
CC1	Hove	Sussex v Warwicks
CC1	Leeds	Yorkshire v Hampshire
CC2	Bristol	Glos v Durham
CC2	Canterbury	Kent v Northants
CC2	Manchester	Lancashire v Derbyshire
CC2	Lord's	Middlesex v Worcs

Fri 17 – Mon 20 April
CC1	Southampton	Hampshire v Somerset
CC1	Birmingham	Warwicks v Essex
CC2	Bristol	Glos v Lancashire
CC2	Northampton	Northants v Middlesex

Fri 24 – Mon 27 April
CC1	Cardiff	Glamorgan v Leics
CC1	Nottingham	Notts v Warwicks
CC1	The Oval	Surrey v Essex
CC1	Leeds	Yorkshire v Sussex
CC2	Derby	Derbyshire v Glos
CC2	Chester-le-St	Durham v Lancashire
CC2	Worcester	Worcs v Kent

Fri 1 – Mon 4 May
CC1	Southampton	Hampshire v Glamorgan
CC1	Leicester	Leics v Notts
CC1	Taunton	Somerset v Yorkshire
CC1	The Oval	Surrey v Sussex
CC2	Canterbury	Kent v Derbyshire
CC2	Lord's	Middlesex v Durham
CC2	Northampton	Northants v Worcs

Fri 8 – Mon 11 May
CC1	Chelmsford	Essex v Hampshire
CC1	Cardiff	Glamorgan v Somerset
CC1	Nottingham	Notts v Surrey
CC1	Hove	Sussex v Leics
CC1	Birmingham	Warwicks v Yorkshire
CC2	Derby	Derbyshire v Northants
CC2	Bristol	Glos v Kent
CC2	Manchester	Lancashire v Middlesex
CC2	Worcester	Worcs v Durham

Fri 15 – Mon 18 May
CC1	Chelmsford	Essex v Leics
CC1	Southampton	Hampshire v Notts
CC1	Taunton	Somerset v Surrey
CC1	Birmingham	Warwicks v Glamorgan
CC1	Leeds	Yorkshire v Surrey
CC2	Bristol	Glos v Northants
CC2	Beckenham	Kent v Durham
CC2	Southport	Lancashire v Worcs
CC2	Lord's	Middlesex v Derbyshire

Fri 22 – Mon 25 May
FCT	Arundel	England Lions v South Africa A

Fri 22 May
T20	Derby	Derbyshire v Durham
T20^F	Chelmsford	Essex v Sussex
T20^F	Bristol	Glos v Warwicks
T20	Leicester	Leics v Worcs
T20^F	Lord's	Middlesex v Kent
T20^F	Northampton	Northants v Glamorgan
T20^F	Nottingham	Notts v Yorkshire
T20^F	Taunton	Somerset v Hampshire
T20^F	The Oval	Surrey v Lancashire

Sat 23 May
T20^F	Cardiff	Glamorgan v Glos

Sun 24 May
T20	Chester-le-St	Durham v Leics
T20	Lord's	Middlesex v Surrey
T20	Birmingham	Warwicks v Somerset
T20	Worcester	Worcs v Northants
T20	Leeds	Yorkshire v Derbyshire

Mon 25 May
T20	Canterbury	Kent v Sussex
T20	Manchester	Lancashire v Notts

Tue 26 May
T20^F	Southampton	Hampshire v Essex

Wed 27 May
T20^F	Leicester	Leics v Derbyshire

Fri 29 May – Mon 1 June
FCT	Beckenham	England Lions v South Africa A

Fri 29 May
T20^F	Derby	Derbyshire v Notts
T20^F	Chester-le-St	Durham v Yorkshire
T20^F	Cardiff	Glamorgan v Somerset
T20^F	Southampton	Hampshire v Surrey
T20^F	Canterbury	Kent v Essex
T20^F	Manchester	Lancashire v Leics
T20^F	Northampton	Northants v Glos
T20	Worcester	Worcs v Warwicks

Sat 30 May
T20^F	Hove	Sussex v Middlesex

Sun 31 May
T20	Chelmsford	Essex v Derbyshire
T20	Northwood	Middlesex v Hampshire
T20	Nottingham	Notts v Durham
T20	The Oval	Surrey v Kent
T20	Birmingham	Warwicks v Northants
T20	Leeds	Yorkshire v Glos

Tue 2 June
T20^F	Southampton	Hampshire v Sussex

Wed 3 June
T20^F	The Oval	Surrey v Middlesex

Thu 4 – Mon 8 June
TM1	Lord's	ENGLAND v NEW ZEALAND

Thu 4 June
T20^F	Taunton	Somerset v Glamorgan

Fri 5 June
T50	Leicester	England Lions v South Africa A
T20^F	Bristol	Glos v Somerset
T20^F	Nottingham	Notts v Warwicks
T20^F	The Oval	Surrey v Hampshire
T20^F	Hove	Sussex v Leics
T20	Worcester	Worcs v Glamorgan
T20^F	Leeds	Yorkshire v Lancashire

Sat 6 June
T20^F	Chester-le-St	Durham v Northants

Sun 7 – Wed 10 June
CC1	The Oval	Surrey v Hampshire

Sun 7 June
T50	Worcester	England Lions v South Africa A
T20	Bristol	Glos v Worcs
T20	Blackpool	Lancashire v Glamorgan
T20	Leicester	Leics v Yorkshire
T20	Northwood	Middlesex v Essex
T20	Nottingham	Notts v Derbyshire
T20	Taunton	Somerset v Warwicks
T20	Hove	Sussex v Kent

Tue 9 June
T50	Worcester	England Lions v South Africa A
T20^F	Chester-le-St	Durham v Lancashire
T20^F	Chelmsford	Essex v Kent
T20^F	Northampton	Northants v Worcs

Fri 12 – Mon 15 June
CC1	Leicester	Leics v Essex
CC1	Nottingham	Notts v Somerset
CC1	Hove	Sussex v Glamorgan
CC1	Scarborough	Yorkshire v Warwicks
CC2	Chester-le-St	Durham v Derbyshire
CC2	Blackpool	Lancashire v Kent
CC2	Northampton	Northants v Glos
CC2	Worcester	Worcs v Middlesex

Wed 17 – Sun 21 June
TM2	The Oval	ENGLAND v NEW ZEALAND

Fri 19 – Mon 22 June
CC1	Chelmsford	Essex v Notts
CC1	Cardiff	Glamorgan v Surrey
CC1	Leicester	Leics v Yorkshire
CC1	Taunton	Somerset v Warwicks
CC1	Hove	Sussex v Hampshire
CC2	Chesterfield	Derbyshire v Lancashire
CC2	Chester-le-St	Durham v Northants
CC2	Canterbury	Kent v Middlesex
CC2	Worcester	Worcs v Glos

Thu 25 – Mon 29 June
TM3	Nottingham	ENGLAND v NEW ZEALAND

Fri 26 June
T20^F	Cardiff	Glamorgan v Middlesex
T20^F	Southampton	Hampshire v Yorkshire
T20^F	Canterbury	Kent v Notts
T20^F	Leicester	Leics v Lancashire
T20^F	Northampton	Northants v Essex
T20^F	Taunton	Somerset v Glos
T20^F	Hove	Sussex v Surrey
T20^F	Birmingham	Warwicks v Worcs

Sun 28 June
T20	Chesterfield	Derbyshire v Yorkshire
T20	Canterbury	Kent v Hampshire
T20	Leicester	Leics v Notts
T20	Richmond	Middlesex v Durham
T20	Worcester	Worcs v Somerset

Wed 1 July
IT20^F	Chester-le-St	England v India
T20^F	Derby	Derbyshire v Lancashire
T20^F	Chelmsford	Essex v Surrey
T20^F	Bristol	Glos v Northants
T20^F	Birmingham	Warwicks v Sussex

Fri 3 July
T20^F	Cardiff	Glamorgan v Warwicks
T20^F	Nottingham	Notts v Lancashire
T20^F	Hove	Sussex v Essex
T20	Worcester	Worcs v Kent
T20^F	Leeds	Yorkshire v Durham

Sat 4 July
IT20	Manchester	England v India
T20^F	Bristol	Glos v Surrey

Sun 5 July
T20	Chester-le-St	Durham v Notts
T20	Chelmsford	Essex v Middlesex
T20	Cardiff	Glamorgan v Worcs
T20	Southampton	Hampshire v Kent
T20	Northampton	Northants v Somerset
T20	Birmingham	Warwicks v Glos
T20	Leeds	Yorkshire v Leics

Mon 6 July
T20^F	Manchester	Lancashire v Derbyshire

Tue 7 July
IT20^F	Nottingham	England v India
T20^F	Chelmsford	Essex v Somerset

Wed 8 July
T20^F	Derby	Derbyshire v Somerset
T20^F	Cardiff	Glamorgan v Northants
T20^F	Southampton	Hampshire v Middlesex
T20^F	Leicester	Leics v Durham
T20^F	The Oval	Surrey v Sussex

Thu 9 July
IT20^F	Bristol	England v India

Fri 10 July
T20^F	Chester-le-St	Durham v Derbyshire
T20^F	Chelmsford	Essex v Hampshire
T20^F	Canterbury	Kent v Surrey
T20^F	Manchester	Lancashire v Yorkshire
T20	Northwood	Middlesex v Sussex
T20^F	Nottingham	Notts v Leics
T20^F	Taunton	Somerset v Northants
T20^F	Birmingham	Warwicks v Glamorgan
T20	Worcester	Worcs v Glos

Sat 11 July
IT20^F	Southampton	England v India

Sun 12 July
T20	Derby	Derbyshire v Leics
T20	Bristol	Glos v Glamorgan
T20	Canterbury	Kent v Middlesex
T20	Manchester	Lancashire v Durham
T20	Northampton	Northants v Warwicks
T20	Taunton	Somerset v Worcs
T20	The Oval	Surrey v Essex
T20	Hove	Sussex v Hampshire
T20	Yorkshire v Notts	

Tue 14 July
LOI	Birmingham	England v India

Wed 15 July
T20^F	tbc	Quarter-finals

Thu 16 July
LOI^F	Cardiff	England v India

Sat 18 July
T20^F	Birmingham	Semi-finals and FINAL

Sun 19 July
LOI	Manchester	England v India

Tue 21 July
MBC	Derby	Derbyshire v Durham
MBC	Sedbergh S	Lancashire v Surrey
MBC	Radlett	Middlesex v Essex
MBC	Northampton	Northants v Warwicks
MBC	Notts SC	Notts v Somerset
MBC	Scarborough	Yorkshire v Hampshire

Wed 22 July
MBC	Neath	Glamorgan v Sussex
MBC	Kibworth	Leics v Glos

Thu 23 July
MBC	Notts SC	Notts v Warwicks

Fri 24 July
MBC^F	Chester-le-St	Durham v Sussex
MBC	Neath	Glamorgan v Yorkshire
MBC	Southampton	Hampshire v Middlesex
MBC	Canterbury	Kent v Northants
MBC^F	Taunton	Somerset v Glos
MBC	Guildford	Surrey v Leics
MBC	Worcester	Worcs v Derbyshire

Sun 26 July
MBC	Chelmsford	Essex v Derbyshire
MBC	Bristol	Glos v Kent
MBC	Leicester	Leics v Lancashire
MBC	Radlett	Middlesex v Glamorgan
MBC	Taunton	Somerset v Warwicks
MBC	Guildford	Surrey v Northants
MBC	Hove	Sussex v Yorkshire
MBC	Worcester	Worcs v Hampshire

Tue 28 July
MBC	tbc	Lancashire v Kent
MBC	Nottingham	Notts v Leics

Wed 29 July
MBC	S North'land	Durham v Glamorgan
MBC	Arundel	Sussex v Essex
MBC	Birmingham	Warwicks v Surrey
MBC	York	Yorkshire v Worcs

Thu 30 July
MBC	tbc	Lancashire v Notts

Fri 31 July
MBC	Repton S	Derbyshire v Glamorgan
MBC	Chelmsford	Essex v Hampshire
MBC^F	Bristol	Glos v Surrey
MBC	Canterbury	Kent v Somerset
MBC	Northampton	Northants v Leics
MBC	Worcester	Worcs v Middlesex
MBC	York	Yorkshire v Durham

Sun 2 August
MBC	Derby	Derbyshire v Sussex
MBC	Chelmsford	Essex v Worcs
MBC	Southampton	Hampshire v Durham
MBC	Beckenham	Kent v Notts
MBC	Leicester	Leics v Somerset
MBC	Lord's	Middlesex v Yorkshire
MBC	Northampton	Northants v Lancashire
MBC	Rugby S	Warwicks v Glos

Wed 5 August
MBC	Southampton	Hampshire v Glamorgan
MBC	The Oval	Surrey v Kent

Fri 7 August
MBC^F	Chester-le-St	Durham v Middlesex
MBC	Cardiff	Glamorgan v Essex
MBC	Manchester	Lancashire v Glos
MBC^F	Leicester	Leics v Warwicks
MBC	Chesterfield	Notts v Northants
MBC^F	Taunton	Somerset v Surrey
MBC^F	Hove	Sussex v Worcs
MBC	Scarborough	Yorkshire v Derbyshire

Sun 9 August
MBC	Derby	Derbyshire v Middlesex
MBC	Chester-le-St	Durham v Essex
MBC	Cardiff	Glamorgan v Worcs
MBC	Cheltenham C	Glos v Notts
MBC	Beckenham	Kent v Leics
MBC	Northampton	Northants v Somerset
MBC	Hove	Sussex v Hampshire
MBC	Rugby S	Warwicks v Lancashire

Tue 11 August
MBC	Chelmsford	Essex v Yorkshire
MBC	Cheltenham C	Glos v Northants
MBC	Southampton	Hampshire v Derbyshire
MBC	Radlett	Middlesex v Sussex
MBC	Taunton	Somerset v Lancashire
MBC	The Oval	Surrey v Notts
MBC	Rugby S	Warwicks v Kent
MBC	Worcester	Worcs v Durham

Wed 12 – Sat 15 August
FCT	Beckenham	Prof County Select v Pakistanis

Fri 14 August
MBC	tbc	Quarter-finals

Sun 16 August
MBC	tbc	Semi-finals

Wed 19 – Sun 23 August
TM1	Leeds	ENGLAND v PAKISTAN

Thu 20 – Sun 23 August
CC1	Southampton	Hampshire v Yorkshire
CC1	Leicester	Leics v Glamorgan
CC1	Taunton	Somerset v Essex
CC1	The Oval	Surrey v Notts
CC1	Birmingham	Warwicks v Sussex
CC2	Derby	Derbyshire v Durham
CC2	Cheltenham C	Glos v Worcs
CC2	Manchester	Lancashire v Northants
CC2	Northwood	Middlesex v Kent

Thu 27 – Mon 31 August
TM2	Lord's	ENGLAND v PAKISTAN

Thu 27 – Sun 30 August
CC1	Chelmsford	Essex v Surrey
CC1	Cardiff	Glamorgan v Hampshire
CC1	Hove	Sussex v Somerset
CC1	Birmingham	Warwicks v Notts
CC1	Scarborough	Yorkshire v Leics
CC2	Derby	Derbyshire v Middlesex
CC2	Chester-le-St	Durham v Glos
CC2	Northampton	Northants v Kent
CC2	Worcester	Worcs v Lancashire

Wed 2 – Sat 5 September
CC1	Chelmsford	Essex v Sussex
CC1	Southampton	Hampshire v Warwicks
CC1	Nottingham	Notts v Leics
CC1	Taunton	Somerset v Glamorgan
CC1	The Oval	Surrey v Yorkshire
CC2	Bristol	Glos v Derbyshire
CC2	Canterbury	Kent v Worcs
CC2	Northwood	Middlesex v Lancashire
CC2	Northampton	Northants v Durham

Tue 8 – Fri 11 September
CC1	Cardiff	Glamorgan v Warwicks
CC1	Leicester	Leics v Somerset
CC1	Nottingham	Notts v Hampshire
CC1	Hove	Sussex v Surrey
CC1	Leeds	Yorkshire v Essex
CC2	Derby	Derbyshire v Kent
CC2	Chester-le-St	Durham v Middlesex
CC2	Manchester	Lancashire v Glos
CC2	Worcester	Worcs v Northants

Wed 9 – Sun 13 September
TM3	Birmingham	ENGLAND v PAKISTAN

Fri 11 September
TT20F	Chelmsford	England Lions v Sri Lankans

Sun 13 September
TT20	Beckenham	England Lions v Sri Lankans

Tue 15 – Fri 18 September
CC1	Chelmsford	Essex v Warwicks
CC1	Leicester	Leics v Hampshire
CC1	The Oval	Surrey v Glamorgan
CC1	Hove	Sussex v Notts
CC2	Leeds	Yorkshire v Somerset
CC2	Chester-le-St	Durham v Worcs
CC2	Bristol	Glos v Middlesex
CC2	Canterbury	Kent v Lancashire
CC2	Northampton	Northants v Derbyshire

Tue 15 September
IT20F	Southampton	England v Sri Lanka

Thu 17 September
IT20F	Cardiff	England v Sri Lanka

Sat 19 September
IT20	Manchester	England v Sri Lanka

Sun 20 September
MBC	Nottingham	FINAL

Tue 22 September
LOIF	Chester-le-St	England v Sri Lanka

Thu 24 – Sun 27 September
CC1	Cardiff	Glamorgan v Essex
CC1	Southampton	Hampshire v Sussex
CC1	Nottingham	Notts v Yorkshire
CC1	Taunton	Somerset v Surrey
CC1	Birmingham	Warwicks v Leics
CC2	Canterbury	Kent v Glos
CC2	Manchester	Lancashire v Durham
CC2	Lord's	Middlesex v Northants
CC2	Worcester	Worcs v Derbyshire

Thu 24 September
LOIF	Leeds	England v Sri Lanka

Sun 27 September
LOI	The Oval	England v Sri Lanka

Copyright © Headline Publishing Group Limited 2026

The right of Ian Marshall to be identified as the Author of
the Work has been asserted by him in accordance with the
Copyright, Designs and Patents Act 1988.

First published in 2026
by Headline Publishing Group Limited

1

Apart from any use permitted under UK copyright law, this publication
may only be reproduced, stored, or transmitted, in any form, or by any
means, with prior permission in writing of the publishers or, in the case of
reprographic production, in accordance with the terms
of licences issued by the Copyright Licensing Agency.

Cataloguing in Publication Data is available from the British Library

Paperback ISBN 978 1 0354 3064 2

Typeset in Times by
Letterpart Limited, Caterham on the Hill, Surrey

Printed and bound in Great Britain by
Clays Ltd, Elcograf S.p.A.

Headline's policy is to use papers that are natural, renewable and
recyclable products and made from wood grown in sustainable forests.
The logging and manufacturing processes are expected to conform
to the environmental regulations of the country of origin.

Headline Publishing Group Limited
An Hachette UK Company
Carmelite House
50 Victoria Embankment
London EC4Y 0DZ

The authorised representative in the EEA is Hachette Ireland,
8 Castlecourt Centre, Dublin 15, D15 XTP3, Ireland (email: info@hbgi.ie)

www.headline.co.uk
www.hachette.co.uk